신약성경은 기원후 1세기의 문화와 가치관을 배경으로 해석할 때 그 원래적 의미가 드러난다. 그러나 우리는 21세기의 문화와 가치관이라는 해석 렌즈로 신약성경을 읽는 시대착오적 오류를 자주 범한다. 드실바의 책은 이런 시대착오적 해석의 시력을 교정하여 신약성경을 그 시대의 눈으로 보고 읽게 하는 해석학적 도구를 제공하고 있다. 당대의 사회인류학적 배경으로 신약을 주해하는 방법을 제대로 다루는 유익한 책이 번역되어 한국교회의 신약성경 해석의 수준을 한 차원 업그레이드시킬 것으로 기대하며 추천한다.

김경식 | 웨스트민스터신학대학원대학교 신약학 교수

오늘날 우리가 신약성경을 읽으면서 범하는 오류 중 하나는 시간적·공간적 차이를 무시하면서 오늘 우리 시대의 안목으로 접근하는 것이다. 분명히 신약성경은 오늘 우리와는 전혀 다른 시대와 장소, 즉 약 2천 년 전 중동 및 그리스-로마 문화권 아래서 발생한 사건들을 기록했는데, 이런 관점이 성경 해석에 반영되지 않을 경우, 우리는 본의 아니게 오류와 실수를 범하게 되는 것이다. 이런 맥락에서 "명예와 수치 문화, 후원자 제도, 친족 및 정결" 개념을 다룬 드실바 교수의 저서는 신약성경이 기록되었던 본래의 시간적·공간적 배경 및 정황에 대한 상세한 안내글 통해 성경의 저자들이 성령 하나님의 영감을 받아 저술할 때 본래 의도했던 바를 제대로 이해할 수 있도록 인도해준다. 신약을 사랑하고 연구하는 모든 독자들의 필독을 적극 추천하는 바이다.

김경진 | 백석대학교 기독교전문대학원장

성경을 바로 읽는 중요한 원칙 중 하나는 "당시, 거기에서"를 염두에 두는 것이다. 여기서 "당시"에는 역사적·사상적 배경뿐만 아니라 문화적 배경도 포함된다. 현대 서구의 개인주의 문화는 "당시, 거기에서"의 문화와 매우 다르기에 현대 서구인들은 성경을 당시의 문화적 맥락을 고려하지 않은 채 자신들의 문화를 통해 읽고 잘못 해석하는 실수를 저지르곤 했다. 서구의 영향을 받은 우리 역시 그들이 읽는 대로 성경을 따라 읽다 보니 자신도 모르게 서구인들이 범하는 실수를 동일하게 범한다. 저자는 이런 실수를 줄여 신약성경을 읽을 때 예수와 바울이 살았던 1세기의 문화를 통해 성경을 읽을 수 있도록 우리를 도와준다. 이 책은 문화라는 렌즈를 통해 신약성경을 어떻게 읽어낼 수 있는지에 대한 기본서가 되어줄 것이다.

김동수 | 평택대학교 신약학 교수, 한국신약학회 회장

1989년에 사회과학적 해석 가운데 문화인류학적으로 신약성경을 해석하려는 "컨텍스트 그룹"이 결성되었다. 이 그룹은 세계를 순회하며 세미나를 개최하여 지금까지 신약성경의 역사적 해석에 기여하고 있다. 이 책에서 소개하는 기원후 1세기 지중해 연안 세계의 핵심 가치인 "명예, 후원, 친족, 정결" 개념과 그에 대한 도전과 응전이라는 격자를 통해 독자들이 신약성경을 읽는다면 신약의 내러티브가 당시의 사건들을 "왜" 그렇게 묘사하는가에 대한 해답을 찾을 수 있다. 독자들은 이 책에서 제시되는 드실바의 친절한 안내에 따라 신약성경을 읽는 통찰력과 더불어 기원후 1세기와 오늘날의 상황을 연결하는 적용 능력을 키울 수 있으리라 믿는다.

송영목 | 고신대학교 신약학 교수

지중해를 중심으로 형성된 신약성경의 세계는 그리스와 로마의 문화가 촘촘히 연결된 사회였다. 따라서 당시의 문화에 대한 정확한 이해는 신약성경의 바른 독서를 위한 토대가 된다. 신약성경의 문화적 읽기를 시도하는 데이비드 A. 드실바는 1세기의 문화 코드 가운데 핵심적인 네 측면(명예, 후원, 친족 및 정결)을 적용하여 독서의 흥미를 자극한다. 이런 읽기는 주석(exegesis)과 오석(eisegesis)의 간격을 메워주는 최적의 방식이며, 본문에 담긴 신학적 의미를 밝혀주는 최고의 지름길이기도 하다. 평신도와 성경 연구자는 물론 모든 설교자의 필독서로 정중히 권해드리는 바이다.

윤철원 | 서울신학대학교 신학대학원 신약학 교수

오랫동안 번역을 학수고대하던 명서가 드디어 출판되었다. 드실바는 몇 안 되는 사회과학적 비평에 익숙한 복음주의 신약학자다. 당시 문화의 맥락에서 명예, 후원, 친족 및 정결에 관한 그의 면밀한 연구는 우리에게 익숙한 동양의 오래된 가치관들이 신약의 문화를 이해하는 중요한 열쇠라는 사실을 분명하게 상기시킨다. 이 책을 가까이 두고 주의 깊게 읽는 독자들 중에 감탄하지 않을 사람이 없으리라고 확신한다.

이민규 | 한국성서대학교 신학대학원 교수

데이비드 드실바 교수는 사회과학적 비평의 권위자이면서 보수적인 학자다. 그는 이 책에서 그리스-로마 사회의 문화적 배경을 이해하는 데 가장 중요한 네 가지 키워드 분석을 통해 신약성경 저자들이 그 개념들을 어떻게 재정의하여 초기 기독교 공동체에 적용하고 있는지를 방대한 원전을 사용하여 보여줌으로써 신약성경의 문화적 배경을 이해하는 데 큰 도움을 준다. 이 책은 신약성경을 해석할 때 역사적·문학적 해석 외에 문화적 해석이 얼마나 중요한지를 뚜렷하게 각인시킨다. 신약성경의 문화적 해석에 가장 도움이 되는 이 책을 강력하게 추천한다.

이상일 | 총신대학교 신약학 교수

드실바의 책, 『문화의 키워드로 신약성경 읽기: 명예, 후원, 친족, 정결 개념 연구』는 신약성경을 이해하는 데 매우 중요한 당시의 문화와 사상 및 가치관을 제공해준다. 신약성경 당시의 문화와 사상적 인식에 대한 이해가 없으면 신약성경 본문에 대한 이해는 허공을 맴돌고 본문을 통해 발견하는 의미 역시 매우 제한적일 수밖에 없다. 신약 시대의 가치와 사상 체계인 명예, 후원, 친족, 정결의 개념을 당시의 관점에서 깊이 있게 해설해주는 이 책을 신약성경을 연구하고 이해하려는 모든 독자에게 적극 추천한다.

조석민 | 기독연구원느헤미야 연구위원, 에스라성경대학원대학교 신약학 교수

신약성경이 1세기 지중해 문화권 아래 그리스어로 기록되었다는 역사적 의미를 이 책만큼 학문적이면서도 실제적으로 잘 보여주는 작품이 몇 권이나 있을까. 사회문화적-수사학적 배경 연구에 있어 현대 신약학계의 톱클래스인 드실바는 명예-수치, 후원-은혜, 친족-가정, 정결-부정, 이 네 가지 키워드를 장착시켜 오늘의 독자들이 "그때 거기의 땅 위"를 안전하게 밟도록 인도해준다. 이 책을 집하는 독자는 유대-그리스-로마 밭에 감춰진 사회문화적 보화를 발견함으로써 신약성경의 말씀창고에 새로이 들어가는 기쁨을 누리게 된다. 이 책은 "지금 여기의 하늘 아래"에서 예수의 제자와 공동체로 살아내기 위해 마땅히 입어야 할 우리 복음의 옷을 다시 돌아보게 해준다. 의식 있는 성도, 공부하는 신학생, 연구하는 목회자, 성경을 사랑하는 신학자, 모두에게 일독을 권하고 싶은 책이다.

허주 | 아세아연합신학대학교 신약학 교수, 한국복음주의신약학회 부회장

데이비드 드실바는 우리에게 1세기 문화의 가치에 대한 유용한 입문서를 제공해준다. 이 주제를 다룬 다른 책들과 달리 이 책은 신약을 조명하는 데 관련이 있는 유대교나 그리스-로마의 증거들을 소홀히 여기지 않았다. 이 연구는 중요한 성경 본문들에 대한 유익한 주해를 제공할 뿐만 아니라 표현의 명확성과 자료의 신중한 배열이라는 특징을 구현해낸다. 대단히 추천할 만한 책이다.

벤 위더링턴 3세(Ben Witherington III) | 애즈버리 신학교(Asbury Theological Seminary) 신약학 교수

저자는 1세기의 (유대교를 포함하여) 그리스-로마 세계에 만연했던 명예와 수치, 후원과 호혜, 친족, 정결과 부정이라는 사회-문화적 관점을 통해 신약을 읽도록 독자들을 초대한다. 그는 명확한 해설을 통해 교회, 은혜, 하나님의 가정, 거룩함에 관한 신약의 언어에 대해 새로운 의미를 제공해준다. 오늘을 살아가는 우리를 위해 읽기 쉽고 접근 가능하게 기록된 이 책은 신약의 가르침을 신약 시대의 문화적 컨텍스트에 위치시켜 읽도록 우리를 도와주는 과업을 성공적으로 달성한다.

에버렛 퍼거슨(Everett Ferguson) | 애빌린 크리스천 대학교(Abilene Christian University) 명예 교수

저자는 고대 그리스-로마 시대의 일차 자료에 대한 탁월한 연구로 잘 알려진 최고 학자다. 그는 서구 문화 안에 있는 우리가 놓치기 쉬운 (명예와 친족 언어와 같은) 신약의 중요한 요소들에 집중하도록 독자들을 초대하고 관련 주제들을 다루는 대다수의 학자들보다 더 폭넓은 일차 자료를 우리에게 제공해준다. 그뿐 아니라 유사한 다른 학문적 연구들과 달리 우리 그리스도인들이 하나님 및 서로와 어떻게 관련을 맺는지에 대한 실용적인 함의도 제시해준다.

크레이그 S. 키너(Craig S. Keener) | 팔머 신학교(Palmer Theological Seminary) 신약학 교수

이 책은 신약의 저술들을 컨텍스트와 관련지어 문화적으로 다루는 균형 잡힌 연구의 본보기라 할 만하다. 데이비드 드실바는 신약의 본문에 한층 더 많은 빛을 비춰주면서 학자들이 고대의 문화를 극도로 단순하게 묘사하는 것에 대해 경고한다. 그는 신약 본문을 이념적으로 읽는 경향을 경계하며 주변 문화와 신약성경과의 조우를 도덕주의적인 것으로서 경시하는 사상을 폭로한다. 현대의 연구들에 관한 폭넓은 설명과 함께 한결같은 명확성을 유지하고 있는 이 책은 학자들의 세계에서나 다루어졌던 주제들을 일반 대중의 차원에서도 접근할 수 있도록 적절하게 풀어낸다. 또한 다양한 신앙 체계를 가진 그리스도인들에게 자신들의 문화적 컨텍스트를 비평적으로 검토하도록 초대한다. 따라서 신학생들과 목회자들은 이 책의 면밀한 연구가 제공하고 있는 통찰력을 감히 무시할 수 없을 것이다.

프레드릭 W. 댕커(Frederick W. Danker) | 시카고 루터 신학교(Lutheran School of Theology at Chicago) 명예 교수

Honor, Patronage, Kinship & Purity

Unlocking New Testament Culture

David A. deSilva

문화의 키워드로 신약성경 읽기

명예, 후원, 친족, 정결 개념 연구

데이비드 A. 드실바 지음
김세현 옮김

새물결플러스

애슐랜드 신학교의 교수님들과 교직원들에게
이 책을 바칩니다. 하나님의 마음을 따라 살아가
는 그들을 친구가 부를 수 있는 것이 나에게는
특권이었습니다.

목차

약어   13

서문   17

서론: 문화적 인식과 성경 읽기   19

1장. 명예와 수치: 개인적 특성과 집단적 가치의 연결   27

2장. 신약에 나타난 명예와 수치   57

3장. 후원과 호혜: 은혜에 관한 사회적 컨텍스트   131

4장. 신약에 나타난 후원과 은혜   169

5장. 친족: 1세기 세계에서 가족 구성원으로 살기   223

6장. 신약에 나타난 친족과 "하나님의 가정"   283

7장. 정결과 부정: 거룩하신 하나님 앞에서 세계 구성하기   345

8장. 정결과 신약   399

결론   453

참고문헌   457

성경 번역본

KJV	King James Version
NIV	New International Version
NRSV	New Revised Standard Version
RSV	Revised Standard Version

외경 및 70인역

Add Esth	Additions to Esther
1-2 Esd	1-2 Esdras
Jdt	Judith
1-2-3-4 Macc	1-2-3-4 Maccabees
Sir	Wisdom of Ben Sira (Ecclesiasticus)
Tob	Tobit
Wis	Wisdom of Solomon

바빌로니아 탈무드

b. Sanh	Sanhedrin

구약 및 신약 위경

Acts Pet	Acts of Peter
Jub	Jubilees
T. Gad	Testament of Gad
T. Levi	Testament of Levi

고전, 헬레니즘 및 초기 기독교 저자들

Aristeas

    Let. Aris.   *Letter of Aristeas*

Aristotle

    Nic. Eth.   *Nicomachean Ethics*

    Pol.   *Politica*

Cicero

    De Offic.   *De Officiis*

Dio Chrysostom

    Or.   *Orationes*

Diodorus Siculus

    Bib. Hist.   *Bibliotheca Historica*

Dionysius of Halicarnassus

    Rom. Ant.   *Roman Antiquities*

Epictetus

    Diss.   *Dissertationes*

Fronto

    Ad M. Caes.   *Epistulae ad Marcum Caesarem*

Homer

    Od.   *Odyssey*

Ignatius

    Smyrn.   *To the Smyrneans*

Isocrates

    Ad Dem.   *Ad Demonicus*

Josephus

    Ag. Ap.   *Against Apion*

    J. W.   *Jewish War*

    Life   *Life of Flavius Josephus*

Juvenal

    Sat.   *Satirae*

Lucian

    Peregr.   *On the Passing of Peregrinus*

Philo

    Decal.   *De Decalogo*

    Hypoth.   *Hypothetica*

    Joseph   *On the Life of Joseph*

    Spec. Laws   *On the Special Laws*

Plato

    Euthyphr.   *Euthyphro*

Pliny (the younger)

    Ep.   *Epistles*

Plutarch

    Con. Praec.   *Coniugalia Praecepta*

    Mor.   *Moralia*

    Plac. Philos. *De Placita Philosophorum*

Seneca

    Ben.   *De Beneficiis*

    Ep. Mor.   *Epistulae Morales*

Sophocles

    Col.   *Oedipus at Colonus*

    Oed.   *Oedipus the King*

Tacitus

    Ann.   *Annales ab Excessu Divi Augusti*

    Hist.   *Historiae*

Thucydides

    Hist.   *History of the Peloponnesian War*

Xenophon

    Cyr.   *Cyropaedia*

    Oec.   *Oeconomicus*

학술지 및 단행본

AB	Anchor Bible
ABD	*Anchor Bible Dictionary*
AUSS	*Andrews University Seminary Studies*
BSac	*Bibliotheca Sacra*
BTB	*Biblical Theology Bulletin*
CBQ	*Catholic Biblical Quarterly*
CBQMS	Catholic Biblical Quarterly Monograph Series
HTR	*Harvard Theological Review*
JAAR	*Journal of the American Academy of Religion*
JBL	*Journal of Biblical Literature*
JETS	*Journal of the Evangelical Theological Society*
JSNT	*Journal for the Study of the New Testament*
JSNTSup	Journal for the Study of the New Testament Supplement Series
JSOT	*Journal for the Study of the Old Testament*
JSP	*Journal for the Study of the Pseudepigrapha*
JSQ	*Jewish Studies Quarterly*
JPS	Jewish Publication Society
LCL	Loeb Classical Library
NovT	*Novum Testamentum*
OTP	*The Old Testament Pseudepigrapha*
RelSRev	*Religious Studies Review*
RevQ	*Revue de Qumran*
RQ	*Restoration Quarterly*
SBLDS	Society of Biblical Literature Dissertation Series
SBLMS	Society of Biblical Literature Monograph Series
SEG	Supplementum Epigraphicum Graecum
TDNT	*Theological Dictionary of the New Testament*
TJ(n.s.)	*Trinity Journal*(new series)

나는 신약의 문화적 컨텍스트에 관한 연구가 성경에 대해, 그리고 성경이 제자들과 신앙 공동체를 형성해갔던 방식들에 대해 새로운 빛을 비춰준다는 사실을 발견하게 되었다. 더욱 중요한 것은 내 신학교의 학생들 중 많은 이들이 어떻게 이와 같은 탐구가 새롭고 흥미진진한 방법으로 신약과 사역의 비전들을 열게 되는지를 나와 공유하면서 동일한 것을 찾아내었나는 점이다. 나는 지금 자신의 신앙 형성 및 강력한 그리스도인 회중을 구성하는 데 헌신하고 있는 폭넓은 독자층과 이런 연구를 공유할 수 있는 기회를 가질 수 있음에 감사한다. 특별히 처음부터 이 연구를 후원해주고 이 책을 저술하는 수개월 동안 나를 격려하며 평가와 제안을 해준 InterVarsity Press(IVP)의 댄 리드(Daniel G. Reid)에게 감사한다. 또한 오랜 시간 책을 교열해준 스티브 호킨스(Steve Hawkins)와 이 책의 출판을 준비하는 데 참여해준 IVP의 다른 직원들에게도 심심한 감사를 표한다. 내가 많은 지역의 정보원들로부터 지원받지 못했다면 이 책을 출판하지 못했을 것이다. 나는 애슐랜드 신학교에 있는 하나님의 가족을 특별히 언급하고 싶다. 그들은 한 공동체로서 나를 환영해주고 내게 용기를 북돋워주었으며, 출판을 위해 소요되는 시간을 명예로운 것으로 여겨줌으로써 내 집필 사역을 지지해주었다. 이 믿음의 공동체가 성서학계 전체를 위한 궁극적인 목표에 집중할 수 있도록 지속적으로 나를 도와주었기에, 나는 이 책이 그보다 더 높은 목표를 증진시키는 데 일익을 감당할 수 있기를 소망한다. 끝으로 나는 내 아내 도나 진(Donna Jean)과 내 아들들 제임스 애드리안(James Adrian)과 존 오스틴(John Austin)의 한결같은 사랑과 격려에, 당신들 나름의 방법으로 이 사역을 더 즐겁게 만들어주신 내 부모님 J. 아서 및 도로시 드실바(J. Authur & Dorothy deSilva)에게 감사하며 이 글을 마감하고자 한다.

"내 말의 맥락을 벗어나 잘못 인용했다!" 우리는 일부 유력 인사들이 신문 기자가 자기 연설을 잘못 전달한 것을 두고 이런 말을 하는 것을 종종 듣는다. 아마도 당신은 이 익숙한 표현을 제삼자가 만들어낸 잘못된 인상을 교정하는 데 사용하곤 했을 것이다. 이 사람은 당신의 표현을 정확히 인용했을지 모르지만, 그 말을 당신이 의도한 진짜 의미를 전달하는 데 필요한 것, 즉 당신의 말과 밀접하게 연결된 사건이나 장소 혹은 일련의 다른 말로부터 분리시켰을 것이다. 만일 듣는 이가 당신의 말을 상황적 배경과 관련 없이, 또는 왜 그런 말을 하게 되었는지에 대한 경위를 설명하지 않고서 그저 반복한다면 그 말은 매우 다른 의미로 전달될 것이다. 오해의 가능성은 듣는 이가 다른 문화에 속하거나, 다른 관습과 다른 언어를 사용하는 누군가와 의사소통하는 경우에 기하급수적으로 증가한다. 전달자는 당신의 말이 당신의 문화적 컨텍스트에서 어떤 의미를 가지고 있는지, 혹은 다른 심각한 오해의 소지는 없는지 설명할 필요가 있다. 만일 우리가 스스로 우리의 말이 맥락을 벗어나서 전달되지 않도록 조심하고 있거나 다른 누군가의 말을 맥락에 벗어나지 않게 전달하려고 주의하고 있다면, 우리는 예수, 바울 또는 야고보의 말씀에 훨씬 더 주의를 기울여야 한다. 많은 그리스도인들이 이 말씀을 하나님의 말씀으로 여기고 있는 것처럼 말이다.

성경학자들은 자신들의 역사적·문학적·사회적 컨텍스트뿐만 아니라 문화적 컨텍스트 속에서도 성경 본문을 연구할 필요가 있다는 사실을 점점 더 인식하고 있다.[1] "문화"는 그 안에 속한 구성원들이 공유하고 모든 의사소통을 위한 틀을 제공해주는, 세상과 관계하는 방식 및 그 세계를 바라보는 방식과 같은 가치들을 포함한다. 신약 시대의 독자들은 명예와 같은 확실한 가치들, 후원 및 친족과 같은 관계를 형성하고 유지하는 규정들, 정결의 측면에서 종종 표현되는 세상에 질서를 제공하는 방법들을 공유하고 있었다. 만일 본문에 대해 올바르게 듣기를 원한다면 우리는 그들이 그것으로부터 기원했고 그것에 대해 말했던 그들의 문화를 이해하는 데 자신을 적응시켜야 한다. 우리는 저자들이 그들의 전략과 교훈들 안에 엮어놓은 문화적 단서들을 이해할 필요가 있다. 이런 활동은 본문에 대한 잠재적인 오독을 막아준다. 현대 독자들 역시 일단의 가치들과 설명하는 방식 등에 완전히 적응되어 있다. 우리는 1세기 그리스-로마의 작가들과 독자들의 문화를 복구하는 일을 전혀 시도하지 않은 채 단순히 우리의 문화적 기준과 규정이 전달해주는 관점을 가지고 본문을 읽을 것이다.[2] 그렇다면 소극적으로 이 과업은 우리가 우리 자신의 문화적·신학적·사회적 컨텍스트에 의존하여 본문을 대하지 않도록 점검하는 데 꼭 필요한 것이다.

우리는 본문에 없는 것을 본문 안으로 들여와서는 안 된다는 점(과 그

---

1 예를 들어 Jerome H. Neyrey, ed., *The Social World of Luke-Acts: Models for Interpretation* (Peabody, Mass.: Hendrickson, 1991); Jerome H. Neyrey, *Honor and Shame in Matthew* (Louisville: Westminster John Knox, 1998); Bruce J. Malina, *The New Testament World*, 3d ed. (Louisville: Westminster John Knox, 1993); Bruce J. Malina and Richard Rohrbaugh, *Social Science Commentary on the Synoptic Gospels* (Philadelphia: Fortress, 1992)를 보라.

2 Russ Dudrey는 이런 위험을 다음과 같이 잘 표현하고 있다. "만일 우리가 신약의 사회적 역사를 신약의 문화적 배경 ─ 이는 우리에게 낯선 고대의 것이다 ─ 속에서 공감하면서 이해하지 못한다면, 우리는 거기에 반영된 사회적 실체들을 쉽게 잘못 해석하게 된다. 그 결과는 우리가 되돌려 받기를 기대하는 성경적 권위의 옷을 입은 답변들을 얻기 위해 우리의 현대적 질문들과 사회적 의제들을 고대의 본문들 안으로 지나치게 집어넣는 일이 될 것이다"("'Submit Yourselves to One Another': A Socio-Historical Look at the Household Code of Ephesians 5:15-6:9," *RQ* 41 [1999]: 27).

것을 부당하게 하나님의 말씀으로 삼아서는 안 된다는 점)을 유념해야 한다. 그러나 우리는 본문이 전달하려고 하는 것과 그것이 우리와 우리의 믿음의 공동체에 전달되기를 바라는 효과와 (본문이) 형성하는 능력이 무엇인가를 놓치지 않도록 유념해야 한다. 우리 자신이 신약 저자와 청중의 문화적 컨텍스트 안으로 침투하는 것은 저자와 청중이 느꼈던 것을 비슷하게 더 충분히 공감하면서 신약을 듣도록 자신을 여는 일이다. 우리는 본문 속에 있는 수사학적 전략들과 그 효과 안으로 더 가까이 들어가 신약 저자들이 어떻게 명예, 친족 및 정결을 재정의하기 위해 노력했으며 하나님과 예수의 제자들 사이에 새로운 후원자-수혜자 관계를 창조하고 있었는지를 보게 될 것이다. 우리는 어떻게 신약 본문이 하나님께 신실하고 순종직인 반응을 옹호하는지와, 사회와 결별하고 신약 본문이 요구하는 그리스도의 형상에 부합하는 새로운 공동체를 유지하기 위해 깊이 뿌리박힌 가치들과 규정들을 사용하고 있는지를 보게 될 것이다.

그런 후에도 만일 우리가 원래의 문화적 컨텍스트 — 원저자와 청중의 세계를 형성했던 기본적 가치들과 여러 문헌 — 로부터 본문을 떼어놓는다면, 우리는 본문이 제시하고자 하는 교훈의 상당 부분을 잃어버리고 본문이 말하기를 원하지 않는 것을 많이 첨가하게 될 것이다. 그러나 신약의 문화적 컨텍스트를 이해하려고 노력하는 것은 "들을 귀 있는 자들"의 들음을 풍요롭게 할 것이다. 이 책을 저술하는 내 목표는 그 안에서 신약 본문이 기록되었고 독자들을 위한 하나님의 목적에 영향을 미친 컨텍스트의 새로운 차원을 독자들에게 소개하는 것이다. 나는 독자들이 신약 본래의 어투로 신약을 더 정확하게 듣도록 하는 데 이 책이 도움이 되길 소망한다. 다시 말해 모든 책임감 있는 석의(즉 성경 해석)의 목표에 도움이 되었으면 한다. 역사적 컨텍스트에 관한 탐구와, 본문에 내재적·외연적으로 드러난 풍습과 관습, 본문 속에 스며들어 있는 저자와 청중에게 유용한 구전 및 기록

전승 등과 같은 여러 연구와 함께,[3] 초기 기독교 지도자들과 회중의 문화적 컨텍스트에 대한 탐구는 이 본문들을 통해 하나님께서 성취하시고자 원하셨던 것이 무엇인지에 대해 더욱 미묘하고도 신뢰할 만한 분석을 가능하게 한다. 이런 관점에서 우리는 하나님의 말씀이 우리의 문화적 맥락에서 신자들에게 무엇을 의미하는지를 더 풍부하고 확실하게 인식할 수 있을 것이다.

이 책은 초기 교회를 일으킨 문화에 나타나는 더 두드러지고 널리 퍼져 있는 측면들—명예, 후원, 친족 및 정결—에 관한 간명한 안내를 제공한다. 1장, 3장, 5장과 7장에서 독자들은 신약의 문화적 환경의 이런 양상들에 관해 고전 문학과 헬레니즘 및 로마 시대의 자료뿐만 아니라 유대교 경전으로부터 그려진 각각의 그림들을 만나게 될 것이다.[4] 이런 방식으로 초

---

3   석의적 방법들(신약을 해석하기 위한 도구들)에 대해 더 배우려는 관심을 가진 독자들은 Joel B. Green, *Hearing the New Testament* (Grand Rapids, Mich.: Eerdmans, 1996)를 먼저 보기 바란다.

4   나는 여기서 초기 교회를 형성했던 유대교 및 그리스-로마 배경의 중요성을 모두 강조할 수밖에 없다. 초기 교회의 컨텍스트를 탐구할 때 이것은 결코 둘 중의 하나를 고려해야 하는 상황이 아니라 항상 양쪽 모두를 고려해야 하는 상황이다. 그리스-로마의 배경을 외면하려는 경향(또는 초기 기독교에 대한 그리스-로마의 영향을 부인하려는 경향)이 여전히 존재하는데, 이런 경향은 주의 깊은 탐구의 결과 때문이 아니라, 오히려 이런 탐구의 결론을 형성하는(그리고 대체적으로 결정하는) 이념적 확신 때문에 나타난다. 유대교는 유일한 신적 계시의 전달체로 여겨지며, 따라서 유일하게 초기 교회에 합법적으로 영향을 미치게 된다(왜냐하면 그리스-로마 세계로부터 나오는 어떤 영향도 "이교적"이고 "부정한" 것이 되기 때문이다). 바울은 롬 2:14-16에서 다음과 같은 다른 관점을 분명히 제시하고 있다. 즉 "이방인"도 하나님의 기준을 상당 부분 이해하고 있다. 또한 우리로 하여금 두 배경이 초기 기독교 운동에 미친 영향들을 찾아낼 수밖에 없게 만드는 다음의 몇 가지 고려 사항이 있다.

1. 유대교의 헬레니즘화는 기원전 2-3세기 동안에 신속하게 진행되었으며, 사회 전반에 골고루 퍼져 나갔다. 유대인들이 주장한 바 소위 계시에 관한 "순수한" 채널은 이미 그리스 및 로마의 철학과 마카비 시대 이전의 윤리와 문화로 채색되어 있음이 드러나는데, 바울 시대에는 상당한 수준으로 발전했으며 분명할 정도로 널리 빠르게 진행되고 있었다(4 Macc.와 필론의 글과 같은 "유대교" 문서들을 보라). 팔레스타인은 이런 헬레니즘화 과정의 일부였고 결코 그것과 분리될 수 없었다(Martin Hengel의 결정적인 저

기 그리스도인들의 세계는 그 속에서 거주했던 자들의 증언들과 1세기 사람들에게 지속적으로 영향을 끼친 문헌들을 통해 구체화될 것이다.

유대교 및 그리스-로마의 배경 안으로 침투하는 것으로부터 시작하여 나머지 장들은 어떻게 이런 문화직 가치들(예. 명예와 정결)과 문헌들(예. 친족과 후원)에 대한 관심이 우리가 신약의 글 안으로 들어갈 수 있도록 돕는지를 보여주고, 신약의 글이 전달되었던 공동체들이 받아들이고자 추구했던 영향이 무엇인가를 파악하는 방향으로 진행될 것이다. 그러므로 2장, 4장, 6장 및 8장은 그들의 문화적 컨텍스트 안에 존재했던 이 글을 듣는 일이 어떻게 신학(예. 은혜 및 은혜와 행위의 관계에 대한 더 풍부한 이해), 교회의 사회적 정체성(친족 집단, 정결과 거룩함에 대한 부르심을 입은 공동체, 하나님의 호의를 받은 자들) 및 교회의 윤리(급진적인 제사도와 교회에서 상호 교류를 위한 행동 지침들에 동기를 부여하는 요소들)에 풍성하게 기여하는지를 드러내기 위해 신

<hr>

술인 *Judaism and Hellenism*, 2 Vols. [Philadelphia; Fortress, 1977]을 보라). 예루살렘 자체도 기원전 175년에서 167년 사이에 그리스 도시로 재건축되었으며, 예후다 마카비(Judas Maccabaeus) 가문이 토라를 원래의 토지법으로서 복원시키는 동안에도 그리스 제도들은 여전히 남아 있었다. 헤롯 대왕이 사망할 즈음에는 팔레스타인 전역에 그리스 문화의 거대한 영향력을 보여주는 시설들이 존재하고 있었다. 팔레스타인의 문화적 컨텍스트는 그리스 및 로마의 문화적 컨텍스트와 완전히 구별되는 것은 아니었다.

2. 우리가 앞으로 살펴보게 되겠지만 이 책에서 다루는 "문화"의 수준은 지중해의 "문화들"을 통해 나타나는 매우 기본적인 것이다. 유대교 및 그리스-로마의 자료들은 모두 명예와 수치, 후원과 호혜, 은인과 수혜자 관계 및 의무와 깊이 관련되고, 장소와 사람 및 행동을 정결과 부정의 언어라는 측면에서 해석하며, 친족과 가정 구성원의 적절한 역할과 상호 간의 교류 속에 있는 친족의 지침에 관한 윤리의 의미를 심사숙고한다.

3. 초기 기독교 선교의 컨텍스트는 신약에 설명되어 있듯이 그리스와 로마의 도시들을 돌아다니면서 수행했던, 주로 이방인을 향한 것이었다. 바울의 복음과 윤리가 오직 유대교 배경 안에서 형성되었다고 말하는 것은 그리스도 안에서 유대인도 헬라인도 없다고 주장했던 바로 그 사람의 선교 안으로 문화적 제국주의를 주입하는 것이다. 그러므로 여기서 신약은 셈족의 문학이 아니라 지중해 문학으로서 다루어질 것이다. 신약은 그리스어로 기록되어 있고, 전반적으로 논증법뿐만 아니라 그리스 철학 및 윤리적 주제들과 관련해서도 유대교 양식뿐 아니라 그리스의 양식도 반영하고 있으며, (긍정적으로는 행 17장에, 부정적으로는 계 13장에 나타나고 있듯이) 모든 점에서 그리스-로마 문화의 특정한 측면들과 교류하고 있다.

약 본문들로부터 폭넓은 예시들을 찾아 구성하게 될 것이다. 그 결과는 영감 받은 본문 자체에 그대로 새겨져 있는 초기 그리스도인들의 이념의 회복—공동체를 향한 그들의 비전, 하나님과의 관계 및 서로 간의 관계에 관한 그들의 초상(과 그런 관계들 속에서 그들이 드러내야 할 가치들), 생명력 있는 믿음의 제자도와 공동체를 형성하고 지도하기 위한 초기 기독교 지도자들의 전략들—이 될 것이다.

이런 두 가지 계획은 신약에서 분명하게 언급되는 이념을 현대의 신앙 공동체와 신자 개인의 삶에 통합하고자 하는 관점으로 실행될 것이다. 우리는 문헌의 일면들이 어떻게 우리에게 더욱 완전한 제자도를 실천하도록 격려하는지를 보게 될 것이다. 즉 어떻게 동료 신자들과의 교류를 형성하고, 우리의 "믿음의 반응"안으로 예배와 전도를 통합하며, 하나님께서 사랑하기를 원하시는 자들로부터 우리를 분리하는 경계들을 조사하고 비판하며, 예수의 이름을 부르는 모든 자들이 공유하는 삶을 특징짓는 친밀감 및 결속력과 같은 것을 회복하도록 도와주는지를 볼 수 있는 신선한 기회를 부여받게 될 것이다. 요약하면 이 책은 성경을 더 잘 읽을 수 있도록 독자들을 준비시키는 것을 목적으로 한다. 그래서 그들로 하여금 믿음의 공동체들과 제자들을 더 나은 모습으로 만들도록 하는 데 목적이 있다. 그러므로 이 책의 주목적은 주로 과거를 탐구하는 것이 아니라(비록 내가 이 책에서 이 일이 성취되기를 희망하지만), 지역 교회 내에서뿐만 아니라 지구촌 교회 전체를 통해 예수께 대한 헌신과 그분이 가르쳐주신 길에 대한 헌신과, 현재 그분이 함께 부르시는 사람들에 대한 헌신을 강화하기 위해 초기 교회의 자료들을 복원하는 데 공헌하는 것이다.

나는 이 책의 제한된 분량에 맞게 완벽하고자 하는 욕심을 버리고 신약에서 가급적 많은 부분을 취하여 이 주제들을 종합적으로 다루려고 노력할 것이다. 나는 앞으로 탐구할 네 가지 문화적 컨텍스트 각각에 대해 독자들이 이 책의 도처에서 이 주제들이 사용되고 있음을 쉽게 인식할 수 있을 만큼 여러 가지 견고한 예들을 제공하고자 한다. 이 책은 독자들이 신약을 펼쳐놓고 논의되는 각각의 단락을 조회하면서 사용하면 **가장 좋을** 것이다. 신약 본문 가운데 일부는 그것을 다루는 같은 장 안에서 적절하게 다루어 질 수도 있지만, 그 본문에 관한 연구들을 읽는 것보다 오히려 본문 자체를 읽는 것이 더 중요할 수도 있다. 더욱이 많은 본문은 단순히 지나가면서 언급되거나 장절만 제공되기도 할 것이다. 이는 독자로 하여금 성경으로 가서 그 단락이나 구절을 읽고 그 단락 안에서 다루어지는 문화적 컨텍스트의 특정한 면과 연결하여 탐구할 수 있도록 기회를 제공하는 것이다. 이런 과정을 따르는 것은 시간을 더 요하는 독서를 해야 함을 이미하지만, 독자들이 미래에 말씀 연구에 더 깊게 관여할 수 있도록 그들을 더욱 잘 준비시키면서 신약의 문화적 환경과 의미의 컨텍스트에 세심한 관심을 가지고 신약을 읽도록 만드는 훨씬 더 완벽한 훈련의 결과를 맺게 할 것이다.

1장
명예와 수치
개인적 특성과 집단적 가치의 연결

1세기 세계의 문화는 명예와 불명예라는 근본적인 사회적 가치 위에 세워졌다. 1세기 로마의 정치인이자 철학가인 세네카는 다음과 같이 기록했다. "어떤 것으로부터 우리가 다른 것들을 입증하도록 움직이게 만드는 한 가지 분명한 확신은 이것이다. 즉 명예로운 것을 소중하게 여기게 되는 이유는 그것이 명예롭기 때문이라는 것 외에 다른 이유가 없다"(De Ben. 4.16.2). 세네카는 그의 동료들이 명예 자체를 바람직한 것으로 여기며, 불명예 자체를 바람직하지 않은 것으로 여긴다고 주장한다. 더욱이 세네카는 "명예"라는 개념을 그의 동시대 사람들의 사고에 근본적이고 기초적인 것으로 이해한다. 다시 말해 세네카는 그 시대의 사람들이 다양한 행동 지침 가운데 하나를 선택하고, 다양한 사람들 가운데 특정 부류의 사람을 인정하기를 기대한다. 간단히 말해 "명예로운" 것을 기초로 그들의 모든 가치 체계를 만들기를 기대한다. 신약을 포함하여 그리스와 로마 시대로부터 우리에게 남겨진 풍부한 문학을 통해 우리는 동시대의 사람들에 관한 세네카의 분석이 옳았음을 발견한다.[1]

---

1   명예의 언어와 관련하여 그리스와 라틴 및 유대교 저자들의 몇몇 주요 작품의 자세한 연구에 대해서는 David A. deSilva, *Despising Shame: Honor Discourse and Community Maintenance in the Epistle to the Hebrews*, SBLDS 152 (Atlanta: Scholars Press, 1995), 2장과 3장을 보라. 호메로스 및 고대 그리스 세계의 명예에 관한 연구에 대해서는 Arthur W. Adkins, *Merit and Responsibility: A Study in Greek Values* (Oxford: Clarendon, 1960)을 보라. Adkins의 연구를 교정하고 개선한 연구에 대해서는 Bernard Williams, *Shame and Necessity* (Berkeley: University of California Press, 1993)를 보라. 지중해 문화에 나타난 이 가치들의 지속성은 Julian Pitt-Rivers, "Honour and Social Status," in *Honour and Shame: The Values of Mediterranean Society*, ed. John G. Peristiany (London: Weidenfeld and Nicolson, 1965), 21-77에서 입증된다. 1981년에서 1993년 사이에 신약 연구에 이런 통찰력을 반영하여 진행된 연구에 대한 훌륭한 개요는 Halvor Moxnes, "Honor and

아리스토텔레스는 윤리에 관한 자신의 책에서 사람들이 행동 지침을 선택하는 두 가지 동기를 열거한다. 바로 명예와 쾌락이다(*Nic. Eth.* 3.1.11 [1110b11-12]). 그러나 명예는 최우선으로 고려해야 할 대상으로 간주된다. 아리스토텔레스의 선배이자 아테네 출신의 웅변가였던 이소크라테스는 자신의 어린 학생에게 쾌락과 함께하는 명예는 가장 위대한 선이며, 명예가 없는 쾌락은 가장 사악한 악이라고 충고했다(*Ad Dem.* 17). 명예보다 쾌락을 먼저 두는 자들은 인간성이 없는, 자신의 열정과 욕구에 지배당하는 동물과 같은 존재로 간주되었다. 또한 이소크라테스는 명예의 가치를 사람의 개인적 안전보다 위에 두었고(*Ad Dem.* 43), 그것이 수 세기 동안 지속될 것이라고 평가했다. 기원전 1세기에 대중 연설을 가르치는 어떤 선생은 연설가가 촉진하는 행동 지침을 지지하도록 청중을 설득하기 위해 연설할 때 최우선으로 고려해야 할 두 가지 사항으로 명예와 안전을 내세웠다. 그러나 그는 어떤 지침이 안전하지만 불명예스럽다고 인정하면서도 여전히 그것이 지지를 얻기를 기대할 수는 없음을 인식했다(*Rhetorica ad Herennium* 3.5.8-9). 기원후 1세기 후반의 수사학 교사였던 퀸틸리아누스는 사람들에게 행동 지침을 채택하거나 회피하도록 설득하는 가장 근본적인 요소는 "명예로운" 것이라고 주장한다(*Institutes* 3.8.1). 아리스토텔레스로부터 퀸틸리아누스에 이르기까지 성공적인 연설가들은 그들이 주창하는 행동 지침이 가장 위대한 명예에 도달할 수 있음을 보여줄 수 있었던 자들이었다.

명예와 불명예는 도덕적 지침에서도 중요한 부분을 차지했다. 자신의 어록인 *To Demonicus* [*Ad Dem.*]에서, 이소크라테스는 ("그것은 옳다"/"그르다" 또는 "유익하다"/"유익하지 않다"라는 포현보다) "그것은 수치스러운 것이다"

Shame: A Reader's Guide," *BTB* 23 (1993): 167-76에서 찾아볼 수 있다.

문화의 키워드로 신약성경 읽기

라는 문구와 "그것은 고결한 것이다"라는 문구를 행동을 위한 제재 조치로서 반복적으로 사용한다. 불명예에 대한 반감과 명예에 대한 보호는 그의 학생들의 우정과 미움, 사생활과 공적 직무에 관한 행동을 지도하는 역할을 했다. 우리는 잠언(또는 「벤 시라의 지혜서」와 같은 유대교의 지혜문학)에서 유사한 현상을 관찰할 수 있다. 명예의 약속과 불명예의 위협은 어떤 삶은 추구하고 다른 삶은 피하게 하는 주요 자극제가 된다.[2] 그래서 유대교 현인들의 학생들은 자선을 베풀고 다른 사람들을 대함에 있어 정의를 추구하는 일을 가치 있게 여기도록 가르침을 받는다. 왜냐하면 이런 일들이 그들을 명예로 인도해주고(잠 21:21), 수치의 척도가 되는 간음과 기난한 자들을 압제하는 것과 부모를 공경하지 않는 것을 누려워하도록(잠 6:32-33; 19:26) 이끌어주기 때문이다.

명예는 역동적이고 관계적인 개념이다. 한편으로 개인은 그가 속한 공동체가 가치 있는 사람의 표지로 여기는 "명예로운" 행동과 자질을 자신이 구현하고 있다는 확신에 기초하여 스스로를 명예롭다고 생각한다. 명예의 이 측면은 실제로 "자기-존중"이다. 다른 한편으로 명예는 사람이 중요한 타자로 긴주하는 공동체의 지지를 받는 존중이기도 하다—이는 그 사람이 속한 공동체의 인식, 즉 그가 그 공동체의 가치 있는 일원이라는 인식을 의미한다. 이런 면에서 명예는 타자에 대한 존중을 지닌다. 사람의 자기-존중과 그에 상응하는 타자로부터의 존중이 일치하지 않을 때 명예는 문제를 일으키는 경험이 된다. 하지만 여기서 이 불일치를 극복하기 위한 전략들이 많이 발전될 수 있었다. 권력자들과 대중, 철학자들과 유대인들, 이교도들과 그리스도인들이 모두 명예와 불명예를 가치의 최우선적인 중

2　사회 통제를 위한 수치의 일반적 힘에 대해서는 Aristotle, *Rhetoric* 2.6.26도 보라. "이 사람들[즉 그들의 의견이 실천가들에게 중요한 대중]에게 불어넣은 수치감으로 인해 행동하거나 행동하지 않게 되는 많은 것이 존재한다."

심축으로 간주했고, 동시에 각각의 공동체는 그들의 특징적인 믿음과 가치 체계의 측면에서 명예로운 행동이나 특성을 규정하는 그림을 그렸으며, 결과적으로 공동체의 내부와 외부의 모든 사람을 평가했을 것이다.

수치의 의미는 좀 더 복잡하다. 명예가 사람에 대한 존중과 공동체가 가치 있게 여기는 일을 행하는 것에 대한 존중을 의미한다면, 수치는 첫째로 사람이 공동체의 가치와 반대되는 방식으로 행동했기 때문에 덜 가치 있게 여겨진다는 것을 의미한다. 도시의 안녕보다 개인의 안전을 위에 두고 전쟁에서 도망치는 사람은 사회로부터 존경받지 못한다. 그의 가치는 비난받게 된다. 그는 "체면을 잃는다." 그는 수치를 당하고 명예롭지 못한 자로 여김을 받는다. 그러나 둘째로 수치는 긍정적인 특징을 나타낼 수도 있다. 다시 말해 수치는 그것을 야기하는 행동을 피하게 하는 공동체의 견해가 지니는 민감성을 의미할 수 있다. 이런 수치에서 벗어나려고 여성은 간음의 유혹을 거절하고, 군인은 전쟁에서 도망치지 않게 된다.

아시아, 라틴 아메리카, 지중해 지역 혹은 이슬람 국가에서 살거나 자란 사람들은 이런 관점에서 신약을 읽을 때 상당한 이점이 있다. 왜냐하면 이런 문화들 가운데 다수가 명예와 수치에 상당한 강조점을 두고 있기 때문이다. 미국이나 서유럽에 사는 독자들은 자신들이 1세기 그리스-로마 세계(동양의 셈족 사람들을 포함하여)의 명예 문화와 다소 거리를 두고 살고 있음을 즉시 인식할 수 있을 것이다. 우리의 문화 속에서 의사를 결정하는 최소의 기준은 행해야 할 명예로운 일을 항상(실제로는 아마 드물 것이다) 식별하는 것이 아니다. 예를 들어 기업 세계에서는 "이익이 되는" 것이 종종 중심 가치로 작용한다. 옳고 그름을 따지는 것도 중요하지만, 이런 것들은 더 큰 사회가 명백하게 승인하거나 승인하지 않음으로써 강화되는 가치들이 아니라, 그 기업의 내재화된 가치들 또는 기준들에 기초한다. 일반적으로 우리는 명예와 수치에 관해 많은 것을 이야기하지 않는다(최근에 내가 한 장

문화의 키워드로 신약성경 읽기

소에서 통합 가치로서의 명예를 공개적으로 토론하는 것을 관찰한 적이 있는데, 새롭게 이글 스카우트로 승격된 단원들을 축하하는 행사에서였다). 그러나 우리는 "가치" 및 "자기-존중"과 씨름하고, "다른 사람들이 어떻게 생각하는지"를 놓고 밀고 당긴다. 명예라는 어휘는 많이 희미해졌지만 그 역동성은 여전히 활발하게 존재한다. 우리는 우리가 소중하고 가치 있는 사람인지를 알기 원하며, 그와 같은 존재라는 인상을 주기를 원한다.[3]

개인주의 정서의 확산은 (다른 사람들, 특히 우리가 아는 사람과 친구 및 친척의 영역 밖에 있는 이들과 공개적으로 의사소통하는 것을 꺼리는 것을 동반하여) 우리의 문화 속에서 명예와 수치의 역동성을 완화시키는 데 크게 기여해왔다. 우리가 속한 공동체나 사회에 핵심이 된다고 여기는 가치들을 다른 사람들이 범한다고 해서 우리가 그들을 공개적으로 도전하거나 비난할 가능성은 적다. 그럼에도 불구하고 우리의 경험과 문화에는 1세기 세계의 문화적 환경에 더 가까이 다가갈 수 있는 요소들이 있으며, 아마도 이 요소들이 그 세계의 문화적 역동성과 접촉할 수 있도록 우리를 도울 수 있을 것이다.

예를 들어 우리는 동료들의 사회적 압박, 특별히 청소년들에 대한 또래 압박(peer pressure)의 효과를 알고 있다. 순응하지 않는 자들은 절교당하고 모욕당하며 종종 신체적 폭력(아니면 적어도 폭력의 위협)의 대상이 되기도 한다. 이 모든 것은 학교라는 권위 주체의 관점에서 볼 때 비공식적인 것들이지만, 그럼에도 불구하고 학생들의 생활에 강력한 힘으로 작용한다. 더

---

3 현대 세계에 "죄의식 문화"(guilt culture)라는 꼬리표를 다는 것과 대조적으로, 고대 지중해 세계를 "명예 문화" 또는 "수치 문화"의 특성을 지닌 것으로 묘사하는 최근의 글들이 인기가 높다. (미국은 "권리" 문화로 묘사되기도 한다.) 그러나 이와 같은 구분들은 엄밀히 말하자면 그렇게 엄격한 방식으로 도출될 수 없다. 수치의 경험과 죄의식은 모두 현대인들이 죄의식 및 수치와 씨름하고 있듯이(Robert Karen, "Shame," *The Atlantic Monthly*, February 1992, 40-70을 보라), 고대 세계에서도 행동을 제지하는 요소들이었다(Eric R. Dodds, *The Greeks and the Irrational* [Berkeley: University of California, 1966]을 보라).

욱이 한 공동체에 속한다는 것 — 그 공동체의 문화에 순응하고 그곳에서 긍정적인 평가를 받는 것 — 은 종종 다른 공동체와의 갈등을 의미하기도 한다. 지식인들("괴짜들")은 굳게 뭉친 하나의 덩어리로서 그들의 그룹 문화 속에서 서로를 인정해주지만, 개인으로서의 그들의 가치는 더 육체적인 무리("근육덩어리들")의 공격 대상이 되며, 그 반대의 경우도 마찬가지다. 또한 학생들 사이에는 멋쟁이 그룹, 사교 그룹, 반항 그룹, 약쟁이 그룹 등이 있다. 각 그룹 내에서는 동료들의 압박이 일치를 강화하며 차이를 응징한다. 다른 사람들의 조롱에 깊이 영향을 받는 사람들은 이상하게 보이기 싫어서, 또 동료들의 인정을 확보하기 위해 자신들의 전체 이미지를 바꾸기도 할 것이다. 게다가 도시나 시골 환경에서 이런 갱 문화에 노출된 사람들은 "존경"이 핵심 가치(심지어 인간의 목숨보다 더 큰 가치)가 되고 "경멸"이 대응하지 않을 수 없는 도전이 되는 문화를 경험해왔다.

이는 초기 교회가 발전했던 세계가 거대한 고등학교 탈의실과 같다거나, 지중해 문화가 발달상으로 현대 문화보다 더 원시적인 문화였다고 주장하는 것이 아니다. (위에서 언급한 것은 또래 압박이라는 청소년 모델로부터 유추할 수 있는 무엇이 아니다.) 사실 전혀 그렇지 않다. 1세기 세계는 문화적·사회적으로 우리의 세계만큼이나 모든 면에서 복잡하며, 어떤 면에서는 각 집단을 규정하고 지도하는 가치들에 대해 훨씬 더 명확하고 분명했다. 그러나 우리는 1세기 그리스도인들과 동시대 사람들의 삶에서 명예와 수치의 사회적 역동성과 그 힘에 대해 민감해질 필요가 있다. 그래야만 우리가 신약의 본문을 더 완전하게 들을 수 있게 될 것이다. 또래 압박을 경험한 (그리고 그 압박에 기여한) 우리 자신의 기억을 소환함으로써 우리는 우리 가운데 여전히 명예와 수치에 민감한 부분들을 기독교 경전의 도전과 은사들을 향해 개방할 수 있을 것이다.

문화의 키워드로 신약성경 읽기

명예에 대한 어휘

신약을 탐구하기 전에 우리는 1세기 그리스-로마 세계(처음에는 그리스, 그 다음에는 로마 제국 안으로 흡수되었던 많은 토착 문화 중 하나인 유대교의 하위문화를 포함하는)에 나타난 명예와 불명예에 대한 언어를 배울 필요가 있다.[4] **영광, 평판**(*doxa*), **명예**(*timē*), **찬양**(*epainos*)과 같은 단어들은 동사형 및 형용사형과 함께 빈번하게 나타난다. 이 단어들의 반대말인 **불명예**(*aischunē*), **비난**(*oneidos*), **질책**(*kataphronēsis*), **모독**(*blasphēmia*)과 같은 단어들 역시 이 단어들의 원형으로부터 파생된 형용사형 및 동사형과 함께 현저하게 나타난다. 이 단어들은 우리가 1세기 그리스도인들이 가지고 있었을 본문들과 "접속"하도록 시작점을 제공해준다. 그러나 그것은 단지 시작점일 뿐이다. 많은 개념과 용어들 역시 명예와 불명예를 고려하는 것과 직접적인 공명이 있겠지만 이것을 느기 위해서 우리는 이런 공명에 대해 더 배워야 한다.

첫째로, 명예는 우연한 출생 때문에 혹은 더 높은 지위와 권력을 가진 사람이 부여하는 승인을 통해 개인에게 주어질 수 있다. 개인의 태생과 혈통은 많은 면에서 명예의 출발점이 되었다. 「집회서」에 "사람의 명예는 그의 아버지로부터 나온다"(Sir 3:11)라고 기록되어 있듯이, 이 사실은 그 또는 그녀의 조상과 직계부모의 명예를 회상함으로써 고인의 명예를 기념하기 시작했던 찬가의 표현에서 확인된다. 그래서 "다윗 가문"의 사람이 "헤르셸 가문"의 일원보다 유대교 문화에서는 더 높은 명예를 가지고 시작하

---

4 베드로전서에 나타나는 명예의 언어에 관한 뛰어난 연구에 대해서는 John H. Elliott, "Disgraced yet Graced: The Gospel According to 1 Peter in the Key of Honor and Shame," *BTB* 24 (1994): 166-78을 보라. 이 서신에 관한 Elliott의 정밀한 분석, 특별히 이 서신에서 명예와 수치의 언어가 들어 있는 부분들에 관한 목록은 독자들이 다른 본문들에 적용할 수 있는 유용한 모델을 제공한다. 사실 그의 연구는 다음 연구로부터 많은 도움을 받았다. Bruce J. Malina and Jerome H. Neyrey, "Honor and Shame in Luke-Acts: Pivotal Values of the Mediterranean World," in *The Social World of Luke-Acts: Models for Interpretation*, ed. Jerome H. Neyrey (Peabody, Mass.: Hendrickson, 1991), 25-66.

며, 그로 인해 결국 모욕(또는 사람의 명예에 대한 비난)은 종종 그 사람의 후손도 포함하게 된다("너희 독사의 자식들아!"[마 3:7]; "너는 너희 아비 마귀에게 속하였느니라"[요 8:44]). 사람의 인종 역시 그 또는 그녀에게 주어지는 평가의 높고 낮음을 결정하는 한 가지 요소가 될 수 있다. 유대 지역에서 **사마리아인**은 비난을 나타내는 용어였고, 이집트에서는 본토 이집트인들이 지배 계급을 차지했던 그리스인들보다 덜 명예로운 자들로 간주되었다. 또한 명예는 더 명예로운 가문에 입양되든지(나중에 황제 아우구스투스가 된 옥타비아누스가 율리우스 시저의 아들로 입양되었던 것과 같이), 특별하게 시민권의 지위를 부여받든지, 직임을 부여받든지 간에 인생에서 나중에 부여될 수도 있다. 이 모든 경우가 신약에서도 현저하게 나타난다. 즉 신약은 그리스도인들이 하나님께 입양되었고, 천국 시민이 되었으며, 제사장이라는 명예로운 직분을 부여받았다고 말한다(예를 들어 갈 4:4-7; 빌 3:20; 벧전 2:9을 보라).

둘째로, 명예는 부여받을 수 있을 뿐 아니라 성취될 수도 있다. 첫 번째 예로 이런 일은 어떤 사람이 그가 속한 공동체가 귀중하게 여기는 미덕과 명예 구현을 위해 자신의 평판―이름―을 "열심히" 지속적으로 관리하여 세워나갈 때 일어난다. 결국 탁월한 용기를 보여주는 군인은 특별한 명예를 가진 자로 분류되고, 자애로운 은인은 공공의 축제에서 선포되며 기념비로 그 업적을 기리게 되고, 충직한 수혜자(client)나 친구는 그의 성품으로 알려지게 되고 그로 인해 다른 후견인(patron)의 가문에서도 환대를 받으며, 토라를 지키는 유대인은 경건한 자로 여겨져서 동료 유대인들에게 높이 평가받았다. 이와 같이 성취된 명예의 중요성은 장례식에서 타계한 자의 미덕이 그의 삶을 통해 어떻게 나타났는지를 설명할 때 반영된다. 두 번째 예로 명예는 도전과 응수로 불리는 사교 게임을 통해 획득되거나 실추되기도 한다.[5] 이 "게임"은 여전히 현대 지중해 사람들 사이에서도 관찰되는 것으로, 이것이 인류학자들이 이 문화에 대해 그리스어의 "경쟁하다"(agôn)에 해당하는 단어로부터 파생된 "호전적인"(agonistic) 문화라고 꼬리표를 다는 이유가 되었다.

도전과 응수의 게임은 본질적으로 대응할 수 없는 도전을 공개적으로 제기하여 다른 사람에게 손실을 줌으로써 자신의 명예를 획득하는 방식이다. 도전이 제기되었을 때 도전을 받은 자는 어떤 형태로든 그에 응대해야 한다(그리고 응대하지 않는 것 역시 응대로 여겨진다). 도전을 받은 자가 성공적으로 자기 자신의 명예를 방어했는지의 여부를 판단하는 것은 구경꾼들의 몫이다. 복음서는 이런 도전과 응수의 교환으로 가득 차 있는데,[6] 이는 주로 바리새인, 사두개인 또는 다른 종교 지도자들이 예수에게 제기했던 것이다. 그들은 예수가 사람들에게 존경을 받아 그들의 자리를 훔치려고 무례하게 자신들을 위협한다고 간주했다. 예를 들어 누가복음 13:10-17을 생각해보라.

> 예수께서 안식일에 한 회당에서 가르치실 때에 열여덟 해 동안이나 귀신 들려 앓으며 꼬부라져 조금도 펴지 못하는 한 여자가 있더라.…예수께서 보시고 불러 이르시되 "여자여, 네가 네 병에서 놓였다" 하시고, 안수하시니 여자가 곧 펴고 하나님께 영광을 돌리는지라. 회당장이 예수께서 안식일에 병 고치시는 것을 분 내어 무리에게 이르되 "일할 날이 엿새가 있으니 그 동안에 와서 고침을 받을 것이요, 안식일에는 하지 말 것이니라" 하거늘 주께서 대답하여 이르시되 "외식하는

---

5 Pitt-Rivers, "Honour and Social Status," 27; Malina and Neyrey, "Honor and Shame," 30.

6 마태복음에 나타나는 이런 게임의 등장과 현상에 관한 더 깊은 연구에 관해서는 Jerome H. Neyrey, *Honor and Shame in the Gospel of Matthew* (Louisville: Westminster John Knox, 1998), 44-52을 보라.

자들아! 너희가 각각 안식일에 자기의 소나 나귀를 외양간에서 풀어내어 이끌고 가서 물을 먹이지 아니하느냐? 그러면 열여덟 해 동안 사탄에게 매인 바 된 이 아브라함의 딸을 안식일에 이 매임에서 푸는 것이 합당하지 아니하냐?" 예수께서 이 말씀을 하시매 모든 반대하는 자들은 부끄러워하고 온 무리는 그가 하시는 모든 영광스러운 일을 기뻐하니라.

예수가 안식일에 일을 금하는 규정을 어긴 것은 그가 회당장에게 자신의 치료 능력 때문에 "율법(토라)보다 뛰어나다"라고 주장한다는 점을 시사해준다. 회당장은 이 점에 있어 예수의 능력을 의심하지 않는다. 그는 그렇다고 추정한다. 그러나 그는 예수가 안식일에 일을 행할 수 있는, 심지어 선한 일을 행할 수 있는 권리를 가졌는지에 대해 도전한다. 비록 회당장의 말이 군중을 향한 것이라 할지라도, 이는 예수를 향한 도전이다. 예수는 회당의 지도자들이 안식일에 자신들의 가축을 직접 돌볼 것이라는 사실을 지적하면서 자신이 그것보다 더 많이 "아브라함의 딸"(여기서 그 여인의 가치를 강조하기 위해 족보를 사용하고 있는 점을 주목하라)을 돌보아야 한다고 말씀하며 그들에게 날카롭게 반응한다(응수). 누가에 따르면 결과적으로 예수는 이 논쟁에서 승리했다. 그의 대적들은 실패한 도전으로 인해 체면을 잃은(그들은 "수치를 당하게" 된다) 반면에 군중이 볼 때 예수의 명예는 드높아진다(그들은 그의 행위에 기뻐한다).

두 번째이자 좀 더 복잡한 예는 마가복음 7:1-16에 나타난다. 예수의 제자들은 손을 씻는 정결례를 행하지 않고 음식을 먹는다(바리새인들은 위생에 대해서가 아니라 정결 규례에 대해 관심을 가지고 있었다). 그래서 바리새인들은 예수의 명예에 도전한다—만일 제자들이 존경하는 "장로들의 유전"(성문화된 토라와 동등한 지위로 여겨졌던)을 범하고 있다면, 도대체 예수는 어떤 종류의 선생이란 말인가? 이번에는 예수가 역으로 도전하며 응수한

문화의 키워드로 신약성경 읽기

다. 예수는 성문화된 토라(실제로 십계명 중의 하나)와 모순되게 그들이 전통을 세우고 있는 예를 언급하면서 토라의 추종자들인 바리새인들의 명예에 도전한다. 심지어 그는 자신의 응수 방식으로 이사야서의 충격적인 내용을 인용하기까지 한다. 예수가 그의 마지막 말을 군중에게 전달하고 있을 때(막 7:16), 이 글의 독자는 이 논쟁이 공개적으로 진행되고 있음을 다시 떠올리게 된다. 짐작하건대 예수는 성공적으로 이 도전을 물리쳤으며, 심지어 예수의 응전으로 인해 예수의 대적들은 수치를 당하게 되었을 것이다. 더욱이 이런 이야기들을 통해 복음서 저자들은 그리스도인 독자들로 하여금 이 논쟁을 목격하고, 누가 이기고 졌는지에 대해 나름의 판견을 내리는 대중의 일부가 되게 만든다. 예수(명예로운 사람이자 하나님을 기쁘시게 하는 길을 신뢰할 수 있게 가르치는 교사)에 대한 목사들 자신의 긍정적인 평가는 그들이 이런 도전과 응수에 관한 이야기를 적극적으로 또 자세히 읽을 때 확인된다.

　　이와 같은 논쟁들은 기본적으로는 예수이 종교 지도사들, 본질적으로는 그와 경쟁 관계에 있는 집단들과의 관계를 특징짓는다.[7] 심지어 정중하고 "순진하게" 질문하려고 온 서기관들도 예수에게 실제로 도전하는 자세를 취하고 있는 것처럼 보인다. 그들은 딴죽을 걸고, 그를 잡으려고 시도했다. 그들은 처음에 예수의 체면을 깎으려고 했으며(그의 제자들의 체면도 함

7 　누가복음에만 나오는 이야기는 다음을 보라. 4:1-13; 5:29-39; 6:1-5, 6-11; 7:1-10(적대적이지 않음); 7:18-23(적대적이지 않음); 7:39-50(심지어 도전이 분명히 표현될 필요도 없음에 주목하라!); 10:25-28; 11:14-20; 11:37-54; 13:10-17; 14:1-6(여기서는 예수가 시작한다); 15:1-32(여기에 있는 세 비유는 바리새인들의 도전에 대한 확장된 응수다. 이 연속된 비유들은 통명스러운 형이 그의 동생을 환영하고 잔치에 합류하기를 거절하는 것으로 끝을 맺는다. 이는 바리새인들과 서기관들을 겨냥하는 응전이다); 16:14-18; 19:39-40, 45-48 (예수가 시작하고, 응수는 그 주간의 끝에 나온다!); 20:1-19(이 비유는 예수의 응전/응수의 일부분이다); 20:20-26, 27-40. 눅 20:41-47에서 예수는 십자가형을 받을 때까지 대응하지 않는 자신의 새로운 도전 방식으로 마지막 대전을 치른다.

께), 나중에는 죄를 씌우고자 공격을 시작했다. 개인의 명예는 사실 자신과 사회적으로 동등한 위치에 있는 자로부터 선물을 받게 되었을 때 그와 같은 위치에 놓이게 될 수 있다. 왜냐하면 이런 선물 교환의 실패는 명예의 실추로 귀결되며, 비록 적대적인 상황이 아니라 하더라도 이것이 도전적 응수의 상황이 되기도 하기 때문이다. 그래서 이소크라테스는 그의 제자에게 "상해를 입히는 데 있어 네 원수들에게 압도당하는 것과 친절을 베푸는 데 있어 네 친구들에게 압도당하는 것을 동일하게 수치스러운 것으로 여겨라"(*Ad Dem.* 26)라고 조언했다. 다시 말해 부정적이거나 긍정적인 도전을 받게 되었을 때 승리하기 위해 고통을 감수하는 것은 결국 그의 명예가 실추되지 않도록 하는 것이다.

어떤 문헌이나 연설가가 타인이 부여한 명예나 스스로 성취한 명예라는 주제를 어떻게 엮어서 만들어내는가를 알아야 할 뿐만 아니라 명예와 불명예가 한 사람의 "이름" 또는 평판을 통해서만 아니라 그의 신체를 통해 어떻게 상징되고 있는가에 대해서도 알아야 한다. 신체가 취급되는 방식이 종종 명예나 불명예를 드러내기도 한다. 그래서 왕의 머리에는 왕관을 씌우고 기름을 붓지만, 죄인의 얼굴에는 손찌검을 하고 때린다(예. 막 15:16-20; 눅 22:63-65). 결박하고 불구로 만들고 결국은 죽이는 것 역시 명백한 범죄자의 명예를 맹렬히 비난하는(실제로 삭제하는) 요소가 된다. 사람들을 상대적으로 배치하는 것도 명예를 드러내는 방식이다. 그래서 왕은 종종 다른 사람들보다 높은 곳에 앉는다. 신하들은 존엄으로 인해 경외와 명예가 상징적으로 차이가 있음을 인정한다는 표시로 통치자 앞에서 땅에 엎드리며 크게 절을 한다. 새로운 질서와 관계들이 시작되었음을 알리기 위해 일단 패배한 적들은 승리자의 발 앞에 던져진다(고전 15:24-28; 히 1:13을 보라). 만찬이나 회당에서 앉는 순서는 손님이나 예배자들의 상대적 신분을 알려주는 중요한 표지다. "최고의 자리"에 앉으려고 각축을 벌이는

문화의 키워드로 신약성경 읽기

자들을 향한 예수의 비난은 그 당시의 명예-추구의 관습에 대한 비판이다
(마 23:6-7; 막 10:35-37; 눅 14:7-11). 시편 110:1 —"주께서 내 주에게 말
씀하시기를, '내 오른편에 앉으라'"—을 예수에게 적용하는 것은 유대교
와 기독교 세계에서 가장 높은 명예의 자리에 예수를 고정하는 것이다(막
12:35-36; 히 1:13; 12:2). 일반적으로 의복도 사람의 명예나 지위를 알려주
는 지표로 사용된다. 그래서 에스더는 그녀의 "예복"을 "상복"으로 갈아입
었고(Add Esth 14:1-2, 15:1), 아닥사스다 왕의 명예는 가시적인 표지들(보
좌, 의복, 금과 보석과 같은 부의 상징들)로 매우 아름답게 드러났으며, 그래서
에스더는 그를 보자 혼절했던 것이다(Add Esth 15:6, 11-14).[8]

신체를 다루는 방식과 옷을 입는 방식 및 다른 사람들의 신체와 관
련하여 자리를 배열하는 방식에 대해 면밀한 주의를 기울이는 것과 더불
어 우리는 사람의 이름이 다루어지는 방식도 고려해야 한다. 이름은 사람
의 명예가 상징되고 명예나 불명예가 향할 수 있는 또 다른 지점이다. 하
나님의 이름을 찬양하거나 "거룩하게" 여기거나 하나님의 이름을 "알리
는"것은 하나님께 명예를 드리거나 그분의 명예를 퍼트리는 표현이다(Tob
3:11; 8:5; 11:14; 14:8-9; 마 6:9; 요 17:6, 26; 롬 9:17; 15:9). 하나님의 백
성이 하나님의 명령에 불순종하거나 부도덕하게 살았기 때문에(롬 2:24; 딤
전 6:1) 하나님의 이름이 "모독을 당하게"[9] 될 때, 하나님의 백성은 하나님

---

8 마 11:7-8을 보라. 여기서 예수는 자신들의 "궁전"에서 "부드러운 옷을 입고 있는 자들"
을 포함하여 다른 어떤 사람보다도 더 위대한 명예와 가치를 세례 요한이 지니고 있다고
칭찬하기 시작한다. 엘리야를 생각나게 만드는 요한의 옷 역시 문명의 사회적 계급 "밖에"
서 있는 사람으로서 그의 지위를 규정하고 있다(히 11:37-38도 보라). 군인들이 예수를
조롱할 때 그들의 놀이의 일부는 왕으로서 "그에게 옷 입히는" 것을 포함하고 있는데, 이
는 예수가 왕이라는 주장이 그들의 눈에는 거짓으로 보였기 때문이다(막 15:16-20). 조
롱하는 그들의 대관식은 이 명예에 대한 예수의 주장에 대해 그들이 도전하는(또한 부정
하는) 방식이었다.

9 모독은 본질적으로 누군가의 평판에 상처를 주는 것을 의미한다.

께 불명예를 안기는 일에 참여하고 있는 것이다. 하나님의 이름도 그의 원수들에게 "모독을 당하게" 되고(계 13:6; 16:9) 결국 하나님의 명예는 이 원수들을 처벌함으로써 신원된다. 예수의 이름으로 무엇을 행하는 것이나 무엇을 요구하는 것은 예수의 명예에 호소하는 것이다. 선한 일이나 섬김은 예수의 명성을 증진시키는 매체가 되며, 응답받은 기도는 예수의 명예를 축하하며 퍼트리는(즉 증언을 통해) 결과를 낳을 것이다. 그리스도인들도 각각 이름 즉 명성을 가지고 있다. 예수는 자신에 대한 그리스도인들의 헌신으로 인해 이웃 가운데 그들의 "좋은 이름"이 손상되는 일에 그들을 대비시키지만, 여기서 그리스도인들의 "좋은 이름"이 손실된 것이 그들로 하여금 하나님 앞에서 영원한 명예를 얻도록 해준다는 점을 확신시켜준다(눅 6:22)[10].

마지막으로 우리는 성 역할이 명예로운 행위 개념과 충돌하는 방식에 대해 언급해야 한다. 고대 세계에서 여성과 남성은 오늘날 많은 전통적인 문화에서와 마찬가지로 명예를 보전하고 획득하기 위한 다른 무대를 가지며, 명예로운 활동을 위한 다른 기준들을 가진다. 남성은 공공의 영역을 점유하는 반면에 여성은 일반적으로 가정의 사적 영역을 향하게 되어 있다. 여성이 집 밖으로 나갈 때 그들은 다른 남성과 대화하는 것을 주의하여 피해야 한다. 그들이 가는 장소들은 (마을의 우물, 음식을 사는 시장과 같이) 여성이 주로 모이는 곳이며, 그래서 이런 곳은 "사적" 영역의 확장판과 같은 것

---

10 물론 신약성경의 저자들이 누군가의 이름이 이러저러하다고 단순하게 말하는 많은 예가 있다. 이런 곳에서 어떤 이름은 단순히 이름일 뿐이다. 이름이 다른 사람들의 눈에 어떤 사람을 의미하거나 평가하는 것이 될 때, 그것은 그 사람의 명예와 가치에 대한 암호가 된다. 이름으로 명예를 상징하는 것은 고전적인 것이며, 빈번하게(거의 독점적으로) 시편은 이런 방식으로 **이름**이 사용되고 있음을 증언한다. 시편의 저자들은 "그의 이름을 송축"함으로써 하나님께 명예를 돌리며 이스라엘의 "이름" 또는 탄원자 개인의 "이름"이 "영원히 사라지지" 않도록 기도하며(다시 말해 하나님께서 이스라엘 또는 기도자의 명예와 명예로운 기억들을 보존해주실 것을 기도하며), 그들의 대적들의 "이름"이 제거되도록 간구한다.

문화의 키워드로 신약성경 읽기

이 되곤 한다. 기원전 5세기에 투키디데스는 가장 명예로운 여성은 남성에게 가장 조금 회자되는 자라고 기록했다(*Hist.* 2.45.2). 6백 년 후에 플루타르코스는 동일한 내용을 훨씬 더 자세히 말한다. 즉 여성은 자기 남편과 함께 있을 때에만 보여야 하며, 남편이 출타 중일 때에는 집에 숨어 있어야 한다("Advice on Marriage," 9). 여성의 몸과 말은 모두 "공공의 재산"이 될 수 없으며, 외부인으로부터 보호받아야 한다. 여성은 자기 남편에게 말해야 하며 남편을 통해 말해야 한다("Advice on Marriage," 31-32). 기원전 2세기경 예루살렘에서 벤 시라 역시 여성의 영역과 명예에 대해 동일한 내용을 서술했다(Sir 26:13-18).[11]

이와 같이 여성을 사적이거나 비남성적인 영역으로 귀속시키는 이유는 세상에는 여성에게 속한 장소가 있다는 고대의 개념에 뿌리를 둔다. 여성은 독립적인 존재 또는 행위 주체로 여겨지지 않고, 남성(만일 결혼하지 않

---

[11] 이런 일반적인 규정에 대해 주목할 만한 예외가 몇 가지 있다. 유닛(Judith)은 외경에 이름이 나오는 여주인공으로 이스라엘을 장악하고 있던 적군의 장수에게 술을 먹여 진정시키고 그로 하여금 성적 쾌락을 기대할 만큼 인사불성이 되게 만든 후, 그가 침대에서 곯아떨어졌을 때 그의 머리를 베어버림으로써 명예를 획득했다. 「마카베오 4서」의 저자는 자신의 일곱 아들에게 하나님과 하나님의 토라에 대한 충성을 위해 순교를 받아들이도록 권하는 한 어머니에 대해 묘사하면서, 그녀를 어떤 남성보다 더 "용기 있는"(이에 해당하는 그리스어는 남성의 이름에 해당하는 단어에 기초하여 더 "남성적"이었다라고 표현한다) 여성이라고 찬양하고 있다. 플루타르코스는 "여성의 용기에 관하여(On the Bravery of Women)"라는 장문의 수필을 헌정했는데, 그 속에 있는 이야기들은 여성의 용기("남성다움")가 그들의 주변에 있던 남성의 용기보다 월등하여 남성과 여성에게 모범이 되고 있음을 기록하고 있다. 그러므로 확실히 여성은 용기, 관대함 또는 정의를 실현하는 일에서 배제되지 않았다. 실제로 여성은 이런 일들에 대해 미덕을 갖추도록 격려받았다. 그럼에도 불구하고 앞에서 언급한 용감한 여성 영웅들조차도 그들의 명예는 성적 배타성이라는 덕목과 필수불가결하게 연결되어 있음을 알고 있으며, 또 다른 전장에서 다른 명예를 성취하는 것을 손상시킬 피해가 있음도 알고 있다. 그러므로 유딧은 비록 그녀가 자신의 매력을 홀로페르네스 장군에게 발휘했을지라도, 그는 결코 그녀를 실제로 갖지 못했음을 재빠르게 지적한다(Jdt 13:6). 일곱 순교자의 어머니도 군인들의 불결한 접촉으로부터 자신의 몸을 보존하기 위해 몸을 불에 던지는 행동을 했으며(4 Macc 17:1), 「마카베오 4서」의 저자는 그녀의 순결이 그녀 자신의 삶을 통해 입증되었다는 그 어머니의 말로 책을 끝맺고 있다(4 Macc 18:6-9).

았으면 아버지, 결혼 후에는 남편)의 정체성과 명예에 내재된 존재로 여겨졌다. 만일 여성이 자신의 명예를 보호하는 데 실패한다면, 예를 들어 혼외정사에 참여하거나 자기 가족 밖의 남성과 동행하거나 말을 섞음으로써 "음란함"을 드러내었다면, 그녀는 실제로 자기 남편이나 아버지에게 수치를 가져다주는 결과를 낳았다. 딸이나 아내는 불명예에 맞서는 남성의 후방에 있는, 공격당하기 쉬운 약점으로 간주되었다. 이런 이유 때문에 벤 시라는 딸의 출생을 부채로 여기며(Sir 42:9-14), 여성을 통해 야기된 잠재적 손실에 대해 강하게 표현한다(Sir 26:10-12).

유대인의 정체성의 핵심이었던 유대인과 이방인의 차별을 공격하는 것과 관련하여 신약 저자들이 상당한 진보를 나타내었음에도 불구하고, 심지어 남성과 여성, 노예와 자유인의 차별이 그리스도 안에서 가치가 없음을 알았던 바울의 확신에도 불구하고(갈 3:28), 우리는 신약성경의 내용 속에서 여성의 명예에 대해 더 큰 사회의 관점이 증진되고 있는(또는 단순히 반영되고 있는) 상당한 양의 지면을 분명하게 발견한다. 그래서 고린도전서 11:2-16에서 바울은 고린도 교회의 성도들에게 여성은 그들의 머리에 수건을 쓰고 기도해야 한다는 점을 확신시키고자 했다. 이 역시 남편을 아내의 "머리"로 명명함으로써 여성의 명예가 남성의 명예에 내재되어 있다는 견해를 반영하고 있다. 여기서 아내는 개념적으로 남편의 "몸"으로 통합된다. 목회 서신의 두 본문(딤전 5:8-12; 딛 2:4-5)은 성적 배타성(심지어 첫 남편이 죽은 후에 과부에 대한 내용도 포함하여)에 대한 가치와, 가정을 여성에게 적절한 영역으로 묘사하는 도식을 기독교 문화 속에서 강화하고자 시도한다. 이 본문들은 반복적으로 논쟁의 전면에 나서게 되는데, 그 이유는 이 본문들이 공공의 예배에서 여성이 말하는 것을 강하게 금지하기 때문이다. 이는 여성을 성직자로 임명하지 않는 것과 분명한 관련이 있다.

여자는 교회에서 잠잠하라. 그들에게는 말하는 것을 허락함이 없나니 율법에 이른 것같이 오직 복종할 것이요, 만일 무엇을 배우려거든 집에서 자기 남편에게 물을지니, 여자가 교회에서 말하는 것은 부끄러운 것이라(고전 14:34-35; 딤전 2:11-12도 보라).

이 본문들은 계속해서 끊임없는 논쟁의 주제가 되겠지만, 여기서 우리의 관심사와 관련되는 것은 이 단락들이 플루타르코스가 분명하게 언급한 것과 같은 동일한 확신을 반영하고 있다는 사실이다. 다시 말해 여성의 말은 자기 남편의 귀를 위한 것이지, 대중의 귀를 위한 것은 아니라는 것이다.[12]

명예와 집단적 가치들

명예와 불명예 또는 수치에 관한 고대 사람들의 관심은 그들이 특별히 다른 사람들에게 인정을 받느냐 받지 못하느냐를 중요시했음을 의미한다. 이런 성향은 사람들이 그 집단이 명예롭게 여기는 특징 및 행동을 구현하고,

---

12 대중 즉 여성이 그 앞에서 침묵하고 뒤로 물러나야 하는 대상인 비친족 또는 외부인들로서의 회중 개념과, 신약의 더 큰 맥락 속에 나타나는—소위 예수의 피와 관련된—가족으로서의 교회 개념 사이에는 주목할 만한 차이가 있다. 고전 14장에서 바울의 주된 관심사는 교회 공동체에 손님—"외부인"—이 왔을 때 나타나는 생각 속에서 드러난다. 나는 공공장소에서 여성이 말하는 것과 자신을 드러내는 것을 제한하는 이 본문들은 외부인들에게 기독교 운동은 파괴적인 것이 아니라, 그 당시 지배적인 비그리스도인 문화와 동일한 "가족에 관한 가치들"(가정 내의 여성과 아이들 및 노예와 관련하여)을 가르치고 있음을 보여주려는 초기 교회 지도자들의 시도를 소개하는 것일 가능성이 높다고 생각한다. 이와 같이 말하는 이유는 첫째로 그리스도인 집단을 향한 중상모략(다시 말해 기독교 운동이 "세상을 거꾸로 뒤집고", "선한" 사람들에게 불안과 문제를 일으키는 원인이라는)을 약화시키고자 했기 때문이고, 둘째로 주변 사람들에게 교회가 더 매력적인 집단임을 알리고자 했기 때문이다. 항상 교회를 위해 고대의 문화적 가치 기준에 양보하는 것은 내가 보기에 문제가 많은 것 같다. 특별히 이는 교회를 세우기 위해 모든 신자—"아들들과 딸들"에게, 노예와 자유인들과 여자들에게 모두(행 2:17-18) 부어주시는 예언의 은사를 포함하여—에게 주시는 은사에 대해 말하는 많은 본문을 희생하는 일이 되기 때문이다.

다른 사람들의 눈에 비난을 야기하거나 사람에 대한 평가를 떨어뜨리는 원인이 되는 행동들을 피하려고 노력했다는 것을 의미한다. 집단은 생존하기 위해 구성원들이 보여주어야 할 특성들을 발견하고 규정했기 때문에, 명예를 인정받고자 하는 욕구는 그 구성원들이 집단의 생존과 건강을 증진하기 위해 자신들의 모든 역할을 완수하도록 했을 것이다.

이런 이유로 예컨대 용기가 아주 높게 평가되었다. 고대에 도시 전체의 안전은 그 도시의 (남성) 시민들이 전쟁의 갈등으로 인한 위험을 수용하고, 생명의 위태로움과 (그야말로 문자적으로) 불구가 되는 위험을 감수하고자 하는 자발성에 달려 있었다. 그러므로 전사한 군인들과 생존한 퇴역 군인들은 모두 그들이 속한 집단으로부터 명예로운 자들로 인정된 반면 탈영병들은 비난의 대상이 되었다. 명예로운 자로 인정받고 수치를 피하려는 욕구는 시민권을 가진 대부분의 군인들이 치열한 전투에 계속 참여하게 하고, 수치스럽게 생존하는 것보다 명예롭게 죽는 것을 더욱 선호하도록 만들었다. 대부분의 공공사업과 도시의 발전은 부유한 시민들이 주도했기 때문에, 관대함(자선) 역시 수준 높고 눈에 띄는 명예로 간주되었다. 명예에 대한 욕구는 도시의 이익을 위해 막대한 돈을 자원해서 흔쾌히 지불하도록 만들었다. 이런 일들은 끊임없이 계속될 수 있었다. 문화의 질서와 안정을 보존하고 그 문화의 성장과 향상을 야기한 덕목과 행위는 명예로 보상받았다. 사적·공적 영역에서 자신의 일을 완수한 자들은 가치 있고 소중한 사람들로 인증되었다. (가정의 안전을 공격하는) 간음을 행하거나, (그 집단의 안전과 명예를 손상시키는) 비겁한 행위를 저지르거나, (신들이나 통치자들의 호의에 손실을 가하여) 신들과 통치자들의 명예를 추락시키거나, (관대한 자들에게 불의를 행하고 위협을 통해 그들의 자원함을 약화시키는) 배은망덕을 행하는 등 그들의 가치를 범한 사람들은 지속적으로 경멸당했다. 집단은 범법자들에게 수치를 주기 위해 고안된 기준들을 행사했고(수치, 모욕, 신체적 학대, 재산의 몰수를 행하거나, 최악의 경우 처형함), 범법자들에게 (만일 교정이 가능했다면) 그 집단이 인준하는 행위들에 맞게 행동하도록 압박했다. 그 결과 그 집단의 다른 구성원들이 그와 같은 범법을 저지르는 것에 깊은 반감을 갖도록 하는 일이 더욱 강화되었다. 명예나 수치를 주는 일은 실제로 법에는 없는 이와 같은 모든 가치를 강제하고 성문화된 법으로 보장된 가치들을 강화시키는 중요한 수단이 되었다.

특정 집단이 다른 집단들로부터 상대적으로 고립되어 산다면 — 다시 말해 어떤 사람이 주어진 생애 동안 만나는 모든 사람과 동일한 가치를 공유하고, 그것에 따라 명예와 불명예를 부여받게 될 때 — 그 집단의 가치에 헌신하는 구성원들을 유지하는 과정은 상대적으로 단순하고 일관된 것이 된다. 다음 세대의 헌신을 유지하는 것도 역시 큰 도전이 되지 않는다. 그들은 명예로운 행동이 무엇이며, 불명예가 되는 행동이 무엇인지에 대해 이견이 적은, 어쩌면 거의 없는 환경에서 자라게 된다. 그들은 끊임없이 적용되는 찬양과 수치에 관한 사회적 기순들을 보며 아무런 의문 없이 그 집단의 가치를 흡수한다.

그러나 당시에 다양한 문화를 폭넓게 교류하는 도시들이 좁은 공간에 집중되어 있던 1세기 지중해 세계는 이런 상황이 아니었다.[13] 예수 또는 바울의 시대에 이런 상황의 단면을 수용한다면 우리는 먼저 당시의 지배적인 문화, 즉 특징적인 그리스 문화 체계를 가진 헬레니즘 문화를 발견하게 된다. 이것이 당시의 지배적인 문화인 이유는 로마 황제로부터 소아시아와 시리아 및 이집트에 있었던 지방 엘리트들, 심지어 팔레스타인의 헤롯 아그립바에 이르기까지 권력을 가진 모든 자들이 헬레니즘 문화를 공

---

13   이런 상황은 다문화주의와 다원주의에 대한 강력한 강조로 인해 특정 집단의 문화를 유지하는 것이 훨씬 더 큰 도전을 맞이하고 있는 복잡한 현대 사회의 상황과도 매우 다르다.

유하고 있었기 때문이다. 또한 헬레니즘 문화는 다수의 문화이기도 하다. 왜냐하면 당시 헬레니즘은 마케도니아로부터 이집트까지 (3세기 동안의 팔레스타인을 포함하는) 동부 지중해의 지역 문화 안으로 침투해 있었기 때문이다. 그러나 당시 그곳에는 다른 많은 그룹이 살고 있었으며, 그들은 세상을 지배하던 제국 속에서 살기 위해 필요한 것들에 적응하면서도 그들 자신의 고유한 가치들을 보존하고자 노력하고 있었다. 이런 소수 문화들 가운데 두드러졌던 것이 바로 유대교 문화다. 앞선 시대에 지배적인 문화를 이루었던 유대인들은 6세기 동안 다른 민족들이 지배하는 제국들 속에서 하위문화 집단으로 살아가야만 했다.[14] 팔레스타인에서, 특히 디아스포라로 살았던 유대인들의 공동체 내에서 유대교의 가치에 대한 헌신과 타협하면서 이방인 세계 가운데서 살아가는 것은 매우 도전적인 일이었다. 또한 자신들의 가치 체계와 특징적인 문화를 진작시키려 했던 자발적인 집단들도 있었다. 이런 범주에는 스토아 학파, 에피쿠로스 학파, 견유철학과 같은 그리스-로마의 철학 학파들이 있었고, 그 가운데에 초기 기독교 운동도 있었다.

이런 다문화 환경을 도전적으로 만들었던 것은 각각의 집단이 그들의 특징적인 가치와 신앙 체계에 따라 명예롭고 불명예스러운 행동을 규정하고 만들어낸다는 점이었다. 때때로 이런 가치들이 중첩되는 경우도 있었지만(유대교 및 기독교 변증가의 전략은 종종 중복되거나 공통의 영역에서 강조되곤 했다), 종종 그 가치들은 충돌하기도 했다. 한 집단이 고수하고 있는 동일한 행동이 그 집단에서는 명예롭게 여겨지지만, 다른 집단에서는 불명예스

---

14 하스몬 가문(예후다 마카비의 가문: 왕조 성립에 관해서는 1 Macc를 보라) 치하였던 "독립"의 시기는 예외로 간주될 수 있다. 비록 그 시기에 이미 더 많은 유대인이 팔레스타인 밖에서 살고 있기는 했지만 말이다. 그러나 여전히 그들은 대체로 더 큰 제국 내에서 하위문화 종족으로 살고 있었다.

문화의 키워드로 신약성경 읽기

러운 것으로 비난과 모욕을 받을 수 있었으며, 그 반대의 경우도 존재했을 것이다. 만일 율법을 지키는 일이 다수의 문화 또는 지배 문화의 조롱을 불러일으키고 그들이 명예로운 것으로 확증하기를 금하는 일일 때 모세 율법을 완전히 지키기는 어려운 일이었다. 다수의 사람들이 자신들의 이상에 주의하지 않고, 철학을 조롱하며, 미덕이 부요한 자보다 외적 재화(부 또는 추종자들의 무리 또는 권력의 지위와 같은)가 부요한 사람을 칭송할 때 스토아 학파의 이념을 최우선으로 지키는 것은 어려운 일이었다. 이는 특정 집단의 개별 구성원에게 날카로운 사회적 긴장과 압박을 초래했다.

이와 같은 시나리오를 더 명확히 하기 위해 고대 사회에 실렸던 유대인들의 특별한 저서와 그들이 이런 긴장을 해결하리고 했던 방식을 일례로 살펴보노록 하자. 유대교 문화 안에서 하나님의 법 즉 토라를 준수하는 것은 명예로운 남자 또는 여자의 가장 중요한 표지였다. 예를 들어 벤 시라는 이 점을 그 집단의 핵심 가치 – 한 사람이 지닌 가치의 진정한 근본이며 원천 – 로서 다음과 같이 재자 확언한다.

> 명예로운 가치를 가진 종족은 누구인가? 인류다. 명예로운 가치를 가진 종족은 누구인가? 하나님을 경외하는 자들이다. 명예로운 가치가 없는 종족은 누구인가? 인류다. 명예로운 가치가 없는 종족은 누구인가? 계명을 범하는 자들이다. 형제들 가운데 그들의 지도자는 명예로운 자이며, 하나님을 경외하는 자는 그분의 눈에 명예로운 자다. 부자와 유명한 자와 가난한 자 모두 – 그들의 영광은 하나님을 경외하는 것이다. 지식을 가진 가난한 자를 경멸할 권리가 없는 것같이, 죄인을 명예롭게 여기는 것도 적절하지 못한 것이다. 귀족과 재판관과 통치자는 명예를 받을 것이지만, 그들 가운데 누구도 하나님을 경외하는 자보다 위대할 수는 없다(Sir 10:19-24).

벤 시라에게 하나님의 언약을 지키는 것은 사람이 명예로운 자임을 확실하게 하는 데 필수적인 재료가 되는 반면, 토라를 어기는 것은 참된 명예가 없이 힘과 권력의 자리를 떠나는 것을 의미한다.

그러나 심지어 벤 시라가 이런 말을 그의 학생들에게 가르치는 동안에도 학생들은 정확히 그들이 토라를 지킨다는 이유 때문에 비유대인들의 모욕과 조롱을 경험하게 되었을 것이다. 모세의 율법은 우상숭배와 관련되는 일은 어떤 것이라도 금한다. 그래서 명예를 아는 유대인은 결코 이방 신전과 교류하지 않았다. 그러나 세상의 나머지는 신들(즉 유대인들이 혐오하는 우상으로 묘사되는 신들)에게 적절한 존경을 드러내는 것을 명예로운 사람 — 신들에게 자신의 의무를 다하는 경건하고 의로운 자 — 의 필수적인 특성으로 간주했다. 다수의 눈에 유대인들은 무신론자에 지나지 않으며 그들의 모든 행위는 불명예스러운 것으로 여겨졌다. 아브라함 언약과 모세 언약 속에 포함된 징표로서 유대인 사이에서 존중받는 표지인 할례는 그리스 문화에 의하면 인간의 육체를 야만적으로 절단하는 행위로 여겨졌다. 더욱이 토라를 철저하게 준수하는 것은, 좀 더 적용하여 본다면, 사람이 무엇을 먹는가와 누구와 먹는가를 지속적으로 감시하는 것을 의미했다. (그리스인이나 로마인이 배설하는 사적인 저녁 만찬의 자리에도 놓여 있고 그 존재가 명예롭게 여겨지는) 우상을 금하는 것과 토라의 음식법과 정결법으로 인해 유대인들은 비유대인들과의 교제를 엄격하게 금했다. 그러나 다수의 문화는 시민들의 일치와, 모든 면에서 시민들의 삶에 참여하는 것(예. 종교 축제, 사업 조합 등)에 매우 높은 가치를 두었다. 그 결과 비유대인들의 눈에 유대인들은 스스로 엄격하게 비유대인들과 거리를 유지하며 다른 종족들을 미개한 자들이라고 의심하는(심지어 미워하는) 눈초리를 거두지 않는 자들로 보였다. 이는 유대인들을 향한 또 다른 조롱과 모욕의 이유가 되었으며, 생명의 길(토라)을 가는 자들로 하여금 외국인들을 혐오하고 퇴보적인 법률을 가진 자

문화의 키워드로 신약성경 읽기

들이라는 경멸을 받도록 만들었다.[15]

그래서 유대인들은 심각한 반대에 직면하게 되었다. 만일 유대인이 토라를 따라 살면 그는 자신의 유대인 동료들로 구성된 공동체에서는 가치 있는 구성원으로서 명예를 얻으며 확증을 받지만, 그리스-로마의 사람들로 구성된 다수의 공동체로부터 경멸받고 심지어 그의 명예가 공개적으로 모욕을 당하게 될 것이었다. 이와 같은 상황에서 유대인이 유대인으로 남는 것은 보장될 수 있는 일이 아니었다. 만일 그가 그리스-로마 문화의 구성원들로부터 인정 및 확증(과 그와 같은 방향에서 주어질 수 있는 관계망의 확장과 영향력과 부요함의 기회)을 받기를 원한다면, 그는 유대교의 가치에 대한 자신의 철저한 헌신을 포기해야 할지도 모른다. 실제로 헬레니즘 시대에 많은 유대인이 이런 과정을 선택했다.[16] 그러나 대부분의 유대인들은 조상의 법과 관습에 신실한 상태로 남아 있었으며 그들의 문화와 가치를 보존하고자 했다. 그렇게 하기 위해 그들은 자신들과 명예로운 자들에 관한 규정에 민감한 동료 유대인들을 보증하는 전략들을 발전시키는 동시에 명예 및 불명예와 관련한 비유대교적 평가로부터 자신들을 분리해야 했다.

이런 전략들은 집단 구성원들의 충성을 확보하고 집단 밖의 사람들

---

15 고대 반유대주의 정서의 극명한 예는 Josephus *Ag. Ap.* 2.121, 258; Tacitus *Hist.* 5.1-5; Juvenal *Sat.* 14.100-104; Diodorus of Sicily *Bib. Hist.* 34.1-4; 40.3.4에서 찾아볼 수 있다.

16 예를 들어 예루살렘에 있던 제사장 가문에서조차 할례의 표지를 제거한 일, 이방 세상을 다루는 모세의 규제를 벗어던진 일, 안디옥에서 그리스 지식인의 눈으로 볼 때 그리스 도시로서의 지위를 획득하기 위해 열성을 다했던 일에 대해 보라(1 Macc 1:11-15; 2 Macc 4:7-15; 특히 2 Macc 4:15에서 "그들의 조상이 부여한 명예를 경멸하고, 품격 있는 그리스 양식에 대해 최고의 가치를 부여한 일"과 관련한 내용은 주목할 만하다). 그들의 유대교 뿌리를 배신하고 "더 큰" 정치판에서 높은 명예와 영향력을 발휘했던 사람들에 대한 여러 이야기가 있다. 예를 들어 경건한 구약학자인 알렉산드리아의 필론의 조카 티베리우스 율리우스 알렉산더가 있다. 그는 율법 준수를 뒤로하고 떠난 후에 알렉산드리아의 장관이 되기 위해 나아갔으며 기원후 46-48년에 유대 지방의 총독이 되었다.

로부터 구성원들이 느낄 수 있는 압박을 완화하기 위해 시도하는 많은 소수 문화들의 공통적인 전략이었을 것이다. 이런 내용은 유대교 문헌에서, 자신들의 삶의 방식을 촉진하던 이방인 철학자들의 글에서, 신약이라고 불리는 초대 기독교 문헌에서도 발견된다.[17] 첫째로 공동체의 구성원들은 누가 자신들의 "평판의 법정"(court of reputation)을 구성할 것인가에 관해 매우 명확할 필요가 있었다. 이 법정은 명예로운 것과 수치스러운 것에 관한 "견해"와 개인에 대한 평가를 구성할 주요 인사들의 모임으로 진짜 중요한 것이었다. 그들이 승인을 추구할 때, 그들의 눈은 서로를 향해, 그들의 지도자들을 향해, 그리고 자주 영역 밖에 있는 존재들(예를 들어 하나님 또는 사후에 또 다른 영역으로 옮겨간 집단의 명예로운 구성원들)을 향할 필요가 있었다[18] — 그래서 결국 집단의 가치를 공유하지 않는 사람들과, 그 집단에 대해 부정적인 평가를 내림으로써 개인의 헌신을 손상시키도록 위협을 가하는 자들로부터 멀어지게 되었다. 이렇게 눈에 보이는 "주요 인사들", 어쩌면 작은 단체의 의견이나 승인을 (하나님, 하늘의 천사들, 시대를 관통하여 세워진 성인들, 그리고 모든 지역에 있는 하나님의 교회와 같은) 다른 주요 인사들의 더 크거나 힘 있는 단체의 의견과 승인에 연결하는 것은 그 가치의 "소수" 지위를 보상하는 데 도움을 준다. (교회 또는 회당과 같은) 소수 집단을 고수하는 사람들은 비록 주변에 있는 다수의 사람들이 자신들과 다르고 반대되는 가

---

17 (그리스-로마의 3대 철학자인) 플라톤, 세네카, 에픽테토스의 저술과, (기원전 200년에서 기원후 70년 사이에 저술된 3대 유대 문서인) Jeshua Ben Sira, Wisdom of Solomon, 4 Maccabees에 나타나는 이런 기술들에 대한 자세한 분석은 내 책 *Despising Shame*의 3장에서 찾아볼 수 있다.

18 그들의 눈이 항상 개인의 "외부"로 향한 것은 아니다. 스토아 철학자인 에픽테토스는 종종 도덕적 자율에 권능을 부여하는 것에 관심을 가졌다 — 다시 말해 철학자로서 "자기-존중"의 중요성을 강조하는 것은 그 또는 그녀 자신의 삶을 시험하고, 그 또는 그녀가 실제로 철학의 이상 속에서 살고 있으며 그것의 내재화된 기준들에 부응하는 데 근거하여 스스로 긍정하고 있음을 발견하는 것이다.

치 체계를 가지고 있다고 할지라도 그들 다수가 우주의 질서와 조화롭게 살지 못하기 때문에 그들이 실제로 비정상적인 단체라고 틀림없이 믿었을 것이다. 따라서 이런 집단은 그 집단이 증진하는 삶의 방식을 고수하는 구성원들에게 명예를 부여하고, 흔들리고 있는 구성원들에게는 그 집단의 가치로 다시 돌아오게 하려고 수치와 모욕을 사용할 것이다. 이 구성원들은 그 집단의 다른 구성원들과 더 교류하고 그들에게 자신을 투자하기를 격려받게 될 것이다. 이런 관계들의 중요성은 "세상의 우정"을 위한 지지와 확인의 관계망을 교환함으로써 인식될 수 있는 어떤 이익보다 틀림없이 더 중요했을 것이다.

두 번째 비판적인 전략은 다수긴 첫 번에 신박을 반영하고 있다. 집단 구성원들은 왜 외부인들의 승인이나 불승인이 집단 구성원들에게 문제가 되지 않는지, 그리고 왜 그것이 집단 구성원들의 참된 명예와 가치에 반영되지 않는지에 대해 이해할(서로를 위해 분명히 표현할) 필요가 있다. 이것은 외부인들에 대한 무시를 강조하는 형태로 종종 나타나기도 한다. 왜냐하면 외부인들은 그 집단의 구성원들이 하나님과 하나님의 가치에 대해 무엇을 알고 있는지를 모르기 때문이다. 또한 그들은 어떤 사람의 명예나 그것의 결여에 대한 올바른 평가를 내리기 위해 필요한 모든 요소를 가지고 있는 것이 아니다. 이 전략은 집단 구성원들에게 외부인들의 수치스러운 행동을 상기시켜주는 일도 포함한다. 외부인들이 하나님을 대항하여 지속적으로 죄를 짓고 하나님이 보시기에 의로운 일을 행하기를 거부하는 것은 그들이 명예롭지 못한 사람임을 보여준다. 따라서 그들의 의견은 아무런 무게감도 지니지 못한다(비열한 자들이 당신을 경멸한다 한들, 그것이 무슨 문제가 되겠는가?).

집단 구성원들이 다수의 문화에 속한 구성원들로부터 모욕과 조롱 및 적대감을 심하게 경험하게 되었을 때, 그들은 그 집단의 세계관 내부로부터 이 경험을 긍정적으로 해석해줄 방법들을 가져야 할 필요가 있다. 예를 들어 더 큰 사회가 전술적으로 주는 수치에 직면하게 되었을 때 포기하는 것은 가장 큰 수치를 얻게 되는 것이지만, 인내하는 것은 흔들리지 않고 계속해서 그 수치를 감당함으로써 명예로운 승리를 얻게 되는 (운동경기와 유사한) "고귀한 결투"가 될 수 있다. 그 집단에 대한 사회의 경멸은 품위를 떨어뜨리는 강등의 경험으로 느껴지기보다 용기를 보여주거나 하나님에 대한 충성심을 드러내거나 그 또는 그녀의 도덕적 능력이 훈련되고 강화되었음을 보여주는 기회가 될 수 있다. 이와 같은 방식으로 집단 구성원들은 수치를 경험할 수 있는 강력한 기회로부터 단절되며, (수치 기법의 목적 가운데 하나인) 다수 문화의 가치에 영향을 받는 것으로부터 보호받게 될 것이다.

마지막으로 집단은 구성원들이 추구해야 할 행동 및 목표들을 강화하기 위해, 그리고 집단의 생존(또는 그 구성원들의 결속)을 방해하는 활동 또는 태도를 사람들이 행하지 못하도록 막기 위해 명예와 수치에 관한 고려 사항들을 사용할 것이다. 이 집단들의 작품으로 남아 있는 문헌(예. 세네카, 벤시라 또는 바울의 저술)에서 우리는 청중에게 특정한 행동 지침들을 추구하거나 멀리하도록 동기를 부여하면서 소수 문화들을 인도하는 지도자의 목소리를 발견한다. 이는 그와 같은 행동 지침들이 명예 혹은 불명예로 귀결될 것이라는 사실에 대한 확인 또는 논증에 근거한 것이다. 만일 그 집단의 지도자가 증진하는 일련의 행동들이 더 넓은 문화가 그것들을 규정하고 있듯이 명예로 인도하지 못하는 것처럼 보일 경우, 지도자는 종종 명예가 영원히 지속되거나 "실효를 거두는" 곳에서 그 행동이 명예로 이어질 것이라는 자신의 주장을 방어적으로 제시하거나 그에 관한 설명을 제공할 것이다. 이런 문헌에서 우리는 추진력 있게 행동하는 모델들도 발견한다. 몇몇 인물은 청중이 그 인물을 모방하게 될 것이라는 기대와 함께 칭송할 만한 인물로 제시된다. 이 인물들은 스스로도 칭찬받을 만하다고 인식되기를 희망한다. 반대로 어떤 인물들은(살아 있거나 죽었거나 상관없이) 불명예스럽고 비난받을 만한 자들로 구별될 것이다. 그 결과 청중은 그 사람이 구현하는 그런 종류의 삶을 모방하는 일을 피하게 될 것이다.[19]

그렇다면 명예와 불명예는 가치에 대한 개인의 느낌에 대한 것일 뿐만 아니라 어떤 집단의 규정과 중심 가치들의 협동과 증진에 대한 것이다. 또한 경쟁하는 문화들의 복합적인 관계망 가운데서 한 집단의 문화를 보존하기 위한 전략들과, 명예 또는 불명예가 획득되고 표현되며 규정되는 방법들에 관한 것이다. 그러므로 이와 같이 다소 복잡한 모델의 역동에 유념할 때, 우리는 명예에 민감한 청중에게 이 본문들이 어떻게 말하고 있는가에 대해 훨씬 더 세심하게 반응하며 신약의 저술들에 다가설 수 있고, 사람에게 가치와 중요성을 부여하는 것(즉 사람을 명예롭게 만드는 것)에 대한 특징적인 기독교적 정의를 발전시키며, 주로 적대적인 세상에서 예수와 그의 가르침에 대한 헌신과 순종을 유지할 수 있다.

---

19 이 전략들에 대한 분석은 우리로 하여금 고전 수사학에 대해 연구하도록 이끈다. 기원전 4세기(아리스토텔레스)와 기원후 1세기(퀸틸리아누스) 사이에 기록된 수사학에 관한 안내서들은 현대의 독자들에게 어떻게 고대의 논쟁이 구성되고 있는지, 어떻게 그 논쟁이 청중에게 영향을 미치고 있는지를 ─ 일련의 행동을 취하도록 청중을 인도하고자 할 때, 어떻게 그 논쟁이 그들의 마음과 감정에 호소하는지를 ─ 이해하기 위한 큰 도구를 제공해준다. 이 안내서들은 연설가들이 원하는 것을 청중이 행하도록 어떻게 그들을 설득해야 하는지와 관련하여 연설가들을 가르치기 위해 기록되었다. 이는 신약의 본문들이 사실 모두 청중에게 무엇을 행하도록 설득하기 위한 것이기 때문에 유용하다. 즉 복음서들은 공동체의 삶과 개인의 행동을 구성하는 것을 추구한다. 이는 마치 서신서들과, 요한계시록과 같은 묵시문학이 청중으로 하여금 어떤 행동을 지향하거나 지양하도록(또는 어떤 가치들을 강화하도록) 시도하는 것과 동일하다. 신약 저자들 가운데 공식적인 수사학 훈련을 받았다고 여겨지는 사람은 거의 없지만, 그들 모두는 글을 쓸 때 연설가들로부터 들었던 비공식적인 훈련의 유익과 설득의 귀납적 기술을 배움으로써 얻은 유익을 누릴 수 있었을 것이다. 어떻게 설득이 일어나는가와, 특별히 연설가들이 설득을 시도하는 과정 속에서 어떻게 명예에 호소하고 있는가를 살펴보는 것은 신약의 본문들이 1세기 청중에게 어떻게 들렸는지에 대해, 또 어떤 영향을 미쳤는지에 대해 자세히 밝혀준다. 이에 대한 출발점으로는 David A. deSilva, *The Hope of Glory: Honor Discourse and New Testament Interpretation* (Collegeville, Minn.: Liturgical Press, 1999), 14-26을 보라.

2장
신약에 나타난
명예와 수치

초기 그리스도인들은 당시 지배적인 그리스-로마의 문화뿐만 아니라 교회가 발생하게 된 유대교 하위문화의 핵심 가치들과는 다른, 더 나아가 반대되는 가치를 대표하고 그에 관한 메시지를 선포했다. 그러므로 그리스도인들은 비그리스도인 이웃들에게 비난과 수치의 대상이 되었다. 수치를 주는 다른 기법들은 이런 비정상적인 사람들이 주변 문화(유대교 문화든지 그리스-로마 문화든지 간에)가 귀하게 여기는 가치 및 행동들에 부합할 수 있도록 고안되었다. 그러므로 신약 저자들은 수치를 주는 이런 기법들의 영향으로부터 그들의 회중을 보호하고 그들의 청중에게 하나님의 법정에서 영원히 유효한 명예를 추구하도록 촉구하는 일에 심혈을 기울였다. 이 저자들은 그리스도인 집단의 가치 체계를 분명히 하기 위해 명예와 수치에 관한 언어를 계속해서 사용했는데, 이는 사랑과 섬김과 신실한 증인의 행위를 통해 두각을 나타내는 자들을 명예롭게 하고 이런 가치들을 구현하는 데 실패한 자들을 비난함으로써 이런 가치들에 대한 헌신을 강화하게 될 평판의 법정 안에 교회를 세우기 위한 것이었다.

21세기 교회들은 그들이 속한 세상에서 예수께 완전한 순종을 추구하기를 두려워하지 않는 생동감 있는 제자들의 공동체를 만드는 일과 관련하여 신약 저자들로부터 유용한 점을 많이 배울 수 있을 것이다. 신약에서 사용된 명예와 수치에 관한 언어를 연구하는 것은 마치 1세기에서 그랬던 것과 마찬가지로 지금 교회를 세우는 일에도 직접적인 자양분이 된다.

초기 그리스도인들의 명예에 대한 도전들

예수는 자신의 제자들에게 그와 함께하는 것은 그들의 이웃들로부터 좋은 평가를 받지 못하게 되는 것이라고 항상 말씀하셨다.

> 인자로 말미암아 사람들이 너희를 미워하며 멀리하고 욕하고 너희 이름을 악하다 하여 버릴 때에는 너희에게 복이 있도다(눅 6:22).

> 제자가 그 선생보다…높지 못하나니…집주인을 바알세불이라 하였거든 하물며 그 집 사람들이랴(마 10:24-25).

이와 유사하게 복음서 저자인 요한은 심지어 유력하고 높은 지위에 있던 유대인 지도자들도 예수를 믿었으나 "그들이 사람의 영광을 하나님의 영광보다 더 사랑하였기"(요 12:43) 때문에 공개적으로 신앙고백을 하지 않았다고 회상한다. 또한 "그리스도를 따르는 자들"로 알려지면 실제 불명예의 나락으로 떨어지고 이웃들의 나쁜 평판(모욕, 욕설, 비난)이 현실화되는 것을 피할 수 없게 되었다.

1세기에 그리스도인들은 드물게 (사적인 폭력에 의해) 살해당하기도 했다. 훨씬 더 드물게 공식적인 명령에 의해 처형당하기도 했다(네로의 짧은 박해는 1세기 그리스도인들을 향한 제국의 공식적인 유일한 박해 행위였다).[1] 그러나 매우 빈번하게 그리스도인들은 명예로운 길을 벗어난 자들을 "교정하기"

---

[1] 도미티아누스 황제가 실제로 그리스도인들에 대한 박해를 선동하거나 지원했는지에 관해서는 매우 논란이 많다. 도미티아누스가 교회에게 "두 번째 네로"였다는 보편적인 입장에 관한 자세한 비평에 대해서는 Leonard L. Thompson, *The Book of Revelation: Apocalypse and Empire* (Oxford: Oxford University Press, 1990), 96-132, 171-85; Adela Y. Collins, *Crisis and Catharsis: The Power of the Apocalypse* (Philadelphia: Westminster Press, 1984), 84-110을 보라.

문화의 키워드로 신약성경 읽기

위한 나머지 폭넓은 전략들로 짜인 사회적 공격을 경험했다. 예루살렘과 유대 지방에서, 특별히 부활 이후에 바로 이어지는 몇 해 동안 기독교 운동은 일탈 집단으로 인식되었고 압제를 당했다. 그 집단의 지도자들은 감언이설로 꾐을 당하고 협박을 받으며 채찍질을 당하고(그들의 명예는 공개적으로 공격당했다) 심지어 죽임을 당하기까지 했다(행 4:1-3; 5:17-18, 40-41; 7:54-8:3; 12:1-4; 살전 2:14). 소아시아와 그리스 전역을 통해 이방인 그리스도인들은 비그리스도인 이웃들로부터 사회적 압박을 경험했다.

전날에 너희가 빛을 받은 후에 고난의 큰 싸움을 견디어낸 것을 생각하라. 혹은 비방과 환난으로써 사람에게 구경거리가 되고 혹은 이런 형편에 있는 자들과 사귀는 자가 되었으니 너희가 갇힌 자를 동정하고 너희 소유를 빼앗기는 것도 기쁘게 당한 것은 더 낫고 영구한 소유가 있는 줄 앎이라(히 10:32-34).

너희가 이방인 중에서 행실을 선하게 가져 너희를 악행한다고 비방하는 자들로 하여금 너희 선한 일을 보고 오시는 날에 하나님께 영광을 돌리게 하려 함이라.…선한 양심을 가지라. 이는 그리스도 안에 있는 너희의 선행을 욕하는 자들로 그 비방하는 일에 부끄러움을 당하게 하려 함이라.…사랑하는 자들아, 너희를 연단하려고 오는 불 시험을 이상한 일 당하는 것 같이 이상히 여기지 말고 오히려 너희가 그리스도의 고난에 참여하는 것으로 즐거워하라. 이는 그의 영광을 나타내실 때에 너희로 즐거워하고 기뻐하게 하려 함이라. 너희가 그리스도의 이름으로 치욕을 당하면 복 있는 자로다. 영광의 영 곧 하나님의 영이 너희 위에 계심이라. 너희 중에 누구든지 살인이나 도둑질이나 악행이나 남의 일을 간섭하는 자로 고난을 받지 말려니와 만일 그리스도인으로 고난을 받으면 부끄러워하지 말고 도리어 그 이름으로 하나님께 영광을 돌리라(벧전 2:12; 3:16; 4:12-16).

그리스도인 "이탈자들"을 압박하여 그리스-로마 문화 또는 전통적인 유대교 문화의 가치로 돌아오게 하려는 사회적 시도들에 관한 자료는 무한하다.[2] 욕설, 비난, 구타, 투옥과 재정적인 파멸은 자주 분명하게 언급되지만, 살해 또는 처형이 아주 드물게 언급된다는 점은 주목할 만하다. 즉 그들의 이웃들은 자신들의 사회에서 골치 아픈 구성원들을 돌이키려고 노력하고 있었던 것이다.

이런 사회적 압박이 이 집단에 가해져야 했는가?[3] 외부인들에게 예수 운동은 과거에 선하고 신뢰할 만한 사람들을 파괴적인 종교 집단으로 끌어들여 그 사회의 성스럽고 핵심이 되는 가치들을 손상시키는 것으로 보였다. 첫째, 이 운동의 지도자는 어떤 의미에서 선동을 유도했다는 이유로 처형당했다. 즉 십자가형은 주로 정치적 혁명가들의 처형과 관련이 있었다. 그래서 그리스 및 로마 사람들은 예수를 평화를 뒤엎으려는 반역자로 간주했을 것이다. 유대인들은 예수를 "사기꾼"(거짓 교사), "마술사"(그의 기적적인 행위는 의심 없이 받아들여졌지만 그 힘의 근원은 논란거리였다),[4] "신성모

---

2   신약에서 이웃들의 고압적인 평가를 참아내는 그리스도인 공동체들에 관한 예는 많이 있다(빌 1:27-30; 살전 1:6; 2:13-14; 3:1-4; 살후 1:4-5; 계 2:9-10, 13을 보라). 바울은 그의 저작으로 알려진 거의 모든 편지에서 자신이 이런 평가들을 견뎌내고 있음을 언급한다.

3   반기독교 정서에 관한 더 자세한 설명과 그에 대한 자료에 대해, 어떻게 이런 정서가 사회적 압박의 한 가지 중요한 징후를 나타내는 표현이 되었는가에 대한 분석에 관해서는 내 책 *Despising Shame: Honor Discourse and Community Maintenance in the Epistle to the Hebrews*, SBLDS 152 (Atlanta: Scholars Press, 1995), 146-64을 보라.

4   예수에게 붙여진 이런 표지들은 그에 관한 일부 랍비 문헌 속에서 발견된다(b. Sanh. 43a; 107b를 보라). 이 표지들은 정확하게 예수에 관한 "외부인의" 관점을 보존하고 있음을 시사하며, 복음서 내에 보존된 자료들과 중요한 관련이 있다(특별히 마술의 죄목에 관해서는 마 9:34; 10:25; 12:24-28을 보라; 사람들을 속이는 죄목에 관해서는 마 27:63-64; 눅 23:2, 5, 14을 보라). 명칭 붙이기와 사회적 통제에 관해서는 Bruce J. Malina and Jerome H. Neyrey, "Conflict in Luke-Acts: Labelling and Deviance Theory," in *The Social World of Luke-Acts: Models for Interpretation*, ed. Jerome H. Neyrey (Peabody, Mass.: Hendrickson, 1991), 97-124을 보라.

독자"(이 죄목은 산헤드린 공회 앞에서 그가 재판받을 때 주어졌다)로 여겼다. 이와 같은 파괴적이고 불명예스러운 자를 따르기로 선택한 자들은 그리스-로마와 유대인 청중의 눈에는 분명히 의심스러운 자들이었다.

그리스-로마의 가치와 관련하여 볼 때 이 그리스도에 관한 메시지는 이방 세계에 깊이 뿌리박힌 종교적 이념뿐만 아니라 로마의 황제 숭배 사상 속에 전파되었던 더 최근의 메시지와도 양립할 수 없었다. 이 논쟁의 다른 측면에 관한 암시들은 신약 저자들이 언급한 진술 속에서 나타난다. 근본적으로 이런 갈등의 중심에는 기독교 운동으로 개종한 자들로 인해 야기된 종교의 이동이 놓여 있다. "살아 계시고 참되신 하나님을 섬기기 위해 너희가 우상을 버리고 하나님께로 돌아왔다"(살전 1:9). 그리스도인들은 사실 하나님은 한 분뿐이시며 이방인들의 모든 신은 아무것도 아닌 헛된 것이라는 유대교의 신념을 공유했다. 그러나 이교도들에게 그들의 신들은 세계 질서의 안정을 지켜주는 보호자들이었고, 삶을 유지하기 위해 필요한 모든 것을 제공해주는 자비로운 은인들이었으며, 개인의 간구를 들어주는 응답자들이었다. 우상의 존재가 어디에나 있다는 것과 신들을 향한 경의에 찬 행동들을 모든 공공 축제와 모든 회합(도시의 사업을 위한 것이든 무역 조합의 회합을 위한 것이든 간에)과 모든 개인의 저녁 잔치와 병합하는 것은 개인들을 향한 신들의 보호와 돌봄 — 그리고 신들에게 그들의 의무를 제공하는 것과 그들의 호의를 유지해야 할 필요성 — 을 지속적으로 확인시켜주었다. 신앙심은 개인의 좋은 평판에 필수불가결한 것이었는데,[5] 그 이유는 특별히 신들을 경외하는 마음이 그리스-로마의 삶에서 가정과 사회와 시민과

---

5 이소크라테스는 그의 학생에게 다음과 같이 충고했다. "너는 제사를 드림으로, 그리고 네 서원을 지킴으로 신들을 경외하라. 너는 항상 신들에게 명예를 돌리라. 그러나 무엇보다도 공공의 축제에서 그렇게 하라. 이것이 너에게 네가 경건한 자이며, 법에 거하는 자라는 평판을 줄 것이다"(*Ad Dem*. 13).

정치적 요소들 안에 서로 깊이 얽혀져 있기 때문이었다. 플루타르코스는 신들을 향한 신앙심(과 그들의 통치에 대한 믿음)을 통치의 근간으로 여겼다. "종교 없이 정부를 세우거나 유지하는 것보다 세울 땅이 없는 곳에 도시를 건설하는 것이 더 쉬울 것이다"("Reply to Colotes" 31).[6] 그리스도인들이 신들을 거절하는 것은 그들을 "무신론자"로 만드는 것이었고, 그들을 사회를 전복하는 요소나 정치계의 잠재적인 암적 존재로 간주하게 만들었다.

우상숭배에 참여하기를 철저하게 거부하는 것은 그리스도인들이 그들이 사는 도시에서 자신들의 공적 삶의 대부분으로부터 스스로를 분리해야 하는 것을 의미했다.[7] 램지 맥멀렌(Ramsey MacMullen)이 올바르게 관찰했듯이 "사회생활에서 완전히…세속적인 형태는…존재하지 않는다. 자신들을 다른 신들과 관련된 어떤 것과도 관련이 없도록 거리를 두었던 유대인들과 그리스도인들은 사람을 혐오하는 자들이라는 평판으로 고통을 당했다."[8] 베드로전서 4:3-4은 이교도들의 반응과 관련된 것을 이렇게 포착한다. "너희가 음란과 정욕과 술취함과 방탕과 향락과 무법한 우상숭배를 하여 이방인의 뜻을 따라 행한 것은 지난 때로 족하도다. 이러므로 너희가 그들과 함께 그런 극한 방탕에 달음질하지 아니하는 것을 그들이 이상히 여겨 비방하나." 물론 여기서 저자는 그리스도인들로 하여금 자신들의 지난 삶에 대해 강하게 거부하고 그런 삶으로 돌아가는 것을 혐오하도록 만

---

6 Plutarch *Moralia* 1125E, *Mor.* 1125D-E에 나타난 전체 단락을 보라.

7 초기 그리스도인들은 우상숭배에 참여하는 일을 정당화하는 것에 대해 갈등했다. 그래서 그들은 많은 관계와, 특별히 친구 및 은인들과의 관계와 더불어, 그들이 정부에 참여하는 것과 자신들의 좋은 평판과도 갈라서야 했다. 예를 들어 바울과 요한의 부정적인 반응들 속에 나타난 이런 시도들의 증거를 보라(고전 8:1-13; 10:14-22; 계 2:14-15, 20).

8 Ramsey MacMullen, *Paganism in the Roman Empire* (New Haven, Conn.: Yale University Press, 1981), 40. 타키투스(*Ann.* 15.44)는 그리스도인들을 희생양으로 삼아 제거하려 했던 네로의 힘은 그리스도인들이 "인류에 대한 증오"를 품고 있다는 일반적으로 좋지 않은 평판에 기인한다고 여겼다.

문화의 키워드로 신약성경 읽기

들기 위해 이방인의 행위를 가장 부정적인 방식으로 묘사하고 있다. 그럼에도 불구하고 그는 여전히 그리스도인들에 대한 좋지 않은 평판—공적 예배, 공적 축제 및 사교 모임에서 그들이 이교도 이웃들에게 이전에 보여주었던 결속력의 이탈—을 중요한 자원의 본질로 담고 있다. 결속력에 대한 그들의 위반과 거부감 및 심지어 그것이 불러일으켰을 분노도 비공식적인 박해를 야기하기에 충분했다. 게다가 그와 같은 삶의 방식에서 이탈하여 이웃들과 과거의 친구들을 바라보는 것은 그들 자신의 행동과 세상에 관한 신념이 궁극적으로 "옳았다"고 하는 그들 자신의 확신에 심각한 위협이 된다. 이런 확신은 개종의 결과를 야기하는 질문이 되기도 하지만, 더 빈번하게는 적대감을 불러일으키는 것이 되었다. 이탈자들에게 수치를 줌으로써 그들은 그들 자신의 삶의 방식의 절대적인 진실성을 재확인하게 되었다. 만일 그들이 "이탈자"를 돌아오게 하는 데 성공한다면, 이는 그들 자신의 안전도 재확인되는 것이 되었다.[9]

그리스도인들은 이웃의 신들과 삶의 방식뿐만 아니라 이웃의 사회 질서도 거부했다. 이 운동의 중심이 되는 다음과 같은 신념은 혁명의 근거가 되었다. 즉 예수가 다시 돌아올 것이고, 현세상의 지배자들의 통치는 끝날 것이며, 그들을 대신하여 예수의 나라가 세워질 것이다.[10] 예수의 복음은 하나님께서 사회의 모든 조직을 해체하시고 일상의 삶을 갑자기 멈추게

---

9 비티니아와 폰투스(오늘날 터키의 북서부에 위치한 로마 지역)의 통치자 Pliny(기원후 110-111년)는 그리스도인이 되었다는 죄목을 가진 자들을 박해하고 그의 지역에서 전통적인 그리스와 로마의 종교가 부흥하는 결과를 낳았을 때 깊은 만족을 표현했다(Pliny, *Ep.* 10.96을 보라).

10 따라서 "우상으로부터 하나님께로 돌이키는 일"에 덧붙여 바울은 "하늘로부터 오실 그의 아들을 기다리는 것"을 추가한다(살전 1:10). 물론 역사를 심판하실 그리스도의 재림이라는 핵심 사상은 신약의 모든 곳에서 증언된다(마 24:5-31과 평행구절들; 행 3:19-21; 롬 13:11-14; 고전 15:24-28; 빌 3:20; 살전 2:12; 살후 1:6-10; 히 1:13; 9:28; 10:37-38; 12:26-29; 벧전 1:5; 4:5, 7; 벧후 3:7-13; 계 11:15-19; 19-21장).

하시며 이 소수 집단의 기준에 따라 모두를 심판하게 될 것이라는 경고였다. 이 복음은 "전쟁과 전쟁에 관한 소문"과 영광스러운 제국의 자멸과 새로운 질서가 확립되기 전에 일어날 우주적 격변에 관한 내용을 담고 있다. 그러나 그리스도인들의 이웃들은 로마의 영속적인 통치와 강제적인 평화 및 로마의 권력에 자신들의 소망을 두었다. 그들에게 자신들의 불안정한 생존을 유지하기 위해 필요한 안정은 황제의 세심한 통치와, 외부의 어떤 공격도 저지할 수 있었던 로마 군대가 제공해주는 보호로부터 나왔다. 지중해 지역의 주민들은 "전쟁과 전쟁의 소문"에 따른 참상에 관해 잘 알고 있었기에 자신들이 그런 소문의 일부가 되기를 원치 않았다. "로마의 평화"는 그들에게 있어 황금기였다. 따라서 묵시와 제국, 곧 "하나님 나라"와 "영원한 로마"는 양립할 수 없는 이상이었으며, 로마의 평화의 종말을 선언하는 집단은 스스로 공공의 선을 대적하는 자들로 여겨지게 되었다.

이방인의 반기독교 정서에 대해서는 여기까지 하자. 비그리스도인 유대인들에게도 자신들 사이에서 성장한 종파에 대한 헌신에 손상을 입힘으로써 그 종파를 제거하려고 시도하려는 강한 이유들이 있었다. 첫째로 그들은 예수가 토라를 지키는 방식과, 안식일 및 성전과 같은 유대교의 핵심적 상징에 대한 예수의 공격에 대해 심각한 거리낌을 느끼고 있었다.[11] 유대인들이 그리스도를 따르는 자들이 되었을 때, 그들의 유대인 가족은 그들과의 관계를 끊으라는 사회적 압박을 느꼈을 것이고 그들의 이웃들에게 다음과 같이 말했을 것이다. "우리는 그들이 하는 일을 인정하지 않습니다. 그들의 수치를 우리에게 주지 마십시오."[12] 예수는 그의 제자 중 많은

---

11   성전의 중요성과 토라의 성취에 관한 불일치는 스데반을 돌로 죽게 만든 폭력을 촉발시킨 원인으로 나타난다(행 6:13-14).

12   Jerome H. Neyrey는 다음과 같이 쓴다. 즉 예수를 따름으로 인해 재산과 소유를 잃어버린 자들, 가난하게 된 자들, 자신의 가족과 기초적인 지지 기반을 빼앗긴 자들은 "연민이

이들이 이런 대가를 지불해야 할 것이라는 사실을 분명하게 예견했다(마 10:34-37; 19:29). 둘째로 비그리스도인 유대인들은 유대인 그리스도인들이 그들 자신과 이방인 사이의 경계를 낮추는 방식에 대해 이의를 제기했다. 그래서 바울은 유대교가 행한 박해의 주된 목적은 "우리로 이방인들과 대화하지 못하도록 방해함으로써 그들이 구원을 받지 못하게"(살전 2:16) 하려는 것이라고 분명히 파악했다.

이방인들과의 구별은 처음부터 유대교 문화의 핵심 가치였다. 유대인들이 이방 문화에 동화되고 그 경계가 허물어지면서 다시 "이방인들과 같이 되기를" 바랐을 때, 재앙이 이스라엘 백성에게 닥쳤다. 이런 역사의 자명한 이치는 기원전 175-164년에 발생한 사건으로 인해 유대인들 사이에 깊이 자리 잡게 되었다. 이 시기에 유대교 지도자들은 예루살렘을 완전한 그리스 도시로 만들고자 했으며, 자신들이 합류하기 원했던 더 큰 세상과 유대인을 구별해주는 관습(할례, 유일신 사상과 음식 규례와 같은)을 근절하려고 했다. 저항이 커졌을 때 헬레니즘을 표방한 군주 안티오코스 4세는 이런 정책을 강화하는 조치를 취했으며, 그 결과 잔인한 압제의 시기가 잇달아 발생하게 되었다. "그들이 추앙하며 완전히 본받기를 원하는 삶의 방식을 가진 자들은 그들의 원수가 되었고 그들을 처벌했다"(2 Macc 4:16). 많은 유대인이 (율법을 범하기보다는) 영웅적인 순교를 당했으며, 다른 유대인들이 예후다 마카비 및 그의 형제들과 함께 성공적인 투쟁을 한 후에야 비로소 평화와 율법 준수는 회복될 수 있었다.

나 동정을 받을 대상이 되지 못했다. 그들은 그들이 받아야 할 것을 받았다. 왜냐하면 그들은 '재난'을 겪은 것이 아니었기 때문이다. 그들은 가족의 전통을 배반했기 때문에 가족과 친척으로부터 수치를 경험한다"(Neyrey, "Loss of Wealth, Loss of Family and Loss of Honour: The Cultural Context of the Original Makarisms in Q," in Philip F. Esler, *Modelling Early Christianity: Social-Scientific Studies of the New Testament in Its Context* [London: Routledge, 1995], 156).

이 시기에 대해 글을 쓰는 자들은 이 사건을 다음과 같은 교훈을 가르치기 위해 사용했다. 즉 이방인들과 관련하여 좀 더 쉬운 길을 만들기 위해 율법과 언약의 표지들을 무시하는 것은 오직 국가적 재앙으로 이끌 뿐이다.[13] 그러므로 바울이 할례는 하나님이 보시기에 의미가 없는 것이라고 선언하며 유대인 그리스도인들에게 코셰르(음식법)를 지키는 대신에(또는 이방인들이 식탁 교제를 나눌 수 있도록 그들에게 코셰르를 강요하는 대신에) 이방인 그리스도인들과 자유롭게 식사하라고 권면했을 때, 그리고 둘을 나누었던 적대감의 벽이 무너졌음을 선포했을 때(엡 2:14), 그는 유대인의 핵심적인 정체성을 공격했던 것이다. 이처럼 새롭게 율법을 부정하는 일이 벌어지는 것을 막기 위해 비그리스도인 유대인들은 이스라엘의 몸을 갈라놓은 상처를 봉합하려는 희망으로 그리스도인 지도자들과 그들을 따르는 자들에게 반대와 수치를 잽싸게 끼얹었다. 이 핍박 때문에 일부 유대인 그리스도인들은 자신들 가운데 있던 이방인들을 유대인화하려고 했으며(갈 5:11; 6:12), 자신들의 비그리스도인 유대인 이웃과 친구와 친척을 안심시키려 했다.

이런저런 이유로 그리스도인의 이웃들은 그리스도인들이 이런 비정상적인 삶의 방식을 지속하게 하는 모든 수단을 단념시키고자 했고, 그리스-로마 사회의 가치와 안정을 지지하는 "품위 있는" 사람들로 되돌아가라고 설득했다.[14] 그러므로 우리는 신약 저자들이 이런 상황에서 발생하는

---

13 그들의 해석을 담은 자세한 설명은 「마카베오 2서」와 「마카베오 4서」를 보라. 「마카베오 4서」 본문의 분석과 율법의 위반이 재앙으로 이어진다는 기본적인 신명기적 신념에 대한 강화에 관해서는 David A. deSilva, *4 Maccabees*, Guides to the Apocrypha and Pseudepigrapha (Sheffield, U.K.: Sheffield Academic Press, 1998), 134-41을 보라.

14 따라서 John H. Elliott이 다음과 같이 지적한 것은 옳다. "그리스도인들을 공격하는 본질과 방식은 그들에게 지배적인 기준과 가치에 순응하도록 강요하는 궁극적 목적을 가진 여론의 법정에서 신자들의 품위를 떨어뜨리고 그들을 믿지 못하도록 만들기 위해 고안된 공적 수치에 대한 고전적인 본보기다("Disgraced yet Graced: The Gospel According to 1

문화의 키워드로 신약성경 읽기

두 가지 치명적인 쟁점에 대해 다양한 수준으로 반응하고 있음을 발견한다. 첫째로 여러 가지 면에서 새로운 공동체의 가치들은 이전에 개종자들이 양육되었던 지배 문화(또는 유대 민족의 하위문화)의 가치와 급격하게 다르기 때문에, 공동체의 지도자들은 새로운 공동체에 잔존하고 있는 것, 곧 무엇이 명예로운 것인지와 어떻게 그 명예를 얻고 유지하며 드러내는가에 대한 이전의 정의와 모델에 틀림없이 주의를 기울였다. 따라서 이 신약 본문들은 다른 문화가 명예로운 행동으로 증진하는 행동에 반대하면서 무엇이 사람을 명예롭게 만드는가에 대한 자기 집단의 정의를 강화하는 데 정당하게 사용될 수 있었다. 둘째로 신약의 저자들은 집단 구성원들에 관한 지배 문화의 부정적인 평가로 인해 잠재적으로 침식될 수 있는 결과(가볍게는 연속적인 비난으로 시작하여 폭행과 선거권 박탈로 이어지고 경우에 따라 살인으로 끝맺는)를 전달함과 동시에 "대안적인 평판의 장"을 강화하려고 시도했다. 그 결과 구성원들은 그 집단이 지니고 있는 가치의 관점에서 계속 명예를 추구할 수 있게 되었을 것이다.[15]

Peter in the Key of Honor and Shame," *BTB* 24 [1994]: 170).

15   이어지는 논의는 주제별로 계속될 것이다. 특정한 신약 본문에 나타난 명예에 관한 가르침의 자세한 분석에 관심이 있는 독자들은 다음 책을 참조하기를 권한다. David A. deSilva, *The Hope of Glory: Honor Discourse and New Testament Interpretation* (Collegeville, Minn.: Liturgical Press, 1999). 이 책은 마태복음, 요한복음, 데살로니가전후서, 고린도전후서, 히브리서, 요한계시록에 관한 주석적 논문들을 싣고 있다. Elliott의 논문, "Disgraced yet Graced"는 베드로전서를 다룬다. 로마서에 관한 탁월한 연구는 Halvor Moxnes, "Honor, Shame, and Outside World in Paul's Letter to the Romans," in *The Social World of Formative Christianity and Judaism*, ed. Jacob Neusner et al. (Philadelphia: Fortress, 1988), 207-18과 Halvor Moxnes, "Honour and Righteousness in Romans," *JSNT* 32 (1988): 61-77에서 찾아볼 수 있다. Jerome H. Neyrey의 주석, *2 Peter, Jude*, AB 37C (New York: Doubleday, 1993)는 이 짧은 본문들의 모든 문화적 배경에 관한 탁월한 통찰력을 제공한다. 바울 서신에 나타난 명예와 수치에 대한 연구 중 지금까지 가장 혁신적이고 접근하기 좋은 연구는 다음과 같다. Robert Jewett, *Saint Paul Returns to the Movies: Triumph over Shame* (Louisville: Westminster John Knox, 1998). Jewett는 바울 서신과 주요 학자들을 연결하여 다루고 있을 뿐만 아니라, 명예에 관한 바울의 메시지를 20세기 서양 문화의 관

예수의 사건

교회의 신앙의 중심에 위치한 이 이야기는 명예와 수치에 관한 세상의 평가가 신뢰할 만한 것인가를 결정하라고 강요한다. 예수는 의도적으로 모욕을 주는 죽음으로 알려진 십자가형을 당했다. 이는 범죄자의 명예를 스펙트럼의 가장 낮은 극단에 고정시키고 목격자들에게 효과적인 제재 수단 역할을 하는 것으로, 그 사회를 지배하는 문화의 가치로부터 이탈하는 자들을 기다리는 것은 수치스러운 결말임을 그들에게 상기시켜주는 형벌이었다.[16] 의심할 바 없이 바울은 유대인에게는 "거치는 돌"이며 이방인에게는 "어리석은 것"이 되는 하나님의 지혜인 이 십자가를 선포하는 일에 대해 말할 때 이 사건을 꾸밈없이 표현했다. 예수에 관한 메시지는 다음과 같다. 즉 예루살렘의 유대인 및 이방인 지도자들 모두가 예수의 신념과 행위는 수치스러운 죽음을 당할 만한 것이었다고 평가했지만, 하나님은 죽은 자들로부터 그를 일으키시고 자신의 오른편에 그를 주님으로 앉히심으로써 예수에 대한 그들의 평가를 전복시키셨다. 이 사실 때문에 유대인 공동체 또는 그리스-로마 사회에 속한 사람들이 명예를 받을 만한 가치 있는 행동에 대한 하나님의 관점이 인류의 관점과는 매우 다르다는 점을 가장 먼저 받아들이지 않았다면, 그 구성원 중 아무도 믿음을 갖거나 기독교 운동에 참여할 수 없었을 것이다.

여러 가지 면에서 복음서 저자들도 자신들의 지도자에 관한 공동체 밖의 견해에 맞서기 위해 공동체에게 버팀목이 되는 자료를 제공해주었다.

심사와 연결하기 위해 대중 매체인 영화를 사용했다.

16 Martin Hengel은 그의 책, *Crucifixion in the Ancient World and the Folly of the Message of the Cross* (Philadelphia: Fortress, 1977)에서 이 처형 방식이 부가하는 굴욕감에 대한 자세한 묘사를 제공한다. Jerome H. Neyrey, "Despising the Shame of the Cross," *Semeia* 68 (1996): 113-37도 보라.

문화의 키워드로 신약성경 읽기

복음서 저자들은 예수를 죽이려고 실제로 수치스럽게 행동하고 있었던 예수의 대적자들과 대조적으로 예수를 명예로운 인물로 제시한다. 복음서는 망자를 칭송하는 장례식 연설인 찬사(encomium)를 통해 이런 특징을 전달한다.[17] 찬사를 듣는 일이 익숙한 사람들은 복음서가 죽었지만 다시 살아난 지도자를 찬양하는 찬사를 어떻게 구성하고 있는지를 이해했을 것이다. 마태복음과 누가복음의 탄생 이야기는 예수를 이스라엘에서 가장 고귀한 줄기의 후손으로 표현하고 있을 뿐만 아니라(마 1:1-16; 눅 1:27, 32, 69), 예수의 신적 기원도 드러낸다(마 1:18-20; 눅 1:35; 요 1:1-18). 이렇게 동일한 탄생 내러티브들은 하나님께서 특별하고 고귀한 운명, 다시 말해 그의 백성과 세상을 구원하기 위한 운명을 갖도록 예수를 구별하셨다고 선언한다(마 1:21; 눅 1:32-33; 2:10-11; 요 4:42). 천사들의 고지와 천문학적 예언(즉 별의 나타남)은 이런 생각을 강화시킨다. 복음서는 예수가 행한 "미덕의 행위들"에 관한 이야기, 특별히 그의 치유와 축귀 행위로 가득 차 있다. 이는 자애로운 행위로서 결국 그의 명성을 높이는 결과를 가져다주었다.[18] 예수를 반대하던 자들은 모든 장면에서 수치스러운 자들로 드러난다. 즉 그들은 하나님께 마땅히 드려야 할 것을 바치기를 거부했고(마 21:33-44), 정직한 사람들처럼 공개적으로 예수에 맞서는 행동을 지속하기보다는 예수를 제거

---

17   찬사(*Encomia*)는 개인의 출생, 성장, 타고난 장점, 그 또는 그녀의 행위 속에 나타난 미덕과 어떤 죽음을 맞이했는가에 초점을 맞춘다. 찬사에 관한 정보를 얻기 위한 주요 자료는 수사학 안내서들이다(*The Rhetorica ad Herennium* 3.6.10-3.8.15는 놀랍게도 완전한 개요를 담고 있다. 알렉산드리아의 테온[Theon of Alexandria]의 장례식 연설에 관한 논의는 Henri I. Marrou, *A History of Education in Antiquity* [New York: Mentor, 1964], 272-73도 보라). 복음서를 찬가적 전기로 보는 논의에 대한 좀 더 자세한 연구는 내가 저술한 *Hope of Glory*, 2-3장에서 찾아볼 수 있다. 마태복음에 관해 이런 관점에서 저술된 훌륭한 포괄적 연구는 Jerome H. Neyrey, *Honor and Shame in the Gospel of Matthew* (Louisville: Westminster John Knox, 1998)를 보라.

18   자애의 행위가 되는 예수의 치유 및 그의 죽음에 대해서는 4장을 보라.

하려는 자신들의 시도를 은밀하게 행하려고 뒤로 물러났다(마 26:3-5, 14-
16, 59-61). 결국 그들의 동기는 수치스러운 사람들의 표지인 "시기심"의
발로였음이 드러났다(마 27:18).[19]

바깥세상이 예수의 십자가형을 예수의 대적들이 그들의 경쟁자를 물
리쳤음을 나타내는 수치스러운 죽음으로 간주하는 반면, 복음서 저자들은
예수의 죽음이 고결한 죽음임을 독자들이 분명하게 이해할 수 있는 방식
으로 제시한다. 타인의 유익을 위해 죽는 자들이나 (고향에 남겨진 사람들을
지키기 위해 전장에서 죽는 군인들과 같이) 다른 사람들을 위험에서 건지기 위해
죽는 자들은 명예롭게 죽은 것으로 이해되었다. 즉 그들은 자신의 친구나
동료 시민들의 유익을 위해 자발적으로 그들의 목숨을 내어주었다. 이는
살아 있을 때 자신의 덕을 가장 잘 드러내는 것보다 죽음으로 더 분명하게
자신의 덕을 드러내는 행위였던 것이다. 복음서 저자들이 보존했던 자료들
은 이런 주제들을 분명하게 제공한다. 첫째로 그들은 예수의 죽음의 자발
성을 강조한다. "[내 생명]을 내게서 빼앗을 자가 있는 것이 아니라, 내가
스스로 버리노라"(요 10:18). 자신의 죽음에 대한 예수의 예견,[20] 심지어 배
신과 체포의 바로 그 시간,[21] 겟세마네에서의 기도(마 26:39, 42; 막 14:36),

---

19 시기심과 경쟁의 감의에 관한 논의는 아리스토텔레스, *Rhetoric* 2.10-11을 보라. 아리스토
텔레스는 "경쟁"(완전히 일치하지는 않지만 질투와 다소 유사한)을 도덕적인 사람들의 감
정으로 간주한다. 왜냐하면 이런 사람들이 좋은 것을 가지고 있는 자들을 관찰할 때 그와
같이 좋은 것에 자신들을 맞추려고 하기 때문이다(결과적으로 그들은 스스로 더 좋은 사
람이 된다). 반면에 "시기심"은 불명예스러운 자들의 감정이다. 왜냐하면 그들은 도덕적인
사람들이 지닌 미덕의 열매를 빼앗기 원하기 때문이다.

20 이것은 수난 예고에서 가장 분명하게 드러난다(막 8:31; 9:30-31; 10:32-34, 마태복음
과 누가복음의 평행 구절들; 요 3:14-15). 예루살렘으로의 여정은 분명하게 십자가를 향
한 자발적 과정으로서 제시된다.

21 마 26:18, 21, 31-32, 45을 보라. 요한복음에서 이것은 "그 시간"에 관한 예수의 이해에
나타난다(요 2:4; 7:6-8; 12:23; 13:1, 11, 18-30). 이 마지막 단락에서 예수는 심지어
그 일을 하라고 배신자를 보내는 일까지도 주도한다.

문화의 키워드로 신약성경 읽기

체포 가운데 드러나는 예수의 권세, 이 모두가 예수는 자발적으로 다른 사람들을 위해 자기 목숨을 내어주고 있음을 강조한다. 그것은 선물이지 패배가 아니었다. 둘째로 복음서는 구체적으로 예수가 다른 사람들의 유익을 위해 죽음을 받아들이셨다고 강조한다. "인자가 온 것은 섬김을 받으려 함이 아니요, 도리어 섬기려 하고 자기 목숨을 많은 사람의 대속물로 주려 함이니라"(막 10:45). 예수는 죄의 용서를 초래하기 위해 죽으셨다. 이 사실은 복음서 안에서만 축하하는 이야기가 아니라 그리스도인 집단의 예배의 중심 즉 성찬에서 경축하는 내용이었다(마 26:27-28; 고전 11:23-26; 요 1:29; 히 10:1-10도 보라). [그의] 양을 위한 "예수의 죽음은 그들에게 영생을 가져다준다"(요 3:14-17; 10:10-11). 그러므로 그의 죽음을 초래한 십자가형이라는 방식에도 불구하고 예수의 죽음은 모든 면에서 명예로운 죽음이었다. 이런 사실을 이해하지 못했던 세상은 예수의 수치가 아닌 자신들의 무지를 말하고 있을 뿐이다.

다시 말해 예수의 명예에 대한 신약의 변호는 여러 가지 중요한 방법으로 초기 그리스도인들에게 영향을 미쳤다. 예수를 "매우 기뻐하신다는" 하나님의 선언은(공관복음서에서 두 번 등장하는 하나님께서 직접 하신 말씀; 마 3:17; 17:5을 보라) 하나님께서 죽은 자 가운데서 예수를 살리셨다는 사실에서 확증된 선언으로(예수에 대한 사람들의 평가를 뒤집으며: 행 2:32, 36; 3:14-15), 예수에 대해 듣고 그의 길을 따르는 자들에게 그들이 진심으로 하나님을 기뻐하는 자들이라는 확신과 하나님께서 그들의 명예를 마지막 날에 신원해주실 것이라는 확신을 준다. 비난받는 집단의 지도자가 사회로부터 배척당했지만 결국 하나님의 우편에서 다스리는 자가 되었다는 패러다임 속에서 그리스도인들은 자신들에 대한 사회의 평가를 그대로 수용했다. 악한 소작인 비유의 마지막에 예수는 시편 118:22-23을 이런 패러다임에 대한 성경적 보증으로 인용한다. "너희가 성경에 '건축자의 버린 돌이 모퉁이의 머릿돌이 되었나니 이것은 주로 말미암아 된 것이요, 우리 눈에 놀랍도다' 함을 읽어보지도 못하였느냐?"(막 12:10-11). 인간이 가치 없고 불명예스럽다고 거절한 것이 하나님의 경이로운 개입으로 인해 가장 명예로운 것으로 나타나게 되었다.

그러므로 예수의 사건은 사회적 무지와 뒤집힌 사고에 대한 본보기가 될 뿐만 아니라, 예수를 따르는 모든 사람에게 하나님께서 수여하실 역전과 신원의 보증이 된다. 또한 이것은 결국 그리스도인 공동체에 속한 자들에게 적용될 선례가 된다. 시편 118:22-23이 우선 예수에게 적용되고 난 다음에 베드로전서 2:4-8에서 아무런 차이도 없이 신자들의 상황에 적용되는 것은 특히 흥미롭다.

사람에게는 버린 바가 되었으나 하나님께는 택하심을 입은 보배로운 산 돌이신 예수께 나아가 너희도 산 돌같이 신령한 집으로 세워지고 예수 그리스도로 말미암아 하나님이 기쁘시게 받으실 신령한 제사를 드릴 거룩한 제사장이 될지니라. 성경에 기록되었으되 "보라, 내가 택한 보배로운 모퉁잇돌을 시온에 두노니 그를 믿는 자는 부끄러움을 당하지 아니하리라" 하였으니, **그러므로 믿는 너희에게는 명예가 주어질 것이나**[22] 믿지 아니하는 자에게는 "건축자들이 버린 그 돌이 모퉁

---

22 나는 여기서 "믿는 너희에게는 그[예수]가 보배이시나"(To you then who believe, he is precious)를 "믿는 너희에게는 명예가 주어질 것이나"(Honor, then, is for you who believe)로 대체했다. 킹제임스역 이래로 이 구절의 번역자들은 4절과 6절에 나오는 "보배롭다"(*entimon*)라는 형용사를 7절에도 사용하지만, 사실 베드로전서의 저자가 7절에서는 동일한 어근에서 유래한 "명예"(*timē*)라는 명사를 사용하고 있다. "보배롭다"를 의미하는 형용사 형태가 두 가지(*entimos, timios*)나 존재함에도 베드로전서의 저자가 둘 중 아무것도 사용하지 않고 그 대신 명사 형태를 취한 것으로 볼 때, 나는 이 구절에서 번역자들이 대대로 고착화된 오역을 지속해왔다고 결론을 내릴 수밖에 없다. 저자는 7절을 기점으로 예수의 "보배로움"이라는 주제에서 신자들에게 속한 "명예", 그리고 불신자들에게 임할 불명예라는 주제로 전환하고 있다. 또한 이런 해석은 7절 상반절과 하반절 간의 평행관계도 되살리는 효과를 낳는다. "믿는 너희에게는"(for you who believe...) / "믿지 않는 그들에게는"(for those who do not believe).

문화의 키워드로 신약성경 읽기

이의 머릿돌이 되고 또한 부딪치는 돌과 걸려 넘어지게 하는 바위가 되었다" 하였느니라. 그들이 말씀을 순종하지 아니하므로 넘어지나니 이는 그들을 이렇게 정하신 것이라.

베드로전서 2:4에서 저자는 예수를 "사람에게는 버린 바가 되었으나 하나님께는 택하심을 입은 보배로운 산 돌"로 묘사한다. 이 묘사는 시편 118:22-23과 이사야 28:16의 반향을 결합한 것이다. 베드로전서 2:6에 분명하게 인용되고 있는 두 번째 단락은 "그를 믿는 자는 부끄러움을 당하지 아니하리라"는 약속으로 끝맺고 있다. 베드로전서의 수신자들은 현재 의도적으로 그들의 이웃들로부터 모욕을 당하고 있으나(위를 보라) 결국 예수를 신뢰함으로 인해 미래에 신원될 것이라는 말을 듣는다. 7절은 이 결론을 훨씬 더 분명하게 제시한다. "사람에게 거부당한" 그분이 명예를 얻은 것처럼 "명예는 결국 믿는 너희의 것이 될 것이다."

히브리서 저자도 그의 독자들에 대한 사회의 부정적인 평가와 그들을 향한 반응을 그들이 상관하지 말아야 하는 분명한 보증으로서 예수의 예를 강조한다. 마치 예수가 "부끄러움을 개의치 않았던" 것처럼(즉 그에게 수치를 주고 그로 하여금 그의 목표에 도달하지 못하도록 했던 사회의 어리석은 시도들을 그가 잘 알고 있었듯이), 그래서 결국 하나님의 오른편 보좌에 앉게 되었듯이(히 12:2), 그리스도인들도 자신들이 직면하고 있는 압박에 맞서 투쟁할 때 "피곤하여 낙심하지" 말아야 한다.[23] 예수가 하나님께 자발적으로 순종한 후에 하나님께서 그를 가장 위대한 명예의 자리로 높이 올리셨다는 사

---

[23] 히 11장은 하나님께 신실한 자들로 살았고 그분이 자신에게 지명하신 명예를 받기 위해 세상의 눈으로 볼 때 일시적인 수치를 유사하게 경험했던 믿음의 영웅들에 대한 다양한 예를 제공한다. 히브리서에 나오는 이 주제의 자세한 분석에 대해서는 내 책 *Despising Shame*, 4장을 보라.

실은(빌 2:5-11) 하나님께서 자신들의 명예를 지켜주시고 미래에 그것을 드러내실 것이라는 확신 속에서 스스로 자신을 낮추는 신자들에게도 보증이 된다(빌 2:1-4). 여기서 바울은 예수의 전례가 외부로부터 오는 침범에 맞서 공동체를 강화할 목적으로 공동체 내부의 관계를 규정하기에 유용한 것임을 드러내면서, 특별히 기독교 운동 내에서 지위를 두고 벌어지는 경쟁과 대립을 줄이기 위해 예수를 예로 들어 호소하고 있다.

평판의 법정 소집하기

1세기의 다른 소수 문화의 지도자들처럼 신약 저자들도 그리스도인 공동체의 구성원들에게 비그리스도인들의 의견과 동떨어진 공동체의 가치를 반영하며 그 가치의 측면에서 자신의 명예와 자기-존중을 확립하기 위해 개인의 헌신을 강화하는 자들의 견해를 지시하고자 끊임없이 주의를 기울였다. 이 공동체는 핵심 인사들의 유일한 모임인 "평판의 법정"을 반드시 구성해야 했는데, 여기서의 승인 혹은 불승인이 개인에게 중요한 사항이 되었다.

평판의 법정에서 가장 중요한 인사는 하나님이시다. 누가 명예를 받을 가치가 있으며 누가 정죄를 받아야 하는가에 대한 판단을 시행하시는 하나님의 능력 때문에 하나님은 그 중심에 확실하게 앉아 계셨다. 예수는 잘 알려진 말씀에서 이를 강력하게 다음과 같이 표현한다. "몸은 죽여도 영혼은 능히 죽이지 못하는 자들을 두려워하지 말고, 오직 몸과 영혼을 능히 지옥에 멸하실 수 있는 이를 두려워하라"(마 10:28). 변절자를 처벌함에 있어 사회는 수치와 비난을 넘치게 부과하지만, 예수는 "변절자"와 "수치스러운 자"라는 하나님의 판결을 받는 자들에게 다가올 형벌과 비교해볼 때 사회가 주는 "최악"의 처벌을 사소한 것으로 간주했다. 승인 또는 불승

문화의 키워드로 신약성경 읽기

인에 대해 최후 판결을 내리시는 하나님의 힘은 그분께서 한 날(행 17:31을 보라)—심판의 날—을 지정해놓으셨다는 확신을 통해 분명한 초점이 드러난다. 그때 예수는 온 세상이 그의 기준에 적합한지를 판단할 것이다. 그 날에 하나님은 당신을 기쁘시게 하려고 살았던 자들에게는 명예의 상급을 수여하시고, 당신의 가치와 반대되는 삶을 살았던 자들에게는 수치를 쌓으실 것이다. 심판의 날에 대한 믿음은 인간을 향한 하나님의 평가를 높이는 가장 중요한 기초가 된다. "그런즉 우리는 몸으로 있든지 떠나든지 주를 기쁘시게 하는 자가 되기를 힘쓰노라. 이는 우리가 다 반드시 그리스도의 심판대 앞에 나타나게 되어 각각 선악 간에 그 몸으로 행한 것을 따라 받으려 함이라"(고후 5:9-10). 그때 하나님은 모든 비밀을 분명하게 드러내시고, 결국 고결함과 그것의 부족 또는 가치에 대해 신뢰할 만한 평가를 내리실 것이다(고전 4:3-5).

그날의 칭찬이 유일하게 궁극적 의미를 지닌 칭찬이다. 그 결과 그리스도인들은 신약 전체를 통해 "우리 주 예수께서 그의 모든 성도들과 함께 강림하실 때에 우리의 하나님과 아버지 앞에 흠이 없게 발견되기 위해"(살전 3:13),[24] 그리고 주인의 입으로 선언되는 "착하고 충성된 종아, 잘하였도다"(마 25:14-30)라는 말을 듣기 위해 살라는 권고를 받는다. 실제로 신자 개개인의 삶이 재림의 날에 그런 칭찬을 받는 것에 더 초점을 맞추면 맞출수록, 그는 심판자의 "왼쪽"에 있는 그룹 안으로 떨어지지 않을 것이라는

---

24 이 구절에서 바울이 신자에 대한 평가를 증언할 자들에 대한 그림을 어떻게 그리고 있는지를 보라. 이는 하나님, 예수 "그의 모든 거룩한 자들"에 대한 그림이다. 이 거룩한 자들이 마 16:27의 예수의 비전에 관한 장면에서 분명하게 드러나고 있듯이(천사들도 1 Enoch과 같은 초기 유대교 묵시문학에서 "거룩한 자들"로 불렸다) 천사와 같은 존재로 추론되든지, 이전에 죽었거나 그날에 모든 곳에서부터 함께 모인 인간 신자들을 의미하든지 간에 상관없이(막 13:26-27을 보라), 이 법정은 참으로 위대한 그날에 명예—그리고 수치—를 받을 가능성을 찾을 입회인들로 가득 차게 될 것이다.

확신을 더욱더 분명하게 갖게 되고(마 25:31-46) — 이 그룹은 "악하고 게으른 종들", "무가치"하거나 "악을 행하는 자들"(마 25:26, 30; 7:23)이라는 꾸중을 듣게 될 것이다 — 칭찬받는 그룹에 충성되게 남아 있기 위해 더 분명하게 헌신하고, "그가 보시기에 기뻐하시는 것을"(히 13:20-21) 증진하기 위해 행위와 덕을 구현하는 데 더욱 헌신하게 될 것이다. 이런 방식으로 그들은 "주께서 강림하실 때에 담대함을 얻어 그 앞에서 부끄럽지 않게" 될 것이다(요일 2:28).

하나님의 승인 또는 불승인에 대한 이 초점을 더욱 선명하게 하기 위해, 그래서 사회에 굴복하기보다는 하나님을 기쁘시게 함으로써 그들의 명예를 확보하는 데 초점을 맞추는 신자들의 열망을 지키기 위해, 신약 저자들은 교회에게 하나님께서 명예나 불명예를 수여하시는 것이 인간의 인정이나 비난보다 훨씬 더 중요하다는 점을 자주 일깨워준다. 그래서 바울은 사람들 — 그들이 잠재적 회심자들이든지 새로운 공동체에서 토라의 적용을 더 엄격하게 적용하던 유대인 그리스도인 동료든지 간에(갈 1:10; 살전 2:4-6) — 을 기쁘게 하는 것이 아니라 하나님을 기쁘시게 하는 관점에서 철저하게 그의 사역을 수행했다. 이와 유사하게 신자들도 사람들에게 인정받기보다는 하나님께 인정받기 위해 살라는 가르침을 받았다. 그들은 보수적인 유대인 그리스도인들로부터 인정받기 위해 행하는 육체의 할례보다 하나님께서 가치를 두고 계시는 마음의 할례를 추구했다(롬 2:29). 그들은 사람들에게 인정받으려고 경건한 행위(기도든 금식이든 자선이든 간에)를 하는 것이 아니라 하나님께 인정받고자 이런 일을 해야 한다(마 6:1-18).[25]

---

25 이런 일을 하는 이유는 비록 그것이 중요하지만 단지 동기의 순수함 때문만은 아니었다. 그리스도인이 자신의 종교적 활동을 기초로 비그리스도인 이웃들로부터 인정받기를 계속 추구하지 않는다는 사실도 중요하다. 왜냐하면 이것이 이웃을 기쁘게 하고 좋은 평판을 회복하기 위해 그 또는 그녀를 그리스도인이 되기 이전의 경건으로 돌아가도록 했을 것이기 때문이다.

문화의 키워드로 신약성경 읽기

신약 저자들은 반복적으로 하나님이 요구하는 일련의 행동을 그 사회가 요구하는 행동과 대조되게, 실제로 종종 상반되게 강조한다. "사람 중에 높임을 받는 그것은 하나님 앞에 미움을 받는 것이니라"(눅 16:15). 이 차이를 아는 것은 그들에게 수치를 주는 사회의 도전에 맞서도록 신자들을 지속적으로 다독였는데, 왜냐하면 그리스도인들은 자신들이 더 지속적이며 중요한 명예를 추구하고 있음을 알고 있기 때문이었다. 요한복음에서 다른 사람들의 평가에 대한 관심은 제자도를 손상시킨다. "너희가 서로 영광[명예, *doxa*]을 취하고 유일하신 하나님께로부터 오는 영광[명예, *doxa*]은 구하지 아니하니 어찌 나를 믿을 수 있느냐?"(요 5:44) "하나님께로부터 오는 영광보다 사람으로부터 오는 영광을 더 사랑했던" 유대인 지도자들 가운데 있던 자들은 유대교 사회에서 그들의 체면을 잃어버리지 않기 위해 자신들의 동료들로부터 숨어 예수에 대한 믿음을 지켰다(요 12:42-43). 그러나 사람들 사이에서의 평판에 대한 이런 관심은 하나님 앞에서 한 사람의 평판에 대해 가장 큰 위협을 야기했다. "누구든지 사람 앞에서 나를 시인하면 나도 하늘에 계신 내 아버지 앞에서 그를 시인할 것이요, 누구든지 사람 앞에서 나를 부인하면 나도 하늘에 계신 내 아버지 앞에서 그를 부인하리라"(마 10:32-33). 그러므로 마지막 날의 명예에 자신의 눈을 고정하는 자는 예수와 자신의 관계 및 그분이 가르쳐준 삶의 방식에 대해 담대하게 증언하게 될 것이다. 그 결과 그들은 "평판의 법정"에서 영원한 판결인 예수의 증언을 받게 될 것이다.

하나님의 인정을 받는 데 초점을 맞춤으로써 그리스도인은 자신들이 뒤에 남겨둔 문화의 기대와 기준에 맞추어 사는 것보다 "복음(에 합당한 방식으로 걸으며)" 또는 "주님"을 향한 삶을 사는 것을 원하게 된다(엡 4:1; 빌 1:27; 골 1:10; 살후 1:11-12을 보라). 기독교 문화와 다른 기준으로 명예와 비난을 받는 것은 실제로 그리스도인에게는 아무런 관심이 없는 것으로서 그의 관심 대상에서 제외된다. 때때로 우리는 신약에서 심지어 새로운 공동체 안에서도 사람들이 여전히 세상의 가치에 기초한 기준으로 평가받고 있음을 발견한다. 형제자매들이 "인간적인 관점으로" 판단할 때 동료 신자들의 가치에 대한 그들의 견해 역시 틀림없이 무시되었을 것이다.

신자들은 어떻게 하나님의 인정(또는 불승인)을 경험할 수 있는가? 확실하게 우리는 기도 및 하나님의 현존의 실재를 통해 이것을 직접 경험할 수 있다는 가능성을 간과해서는 안 된다. 예를 들어 마태복음 3:17과 17:5에서 하나님이 예수가 "내가 기뻐하는" 아들이라고 직접 증언하신다는 사실은 다음의 가능성을 고무시킨다. 즉 신자의 양심이라는 증거가 불신자들의 비난을 경험하는 한가운데서도 하나님의 인정에 대한 중요한 재확신을 제공해준다는 것이다(롬 8:16-17; 요일 3:21-22).

하나님의 평가에 도달할 수 있는 또 다른 중요한 수단은 야고보가 통찰력 있게 거울에 견주고 있는(약 1:22-25) 성경이다. 성경을 읽을 때 신자 개개인은 하나님의 말씀이 그분이 보시기에 기쁨이 된다는 선언을 반영하고 있는 자신의 행동과 헌신을 보거나, 아마도 신적 계시의 기록 속에 나타난 하나님의 꾸짖음을 반영하고 있는 자신의 행위와 의무를 보게 될 것이다. 그래서 마치 거울을 보듯이 "하나님의 완전한 법을 검토하고 열중하여 살펴보는 것은" 그 사람에게 개인의 행위에 대한 하나님의 승인과 불승인이 어떻게 반영되고 있는지를 보여주는 것이 된다. 하나님의 말씀에서 자신이 본 것과 일치하게 행하는 사람은 "자신이 행한 일로 인해 복을 받을 것이다." 다시 말해 하나님의 승인과 자비를 누리게 될 것이다(약 1:22-25).

그가 하나님 앞에서 명예롭게 서 있거나 아니면 하나님의 질책을 받게 될 때 신자 개개인을 깨닫게 하기 위해 신약 저자들이 계획했던 가장 중요한 수단은 아마도 신앙 공동체일 것이다. 모든 바울 서신의 서두에 있는 감사의 글 속에 나타나 있듯이, 바울은 신앙 공동체가 어떻게 신자에 대한

문화의 키워드로 신약성경 읽기

하나님의 평가를 반영할 수 있는지에 대한 모델이 된다(예를 들어 롬 1:8; 고전 1:4-9; 골 1:3-8; 살전 1:2-10; 2:13-16을 보라). 여러 교회가 드러낸 특성이나 그들이 참여하게 된 활동에 대해 하나님께 감사함으로써 바울은 그 특성 및 활동이 참으로 하나님이 보시기에 기쁜 일―참으로 그들 속에서 일하시는 하나님의 성령의 역사를 통한 미덕의 번성―이라고 확언한다. 그들의 지도자들로부터 칭찬과 꾸짖음을 듣는 것은 하나님의 눈에 무엇이 명예롭거나 책망할 만한 일인가라는 관점으로 표현된다. 이것은 이를테면 신자들의 신원을 확인시켜주기 위해 그들이 명예롭다고 강하게 주장하는 곳이자 그들의 명예가 위협받는 곳인 하나님의 "평판의 법정" 앞으로 그들을 데리고 간다. 이런 이유로 초기 교회는 그들의 지도자들, 특히 각 지역의 지도자들을 존중하는 것을 중요하게 여겼다(살전 5:13을 보라). 이는 그들의 섬김이 그 공동체의 명예를 획득하게 할 뿐만 아니라 그들이 고집불통인 사람을 다시 불러 하나님의 기준을 그 마음에 새기게 하여 공동체 구성원의 상태를 유지하게 할 최우선적인 책임을 맡고 있었기 때문이다.

동료 신자들은 여러 가지 면에서 개인에 대한 하나님의 평가를 가장 잘 드러내고 그것을 유용하게 반영하는 자들이었을 것이다. 그렇게 신약 저자들은 공동체를 위해 개인적 헌신을 강화할 강력한 신앙 공동체를 설립하는 일에 깊은 관심을 가지고 있었다.[26] 예를 들어 요한은 그리스도인들에게 주신 예수의 명령을 "내가 너희를 사랑한 것같이 서로 사랑하라"는 하나의 명령으로 효과적으로 축소시킨다(요 15:12; 13:34; 살전 3:12; 4:9-10에서 이 호혜적인 사랑에 대한 바울의 강조도 보라). 신자들의 결속은 그렇게 강

---

26 동일한 방식으로 세상을 "보며" 동일한 가치를 내부적으로 강화하기 위해 공동체의 개별 구성원의 헌신을 유지하면서 동일한 세계관과 에토스에 헌신했던 공동체의 역할에 대해서는 Peter L. Berger, *The Sacred Canopy: Elements of a Sociology of a Religion* (New York: Doubleday, 1967), 1-2장을 보라.

해야 한다―효과적으로 아주 강하게 결합되어야 한다―그래서 신자 개인이 자신의 생명을 믿음의 형제자매를 위해 기꺼이 내어줄 수 있어야 한다 (요 15:12-13; 요일 3:16). 이와 같은 숭고한 원리는 실제적 적용을 위한 방침들을 요구하는데, 요한은 다음과 같이 제시한다.

누가 이 세상의 재물을 가지고 형제의 궁핍함을 보고도 도와줄 마음을 닫으면 하나님의 사랑이 어찌 그 속에 거하겠느냐? 자녀들아, 우리가 말과 혀로만 사랑하지 말고 행함과 진실함으로 하자(요일 3:17-18).

그리스도인 공동체는 예수가 그들을 위해―이타적인 마음으로 아무런 거리낌도 없이―자신을 주었으므로, 서로를 지지하고 섬기며 나누라는 부르심을 받았다. (군중의 폭행이나 법률적 처형을 포함하지 않더라도; 히 12:4) 사회의 일탈-조절 기법에 관한 모든 것을 아는 수신자들에게 편지를 쓴 히브리서 저자는 공동체의 일원들이 사회적 압력에 맞설 수 있도록 더 완벽한 공동체의 본질을 다음과 같이 담아내고 있다.

"서로 사랑["형제 사랑", *philadelphia*]하기를 계속하고 손님 대접하기를 잊지 말라. 이로써 부지중에 천사들을 대접한 이들이 있었느니라. 너희도 함께 갇힌 것 같이 갇힌 자를 생각하고 너희도 몸을 가졌은즉 학대받는 자를 생각하라"(히 13:1-3).

히브리서 저자는 친족 관계의 에토스, 특별히 최고의 우정과 가장 인내심을 발휘하는 친밀한 관계를 대표하는 형제간 사랑의 특성에 호소한

문화의 키워드로 신약성경 읽기

다.[27] 친족 관계의 윤리를 채택하는 것은 누군가가 필요를 느낄 때 필요한 자원을 공유하는 것을 의미할 뿐만 아니라, 서로에게 확고하게 헌신해야 함을 의미한다. 그들이 가족이 되는 것은 신자가 고대 세계에서 잠재적으로 잃어버렸던, 더 본질적인 관계망을 가지게 되는 부르심 안으로 들어가는 것을 의미했다. 이 친족 관계는 지역 공동체 너머로 확장되며, 여행 중인 형제자매들을 환대하여 대접하는 것으로 확장되었다. 초기 교회의 환대는 지역 교회 간에 강력한 유대를 창출하는 데 기여했고, 교회 간 소통 및 선교 사역을 촉진했으며, 지역 모임을 함께 연결하고 유지하기 위해 지도자들의 방문을 가능하게 했다. 그리스도의 형제자매들의 사랑은 사회의 비난을 가장 심하게 느끼던 곳에서 더욱 필요했다. 그러므로 히브리서 저자는 청중에게 일탈-조절 기법의 가장 심각한 대상이 되었던 자들을 돌아보아 그들이 가입한 가정은 그들을 버리지 않게 하고 동시에 그들의 연합이 사회의 적대보다 훨씬 더 강함을 서로 알 수 있도록 알려주라고 권고한다.

　　이런 공동체 내부에 존재하는 강력한 관계 강화와 상호적 헌신은 사회의 평가가 아니라 형성된 구성원들이 중요하다는 공동체의 평가를 형성한다. 공동체 내의 강한 애정과 후원은 우선적으로 각 구성원 간에 이런 관계를 형성한다―그 또는 그녀는 구성원 자신이 정말로 아끼는 사람들 앞에서 체면을 잃는 것보다 외부인들과의 관계를 희생하는 것을 더 감수하고자 할 것이다. 그리고 그들의 상호 간 헌신은 "죽을 때까지" 지속될 것이다. 일단 믿음의 공동체가 신자 개개인에게 최상의 소속감을 주는 공동체가 되면, 그때 서로를 향한 교훈은 가장 큰 효과를 발휘할 수 있다. 구성원들은 하나님이 보시기에 또한 그 공동체의 눈에 합당한 명예를 구성

27　아리스토텔레스는 우정에 관한 그의 교훈 속에 형제간 사랑에 관한 가르침을 포함하고 있다(*Nic. Eth.* 8.12.1-8 [1161b11=1162a34]); Plutarch, "On Fraternal Affection" (*Mor.* 478-490)도 보라.

할 수 있는 것으로 서로를 강화하고 고취시킬 수 있으며, 수치를 초래할 수 있는 것을 단념하도록 서로서로 충고할 수 있다(살전 5:11, 14; 히 3:12-13; 10:24-25을 보라).

더욱이 지역 회중은 제국 차원의 이런 모임으로 이루어진 관계망의 일부가 되었으며, 신약 저자들은 이 사실에 지역 교회가 주의를 기울이도록 자주 요청한다. 이 요청은 단순히 한 교회로부터 또는 교회들 안의 공동체 간에 전해진 문안 인사들을 통해(롬 16:16; 고전 16:19), 또는 다른 교회들에서 일어난 활동에 관한 단순한 언급 속에(적대감에 대한 인내와 같은; 살전 2:14-16), 또는 다른 교회들과의 연대 속에서(구제를 위해 마케도니아와 아가야의 교회들이 연합하여 행한 구호모금과 같은; 고후 8:18-24) 나타난다. 이런 언급들은 지역 모임들로 하여금 계속적으로 이 모임이 더 큰 운동의 일부이며 그들이 사소한 공동체가 아님을 인식하게 해주었다. 또한 신약 저자들은 그리스도와 공동체에 대한 헌신이 외국에 있는 다른 여러 모임에서 명성을 얻는다는 사실을 지역 회중에게 상기시키기 위해 이런 국제적 관계망에 관한 주의를 환기시켰으며(살전 1:6-10; 살후 1:3-4), 결국 신자들은 제국적 차원의 명성을 얻음으로써 그들의 이웃들의 눈에 평판의 손실로 여겨졌던 것에 대해 보상받게 되었다. 심지어 바울은 다른 신자들의 공동체의 눈으로 볼 때에도 그 공동체의 명예에 대한 관심으로부터 나온 행동이라고 간주될 수 있는 것을 취하고(고후 8:24; 9:1-5), 더 큰 기독교 문화의 규칙들과 일치되게 행동하라고(고전 7:17; 11:16; 14:33) 지역 회중에게 요청한다.

그리스도인들은 하나님께서 승인하시는 일과 하나님께서 모두를 심판하실 바로 그날에 하나님과 그리스도와 거룩한 천사들 앞에서의 명예를 추구하는 일에 그들의 마음을 온전히 두었기에, 자신들의 구원의 저자에 대해 증언하면서 하나님께서 부르신 자들의 공동체와 함께 서서 "예수와 같은 삶"에 계속 헌신할 수 있었다. 불신자들이 신자들에게 자신들의 가치를 드러내고 비기독교 문화의 가치를 지지하고 영속화하는 삶의 방식으로 돌아가라고 요구하기 위해 수치의 힘을 사용하였기에, 가치에 대한 신자들의 생각이 불신자들의 견해로부터 완전히 분리되어야 하는 것은 필수불가결한 일이었다. 오히려 신자들은 그들 상호 간의 결합과 서로에 대한 존중과 지지, 그리스도인의 헌신을 인정해주는 많은 이들(하나님, 천사장들, 전 세계에 있는 교회와 시대를 관통하는 믿음의 사람들)을[28] 인지함으로써 그들의 신앙 여정을 강화했다.

외부인들의 견해를 무력화하기

그리스도인들은 하나님께 인정받는 것을 추구하고 있었기에, 신약 저자들도 외부인들에게 인정받거나 인정받지 못하는 것이 왜 공동체의 일원들에게 문제가 되지 않는지와, 왜 그것이 공동체 구성원들의 참된 명예와 가치에 반영되지 않는지에 대해 설명하고 있다. 일반적으로 이것은 외부인들의 무지 또는 그들의 몰염치를 강조하는 형태로 나타난다.

믿음이 없는 자들은 무엇이 명예로운 것인지와 수치스러운 것인지를 자세히 평가하기 위해 필요한 모든 정보를 알지 못한다. 그래서 비그리

---

28 요한은 요한계시록에서 이런 주제들의 이점을 잘 활용했다. 4장과 5장에서 천상의 예배와 한 분 하나님과 어린양을 예배하는 다양한 계급의 수많은 무리의 천사들과, 하늘과 땅과 땅 아래에 있는 모든 피조물을 포함하는 확장된 무리에 관한 자세한 묘사를 통해 요한은 중심 문화에 속한 우상숭배자들을 아주 소수의 사람들처럼 보이게 만들고 있으며, 우주적 관점을 가지고 말하자면(예를 들어 계 9:20-21에서 배교의 삶을 사는 방식을 결코 포기하지 않는 자들의 삶이 마침내 드러났을 때), 그들은 하나님과 그들이 모욕했던 어린 양 앞에서 힘없는 자들이 되었다(계 6:15-17). 그래서 그리스도인들은 자신들을 "정상적인" 사람들로 여기며, 우상숭배자들을 "일탈 행동자들"로 보도록 격려받았던 것이다. 또한 그들이 대면하여 체면을 잃게 된 적대적 상황에도 불구하고 그들의 확신을 참된 것으로 유지하도록 격려받았다. 더 자세한 연구에 대해서는 deSilva, *Hope of Glory*, 184-90을 보라.

스도인들은 "어둠 속에" 있으며 심지어 "어둠에 속해" 있다는 말을 듣는다 (요 8:12; 12:46; 엡 4:17-20; 살전 5:3-8). 이들은 계시를 받은 자(고후 4:1-6; 히 6:4; 10:32) 또는 "빛의 자녀들"(살전 5:5)과는 반대가 된다. 이런 대조는 외부인들에게는 핵심적인 정보 ─ 예를 들어 하나님의 심판이 곧 올 것이라는 사실이나(살전 5:1-3) 명예로운 행위에 관한 하나님의 기준(살전 4:1-5) ─ 가 부족하다는 점을 강조하는 것이다. 그러나 하나님의 심판이 임박했다는 사실이 남아 있다. 즉 심판이 도래할 때 지금 기독교 운동을 무지 가운데 반대하는 자들은 그들의 실수를 깨닫고 수치를 느끼게 되는 반면에 "빛의 자녀들"은 그들의 명예로운 운명 안으로 들어가게 될 것이다. 그리스도인들은 이 지식에 관한 모든 혜택을 스스로 선택했고, 그것에 대해 평가를 내렸으며, 무엇이 찬양받을 만한 가치가 있는지를 이해하고 그것을 추구하고 성취하기 위해 더 나은 위치를 점하고 있었다. 이런 주제 역시 복음서에서 나타난다. 예를 들어 예수가 바리새인들에게 "소경이 소경을 인도한다"라고 비난했을 때, 예수의 제자들은 그 비판을 바리새인들의 제자들과 그들의 후손 즉 랍비들(마 23:16-17, 19, 24)에게 적용할 수 있었다. 하나님께서 요구하신 것에 "무지"했던 바리새인들에 대한 예수의 비판은 하나님의 언약을 유지하고자 했던 자들, 곧 그리스도인 독자들에게 율법을 준수하는 방식 ─ 예수가 가르쳐준 방식, 예수의 부활을 통해 하나님께서 예수의 교훈을 확증하셨음을 보게 하신 방식 ─ 을 확인해준다. 사실상 이것이 실제로 하나님을 기쁘시게 하는 방식이었지만, 그들의 대적자들에게는 반대의 확언이 되었던 것이다.

외부인들의 무지는 여러 가지 다른 방식으로도 표현된다. 신약 저자들은 특별히 사람들에 대해 신뢰할 만한 평가를 할 수 없는 그들의 무능력을 표적으로 삼는다. 요한과 바울 모두 예를 들어 "외모로 사람을 판단하는" 자들과 중심을 보시고 사람을 판단하는 하나님을 대조한다(요 7:24; 고후 5:12). 하나님은 이미 사무엘상 16:7에서 사람의 외모가 아니라 그의 중심이 평가의 참된 기준임을 확언하셨다. 외부인들의 견해는 결점이 많은 기반 위에 기초하고 있었기 때문에, 신자들이 하나님께서 심판하실 때 진정으로 명예로운 자로 밝혀지기를 바란다면 이 외부인들의 견해는 신자들이 따라야 할 신뢰할 만한 지침이 되지 못했다. 더욱이 그들의 무지는 헛된 믿음에 기초할 뿐만 아니라 잘못된 목적에 기초한 것이었다. 그들은 "진리를 사랑함으로 구원받을 것을 거부했으며", "불의 속에서 기뻐했기" 때문에, 하나님은 그들로 하여금 어둠 속에 머물러 있도록 만드는 헛된 믿음을 강화하셨고 결국 심판의 날에 그들에게 수치를 주실 것이다(살후 2:10-12). 그러므로 그리스도인 공동체를 향한 사회의 저항은 신자의 결심을 약화시킬 수 있는 수치의 경험으로부터 시작하여 그 사회가 진리로부터 소외되었고 하나님께서 외부인들에 대해 정죄의 판결을 내리셨음을 드러내는 것으로 완전히 변화되었다.[29]

외부인들이 형성하고 강화했던 그리스도인들에 대한 부정적인 견해는 이런 불신자들의 무지, 즉 그들이 가치에 대해 신뢰할 만한 평가를 내릴 수 없다는 사실뿐만 아니라 그들의 불명예스러운 행동을 고려함으로써 상쇄된다. 실제로 하나님의 기준에 관한 그분의 계시의 빛 안에서 볼 때 그들은 완전히 몰염치한 자들이었다.[30] 몰염치한 자들에게 수치를 당하는 것은

---

[29] 히브리서 저자는 덕이 있고 신실한 하나님의 사람들을 세상이 거절하는 것은 신자들의 명예를 반영하는 것이 아니라 오히려 불신자들의 불명예를 보여주는 것임을 확인해준다. 주변인들을 가장 심하게 몰아붙였던 자들과 적대적인 세상이 저지른 가장 심한 압제들에 대해 히브리서 저자는 "세상이 그들의 가치를 알지 못했다"(히 11:38)라고 말한다.

[30] 바울은 엡 4:17-20에서 사람의 행위에 대한 불신자들의 평가를 무시해야 하는 두 가지 이유를 다음과 같이 언급한다. "그러므로 내가 이것을 말하며 주 안에서 증언하노니, 이제부터 너희는 이방인이 그 마음의 허망한 것으로 행함 같이 행하지 말라. 그들의 총명이 어두워지고 그들 가운데 있는 무지함과 그들의 마음이 굳어짐으로 말미암아 하나님의 생명에서 떠나 있도다. 그들이 감각 없는 자가 되어 자신을 방탕함에 방임하여 모든 더러운 것

궁극적으로 전혀 수치가 되지 못한다.[31] 사실 신자들은 자신들의 명예를 훼손하는 자들의 악을 심사숙고함으로써 자신들이 거절당하는 경험을 명예에 대한 표지로 거의 변형시키게 된다. 지배하는 문화의 관점에서 우상숭배의 형식을 가진 예배에 참석하는 것을 경건의 명예로운 표지로 보는 것과는 반대로, 바울은 우상숭배를 불명예의 진정한 원천으로 선언한다(롬 1:18-32). 우상숭배에 대한 헌신 때문에 비그리스도인 이방인들은 천하고 몰염치한 군중, 욕정과 모든 종류의 악에 사로잡혀 넘겨진 자들이 되었다. 이 구절에 대해 아마도 가장 신랄한 말은 그들의 타락의 정점이 단순히 그들이 그런 행위에 참여한 것을 의미하지 않는다는 것이다. "그들은 이와 같은 일을 행하는 자는 사형에 해당한다고 하나님께서 정하심을 알고도 자기들만 행할 뿐 아니라 또한 그런 일을 행하는 자들을 옳다 하느니라"(롬 1:32). 불신자들은 또다시 신뢰할 수 없는 평판의 법정을 구성하고, 실제로 악하고 수치스러운 일을 명령한다(빌 3:18-19을 보라). 그들의 삶이 증거하고 있듯이 명예와 가치에 대한 그들의 개념은 완전히 뒤집힌다. 그러므로 "과도한 방탕에 달음질"(벧전 4:4)하라는 그들의 압력을 경험하는 그리스도인은 명예로운 일련의 행동 지침으로부터 멀리 떨어지지 말아야 한다.

요한 문헌도 신자들은 명예에 관한 판단 부족 때문에 외부 세상으로부터 오는 비난(또는 드물게 명예)에 대해 무지해서는 안 된다는 기독교 사상을 확립하는 데 기여한다. 예를 들어 요한계시록에서 우상숭배의 예배

을 욕심으로 행하되, 오직 너희는 그리스도를 그같이 배우지 아니하였느니라." 명예로운 사람은 이런 사람들이 자신에 대해 만들어낸 견해에 관심을 기울이지 않을 것이다. 왜냐하면 이것은 고귀한 자와 미천한 자를 엄밀하게 구별하는 기준에 기초한 것이 아니기 때문이다.

31 신자들은 이런 불신자들의 적대감—그리스도인들이 지배적 문화의 삶의 방식과 일치하는 삶으로 돌아가기를 바라면서 압력을 행사하는 불신자들의 적대감—은 그 자체로 하나님을 기쁘시게 하지 못하며 하나님의 분노를 유발하는 것임을 확신하게 된다(살전 2:14-16). 이 사실을 아는 것 역시 그리스도인들을 공격할 뿐만 아니라 외부인들에 대한 하나님의 분노를 초래하는 그런 기준들에 신자들이 항복하기보다 인내할 수 있도록 도와줄 것이다.

문화의 키워드로 신약성경 읽기

에 몰입하는 자들은 모든 사악한 행위의 방식에 결부된 자들로서 무질서, 사탄, 하나님의 원수의 군대로 구성된 일단의 무리로 제시된다(계 9:20-21; 12:1-13:8). 그들은 회개할 기회를 많이 얻었음에도 불구하고 결국 악과 불경건에 헌신한 자들이 되었다(하나님께서 미래에 무슨 일을 하시든지 상관없이 그들은 여전히 자신들의 불명예스러운 특성을 드러낼 것이다). 요한복음에 따르면 그리스도인 공동체와 떨어져 있던 자들도 악에 대한 그들의 헌신 때문에 동일하게 행하게 될 것이다.

> 그 정죄는 이것이니 곧 빛이 세상에 왔으되 사람들이 자기 행위가 악하므로 빛보다 어둠을 더 사랑한 것이니라. 악을 행하는 자마다 빛을 미워하며 빛으로 오지 아니하나니, 이는 그 행위가 드러날까 함이요, 진리를 따르는 자는 빛으로 오나니, 이는 그 행위가 하나님 안에서 행한 것임을 나타내려 함이라 하시니라(요 3:19-21).

제자들의 공동체 밖에 서 있는 모든 자들은 그들이 선보다 악을 더 좋아한다는 사실을 바로 보여준다. 즉 그들은 하나님의 빛보다 불명예스러운 행위를 선호한다. 하나님의 빛은 불명예스러운 행위의 본질을 우선적으로 드러낼 뿐만 아니라 사람들에게 그것을 밀쳐낼 수 있는 힘을 부여해준다. 성경에서 이런 모든 선언들은 "그 사회로 복귀하라고" 요구하는 사회의 압력으로부터 공동체를 보호하는 역할을 한다. 그리스도인들은 심판의 날에 하나님의 징벌을 자초할 "회귀", 곧 어둠과 악과 하나님 보시기에 불명예스러운 상태로 되돌아가는 광경을 목격하게 될 것이다.

두 가지 다른 전략은 신자들이 불신자들의 견해를 무시하도록 하는 데 도움을 준다. 첫째, 신약 저자들은 하나님께서 신자들을 위해 준비하신 명예를 획득하기 위한 과정에 지속적으로 머물러 있도록 하기 위해 "수치를 경멸하는" 많은 사람을 명예로운 자들이라 칭찬한다. 물론 이런 자들

중 가장 탁월한 이는 바로 예수다. 그는 하나님께서 그를 위해 지정해놓으신 높은 명예에 도달하기 위해 사회로부터 받을 수 있는 가장 낮은 불명예를 견뎌내셨다(빌 2:5-11; 히 12:2을 보라). 그러나 예수는 모든 세대를 통해 믿음의 사람들과 함께하셨다. 이 사람들 가운데 기억할 만한 사람은 히브리서 11:8-16에 기록된 아브라함이다. 아브라함은 하나님께서 예비하신 "더 나은" "하늘의" 본향 시민권을 획득하기 위해 이민 거주자이자 외국인이라는 낮은 상태의 삶을 향해 고향의 명예로운 실체를 뒤로한 채 기꺼이 떠난 자로 묘사된다. 모세 역시 이집트의 왕자라는 상속자로 남아 있기보다 멸시당하고 학대당하는 노예들과 함께하는 연대가 더 위대한 가치가 있음을 알았다. 왜냐하면 전자는 단지 "덧없는 쾌락"만을 위한 것인 반면 후자는 영원한 "보상"을 그에게 가져다주기 때문이다(히 11:24-26). 예수, 아브라함, 모세는 믿음의 눈을 통해 본 명예와 이익에 무게를 두었기 때문에 바른 선택을 했던 것이다─불신자들이 보기에 이 세 사람은 그들의 생애 동안 어리석은 선택을 한 자로 간주되었고 명예를 잃어버리는 손실을 자초했다고 여겨졌다. 따라서 외부인들(세상)의 견해를 무시하는 것은 영원한 것으로 여겨지는 곳에서 명예를 얻기 위해 꼭 필요한 단계로 제시된다.

마지막으로 신자들에게 가장 중요한 평가인 하나님의 평가에 집중하게 하는 역전과 신적 심판에 관한 동일한 비전 역시 신자들을 사회의 부정적 평가로부터 단절시키는 데 도움을 준다. 신자들은 그리스도인 공동체를 모욕하는 다수의 문화가 수치를 당하고 자신들의 공동체가 명예를 획득하게 될 그날이 올 것을 알기에 이웃들의 꾸짖음과 모욕을 참을 수 있다. 심판의 날에 하나님은 당신께 신뢰와 순종으로 반응했던 자들의 명예와 덕을 확증해주실 뿐만 아니라 불순종한 자들을 꾸짖으시고(예. 형벌을 통해) 지금 신자들 위에 군림하고 있는 자들의 지위를 반드시 낮아지게 만드실 것이다(살후 1:6-10; 벧전 4:5을 보라).

문화의 키워드로 신약성경 읽기

불명예가 불명예가 아닐 때

외부인들의 무지와 몰염치를 지적함으로써(다시 말해 사람들이 신자들을 비난하는 것은 그들이 고귀한 자와 수치스러운 자에 대해 신뢰할 만한 판단을 할 능력이 없다는 점을 설명함으로써) 모욕과 멸시 및 수치의 경험을 통해 그 사회가 그리스도인들에게 의도한 결과를 얻는 것을 방지함과 더불어, 신약 저자들은 그런 경험을 하는 것이 신앙 공동체에 대한 헌신에 의문을 갖게 할 이유가 되지 못함을 이해할 수 있도록 신자들을 돕고자 했다. 심지어 그들은 사회의 일탈-조절 기법들을 직접 경험하는 것을 공동체 안에서 명예의 표지로 바꿔놓기까지 했다. 공동체의 외부로부터 오는 수치의 주제들을 언급하는 본문이 많다는 것은 그들이 수치를 경험하게 될 것이라는 외부의 강력한 선전 효과로부터 멤버들을 단절시키는 것이 중요하다는 사실을 드러낸다. 여기서 신약 저자들은 그런 경험을 예측하고 일상적인 것으로 여기며 충성과 용기를 드러내는 수단인 인내를 칭찬하고, 역경을 신자들을 향한 하나님의 훈련이나 고귀한 경쟁 또는 전투로 해석한다. 그리스도인들은 오직 인내함으로써만 대적자들에게 명예롭게 승리할 가능성이 있다. 이런 주제들을 통해 신약 저자들은 믿음의 공동체가 지배 문화의 가치 속으로 되돌아가지 않도록 그들에게 정보를 제공하고 그들을 보호하고자 했다.

예수로부터 출발한(마 10:17-18, 24-25; 24:9-10을 보라) 기독교 운동의 지도자들은 앞으로 일어날 사회의 비난과 거절에 대해 자신들의 추종자들을 준비시켰던 것이다. 비난과 거절은 예상된 일이고 실제 예측 가능한 일이라는 점을 강조함으로써 이 지도자들은 그 일이 실제로 일어났을 때 신자들이 그 상황을 거부하지 않기를 바라고 있었다. 다시 말해 그들은 이 상황이 그리스도인들의 의표를 찌르는 것이 되지 않고 그들을 놀라게 하지 않으며 그들이 자신들의 새로운 헌신에 대해 의문을 갖지 않도록 해야 했다. 예수에게 일어났던 일을 고려할 때 세상이 그의 제자들에게 동일한 방식으로 행동하는 것은 당연할 뿐 아니라(요 15:18-21), 예수가 지금 누리고 있는 영광이 죄인들의 적대감을 참아낸 후에 주어진 것임을 고려한다면(히 12:3), 이 일은 참아낼 수 있는 것이다! 사회가 제자들에게 수치를 주고 침묵과 항복을 받아내려고 시도할 것이라는 사실을 예수가 예측한 것은 앞으로 제자들이 그런 도전을 만나게 될 때 그것을 참아내도록 그들을 무장시키기 위해 특별히 의도한 것이었다(요 16:1-4). 바울은 데살로니가에서 동일한 절차를 따랐다. "우리 형제 곧 그리스도의 복음을 전하는 하나님의 일꾼인 디모데를 보내노니, 이는 너희를 굳건하게 하고 너희 믿음에 대하여 위로함으로 아무도 이 여러 환난 중에 흔들리지 않게 하려 함이라. 우리가 이것을 위하여 세움 받은 줄을 너희가 친히 알리라. 우리가 너희와 함께 있을 때에 장차 받을 환난을 너희에게 미리 말하였는데, 과연 그렇게 된 것을 너희가 아느니라"(살전 3:2-4).

외부인들에게 수치를 당하는 경험은 그리스도인들이 비정상적이라고 느끼게 만들고, 외부인들과 일치하는 삶을 사는 것을 안전한 것으로 받아들여 그런 삶으로 후퇴하기를 바라게 만드는 것을 의미했다. 그러나 바울은 수치당하는 경험을 이 세상에서 신자들이 경험할 수 있는 "당연한" 무엇으로 바꾸어놓았다. 데살로니가 교인들은 바울을 통해(살전 2:2; 3:7; 빌 1:30도 보라), 그리고 유대에 있는 자매 교회들을 통해(살전 2:14) 알려진 잘 확립된 거부의 패턴이 그들 자신의 경험 속에서 반복되고 있음을 알았다.

예수를 위해 고난받는 것은 하나님 앞에서 명예의 증표로 변화하게 될 것이다. 이런 전략은 아마도 "일탈 행위자들"이 중심 문화의 가치로 돌아가게 하려고 시도하는 사회의 지배적 영향을 소수 집단이 뒤집을 수 있는 가장 강력한 도구가 되었다. 일탈 행위자들에게 필요한 교정의 행위로서 산헤드린이 열두 사도에게 태형을 가한 데 대한 사도들의 반응은 전형적인 예가 된다. "사도들은 그 이름을 위하여 능욕 받는 일에 합당한 자로

문화의 키워드로 신약성경 읽기

여기심을 기뻐하였다"(행 5:41). 베드로전서 저자는 소아시아 지역의 그리스도인들에게 편지를 쓰면서 이웃들의 모욕과 폭력을 경험하고 있는 자들에게 유사한 반응을 보이도록 가르치고자 했다.

> 오히려 너희가 그리스도의 고난에 참여하는 것을 즐거워하라. 이는 그의 영광을 나타내실 때에 너희로 즐거워하고 기뻐하게 하려 함이라. 너희가 그리스도의 이름으로 치욕을 당하면 복 있는 자로다. 영광의 영 곧 하나님의 영이 너희 위에 계심이라. 너희 중에 누구든지 살인이나 도둑질이나 악행이나 남의 일을 간섭하는 자로 고난을 받지 말려니와 만일 그리스도인으로 고난을 받으면 부끄러워하지 말고 도리어 그 이름으로 하나님께 영광을 돌리라(벧전 4:13-16; 3:14도 보라).

예수의 패턴은 세상의 적대를 겪을 때 "복이 있음"을 이해하는 첫 수단으로 언급된다. 예수의 이름과 연합하기 위해 예수의 몫을 현재에 공유하는 것은 미래에 그의 영광의 몫도 공유하는 것을 의미한다. 참으로 신자들은 그들을 향한 사회의 부정적인 반응을 그들 위에 머무르고 있는 "영광의 영"—하나님께서 바로 그 가정의 일원이 되시고 그분의 아들과 공유하는 명예—의 표지로 여겨야 한다. 그런 사람을 "복되다"(*makarios*)라고 선언하는 것은 본질적으로 그 또는 그녀가 "명예로운"[32] 자라고 선언하는 것을 의미하거나, 아마도 어떤 문맥에서는 "은혜를 받는" 것을 의미한다. 고귀하거나 신적 은혜를 받는 지위를 점하고 있는 사람을 확인해주기 위해 더 많이 사용되는 **행복하다**라는 표현은 너무 약한 동의어다.[33]

---

[32] **복이 있음**의 의미에 대한 풍부한 토론은 Kenneth C. Hanson, "How Honorable! How Shameful! A Cultural Analysis of Matthew's Makarisms and Reproaches," *Semeia* 68 (1996): 81-111을 보라.

[33] 계 20:6과 22:14도 세상에서 수치를 가장 강렬하게 겪었던 자들을(계 20:6에서는 처형;

사회에서 불명예를 안은 자들에게 "복이 있다"라고 말하는 이 놀라운 평가에 대한 더 근본적인 이유는 예수의 산상수훈에 나타난다.

인자로 말미암아 사람들이 너희를 미워하고 멀리하고 욕하고 너희 이름을 악하다 하여 버릴 때에는 너희에게 복이 있도다. 그날에 기뻐하고 뛰놀라. 하늘에서 너희 상이 큼이라. 그들의 조상들이 선지자들에게 이와 같이 하였느니라(눅 6:22-23).[34]

이스라엘과 유다의 통치자들의 손에서 심각한 체면 손상을 겪었던 많은 이스라엘 예언자들의 역사적 선례에 호소하는 것은[35] 가장 명예로운 사람들도 그들의 이웃들에게 가장 공개적으로 불명예를 당할 수 있다는 증거를 제공한다. 유대인들이 수 세기 동안 예레미야와 이사야라는 이름을 존경했다는 사실은 그들의 왕들이 이 두 사람에게 부과하려고 했던 수치를 뒤집는다. 예수의 제자들은 외부로부터 오는 불명예의 짐을 직면하게 될 때 동일한 확신을 가질 수 있었다.

바울은 더 일반적인 원리의 측면에서 이와 동일한 근거를 언급한다. "무릇 그리스도 예수 안에서 경건하게 살고자 하는 자는 박해를 받으리라.

"그들의 옷을 씻은" 자들은 하나님의 재앙이 아니라 경건한 자들을 대항하여 행해진 짐승의 캠페인인 "큰 환난"을 견뎌낸 자들이다[계 7:13-14]) "복이 있는" 또는 "명예로운" 자들로 선언한다.

34 마 5:11-12과 관련된 평행 본문도 보라. 눅 6:26은 동일한 논리를 통해 외부 세계의 입에 오르내리는 칭찬과 명예를 제자들의 공동체 내의 불명예에 대한 표지로 변하게 한다. 다시 말해 저 무지한 세상은 거짓 예언자들을 칭찬했던 것이다.

35 비록 성경에서 이 예언자들의 죽음이 그들의 이름과 함께 언급되고 있지 않다고 할지라도, 이 사람들의 잔인한 순교를 묘사하는 것은 이스라엘의 전설 속에 나타난다(*The Lives of the Prophets* [J. H. Charlesworth, ed., *OTP*, 2:379-400]을 보라; 이 이야기들은 David A. deSilva and Victor H. Matthews, *Untold Stories of the Bible* [Lincolnwood, Ill.: Publications International, 1998], 102-14에 요약본으로 실려 있다).

문화의 키워드로 신약성경 읽기

악한 사람들과 속이는 자들은 더욱 악하여져서 속이기도 하고 속기도 하나니"(딤후 3:12-13). 경건 ─과 덕을 추구하는 사람들─은 단지 불명예스러운 세상에게 박해받을 뿐이다. 이 때문에 그리스도인들은 믿지 않는 이웃들이 그들을 공격하고 파괴할 때 자신들이 명예로운 길을 선택했음을 확신해야 했다.

또한 초기 교회 지도자들은 어려움을 참는 일을 용기와 인내의 미덕을[36] 드러낼 기회로 승화시키기 위해 운동 경기의 은유를 사용했다. 그들은 사회의 적대감을 신자가 단순히 기독교적 헌신으로 인내함으로써 적대자를 상대로 명예로운 승리─그리고 승리자의 면류관─를 얻는 것으로 재구성했던 것이다.

이러므로 우리에게 구름 같이 둘러싼 허다한 증인들이 있으니 모든 무거운 것과 얽매이기 쉬운 죄를 벗어버리고 인내로써 우리 앞에 당한 경주("경쟁", *agōn*)를 하며 믿음의 주요 또 온전하게 하시는 이인 예수를 바라보자. 그는 그 앞에 있는 기쁨을 위하여 십자가를 참으사 부끄러움을 개의치 아니하시더니 하나님의 보좌 우편에 앉으셨느니라. 너희가 피곤하여 낙심하지 않기 위하여 죄인들이 이같이 자기에게 거역한 일을 참으신 이를 생각하라. 너희가 죄와 싸우되[*antagōnizomenoi*] 아직 피 흘리기까지는 대항하지 아니하고(히 12:1-4; 히

---

36 그들의 청중이 사회적 수치의 대상이 되었던 유대교 저자들(4 Macc 6:9-10; 16:16; 17:11-16; Philo, "Every Good Person is Free," 26-27을 보라)뿐만 아니라, 그들의 위대한 경쟁이 올림픽 경기가 아니라 사람의 이성과 미덕을 향한 헌신을 뒤집게 만드는 모욕, 고난, 육체의 욕망 및 약함과 투쟁하는 일이었던 그리스-로마 철학자들(Dio Chrysostom *Or.* 8.15-16; Epictetus *Diss.* 1.18.21; 1.24.1-2; 3.22.56을 보라)은 이런 이미지를 흔히 사용했다. 이 주제에 관한 자세한 내용은 Victor C. Pfitzner, *Paul and the Agon Motif: Traditional Athletic Imagery in the Pauline Literature* (Leiden: Brill, 1967); Noah Clayton Croy, *Endurance in Suffering* (Cambridge: Cambridge University Press, 1998); deSilva, *4 Maccabees*, 4장을 보라.

10:32도 보라).

이 은유가 효과를 발휘하는 것은 운동선수들에게는 인내와 끈기가 필요하기 때문이다. 특히 그들이 고통을 느낄 때와 사람들의 조롱에 직면했을 때 그렇다. 그와 같이 조롱에 직면하거나 육체의 고통 때문에 포기하는 것은 패배와 불명예를 의미할 수 있다. 그러나 사람들의 반대와 적대자들과 인간적 약점에도 불구하고 경기를 지속하는 운동선수는 명예를 획득하게 될 것이다.

이 본문에서 히브리서 저자는 그리스도인들에게 그들이 참여하는 경기장에 들어섰을 때 그들을 인정해주는 관중에게 주의를 집중하라고 요청한다. 모든 시대를 통해 믿음의 사람들은 예수와 함께 현재 동일하게 혹독한 사회의 반대와 경주하고 있는 그리스도인들을 분명하게 지켜보고 있다. 그들은 단순히 믿지 않는 자신들의 이웃들에 맞서 경쟁하고 있는 것이 아니라, 궁극적으로 (무엇보다 수치에 항복하게 만들고 모든 계획을 불가능하게 만드는) 죄의 힘에 대항하고 있는 것이다. 적대적인 사회에게 희생당하는 경험이 강요에 굴복하기보다 자신의 확신을 따르기로 선택한 희생자들에게 힘을 부여함으로써 승리를 얻는 기회로 바뀔 때 이 은유는 참으로 강력한 자원이 된다.

히브리서 저자는 불신자들 때문에 당하는 모욕, 조롱, 심지어 육체적인 폭력의 경험까지도 하나님 나라의 시민권을 위해 하나님께서 당신의 자녀들을 훈련하시는 것으로 여김으로써 고결하게 만든다(히 12:5-11). 이것은 분명히 징벌적 훈계가 아니라(신자들이 범한 죄에 대한 "처벌"이 아니라),[37] 인격을 형성하는 훈련으로서 하나님께 대한 그들의 헌신을 조성하고, 그

---

37 징벌적 훈계가 아니라 교육 또는 성장을 위한 훈계라는 이 단락에 대한 해석은 Croy, *Endurance in Suffering*에서 분명하게 제시된다(또한 그는 이 단락에 관한 "징벌적" 오독에 대한 발전 과정을 추적하여 능숙하게 설명한다).

문화의 키워드로 신약성경 읽기

들의 신뢰와 충성을 강화하며, 그들이 곧 받게 될 흔들리지 않는 나라에 대한 투자를 분명하게 하는 것이다. 부모의 훈계는 그들이 부모의 돌봄과 배려를 받지 못하는 불법적인 자녀들이 아니라 하나님의 합법적인 아들딸이 되었다는 증거다.[38] 그러므로 용기와 인내에 더하여 끈기는 하나님에 대한 경건한 순복을 드러내는 기회가 된다(예수의 모범을 따라, 히 5:8-9).

세상의 일탈-조절 대책들을 견디는 것은 하나님에 대한 신자의 믿음과 신뢰 또는 그의 성실과 정직을 드러내는 기회도 된다(벧전 1:6-7). 바울은 후자의 방식으로 고난에 대한 자신의 경험을 사용한다. 그는 수치 — 언어적·육체적 비하 모두(고후 6:4-10; 11:23-25) — 에 대한 자신의 인내를 다음의 사실에 대한 증거로서 제시한다. 즉 그는 복음을 일시적인 이득이나 기쁨을 누리기 위한 수단이 아니라(철학을 생계 수단으로 여긴 소피스트들과 달리) 가장 고결한 이상을 추구하기 위해 사용했다는 것이다. 지상의 고난과 수치에도 불구하고 예수께 충성된 자로 남아 있는 사람에 대한 확실한 모델인 바울은 하나님께서 끝까지 충성하는 자들을 반드시 신원해주실 것이라고 믿었다. "누구든지 그를 믿는 자는 부끄러움을 당하지 아니하리라"(롬 10:11; 참조. 딤후 1:8, 12). 현재의 인내는 영원히 비교할 수 없는 영광을 의미한다(고후 4:17-18).[39]

---

38 히 12:5-11에서 히브리서 저자가 주장하는 것은 히 10:32-34부터 그가 고려하고 있었던 고난(예수에게 헌신하기 때문에 공동체가 사회의 수치를 겪었던 이전의 경험)과 11장에 나오는 아브라함과 모세와 순교자들의 모범들과 12:1-4에 나오는 예수의 모범(과 신자들이 스스로 사회의 압박에 대항했던 것)이 본질적으로 동일한 것임을 알아야 한다는 것이다. 다시 말해 히 12:5-11은 질병 또는 가정의 폭력과 같은 모든 종류의 고난에 대해 말하는 것이 아니다 — 신자는 예수에 대한 믿음과 충성 속에서 걷고 있기 때문에, 불신자들(또는 거짓 그리스도인들)이 신자에게 부과하는 그런 고난만을 의미한다. 하나님의 부성애적 훈련의 원리를 적용하는 것은 지나치게 넓게 신학적 재앙과 폭력적인 하나님을 연상시키는 위험을 안고 있다.

39 순교당하고 하찮은 존재로 취급되었던 그리스도인들의 명예를 하나님께서 회복시켜주실 것이라는 확신은 요한계시록의 뚜렷한 주제이기도 하다. 하나님께서 그의 증거들 위에 쌓

외부인들의 도전에 대한 그리스도인의 응수

명예로운 사람은 모욕이나 명예에 대한 다른 도전에 직면했을 때 통념상 그 도전에 역공하거나 복수하거나 대중이 보기에 온전한 명예를 보전하기 위해 반격할 수 있는 조건을 갖추게 된다(1장의 논의를 보라). 언어적 도전과 폭력적 언사와 심지어 육체적 모욕과 같은 명예에 대한 공격에 직면한 그리스도인들은 구경꾼들 앞에서 도전-응수의 게임에 끝까지 임하여 동일한 대응을 하고 싶은 유혹을 받았을 것이다. 그러나 예수와 함께 시작한 그리스도인 지도자들은 특별히 그리스도인답게 응수하는 방법을 개발해야 했다—신자는 자신의 명예에 맞서는 도전에 응수할 수 있지만, 그리스도인 공동체의 덕과 가치를 외부 세계에 반영하는 방식으로 대응하도록 지도받았다.

> 눈은 눈으로, 이는 이로 갚으라 하였다는 것을 너희가 들었으나 나는 너희에게 이르노니 악한 자를 대적하지 말라. 누구든지 네 오른편 뺨을 치거든 왼편도 돌려 대며 또 너를 고발하여 속옷을 가지고자 하는 자에게 겉옷까지도 가지게 하며 또 누구든지 너로 억지로 오 리를 가게 하거든 그 사람과 십 리를 동행하고 네가 구하는 자에게 주며 네가 꾸고자 하는 자에게 거절하지 말라(마 5:38-41; 마 5:44; 눅 6:28, 35도 보라).

예수의 제자들은 외부 세계가 그들에게 던지는 모욕이나 폭력과 동일한 방식으로 명예에 대한 도전을 극복한 것이 아니라, 오히려 적대감을

아놓으신 수치(고대 세계의 궁극적인 수치, 결국 죽은 후에 장사되지 못하고 버려지는 것)를 전복하실 것이라고 말하는 계 11:3-13을 보라. 계 6:9-11에서 신원을 위한 순교자들의 울부짖음은 11:18에서 분명히 응답된다. 그들의 수치는 20:4-6에서 그리스도와 함께 공동 통치자가 되는 최상의 명예로 바뀐다.

문화의 키워드로 신약성경 읽기

관대함으로 대하고 용기 있게 폭력 사용을 거절함으로써 폭력에 대처하며 하나님께서 주시는 선과 친절의 끝없는 축복의 자원으로 저주에 맞섰다.

바울은 "악을 악으로" 갚으라고 말하는 대신에 "모든 사람 앞에서 선한 일을 도모하라"(롬 12:17)고 그리스도인들에게 권고함으로써 예수의 가르침을 확장한다. 우리는 바울 서신과 베드로전서에서 그리스도인이 되는 것이 사실상 명예로운 것임을 외부인들에게 보여주려는 중요한 관심사를 발견하게 된다. 한편으로 그리스도인들은 외부 세계의 인정을 받기 위한 욕구나 필요로부터 나오는 일련의 행위를 선택하도록 결코 허락받지 않았다. 그들은 하나님께서 인정하시는 것과, 세상의 반응과는 상관없이 하나님께서 그들을 인도하시는 행위에 계속해서 초점을 맞춰야 한다. 그러나 다른 한편으로 신약에 언급된 분명한 소망이 하나 있는데, 그것은 하나님께서 인정하시는 길을 추구함으로써 그리스도인 공동체의 고결함이 교회 밖의 사람들에게 분명해질 것이라는 사실이다. 즉 교회는 심지어 그들이 미덕이라는 명목으로 (우상숭배와 같은) 악한 길을 추구하고 있다고 할지라도 덕을 인식할 수 있는 어떤 능력을 여전히 지니고 있다는 것이다. 공동체의 평판에 대한 이와 같은 관심은 기독교 운동에 관한 회심주의자들(conversionist)의 강조와도 일치한다. 왜냐하면 "군중"은 사실을 탐구하기보다는 오히려 소문에 휩쓸리기 때문이다.[40]

그리스도인 공동체를 공격하는 자들에 대해 어떻게 반응해야 하는지와 관련하여 그리스도인의 자세는 "원수들로부터 이익을 남기는 법"(How to Profit by One's Enemies, *Mor.* 86B-92F)이라는 플루타르코스의 글에 있

---

40 이소크라테스의 *Ad Dem.* 17을 보라. 누가는 그리스도인 공동체가 전 제국에서 좋지 못한 평판을 받고 있었다는 인상을 준다. "이에 우리가 너희 사상이 어떠한가를 듣고자 하니 이 파에 대하여는 어디서든지 반대를 받는 줄 알기 때문이라"(행 28:22).

는 지침과 매우 유사하다.[41] "'나는 어떻게 내 원수로부터 나 자신을 방어해야 하는가?' '너 자신을 선하고 명예로운 자로 증명함을 통해'"("How to Profit" 4, *Mor.* 88B). 플루타르코스가 기록하고 있듯이 당신이 접촉하는 자들을 향해 통제력과 정의와 친절로 당신 자신을 채우고 있음을 보여주는 것은 원수에게 모욕 이상의 고통을 주는 것이다. 모욕당하는 자는 자기의 삶을 검증하고 악과 유사한 것은 어떤 것이라도 제거할 기회로서 그 모욕을 틀림없이 사용하게 된다("How to Profit" 6, *Mor.* 89D-E). 동일한 방식으로 베드로전서 저자는 소아시아 전역의 그리스도인들에게 "너희가 이방인 중에서 행실을 선하게 가져 너희를 악행한다고 비방하는 자들로 하여금 너희 선한 일을 보고 오시는 날에 하나님께 영광을 돌리게 하려 함이라"(벧전 2:12)라고 권고한다. "선한 양심을 가지라. 이는 그리스도 안에 있는 너희의 선행을 욕하는 자들로 그 비방하는 일에 부끄러움을 당하게 하려 함이라"(벧전 3:16). 베드로전서 저자는 명예로운 행위를 사용하여 사회가 "그리스도인"의 이름에 꼬리표를 달아놓은 모욕을 전복시키기를 희망한다. "곧 선행으로 어리석은 사람들의 무식한 말을 막으시는 것이라"(벧전 2:15). 최소한 그는 믿음의 공동체에게 실제로 나쁜 평판을 추가하거나 그 평판을 정당하게 만드는 일을 행하지 말라고 엄중히 경고한다. "너희 중에 누구든지 살인이나 도둑질이나 악행이나 남의 일을 간섭하는 자로 고난을 받지 말려니와"(벧전 4:15).[42] 남편과 아내(벧전 3:1-7; 2:18-25; 딛 2:9-10도 보라), 젊은이들(딛 2:6-8), 여성(딛 2:4-5) 및 전체 공동체에게 주어진 교훈

---

41   Elliott은 베드로전서에 자세히 언급된 외부인들에 대한 반응과 관련한 그의 논의에서 이 비교 본문에 주의를 환기시킨다(Elliott, "Disgraced yet Graced," 171).

42   벧후 2:2은 다음과 같은 인식을 표현하고 있다. 즉 자신들을 그리스도인이라고 부르는 사람들이 행한 악한 행위는 공동체에 대한 중심 문화의 부정적 견해를 확증해줄 뿐만 아니라 그리스도의 신조에 대해서도 매우 해롭다는 사실이다.

문화의 키워드로 신약성경 읽기

은 고결한 행위를 통해 공동체가 진짜 명예롭다는 증거를 제시하려는 목표로서 이해될 수 있다(외부인들이 실제로 이를 인정하든지 인정하지 않든지 간에 마지막 심판의 때에 그들은 그렇게 하도록 강요당하게 될 것이다).

다른 많은 부분에서 우리는 신약 저자들이 성실하게 사는 삶에 대한 관심(고후 1:12; 4:2; 6:3-4; 딤전 3:7을 보라)을 보여주고 있으며, 유대인과 이방인의 마음속에 동일하게 심겨진 미덕을 통해(롬 2:14-16) 예수의 메시지와 조화를 이루고 있다는 것을 보여주고 있음을 발견한다. 그래서 바울은 "하나님의 눈에 그리고 동시에 사람의 눈에 고결한 것"과 관련하여(고후 8:21) 유대 지역에 있는 형제자매를 위해 모금 활동을 조심스럽게 주도했던 것이다. 자신들의 미덕을 드러내도록 부르심을 받은 그리스도인들의 주목할 만한 또 다른 무대는 자선을 통해 발견된다. 이는 믿음의 공동체 내부뿐만 아니라(이 공동체의 헌신과 단결을 유지하기 위해 필수적이다) 모두를 향해(마 5:43-48; 살전 3:12; 5:15) 이루어졌다. 자선은 고대 사회에서 그 자체로 명예로운 것이었으며, 하나님 자신의 특성을 반영하는 일이기도 했다. 만일 외부인들이 신자들에게 감사로 반응하지 않고 오히려 지속적으로 신자들을 비방한다면, 그것은 외부인들의 품위 없는 특성에 대한 또 다른 확정적 증거가 될 뿐이었다. 그러므로 그리스도인 공동체는 가장 높은 이상들을 실현하고, 선을 행함으로 악을 극복하며(롬 12:21), 믿음의 공동체의 명예를 함양하기 위해 사투를 벌이면서 사회의 반응(인정 또는 비난)에 개의치 않고 합당한 길을 계속 걸어가야 한다.

그리스도인의 명예

초기 교회 지도자들은 신자들에게 그리스도인 공동체에 가입하는 것은 단지 복음을 거절한 세상이 보기에 그들에게 불명예를 가져다주는 것이 아님을 자주 상기시켜주었다. 신자들이 비교할 수 없는 명예를 획득할 수 있었던 이유도 그들이 공동체에 소속되어 있기 때문이었다. 자기 자신을 존중하는 사람들에게 편지를 쓰고 있다는 사실에 민감했던 베드로전서 저자는 그리스도 안에서의 명예가 그들의 것임을 확언하기 위해 그가 쓴 편지의 처음 두 장을 할애한다. 제사장직에 대한 높임의 언어는 그에게 명예를 전달하는 중요한 수단을 제공해준다. 신자들은 거룩함 안에서 확신을 가지고 하나님께 나아가는 데 적합한 자들로서 이 명예를 지금 누리고 있다.

> 너희도 산 돌 같이 신령한 집으로 세워지고 예수 그리스도로 말미암아 하나님이 기쁘게 받으실 신령한 제사를 드릴 거룩한 제사장이 될지니라.…그러나 너희는 택하신 족속이요, 왕 같은 제사장들이요, 거룩한 나라요, 그의 소유가 된 백성이니 이는 너희를 어두운 데서 불러내어 그의 기이한 빛에 들어가게 하신 이의 아름다운 덕을 선포하게 하려 하심이라. 너희가 전에는 백성이 아니더니 이제는 하나님의 백성이요, 전에는 긍휼을 얻지 못하였더니 이제는 긍휼을 얻은 자니라(벧전 2:5, 9-10; 계 1:5-6; 5:9도 보라).

이 구절에서 신자들이 하나님의 백성의 일부가 되도록 결정하신 하나님의 선택에 대한 강조 역시 그리스도인에게 확정된 명예롭고 은혜를 받은 지위에 대해 말하고 있다.

가장 인상적인 것은 예수의 제자가 되면 하나님의 가족의 일원으로 입양되어 그리스도의 명예를 공유하게 된다는 사실이다(요 1:12-13; 롬 8:14-17; 히 2:10; 3:1-6, 14; 벧전 1:23). 이런 점에서 하나님은 당신의 집의 명예를 신자에게 돌리신다.[43] 따라서 우주에서 가장 높은 명예의 자리로 예

---

43 Jewett, *Saint Paul Returns to the Movies*, 12을 보라. "'하나님의 의'라는 컨텍스트에 '올바

수를 높이는 것은(엡 1:20-22) 모든 신실한 신자들이 현재 공유하는 명예가 된다(엡 2:6). 이 명예는 그리스도인이 소유하는 것이지만, 아직 완전히 누릴 수 있는 것이 아니고, 아직 세상에 완전히 드러난 것도 아니다. 이것은 그들의 유산으로 남아 있다(벧전 1:4). 하나님께서 그들을 그분의 가족으로 입양하심으로써 그들에게 부여하신 명예는 그들에게는 최대한의 투자가 되며, 실제 최대 규모로 나타날 것인데, 예수가 미래에 나타나실 때 발생할 것이다. 영광을 받으신 그리스도 자신의 명예가 세상에 드러날 때, 바로 이어서 그의 제자들의 명예도 드러나게 될 것이다(골 3:4; 살후 1:10-12; 2:14). 그리스도인들은 흔들리지 않는 나라(히 12:28), 영구한 도성(히 13:13-14)을 받기를 학수고대한다. 신자들은 하나님의 자녀로서 그들의 모든 명예를 위임받게 될 것이다. 그곳에서 명예는 분명히 드러나고 결코 모욕당하지 않게 될 것이다.

더 즉각적으로 신자들은 그리스도가 그들 안에서 구체적으로 나타날 때, 그리고 그들의 행위가 그분의 사랑을 드러낼 때 그들의 형제자매로부터 높은 평가와 존경을 받게 된다. 믿음의 공동체들은 동료 신자들을 지원하기 위해 애쓸 때, 불신자들의 반대를 용기 있게 참아내거나 예수에 대한 그들의 헌신이 확고하고 신뢰할 만한 모범으로서 빛날 때, 제국 전체에 있는 교회들의 관계망을 통해 국제적 명성을 얻게 되는 것이다(롬 1:8; 살전 1:7-9; 살후 1:4을 보라).

그리스-로마 문화 또는 유대교 하위문화의 가치와 일치시키라는 압박과 그들의 이방 가치를 고려하여 가치와 명예에 접근하라는 유혹은 단지 그리스도인 공동체의 외부로부터 오는 것만은 아니었다. 결국 어떤 지

르게 서는' 것은(3:21), '하나님의 영광'에 미치지 못하는 인간과 관련하여 **회복된** 영광과 명예를 가지게 되는 것을 의미한다. 이것은 성취가 아니라 은혜의 선물이다."

역에서 교회가 첫 세대로 존재하는 동안에 교회의 모든 구성원은 그들이 속한 문화들 중 어떤 한 문화 속에서 먼저 사회화가 이루어진다. 그러므로 우리는 초기 기독교 지도자들이 현재 이교도적인 기준과 가치로 간주되는 것들을 기독교 공동체 안으로 들여오려는 경향과 맞서 싸웠음을 알 수 있다. 여기서의 도전은 구성원들의 "일차적 사회화"가 기독교 세계관과 에토스 안으로 들어와서 그들의 완전한 이차적 사회화를 무시하거나 합선을 일으키지 않도록 막는 것이었다. 그리스도인들은 분명하고도 확실하게 공동체의 가치를 명예에 이르는 길로서 강화해야 했다. 그들에게는 아직 그들의 개종 뒤에 "남겨진" 명예로운 행위 규정에 대한 그들의 가치를 변용할 여유가 없었다.

예수, 야고보, 바울, 그리고 대부분의 신약 저자들의 가르침은 명예에 대한 참된 기초를 명확히 하고, 명예를 획득하거나 부여하는 문제와 관련하여 기독교 세계에 침범해 들어온 지배 문화(또는 유대 민족의 하위문화)의 가르침을 교정하는 데 시간을 할애한다. 이런 논의가 팽배하다는 사실은 비기독교적 사회화가 놀랍게도 지속되었고 그리스도인 지도자들은 이 점에 대해 특별한 경계심을 드러내야 했음을 시사한다. 예를 들어 예수는 타인을 지배하고 능가하는 측면에서 권력의 위대함을 생각하는 다수 문화의 방식과 정면으로 대립한다. 이는 예루살렘으로 가는 도상에서 적어도 두 번에 걸친 제자들과의 대화 속에서 드러난 개념이다(막 9:34-35; 10:35-45과 평행 본문들). 참된 명예는 오히려 "섬김을 받으러 온 것이 아니라 섬기러 온"(막 10:45) 종-지도자인 예수의 모범을 따라 형제자매를 섬기는 것으로 구성된다. 제자들과 복음서의 후대 독자들 역시 세상에서 명예롭거나 위대하다고 간주되는 것과 하나님이 보시기에 위대하거나 명예로운 것의 엄청난 차이를 깨닫게 됨으로써 큰 충격을 받게 되었다. "너희 모든 자 가운데 가장 작은 자가 가장 큰 자이니라"(눅 9:48).

야고보와 바울은 모두 사람의 가치나 명예가 그의 부와 비례한다고 여기는 다수 문화의 확신이 공동체 내에 양산됨으로써 생겨난, 가난한 자들보다 부자들을 명예롭게 생각하는 경향과 맞서 싸웠다(고전 11:20-22; 약 1:9-10; 2:1-9을 보라). 유대인 그리스도인이 자신을 이방인 그리스도인보다 더 명예롭고 더 특권을 갖고 있는 것으로 여기든지, 헬라인 그리스도인이 야만인들보다 더 명예로운 그리스의 중심 문화적 이해에 밀착되어 있다고 생각하든지 간에, 민족성은 더 이상 다른 사람을 능가하는 명예를 주장하는 이유가 될 수 없다(롬 1-3; 11:19-20).[44] 신적인 소유와 하나님의 능력에 접근할 수 있는 가시적 표지들을 가치 있게 여기는 세상에서 하나님의 은사와 신자들의 재능은 신자들 사이에서 명예를 얻기 위해 경쟁하는 근거로 허용된 것이 아니다(고전 4:7). 마찬가지로 영적인 지식은 교회 내에서 계몽된 엘리트를 만들어내지 않는다. 교회에서는 (자랑이 아니라 오히려) 사랑으로 서로를 세우는 것이 명예롭게 행동하는 것이고, 명예로운 사람으로 인식되는 방식이다(고전 8:1-2).

고린도 사람들에게 쓴 편지에서 바울이 특별히 비판적으로 제기했던 문제는 외모로 평가하는, 다시 말해 은사와 가시적 권력과 세련된 행위로 사람의 가치를 평가하는 경향으로부터 신자들을 분리시키는 것이었다(고후 5:12).[45] 예수의 경우는, 바울이 주장했듯이, 명예를 결정함에 있어 이 기준이 신뢰할 만한 것이 아님을(평가의 대상이 자신의 명예든지, 동료 신자의 명예든지 혹은 여러 지도자 및 교사들의 명예든지 상관없이) 증명해준다. 왜냐하면 "그

---

44 Jewett 역시 *Saint Paul Returns to the Movies*, 10에서 같은 주장을 하고 있는데, 이는 옳다. "'허풍'을 제거하는 것은 행동이나 상속받은 신분을 통해 명예를 얻는 모든 시스템의 우월성을 주장하는 근거를 제거하는 것이다." 13쪽도 보라. "아무도 다른 사람을 능가하는 행동이나 출생 또는 부의 특권을 통해 이 명예롭고 의로운 신분을 획득할 수 없다."

45 더 자세한 논의에 대해서는 deSilva, *Hope of Glory*, 5장을 보라.

자체의 지혜 속에 있는 세상", 즉 가치에 대해 자체적인 기준을 가지고 행동하고 선택하는 세상은 하나님의 지혜를 인식할 수 없기 때문이다(고전 1:18-31). 죽어야 할 인간을 그리스도의 형상으로 변화시키시며 나약한 인간(죽음에 직면했을 때 가장 강하고 재능이 많은 사람조차도 나약해지는)의 삶에 그리스도의 생명을 주심으로써 신자 안에서 일하시는 하나님의 역사만이 사람에게 명예롭다고 주장할 수 있는 특권을 준다. "외적 모습"을 기초로 자신이나 타인의 가치를 평가하는 것, 다시 말해 우리의 유한한 인성이나 행위의 기부와 같은 것으로 가치를 측정하는 것은 어리석은 것이다. 왜냐하면 외적 모습은 죽음에 직면했을 때 쓸모없는 것이기 때문이다. 자신의 연약함을 숨기거나 자신의 외모를 존경과 권위를 획득할 수단으로 "완벽하게" 만들어서 거의 신적 존재가 되려고(이는 대부분의 대중 연설가들의 목표였다) 하지 않았던 바울의 결정은 가치를 측정하고 전달하기 위한 그런 방식과 시도는 근본적으로 하나님의 가치와는 상반된다는 그의 확고한 신념을 반영한다(또다시 극단적인 경우에 가장 분명하게 드러나는 예수의 경우를 보라). 그러므로 바울이 허용하는 유일한 "자랑" 또는 "명예롭다는 주장"은 "주 안에서"의 자랑과(고전 1:31; 고후 10:17), "자신의 약함 속에서의" 자랑이다(고후 11:30; 12:5-10). 예수의 성품과 인격이 개인 속에서 드러나는 곳에서만 사람은 자기-존중의 이유를 발견하게 된다. 공동체는 명예를 수여하기 위한 핵심 기준으로서 이것을 강화해야 한다.

그리스도인들에 대한 이런 재교육에서 본질적이며 두루 영향을 미치는 또 다른 측면은 사람의 명예를 확립하는 데 있어 기본적인 경쟁 모델을 협동 모델로 대체하는 것이다. 신자들은 하나님의 자녀들로서 사회학자들이 부르는 가상의 친족 집단이 된다. 즉 그들은 혈통으로는 관련이 없지만 그럼에도 더 높은 수준의 친밀감을 맺고 상호적 헌신과 소속감을 갖고자 하는 가족으로서 서로를 간주하는 사람들의 집합체가 되었다. 신자들은 형제자매로서, 관련이 없는 사람들 간에 명예를 얻고자 서로 경쟁하는 것이 아니라 가족의 모든 구성원의 명예 증진을 위해 함께 일하면서 가족 안에서 명예를 공유한다. 그래서 예수는 동료 이스라엘 사람들과 동떨어져서 그들을 능가하는 자신을 내세우기 위한 방식으로 명예롭게 되기를 좋아하는 서기관들과 바리새인들을 비판하면서, 자신의 제자들이 그런 특성을 만들거나 추구하기를 금하셨다. "그들은 잔치의 윗자리와 회당의 높은 자리와 시장에서 문안받는 것과 사람에게 '랍비'라 칭함을 받는 것을 좋아하느니라. 그러나 너희는 '랍비'라 칭함을 받지 말라. 너희 선생은 하나요, 너희는 다 형제자매니라"(마 23:6-8). 참으로 명예는 자신의 친족과의 경쟁을 통해 획득되는 것이 아니다. 이와 마찬가지로 바울도 빌립보에 있는 그의 형제들에게 교회에서 인정받기 위해 품는 모든 경쟁심을 내려놓고 대신 "겸손함으로 각각 자기보다 남을 낫게 여기는"(빌 2:3) 것을 선택하라고 권고한다. 확실하게 인정받기를 요구하는 일에 전념하는 대신 그리스도인들은 단순히 그런 요구들을(파벌주의의 온상이 되는) 포기하고 공동체의 다른 구성원들에게 인정과 명예를 제공해야 한다.

신자들은 서로를 명예롭게 여기며 하나님이 보시기에 또 공동체가 보기에 합당한 가치로 서로를 인정하도록 부름을 받았다(롬 12:10; 빌 1:17; 2:3-4; 벧전 5:5-6; 요삼 9-11절을 보라). 분명히 믿음의 기준에서 떠나는 것 외에 어떤 이유로도 동료 그리스도인들에게 불명예나 수치를 줄 여지는 전혀 없다. 가난한 그리스도인이 초라하게 취급되어서는 안 되며, 그가 가난하기 때문에 부끄럽게 여기도록 만들어서도 안 된다(고전 11:21-22; 약 2:6-7). 신자들은 관습적인 사소한 차이에 근거하거나(롬 14:3, 10)[46] 다른

---

46 Jewett는 하나님께서 무관심하게 여기시는 문제들로 인해 동료 신자들을 폄하하는 경향을 제거하고자 했던 롬 14-15장에 대해 도움이 되는 주석을 제공한다. "강한 자들은 경멸을 통해 약한 자들을 붙잡고 그들을 지배해야 한다는 그리스-로마의 일상적 전제 대신에,

사람들보다 더 유명하고 구별되는 어떤 영적 은사에 근거해서(고전 12장) 서로를 경멸해서는 안 된다. 이런 행위는 수치를 당한 신자들을 공동체 밖으로 밀어내는 일밖에는 되지 않으며, 좋지 못한 목적으로 그들을 사회의 품으로 돌려보내는 일이 된다. 수치를 주는 것은 오직 명예로운 행위에 대한 공동체의 확고한 기준을 강화하기 위해서만 보전되어야 한다(고전 6:5; 15:34; 살후 3:6, 14-15; 딤전 5:20과 아래의 논의를 보라).

대신 공동체 내부의 교류는 하나님이 보시기에 또 그분의 기준에 부합하게 서로의 명예를 반영하는 것이어야 한다. 이는 "남 앞에 내놓을 것이 적은" 자들에게 명예를 부여하기 위해 특별한 보호가 있어야 함을 의미한다.

> 우리가 몸의 덜 귀히 여기는 그것들을 더욱 귀한 것들로 입혀주며 우리의 아름답지 못한 지체는 더욱 아름다운 것을 얻느니라. 그런즉 우리의 아름다운 지체는 그럴 필요가 없느니라. 오직 하나님이 몸을 고르게 하여 부족한 지체에게 귀중함을 더하사 몸 가운데서 분쟁이 없고 오직 여러 지체가 서로 같이 돌보게 하셨느니라. 만일 한 지체가 고통을 받으면 모든 지체가 함께 고통을 받고 한 지체가 영광을 얻으면 모든 지체가 함께 즐거워하느니라(고전 12:23-26).

하나의 단락 속에 연관된 세 가지 관심사가 함께 등장한다. 첫째로 바울은 고린도에 있는 그리스도인들이 하나님이 보시기에 명예로운 자들의

바울은 '믿음이 강한 우리는 마땅히 믿음이 약한 자의 약점을 담당하고 자기를 기쁘게 하지 아니할 것이라. 우리 각 사람이 이웃을 기쁘게 하되 선을 이루고 덕을 세우도록 할지니라. 그리스도께서도 자기를 기쁘게 하지 아니하셨나니 기록된 바 주를 비방하는 자들의 비방이 내게 미쳤나이다 함과 같으니라'(롬 15:1-3)라고 주장한다"(*Saint Paul Returns to the Movies*, 15). 여기서의 시편 본문은 하나님을 비난하는 자들의 비난이 아니라 이웃을 비난하는 자들의 비난을 언급하는 것으로 읽힐 수 있다 — 믿음이 약한 형제자매를 인식하게 될 때 믿음이 강한 신자는 그 약한 자에게 쏟아지는 비난을 기꺼이 자신의 것으로 취해야 한다.

　　　　　　　　　　　　　　　문화의 키워드로 신약성경 읽기

명예를 의도적으로 확정하는 일의 중요성과 적합성을 이해하도록 돕는 수단으로서 몸의 은유를 사용한다. 그러나 이것은 사회의 기준(그리스도인의 일차적 사회화 곧 그 사람의 인생에서 그리스도인이 되기 이전의 시기에 배운 기준)을 전혀 고려하지 않는다. 둘째로 서로를 향한 이런 태도와 교회 내의 일치와 단결을 유지하는 것의 관계가 분명하게 드러난다. 가족 구성원의 명예를 증진하는 것은 그 가족의 모든 구성원의 명예를 증진하는 것을 의미한다. 이는 서로가 명예롭게 되었을 때 기뻐할 수 있는, 서로의 명예를 증진하는 (다른 사람을 희생시켜 자기 자신의 명예를 증진하기보다) 유일한 권리가 된다. 이런 에토스를 함양하는 그리스도인 공동체는 거대한 성장을 볼 것이고 하나님께 가치 있는 사역의 행위를 할 수 있도록 준비될 것이다.

새로운 공동체 내의 명예와 수치

명예와 불명예의 행위를 구성하는 특징적인 그리스도인의 범주가 일단 확립되면, 그리고 공동체 구성원들이 믿지 않는 세상의 판결을 완전히 벗어나서 하나님의 승인과 동료 그리스도인들과 공동체의 지도자들에게 반영된 승인에 초점을 맞추게 되면, 공동체는 명예와 수치를 그 공동체의 가치를 위해 헌신하며 살도록 하는 일에 사용할 수 있다. 지도자들은 명예를 향한 청중의 자연스러운 갈구를 동력으로 사용할 수 있다. 이는 문제가 되는 평판의 법정 앞에서 명예를 얻는 경로로서 기독교 운동을 유지하고, 그에 필요한 일련의 행동이나 태도들을 증진하며, 공동체의 가치에 반하거나 공동체의 단결에 해로운 것으로 입증되는 태도나 행동이나 헌신은 주요 인사들의 모임 앞에서 불명예를 얻는 경로가 된다는 꼬리표를 달아 단념시키기 위함이다. 이 소수 문화 안에서 다수가 동의할 수 있는 부분에서는 공유된 가치를 드러내는 자들에게 명예를 부여함으로써 그 가치를 실현하도록 구성원 개개인을 격려할 수 있다. 또한 공동체는 공유된 기준을 벗어난 구성원들을 교정하기 위해 수치를 주는 행위를 사용할 수도 있다(비록 외부 세계가 주로 사용했던 방식들과 동일한 기술은 아니지만 말이다).

하나님의 집에서 명예롭게 될 것이라는 약속은, 두세 가지 예만 들자면, 육체의 정욕에 굴복하지 않고(딤후 2:20-22), 예수를 섬기며(요 12:26), 그리스도인 공동체에게 종의 자세를 취하고(막 10:41-45), 궁핍한 형제자매들에게 환대와 물질적 지원을 확장하는(고후 8:1-7, 24; 몬 7절; 요삼 5-8절) 가치들을 강화한다. 요한은 "주님을 위해 죽는 것"을 절대적 선으로, 절대적으로 명예롭게 여김을 받을 만한 것으로 제시한다. "'지금 이후로 주 안에서 죽는 자들은 복이 있도다' 하시매 성령이 이르시되 '그러하다. 그들이 수고를 그치고 쉬리니 이는 그들의 행한 일이 따름이라'"(계 14:13). 요한은 중심에 위치하는 어린양과 공동체의 핵심 가치들에 대한 충성으로 "선한 죽음"에 대한 기준을 재정의한다(그의 상황에서 로마 제국 체제의 사악한 번영으로부터 자신을 해방시켜 유일신을 섬기는 것이 가장 중요한 일이었을 것이다). 이 죽음이 폭력적인 것이든 자연스러운 것이든 간에 복을 받는 것(makarism)이 중요하다. 무엇이 수반되든지 간에 여기서 핵심은 청중이 고결한 죽음 즉 선한 죽음을 "주 안에서" 인내하는 것과 연결하게 될 것이라는 점이다.

하나님 앞에서 수치를 당하게 될 것이라는 위협은 계속해서 다음과 같은 일에 헌신하도록 만든다. 즉 서로를 용서하고(마 18:23-35), 굶주리고 아프고 가난하고 갇힌 자들을 돌보며(마 25:31-46), 변절로 인해 주님의 이름에 불명예를 가져오기보다 자신을 구원해주신 주님께 충성을 다하도록(히 6:4-8) 만든다. 요한계시록을 다시 들여다보면 요한은 공개적인 (참으로 어마어마한) 수치를 생생하게 묘사한다. 이 수치는 우상숭배, 특히 황제숭배에 참여하라는 압력에 굴복한 자들에게 주어질 것이다—명예로운 관중과 거룩한 천사들과 어린양 앞에서 처벌받음으로써 완전히 품위를 잃게 될 것이다(계 14:9-11). 굴복한 자들은 "겁쟁이"와 "믿음 없는 자들"로 낙인이 찍히고(계 21:8), 당신의 백성을 위해 하나님께서 준비하신 명예와 호의로부터 배제될 것이다. 구체적인 행위나 일반적인 태도가 결과적으로 명예나 수치에 관한 신자들의 의식과 연결되어 있기 때문에, 신자들의 야망과 혐오감은 기독교 문화의 특징적인 에토스의 측면에서 재조정된다.

따라서 지도자들은 청중에게 앞에서 언급한 말을 통해 명예로운 행동과 수치스러운 행동을 자주 연상시켰을 것이다. 그러면 구성원들은 대화할 때, 심지어 비언어적 의사소통의 상황에서도 이 정보를 서로에게 반영하게 되었을 것이다. 그러나 명예와 수치는 기독교 문화에서 가치를 내면화하는 수준에서만 작용하지 않는다. 신약성경을 통해 초기 목자들은 스스로 교회를 "평판의 법정"으로 "활성화"했다. 즉 그들은 어떤 신자들은 명예롭게 하고 어떤 자들에게는 수치를 줌으로써 역동적인 사회적 환경을 창조하도록 교회를 격려했다. 이렇게 명예를 주고 수치를 주는 일을 통해 공동체의 가치를 적극적으로 지지하고 그 가치를 실현하기 위한 개인의 헌신을 강화하는 역동적인 환경을 만들어내도록 했던 것이다. 바울이나 히브리서 저자와 같은 지도자들은 공동체의 가치를 실현하는 신자들과 자신들의 에너지와 헌신을 통해 공동체의 안녕을(지역적으로든 지역을 초월하든 관계없이) 증진시킨 자들을 공개적으로 찬양했다(명예를 주었다). 예를 들어 데살로니가에 있던 그리스도인들은 주 안에서 그들의 믿음의 역사와 사랑의 수고에 대해, 특별히 반대에 직면했을 때 그들이 신실하게 반응한 것에 대해 칭찬받았다. 그들은 여기서 판명된 바와 같이 실제로 마케도니아와 아가야 전 지역에서 본받을 만한 모범이 되었다(살전 1:3, 7). "히브리인들에게" 쓴 편지의 저자는 과거에 사회가 전략적으로 주는 수치에 직면하여(히 10:32-35) 용기와 단결이라는 태도로 맞섰던, 그래서 지금 그들이 보존할 필요가 있는 명예로운 과정과 관련하여 수신자들을 간접적으로 칭찬한다. 요한계시록 2-3장에서 일곱 교회를 향한 일곱 가지 예언은 예수가 자신과 서로를 향해 성실과 충성과 사랑을 드러냈던 자들은 확증해주고, 지배 문화의 가치에 대해 훨씬 더 많은 여지를 내어주며 그것을 비장하게 추구했던 자들은 책망함으로써 찬양과 비난의 가장 확고하고 분명한 결합을 보여준다. 그 지역에서 교회들이 들었던 이 찬양과 비난은 매우 공개적이었기에 더욱 강력한 확언과 억제의 수단이 되었다. 왜냐하면 심판주가 그들에 대한 자신의 평가를 알려줄 때 각 지역 교회의 명성이 교회 전역에서 증가되거나 감소될 것이기 때문이다.

이런 동일한 예언들은 신약을 통해 사용된 다른 중요한 전략도 드러낸다. 즉 이 예언은 의도적으로 독자들에게 방향을 제시하며, 하나님께서 부여하시거나 공동체가 부여한 가치를 실현하는 그들의 꿈의 통로가 된다(살전 3:12-13; 살후 1:11-12; 2:14도 보라). 그들의 현재 행동이 칭찬을 받든지 비난을 받든지 아니면 이 둘의 혼합된 형태를 받든지 상관없이 각 교회는 예수가 인정하실 특정한 행동을 추구하고 더욱 광범위하게 "정복"하기를 갈망하도록 초대된다. 그래서 결국 "정복하는 모든 자"는 약속된 명예와 상을 받게 될 것이다(계 2:7, 11, 17, 26-28; 3:5, 12, 21). 이 정복에로의 부르심은 마치 전쟁 중에(하나님께 맞선 사탄과 전쟁하는 상황에서, 로마의 권력과 황제 숭배 사상의 마지막 결정적인 캠페인이 벌어지고 있는 상황에서; 계 12-13장을 보라) 있는 것 같은 사회를 향하도록, 항복하라고 강요하는 원수의 압력에 저항하는 인내와 용기를 실현하도록 독자들을 자극한다.

지역 모임이나 동료 그리스도인들 앞에서 수치를 당하게 된다는 두려움, 또는 다른 지역의 기독교 공동체들이 보기에 명예를 실추하게 되는 것에 관한 관심은 지금 소수 문화를 보존하는 활동과 과정에 자신을 투자하게 하는 강력한 동기가 된다. 예를 들어 바울은 유대 지역의 형제자매들을

문화의 키워드로 신약성경 읽기

위한 구제를 시도하는 데 최대한의 참여를 확보하기 위해 불명예스럽게 되는 것에 대한 두려움을 사용한다.

> 그러므로 너희는 여러 교회 앞에서 너희의 사랑과 너희에 대한 우리 자랑의 증거를 그들에게 보이라. 성도를 섬기는 일에 대하여는 내가 너희에게 쓸 필요가 없나니, 이는 내가 너희의 원함을 앎이라. 내가 너희를 위하여 마게도냐인들에게 아가야에서는 일 년 전부터 준비하였다는 것을 자랑하였는데, 과연 너희의 열심이 퍽 많은 사람들을 분발하게 하였느니라. 그런데 이 형제들을 보낸 것은 이 일에 너희를 위한 우리의 자랑이 헛되지 않고 내가 말한 것 같이 준비하게 하려 함이라. 혹 마게도냐인들이 나와 함께 가서 너희가 준비하지 아니한 것을 보면 너희는 고사하고 우리가 이 믿던 것에 부끄러움을 당할까 두려워하노라(고후 8:24-9:4).

그들에 대한 바울의 자랑 덕분에 고린도 교회의 성도들은 이미 교회들 사이에서 관대함에 관한 평판(확실히 바람직한 명예)을 얻고 있었지만, 이 평판은 현재 위태로운 상황에 놓이게 되었다. 만일 고린도 교회의 교인들이 자신들의 명예가 마케도니아에 있는 형제자매들에게 확정되기를 바란다면, 그들은 자신들의 돈을 바울이 말하는 곳에 사용해야 한다. 만일 그들이 관대하게 베푸는 이 구제를 지원하는 데 실패한다면, 교회들 사이에서 그들의 평판이 손실을 입게 될 것이다.[47]

기독교 운동의 지도자들뿐만 아니라 회원들도 공동체 내부의 사회적 통제를 행하도록 부름을 받았다. 긍정적인 면에서 볼 때 신자들은 교회에 대한 봉사, 즉 공동체 형성과 유지를 위한 활동과 같은 더 넓은 투자를 행하기 위해 노력함으로써 자신들의 탁월함을 드러내는 자들에게 명예를 주

---

47 롬 15:25-27은 바울의 전략이 성공을 거두었음을 제시해준다.

도록 요청받았다(고전 16:15-18; 빌 2:29-30; 딤전 3:13; 요삼 12절). 심지어 예수도 그가 가르친 삶의 방식과 반대되는 삶을 살기를 고집하는 형제자매를 향해 기독교 공동체 내의 비난과 공개적 꾸짖음(수치를 줌)을 사용하는 것과 관련되는 규정을 가르친다(마 18:15-18). 이 과정이 그들의 형제자매들의 명예와 지위에 손상을 주기보다는 친족의 일차적 이익을 보호하기 위해 개인적인 만남으로부터 시작한다는 점은 주목할 만하다. 만일 개인적인 만남이, 그다음에 둘 또는 세 사람과의 만남이 그 형제나 자매를 교정하는 데 실패하면, 그 후에는 공동체 전부가 그 행동을 비난하고(이제는 공개적으로) 개선을 요구할 기회를 가지게 된다. 이 과정의 마지막 단계는 회피다. 이처럼 중요한 관계를 잃어버리는 행위는 교회가 사용해야 하는 마지막 전략이다. 많은 경우에 이 과정은 결국 회개를 초래하게 될 것이다(만일 교회가 그 사람이 일차적으로 소속된 공동체이자 그를 지원하는 일차적 관계망으로 적절하게 기능한다면 말이다).

마찬가지로 바울도 개인 회원이 명예로운 길을 떠나는 때를 식별하고 "온유의 영으로 그와 같은 자를 회복하도록"(갈 6:1; 히 3:12-13을 보라) 지역 공동체에게 촉구한다—비난은 행동을 뚜렷하게 하거나 올바로 처신하도록 하지는 못하지만 그럼에도 불구하고 공동체의 가치를 유지하며 애정을 기울여 하나님께서 명예롭게 여기는 길로 돌아오도록 이끌 수 있다. 그런데 만일 개인이 공동체의 가치를 꾸준하게 멸시한다면 회피는 다시 사회적 조절의 마지막 수단이 되는 것이다(고전 5:9-11을 보라).

형제자매들아, 우리 주 예수 그리스도의 이름으로 너희를 명하노니 게으르게 행하고 우리에게서 받은 전통대로 행하지 아니하는 모든 형제자매들에게서 떠나라.…누가 이 편지에 한 우리 말을 순종하지 아니하거든 그 사람을 지목하여 사귀지 말고 그로 하여금 부끄럽게 하라. 그러나 원수와 같이 생각하지 말고 형제

자매 같이 권면하라(살후 3:6, 14-15)[48]

다른 신약의 목소리들은 계속해서 공동체의 책무에 관한 에토스를 조성한다. 예를 들어 요한은 일탈 행위를 고발하고, 변덕스러움을 타협하지 않는 공동체의 가치에 확고하게 헌신하는 쪽으로 되돌아가게 하는 그리스도인의 책임을 강조한다(계 2:14, 20). 일탈 행위와 범죄를 참는 것은 단순히 범법자들의 명예에만 오점이 되는 것이 아니라, 모든 교회 구성원들이 하나님의 기준에 충실하게 남아 있도록 도와야 할 책임을 다하지 못하는 교회에도 오점이 되는 일이었다. 만일 교회가 범죄 자체에 대한 책임을 다하지 못한다면(그래서 단지 교회 내의 우상숭배자들만이 실제로 주님의 처벌을 경험하게 된다면[계 2:22-23]), 범죄자들의 생명은 어느 정도 그들이 교정되도록 모든 노력을 다해야 하는 형제자매들에게 책임이 있는 것이다. "내 형제들아, 너희 중에 미혹되어 진리를 떠난 자를 누가 돌아서게 하면 너희가 알 것은 죄인을 미혹된 길에서 돌아서게 하는 자가 그의 영혼을 사망에서 구원할 것이며 허다한 죄를 덮을 것임이라"(약 5:19-20). 그리스도인 공동체 내의 책무는 서구 기독교에서 여전히 인기 있는 것이 아니라, "이단"으로 낙인찍힌 공동체의 특징으로서 한 개인의 삶의 사적 영역 안으로 "침입하는" 무엇으로 간주된다. 그럼에도 불구하고 초기 그리스도인들은 이것을 믿음의 공동체를 유지하고 그리스도인의 사랑과 목회적 돌봄을 표현하는 데 필수적인 요소로 인식했다.

그리스-로마 세계에 속한 사람들은 자신들의 명예에 관심을 가지고

48　나는 NRSV의 "신자들"을 여기서 "형제자매들"로 바꾸었다. "신자들"은 NRSV가 특정한 성을 지시하는 "형제"라는 표현을 피하기 위한 시도에서 나온 것이지만, 신약의 친족 언어는 그리스도인의 정체성의 중심이 될 뿐만 아니라 대체되어서는 안 되는 것이었다. 문체의 매끄러움이 덜하기는 하지만 "형제자매들"은 그리스어 *adelphos*의 의미를 유지하는 동시에 특정한 성을 선호하는 문제를 피한다.

있었을 뿐만 아니라, 명예가 주어져야 할 자에게 명예를 부여하는 일도 소중히 여겼다. 이소크라테스는 그의 학생들에게 "신들을 경외하라, 부모를 공경하라, 친구를 존중하라, 그리고 법에 순종하라"(*Ad Dem.* 16)라고 충고했다. 이 충고는 그리스도인의 문화와도 결합된다(롬 13:7; 벧전 2:17을 보라). 사람들은 특별히 권력을 더 가진 자들과 자신의 복지에 선의를 가진 자들을 명예롭게 하기 위해 주의를 기울였다. 이런 이유로 초기 그리스도인들은 그들 자신의 명예를 존중하도록 가르침을 받았을 뿐만 아니라 하나님께 드려야 할 명예를 더 많이 고려하도록 지도받았다ー실제로 이 둘은 분리할 수 없게 연결된다. 그리스도인들이 예배와 믿음과 순종의 섬김으로 한 분 하나님께 그분이 마땅히 받으실 만한 영광을 돌릴 때, 그들은 하나님의 집의 일원이 됨으로써 갖게 되는 명예와 하나님의 백성이 가지는 명예를 지속적으로 공유하게 된다. 자신의 행위를 통해 하나님의 명예를 지킬 때, 그들은 하나님께서 마지막 날에 그들의 명예를 보존하시고 신원하실 것이라고 확신하게 된다. 하나님을 향해 불명예를 드러내거나 그리스도의 이름에 악평을 초래하는 일련의 행위는 반드시 어떤 대가를 치르고서라도 피해야 한다. 왜냐하면 하나님을 모욕하는 그리스도인은 결국 하나님의 분노 및 하나님의 명예를 보상해야 할 대상이 되기 때문이다. 이것은, 더 큰 사회와의 갈등을 제외하면, 신자의 명예에 가장 위험한 위협이었으며, 하나님 나라에서 그들을 위해 준비된 "영광"에 도달하는 것을 막는 일이 되었다.

히브리서 저자는 이 주제를 광범위하게 사용한다. 왜냐하면 일부 수신자들은 그리스도인 공동체와 가시적으로 연합된 삶에서부터 그들 스스로를 멀어지도록 만들기 시작했고, 아마도 다수의 눈에 수치스러운 사람으로 낙인찍힌 채 사는 삶을 지속할 용기를 잃어버렸기 때문이었다. 이렇게 공동체로부터 가시적으로 분리되는 것은(이는 분명 믿지 않는 이웃들에게

문화의 키워드로 신약성경 읽기

알려지고 승인되었을 것이다) 그리스도의 이름에 불명예를 초래한다. 왜냐하면 이탈한 자들(또는 개인적이고 은밀한 믿음을 유지하면서도 단지 사회 속으로 들어가 다시 어울리고자 했던 자들)은 불신자들로 하여금 예수와 그의 약속들은 그들이 지켜야 할 가치가 없는 것이라고 인식하게 만드는 증거가 되기 때문이다(히 6:4-8; 이 구절들은 나중에 4장에서 더 자세히 분석할 것이다). 사람들의 충성을 가치 있게 만드는 하나님의 능력을 신뢰하지 못하는(히 3:7-4:11; 10:37-39) 사람들은 하나님의 은사가 지닌 가치와 예수가 그렇게 귀한 대가를 치른 성화(sanctification)를 이해하지 못하는 결핍을 보여준다(히 10:29; 12:15-17). 이처럼 하나님을 향한 존경의 부재는 하나님의 분노를 촉발하며 하나님께서 심판하러 오실 때(히 10:29-31) 그들의 머리 위에 "하나님의 원수들을 태우게 될 맹렬한 불"(히 10:27)을 초래하게 될 것이다. 일단 하나님의 명예에 손실이 가해졌을 때 분노하시는 하나님에 대한 두려움은 공동체를 보존하기 위해 동기를 부여하는 강력한 자원이 된다.

이제 여기서 우리는 신약 본문들이 명예에 대한 쟁점들을 전달하고 명예와 수치를 공동체 형성을 위한 그들의 전략에 통합시키는 방식을 검토하는 일을 마무리하고자 한다. 이와 같은 검토는 선행하는 광대한 분량의 다양한 자료 속에서 핵심적인 사상을 제공해준다. 무엇보다 마지막 날에 하나님께 인정받기 위해 살고 어떻게 자신이 모든 곳에서 그리고 모든 힘을 다해 하나님께 영광을 돌릴 수 있을까를 고려하면서 제자들의 공동체가 이 동일한 초점을 유지할 수 있도록 지원하는 신자들은 놀랍게도 제자로의 부르심을 성취하고 교회를 세우는 데 훌륭한 공헌을 하게 될 것이다.

오늘날 교회에서의 명예를 재고해보기

초기 교회의 필요와 현대 서구 세계 및 비서구 국가들에 있는 교회의 역경 사이에 존재하는 관련성은 인상적이다. 라틴, 이슬람 및 동양의 문화는, 중심 문화(또는 적어도 다수의 문화)에 일치하도록 개인을 부추기는 개념인 "명예"와 "수치"에 초점을 맞추어서 볼 때, 고대 세계와 매우 가깝게 연결된다. 따라서 앞으로의 논의가 그런 환경 속에 있는 기독교 공동체들에게 적용되는 것은 당연하다. 하지만 우리는 현대 서구 세계 속에 1세기 지중해 지역의 사회적 역학이 얼마나 많이 공통으로 존재하고 있는가를 발견할 때 놀라게 될 것이다. 아마도 이 일치성이라는 기계는 더 미묘하고 더 제도화된 것이지만, 그럼에도 불구하고 이 기계의 바퀴는 회전하고 있다.

북아메리카와 서유럽에서 우리는 다원주의와 물질주의로 정의되는 다수 문화 속에서 "우리의 구원을 성취하기 위해" 투쟁하고 있는 자신을 발견한다. 20세기 중후반에 살았던 신자는 한 손에는 복음을, 다른 한 손에는 자기-존중의 척도가 되는 지위와 부와 명품의 소유권을 붙잡고 있는 사회와 사귀었다. 그리스도인들이 박해받는다고 말하는 것은 아마도 서양에서 다수의 신자들의 상황을 과장하는 것이겠지만, 그럼에도 불구하고 우리는 관용과 다원주의와 다문화주의의 이름으로 "한 믿음, 한 주님"에 대한 우리의 헌신을 완화시키려고 우리를 압박하는 더 미묘한 압력들을 알아차릴 수밖에 없다. 모든 사람의 믿음과 관점과 문화적 전통을 위한 테이블에 더 많은 공간을 만들고자 하는 욕구는 유일한 진리를 가져야 한다는 주장과 다른 사람들의 전통에서 자신의 전통으로 옮기도록 다른 사람들을 설득하려는 시도를 매우 인기 없는 것으로 만들어버렸다. 이런 압력은 다양한 방식으로 행사될 수 있다. 종교는 기업과 학교와 같은 공공의 영역에는 어울리지 않는다고 선언될 수 있다. 이런 영역에 종교를 들여오려고 시도하는 자들은 경계를 존중하지 않는 자들이라는 이유로 수치를 당하게 될 수 있다.[49] 물론 학문의 장에서 고백적이거나 복음적인 신앙을 가지고 있는 자들은 더 진보적이고 "자유로운 사고"를 하는 동료들에게 지적인 겁쟁이들 또는 심지어 학문적 언어를 현대 이전의 세계관을 지지하는 데 사용하는 허풍쟁이라는 경멸을 당할 수도 있다. 서양에서 종교의 사유화─개인의 종교는 사적인 문제이지 공개적으로 논의해야 할 사안이 아니며 더구나 도전할 대상이 아니라는 널리 공유되는 신념─는 다원주의를 홍보하고 복음주의를 구속하는 사회적 압력에 크게 기여하고 있다.

　　미국을 "명예"의 문화로 묘사할 수는 없겠지만, 개별적인 미국인들은 여전히 사회에서 성공으로 정의되는 지표들을 성취함으로써 그들의 자기-존중을 확보하려고 노력하고 있다. 이런 정의들은 다음과 같은 경로로 드러난다. 즉 그리스도인의 에토스에 아마도 부분적으로만 사회화된 우리의 가족, 전도유망하고 높은 보수를 받는 경력과 승진을 위해 공부에 대한 동기를 부여하는 교육자들, 우리가 무엇을 소유하고 과시해야 하는지에 대해 영감을 불어넣으려고 우리에게 끊임없이 연발탄을 발사하는 장사치들, 공개적인 시상식들과 다른 우상화의 방법을 통해 우리의 사회를 선택하고 향상시키고 있는 역할 모델들을 통해서다. 우리는 여전히 공동체의 승인을 추구하고 그것을 얻기 위해 행동하고 있다. 어떤 집단에서 사람들은 사회경제적 용어(직업적 계급, 부와 명품의 소유권에 대한 지위)에 기초하여 자신들의 가치를 평가하고 동일한 가치에 기초하여 다른 사람들에 대한 그들의 승인 또는 불승인을 보여주도록 배운다. 다른 집단에서 사람들은 신체적 힘 또는 성적인 정복에 기초하여 집단 내의 명예에 대한 권리를 주장한다.

　　이런 사실들은 다수 문화 한가운데서 살고 있는, 그리스도인 공동체

49　이것은 가볍게 수치를 주는 방식의 결말이다. 이런 종교의 침입 행위들은 고소나 그 공간에서의 퇴장(즉 직장에서 해고당하는 일)과 같은 결과를 초래할 수 있다.

의 일차적 가치를 공유하지도 지지하지도 않는 지배 문화 가운데 살고 있는 그리스도인 공동체를 보여준다. 이런 외래 가치들을 자신 안에 내면화한 것으로부터, 또한 그런 가치들을 위해 사는 자들의 승인 또는 불승인으로부터 신자들을 분리시키기 위해 신약 저자들이 행했던 모든 일은 21세기 교회의 지도자들과도 여전히 관련이 있는 일일 것이다. 따라서 신약 저자들이 그들의 명예를 건설하기 위해 어떻게 그들의 회중을 지도했는가에 주의하는 것은 자기-존중에 대한 우리의 탐구, 즉 어떻게 우리 자신과 다른 사람들의 가치를 매길 것인가에 관한 우리 문화의 혼란스러운 질문에 답할 수 있도록 우리를 도와줄 것이다. 더욱 중요한 것은 이런 연구가 어떻게 그리스도인들의 몸(교회)이 인생에 관한 하나님의 가치가 무엇인지를 추구하도록 도울 수 있는지와, 세속적인 세상의 말라버린 우물로부터 그들이 추구했던 명예를 찾고자 하는 사람들을 해방시킬 수 있는 강력한 공동체를 구성할 수 있는지를 발견하도록 우리를 도와줄 것이라는 사실이다.

핵심적 사회 가치로서 명예의 문화적 컨텍스트에 더 민감해지는 것은 신약이 우리 자신의 개인적 가치 — 우리의 자기-존중, 우리의 타당성 — 가 어디로부터 와야 하는지에 대해, 또 우리에게 가치를 주는 것이 무엇인가에 대해 말하고 있는 것을 더 분명하게 듣도록 우리를 적응시켜준다. (그리스어 *timē*는 "명예"뿐만 아니라 "가치, 가격, 중요성"을 의미한다.) 이런 관점으로 성경을 읽고 묵상하는 것은 세상이 우리 앞에 공개적으로 열어놓은 길, 우리로 하여금 추구하도록 선동하는 그 길을 통해 우리의 가치와 자기-존중을 확보하라는 끊임없는 도전으로부터 자유로워지도록 우리를 도와줄 것이다. 미국에서 가치에 도달하기 위해 더 빈번하게 횡단해야 하는 길들은 획득, 상향적 기동성, 경쟁, 성적인 정복 또는 매력의 확신, 독립성, 우리의 권리에 대한 주장, 인종과 계급, "출생" 또는 (교육과 교양 등을 포함하는) "양육"과 같은 귀속적 지위에 기초한 우월감이라는 허세와 같은 것들로 나타난

문화의 키워드로 신약성경 읽기

다. 신약의 기록은 그런 막대기로 더 이상 우리 자신과 다른 사람들을 측정하지 말도록 우리를 소환하면서, 한 치의 실수도 없이 이런 길들의 초입에 그 길의 끝은 죽음이라는 표지를 매달아놓는다.

신약 저자들은 사회의 가치 및 이념과는 전적으로 다른 가치와 이념에 기초한 공동체를 형성하는 일에 관여했다. 이는 어떻게 효과적이고 힘이 넘치는 회중을 만들고, 하나님께서 부르신 증인의 삶에 신실하게 남아 있도록 해주는 공동체를 어떻게 지지해야 하는지를 고려하도록 우리를 이끌어준다. 또한 사회의 다른 구성원들로부터 받게 되는 메시지, 곧 "진부한" 혹은 "비실용적인" 종교에 전심으로 헌신하는 것에서 떠나 이 삶의 가치에 우선적으로 관심을 가지라고 유혹하는 메시지를 어떻게 완화시켜야 하는지를 숙고하도록 우리를 도와준다. 이것은 특히 21세기 미국 문화에서 은밀하게 작용하고 있다. 이 문화에서 중심 문화는 기독교의 언어로 말하고 많은 교회가 기본적으로 중심 문화의 필요에 완전히 적응된 기독교의 지지자로서 기능한다. 그러므로 목회자들과 평신도 지도자들은 말하자면 이런 사회 공학적 인식을 성장시킬 필요가 있다. 만일 그들이 사회의 부름이 아니라 예수의 부르심을 따르는 제자들의 생명력 있는 공동체를 보고자 한다면 말이다.

신약 저자들은 사회의 공격, 즉 그 사회의 가치를 함양하고 역사적인 그리스도인의 가치를 최소화하려고 시도하는 많은 공격에 맞서도록 교회와 개인의 저항을 형성하는 많은 자료를 우리에게 제공해준다. 신약 저자들은 "성공"과 "가치"에 대한 비기독교적 평가의 힘을 무력화하는 데 효과적인 전략을 보여준다. 비그리스도인들은 특별히 제자도를 전심으로 추구하는 마음과 하나님께서 가치를 두시는 일을 행하는 데 대한 헌신을 단념시키려고 행동했기 때문이다. 신약 저자들은 어떻게 교회를 대안적인 "평판의 법정"으로서 구성하고 활성화시킬 것인가를 중요하게 강조한다. 이 법정에서 구성원들은 하나님의 가치의 중요성과, 그리스도를 닮아가고 신약의 가르침에 순종하며 하나님의 의제를 섬기는 측면에서의 성공의 의미를 서로에게 강화시킨다.[50]

여기서 한 가지 중요한 도전은 교회가 계속해서 사회의 가치를 반영하는 거울이 되지 않고, 그것을 허락하지 않는 평판의 법정으로서 신뢰할 만하고 변함없이 행동하는 것에 있다. 이는 고린도 교회의 성찬식에서 또는 야고보서가 묘사하는 "안내원의 모임"에서 문제가 되었다. 그들은 부자에게는 가장 좋은 자리를 배정해주고 가난한 자는 구석으로 몰아버렸던 것이다. 우리 또는 우리의 교회가 부자를 존중하고 가난한 자를 경멸하는 미국 문화의 변함없는 경향을 교회 안으로 들여옴으로써 이와 유사한 편애를 드러내고 있는가? 우리는 다른 사람들과 교류하는 것을 통해 마음으로 하나님의 가치를 반영하고 있는가? 아니면 우리도 우리의 문화와 마찬가지로 아름다운 것과 좋은 옷을 선호하고 평범하고 옷차림이 남루한 사람들을 경멸하고 있는가? 우리는 그리스도 안에 있는 우리의 형제자매들에 대한 존중과 상호 결속을 짓밟는 인종적·지역적·계급적·문화적 편견 안에 머무르고 있는가? 이것을 자체적으로 점검하는 것은 모든 신자와 그들이 속한 공동체가 착수해야 하는 과정이다. 이 과정에 대한 안내가 신약에서 발견된다. 예수와 바울과 야고보와 다른 사람들은 모두 기독교 공동체 안으로 침투하고 있는 개인적 가치에 대한 세상의 기준을 언급한다. 진정한 제자도는 하나님께서 당신의 가족에게 행하라고 명령하신 대로, 우리가 서로─그리고 우리 자신을!─예우하고 존중하며 사랑하지 못하게 가

---

50 그리스도인들과 교회 지도자들은 우리의 예배 생활이나 하나님에 대한 경험을 풍부하게 하는 다양성을 근절하지 않도록 주의해야 한다. 이 목적은 "사소한 문제들"에 대해 관용의 마음으로 관대하게 대하면서도 단일성을 창조하는 것이 아니라 기독교 문화의 핵심적 가치와 에토스를 서로 유지시켜주는 것이다.

문화의 키워드로 신약성경 읽기

로막는 이방의 가치와 편견들을 식별하여 뒤에 남겨두고 떠나는 것을 의미한다.

신약에서 그리스도인의 명예를 건설하고 제자도의 관점에서 명예를 추구하도록 강화하기 위해 믿음의 공동체들을 움직이는 방법을 분석해보면, 우리는 개인의 제자도가 기독교 공동체에 대한 지지에 의존하고 있음을 드러내는 방식들을 더 잘 알 수 있는 기회를 얻게 된다. 우리는 1세기 회중이 사용한 전략들과 그들의 지도자들이 각 신자의 명예와 자기-존중을 강화하여 기독교적 가치와 헌신을 특별하게 실현하도록 증진시키는 방법들을 관찰하여 차용할 수 있다. 이는 더 강한 제자들의 공동체가 되고, 기독교 문화가 다른 집단의 문화와 구별되는 가치들에 대해 더 분명하게 인식하는 것으로 귀결될 것이다. 이것은 교회로 하여금 사회 비판을 통해 더 분명한 예언자적 음성을 낼 수 있도록 도와주고, 인생을 가치 있게 만드는 것이 무엇인가에 대한 사회의 확언이 지닌 중력에 저항하면서 하나님이 보시기에 합당한 명예를 추구하도록 급진적인 헌신을 가능하게 할 것이다.

마지막으로 우리는 초기 교회와 비서구 사회의 많은 지역(예. 인도, 중국, 인도네시아, 나이지리아, 많은 이슬람 국가 및 과거 소련)에 있는 그리스도인들이 처한 상황과의 관련성을 관찰해야 한다. 이 지역의 사회는 그들 가운데 있는 그리스도인들에게 매우 적대적이며, 그리스도인들을 "교정"하기 위해 그들 마음대로 모든 일탈-통제 기술을 사용한다. 앞에서 탐구한 필요 및 전략들에 대한 민감함을 가지고 신약을 읽으면 그런 상황에 처한 그리스도인들에 대해 가치 있는 자료를 갖게 될 것이다. 이는 만일 예수의 가르침과 하나님의 비전에 순종하는 길이 그런 방향으로 인도하는 것이라면 사회의 거부, 모욕, 경멸, 심지어 폭력까지도 견딜 수 있는 힘을 공급받는 방식으로 그들이 직면했던 반대의 중요성을 이해하기 위함이다. 또한 이런 독법은 믿음을 위해 적대적 수치와 육체적 폭력에 직면하는 형제자매들을 격려하고 그들에게 영적·물질적 지원을 확언해주며 그런 지원이 확대되도록 해야 하는 책임에 대해 서구의 그리스도인들을 교육한다. 우리는 박해받은 자들에 관한 이야기를 조사하고 말할 수 있다. 이 믿음의 영웅들의 명성을 전파하면서 지원이 필요한 사람들로 하여금 그들의 투쟁은 그냥 눈에 띄지 않고 넘어가는 것이 아니라 오히려 그들에게 형제자매들의 존경을 가져다준다는 사실을 알게 할 수 있다. 이것은 많은 서구인들이 상상하는 것보다 더욱 의미 있는 일일 것이다. 왜냐하면 박해받는 많은 교회역시 1세기 지중해 문화와 마찬가지로 높은 명예와 수치의 문화 속에 묻혀 있기 때문이다. 우리는 박해받는 자들의 고귀한 싸움에 대해 그들에게 용기를 주고, 기도와 물질적 지원을 통해(특히 가족의 중요한 지지자가 투옥되거나 제거되었을 때, 경제적인 궁핍이 강요의 주요 수단이 되고 있을 때) 교회의 실체를 "중요한 지체들의 몸"으로 더 민감하게 느끼게 만들며, 박해가 완화되는 쪽으로 일하면서 박해받는 자들과 소통하는 수단을 찾을 수 있다. 우리는 그들이 전 세계에 있는 형제자매들에게 어떻게 평가받고 있는지를 알게 할 수 있고, 그들의 존엄을 확인할 방법들을 찾아낼 수 있다. 또한 그들에게 부가된 매몰찬 일탈-통제 수단들에 대처하도록 그들을 도울 방법들도 찾을 수 있다. 결국 그들이 겪고 있는 더 거친 싸움이 우리를 담대하게 만들어서 적극적이며 형제애로 무장된 정신과 더 위대한 용기와 헌신을 가지고 지금 여기서 우리 자신이 겪는 냉혹한 싸움들에 직면할 수 있게 할 것이다.

명예와 관련한 문화적 컨텍스트와, 소수 문화가 순응함으로 수치를 당하는 곳에서 효력이 발생하는 사회적 역학과, 소수 문화의 지도자들이 발전시킨 전략들에 대해 민감성이 더해지면, 우리는 독특한 의제를 가진 신약을 볼 수 있게 된다. 이 신약의 의제는 세상의 관점에서 세속적인 마음을 가진 자들에게 명예롭다고 여겨지려는 어떤 야망도 물리칠 수 있도록, 또한 마지막 날에 오직 예수만이 하실 수 있는 말, 곧 "잘하였도다"라는 말을 들으려고 살아가는 데 우리의 마음을 온전히 두도록 우리를 도와줄 수 있는(그리고 우리가 서로를 돕도록 우리를 도와줄 수 있는) 방법들을 공개한다.

추기: 수치 개념

수치는 심리학에서—전문적 출판물뿐만 아니라 대중적 출판물에서 모두—상당히 중요한 전문 용어가 되었다. 그래서 우리는 교회의 명예와 수치가 심리학 분야에서 이해하는 수치와 만나는 교차점에 대해 주의를 기울일 것이다. 심리학에서 이루어지는 수치에 대한 학문적 논의를 대중적 관심으로 이끌어낸 심리학자인 로버트 카렌(Robert Karen)은[51] 수치를 다음과 같이 세 가지 종류로 구분한다. 첫째는 수치라는 "감정" 혹은 "경험"이다(그가 공개적인 거부나 조롱을 야기하는 어떤 행위를 했을 때 개인에게 발생하는 것으로서 피부로 느끼는 화끈함과 극도의 자의식). 둘째는 수치에 대한 "감각", "건전한 인격을 규정하는 건강한 태도", 수치를 가져다주는 행동을 피하기 위한 선택적 기준을 의미한다.[52] 처음의 두 가지 의미는 이 책 1장의 서두에서 규정한 수치에 대한 정의와 그 맥을 같이한다. 하지만 카렌이 묘사하는 수치에 대한 세 번째 정의는 "억압하여 강박에 시달리게 만드는 수치, 즉 자신을 의심하도록 갉아먹는, 경우에 따라서는 극심한 자기혐오의 불꽃을 강렬하게 타오르게 만드는 단계에까지 이르는 무엇"을 의미한다. 이는 "사람들을 완벽주의, 퇴진, 자신감 없음, 투쟁심으로 몰아가는" 우리의 존재에

---

51   Robert Karen, "Shame," *The Atlantic Monthly*, February 1992, 40-70.

52   앞의 책, 42.

대한 수치, "사람이 거듭해서 그에 맞서 방어하려고 하는 지겹도록 부정적인 자아상"을 의미한다.[53]

세 번째 수치는 분명히 질병을 일으키는 원인이 된다. 이는 교회가 강화하기보다는 치유해야 하는 수치다. 이런 수치는 우리가 반드시 거부당하고 혐오를 느끼게 할 것이라고 확신하기 때문에 부분적으로 우리 자신이 누구인지를 숨기는 것을 의미한다. 또한 온갖 종류의 역기능적이고 진정성이 없는 행동과 대인관계의 패턴과 자아상을 양산하는 억압에 몰두하게 만드는 것을 의미한다. 이렇게 모호하고 자기 혐오적인 수치는 심리학자들의 치료 대상이 되는데, 그들은 이런 종류의 수치가 심지어 다른 의미의 수치가 사라져갈 때에도(사람들로 하여금 "텔레비전에서 자신들의 성적 매력을 노출하고, 한때 자신들보다 더 잘 나간다고 여겨진 자들에게 외설스러운 말을 퍼붓고, 공적 신뢰에 심각한 균열이 드러나고 자신들의 잘못된 행동들에 대한 탐욕스러운 목록이 있음에도 불구하고 선거직에 매달리게" 만드는 뻔뻔함 속에서) 만연하게 드러난다고 올바르게 지적하고 있다.[54]

심리학자들이 이런 종류의 수치가 존재하며 그것이 인간의 심리에 영향을 미치고 있음을 발견했기에, 나는 우리가 그리스도인의 이상과 헌신을 실현하는 자들을 열렬하고도 광범위하게 명예롭게 여길 수 있지만, 교회에서 수치를 주는 기술들은 매우 신중하게 사용되어야 한다는 점을 제안하고자 한다. 교회는 사람들이 그들 자신의 어떤 부분을 숨기게 만드는 원인을 찾아 그것을 치료하는 곳이 되도록 헌신해야 한다. 왜냐하면 그들이 동료 그리스도인들에게 그것을 숨길 때, 그들은 치유하시는 하나님의 능력이 미치는 범위를 넘어 그것을 밀어내려고 하는 경향이 있기 때문이다. 그렇

---

53   같은 책, 42, 58.

54   같은 책, 57.

문화의 키워드로 신약성경 읽기

다면 우리는 어떻게 개인에 대한 심리학적 수치를 고착시키는 것을 강화하지 않으면서 공동체의 가치를 강화하고 비기독교적 행위들을 줄여나가기 시작할 수 있는가?

첫째, 만일 우리가 초기 그리스도인들이 "우리 앞에 놓인 경주"를 하는 과정에 서로 머물 수 있도록 도왔던 메커니즘을 회복하고자 한다면, 우리는 한 사람의 삶이 그 자신의 문제라고 말하는 현대의 거짓말을 돌파하고 복음에 일치하는 걸음을 추구할 때 발생하는 모든 고난에 대해 말하도록 사람들을 격려하며, 그들을 구원하신 주님과 하나님의 자녀들의 도덕적 승리를 기뻐하시는 하나님을 위해 선한 싸움을 당당하게 지속적으로 싸우는 투쟁의 중요성과 가치를 고취해야 한다. 또한 우리는 하나님께서 가치를 두시는 것과 하나님께서 희망하시는 가치로 그분의 자녀들을 지도할 것이라는 점에 대해 서로 훨씬 더 많은 대화를 나누어야 한다ー이것은 중요하다. 왜냐하면 세속 사회가 가치로 여기는 것과 그 사회에 가치가 되는 것에 대해 아주 많은 대화가 일어나고 있기 때문이다. 우리가 서로 대화하지 않을 때, 우리의 침묵을 통해 우리는 다원주의의 가치를 교리화하고, 종교를 개인적인 것으로 만들며, 경제적인 최종 결산 결과를 중요한 것으로 다루고, 재정적 부를 종말론적 이상으로 추구하며, 사실상 부채 노예로 돌아가게 할 정도로 소비주의를 증진하는 사회와 결탁하게 된다.

그러므로 나는 감히 이렇게 제안하고자 한다. 즉 우리는 이런 불편함을 대면하여 돌파하고 "상황적" 수치ー우리가 부적절한 행동을 하지 않도록, 공격이나 탐욕 등에 무방비로 주도권을 내어주지 않도록 해주는 일종의 수치ー를 어떤 수준으로 회복해야 할 필요가 있다. 신약이 가르치는 것과 교회가 지난 수 세기 동안 지켜온 것에 역행하는 행동에 대해 침묵하는 것은 질병의 원인이 되는 수치를 강화할 가능성이 위험할 정도로 매우 높다. 우리는 침묵할 수 있다. 우리는 형제자매와 대면하기를 피할 수 있다.

그러나 우리는 우리의 혐오를 숨길 수는 없다. 이 상황적 수치가 비언어적 의사소통의 방식으로 번역되어 드러나게 될 때, 그리고 궁극적으로 관계를 회피하는 분명한 방식으로 나타날 때, 우리는 그리스도인의 가치를 범하는 자들을 우리가 거부한다는 인상을 쉽게 전달할 수 있다. 이렇게 해서 우리는 질병으로 이어질 수 있는 일종의 수치를 부과한다. 그렇게 한 다음에야 우리는 역설적으로 심리학적인 질병(dis-ease)의 증진을 억제하려는 욕구로 인해(신약과 기독교 윤리의 관점에서) 수치스러운 행동들에 대해 말하는 것을 부끄러워하지 않으면서, 우리가 피해야 할 일을 더 쉽게 행하는 경향을 종식하게 될 것이다.

그러나 만일 우리가 공동체로서 행동에 대해 담대하게 말할 수 있게 된다면, 우리가 혐오를 느끼는 것은 분명하고 간결하게 드러나게 될 것이다. 범법자는 수용되지 않는 것은 그 자신이 아니라 그의 행동이라는 사실을 알게 될 것이다. 이 비난을 수용하는 것은 그 자신이 불명예스러운 행동과 갈라서는 기회를 얻게 되는 것이다(회개). 또한 그가 계속해서 형제자매에게 슬픔을 가져다줄 것을 알기 때문에, 그리스도인 문화가 죄라고 부르는 것 안에서 인내하기를 선택할 기회를 얻게 되는 것이다. 그러나 어떤 방식이 되었든지 간에 교회는 이 위험하고 자기 혐오적인 수치를 강화해서는 안 된다. 카렌은 죄는 행위에 관한 것이고, 수치는 존재에 관한 것이라고 말하고 있다. "우리는 '나는 **나 자신**이 수치스럽다. 나는 어떤 일에 **대해** 죄책감을 느낀다'라고 말한다."[55] 그러나 이런 특성은 너무 정직하고 단순하다. 그리스-로마 세계에서(유대교의 하위문화를 포함하여) 존재는 행위에 반영된다. 사람은 그가 행하는 것이다. 나무는 그 열매의 본질로 알려진다. 선한 사람들은 도덕적으로 행동한다. 수치스러운 일을 행하는 자는 수치스럽

---

55 같은 책, 47.

고 천한 인생이다(마 7:16-20) 그런 세계에서 사람들은 어떤 일을 행하는 것을 수치스럽게 여기며, 그런 수치는 죄의 위험으로부터 보호받도록 도움을 준다. 오직 사람이 "존재"에 대해 수치스럽게 여겨질 때만 수치는 파괴적인 것이 된다.

심리학자들은 수치를 중독과 밀접한 관련이 있는 것으로 보는 관점에서 열두 단계의 집단에 대해 심도 있게 연구해왔다. 카렌은 이 집단들이 "2차적인 수치", 곧 무엇에 중독되어 있음으로 느끼는 수치를 다루고 있다는 점에 대해 비판했으나 "처음부터 사람을 중독자가 되도록 만드는 원인이 되는 수치의 핵심적 감정들"에 대해서는 비판하지 않았다.[56] 알코올 중독자들이 가득 찬 방은 알코올 중독자라는 오명을 빨리 사라지게 만들 수 있다. 그러나 가장 중요한 것은 사람을 알코올 중독으로 몰아간 근원을 캐고 그 수치나 불명예의 치료를 촉진하는 것이다.

어떻게 우리는 이런 적합한 비판을 적용하여 교회의 사명을 향상시킬 수 있는가? 우리가 우리 자신을 일종의 "무명의 죄인들"로 이해하기 시작하는 것은 잘하는 일이다. 이는 우리가 타락했다는 진실을 억제하기보다는 오히려 정직하게 인정하는 것을 의미하고, 완전한 이미지(또는 가면: 우리가 우리 자신의 가면을 만드는 일에 몰두하는 것은 모두가 자기 자신의 가면을 만드는 데 몰두하는 것을 강화시킨다)를 만들어내고 보존하려는 우리의 노력을 멈추는 것을 의미하며, 우리의 교회가 건강하게 우리 안에 있는 하나님의 형상을 회복하는 일에 다시 초점을 맞추도록 하는 것을 의미한다. 이런 점에서 우리가 연대해야 한다는 사실을 인정하는 것은 죄로 말미암아 수치스러운 사람이[57] 된다는 느낌을 제거해준다. 이런 수치는 사람으로 하여금 그가 진

---

56 같은 책, 55.

57 같은 책, 70. Karen은 그가 "보편적 수치"라고 부르는 것이 지닌 치유의 가능성을 인식한다. 그는 이 수치를 중세 기독교와 연결하고 있지만, 이는 실제로 중세 기독교의 근원인 사

짜 누구인지를 고백하고 토론하며 공개하지 못하도록 방해한다 — 죄가 완전히 착상하여 결실을 맺기에 최고로 좋은 환경임을 입증하는 침묵으로 이끈다. 2차적인 수치를 제거하는 것은 사람으로 하여금 죄를 노출하는 것을 가능하게 하고, 죄를 짓도록 동기를 부여하는 것이 무엇인지를 발견하게 만들며, 기도하고 서로에게 정직하며 서로를 지지하는 분위기 속에서 죄의 능력으로부터 자유롭게 되기를 추구하도록 만든다. 그리스도인은 자신이 공동의 원수와 싸우고 있다는 사실을 알게 된다. 이 원수는 죄에 대한 우리의 집착과 치유하는 우리의 공동체를 멀어지게 함으로써 최고의 효과를 누리고자 한다. 이런 원수의 전략을 무장해제하고 우리가 받는 유혹을 공유하는 것은 우리가 계속해서 죄를 따르거나 지속적으로 죄를 짓게 될 가능성을 최소화하도록 만든다. 만일 우리가 믿음의 공동체로서 우리 자신이 누구인지에 대해 또한 우리가 무엇과 맞서 싸우고 있는지에 대해 정직하다면, 우리는 믿음의 가족으로서 하나님의 능력이 우리를 만들어가는 길에서 서로를 지지할 수 있게 된다.

도 바울과 연결될 수 있다(롬 1-3장을 보라). 이것은 인간에게 내재하는 타고난 수치다. 즉 하나님의 영광에 이르지 못하는 것이다. "모든 사람이 죄인이라는 신념"은 "공동체를 결속하고 영적인 초점을 유지하며, 아마도 부수적으로는, 개인적이고 나르시즘적인[즉 질병의 원인이 되는] 것이 될 수도 있는 수치를 씻어내는" 것이다.

문화의 키워드로 신약성경 읽기

3장
후원과 호혜
은혜에 관한 사회적 컨텍스트

아마 미국과 북유럽에 사는 사람들은 문화적으로 처음에는 후원의 개념을 불쾌하게 생각하고 하나님과 우리의 관계에 대해 이야기하기에 적합한 은유가 아니라고 여길 것이다. 우리가 "그것은 당신이 알고 있는 것이 아니라 당신이 알고 있는 사람 때문이다"라고 말할 때, 이렇게 말하는 이유는 일반적으로 누군가가 우리보다, 또는 우리가 이런 말로 위로해주는 친구보다 불공평하게 유리한 이점을 갖고 있다고 느끼기 때문이다. 이것은 모든 사람이 (개인적 관계보다 타당한 능력에 기초한 평가를 통해) 동등한 고용의 기회를 부여받아야 하며 개인적 사업체나 공공기관이 제공하는 서비스를 제공받아야 한다는 우리의 확신을 무너뜨린다.[1] 이런 일은 (종종 족벌주의라 조롱받는, 즉 관계가 있거나 개인적인 친구들에게 기회를 부여하는) 후원이 일어나는 곳에서 "밀실 행정"의 방식으로 행해지며 가능한 한 은밀하게 유지된다.[2]

우리는 우리에게 필요하거나 우리가 원하는 것을 매매 과정을 통해 얻으려는 경향이 있다. 여기서 거래는 정확하게 측정되고 신속하게 진행된다. 판매원이 제시한 좋은 제안 때문에 백화점을 떠나지 못할 때가 있고, 식당에서 점원이 친절하지 않으면 식사 후에 값을 지불하고 싶지 않을 때도 있다. 우리가 일자리를 찾을 때 대부분의 경우에는 우리가 알지 못하는 사람들이 우리의 능력이나 경험을 기초로 우리를 고용하곤 한다. 우리는

---

1 Halvor Moxnes, "Patron-Client Relations and the New Community in Luke-Acts," in *The Social World of Luke Acts*, ed. Jerome H. Neyrey (Peabody, Mass.: Hendrickson, 1991), 242-44을 보라.

2 John H. Elliott, "Patronage and Clientism in Early Christian Society," *Forum* 3 (1987): 40.

관계를 구축하는 것(비록 이것이 여전히 유용하지만!)이 아니라 지식과 기술을 갖추는 것을 통해 취업을 준비한다. 우리는 잠재적 고용주가 충분한 대우를 우리에게 해주어야 할 만큼 우리가 일을 잘할 수 있다는 것을 그가 인식하기를 기대한다. 우리에게는 실직하게 되었을 때 제공받을 수 있는 거대한 공적 복지 제도가 있다. 이는 사적 호의가 아니라 가난하거나 실직한 사람들이 누릴 수 있는 제도적인 권리다. 만일 외국인이 시민권과 그것을 획득함으로써 얻게 되는 권리를 갖기 원한다면, 귀화한 후 시민이 된 모든 다른 사람들처럼 똑같은 과정에 지원하고 그것을 겪어야 한다 - 이것은 권한을 가진 어떤 개인이 사적으로 부여하는 호의가 아니다.

그러나 신약 저자들과 독자들의 세계는 개인적 후원이 상품이나 보호, 고용과 승진의 기회를 획득하고 그것에 접근할 수 있는 필수적인 수단이 되는 세계였다. 이는 필수적일 뿐만 아니라 - 사회적으로 기대되고 공표된 것이었다! 호의를 주고받는 것은, 1세기에 살았던 사람들에 따르면, "인류 사회의 주요한 결속을 구성하는 관습"이었다(Seneca, *Ben.* 1.4.2). 그 세계로 들어가 그들의 말을 좀 더 진솔하게 듣기 위해 우리는 우리의 문화적 기준과 행동 방식들을 뒤에 남겨두고, 자원을 운영하고 필요를 충족하는 매우 다른 방식을 배워야 한다.

후원과 우정

일상의 모든 필요를 위해 시장이 존재했다. 거기서 일상의 필요를 채우기 위한 매매가 발생했다. 일상적인 것 외에 다른 무엇이 필요하다면, 구매자는 자신에게 필요한 것을 소유하고 있거나, 호의로 그 물건을 얻을 수 있도록 허락해줄 수 있는 사람을 찾아야 했다. 로마 시대의 고전에 등장하는 고대 세계는 재화의 획득에 상당한 제약이 있었다. 토지와 부와 권력의 대부분은 소수의 손에 집중되어 있었고, 이런 재화에 대한 접근은 정부 기관이라는 채널보다는 개인적 관계를 통해 일어났다. 일련의 혜택은 청원자의 필요나 요구를 결정하는 후견인들로부터 나왔다. 이 혜택들은 사업을 시작하기 위해, 아니면 경작 실패나 투자한 사업의 실패 후에 발생하는 토지 불하와 자금 분배와 같은 것을 포함했다. 다른 혜택들에는 보호, 빚의 청산 또는 정부의 관직이나 직책에 임명되는 일도 포함되었다. "어떤 사람에게는 돈으로, 다른 사람에게는 신용으로, 또 다른 사람에게는 영향력으로, 또 어떤 사람에게는 충고로, 또 다른 어떤 사람에게는 건전한 교훈으로 도움을 주라"(Seneca, *Ben.* 1.2.4. LCL). 만일 후견인이 청원을 받아들였다면, 청원자는 그 후견인의 수혜자가 되고 어쩌면 장기적인 관계가 시작되었다.[3] 이런 관계는 원하는 재화나 서비스의 상호 교환으로 표시될 수 있는데, 후견인은 미래에 수혜자에게 도움을 줄 수 있고, 수혜자는 후견인의 명성과 명예를 증가시키기 위해 자신의 모든 능력을 사용하고(받은 혜택을 공개적으로 드러내며 후견인에게 존경을 나타내고) 후견인에 대한 충성을 유지하며 기회가 생길 때마다 서비스를 제공하게 된다.

---

3 호혜의 결속("친구"라고 불리는 사회적으로 동등한 사람들 사이든지, 아니면 후견인들과 그들의 수혜자들 사이든지)은 세대를 거쳐 지속될 수 있었다. 이를테면 자녀는 자기 부모가 맺고 있는 친구와 원수의 관계망을 상속받는다. 벤 시라는 다음과 같이 증언한다. "그는 자신의 원수들에게 원수를 갚고, 그의 친구들의 친절에 보답할 사람을 자신의 뒤에 남겨 두었다"(Sir 30:6). 이소크라테스도 유사하게 말한다. "아들이 자기 아버지의 재산을 상속받는 것과 같이 아버지의 친구 관계도 반드시 상속받아 마땅하다"(*Ad. Dem.* 2, LCL). 세네카, *Ben.* 2.18.5도 보라. "나는 돈을 빌릴 사람을 선택할 때보다 자선을 구할 사람을 선택할 때 훨씬 신중해야 한다. 전자의 경우 나는 내가 받은 양과 동일한 돈을 돌려주어야 하는데, 내가 그것을 돌려주었을 때, 나는 모든 부채를 다 상환하여 자유롭게 되지만, 후자의 경우 나는 추가적인 지불을 해야 한다. 그럴 경우에 내가 그로부터 받은 모든 은덕의 빚을 다 지불한 후에도 우리 사이의 결속은 여전히 유효하다. 왜냐하면 모든 빚을 청산했을 때 내가 다시 빚을 져야 할 수도 있고 그로 인해 우정이 지속될 수도 있기 때문이다. 내가 내 친구가 될 만한 가치가 없는 사람을 인정하지 않는 것처럼, 나는 우정이 싹트는 가장 성스러운 특권을 받을 가치가 없는 사람을 인정하지 않을 것이다"(LCL).

때때로 후견인이 줄 수 있는 가장 중요한 선물은 획득하고자 하는 혜택을 실제로 줄 수 있는 힘을 가진 또 다른 후견인과 연결시켜주는(그리고 그에게 영향력을 행사하는) 것이었다. 명확하게 말하자면 자신의 수혜자를 위해 다른 후원자와의 만남을 제공하는 후원자는 "중개인(broker)"[4]이라고 불렸다(전문용어로는 **중재자**(mediator)였다). 중개 업무는 흔한 일이었고 공적 삶에서 예상되는 일이었다. 소포클레스(*Oed.* 771-774)는 왕권을 찬탈하고자 하는 음모와 관련하여 오이디푸스의 고발에 맞서 자신을 변호했던 다음과 같은 크레온의 말을 통해 가상의 예를 제공한다.

> 나는 어디에서나 환영받는다. 모든 사람이 내게 인사한다.
> 그리고 당신의 은혜를 원하는 자들은 내 귀에 그것이 들려지길 바란다.
> 왜냐하면 나는 그들이 요구하는 것을 다루는 법을 알기 때문이다.

크레온은 높이 평가받기를 즐기며 자신의 주요한 자원—오이디푸스 왕을 알현하여 왕의 은혜를 받을 수 있는 출입 권한—을 수여하거나 거둬들일 수 있는 그의 능력에 기초한 공적인 평판을 과시한다.

중개에 대한 수많은 예들은 키케로, 소 플리니우스 및 프론토의 편지들, 그리고 2세기에 로마 제국의 공화 정치가 끝날 무렵부터 나타나는 공공 정책을 보여주는 보고서들에서 찾아볼 수 있다.[5] 트라야누스 황제에게 보내는 플리니우스의 편지들(기원후 111-113년으로 추정되며, 당시 플리니우스는 비티니아의 총독이었다)은 플리니우스가 그의 친구들과 수혜자들을 위

---

4   Jeremy Boissevain, *Friends of Friends: Networks, Manipulators and Coalitions* (New York: St. Martin's, 1974), 148.

5   이에 대한 더 자세한 분석은 Geoffrey E. M. de Ste. Croix, "Suffragium: From Vote to Patronage," *British Journal of Sociology* 5 (1954): 33-48에서 찾아볼 수 있다.

해 황제의 호의를 획득하려고 시도한 내용을 포함하고 있다. 그 편지 중 하나에서(*Ep.* 10.4), 플리니우스는 보코니우스 로마누스라는 이름의 수혜자를 트라야누스에게 소개한다. 이는 보코니우스를 원로원의 의원으로 임명되게 하려는 목적에서 한 일이다. 플리니우스는 트라야누스를 그의 후견인으로 명확하게 부르면서 보코니우스에게 호의를 베풀어달라고 요청하고 있다. 플리니우스는 그의 수혜자의 인격에 대해 자기 자신의 인격을 보증으로서 제시하는데, 트라야누스가 제공하는 호의는 (트라야누스가 알지 못하는 보코니우스가 아니라) 플리니우스에 대한 트라야누스의 "호의적인 판단"에 기초를 두고 있었을 것이다. 황제가 이런 호의를 제공했다면 보코니우스는 트라야누스뿐만 아니라 플리니우스에게도 빚을 진 것이 되며, 플리니우스 역시 트라야누스에게 더 큰 빚을 진 것이 된다.[6] 중개자 또는 중재자는 후견인에게 신세를 짐으로 그에게 빚을 지는 동시에 수혜자가 자신에게 빚을 지게 만듦으로써 자신의 명예를 증대시킨다. 중개 업무―다른 사람, 종종 더 중요한 후견인에게 줄을 대주는 능력―는 본질적으로 매우 이익이 되는 가치였다. 이 연줄들이 없다면 수혜자는 결코 그가 원하는 것이나 그에게 필요한 것에 도달하지 못했을 것이다. 특히 이것은 플리니우스의 몸을 치료했던 아르포크라스의 경우에 더욱 분명하게 드러난다. 아르포크라스는 플리니우스가 자신 대신에 트라야누스에게 간청하도록 했는데, 결국 그는 이를 통해 로마와 알렉산드리아의 시민권을 모두 획득하게 된다(*Ep.* 10.5-7, 10). 플리니우스는 이 시골 의사에게 후원의 원천인 황제를

6　Richard Saller, *Personal Patronage Under the Early Empire* (Cambridge: Cambridge University Press, 1982), 75, 각주 194를 보라. "중개자들이 호의를 최종적으로 제공받은 자로부터 신임과 감사를 받았다는 점은 플리니우스의 마지막 고백에서 분명하게 드러난다. *Ep.* 3.8을 보라. 여기서 플리니우스는 수에토니우스를 위해 호민관직을 하나 확보했는데, 수에토니우스는 이것을 그의 친척에게 넘겨주었고, 그 결과 그 친척은 수에토니우스에게 빚을 지게 되었고, 수에토니우스 역시 플리니우스에게 빚을 지게 되었다."

알현할 수 있는 기회를 제공했는데, 이는 그렇게 하지 않았다면 그가 결코 누릴 수 없는 일이었다. 심지어 중개는 재판 과정에도 관여할 수 있었다. 키케로[7]와 마르쿠스 아우렐리우스(Ad M. Caes. 3.2)는 모두 자신의 수혜자들을 위해 그들을 대신하여 편지를 써서 그들이 유리한 결과를 확보할 수 있도록 자신들의 우정의 연줄들을 사용했다.

지금까지 우리는 불평등한 사회적 지위를 가진 사람들 간의 개인적인 상호관계에 대해 논의했다. 즉 권력과 명예와 부가 낮은 사람은 더 우월한 권력과 명예와 부를 가진 사람의 도움을 추구한다. 이와 같이 사람들 사이에서 교환되는 다양한 혜택은 후원자가 수혜자들에게 물질적인 선물이나 승진을 위한 기회를 제공하는 형태로 또는 수혜자가 후원자의 평판이나 권력의 기초에 기여하는 형태로 나타나는데, 그 종류와 질은 다르다. 또한 호혜 관계는 다른 사람이나 사회가 더 열등한 자로 간주하지 않는 사회적으로 동등한 위치에 있는 사람들, 예를 들어 같은 자원을 서로 교환할 수 있는 동류의 자산가들 사이에서도 발생한다. 이런 관계는 "우정"이라는 명목으로 진행되었다.[8] 그러나 이 관계를 뒷받침하는 기본적인 에토스는 후원자와 수혜자의 관계 속에 나타나는 에토스와 다르지 않다. 호혜와 상호신뢰의 동일한 원리가 둘 사이의 기저에 깔려 있다. 더욱이 후원자들은 그들의 수혜자들의 명예에 민감했기 때문에, 좀처럼 이런 명칭으로 자신의 수혜자들을 부르지 않았다. 대신에 그들은 자애롭게 그들을 친구로 불렀으며, 심지어 그들이 사회적으로 전혀 동등하지 않았음에도 불구하고 그렇게

---

7 *Ad Familiares* 13, Andrew Wallace-Hadrill, "Patronage in Roman Society: From Republic to Empire," in *Patronage in Ancient Society* (London: Routledge, 1989), 77에서 인용함.

8 Saller, *Personal Patronage*, 8-11을 보라. 키케로는 다음과 같이 증언한다. "우정에 대한 또 하나의 강력한 연대는 같은 종류의 서비스를 서로 주고받을 때 발생한다. 또한 이런 친절이 상호적이며 수용적일수록 상호 교환의 관계에 있는 자들은 지속적인 친밀감으로 강하게 묶이게 된다"(*De Offic.* 1.56, LCL).

문화의 키워드로 신약성경 읽기

불렀다. 대체적으로 수혜자들은 자신들의 열등한 지위를 숨기려 하지 않았으며, 자신의 후원자들을 "친구"라기보다는 "후원자"로 불렀는데, 이는 그들이 자신들의 후견인들을 높이 평가함으로써 주어지는 존경과 명예를 강조하기 위함이었다.[9] 그러므로 우리는 사람들이 "친구" 또는 "파트너"라고 부르는 곳에서 우리가 여전히 호혜 관계를 보고 있는 것은 아닌지 반드시 의심해야 한다.

가난한 자들 사이의 후원

고대 인구의 가장 큰 부분을 차지했던 가난한 자들은 그들을 연구할 수 있는 문서화된 유산을 우리에게 남겨주지 않았다. 학자들은 현대의 농업사회들을 관찰하면서 각 계급이 모두 나름의 방식으로 호혜 관계를 형성하는 데 참여하고 있음을 확신하게 되었다. 그런 결론에 도달한 문화 인류학자 줄리안 피트-리버스(Julian Pitt-Rivers)는 남부 프랑스의 농촌 공동체들을 연구했다.[10] 그는 이 연구에서 이웃들은 수확철이나 양털을 깎을 때 돈이나 특정한 보상을 기대하지 않고 항상 서로 도울 준비가 되어 있다고 말한다. 심지어 도움을 주는 사람은 자신이 도움을 받은 자들로 의무감을 갖도록 만들었다는 사실을 공개적으로 부인한다. 그 이유는 만일 도움을 받은 사람이 다른 사람을 돕기를 거절하면 좋은 이웃이라는 그 농부의 평판에 오점이 되고 또 그렇게 기억될 것이기 때문이다.

---

9   Saller, *Personal Patronage*, 8-11을 보라. Carolyn Osiek and David Balch, *Families in the New Testament World* (Louisville: Westminster John Knox, 1997), 49도 보라.

10   Julian Pitt-Rivers, "Postscript: The Place of Grace in Anthropology," in John G. Peristiany and Julian Pitt-Rivers, *Honor and Grace in Anthropology* (Cambridge: Cambridge University Press, 1992), 215-46.

위대한 품격은 이웃으로서 좋은 평판을 낳는다. 모든 사람은 모든 사람과 신용 관계를 맺기를 좋아하며, 이웃들이 도움을 요청할 때 즉시 자신의 일손을 빌려주기를 주저하는 자들은 나쁜 평판을 얻게 되는데, 이런 평판은 빈정거림으로 나타난다. 자신들이 받은 호의를 갚지 못한 자들은 공동의 관계로부터 배제당하게 된다. 좋은 평판을 가진 자들은 모든 면에서 확실히 협력을 얻을 수 있다.[11]

심지어 농촌 지역에서는 호의를 받은 것보다 더 많은 호의를 베푸는 자들이 있는데, 그들은 그 지역의 후원자들이 된다. 이런 상황은 기원전 6세기에 기록된 헤시오도스의 「일과 날」(Works and Days)에 등장하는 농부들 사이에서 벌어진 호혜에 대한 논의와 매우 비슷하다.[12]

피트-리버스는 이 논의를 발전시키면서 도움이 필요할 때 도움을 주는 또 다른 동기를 "보험"이라고 말한다. 이는 사람이 어려운 위기를 이겨내기 위해 이웃에게 의존해야 하는 때를 대비한 것이다. 이런 위기에 "단일 가정으로 구성된 농장은 특히 취약하다."[13] 세네카는 2천 년 전에 이것을 호혜 제도의 본질적 측면으로 이해했다. "만일 우리가 서로서로 선한 덕목들을 주고받음으로써 돕지 않는다면 어떻게 안전하게 살 수 있겠는가? 인생이 어느 정도 갖추어지고 갑작스러운 재앙에 맞설 수 있게 준비되도록 만드는 것은 오직 이익을 상호 교환할 때에만 가능한 것이다. 우리를 각자 고립되게 만든다면 우리가 무엇이 되겠는가? 모든 맹수들의 먹잇감이 될 뿐이다"(Ben. 4.18.1). 그러므로 우리는 우리에게 직접적인 기록을 아무것도 남겨

---

11   앞의 책, 233.

12   특히 342-51; 401-4행을 보라. Paul Millett, "Patronage and Its Avoidance in Classical Athens," in *Patronage in Ancient Society*, 15-48도 보라, 특히 19-20쪽에서 이를 자세히 다루고 있다.

13   Pitt-Rivers, "Postscript," 233.

문화의 키워드로 신약성경 읽기

주지 않은 사람들 - 다시 말해 소작인 농부들과 지역의 기능공들 - 역시 호혜 관계 속에 있었으며, 지역의 명예와 안전을 모두 위하는 방법으로서 그들의 관계를 완성하기 위해 고귀하게 노력했다고 결론 내릴 수 있다.

공적인 자선

고대 세계에서 개인적 후원이 자선의 유일한 형태는 아니었다. 종교 축제와 잔치에서든지, 지역의 운동경기를 축하하는 자리에서든지 간에 가장 대중적인 접대는 부유한 후원자들이 그 도시의 거주민들에게 "제공하는" 것이었다. 더욱이 신전이나 극장, 도로나 거대한 회랑 등과 같은 대부분의 공공시설의 개선은 그 지역의 엘리트들 또는 잘 알려진 도시에 자신의 이름을 남기려고 혜택을 주기를 원했던 외부의 부유한 자들의 기부를 통해(헤롯 대왕이 예루살렘뿐만 아니라 로도스, 아테네와 스파르타에 있는 건물들을 위해 돈을 제공했던 것처럼)[14] 이루어졌다. 위기의 때에 부유한 자선가들이 대중을 도와주었는데, 예를 들어 기근이나 재앙을 극복하기 위한 물질을 제공하곤 했다. 공적인 자선은 남녀 부자들 모두에게 열린 각축장이었다.[15]

이와 같이 공공을 위한 선물들이 자선가의 수혜자들에게 모두 돌아가는 것은 아니었다.[16] 왜냐하면 개인적 후원과 공적인 관대함 사이에는 구분이 있었기 때문이다. 하지만 전체 대중은 그럼에도 불구하고 여전히 그 자선가에게 빚을 지고 있었다.[17] 일반적으로 혜택을 받은 도시의 반응은 공적

---

14   Josephus *J. W.* 1,21,11-12.

15   Osiek and Balch, *Families*, 50.

16   세네카의 말을 빌리자면 "한 사람을 배제하지 않는 것과 그 사람을 선택하는 것 사이에는 엄청난 차이가 있다"(*Ben.* 4,28,5). 개인적 후원은 수혜자를 선택하는 것과 그와의 지속적인 관계에 헌신하는 것을 포함한다.

17   세네카, *Ben.* 6,19,2-5를 보라.

인 명예를 수여하는 것(유명한 공공 축제, 특히 경기에서 머리에 관을 씌워주는 것과 같은)과, 명예를 기리는 비석이나 특별한 경우에는 동상을 세워줌으로써 기부자의 관대함을 영구적으로 기념하는 방식으로 이루어지곤 했다. 북아프리카에서부터 그리스, 아시아와 이집트에 이르기까지 지중해를 가로질러 나타나는 비문들은 개인적 후원뿐만 아니라 공적 자선에 대한 현상들을 증언해준다.[18]

개인 자선가들이 그들의 수혜자들과 맺은 관계로 인해 많은 개인적 혜택을 제공하는 것에 덧붙여서 고대 세계에서 가장 힘이 있는 인물들, 곧 왕들과 황제들은 여러 도시 또는 심지어 전체 지역에 공적 혜택을 자주 부여하곤 했다. 부당한 지역 관료나 바다의 해적이나 외부의 적대적인 세력으로부터 받는 압제로부터의 해방은 황제가 줄 수 있는 가장 안성맞춤의 혜택이었을 것이다. 범죄를 저지른 자들에 대한 사면은 왕이나 황제만이 수여할 수 있는 권한이었다. 그들은 평화와 안정이 자신들의 통치를 특징 지을 수 있다면 다수의 대중에게 광범위한 공적 서비스를 제공할 수 있는 능력도 가지고 있었다. 통치자들이 제공한 자선에 대한 가장 극단적 형태의 반응은 그들을 숭배하는 것이었다 ─ 일반적으로 신들에게 간청해야 얻을 법한 선물을 제공하는 인물은 신들에게 부여하는 명예를 받을 자격이 있는 것으로 평가되었다. 아테네 사람들이 기원전 307년에 외국의 통치로부터 자신들을 완전히 해방시켜준 데메트리오스 폴리오르케테스(Demetrius Poliorketes) 장군을 환영할 때, 그들은 다음과 같이 종교적 언어를 사용했다. "다른 신들은 멀리 떨어져 있거나, 우리에게 귀를 기울이지 않거나, 존재하

---

18 Richard P. Saller, "Patronage and Friendship in Early Imperial Rome: Drawing the Distinction," in *Patronage in Ancient Society*, ed. Andrew Wallace-Hadrill (London: Routledge, 1989), 54-55을 보라. Frederick W. Danker, *Benefactor: Epigraphic Study of a Graeco-Roman and New Testament Semantic Field* (St. Louis: Clayton Publishing, 1982)에 서 분석하고 있는 51개의 비문들의 모음집은 특히 중요하다.

문화의 키워드로 신약성경 읽기

지 않거나, 우리에게 전혀 관심이 없습니다. 그러나 당신은 지금 여기에 있습니다─나무나 돌로 형상화된 것이 아니라 실제로 존재합니다. 그래서 우리는 지금 당신에게 기도합니다. 우선 우리에게 평화를 가져다주옵소서. 당신은 그렇게 할 힘을 가지고 있습니다."[19]

아우구스투스 숭배의 기원에 대한 다마스쿠스의 니콜라우스(Nicolaus of Damascus)의 첫 번째 관찰에서도 유사한 그림이 드러난다. "모든 사람이 그의 명예를 합당하게 평가하여 그것과 일치하는 칭호인 [아우구스투스]로 그를 불렀는데, 섬들과 대륙들을 가로질러 도시들과 지방들마다 조직된 신전에서 제사로 그를 숭배했고, 그가 자신들에게 베풀어준 은덕에 대해 보답했다."[20] "아우구스투스의 평화"는 신적 영역으로부터 오는 나눔의 구제로 간주되었으며, 그 보답으로 반드시 감사를 표현해야 했다. 이처럼 아우구스투스는 동방에서 은인들과 장군들에게, 그리고 로마 공화정 시대에 속주 총독들에게 신적 명예를 돌리던 전통을 답습했다. 황제 숭배 역시 그 지역에 살았던 사람들이 그들의 궁극적인 후원자에게 다가갈 수 있는 교량 역할을 했다. 각 지역은 그 지역에서 직무를 수행했을 뿐만 아니라 그 지역을 대신하여 로마에 대한 공식 사신으로서 황제 숭배의 일을 담당했던 제사장들의 중재를 통해 황제의 도움(은덕)을 획득하고자 했다. 황제 숭배를 위해 제사장들을 로마에 파견하는 일은 그 지역으로 하여금 가장 긍정적인 상황을 맞이하도록 만드는 일이 되었다. 제사장은 그 지역의 불변하는 충성과 감사의 상징이었으며, 그 결과 그 지역은 황제로부터 지속적인 호의를 확실하게 보장받을 수 있게 되었다.

---

19   Athenaeus, *Deipnosophists* 6.253e-f; Danker, *Benefactor*, 202-3에서 인용됨.

20   Simon R. F. Price, *Rituals and Power: The Roman Imperial Cult in Asia Minor* (Cambridge: Cambridge University Press, 1984), 1에서 인용됨.

그리스 및 로마 배경에서의 후원

비록 이 제도에 대한 우리의 가장 풍부한 자료가 로마인들이(*De Offic.*를 쓴 Cicero와 *Ben.*을 쓴 Seneca) 기록한 것이라 할지라도, 후원 제도는 엄밀히 말해 로마에서만 나타난 현상은 아니었다. 공적인 자선과 개인적 후원은 둘 다 그리스-로마 문화에서 모두 잘 드러난다. 아테네의 민주 정치가 진행되던 시기에만 유일하게 사회를 구성하고 있는 기본 모델인 후원 제도를 제거하려는 시도가 있었다.[21] 우리는 기원전 462년 민주 혁명이 일어나기 전부터 도움을 탄원하는 자들에게 개인적 후원을 제공했을 뿐만 아니라 "제1시민"의 명예를 얻기 위해 그 도시에 늘 각종 선물을 제공했던, 그래서 결국 십칠 년 동안 연속적으로 장성으로 선출되어 지위를 유지했던 아테네의 키몬(Cimon of Athens)의 예를 알고 있다.[22] 민주 정치가 나타났던 그 시기 내내 공개적으로 후원을 거부하는 경우는 잠재적인 후원자 또는 과거의 후원자를 기쁘게 할 필요 때문에 자신들의 자유가 손상되지 않을 시민들 사이에서만 나타난다. 비시민들("메토이코이" 또는 "외국인 거주자"로 불렸던)은 자신을 위해 도시의 기관들을 출입하게 해줄 후원자 또는 은인(*prostatēs*)을 가질 **필요**가 있었다.[23]

그러나 마케도니아의 필리포스와 그의 아들 알렉산드로스가 유명해질 무렵에 개인적 후원은 다시 한번 아테네에서 공개적으로 회자되기 시작했다. 기원전 322년에 세상을 떠난 연설가 데모스테네스(Demosthenes)는 자신이 대중으로부터 감사와 명예를 받을 가치가 있다고 생각했던 공적 후원(도시 성벽 방어 공사)뿐만 아니라 고통과 재정적 어려움에 봉착

---

21 Paul Millett, "Patronage and Its Avoidance in Classical Athens," in *Patronage in Ancient Society*, ed. Andrew Wallace-Hadrill (London: Routledge, 1989), 15-48을 보라.

22 앞의 책, 23-25.

23 같은 책, 34.

　　　　　　　　　　　　　　　문화의 키워드로 신약성경 읽기

한 자들을 위한 자신의 사적 후원의 행위들을 공공연히 말하곤 했다(*De Corona* 268-69, 299). 아리스토텔레스는 자신의 책 「니코마코스 윤리학」 (*Nicomachian Ethics*, 1163b1-5, 12-18)에서 한 파트너가 명예와 칭찬을 더 받게 될 경우, 다른 파트너는 물질적 후원을 더 받게 되는 우정의 형태에 대해 말하고 있다. 이는 분명히 동등하지 않은 사회적 신분을 가진 사람들 사이에서 일어나는 개인적 후원에 대한 언급이다. 기원후 1세기 무렵까지 아테네에서 개인적 후원을 제한하려는 시도는 단지 오래된 기억에 지나지 않았으며, 거부할 수 없는 법률적 예외 규정이었다.

헬레니즘 및 로마 시대에 그리스어와 라틴어를 사용했던 저자들은 우정과 후원 및 공적 자선과 관련하여 공유되는 에토스를 표현한다. 아리스토텔레스와 세네카, 디온 크리소스토모스와 키케로는 후원자와 수혜자가 따라야 할 지침에 대해 같은 의견을 갖고 있었다. 더욱이 그리스 세계가 로마 제국의 속국으로 편성되면서 그리스 도시들은 전체 도시를 권력과 자원의 중심, 다시 말해 로마 황제 및 의회와 연결시켜주는 수단이었던 후원 제도에 더욱 익숙해져갔다. 정치가들에게 영감을 불어넣어주었던 플루타르코스와 같은 그리스 의원은 정치적 의제를 지원하고 발전시켜줄 수 있는 좋은 위치에 있는 친구들을 사귀는 능력에 대해 논의한다(*Mor.* 814C). 그리스와 로마 문화의 개인적 후원 사이의 중요한 차이점은 로마 문화에서 수혜자들이 자신의 후원자들에게 어떻게 아침 인사를 하는가에 대한 공식화된 예절에서 드러난다. *Salutatio*라는 인사법은 가시적이고 공개적으로 후원자와 수혜자의 관계를 보여준다. 이는 공공장소에서 후원자와 동행하는 일부 수혜자들이 하루 종일 계속해서 집에서와 공적인 공간에서 후원자의 명망과 능력을 가시적으로 드높여주는 방식으로 나타났다.[24] 이

---

24   Saller, "Patronage and Friendship," 57-58.

한 가지 차이와 더불어(이 차이는 로마의 관습이 로마 제국 전역에 퍼지게 됨으로써 사라지게 되었다) 후원과 자선은 그리스와 로마의 집단들에서 동일한 에토스와 기대 속에서 진행되었다.

은혜의 사회적 컨텍스트

우리는 지금까지 후원자–수혜자 관계와 우정 및 공적 자선을 표시하는 여러 관계와 활동에 대해 자세하고도 충분하게 검토했다. 왜냐하면 이런 것들이 **은혜**(*charis*)라는 용어가 기원후 1세기에 일상적으로 사용되었던 사회적 컨텍스트를 제공해주기 때문이다. 오늘날 **은혜**는 일차적으로 교회와 그리스도인 모임에서만 들을 수 있는 종교적 용어다. 이 용어는 2천년 동안의 신학적 숙고와 발전 및 축적을 통해(기독교 신학에서 구원의 순서를 체계화하는 "의롭게 하는 은혜", "거룩하게 하는 은혜" 그리고 "선행적 은혜"와 같은 용어들을 양산하면서) 진보해왔다. 그러나 신약의 실제 저자들과 독자들에게 **은혜**는 일차적으로 세속적인 것과 반대되는 종교적인 용어가 아니었다. 오히려 이 용어는 인간들 사이에 또 하나님과 인간들 사이에 나타나는(또는 이교 문학에서 신들과 인간들 사이에 나타나는) 호혜에 대해 말할 때 사용되었다. 이 하나의 단어가 우리가 지금까지 설명해온 관계들의 모든 에토스를 요약해준다.

첫째, **은혜**는 후원자가 사람이나 공동체에게 혜택을 베풀고자 하는 자원하는 마음을 언급할 때 사용되었다. 이런 의미에서 이 단어는 "호의적인 양도"의 의미를 지닌 "호의"를 뜻한다. 아리스토텔레스의 말에 따르면 (*Rhetoric* 2.7.1[1385a16-20]) "은혜[*charis*]는 무엇인가를 필요로 하는 사람에게 아무런 보답도 받지 않는, 곧 도와주는 사람이 자신을 위해 아무 이익도 추구하지 않으면서 오직 도움을 받는 자의 유익만을 위해 도와주는 것

문화의 키워드로 신약성경 읽기

으로 정의될 수 있다."²⁵ 이런 의미에서 이 단어는 후원자, 은인 또는 수여자의 자비와 베풂을 강조한다. 이 단어는 동일하게 두 번째 의미를 가지고 있는데, 이는 종종 선물 자체, 다시 말해 수여자의 자애로운 감정의 결과를 나타내는 데 사용된다.²⁶ 많은 공덕비에는 후원자들의 은혜들(charitas)이 기록되어 있는데, 후원자가 선의로 도시나 공동체에 실제로 제공한 결과물을 강조하면서 공개적인 찬양을 하는 이유가 언급된다.²⁷ 마지막으로 **은혜**는 후원자와 그의 선물들에 대한 응답, 다시 말해 "감사"를 표현할 때 사용될 수 있다. 데모스테네스는 그의 책 *De Corona*에서 이런 측면을 이해하는 데 도움이 되는 창을 제공해주는데, 그는 과거에 그들에게 도움을 주었던 사람들에게 명예롭게 반응하지 않았던 자신의 청중을 이렇게 꾸짖는다. "그러나 당신들은 본래 은혜롭지 못하고(acharistos) 악하오. 이분들이 당신들을 가난에서 부하게 해주었고 노예에서 자유인으로 만들어주었는데, 당신들은 그들을 향해 감사를 표하지도(charin echeis) 않고, 오히려 그들에 대항하는 행동을 취해 당신 자신들의 부요함만을 드러냈소"(*De Corona* 131).²⁸ 따

---

25 Hans Conzelman and Walther Zimmerli, "χάρις κτλ," in *TDNT* 9:373-76에 나오는 논의도 보라.

26 **은혜**라는 단어에 들어 있는 "선물"이라는 의미는 "균형", "매력" 또는 "아름다움"의 속성을 언급하고, **은혜로운**이라는 형용사는 "매력적인, 아름다운, 능숙한" 사람들에게 적용되었다. 이 경우에 **은혜로운**이라는 단어는 "은혜를 받은" 또는 "은사를 받은" 다시 말해 "신이나 자연으로부터 긍정적인 재능을 부여받은"이라는 의미다.

27 이 단어의 복수형인 **은혜들**("은사들", charitas)의 빈번한 용례는 Danker, *Benefactor*(328쪽에 나오는 논의뿐만 아니라)에 수록된 비문들을 보라. Conzelman과 Zimmerli도 관례적인 표현들을 인용한다(*TDNT* 9:375). "이러저러한 선물들, χάριτας로 인해 우리는 이 명예들을 선언합니다." 세네카는 은혜에 해당하는 라틴어 용어인 *beneficium*을 처음 두 가지 의미와 동의어로 정의한다(*Ben.* 2.34.5). 더구나 라틴어 *gratia*는 그리스어 *charis* 내에 결합되어 있는 세 가지 의미를 공유한다.

28 Conzelman and Zimmerli(*TDNT* 9:376)도 보라. "은혜를 받은 사람과 관련하여 χάρις는 후원자에 대한 '감사'를 의미한다." 다음 구절들 역시 "감사를 표현하는" 의미로 "은혜를 받은"이라는 표현을 사용한다. 눅 17:9; 히 12:28을 보라. "은혜"를 "감사"로 표현하는 것에 대해서는 롬 6:17; 7:25; 고후 8:16; 9:15의 "하나님께 감사하리로다(charis)"라는 표

라서 **은혜**는 신약 저자들과 독자들에게 매우 구체적인 의미들을 지니는데, 이 의미들은 주로 혜택을 주고 호의에 보답하는 맥락에서 사용된 단어의 용례에서 유래한다.

하나의 동일한 단어가 은혜로운 행위와 그 은혜로운 행위에 대한 반응을 말하는 데 사용될 수 있다는 사실은 그리스-로마 문화 속에서 살았던 많은 도덕론자들이 분명하게 언급했던 것을 암시적으로 다음과 같이 제시해준다. 즉 은혜는 은혜와 만나야 한다. 호의는 항상 호의를 낳아야 한다.[29] 선물은 항상 감사로 표현되어야 한다. 당시의 고대 사람들에게 이런 뜻을 담고 있는 한 가지 이미지는 세 여신의 그림인데, 세 명의 "은혜들"(Graces; 삼미신)이 서로 손을 잡고 원을 이룬 채 춤을 추고 있는 모습이다. 이 이미지에 대한 다음과 같은 세네카의 설명은 무척 흥미롭다.

> 누군가는 은혜를 수여하고 있는 한 명의 여신과 그것을 받고 있는 다른 여신과 그것을 돌려주고 있는 세 번째 여신이 등장하는 이미지를 볼 수 있을 것이다. 사람들은 그 그림에서 세 가지 계층의 후원자들─은혜를 받는 자들, 은혜를 갚는 자들, 은혜를 받는 동시에 그것을 돌려주는 자들─이 있음을 깨닫게 될 것이다.…순환적인 원 속에서 왜 자매들은 손을 잡고 춤을 추고 있는가? 손에서 손으로 이어지는 과정 속에서 전달되는 은혜는 결국 그 수여자에게로 돌아가기 때문이다. **만일 그 순환적 원이 어딘가에서 끊어진다면 전체적인 아름다움은 파괴된다.** 만일 이 원이 계속 이어지고 아무런 장애 없이 유지된다면 그것은 가장 아름다운 상태다.…그들의 얼굴은 은혜를 주거나 받는 자들이 항상 그런 것처럼 기쁨이 가득하다. 은혜의 기억이 결코 시들지 않기에 그들은 젊음을 유지한다. 은혜는

현을 보라.

29 소포클레스는 다음과 같이 말한다(*Ajax* 522). 즉 "호의는(*charis*) 항상 호의를(*charin*) 낳는다."

문화의 키워드로 신약성경 읽기

모든 사람의 눈에 순수하고 거룩하며 타락하지 않은 것으로 보이기에 그들은 처녀들이다. 은혜는 드러나야 하기에 [그들의 옷은] 투명하다(*Ben.* 1.3.2-5; LCL, 강조는 덧붙여진 것임).

세네카의 증언 및 다른 많은 고대 증언들로부터 우리는 **은혜**의 고립된 행위와 같은 것은 없음을 배우게 된다. 호의 행위와 그 호의의 구체적 발현(선물)은 호의와 선물을 공급받는 자가 반드시 "호의를 되갚아야 하는", 다시 말해 수여자에게 다시 돌려주는(자비로운 기부와 약간의 선물을 제공하는 일에서 모두, 그것이 물질적인 것이든 다른 것이든 상관없이), 원을 그리는 춤을 개시하는 것이다. 보답을 받는 선물만이 제대로 고귀하게 받는 선물이다.

이어지는 내용에서 우리는 그리스와 로마의 저자들이 잘 시행된 은혜의 교환을 어떻게 이해하고 있었는지를 자세히 살펴볼 것이다. 먼저 수여자와 관련해서 살펴본 다음에 수혜자에 대해 검토하겠다.

호의(은혜) 보여주기

관대함은 헬레니즘 및 로마 시대의 사람들에게 높게 평가되는 덕목이었다. 대부분의 공공사업, 공공축제와 오락, 개인이나 단체를 돕는 개인적 원조는 자신의 부를 타인을 위해 사용하는 관대한 부자들의 자원함을 통해 나타났다. 그들의 도움이 다양한 방식으로 꼭 필요했기 때문에 감사해야 할 상황에서 감사하지 않는(다음을 보라) 행위와, 지원의 원천이 끊어지거나 더 유효한 방향으로 지원이 재조정되지 못하도록 위협하는 행위들에 대해서는 강력한 사회적 처벌이 있었다.

수여자를 위한 분명한 행동 규정 및 지침들도 존재하고 있었다. 이런 규정과 지침들은 적어도 이론적으로는 자비로운 행위의 고결함과 순수함을 보존하는 것을 목표로 하고 있었다. 첫째로 고대의 도덕가들은 후원자 또는 은인을 이끌 수 있는 동기들에 대해 자세히 이야기했다. 앞에서 인용한 **은혜**의 첫 번째 의미(수여자의 자비로운 베풂)에 대한 아리스토텔레스의 정의 역시 수여자는 자신의 이익을 위해서가 아니라 수혜자의 이익을 위해 행동해야 한다는 사실을 강조하고 있다.[30] 만일 자신의 유익을 위한 동기가 우선된다면 어떤 경우라도 "호의"의 의미는 무효가 되며, 그것과 더불어 감사에 대한 깊은 마음과 의무도 무효가 된다(Aristotle, *Rhetoric* 1385a35-1385b3). 유대교 현자인 벤 시라는 예의 없는 수여자를 풍자한다 (Sir 20:13-16). 이런 특성은 관대함의 미덕으로부터 주어지는 것이 아니라, 이익에 대한 기대로부터 기인하는 것이다. 만일 이익이 즉시 발생하지 않는다면, 그는 자신의 선물들을 버려진 것으로 간주하여 인간의 배은망덕에 대해 크게 불평하게 된다. 세네카 역시 이 특성에 대해 동일하게 다음과 같이 말한다. "은혜를 베푸는 자는 신들을 모방하는 것이며, 보답을 해야 하는 자는 채무자와 같다"(*Ben.* 3.15.4).[31] 여기서 중요한 점은 수여자가 고귀한 마음으로 베푸는 것이라면, 그는 결코 그 선물로부터 무엇을 얻을 목적으로 주지 않는다는 것이다.[32] 수여자는 유언장에 자신의 이름을 넣게 하

---

30 세네카는 수혜자가 감사를 표하는 것에서 자유롭지 않음을 강조하면서 자선을 베푸는 것은 수여자와 수혜자 모두에게 유익임을 인정한다. "나는 그가 내게 유익이 되었을 때, 그리고 그 일이 그 자신에게도 유익이 될 때, 내가 그에게 의무가 없다고 느낄 만큼 그렇게 부당한 사람이 아니다.… 또한 내가 갈망하는 것은 다음과 같은 은혜다. 즉 내게 주어진 은혜가 그것을 수여한 자에게도 더 큰 혜택으로 돌아갈 수 있는, 그가 은혜를 베풀 때 우리 둘을 모두 고려하여 제공하는, 또한 그와 내가 나눌 수 있는 그런 은혜다.…만일 그가 내게 은혜를 베푸는 동안에 그가 자기 자신을 위해서도 은혜를 베풀고 있다는 사실을 내가 기뻐하지 않는다면, 나는 단지 부당할 사람일 뿐만 아니라 감사할 줄 모르는 사람이다"(*Ben.* 6.13.1-2, LCL).

31 그의 책 전체를 통해 세네카는 후원자들과 친구들은 보답을 받기 위해서가 아니라 "베풂을 위해서" 주어야 한다고 강조한다(*Ben.* 1.2.3; 4.29.3).

32 Pitt-Rivers는 영어, 프랑스어, 이탈리아어, 독일어를 말하는 나라들에서 감사에 대한 전형적인 반응은 "별것 아닙니다" 또는 "내가 좋아서 한 것입니다" 등과 유사한 말을 포함하고

문화의 키워드로 신약성경 읽기

려고 노인에게 은혜를 베풀거나 정치에서 지지 기반을 얻으려는 목적으로 특정 직책에 있는 사람에게 은혜를 베풀지 않는다. 그런 사람들은 투자자들이지 후원자나 친구들이 아니다.

선물은 바라는 것을 보답으로 받기 위해 제공되는 것이 아니었지만 여전히 전략적으로 제공되었다. 키케로에 따르면 부정한 목적을 가진 좋은 선물들은 부당하게 주어지기 마련이었다(De Offic. 2.62). 이소크라테스, 벤 시라, 키케로 및 세네카가 공통으로 전하는 충고는 다음과 같다. 즉 제공자는 자신이 선물을 주고자 하는 상대가 어떤 사람인지를 면밀히 검토해야 한다.[33] 수혜자는 선물 뒤에 놓여 있는 관대함과 친절을 칭송할 만한 덕이 있는 사람이어야 하며, 특정한 선물보다 수여자와의 지속적인 관계를 더 가치 있게 여기는 사람이어야 한다. 이소크라테스는 다음과 같이 날카롭게 충고한다. "선한 자들에게 호의를 베풀라. 왜냐하면 값진 보석은 정직한 사람의 마음에 감사로 축적되기 때문이다. 만일 당신이 악한 사람에게 호의를 베푼다면, 당신은 집 없는 개를 먹이는 사람들과 같은 보상을 받게 될 것이다. 왜냐하면 이런 자들은 자신에게 먹이를 주는 사람들과 지나가는

있다고 지적한다. 이런 말들은 상대로 하여금 의무감을 갖지 않도록 하기 위한 표현으로서 수여자의 순수한 동기를 강조한다(수여자의 의무를 파기하지 않으면서 — 실제로 동기가 순수한 것으로 보이기 때문에 호의를 받는 수혜자가 의무감을 더 강하게 느끼도록 만들면서). 수혜자를 위해 "순수하게" 주는 것에 대한 도덕적 이상이 수천 년을 이어오면서도 결코 손상되지 않고 지속되고 있다는 것은 놀랍다("Postscript," 217-18).

33 벤 시라는 다음과 같이 충고한다. "만일 당신이 친절을 베푼다면, 당신이 친절을 베풀어주는 그 사람이 누군지를 알아야 한다. 그래야 당신은 당신의 선한 행위에 대해 감사받게 될 것이다"(Sir 12.1). 이 충고는 구제(후원자와 수혜자의 지속적인 관계를 시작하는 의미에서가 아니라 개인적인 것으로서 자선의 중요한 형태)에 대한 좋은 규정으로 초기 교회에 알려져 있다. 키케로는 그의 독자에게 은혜를 베풀지 말지를 결정할 때 잠재적인 수혜자의 "성격과 그가 우리를 생각하는 정도와 그가 우리와 얼마나 가까운지와 앞선 섬김의 행위들에서 그가 우리에게 얼마나 유용했는가"를 고려하라고 강조하면서 "[자선을 표현하는 일반적인 방식인] 우리의 사랑은 반드시 가치 있게 드러나야 한다"라고 확언한다(De Offic. 1.45). 후원자와 수혜자를 용의주도하게 선택해야 하는 필요성은 세네카의 글에서도 자주 나오는 주제다(Ben. 1.1.2; 3.11.1; 3.14.1; 4.8.2).

낯선 사람들에게 똑같이 으르렁거리는 개들과 같은 자들이기 때문이다. 또한 이들은 자신들에게 도움을 주는 자들과 자신들을 해치는 자들에게 동일한 잘못을 범하는 아주 질 나쁜 사람들과 같다"(*Ad Dem.* 29, LCL). 선물을 받을 가치가 있는 자들을 결정함에 있어 중요한 한 가지 요소는 어떻게 그가 과거에 다른 수여자들에게 반응하였는가에 대해 그 사람의 이력을 살펴보는 것이다.[34] 그 사람이 감사로 고결하게 반응해왔는가? 그는 아마도 더 많은 호의를 받을 가치가 있을 것이다. 감사하는 법을 아는 것에 대한 평판은 실제로 고대 사회에서 신용 등급을 매기는 것과 동일한 것이었다.

앞으로의 보답을 계산하지 않는 것과 수혜자들을 신중하게 선택하는 것은 상반된 원리들인 것처럼 보인다. 세네카가 감사할 줄 모르는 자들에게 주는 선물은 "낭비하는" 것이라고 썼을 때(*Ben.* 1.1.2), 그는 아마도 이런 모순을 강력하게 드러내고자 했는지도 모른다. 이런 잠재적인 오해를 알았기에 그는 다음과 같이 기록한다. "나는 보답할 것 같은 사람이 아니라 감사할 사람을 선택한다. 감사하는 사람이 보답할 것 같지 않은 사람인 경우가 있는가 하면, 은혜를 모르는 사람이 보답하는 경우도 종종 있다. 내 평가가 향하는 곳에는 바로 그 사람의 마음이 있다"(*Ben.* 4.10.4). 고결한 수여자는 자신의 잠재적인 수혜자들을 그들이 행하는 실제적 보답의 관점에서가 아니라─그들이 앞으로 보상의 차원에서 전달할 선물이나 서비스가 얼마나 가치가 있는가라는 의미에서가 아니라─오히려 그 사람이 보답으로 제공할 수 있는 것이 무엇이든지 관계없이 자신이 받은 선물을 기억하고 인식하고 느끼는 감사의 마음을 어떻게 잘 전달하는가라는 관점에서 평가한다. 후원자의 동기는 순수하게 유지되어야 한다. 다시 말해 물질적인 획

---

34 따라서 이소크라테스는 다음과 같이 말한다. "그가 이전에 그의 친구들을 어떻게 대했는지를 질문하기 전에 그를 당신의 친구로 삼지 말라. 왜냐하면 당신은 틀림없이 그가 과거에 그의 친구들을 대했던 것처럼 당신을 대하리라고 기대하기 때문이다(*Ad Dem.* 24, LCL).

문화의 키워드로 신약성경 읽기

득이나 다른 일시적 유익들을 위해 은혜를 베푸는 것이 아니라, 잠재적인 수혜자들이 소유하고 있어서 미래에 도움이 될 수단들에 개의치 않고 오직 감사하는 마음을 기대할 뿐이다.

그러나 후원자의 호의는 잠재적 수혜자의 미덕(또는 그것의 부족)에 의해 제한되는 것은 아니었다. 심지어 세네카는 독자들에게 받을 만한 가치가 있는 자들에게(다시 말해 감사하는 마음의 표시를 전해왔던 자들에게) 우선적으로 자신들의 자원이 흘러가게 하라고 충고하면서도,[35] 수여자들에게 그들의 관대함에 기초하여 신들처럼 자유롭게 나누어주라고 간곡히 권고한다. 자선은 은혜의 춤을 추기 시작하는 것이고, 답례를 바라기보다 베푸는 행위였으며, 수여자의 미덕과 선의를 넘어서는 어떤 것에 의존하는 행위라기보다는 완전과 자기만족의 행위였다. 그러므로 세네카는 그의 독자들에게 인간 후원자들은 다음과 같이 행하는 신들을 모방해야 한다고 충고한다. 이 신들의 설계로 "태양은 악인들에게도 동일하게 떠오르고", "비"는 선인들과 악인들 모두에게 공급된다(Ben. 4.26.1, 4.28.1). 신들은 인간, 즉 감사하는 자들과 신앙심이 없는 자들 모두를 대함에 있어 자신의 관대하고 친절한 마음이 이끄는 것을 따라 행한다(Ben. 1.1.9).

그렇다면 덕을 갖춘 인간 후원자나 은인은 기꺼이 공공의 이익들을 허락할 것이다. 비록 그가 배은망덕한 사람들은 경기, 공공의 식사, 새로운 극장의 건설로부터 즐거움을 얻으리라는 사실을 알고 있을지라도 말이다. 그러나 수여자들을 위한 세네카의 고귀한 규정은 개인적 후원에도 적용된다. 관대한 마음을 지닌 후원자는 심지어 배은망덕하다고 알려진 사람―심지어 이전에 이 동일한 후원자가 제공해준 선물에 대해서도 감사를 표시하지 않았던 사람―조차도 호의를 받을 사람으로 선택할 수 있다(Ben.

---

35   세네카, *Ben.* 1.10.5.를 보라.

1.10.5; 7.31.2, 4). 척박한 땅을 위해 계속 일하는 농부처럼 친절의 행위를 반복적으로 베푸는 것이 감사를 표하고 고귀하게 반응하는 데 느린 마음을 깨울 수 있을지도 모른다(Ben. 7.32).

은혜로 반응하기

우리가 이미 앞서 세 가지 은혜에 관한 세네카의 알레고리를 살펴보았듯이 호의의 행위는 감사의 반응을 유발해야 한다 — 은혜는 **반드시** 은혜로 보답해야 한다. 그렇지 않으면 아름다운 것이 손상되고 추한 것으로 변질될 것이다. 키케로에 따르면 선물을 주는 것은 선택의 문제이지만, 감사는 명예로운 사람들에게 선택의 문제가 아니라 오히려 절대적인 의무였다(De Offic. 1.47-48). 호의나 친절을 받는 것은 직접적으로 부채를 발생시키거나 감사함으로 반응해야 하는 의무를 지는 것, 즉 반드시 갚아야 하는 빚을 지는 것을 의미했다.[36] 세네카는 선물 받는 것과 의무를 떠안는 것의 동시성을 강조한다. "자신이 선물을 받고 있는 동안에도 감사하고자 하는 사람은 자신의 생각을 호의를 되돌려주는 일로 향하게 해야 한다"(Ben. 2.25.3). 참으로 미덕을 갖춘 사람은 단순히 그 호의를 되돌려주려고 노력하는 것이 아니라, 땅에 떨어진 씨앗보다 훨씬 더 풍성한 수확물을 거둘 비옥한 땅과 같은 이익으로 보답하고자 친절과 호의의 측면에서 수여자와 경쟁하려 할 것이다.[37]

---

36 세네카, Ben 2.35.3-4; 5.11.5; 1.4.3(이는 "감사의 빛"이라는 표현을 사용한다)을 보라. 아리스토텔레스(Nic. Eth. 8.14.3 [1163b12-15])도 비록 선물의 종류는 다를지라도 선물에 대한 보답의 필요성을 이야기한다(예. 상대적으로 재물이 적은 "친구"는 더 많은 재물을 가진 "친구", 즉 후원자로부터 받은 물질적인 재화에 대해 명예와 명성과 같은 눈에 보이지 않는 것들로 보답해야 한다).

37 키케로, De Offic. 1.48; 세네카, Ben. 1.4.3; 이소크라테스, Ad Dem. 26도 보라. "당신의

문화의 키워드로 신약성경 읽기

후원자(또는 공공의 자선가)를 향한 감사는 그를 위해 각자의 삶을 내어
주는 것으로 규정된 덕목인 정의라는 주요 미덕으로 살아가는 것이 무엇
을 의미하는가에 대한 논의에서 중요한 예가 되었다. 중요도에서 감사는
신들, 최고의 자선가들, 적절한 명예와 봉사를 행하는 자들이 보여주는 성
과 다음에 자리매김하고 있었다.[38] 그러나 감사를 표하지 않는 것은 최악
의 범죄, 신들에 대한 반역과 비견되는 것으로 구분되었다. 왜냐하면 "은
혜"(Graces)는 여신들로 간주되었기 때문이다.[39] 이것은 모든 인류에게 상해
를 입히는 것으로 받아들여졌는데, 왜냐하면 감사하지 않는 마음은 공공생
활과 개인적 원조에 매우 중요한 덕목인 관대함을 줄어들게 만들기 때문
이다. 세네카는 1세기 세계의 위태로운 삶의 본질과, 재난에 맞서는 자를
안전하게 보호하기 위해 우정과 후원의 관계를 단단히 묶어야 할 필요들
에 대해 다음과 같이 잘 묘사하고 있다.

> 배은망덕은 그 자체로 피해야 할 덕목이다. 왜냐하면 이 악처럼 인류의 조화를
> 효과적으로 방해하고 파괴하는 것은 아무것도 없기 때문이다. 만일 우리가 서로
> 서로 선한 덕목들을 주고받음으로써 돕지 않는다면 어떻게 안전하게 살 수 있겠
> 는가? 인생이 어느 정도 갖추어지고 갑작스러운 재앙에 맞설 수 있게 준비되도록
> 만드는 것은 오직 이익을 상호 교환할 때에만 가능한 것이다. 우리를 각자 고립

원수들이 당신에게 육체적 가해를 입히는 것과 당신의 친구들이 당신에게 과도한 친절
을 베푸는 것(*tais euergesiais*)을 동일하게 수치스러운 것으로 간주하라"(LCL). Pseudo-
Phocylides(*Sentences*, 80)도 보라. "후원자들을 훨씬 더 앞서는 것은 적절한 것이다."

38 디온 크리소스토모스, *Or.* 31.7.을 보라. 벤 시라는 호의에 대한 답례는 하나님께 드리
는 제물로 간주되어야 한다고 주장하기에 이르렀다. "친절에 보답하는 자(*antapodidous
charin*)는 소제를 드리는 것이다"(Sir 35:3).

39 세네카(*Ben* 1.4.4)와 디온 크리소스토모스(*Or.* 31.37)는 모두 감사할 줄 모르는 마음을
세 명의 여신의 명예를 실추시키는 것으로 여겼으며, 따라서 이를 신성모독의 사악한 행위
로 불렀다.

되게 만든다면 우리가 무엇이 되겠는가? 모든 맹수들의 먹잇감이 될 뿐이다(*Ben.* 4.18.1, LCL).[40]

은혜를 모르는 사람은 신들과 인류와 궁극적으로 자기 자신에게 죄를 짓는 것이다. 반면에 은혜를 은혜로 보답하는 사람은 경건과 정의의 가장 높은 미덕을 실현했을 뿐만 아니라 그런 은혜에 상당히 의존하고 있는 은혜의 춤이 계속 진행될 수 있도록 공헌했다고 높이 평가받는다.

은인들에게 올바로 반응하는 일은 성문법에 의해서가 아니라 "불문법적 관습과 모든 사회의 관행"에 의해 강제되는 것인데, 결과적으로 감사를 잘 표현한 것으로 알려진 사람은 모든 사람으로부터 칭송과 명예를 받을 만한 가치가 있는 자로 여겨지는 반면 배은망덕한 자는 수치스러운 자로 간주되었을 것이다.[41] 호의에 보답하지 않는 자를 처벌할 법은 없었지만(고대 마케도니아의 흥미로운 예외를 제외하고), 세네카가 확언하는 바와 같이, 모든 선한 사람에게 수치와 미움을 받는 벌은 공적인 처벌의 부재를 메우는 것 이상의 결과를 낳았을 것이다.[42] 친절에 보답하기를 소홀히 하는 것과, 이미 과거에 받은 친절의 행위들을 망각하는 것과, 가장 터무니없는 것으로서 호의를 모욕이나 상해로 되갚는 것과 같은 행동들은 **어떤** 대가를 지불하고서라도 명예를 지키고자 하는 사람이라면 피하고 싶은 일련의 행

---

40   키케로, *De Offic.* 2.63도 보라.

41   아낙시메네스(종종 아리스토텔레스의 글로 여겨졌던)의 *Rhetorica ad Alexandrum* 1421b3-1422a2로부터 인용한 것이다. 세네카는 이와 관련하여 인류의 의견이 만장일치라는 것에 호소한다. "감사로 선한 행위에 보답하는 것처럼 우리의 모든 마음이 한마음이 되어 칭송할 가치가 있는 것은 무엇이 있는가?"(*Ben.* 4.16.3) "은혜에 감사로 보답하지 않는 것은 수치다. 모든 세계가 그것을 수치로 여긴다"(*Ben.* 3.1.1).

42   세네카, *Ben.* 3.6.2; 3.17.1-12를 보라.

동들이었다.[43] 오히려 선물은 항상 기억해야 하는, 무엇보다 그 사람의 마음의 신전에서 추모하며 항상 감사로 보답해야 하는 것이었다. 그러므로 명예와 수치에 대한 사회적 승인은 감사의 미덕을 위한 중요한 보호막이었고, 이런 측면에서 사회에 상당한 압박을 행사하는 것이 되었다.

실제적으로 말하자면 감사로 보답하는 것은 만일 어떤 사람이 과거에 호의가 필요했다면 미래에도 분명히 호의와 도움이 필요할 것이라는 사실을 아는 지식으로 인해 강화되었다. 이미 우리가 살펴보았듯이 감사에 대한 평판은 한 사람이 고대 사회에서 가질 수 있는 최고의 신용보증이었다. 왜냐하면 후원자들과 자선가들은 수혜자들을 선택할 때 감사할 줄 아는 자들을 찾았을 것이기 때문이다. 비록 후원자들이 배은망덕하다고 평판이 난 사람에게 은혜를 베풀 위험을 감수했을 수도 있지만, 대부분의 후원자들은 재화에 한계가 있었기 때문에 우선적으로 가치가 있는 수혜자들을 찾았을 것이다.[44] "호의에 보답할 줄 아는" 사람은 벤 시라의 예지력으로

---

43 은혜로운 행위들을 망각하는 수치에 대해서는 키케로, *De Offic.* 2.63; 세네카, *Ben.* 3.1.3; 3.2.1을 보라. 자신의 후원자들을 모욕하는 더 큰 위험에 대해서는 아리스토텔레스, *Rhetoric* 2.2.8과 디온 크리소스토모스, *Or.* 31을 보라. 이와 같은 일련의 행위들은 사람을 향한 후원자의 자비로운 기부 행위를 파괴할 뿐만 아니라 자비를 악의가 가득 찬 분노와 복수를 위한 욕망으로 변질되게 할 수 있다(Pitt-Rivers, "Postscript," 236도 보라).

44 세네카, *Ben.* 1.10.5; 이소크라테스, *Ad Dem.* 24, 29을 다시 보라. Wallace-Hadrill ("Patronage in Roman Society," 72-73)은 고대 사회의 표지가 되었던 제한된 재화에 대한 분명한 인식을 고려할 때 후원자의 힘은 필요한 것이 무엇이든 그것을 요구하는 자가 누구든 그것을 그에게 줄 수 있다는 사실로부터 나온 것이 아니라, 필요한 자들 모두에게 호의를 제공할 수 없다는 사실에서 생겨났다고 주장한다. 은혜의 한계는 제한된 재화를 더 강하게 조정하게 만들었으며, 수혜자 또는 수혜자가 될 가능성이 있는 자들이 봉사와 명예 및 그와 같은 것을 통해 후원자의 호의를 얻으려고 자원하는 것을 향상시켰다. "이런 상황을 조정하는 데 성공하면 그들의 힘은 재화를 전달하는 일뿐만 아니라 재화의 전달을 거부하는 일에도 잘 사용될 수 있다." 이는 분명하게 황제 앞에서 특별한 자리를 경쟁했던 지방이나 도시에서 종종 일어났으며, 결국 부족한 재화는 한 방향으로 흘러가게 되었고 다른 방향으로는 전용되지 않았다. 이런 점에서 인간 후원자와 신적 후원자의 중요한 차이가 드러난다. 왜냐하면 후자는 구하는 모든 자에게 한량없는 은혜를 수여하는 자로 선언되기 때문이다(눅 11:9-13; 약 1:5).

인해 그에게 칭찬받는다. 왜냐하면 그 사람은 미래에 도움이 필요할 때 지원을 구함에 있어 결코 실패하지 않을 것이기 때문이다(Sir 3:31).

미래의 호의를 고려해서 감사를 표현하는 극단적이지만 놀랍게도 일반적인 예는 명예를 기리는 비문들에서 표현되었다. 댕커(Danker)의 수집록에 포함된 것으로서 공적인 은인들의 명예를 선포하고 있는 여러 비문은 그 비문의 배후에 있는 동기를 분명하게 드러낸다. 즉 "우리가 적절한 감사를 드려야 할 분들에 대해 알아야 할 것은…그들의 박애정신으로 인해 우리가 그들의 수혜자들이 되었다는 점이다." 또한 우리는 다른 은인들이 "자신들이 적절한 감사를 받게 될 것을" 확신하면서 그들의 혜택을 제공하게 된다는 점도 알아야 한다.[45] 이 도시나 집단들이 은인들의 명예를 기념하는 일을 진작하는 것을 볼 때, 다른 후원자들 역시 그런 방향에서 자신의 자원을 베풀도록 고무될 것이다(명예로운 후원자들이 긍정적으로 계속해서 자신의 후원을 이어나가길 원하겠지만 말이다).[46] 또한 그 반대의 경우도 참이되곤 한다. 다시 말해 자신의 후원자나 은인에게 감사하지 않는 자들은 모욕을 느낀 은인과 다른 잠재적 후원자들 모두로부터 발생할 호의를 앞으로 받지 못하게 될 것이다. 그가 고객을 속여 물건을 파는 상인으로 밝혀지면 사람들이 더 이상 그에게서 물건을 사지 않게 되는 것처럼, 또한 귀중한 물건을 맡겼을 때 그것을 잘 간수하지 못해 잃어버린 자에게는 더 이상

---

45   Danker가 수집하고 번역한 51개의 비문 중 다섯 개는 이런 표현들 또는 그것과 유사한 표현들을 포함한다(Danker, *Benefector*, 57, 77-79, 89-91, 152-53, 283-85을 보라). 키케로(*De Offic.* 2.70) 역시 후원자들에게 제공되는 감사의 표시는 미래의 잠재적 후원자들에게도 긍정적인 인상을 깊이 남긴다는 점을 강조한다.

46   디온 크리소스토모스는 이런 역학의 진실에 대해 다음과 같이 증언한다. "자신의 후원자들을 향한 의무를 무게감 있게 받아들이고 자신을 사랑하는 자들에게 정당한 대우를 나누는 자들에 대해서는 모든 사람이 호의를 베풀 가치[*charitos axious*]가 있다고 간주하며, 예외 없이 각 사람은 자신의 모든 능력을 동원하여 그들에게 호의를 베풀기를 원하게 된다"(*Or.* 31.7).

문화의 키워드로 신약성경 읽기

귀중품을 아무도 맡기지 않는 것처럼, "자신의 은인들에게 모욕을 안겨준 사람들은 누군가의 호의를 받을 자격(*charitos axious*)이 없다고 간주될 것이다"(Dio Chrysostom, *Or.* 31.38.65).

우리가 감사에 대해 살펴보았듯이 여기서 우리는 역설적인 무엇을 발견하게 된다. 호의가 아무런 대가 없이 주어지는 것과 마찬가지로 호의에 대한 반응 역시 그렇게 아무런 대가도 강요도 없는 것이어야 한다. 그럼에도 불구하고 감사의 반응은 자신이 명예로운 자로 알려지기를 원하는 사람(그렇게 해서 결국 미래에 호의를 받게 될 사람)에게는 필수불가결한 것인 동시에 피할 수 없는 것이다. 감사는 결코 형식적인 의무가 아니다. 선물을 두고 추후에 받게 될 보답을 계산하거나 그 선물에 대해 보답하겠다는 동의는 없다.[47] 그럼에도 불구하고 호의를 받는 자는 자신이 호의를 받았을 때 그에 대해 보답해야 할 필요가 있음을 안다. 상호 교환의 요소가 그 배경 속에 자리 잡고 있을 뿐만 아니라 상호적 호의, 상호적 선의 및 관대함에 대한 개념이 그 기저에서 지배하고 있음에 틀림없다.[48]

감사의 표현들

"호의를 갚는 것"은 선물의 특성과 관계된 당사자 간의 경제적·정치적 영향력의 상관관계에 따라 다양한 방식으로 나타날 수 있었다. 도시들이나

---

47   세네카, *Ben.* 3.7.2.

48   세네카, *Ben.* 6.41.1-2. 다시 한번 현대 지중해(농촌 지역)의 컨텍스트에 나타나는 호혜에 대한 Pitt-Rivers의 관찰은 고대의 상황과 깊이 공명한다. "만일 선물이 공짜로 주어지지 않는다면 그 선물은 선물이 아니다. 다시 말해 수혜자의 입장에서 아무런 의무도 주어지지 않았지만…그럼에도 불구하고 보답을 해야 한다면 그것은 선물이 아니다"("Postscript," 233). "어떤 방식으로든 당신은 호의에 보답할 수 없다. 그렇지 않으면 그것은 하나의 호의로 끝난다. 비록 나중에 특별한 상황에서 당신이 보답으로 '공짜' 선물과 동등한 감사를 표현할 수 있다 할지라도 당신은 오직 감사만 할 수 있다"(앞의 책, 231).

협회들은 제공자에게 공적인 표창을 제공함으로써(그들의 명예와 명성을 증가시키기 위해) 공적인 후원자들에게 감사를 표현하고, 종종 그들이 제공한 선물과 그들의 명예를 기념하기 위해 비석을 공개적으로 세워 그 속에 새겨 놓거나 특별한 경우에는 후원자의 동상이나 다른 기념물을 세움으로써 그들을 기념했다.[49]

그러나 사적 후원(당사자들이 동등한 위치에 있지 않은)의 경우에도 공개적인 명예와 증언이 감사하는 반응의 중요한 요소를 구성했을 것이다. 이에 대한 최초의 증인은 아리스토텔레스다. 그는 「니코마코스 윤리학」에서 다음과 같이 기록한다. "두 당사자는 모두 우정으로부터 더 큰 몫을 받게 된다. 그러나 동등하게 더 큰 몫은 아니다. 즉 상급자는 명예라는 더 큰 몫을 받게 되고 도움을 받는 자는 이익의 더 큰 몫을 받는다. 왜냐하면 명예는 미덕과 은덕으로 인해 발생하는 보상이기 때문이다"(Nic. Eth. 8.14.2 [1163b1-5]). 비록 그 종류가 다르다 할지라도 그와 같은 보상은 우정을 보존한다. 세네카는 후원자의 선물을 받는 자들이 해야 하는 증언의 공적 본질에 대해 강조한다. 이 선물들을 받는 것에 대한 감사와 기쁨은 "단지 수여자의 귀에만이 아니라 모든 곳에서" 표현되어야 한다(Ben. 2.22.1). "호의가 크면 클수록 우리는 다음과 같은 찬사를 사용하여 더욱 진심으로 스스로를 표현해야 한다.…'나는 결코 당신에게 내 감사를 보답할 수 없습니다. 다만 나는 어떤 경우라도 내가 당신에게 보답할 수 없음을 만방에 알리는 일만은 멈추지 않겠습니다'"(Ben. 2.24.4). 후원자의 명성을 높이는 일은 혜택에 대한 적절한 보답의 일부다. 또한 모든 사람이 듣는 데서 공개적으로

---

49 디온 크리소스토모스, *Or.* 31.17, 20; 51.9를 보라. Danker의 *Benefactor* 앞부분은 이와 같은 명예를 기록한 비문들을 번역하고 분석한 내용으로 구성되어 있다. *Oration* 66에서 디온 크리소스토모스는 "얼간이들을 위한 떡밥"인 특별한 자리와 공적인 선포와 왕관을 받기 위해 공적 혜택을 베푸는 일에 자신의 모든 재산을 사용하는 "영광을 추구하는 자"에 대해 풍자하고 있다.

인정하기를 부끄러워하는 선물은 애당초 아무도 받으려 하지 않는다(*Ben.* 2.23.1).

이런 역학은 하나님의 은혜에 적절한 반응을 형성하는 것과 관련하여, 즉 "내게 주신 모든 은혜를 내가 여호와께 무엇으로 보답할까?"(시 116:12)라는 시편 저자의 질문에 대한 응답과 관련하여 유대교 문학에서도 유효하게 나타난다. 시편 저자는 하나님의 성실과 은혜에 대해 전달할 공적 증언들을 축적함으로써 자신의 질문에 답변한다. 이와 유사하게 하나님께서 토비트와 그의 가족이 직면했던 많은 위험과 시련이 행복한 결말이 되도록 하신 후에 천사 라파엘은 적절한 응답으로서 하나님께 영광을 돌리기 위해 다음과 같은 공적 증언을 하고 있다. "하나님을 송축하고 모든 생명 앞에서 그를 인정할지어다. 이는 그가 너희에게 좋은 것으로 주셨음이라.…적합한 명예로 하나님의 행하심을 모든 백성에게 선포할지어다. 그를 인정하기를 더디 하지 말지어다.…하나님의 역사를 드러낼지어다. 적합한 명예로…그를 인정할지어다"(Tob 12:6-7).[50]

개인적 후원이나 우정의 관계에서 표현되는 감사의 두 번째 요소는 수여자에 대한 충성이다. 다시 말해 이는 수여자에게 빚을 지고 있음에 대해 감사를 표현하는 것을 의미하며, 심지어 상황이 바뀌어서 값비싼 대가를 지불하는 경우에도 그렇게 하는 것을 의미한다. 그래서 세네카는 감사에 대해 이렇게 기록한다. "만일 당신이 호의에 보답하기 원한다면, 당신은 기꺼이 유배를 가고자 하거나, 당신의 피를 쏟거나, 가난을 겪거나…심지어 당신의 순수함이 오염되도록 하거나 수치스러운 모략가들에게 그것

---

50 아리스토텔레스는 사람의 후원과 신들의 호의를 동일한 종류로 간주한다. 그는 다만 결과적으로 정도의 차이만 있다고 보았다. 신들의 경우에는 개개인이 그들의 호의를 결코 갚을 수 없으며, 사람의 경우 "그가 할 수 있는 모든 것을 동원하여 호의에 보답할 때 미덕으로 간주된다"(*Nic. Eth.* 8.14.3-4 [1163b12-18]).

이 노출되도록 해야 한다"(*Ep. Mor.* 81.27). 월래스-하드릴(Wallace-Hadrill)
은 이론적으로 수혜자들이 후원자들에게 계속해서 충성할 것이 기대됨에
도 불구하고, 만일 후원자가 정치적 위기에 빠지거나 운이 다해가기 시작
한다면, 수혜자들이 후원자를 칭송하는 일은 사라지고 말 것이라고 기록하
고 있다.[51] 그러나 이와 같은 관행은 감사에 대한 이상과는 정반대가 되는
것이었다. 감사에 대한 이상에 따르면 사람은 자신의 후원자 옆에(또는 그
아래에) 머물러 있으면서 계속해서 감사하는 마음으로 살아가야 했다. 비록
그 사람이 미래에 다른 사람들로부터 호의를 받지 못하거나, 자신을 위험
한 상황으로 들어가게 하거나, 자신의 유익과 반대되는 결과를 초래하더라
도 말이다.[52] 자신의 이익 때문에 후원자와의 인연을 스스로 저버리거나 끊
어내는 자는 배은망덕한 사람이었다.

이 시점에서 **믿음**(라틴어 *fides*; 그리스어 *pistis*)이 후원자-수혜자 및 우정
의 관계에서 편리하게 많이 사용되는 용어였다는 것과, **은혜**와 마찬가지로
이 용어가 후원자의 믿음에서부터 수혜자의 믿음에 이르기까지 다양한 상
황에서 다양한 의미를 지니고 있었음을 언급하는 것은 가치가 있다. 한 가
지 의미로 **믿음**은 "의존성"을 의미했다. 후원자는 자신이 수여하기로 약
속한 도움을 제공함에 있어 신뢰할 만하다는 사실을 증명할 필요가 있었
다. 수혜자 역시 후원자에게 충성과 헌신을 보여준다는 의미에서, 그리고
감사에 대한 자신의 의무를 다한다는 의미에서 "믿음을 지킬" 필요가 있
었다.[53] 두 번째 의미는 "신뢰"라는 의미와 더 가깝다. 수혜자는 자신이 필

---

51 Wallace-Hadrill, "Patronage in Roman Society," 82.

52 세네카, *Ben.* 4.20.2; 4.24.2.

53 이는 4 Maccabees 13:13; 16:18-22에 나오는 **믿음**(*pistis*)의 의미다. 일곱 명의 유대인 형
제들은 독재자 안티오코스 IV세가 그들 앞에 놓아둔 선택에 대해 반응해야 했다. 토라를
범하고 그리스의 삶의 방식에 전적으로 동화되거나 아니면 비참하게 죽어야 했다. 이 형제
들은 용감하게 고난받기를 선택했으며, 자신들에게 생명이라는 선물을 주신 하나님에 대

요를 맡기는 후원자들의 선의와 능력을 신뢰해야 했다. 수혜자들이 고결하게 행동하고 감사로 반응할 것임을 후원자들이 신뢰하듯이, 수혜자들은 후원자들이 약속한 것을 실제로 수행할 것임을 신뢰해야 했다.[54] 세네카에 따르면 일단 선물을 제공하고 나면 "당신의 원래 재산을 다시 회복시켜줄 [수 있는] 법은 없다 – 오직 수혜자의 선한 믿음(*fidem*)만을 기대하라"(*Ben.* 3.14.2).

충성의 핵심적 의미는 수혜자 또는 친구들이 엇갈린 충성의 거미줄에 얽매이지 않도록 돌봐야 한다는 것이었다. 비록 한 사람이 다수의 후원자를 가질 수 있었지만,[55] 그가 서로 원수이거나 경쟁자 관계인 두 사람을 후원자로 삼는 것은 자신을 위험에 처하게 만드는 일이었다. 왜냐하면 궁극적으로 수혜자는 충성과 감사를 한 사람에게만 증명해야 하는데, 이것이 다른 편에 있는 사람에게는 불충과 배은망덕을 증명하는 일이 되었기 때문이다. 이렇게 서로 다투는 관계인 주인들이 있는 상황에서 명예롭게 "두 주인을 섬길 수 있는 사람은 아무도 없다." 그러나 만일 주인들이 "친구"이거나 어떤 다른 목적으로 서로 얽혀 있다면 수혜자는 두 사람 모두로부터 안전하게 호의를 받을 수 있어야 한다.

마지막으로 감사하는 사람은 적절한 선물이나 서비스를 제공할 기회를 찾았을 것이다. 만일 우리가 후원자가 듣는 데서 우리의 감사를 잘 드러낸다면, 그리고 후원자의 미덕과 관대함을 공공장소에서 여실히 증언한다면, 우리는 "호의[수여자의 관대한 기부]를 호의[은혜로운 선물을 받았다

한 "믿음"을 지켰다.

54 다시 4 Maccabees 8:5-7을 보라. 여기서 안티오코스 왕은 젊은 유대인 형제들에게 그들의 미래의 복락과 성공을 위해 그들이 현재 맺고 있는 동맹과 협력을 포기하고 그와 새롭게 연합함으로써 그를 신뢰하거나 그에 대한 믿음을 가지라고 강요한다.

55 Saller, "Patronage and Friendship," 53-56을 보라.

는 동등한 표시]로 갚은 것"이 되지만, 실제 받은 선물에 대해서는 여전히 빚을 지고 있는 것이다(Seneca, *Ben.* 2.35.1). 또다시 유사한 권세와 부를 가진 사람들("친구들")은 종류 및 가치에 있어 유사한 선물들을 교환할 수 있다. 반면에 수혜자들은 서비스를 요청받았을 때나 그들에게 기회가 생겼을 때 그런 행위를 제공할 수 있다. 세네카는 특별히 빚을 진 사람의 편에서 조심성을 육성하고자 했다. 그는 빚을 갚을 수 있는 순간에 즉시(마치 빚이 그 사람의 어깨를 불편하게 짓누르는 것처럼) 호의를 갚으려고 하지 말고 가장 결정적인 순간, 즉 실제적이면서도 조작되지 않은 순간에 보답하라고 권고했다(*Ben.* 6.41.1-2). 선물의 요지는 결국 보답을 얻는 것이 아니라 "두 사람을 함께 묶는" 유대를 형성하는 것이었다.

은혜의 춤

세심한 독자라면 은혜의 규정에 명백한 모순이 존재하고 있음을 알아차렸을 것이다. 체계를 무너뜨리는 것보다는 오히려 이런 상반된 원리들이 후원자들을 지도하는 사고방식과 호의를 받는 자들을 지도하는 사고방식 사이에 창조적인 긴장을 야기한다. 한 쌍의 무용수들이 때때로 서로 반대되는 방향으로 움직이면서 (그러나 서로 충돌을 피하면서) 아름다운 춤을 만들어내듯이, 후원자와 수혜자도 은혜의 춤을 출 때 자신이 따라야 할 순서와 단계를 각각 부여받게 된다. 때때로 그들은 같이 움직이고 때로는 반대로 움직이지만, 이 모든 움직임은 혜택을 주고받음을 실행함에 있어 필요한 자유와 고결함을 보전하기 위한 것이다. 세네카는 특히 함께 행동해야 할 상반되는 규칙들을 가져오는 것을 좋아한다. 이것은 단지 각 당사자들에게 다른 한쪽이 무엇을 생각하고 있는지를 실제로 알고 있다는 사실을 잊으라고 말해주기 위함이었다. 수혜자들은 한쪽 방향으로 생각하라는 충고를

문화의 키워드로 신약성경 읽기

받으며, 후원자들은 다른 방향으로 생각하라는 권고를 받는다—그리고 만일 이런 사고방식이 섞이거나 교차되면 호혜의 아름다움, 곧 은혜의 은혜로움은 심각하게 훼손된다.

후원자에 대해 세네카는 "장부를 작성하는 것은 단순한 일이다—지출하는 것도 그렇다. 만일 무엇인가가 되돌아온다면 그것은 얻는 것이고, 만일 아무것도 돌아오지 않는다 해도 잃는 것은 아무것도 없다. 나는 주기 위해 선물을 만들었다"라고 말한다(*Ben*. 1.2.3). 수여자가 보답을 받을 생각 없이 그리고 결코 선물을 잃어버린다고 생각하지 않고 베풀기 위해 자신의 마음을 단련해야 하는 반면에 수혜자는 자신의 의무와 보답을 해야 한다는 절대적인 필요를 잊는 것이 결코 허락되지 않았다(*Ben*. 2.25.3; 3.1.1). 요점은 수여자는 다른 사람을 위해 주는 것에 온전히 관심을 가져야 하고, 수혜자는 수여자에게 감사를 표현하는 일에 온전히 관심을 가져야 한다는 것이다. 만일 수혜자가 "그녀가 베풀기 위해 그것을 주었다. 나는 아무것도 빚지지 않았다"라고 스스로 말한다면, 이 춤은 어색하게 되고, 춤을 추던 한쪽 파트너가 상대의 발을 밟게 되는 형국이 된다.

이런 이중적 규칙에 대한 다른 많은 예가 존재한다. 수여자는 "총액을 기록하지 않는다"라고 전해지지만, 수혜자는 "받은 금액보다 더 큰 빚을 졌다고 느껴야 한다"(Seneca, *Ben*. 1.4.3). 수여자는 선물을 준 것을 잊어야 하고, 수혜자는 선물을 받았다는 것을 항상 기억해야 한다(*Ben*. 2.10.4; Demonsthenes, *De Corona* 269을 보라). 수여자는 선물에 대해 다시 언급하지 말아야 하는 반면에 수혜자는 가능한 한 광범위하게 그것을 알려야 한다(*Ben*. 2.11.2). 수혜자가 사려 깊고 신중하게 기회를 찾지만 단순히 자신보다 훨씬 더 위대한 자를 도울 방법을 찾지 못하면서 받은 혜택에 보답하려고 더 큰 고통을 감수하는 경우에, "한 사람은 혜택에 대한 보답을 받았다고 생각해야 하는 반면 다른 사람은 보답하지 않았다는 사실을 기억해야 한다. 전자는 후자를 놓아주어야 하는 반면에 후자는 자신이 묶여 있다고 느껴야 한다. 전자는 '나는 받았다'고 말해야 하고, 후자는 '나는 여전히 빚졌다'고 말해야 한다"(Ben. 7.16.1-2).

가장 극적인 모순은 배은망덕한 사람이 호의를 받는 것을 다시 희망할 수 있음을 부정하는 것(Dio Chrysostom, Or. 31.38, 65)과 후원자들이 신들을 흉내 내기 위해 심지어 무가치하고 은혜를 모르는 자들에게 훈계하는 것(Seneca, Ben. 1.10.5; 7.31.2, 4; 7.32) 사이에 존재한다. 무슨 모순을 설명하고 있는가? 단순히 말해 다른 청중과 상황을 말한다. 세네카는 이 글에서 관대함에 대한 가장 고귀한 이상들에 대해 후원자들에게 말하고 있다. 디온 크리소스토모스는 호의를 받는 자들에게 그들의 후원자들을 향한 배은망덕함을 드러내는 특정 관습을 멈추라고 권고한다. 호의를 받는 자들은 후원자들이 은혜를 모르는 자들에게도 베풀 수 있다는 가능성(아마도 의무감)에 연연하지 말아야 한다. 이로 인해 자신이 스스로 감사를 표현하는 일을 면제시키거나(특히 큰 대가가 지불되었을 때) 자기가 당연히 받아야 할 호의를 받은 것이라고 여기지 않도록 말이다. 반대로 후원자는 배은망덕한 자가 호의를 베풀 가능성이 없다는 점을 너무 오래 생각하지 말아야 한다. 왜냐하면 다른 고려사항들이 그로 하여금 가치가 없는 자들에게도 관대함을 베풀도록 이끌 수 있기 때문이다.

이렇게 서로 모순되는 법칙들(잊기와 기억하기, 침묵하기와 증언하기 등)은 후원과 관련하여 무엇이 고결한 것인가(관대함, 다른 사람들의 유익을 위한 행위)에 수여자의 마음을 온전히 두게 하려고, 또한 수혜자와 관련하여 무엇이 고결한 것인가(즉 제공된 호의들에 완전하고 풍부한 감사의 보답을 만드는 것)에 완전히 수혜자의 마음을 유지하게 하려고 만들어졌다. 이 법칙들은 호혜의 체계 속에서 양측이 고결한 행동에 헌신하는 일을 유지하게 하려고 고안되었다. 이 고대 윤리학자들의 궁극적 목표는 결국 완전한 체계를 만드는 것이 아니라 도덕적인 행위를 구현하는 것이었다.

그렇다면 은혜는 상호 교환의 결속으로 양측을 함께 묶는 것인데, 이런 결속은 한쪽이 다른 쪽의 필요나 욕구를 채울 수 있는 것을 공급하는 데 헌신하게 만들었다. 공적 자선이 빈번히 발생했는데, 특히 지역 엘리트들은 이 자선을 수단으로 사용하여 대중의 눈에 자신들의 지명도를 재확인하거나 증가시키려고 했다. 이와 같은 은혜들은 상호 헌신의 지속적인 유대를 형성하지 못했지만, 우정의 관계와 사적인 후원은 그 일을 해냈다. 사회적으로 동등한 자들의 경우에 이것은 항상 상호 충성과 헌신의 컨텍스트 내에서 재화나 서비스와 같은 것들을 서로 교환하는 것으로 나타났다. 사회적·정치적으로 상위에 있는 사람과 그의 하위에 있는 사람들 사이에서는 재화와 기회들이 위로부터 아래로 전달되었으며, 다시 상호 헌신의 컨텍스트 속에서 존경과 공개적 찬양과 충성의 행위들이 아래로부터 위로 되돌아왔다. 베푸는 것은 보답을 통해 물질적 이익을 얻으려는 목적에서가 아니라, 관대함과 또 다른 혜택을 주기 위해 행해지는 것이었다. 그러나 받는 것은 항상 은혜에 은혜로 보답해야 하는 기대와 헌신이 수반되는 일이었다. 비록 주고받음이라는 원 안에서 "은혜의 완전함"을 유지해야 하는 춤에 비교하는 것이 유익하지만, 이런 관계들은 (춤이 그런 것처럼) 장식을 위하거나 오락을 위한 것과는 상당한 거리가 있었다. 이 관계는 불확실하고 불안정한 세상에서 사회의 근본 원리인 사람의 도움과 후원이라는 핵심적인 확신을 형성했던 것이다.

4장
신약에 나타난
후원과 은혜

이전 장에서 우리는 1세기 그리스-로마 세계를 탐험했는데, 그 세계는 많은 관계가 후원과 우정이라는 측면에서 특징지어진다. 그 세계에서 부자들은 실제로 "은인들"(benefactors; 눅 22:25)로 알려져 있었으며 거기에는 은혜의 고귀한 상호 교환을 이끌었던 분명한 규정들이 있었다. 이 세계 속에서 예수의 메시지는 형성되었고, 이 세계를 통해 하나님의 은혜에 대한 복음이 선포되었다. 모든 관계가 "은혜 관계"라는 이런 제목 아래 존재하지는 않았는데, 그 이유는 많은 "계약적" 관계들(예. 소작인과 지주, 상인들 등)이 존재하고 있었기 때문이다. 이 계약적 관계에서는 재화나 서비스나 특권들에 대한 보답이 미리 계약서에 상세히 명시되며 선의의 관계로 남겨지지 않았다. 그럼에도 불구하고 예수와 그의 첫 제자들은 후원과 우정의 관계망 사이에서 그리고 그 안에서 활동했다. 왜냐하면 후원은 그리스, 소아시아, 이집트, 아프리카와 로마에서뿐만 아니라 팔레스타인 땅에서도 그만큼 당연한 것이었기 때문이다. 그리스, 프톨레마이오스 왕조 및 셀레우코스 왕조[1]와 최종적으로 로마의 지배하에[2] 살아온 수 세기 동안 팔레스타인

---

1 이 기간에 우리는 제사장들과 다른 귀족 유대 가문들이 이끌었던 예루살렘과 유대 지역의 의도적이고 급진적인 헬레니즘화에 대한 분명한 증거를 가지고 있다(1 Macc 1; 2 Macc 3-4을 보라).

2 특별히 로마가 통치하는 동안 우리는 헤롯 대왕과 같은 유대의 군주들이 예루살렘에서 그리고 갈릴리와 해안 지역에 새롭게 세운 도시들에서 강한 헬레니즘화와 로마화의 프로그램들을 지속했음을 발견하게 된다. 그리스도의 때에 어떻게 완전하게 헬레니즘화된 유대와 예루살렘이 존재하고 있었는가에 대한 획기적인 연구인 Martin Hengel, *Judaism and Hellenism*, 2 vols. (Philadelphia: Fortress, 1977)을 보라. 다른 모든 세상이 헬레니즘화의 길을 걷고 있었지만, 팔레스타인 지역만은 "구약" 또는 히브리 문화를 다소 유지했다는 사고방식은 다른 탁월한 학자들의 글 속에서 지속적으로 드러나지만(Randall Gleason, "The Old Testament Background of the Warning in Hebrews 6:4-8," *BSac* 155 [1998]: 62-91,

과 비팔레스타인 문화의 경계는 빠르고 강하게 지워져버렸다.

더욱이 불과 몇 년간 유대 땅에서 잠복했던 기독교는 지중해 세계의 중심 도시들을 통해 퍼져나가기 시작했는데, 이 도시들에서 모든 그리스도인들은 공적 자선과 감사에 대한 공적 반응뿐만 아니라 사적인 후원에 있어서도 지속적으로 높은 수준으로 노출되어 있었을 것이다. 이는 그들이 거주했던 세계에서 또한 그들이 즐기던 사적 영역에서도 경험했던 뚜렷한 특징이었을 것이다. 유대인 및 이방인들이 바울이나 다른 선교사들이 하나님과 인간의 유일한 중보자인 예수를 통해 누리게 된 놀라운 하나님의 은혜를 선전하는 것을 들으러 왔을 때, 그들은 위대한 인물들의 자선과 관련한 많은 비문들과 다른 공적인 선언들의 컨텍스트 내에서 그 내용을 들었을 것이다.[3] 이런 회심자들에게 하나님의 은혜(charis)는 그들이 이미 친숙하게 알고 있었던 은혜와 다른 종류의 것이 아니었을 것이다. 다만 그 질과 정도에서 차이가 있을 뿐이라고 이해되었을 것이다. 더욱이 그들은 "거저 주어지는" 선물을 받는 것은 그것을 받은 수혜자들로 하여금 그에 걸맞은 은

특히 63쪽과 각주 4번을 보라), 그리스-로마의 배경을 배제하거나, (만일 중간기 문헌을 고려해본다면, 그 자체가 상당히 헬레니즘화된) 유대교 배경을 선호하여 행한 연구는 팔레스타인 지역의 헬레니즘화와 유대인들이 그리스도께서 오시기 전 수 세기 동안 그들 자신의 문화와 종교를 재구성했을 당시에 어떻게 유대인들이 헬레니즘 사상과 문화를 창조적으로 사용했는지에 대해 우리가 알고 있는 것과 일치하지 않는다.

3 Frederick W. Danker는 올바르고 통찰력 있는 결론을 이렇게 도출한다. "그리스나 로마의 제빵업자들과 구두 장인들이 헌정된 현판의 글귀에 관심을 가졌을 것 같지는 않다. 그럼에도 그들은 문학가들이 작품에 대해 갖는 친숙함이 아닌, 일반인의 관점에서 이런 문서들의 주제와 표현에 대해 친숙함을 느꼈을 것이다. 헤로도토스 또는 소포클레스에 대해 전혀 들어보지 못했던 사람들이라 할지라도, 카이사르가 가혹한 법제로부터의 구제를 선포했을 때 그들의 눈과 귀는 분명히 열려 있었을 것이다.…바울 문헌에 나타나는 것과 같은—심지어 빌레몬서와 같은 편지도 포함하여—공문서들을 적절하게 해석하기 위해서는 우선 더 큰 대중이 이용하고 있었던, 그리고 바울과 같은 다재다능한 전달자의 논쟁을 이해하기 위해 필요한 의미론의 영역에 대해 정보를 제공해줄 수 있는 언어적 자료를 고려하여 그것을 해석할 필요가 있다(*Benefactor: Epigraphic Study of a Graeco-Roman and New Testament Semantic Field* [St. Louis: Clayton, 1982], 28-29).

혜로 (가능한 만큼) 반응해야 할 의무를 지게 한다는 사실을 알고 있었을 것이다. 결과적으로 신약에 나타난 많은 교훈은 하나님의 은혜에 대해 적절하게 "감사의 반응"을 하도록 신자들을 지도하는 범주 안에 놓여 있었다.[4]

누가복음 7장은 우리가 신약의 내용 중에서 은혜의 관계가 작용하는 관계망을 고려할 때 시작하기에 좋은 위치를 우리에게 제공해준다.

> 어떤 백부장의 사랑하는 종이 병들어 죽게 되었더니 예수의 소문을 듣고 유대인의 장로 몇 사람을 예수께 보내어 오셔서 그 종을 구해주시기를 청한지라. 이에 그들이 예수께 나아와 간절히 구하여 이르되 "이 일을 하시는 것이 이 사람에게는 합당하니이다. 그가 우리 민족을 사랑하고 또한 우리를 위하여 회당을 지었나이다" 하니, 예수께서 함께 가실 새, 이에 그 집이 멀지 아니하여 백부장이 벗들을 보내어 이르되 "주여, 수고하시지 마옵소서. 내 집에 들어오심을 나는 감당하지 못하겠나이다. 그러므로 내가 주께 나아가기도 감당하지 못할 줄을 알았나이다. 말씀만 하사 내 하인을 낫게 하소서. 나도 남의 수하에 든 사람이요, 내 아래에도 병사가 있으니, 이더러 가라 하면 가고, 저더러 오라 하면 오고, 내 종더러 이것을 하라 하면 하나이다." 예수께서 들으시고 그를 놀랍게 여겨 돌이키사 따르는 무리에게 이르시되 "내가 너희에게 이르노니 이스라엘 중에서도 이만한 믿음은 만나보지 못하였노라" 하시더라. 보내었던 사람들이 집으로 돌아가 보매 종이 이미 나아 있었더라(눅 7:2-10).

백부장은 그 지역의 은인으로 등장하며, 은인들이 흔히 하는 일 — 공

---

4   예를 들어 하나님으로부터 선물이나 약속을 받는 곳은 어디든지 어떤 행동이나 행위에 동기를 부여하는 것으로서 사용된다(권고와 하나님의 은혜나 자비와 친절에 대한 이전의 담론을 연결시켜주는 "그러므로"라는 단어의 빈번한 사용은 우연히 일어나거나 화려하게 치장하기 위한 것이 결코 아니다).

익의 목적으로 건물을 세우는 일(여기서는 회당) — 을 행했다. 그의 가솔 중 하나가 죽을병에 걸렸을 때 그는 치유자(결국 스스로 하나님의 은혜를 위한 중 개인이 되는)로서의 예수의 평판을 알고 있었기에 자신의 필요를 채워줄 자원을 가지고 있는 예수에게 도움을 구한다. 그는 외부인-이방인이었기 때문에(그리고 더구나 로마의 관료였기 때문에) 직접 가지 않았다. 대신 그는 자신을 예수와 연결해줄 누군가를 찾았는데, 그 사람은 체제상 당연히 이 유대인 치유자로부터 호의를 잘 확보할 수 있는, 보다 나은 위치에 있는 자였을 것이다. 그래서 그는 자신이 은혜를 베풀었던 사람들인 그 지역의 유대인 지도자들을 소환한다. 그들은 그에게 좋은 섬김을 행할(공동체에게 값진 호의를 베풀었던 사람에게 은혜를 갚을 수 있는) 기회를 얻었기에 기뻐했을 것이다. 백부장은 그들이 그의 필요를 최선을 다해 탄원할 것임을 알고 있었고, 그들이 같은 종족이며 실제로 따져보면 예수가 십중팔구 그들의 확장된 친족 공동체에 속한 자라고 생각했을 것이다. 따라서 백부장의 후원 행위는 그가 필요한 것을 가지고 있는 누군가에게 접근하도록 도와주는 중개를 통해 보답을 받게 된다. 유대인 장로들이 예수께 접근했을 때 사실상 그들은 호의를 요구했던 것이다. 중개자들로서 그들은 궁극적으로 호의를 받게 될 사람이 지닌 미덕의 특징에 대해 증언한다. 예수는 그들의 요청을 받아들인다. 그러자 백부장은 놀라운 일을 행한다. 백부장은 자신의 친구들(그와 함께 유익을 나눌 위치에 있는 사람들이거나 백부장이 그들의 개인적 후원자였기에 그에게 속했던 신분이 낮은 사람들) 중 몇을 예수를 맞이하기 위해 보낸다. 지역의 은인은 탁월한 유대인 치유자를 대할 때 놀라울 정도로 겸손한 태도를 보여주며, 하나님의 은혜를 베풀 예수의 능력에 대해 절대적인 신뢰를 나타낸다. 결국 이 로마 백부장은 예수로부터 필요한 선물을 받는다.[5]

---

5 Halvor Moxnes, "Patron-Client Relations and the New Community in Luke-Acts," in *The*

호혜에 대한 문화적 규범과 역학을 잘 보여주는 또 다른 본문은 바울이 빌레몬에게 보낸 편지다. 이 편지는 바울이 빌레몬에게 제공했던 과거의 혜택들에 대해 이야기하며 새로운 선물, 곧 오네시모를 자유롭게 하여 바울에게 합류시키라고 요청한다. 비록 바울이 재산과 공동체 내에서의 지위가 모두 부족하지만, 그럼에도 불구하고 그는 빌레몬에게 구원의 메시지를 전해주었다는 사실을 기초로, 따라서 가치 있는 혜택을 주었다는 점에 기초하여(몬 8, 18절) 빌레몬을 향해 권위를 행사할 수 있다고 주장하고 있다. 빌레몬 자신도 골로새 지역의 그리스도인들에게 은인이었는데, 그는 성도들에게 자신의 집을 개방했고(몬 2절), "성도들의 마음이 평안함을 얻는"(몬 7절) 수단이 되었으며, 아마도 그들이 친해진 후로 줄곧 바울에게 물질적인 후원도 제공했을 것이다.

우리는 바울의 요청이 다양한 근거에 기초하고 있음을 발견한다. 한편으로 바울은 자신의 수혜자인 빌레몬에게 순종을 명령할 권위가 자신에게 있다고 주장한다(몬 8, 14, 20절).[6] 다른 한편으로 바울은 지금 빌레몬을 친구, 동역자, 동료(몬 1절)로 부르는 것을 더 선호하는 목소리를 내고 있으며, 실제로 그런 기초 위에서 도움을 청하고 있다(몬 9, 14, 17, 20절). 그는 지금 공동체에서 빌레몬을 더욱 명예롭게 만들었던 미덕, 즉 성도들을 향한 빌레몬의 지속적인 관대함으로부터 나오는 혜택을 바라고 있다(몬 20절). 바울이 요구하는 선물(사실상 "답례")은 빌레몬의 종인 오네시모의 동행과 도움을 구하는 것이다. 바울은 오네시모를 자신에게 도움을 줄 수 있

Social World of Luke-Acts, ed. Jerome H. Neyrey (Peabody, Mass.: Hendrickson, 1991), 252-53에 나온 이 단락에 대한 설명도 보라.

6 이것은 바울의 입장에서 보면 대담한 행동이었다. 왜냐하면 바울이 빌레몬의 후원자가 된다고 주장하는 것은 빌레몬이 교회의 후원자가 된다고 주장하는 것보다, 심지어 빌레몬이 바울의 후원자가 될 가능성보다 (실제적이고 가시적인 호의의 측면에서) 더 근거가 없어 보이기 때문이다.

는 사람으로, 그리고 빌레몬이 자신에게 제공해야 하는 섬김을 제공할 수 있는 사람으로 제시한다(몬 13절). 자신의 필요(그의 나이 및 투옥, 몬 9절)에 대한 바울의 언급은 빌레몬에게 우정과 후원의 욕구를 동시에 불러일으켰을 것이다. 또한 그런 어려움에 처한 친구를 도와주는 데 실패하면 분명 더 큰 비난을 받게 될 것이다.

여기서 상황이 다소 복잡한 것은 오네시모가 스스로 주인에게서 도망쳐 바울과 함께 머무르면서 빌레몬과 멀리 떨어져 있다는 사실에 기인한다.[7] 이는 바울이 오네시모를 위한 중재자로서 틀림없이 먼저 행동했다는 것을 의미하는데, 바울은 우선 자신의 수혜자를 위해 친구 빌레몬으로부터 은혜를 얻고자 했다. 바울의 중재는 빌레몬이 오네시모를 그에게 마땅한 자격(즉 불순종하고 말썽을 일으키는 노예)으로 더 이상 대하지 말고, 후원자인 바울이 마땅히 받을 만한 것으로 오네시모를 대하라는 것을 의미한다. 오네시모가 저지른 상해가 있다면 바울 앞으로 달아놓으라고 말하는 것은 널리 인정되는 신용 보증을 나타낸다(몬 18-19절).[8] 편지와 함께 오네시모를 돌려보낸 바울의 결정은 빌레몬으로 하여금 먼저 바울의 공로에 기인하여 오네시모를 환영하고(몬 17절), 그다음에 바울을 돕기 위해 오네시모를 해방시켜줌으로써(몬 13-14절) 신앙 안에서 새롭게 태어난 형제인 오네시모(몬 16절)와 빌레몬의 동역자이자 영적 후원자인 바울 모두에 대해 고결하고 자비롭게 행동하도록 만들었다.

---

7   오네시모는 당시 바울과 머물렀는데, 법적으로 도망친 노예로 간주되지는 않았을 것이다. 주인의 집에서 어려움을 경험하던 종들은 주인의 "친구들" 중 한 사람을 찾아 주인을 떠날 수 있었다고 알려진다. 주인의 친구들은 주인과 종의 중개인으로 행동하면서 더 개선된 상황에서 노예를 주인에게 돌려보내려는 희망으로 노예의 사정을 주인에게 탄원할 수 있었다. 이런 노예는 사실상 주인의 친구에게 피난함으로써 그 친구의 집에 머물렀다 — 불순종했을지라도 아마도 도망친 것은 아니었을 것이다.

8   이는 3장에서 논의했던, 황제 트라야누스에게 보낸 플리니우스의 편지에 나오는 보코니우스 로마누스의 경우와 유사하다.

문화의 키워드로 신약성경 읽기

이 편지에서 빌레몬은 여지가 거의 없다—바울은 자신의 요청에 빌레몬이 거절할 수 있는 여지를 거의 남기지 않는다! 만일 빌레몬이 자신의 관대함에 대한 평판과, 호혜 관계 속에서 고결하게 행동하는 데 대한 자신의 평판을 유지하고자 한다면(이 편지를 공개적으로 읽는 것은 이런 평가를 발생시키는 평판의 법정을 만들어낸다), 그는 바울의 요청에 긍정적으로 반응해야 한다. 그렇게 해야만 그는 자신의 관대함에 대해 공동체의 모든 사람으로부터 신용을 확보할 수 있었을 것이다. 만일 빌레몬이 거절한다면 바울은 틀림없이 자신이 지금 부탁하는 것을 명령했을 것이고, 빌레몬은 바울과의 관계를 끊거나 후원자이자 신뢰할 만한 친구로서의 명예를 얻지 못한 채 결국 오네시모를 잃게 될 것이다.

지역 후원자나 은인으로 인정받은 자들이 제공하는 호의에 대한 많은 다른 예들이 신약에 존재한다.[9] 이 예들은 단지 본문 안에서 은혜의 사회적

---

9   누가-행전만 고려해도 우리는 다음과 같은 예들을 찾을 수 있다. 행 10:2, 22은 두 번째 백부장을 보여주는데, 그는 "자비롭게 구제"함으로써, 즉 공적 자선, 특별히 가난한 자들에게 헌신(여전히 공적 자선의 한 형태였던 오락이나 건물이 아니라 생계에 필요한 것을 제공)함으로써 결국 자선의 수혜자이자 관찰자였던 "유대 온 족속이 칭찬하는" 자가 되었다. 벨릭스 앞에서 행한 더둘로의 연설의 시작은(행 24:2-4) 그의 식견을 통해 평화를 유지하는 자비로운 통치자에 대한 전형적인 찬양과 새로운 호의를 요구하기 전에 행해지는 감사의 고백으로 가득 차 있다. 행 24:27과 25:9은 사법 절차의 조정이 사람 또는 단체에게 혜택이 되는 "호의"로 어떻게 해석될 수 있는지를 또다시 보여준다(이는 자신의 친구들과 수혜자들을 위해 유리한 판결을 확보하고자 했던 키케로와 마르쿠스 아우렐리우스의 시도에 대한 논의를 상기시킨다). 지혜로운 청지기의 비유에서(눅 16:4-9), 곧 해직되어 실직자가 될 청지기는 자선의 행위로 주인의 채무자들에게 상당한 빚을 탕감해준다. 이 청지기는 가까운 장래에 자신이 도움이 필요할 때 이 수혜자들이 그에게 감사를 표시하기를 기대했던 것이다(사실 의지했다). 누가복음의 수난 내러티브 가운데서 우리는 새롭게 형성된 우정(이전의 불신과 경쟁을 대체하는)의 관계를 발견하는데, 여기서 빌라도와 헤롯은 서로 친절을 제공하고(눅 23:6-12) 재판을 결정할 권리를 상대에게 줌으로써 서로를 존중했다. 마지막으로 아마도 연구와 기록을 가능하도록 지원해준 후원자에게 제공하는, 작품의 문학적 헌정으로서 누가복음과 사도행전의 서막((눅 1:1-4; 행 1:1-2)도 언급할 필요가 있다(이는 그리스어나 라틴어로 된 문학 작품의 서두에 있는 다른 많은 헌정과 그 맥을 같이할 것이다).

법칙들을 발견할 수 있는 시작점을 우리에게 제공해줄 뿐이다. 더 중요한 의미는 신약 저자들이 인간사에 대한 하나님의 개입을 은인이자 개인적 후원자의 개입으로서 개념화하는 방식에 있다. 신약 저자들은 하나님의 자비의 틀 안에서 예수의 역할을 어떻게 이해했는가? 그들은 하나님의 선물을 받은 자가 그와 같은 "놀라운 은혜"에 어떻게 반응하도록 이끌었는가? 우리는 이제 그리스도인 공동체 내부에서 후원이 어떻게 청지기직으로 변형되고 결국 하나님이 사실상 "전부"로 남아 있게 되는지에 대한 탐구를 마무리하면서 이런 주제들에 대해 이야기하게 될 것이다.

은인이자 후원자이신 하나님

신약 서신서의 시작과 끝은 한결같이 하나님의 "은혜"(호의)가 편지의 수신자들에게 함께하기를 기원한다. 이 편지들을 받은 수신자들은 일상생활의 어조로 은혜가 사용되는 의미의 맥락 속에서 하나님의 은혜(*charis*)를 이해했을 것이다. 이는 다른 종류의 카리스(*charis*)가 아니라 한 종류의 카리스 — 확실하게 놀라운 특성들이 드러날 뿐만 아니라 은혜의 연속성이라는 중요한 영역이 전반적으로 드러나는 것 — 로서 그 의미를 도출해낸다[10]

---

10 학계(특별히 복음주의라는 타이틀을 주장하는 사람들)에는 신약 본문 또는 초기 기독교와, 그 안에서 기독교가 성장했고 하나님의 역사와 인간의 반응에 대한 개념을 형성했던 그리스-로마 문화를 분리시키려는 특정한 경향이 있다(그 문화 속에서 실제로 유대교는 팔레스타인 안에서뿐만 아니라 디아스포라 안에서도 계속해서 형성되었음을 잊지 말아야 한다). 예를 들어 학자들이 구약 배경이 신약에 "더 가깝다"는 점을 아무런 변호 없이 주장하고 그 근거를 기초로 다른 배경들을 배제할 때(Gleanson, "Old Testament Background," 63에서 나타나듯이), 또는 학자들이 배경들의 "유사성"을 보거나 인정하는 것을 허락하지 않으면서 차이점만을 확언할 때(Don N. Howell Jr., "Review of *Despising Shame: Honor Discourse and Community Maintenance in the Epistle to the Hebrews*," *JETS* 42[1999]: 161-63에서 반복되는 문제), 이런 경향은 뚜렷하게 나타난다. 이런 이념적 경향에 대한 유익한 설명과 비판은 Vernon Robbins, *The Tapestry of Early Christian Discourse: Rhetoric,*

하나님은 창조주와 모든 생명의 유지자가 되심으로써 모든 생명에게 은혜를 베푸신다(행 14:17; 17:24-28; 고전 8:6; 계 4:9-11). 사람이 숨을 쉬는 순간부터 그는 호흡을 주시는 하나님을 경외하게 되어 있다(계 14:6-7).[11] 바울은 그의 독자들에게 인간은 아무도 하나님을 채무자로 결코 만들 수 없음을 각인시킨다. "만물이 주에게서 나오고 주로 말미암고 주에게로 돌아"가는 것이기에(롬 11:35-36), 하나님은 항상 우리에게 은혜를 베푸시는 최우선의 수여자이시다. 이것이 바로 유대인과 이방인이 정확하게 하나님 앞에 동일하게 서 있을 수 있는 이유다, 다시 말해 이 둘은 자비로운 하나님의 수혜자들로서 하나님의 은혜에 반응할 의무를 지닌다. 비록 하나님께서 호의에 대해 보답을 요구하지는 않으시지만 말이다. 그러나 분명하게 인류는 여기서 실패해왔다. 이방인도 유대인도 모두 하나님께서 받으실 만한 경외와 섬김을 그분께 돌려드리지 못했고, 다만 뻔뻔한 불순종으로 하나님을 모욕하기에 이르렀을 뿐이다(롬 1:18-2:24). 하나님의 은혜를 모욕

Society and Ideology (London: Routldge, 1996), 232-35을 보라. 결과적으로 그들은 초기 기독교 문화 안에서 알려지고 변형된 자료를 왜곡된 형태로 제시했다. 가령 바울은 제자들의 공동체 안에서 신실한 반응을 형성하고 동기를 부여하기 위해 예수 그리스도에 대한 의의를 전달하는 데 도움이 된다면, 유대교 경전이든, 그리스 시인이든, 철학적 윤리주의자들로부터 기인한 것이든 상관없이 모든 자료를 사용했던 것으로 보인다. 다른 모든 배경을 배제하고 하나의 배경만을 관련된 것으로 선택하는 것보다 다양한 배경에 의존하는 본문을 채택하는 것이 (대부분의) 그리스-로마 청중이 어떻게 본문을 이해했으며, 어떻게 그 본문이 그들을 설득하고자 했는가에 대한 이해를 더 풍성하게 하는 결과를 낳게 될 것이다. 만일 우리가 바울이나 누가에 대해 정보를 제공해주는 그리스나 로마의 개념들을 발견하기보다 그 개념들에 대해 유대교(또는 더 구체적으로 히브리) 자료를 가지고 자취를 추적한다면, 우리는 기독교가 "더 정통적인" 것이라고 믿을 수 있는가?

11 이와 관련하여 그리스어와 라틴어를 사용하는 저자들이 오직 감사와 명예를 돌려야 하는 법규 아래 하나님(또는 어떤 저자들에게는 신들)에 대한 사람들의 의무를 분류하고 있다는 사실은 중요하다. 기독교가 태동하기 훨씬 전에 고대인들은 신이 인류를 위한 최상의 은인이라는 것을 알고 있었고, 따라서 본질적 의무로서 경건의 덕을 지켰던 것이다 (Aristotle, *Nic. Eth.* 8.14. 4 [1163b16-18]을 보라).

함으로써 인류는 그들에게 혜택을 주고자 하셨던 분의 분노를 초래했다.[12]

그러나 신약 저자들은 새로운 하나님의 은혜, 즉 예수 그리스도를 통해 모두가 하나님의 분노를 경험하는 것으로부터 구원을 받을 기회가 드러날 것이라고 선언한다(딤전 4:10). 그들은 하나님을 당신의 유서 깊은 수혜자들의 공동체에게 "신의를 지키시는" 신뢰할 만한 은인으로 소개하면서(눅 1:54; 68-75; 행 3:26; 롬 15:8), 이 자비로운 행위를 하나님께서 이스라엘에게 오래전에 주신 약속의 성취로서 제시한다. 누가복음의 탄생 내러티브에 나오는 마리아와 사가랴의 노래는 아브라함과 그의 후손에게 약속하신 선물의 전달과 관련하여 하나님의 신실하심에 대한 증언으로서 당시의 황제들(압제 및 그와 같은 상황으로부터 벗어나도록 평화와 구원을 가져다주는)의 명예를 드러내는 칙령들과 유사한 용어로 표현되어 있기에 특별히 주목할 만하다.[13] 그리스도인들은 특별히 예수 안에서 역사하는 하나님의 구원 계획에 대해 증언하는 특권이 있음을 반복적으로 깨닫게 된다—과거의 많은 위대한 인물들은 그 선물이 주어지게 될 날을 학수고대하고 있었다(마 13:16-17; 눅 10:23-24; 벧전 1:10-12).

하나님의 자비에 대한 신약의 메시지에서 중요한 요소는 하나님은 지금 이스라엘과 신뢰의 관계를 유지하면서도 모든 사람이 하나님의 은

---

12 예를 들어 아리스토텔레스는 은인을 모욕하거나 학대했을 때 복수하고 싶은 분노와 욕망이 일어나는 것에 대해 언급한다(*Rhetoric* 2.2.8).

13 마리아의 노래 역시 부자와 힘 있는 자들을 배제하고 가난하고 낮은 자들을 보호하고 돌보시는 하나님의 관심을 강조한다(눅 1:48, 51-53; 약 2:5도 보라). 또한 예수는 가난하고 소외된 자들에게 자신을 하나님의 은혜의 중재자로 제시한다(눅 4:18-19). 바울도 유사한 태도로 고린도 교회의 성도들이 호의를 받은 것에 대해 해석한다(고전 1:26-31). 이런 방식으로 하나님은 지위와 신분에서 더 가까이 있는 자들을(따라서 호의를 갚을 가능성이 더 큰) 자신의 수혜자로 취하지 않으시고 신분과 지위가 낮은 자들에게 내려가심으로써 일상적인 후원자-수혜자 관계에 있는 "먹이 사슬"을 전복시키신다. 위로 올라가는 것이 아니라 낮아지는 것이 이 후원자에게 가까이 가는 길, 즉 하나님으로부터 "은혜를 입는" 것이 된다(Sir 3:18; 약 4:10; 벧전 5:5-6을 보라).

문화의 키워드로 신약성경 읽기

혜 안에서 당신의 후원을 누리도록 초대하고 계신다는 점이다. 하나님께서 이 은혜의 영역 안에 이방인들을 포함시키셨다는 사실에 대한 인식은 초기 교회에서 그렇게 쉽게 얻은 것은 아니었지만 결국 교회는 이 새로운 은혜의 행위에 나타난 하나님의 자비의 넓이와 범위를 깨닫게 되었다. 심지어 이방인들에게까지 성령을 부어주시는 하나님의 특별한 은사는 하나님께서 당신의 은혜 안으로 비유대인들을 수용하셨다는 사실에 대한 결정적 증거였다(행 11:15-18; 갈 3:1-5; 3:28-4:7).[14] 신자들의 삶에서 성령을 경험하는 것은 하나님으로부터 받는 은사로 이해되었다. 이는 하나님의 집으로 입양되는 것과(갈 4:5-6), 아브라함에게 주신 약속이 성취되는 것과(갈 3:14), 하나님과의 평화 및 은혜를 회복하는 것과(롬 5:5), 예수가 다시 오실 때 또는 신자들이 죽은 후에 하나님께서 준비하시고 수여하실 미래의 혜택에 대한 맹세를(고후 1:22; 5:5; 엡 1:13-14) 의미한다. 따라서 성령의 분명하고 생생한 현존은 교회로 하여금 신자들을 향한 하나님의 은혜를 확신하도록 만드는 중요한 보증이었다.

마침내 우리는 하나님의 은혜에 대한 놀라운 사실에 이르게 되었다. 그것은 하나님만 "자유롭게 또 비강제적으로" 주시는 것은 아니라는 점이다. 적어도 이론적으로는 모든 후원자가 그렇게 행했다.[15] 하나님은 세네카

14　눅 4:25-30도 보라. 여기서 예수는 특별히 이방인들에게 이전에 수여하신 하나님의 은혜를 청중에게 상기시킨다―과거에 때때로 그와 같은 은혜를 필요로 하는 유대인이 많이 있었으나 아무도 받지 못했다. 엡 1:3-3:21은 여러 가지 측면에서 하나님의 위대한 자비에 대해 그분을 찬양하는 장문의 공개적 선언문으로, 유대인뿐만 아니라 이방인에게도 확장되는 하나님의 은혜를 송축하는 찬가 중 유명한 것이다. 신약 저자들이 심지어 회개도 인간의 행위가 아니라 하나님께서 수여하시는 은사로 간주한다는 점은 주목할 만하다(행 11:15-18; 딤후 2:25).

15　(플리니우스의 호의가 다소간 끊임없이 공로가 요구되며 강제적인[?] 반면에) 하나님의 은혜는 공로가 없고 제한받지 않는 것이라는 취지로 Howell이 만들어낸 구별은 따라서 잘못된 것이다("Review of *Despising Shame*," 163). 은혜는 항상 수혜자의 필요를 고려하고, 무료로 제공되며, 인간 후원자들이 칭찬받을 만한 자들과 악명을 떨치는 자들 모두에게 수

가 정해놓은 자비의 상한선을 훨씬 뛰어넘으신다. 이 상한선은 감사를 알지 못하는 자들에게도 베풀기를 고려할 정도로 덕이 있는 사람들을 위해 만들어진 것이었다(**만일** 그들이 덕이 있는 사람들에게 혜택을 준 후에도 남은 자원이 있다면 말이다).[16] 과거에 감사를 표하지 못했던 사람들에게도 도움을 적절하게 제공하는 것은 위대한 자비에 대한 증거로 여겨지곤 했지만, 하나님은 당신의 원수들(단지 배은망덕한 자들이 아니라 하나님과 그분의 바람에 적극적으로 대적했던 자들)에게 최고의 가장 완전한 자비로움(단지 하나님께서 여분으로 가지고 있던 것이 아니라!)을 보여주신다. 이것은 "배은망덕한 자들[*acharistous*]과 악한 자들"에게조차도 "친절"[17]을 베푸시겠다는 하나님의 결심의 결과다(눅 6:35). 하나님께서 자신의 가장 값비싼 은사의 수혜자들로서 그의 원수들을 선택하신 것은 하나님의 호의가 참으로 뛰어나다는 점을 보여주는 하나의 예가 된다.[18]

탁월한 하나님의 호의의 두 번째 측면은 하나님의 명예를 욕되게 했던 자들과도 화해를 이루시는 하나님의 주도권이다. 하나님은 우선 당신에

여할 수 있는 것이다.

16 그리스-로마 세계도 마땅한 호의와 자격 없이 얻는 호의의 차이를 이해하고 있었는데, 둘 다 수여자의 관대함으로 말미암은 것이었다(그러나 후자가 더욱더 그러하다). 우리가 하나님의 자비를 받을 자격이 없지만(따라서 호의가 공 없이 얻는 것이지만), 하나님께서 그와 같은 호의를 우리에게 베풀어주셨다는 사실은 우리의 가치가 하나님의 평가에 속해 있음을 우리에게 알려준다. 하나님은 우리를 향한 당신의 사랑뿐만 아니라, 그가 베푸신 은사의 질적 측면에서도 우리에 대한 당신의 관심을 보여주신다(가장 감동적인 것은 우리를 위해 그의 아들의 목숨을 희생하셨다는 사실에서 드러난다). 이런 사랑과 존중의 소통은 가장 완고한 마음도 적시고 녹여서 하나님께로 돌이킬 수 있게 한다. "은사는 만일 그것의 가장 좋은 부분—그것이 존중의 표지로서 주어졌다는 사실—이 부족한 것이라면 은혜가 될 수 없다"(Seneca, *Ben.* 1.15.6; 4.29.3도 보라).

17 친절(*chrēstotēs* 또는 이 단어의 형용사형)은 Danker의 비문 모음집 속에 기록되어 있듯이 은인들에 대한 중요한 기술 용어다(*Benefactor*, 325-37을 보라).

18 이런 관점에서 바로 롬 5:6-10을 읽으라. 하나님은 덕을 가진 사람조차도 친구를 위해 행하기를 주저하는 일을 원수들에게 행하신다(엡 2:1-6; 딛 3:3-7도 보라).

문화의 키워드로 신약성경 읽기

게 맞서 행했던 자들이 그들의 불명예와 수치를 인정하는 어떤 표지를 제공하거나 예비 교섭을 하도록 기다리지 않으신다. 오히려 하나님은 예수를 제시하시면서 당신의 분노를 제쳐 놓으신다. 하나님은 사람들이 당신의 호의 안으로 들어오도록, 그리고 그들이 원수로서 과거에 행했던 일의 결과로부터 벗어날 수 있도록 기회를 제공하신다(따라서 하나님의 은사에 대한 지배적인 이미지로서 "구원", sōtēria을 선택하신다). 우리는 예수가 주로 하나님의 호의를 연결해주는 중재자 또는 중개자의 측면에서 소개되고 있음을 앞으로 살펴보게 될 것이다. 왜냐하면 그는 또 다른 후원자인 하나님을 그분의 수혜자들과 연결시키고 있기 때문이다. 그럼에도 불구하고 이런 이미지들은 우리로 하여금 바로 이 중재자가 세상을 향한 하나님의 선물, 즉 이 관계를 형성하는 하나님의 주도권에 대한 명확한 증거라는 점을 무시할 수 없게 만든다(롬 3:22-26; 5:8; 8:3-4; 고후 5:18, 21; 요일 4:10). 따라서 이런 은혜의 관계를 형성하는 것은 일반적인 경향, 즉 낮은 지위에 있는 사람들이 더 높은 자리에 있는 후원자들과 자신을 연결시켜줄 수 있는 중개자들을 찾는 경향과는 어긋나는 것이다.

하나님은 "자신의 평판과 덕(aretē)"(벧후 2:13)을 고려하여 이런 자비를 행하신다. 이 구절은 명예를 기리는 비문들의 내용과 또다시 공명하는데, 이 비문들에서 은인들은 그들의 자비를 통해 자신의 덕스러운 특징을 드러내거나 덕을 위해 자기 조상의 명성에 걸맞게 살았다고 기록된다.[19] 따라서 인류를 대신한 예수의 죽음은 "하나님의 의로우심에 대한 실증"이다(그의 인격과 미덕, 롬 1:16-17; 3:25-26). 이는 하나님의 자비가 모든 기대와 상한선을 초과한다는 사실과, 하나님은 당신의 자비로운 인격에 따라 행하

---

19   Danker는 모스키온(Moschion)으로 불리는 한 후원자가 "그의 조상의 가치 있는 덕과 명성"을 증명하였음을 선언하는 프리에네에 있는 한 비문과 비교하고 있다(*Benefactor*, 457).

시는 데 있어 죄인들로부터 아무것도 받을 필요가 없으시다는 것을 보여준다. 그러나 초기 그리스도인들은 하나님의 한없는 자비에 대해 이와 같은 실증을 인간에게 마침내 주시는 하나님의 유일한 부르심으로서 받아들이라는 훈계를 반복적으로 받았다. 이 부르심에 인간은 선의를 가지고 전심으로 반응해야 하며(가장 설득력 있는 벧후 1:3-11을 보라), 이를 하나님을 공격하는 구실로 삼아서는 결코 안 된다(롬 6:1; 갈 5:1, 13).

하나님은 모든 피조물에게 생명을 부여하시고(행 14:17) 햇빛과 비를 주시는 것처럼(마 5:45),[20] 일반적인(개인적이기보다) 자비를 베푸실 뿐만 아니라 그의 아들을 영접하는 그리스도인에게는 개인적인 후원자가 되기도 하신다. 이 신자들은 하나님의 가정의 일원이 되며(예. 갈 3:26-4:7; 히 3:6; 10:20-21; 요일 3:1을 보라), 신적 자비를 특별하게 만날 수 있는 권리를 누리게 된다. 부자와 좋은 지위에 있는 자들은 친구들과 수혜자들을 선택함에 있어 신중했다. 그들이 식사나 경기나 시민들을 위해 건물을 제공할 때(자선), 그들은 어느 누구도 자신들을 수혜자들로서 받아들이지 않았다(개인적 후원). 오히려 하나님의 자비에서 특징적인 것은 하나님은 수혜자들의 인격이나 신뢰도를 사전에 검사하지 않으시고, 당신에게 오게 될 모든 자에게(따라서 공적 자선의 형태로) 하나님의 소유인 확장된 가정에서 환영받게 되리라는 확신을 제공하신다는 점이다. 심지어 그들은 하나님의 가족의 아들딸로서 입양되고 그분의 아들이 받을 유산도 함께 나누게 된다(이것은 개인적 후원에 있어서도 예외적인 것이다).[21] 그러므로 신약의 저자들은 위대한 후

---

20 마 5:45에 기록된 예수의 말씀과 선인과 악인에게 동일하게 베푸는 신들의 자비에 대한 세네카의 말(3장에 있는 *Ben.* 4.26.1, 4.28.1에 대한 논의를 보라)의 비교는 특별히 이 둘 모두가 선한 자와 감사할 줄 모르는 자에게 똑같이 관대하게 대하는 능력인 신적 자비를 본보기로 사용한다는 점을 고려할 때 정말 놀랍다.

21 그러나 이 선언은 "청함을 받은 자는 많되 택함을 입은 자는 적으니라"와 같은 말씀에 비추어 균형을 잡을 필요가 있다. 신약은 하나님의 가정으로의 우주적 병합이 아니라, 우주

원자가 제공하는 안전 및 보호가 필요한 자들이 바람직하고 심각하게 고려해야 할 것으로서 개인적 후원자인 하나님과의 결속을 제공해준다.[22]

하나님은 이스라엘에게 당신의 약속이 신뢰할 만한 것이라고 증명하셨듯이, 하나님의 약속을 신뢰하며 하나님의 수혜자가 되라고 부르시는 당신의 초대를 환영했던 그리스도인들에게 신뢰를 증명하실 것이다(살전 5:23-24; 딤후 1:12; 딛1:2; 히 10:23). 따라서 바울은 과거의 고난으로부터 그의 구원을 책임지시는 하나님에 대해, 미래에 시련을 당할 때 개인적인 도움을 받을 수 있다는 바울 자신의 확신에 대해, 자신의 수고를 도우실 하나님에 대해 말하고 있다.[23] 또한 각각의 그리스도인 역시 다음과 같은 사실을 확신하여 즐거워한다. 즉 하나님은 개인이나 지역에 있는 믿음의 공동체가 구하는 특별한 간구를 기꺼이 들으시고, 시기적으로 적절하고 구체적인 도움을 기대하며 하나님께 나아가는 특권을 허락하신다는 것이다(엡 3:20; 빌 4:6-7, 19; 살후 3:3; 히 4:14-16; 13:5-6; 벧전 5:7). 그리스도인들은 비신자들에게서 받는 적대감이나 압력으로 인해 예수께 헌신하기를 망설이지 말아야 하며, 하나님의 최종적인 보상을 붙잡고 있는 손을 놓지 말아야 한다. 오히려 그들은 "담대함으로 은혜의 보좌 앞으로 나아가서", "시기 적절한 도우심의 은혜와 자비를 받기 위해", "[자신들의] 고백을 빠르게 붙잡아야" 한다(히 4:14-16).[24]

적 병합의 **잠재성**만을 말하고 있다. 하나님의 자비를 받은 많은 사람이 자신들의 감사 의무에 대해 여전히 죽은 상태로 남아 있으며, 하나님의 신적 돌봄과 하나님의 가정의 일원이 되라는 그분의 초대를 계속 거절하고 있다(예. 고후 4:3-4를 보라).

22 그리스도인들만이 하나님에 대해 이런 관점을 가졌던 것은 아니다. 스토아 철학자 에픽테토스 역시 사람이 신―황제조차 비교할 수 없는―과 결속되는 것보다 자신에게 더 좋은 후원자를 찾는 것은 불가능하다고 주장했다(*Diss.* 4.1.91-98).

23 이런 관점에서 행 26:22; 고후 1:9-11; 빌 4:13; 살후 3:1-2; 딤전 1:12-15; 딤후 3:11; 4:16-18을 자세히 보라.

24 세네카(*Ben.* 4.4.2)는 신적인 은혜와 유사한 용어들로 말한다. 즉 사람들은 "때때로 묻지

성경은 만장일치로 하나님의 은혜와 도움은 확실하다고, 따라서 신뢰는 정당하며 적절한 것이라고 이야기한다. 아마도 로마서 8:32은 앞으로 주어질 은혜에 대해 가장 적절한 확신을 보여주고 있을 것이다. 즉 우리가 하나님과 화해하기 전에도 그분이 자신의 아들을 아끼지 아니하시고 우리 모든 사람을 위해 내어주셨다면, 하나님께서 무슨 도움이나 호의를 우리에게 주지 않으시고 유보하고 계시겠는가?[25] 예수는 하나님께서 당신의 수혜자들의 필요를 알고 계시며, 그들의 물질적인 풍요와 영원한 복락을 모두 공급하시기 위해 심사숙고하신다고 가르친다(마 6:7-8, 25-33).[26] 그러나 예수는 하나님께서 아심에도 불구하고 기도를 단념하지 않았으며, 나머지 신약 저자들도 신적 호의를 확보하는 수단으로서 기도를 촉구하거나 기도가 효력이 있음을 드러낸다(예. 눅 1:13). 하나님께서 우리의 필요를 이미 아신다면 왜 기도해야 하는가? 왜냐하면 하나님은 그의 집에 속한 자들에게 호의를 베풀기를 기뻐하시기 때문이다. 우리가 요청할 때 우리는 감사라는 "축복의 경험"[27]을 알 기회를 갖게 되고 보답하며 살 수 있게 된다(사실 하나님의 은혜에 대해 감사하는 마음으로 그 은혜에 보답함으로써 우리 자신이 고결하게 되는 것이다). 기도의 드림과 간구에 대한 하나님의 응답은 "많은 입에서 나오는" 감사와, 자비와 관용에 대한 하나님의 명예와 평판이 증가되는 결과

않고 제공되며 때때로 기도의 응답으로 수여되는 은혜들 ― 이것들이 도래할 때 죽음의 위협이 제거되는 위대하고 시기적절한 선물들 ― 을 의식하고 있다."

25 다음의 본문들도 보라. 마 7:7-11; 11:22-24; 21:21-22; 눅 11:9-13(성령을 주시는 것과 관련하여), 롬 8:32; 약 1:5-8(지혜라는 특정한 선물과 관련하여); 요일 5:14-16.

26 하나님께서 인간이 소비하는 모든 종류의 음식을 만드시고 제공해주신다는 믿음이 발전하여 흥미롭게도 창조주이자 수여자에게 감사하는 마음으로 음식을 받는 일이 음식의 부정이나 오염에 대한 걱정을 버리게 만든다는 신념을 낳았다(롬 14:6; 고전 10:30-31; 딤전 4:3-4). 수여자이신 하나님에 대한 확신은 부정에 대한 금기사항들 ― 실제로 토라에서 합법적으로 법제화된 금기사항 ― 을 넘어선다.

27 그래서 세네카(*Ep. Mor.* 81.21)는 다음과 같이 말한다. 감사는 "영혼이 궁극적으로 행복한 상태가 되기 위한 경험이다."

문화의 키워드로 신약성경 읽기

를 낳는다(고후 1:11). 그러므로 기도는 신자들이 개인적으로 하나님의 은혜를 추구하고, 자신을 위해 또는 서로를 대신하여 특별한 자비를 요구할 수 있는 수단이 된다(고후 1:10-11; 엡 6:19; 빌 1:19; 4:6-7; 골 1:3; 4:12; 살전 5:17, 25; 살후 3:1-2; 딤전 2:1; 약 5:15-16; 요일 5:14-16을 보라).

그리스도인 공동체에 대한 하나님의 돌보심은 교회들과 그 구성원들의 설립과 성장 속에서도 두드러지게 나타난다. 바울의 편지에서 감사를 나타내는 단락은 제자들과 믿음의 공동체의 모든 진보를 하나님께서 은사를 주시고 채워주시는 덕분으로 돌린다(고전 1:5-7; 골 1:3-4; 살전 1:2; 살후 1:3; 딤전 1:3-6). 교회나 지도자들이 그들 가운데서 성취된 일을 "자세히 조사할" 때, 그들은 이것을 모든 선한 일을 성취하시는 하나님께 감사와 영광을 돌리는 기회로 삼았다. 하나님은 신자 개개인들에게 교회 전체의 건강과 강화를 위해 사용될 수 있는 영적·물질적 은사들을 주신다(고전 12:1-11, 18; 14:12; 엡 4:1-12). 심지어 그리스도인들이 교회를 위해 행한 기념비적인 공헌이나 자선의 다른 업적들도 몸 된 교회를 위한 하나님의 공급하심으로 간주된다. 이런 공헌과 업적은 지역의 후원자들(또는 후원자가 되려고 하는 사람들)이 교회(호의의 수혜자)를 통해 권력의 기초를 만들 수 있는 수단이 아니었다.

그러므로 신약에서 제시되는 하나님은 많은 은사(실제로 "온갖 좋은 은사와 온전한 선물", 약 1:17)의 원천으로서 예수와 연결된다. 생명의 은사와 생명을 보존하기 위해 필요한 모든 것을 제공하시는 것에서부터 하나님을 증오하는 것에서 벗어나 하나님의 집에서 자리를 얻고 그분의 개인적인 후원 아래 살아가는 삶을 제공하시는 것에 이르기까지, 하나님은 우리가 필요할 때 도움을 주시는, 즉 우리의 부족함을 채워주시는 그런 분이시다. 하나님의 "은혜의 해"를 선포하는 것은 그분께 선택받고 새로운 가족과 유산 속에서 새롭게 태어나며(요 1:12-13; 약 1:18) 구원 자체가 영원한 유산이 되고(골 1:13) 그것을 나눌 수 있는 권리를 받으며(골 1:12) 거룩하게 되는(살후 2:13; 벧전 1:1-2) 것을 포함한다. 하나님의 신원의 날이 도래할 때, 하나님의 호의를 거절한 자들 때문에 당신의 수혜자들이 겪은 모든 수치와 고난과 관련하여, 하나님은 그들을 신원해주실 것이다. 왜냐하면 하나님은 그들이 당한 잘못을 되갚아주심으로써 당신의 집의 명예를 보호하시기 때문이다(눅 18:1-8; 살후 1:6). 그러나 하나님께 신뢰와 감사로 스스로 헌신한 자들은 흔들리지 않는 나라를 받게 될 것이다(히 12:28).

하나님의 은혜의 중재자, 예수

하나님께서 예수를 화해를 위해 보내주신 분으로, 따라서 하나님께서 주신 선물로 "드러내시는" 동안에(롬 3:25), 예수는 더 빈번하게 하나님의 호의의 중재자이자 하나님께 나아갈 수 있는 중개자로서 역할을 담당한다. 초기부터 발전한 기독론 속에 나타나는 한 가지 요점은 성육신 이전의 아들에게 창조의 때에 하나님의 동역자로서의 역할이 맡겨졌다는 것이다.[28] 하나님은 그를 통해 창조를 행할 대리인으로 예수를 임명하셨으며(요 1:3, 10; 고전 8:6; 골 1:16; 히 1:2-3), 그와 같은 대리의 행위는 창조 행위 자체로부터 시작되었던 것으로 보인다.

누가는 예수의 지상 사역을 다음과 같이 요약한다. 즉 "그가 두루 다니시며 선한 일(euergetōn)을 행하시고 고치셨으니"(행 10:38). 누가는 명사 은인(euergetēs)의 동사형을 선택하여 다른 사람들에게 "혜택을 주는" 예수의 행위를 규정했다. 실제로 사역을 통해 예수가 부여해주신 주요한 은혜, 즉

---

28 이는 다음과 같은 유대 문학에서 지혜에게 우선적으로 맡겨진 역할이다. 잠 8:27-31, 35-36; Wisdom of Solomon 9:1-2, 9.

문화의 키워드로 신약성경 읽기

질병 또는 결함의 치유, 귀신의 압제로부터의 구원,[29] 심지어 죽은 자들의 소생(마 9:18-25; 눅 7:11-17)은 두 번째 동사를 통해 드러난다. 예수가 가르치신 사역 역시 하나의 은사로(은사들을 받기 위해 군중이 인내했던 어떤 것이 아니라!) 간주된다. 왜냐하면 좋은 충고와 안내는 가치 있고 중요한 생필품이었기 때문이다. 예를 들어 세네카(*Ben.* 1.2.4)는 친구나 후원자가 줄 수 있는 다양한 도움 가운데 "충고"와 "건강한 교훈"을 포함시킨다. 예수가 자신과 함께했던 오천 명, 사천 명의 사람들에게 제공해주었던 간단한 음식의 경우도(기적적인 요소에 대한 중요한 차이를 제외하면; 마 14:14-21; 15:32-38) 문 앞에 서 있는 손님을 위해 후원자들이 제공했던 로마의 *sportulae*(현대의 "도시락"과 유사함)와 비슷했다. 이런 관련성은 특별히 요한복음에서 명백하게 나타나는데, 여기서 예수는 자신이 제공하는 영적 음식이 아니라 한줌의 음식을 위해 예수를 따르는(그의 수행원들과 함께했던) 군중을 꾸짖는다(요 6:11, 15, 26-27, 34-35).

그와 같은 혜택을 제공하는 예수의 능력은 하나님과의 관계로부터 기인한다. 예수는 구체적으로 하나님의 능력의 범주 안에 있는 호의와 특권을 부여하거나 중지할 수 있는 중재자이기 때문이다. 이와 관련하여 감동적인 한 가지 일화는 베드로의 집에서 지붕을 통해 내려진 중풍병자를 치료한 일이다(마 9:2-8; 막 2:3-12; 눅 5:20-26). 우선 예수는 그 사람에게 죄의 용서를 부여했는데, 이 대담한 행위는 군중 속에 앉아 있던 종교 전문가들을 자극해서 예수를 비판하도록 만들었다. 왜냐하면 그들이 하나님의 특권으로 여기는 일(막 2:7), 즉 하나님께 대항하여 저지른 죄에 대한 용서

---

29 Danker가 포함시켜 놓은 명예로운 의사들에 관한 비문들이 증언하고 있듯이, 의사들과 치료자들은 그리스-로마의 세계에서는 일종의 은인으로 간주되고 있었다 (Benefactor, 57-64; 마 4:23-25; 8:5-17; 9:18-35 등; 막 1:34, 39; 3:19; 눅 4:40; 5:15; 6:18; 7:21; 9:11).

를 예수가 행했기 때문이다. 그러나 예수는 중풍병자를 고치고 그로 하여금 걸어가도록 허락함으로써 자신이 (죄 용서와 같은) 신적 호의를 베풀 수 있다는 주장을 성공적으로 변호해낸다. 눈에 보이는 혜택은 죄 사함에 대한 예수의 선포가 신성모독이 아니라 하나님의 선물에 대한 참된 선언임을 입증하면서 관찰할 수 없는 혜택을 증명해준다.[30]

예수가 지상 사역을 하는 동안에 그에 대한 사람들의 반응은 은인들에게 받은 은혜에 대해 사람들이 보이는 전형적인 반응과 동일한 것으로 드러난다. 대중의 증언을 통해 은인의 관대함이 드러나는 것과 같은 방식으로 예수의 명성이 확산된다는 것은 주목할 만하다(마 9:26, 31; 막 5:19-20; 7:24; 눅 5:15; 7:17; 8:39). 심지어 침묵하도록 명령받은 자들도 예수의 명성이 확산되는 것과 무관할 수 없었는데, 이는 그들이 자신들 속에 깊이 뿌리박힌 은인을 공개적으로 찬양하는 것과 관련이 있기 때문이다(마 9:30-31; 막 1:45; 7:36-37; 눅 13:17).[31] 치유받은 자들은 그것을 공개하지 말라는 예수의 명령을 그의 치유 동기에 대한 진정성의 표지로서 이해했다—그는 "영광을 추구하는 자"가 아니라 신실한 은인이었다. 역설적으로 이는 그들로 하여금 더 깊은 감사를 느끼도록 만드는 결과를 낳았고, 따라서 결국 선한 행위를 통해 나타난 예수의 덕행, 즉 그의 **미덕들**(aretai)을 더욱 선포하고 싶게 만들었을 것이다. 이와 같이 예수의 선행을 잘 전달한 결과로 많은 수행원(사실상 추종자들[clientela])이 모이게 되었는데, 그들은 분명하게 예수의 호의를 찾는 자들 또는 수혜자들로 제시된다. 많은 추종자들

---

30 하나님의 은혜에 대한 예수의 중재를 강조하는 구절들에 대해서는 요 9:30-33; 11:22; 14:6, 13-14; 16:23-27도 보라.

31 명예를 받을 만한 가치를 지닌 선을 행하는 자들에 대한 아리스토텔레스의 격언과 감사의 가장 중요한 요소로서 받은 혜택들을 공개적으로 증언하는 것에 관한 세네카의 지침들을 회상해보라.

문화의 키워드로 신약성경 읽기

은 예수의 명성을 눈에 보이게 드러냈고 예수가 제공할 수 있는 대중적 의제에 대한 잠재적 힘의 기초가 되었다. 따라서 이는 결국 시기심을 발생시키는 원인이 되었고(요 12:19), 어쩌면 로마 사람들이 예수를 정치적인 적으로서 처형하도록 만들었던 두려움의 원천이었을 것이다.

예수의 수혜자들과 그의 자비로운 행위를 인정하는 자들이 예수의 평판을 증가시켰던 것과 더불어, 예수는 그의 개인적인 돌봄으로 인해 정당한 감사와 존경을 받았다. 열 명의 나병 환자에 대한 이야기(눅 17:11-19)는 특별히 그와 같은 은혜를 받았을 때 감사를 표현하는 것이 얼마나 적절한지를 강조한다.[32] 탄원자들은 예수가 신적 호의와 혜택을 받을 수 있게 해줄 것이라고 신뢰하면서 예수께 나아온다(마 8:8-10; 9:18, 28). 이와 관련하여 한 명의 나병 환자가 예수의 능력에 대해 약간의 의심을 표현했을 때, 예수는 그에게 이의를 제기한다(막 9:22-24). 수로보니게 여인의 신뢰를 접하게 되었을 때, 심지어 예수는 이스라엘 백성에게 하나님의 은혜(예수의 지상 사역의 확정적 사명)를 전달하고자 했던 자신의 결정을 변경한다. 왜냐하면 예수의 자비로운 성격이 그와 같은 신뢰에 자비롭게 반응하도록

---

32 Danker, *Benefactor*, 441을 보라. Bruce J. Malina는 이 단락에 대한 특별한 분석을 제공하고 있다. 현대 지중해 연안의 문화에 대한 관찰을 통해 Malina는 사회적으로 동등한 위치에 있는 사람에게 고맙다고 말하는 것은 호혜적 관계를 깨트리는 것을 의미하나, 반면에 사회적으로 우월한 자들에게는 그들의 선물에 대해 여전히 감사를 표현해야 한다고 주장한다. 그는 지중해 지역의 사람들은 미래에 필요가 생길 경우를 위해 열린 관계를 유지하고자 예수께 감사하지 않은 아홉 명의 나병 환자를 더 강조할지도 모른다고 주장한다 (*Windows on the World of Jesus: Time Travel to Ancient Judea* [Louisville: Westminster John Knox, 1993]). 그러나 이런 독법은 소설과 달리 본문으로부터 지지를 얻을 수 없다. 예수는 사회적으로 우월한 자로서 제시되고("주님"), 간구는 탄원자들의 사회적 열등함을 제시하는 용어로 사용된다("우리를 긍휼히 여기소서"). 다시 돌아온 한 명의 나병 환자에 대한 예수의 반응은 다른 아홉 명의 나병 환자가 하나님의 은혜의 중재자를 통해 그들이 치료받았다는 사실에 대해 하나님께 감사를 표현하기 위해 돌아와야 했다는 기대를 드러내고 있다. Malina가 옳다면 우리는 사마리아 나병 환자에게 이렇게 말씀하시는 예수를 반드시 발견해야 한다. "이 어리석은 자야! 너는 이것이 나로부터 받게 될 마지막 호의라고 생각했단 말이냐?!"

그를 이끌었기 때문이다(마 15:22-28). 예수로부터 혜택을 입은 몇몇 사람은 보답으로 그에게 섬김을 제공할 수 있는 방법을 찾곤 했다. 예를 들어 베드로의 장모는 예수의 치료에 보답하기 위해 대접하는 일을 직접 주도했고(눅 4:38-39), 치유되거나 귀신으로부터 놓임을 받은 여인들은 당시에 그들에게 호의를 베풀었던 분의 사역을 경제적으로 도왔다(눅 8:1-3). 마지막으로 예수가 베푼 혜택은 하나님을 찬양하는 이유가 되었는데, 이는 모든 좋은 선물에 대한 은혜의 궁극적인 원천을 사람들이 인식하고 있었음을 보여준다(눅 7:16; 17:15-18; 18:43; 19:37; 행 4:21).[33]

예수가 제공한 가장 뛰어난 은혜는 물론 죄와 죽음 및 사탄의 세력으로부터 해방을 제공했던 그의 자발적 죽음이다(다른 많은 구절 가운데 마 1:21; 요 1:29; 행 5:31; 고전 15:3; 고후 5:21; 갈 1:4; 골 1:19-20, 22; 2:13-14; 히 2:14-15; 벧전 3:18을 보라). 이 구원에 대해 말하고 있는 구절들의 현저한 특징은 이런 은혜를 우리에게 가져다주기 위해 예수가 스스로 지불한 ("우리를 위해 자신을 주셨다", "우리를 위해 죽으셨다" 등) 엄청난 대가라고 할 수 있다.[34] 은인이 자신을 위험에 처하게 하거나 심지어 다른 사람들의 유익을 위해 개인적으로 상당한 손실을 겪는 일은 종종 일어나곤 했다. 바울은

---

33 이 역시 그리스-로마 세계에서 완전히 벗어나는 것은 아니다. 비문들은 가까운 은인들뿐만 아니라 인류의 유익을 위해 그와 같은 자비로운 사람을 공급해주는 신의 섭리에 대해서도 신뢰를 보낸다(예. 신이 황제 아우구스투스를 통해 온 세상에 제공해주는 은혜를 찬양하는 프리에네에 있는 유명한 비문을 보라. Danker, *Benefactor*, 215-18에 번역되어 있다).

34 Danker는 이것을 "위험에 처한 은인" 모티프라고 부른다. 또한 그는 공공의 유익이나 다른 사람들의 이익을 위해 용감하게 위험과 어려움을 감수하거나 과도한 비용을 짊어진 자들에게 널리 적용된 내용에 대한 증거를 제공해준다(*Benefactor*, 417-35). "그가 타인을 위해 자신을 내어주었다"라는 것은 그런 은인을 명예롭게 하는 일반적인 경구다(321-23을 보라). 신약에서는 요일 3:16-17을 보라(이 구절도 이런 은혜에 대한 적절한 반응을 표현한다). 최후의 만찬에서 잘 알려진 말씀들(예. 눅 22:19-22)과 다음 구절들도 보라. 마 20:28; 26:26-28; 막 10:45; 눅 22:19-20; 요 6:51; 10:11, 15, 17-18; 15:13; 고후 8:9; 갈 1:4; 3:13; 엡 5:2; 딤전 2:6; 딛 2:14; 히 2:9; 7:27; 13:12; 계 1:5; 5:9-10.

사람들 가운데 "최고"로 가장 관대한 사람들이 행했던 것을 본보기로 삼아 이 점을 분명하게 말하고 있는데(롬 5:6-8; 요 15:13도 보라), 실제로 다른 사람의 선을 위해 자신의 생명을 내어주는 일은 관대함의 극치로 간주되었다(따라서 최고의 명예는 도시를 보호하기 위해 전장에서 죽은 자들에게 주어졌다). 그러므로 예수는 우리에게 좋은 것을 주기 위해 자신의 모든 것을 다 쏟은 분으로서 먼저 찬양받는다. "우리 주 예수 그리스도의 은혜를 너희가 알거니와 부요하신 이로서 너희를 위하여 가난하게 되심은 그의 가난함으로 말미암아 너희를 부요하게 하려 하심이라"(고후 8:9).[35] "그가 우리를 대신하여 자신을 주심은 모든 불법에서 우리를 속량하시고 우리를 깨끗하게 하사 선한 일을 열심히 하는 자기 백성이 되게 하려 하심이라"(딛 2:14). 신약 저자들이 이런 주제를 널리 사용한 것은 어떻게 수치스러운 처형이 실제로 고결하고 자비로운 죽음이 되었는가를 설명하고 우리의 감사를 자극하며 우리의 보답의 깊이를 더하기 위함이다. 이 보답은 예수의 자비로운 행위가 얼마나 큰 희생을 의미하는가를 강조함으로써 이루어져야 한다. 이와 관련하여 가장 감동적인 것은 고린도후서 5:15이다. "그가 **모든 사람**을 대신하여 죽으심은 살아 있는 자들로 하여금 다시는 **그들 자신을 위하여** 살지 않고 오직 그를 대신하여 죽었다가 다시 살아나신 이를 위하여 살게 하려 함이라"(강조는 덧붙여진 것임).

예수는 자신의 죽음을 통해 우리의 죄에 대한 기억을 씻기고(우리의 양심에서뿐만 아니라 하나님의 마음에서도, 히 9:9-14; 10:17), 현재 계속되는 그의 제사장직을 통해[36] 자신의 수혜자들에게 가장 위대한 후원자이신 하나님

---

35 NRSV 번역가들이 여기서 *charis*를 "관대한 행위"로 번역한 것은 수여자의 나눔과 은혜의 결과를 결합하여 모두 강조하는 매우 통찰력 있는 결정이다.

36 일반적으로 제사장은 하나님과의 관계를 경영하는 당사자로 간주되며, 은혜를 회복하고 감사를 중재하며 하나님으로부터 오는 은사들을 확보하는 일을 한다. 히 5:1은 일반적으

아버지께 나아갈 길을 열어놓았다. 그는 자신을 의지하는 자들을 위해 천사도 모세도 레위 지파인 제사장들의 세대도 공급해줄 수 없었던 것을 성취한다.[37] 다시 말해 하나님의 은혜의 길을 가로막고 서 있는 모든 죄를 효과적으로 제거함으로써(히 10:1-14), 또 "때를 따라 돕는 자비와 은혜"를 발견하는 데 대한 확신 속에서 거룩한 곳에 직접 들어갈 담대함을 인류에게 부여함으로써 하나님의 "은혜의 보좌" 앞으로 직접 나아갈 수 있는 길을 제공한다(히 4:14-16). 신약의 많은 구절은 예수가 아버지께로 나아가는 길을 제시하는 유일한 제공자임을 강조하면서(마 11:27; 요 14:6; 딤전 2:5을 보라), 그를 중개자와 유사한 역할을 하는 자리에 위치시킨다. 그의 주요한 선물은 우리를 또 다른 후원자와 연결시키는 것이다(완전한 화해는 이 관계를 확보하는 것이며, 그리스도인이 현재 누리고 있는 것으로서 하나님께 나아가는 길을 위한 전제 조건이다).[38]

복음서에서 예수는 자신이 행한 일(치유, 축귀, 가르침)을 할 수 있는 권세를 제자들에게 주면서 그들을 하나님의 은혜를 전해주는 중재자로 만든다. 예수가 승천한 후에 그의 자비로운 행위는 사도들을 통해 계속되었는

로 정의하는 바와 같이 인간을 대신하여 하나님 앞에 서 있는 제사장직의 본질을 담아내고 있다. 제사장에 해당되는 라틴어 *pontifex* 또는 "중매인"(bridge-maker) 역시 제사장의 역할 가운데 중재적(=중개하는) 본질을 강조한다.

37 히 1-10장은 예수가 제공한 은혜(나아감의 은사)를 강조하기 위해 확립된 많은 주제를 포함한다(결국 수여자에 대한 부채에 상응하는 마음을 강화하면서). 아리스토텔레스는 은혜는 "큰 도움이 필요한 자들에게나 중요한 것과 획득하기 어려운 것이 필요한 자들에게 또는 중요하고 어려운 위기에서 은혜가 필요한 자들에게 베풀어질 때 아니면 도움을 주는 자가 유일하거나 도움을 줄 수 있는 중요한 사람인 경우에 위대한 것이 된다"(*Rhetoric* 2.7.1)라고 기록했다. 히브리서에서 예수는 한결같이 "최우선의" 그리고 "유일한" 중개자(중재자)로 하나님께 직접 나아갈 수 있는 은사를 성공적으로 제공하는 분으로 찬양받는다(예. 히 7:11-28; 9:6-15; 10:1-14을 보라).

38 하나님의 호의와 도우심에 새롭게 접근할 수 있게 해주는 예수의 은사를 강조하는 다른 본문들은 요 16:26-27; 롬 8:34; 엡 2:18; 3:11-12; 딤전 2:5-6; 히 10:19-23; 벧전 1:21; 계 1:6(우리를 제사장으로 삼으시고 하나님께 나아가도록 해주는)을 포함한다.

문화의 키워드로 신약성경 읽기

데, 그들은 공개적으로 예수의 "자비"(euergesia)가 성전에 앉아 있던 앉은뱅이를 치유한 사건의 근원임을 선포하기도 했다(행 4:9-10). 처음에 제자들은 자신들이 중간 수준의 다른 중개자들, 즉 위대한 인물에게 접근할 수 있도록 해주는 사람들과 유사한 역할을 하는 자들이라고 이해하고 있었던 것 같다. 그들은 문지기들이었으며(막 10:13-14에서 그들이 예수께 나아가는 자들의 흐름을 어떻게 조정하려고 했는가를 보라), 그런 특권을 열정적으로 지켰다(막 9:38-39). 예수는 틀림없이 그들에게 다음과 같은 것을 가르쳤을 것이다. 즉 하나님 나라의 문 앞에서 위대한 후견인의 호의를 중재하는 자가 되는 것은 예수와 하나님의 호의에 접근하는 길을 독점함으로써(눅 9:49-50) 자신의 권력의 기초를 세우거나 신적인 호의를 전달하는 통로로서 자신이 중요하다는 인식을 강화하기 위한 수단이 되는 것을 의미하지 않는다. 비록 그들이 예수의 중개자들로서 활동하지만(마 10:40; 요 13:20), 그들은 자신이 중개했던 호의를 받은 자들로부터 명예나 감사나 봉사를 받기 위해서가 아니라 하나님으로부터 그들 자신이 받은 것에 대한 보답으로서 주어야 한다(마 10:1, 8). 극단적인 교훈의 방식으로 예수는 그리스도의 사역에 헌신하려는 사람들에게 헌신의 이유가 자신의 명성과 권력을 함양하는 데 있어서는 안 된다고 가르치며, 세속적인 마음을 가진 사람들이 "관계망"을 형성하는 데 도움이 안 된다고 생각하는 자들을 높이신다. 즉 약한 자들과 작은 자들, 자신의 중개자들, 또한 예수를 보내신 이의 중개자들이다(마 18:5; 막 9:37; 눅 9:46-48). 이것은 제자로서의 중개 역할에 대한 우리의 잘못된 견해를 치료해줄 뿐만 아니라 도움이 필요한 자들―연결되지 않은 자들!―이 예수와 연결되는 관계망을 형성하는 데 있어 우리의 문화적 지혜에 맞서도록 우리를 도와준다.

예수의 승천 이후 "위로부터 오는 힘"을 받는 것은(눅 24:29; 행 1:8) 사도들을 계속해서 중재하는 역할을 하는 위치에 놓는 것이었다. 또한 정치적 명령 체계 속에서 그들보다 높은 위치에 있는 자들이 속한 지역 엘리트들이나 유사 엘리트들이 베푸는 호의를 추구했던 권력이나 직책과 평행 선상에 서 있는 것을 의미했다. 이런 은사는 직책에 대한 의무(꽤 부담스러울 수 있는) 및 그와 관련된 권력과 명성(어떤 관점에서 볼 때 실제 혜택이었던)도 가져다주었다. 바울 역시 자신의 사도권을 이와 같은 방식으로 간주한다. 즉 사도권은 위대한 명예인 동시에(롬 1:5에서와 같이 이것은 하나님으로부터 오는 위대한 은혜였다; 또한 그것은 "나에게 주어진 은혜"였다[갈 2:9]) 그로 하여금 사람들을 섬기는 의무를 지게 했으며(롬 1:14), 열심히 자신의 일을 끝내고 다른 사람들의 선을 위해 엄청난 대가를 지불하게 만들었다. 특권이 되는 직책을 부여받은 바울은 스스로 하나님의 은혜를 전달하는 중재자가 되었다. 이는 하나님과 우리를 화해시키는 유일한 중재자인 예수에 대한 선언(복음)을 소개하는 자가 되었음을 의미한다. 바울은 자신을 신자들을 대신하여 행동하는 자로 일관되게 제시한다. 그는 신자들에게 영적인 축복을 가져다주고 종종 큰 대가를 지불하며 그들에게 이런 축복을 가져다주기 위해 큰 위험과 고통에 용감하게 맞선다.[39] 그러므로 신자들은 바울에게 의무를 지니게 되는데,[40] 이것은 하나님께서 바울에게 그의 직무를 집행하라고 명하신 것과 같다. 그들은 바울의 고통과 육체노동을 경멸하지 말아야 한다. 왜냐하면 그것은 모두 "그들을 위한" 것이기 때문이다(특히 고후 1:3-7; 4:7-15을 보라).

---

39 고후 1:3-7; 4:7-15; 6:4-10(특히 6:10); 엡 3:1-2, 13; 골 1:24-25; 2:1; 살전 2:8-9(여기서 바울은 자신의 직분을 행함에 있어 "공개적으로" 아무런 부담을 가지고 있지 않음을 강조한다).

40 바울은 그의 회심자들에게 군림하기 위해 이것을 사용하지 않는다(또한 그는 이런 인상을 주지 않기 위해 분명한 고통까지 감수했다; 고후 1:24). 그러나 바울은 그들의 반응이 확실하지 않을 때 그리고 그가 비장의 카드를 사용할 필요가 있을 때(아마도 몬 18-19절에서처럼), 또는 바울에 대한 신뢰가 경각에 달하게 되었을 때(고린도후서에서처럼) 그에게 빚을 지고 있는 그의 독자들에게 그 빚을 떠올려주곤 했다.

예수의 호의는 분명히 과거의 자비라는 측면에서만 제시되지 않는다. 우리가 이미 언급했듯이 히브리서는 우리를 위해 하나님께 나아감을 확보함에 있어 현재 예수의 중보적 도움을 강조한다. 그는 그것을 위하여 아버지 앞에서 자신에게 속한 자들을 대신하여 지속적인 중보를 더하고 있다(롬 8:34; 히 7:25; 요일 2:1). 이것은 무엇보다 죄와 은혜의 관계에서 잠재적 손상을 제거하는 측면에서 제시되고 있지만, 혹자는 히브리서 저자가 신자들이 그들의 여정에서 마지막에 도달하기 위해 필요한 모든 신적 도움을 확보하는 데 대한 예수의 관심을 염두에 두고 있었는지를 의심한다. (단지 특정한 죄와 씨름하는 것이 아니라 사회적 모욕과 예수와 그들의 연합에 대한 폭력을 계속해서 견딜 수 있는 힘을 찾기 위해 씨름하는) 시험과 유혹 한가운데서 예수는 신자들을 붙잡고 그들을 "도와주고 있다"(히 2:16-18). 그들의 상황에 대한 친밀한 이해를 통해 예수는 그들이 "은혜의 보좌"로부터 어떤 구체적인 도움이 필요한가를 아신다.

이렇게 지속적인 중보와 도움은 그 자체로 아직 오지 않은 위대한 은사를 가리킨다. 우리에게서 그런 상급을 빼앗으려고 위협하는 여러 장애물을 극복하기 위해 우리는 그리스도의 도움이 필요하다. 신약 저자들은 신자들에게 약속된, 그리고 지금 신뢰("믿음")와 소망 속에서 기다리고 있는 미래의 은혜를 향해 끊임없이 전진할 것을 제시한다. 예수를 통해 신자들은 그들의 몸이 구원받게 되기를 학수고대하는데, 바울은 이것을 아들과 딸로서의 입양이 실현되는 것과 동일시한다(롬 8:23). 이는 다시 말해 우리의 유한한 육체가 "손으로 만들지 않은 집", 곧 부활의 몸으로 변형되는 것을 의미한다(고후 5:1-5; 살전 4:14). 이것은 "생명의 약속"이며(딤후 1:1), 우리가 소망 가운데 기다리는 것이다(딛 1:2). 상속자가 된(딛 3:7; 벧전 3:7) 신자들은 아직 소유하지 않았지만 약속된 유산을 받게 되기를 여전히 기다린다(엡 1:13-14; 벧전 1:4). 하나님께서 주실 이 임박한 미래를 묘사하는 데 사용된 다른 이미지들은 다음과 같다. 즉 예수가 재림할 때 그 효력이 발생하는 구원(살전 1:10; 5:9; 히 9:28; 벧전 1:5, 9, 13), "안식"에 들어감(히 4:1-11), 우리의 천성(히 11:16; 13:14), 즉 새 예루살렘(계 21:2-7), 그리스도의 명예의 공유("영광", 살후 2:14; 히 2:10; 벧전 5:10), 다스림(계 5:10) 등이다. 그리스도인이 이런 은혜를 누릴 때 하나님의 신실한 수혜자들을 위해 하늘에 쌓아둔 "소망"을 마침내 받게 될 것이다(골 1:5).

하나님께서 그리스도를 통해 이미 부여하셨고 그리스도께서 그리스도인들을 위해 확보하신 많은 은혜를 염두에 둔다면, 신자들은 신약 저자들이 남겨둔 소망과 기대의 마음가짐을 가지게 된다. "예수 그리스도께서 나타나실 때에 너희에게 가져다주실 은혜[charin, 이 문맥에서는 "은사"가 더 나은 해석이다]를 온전히 바랄지어다"(벧전 1:13). 그리스도인 공동체를 향한 하나님의 자비의 역사는 이런 미래의 은사들이 결코 실패하지 않고 주어질 것이라는 확신을 강하게 제공하고 있으며, 따라서 믿음 또는 신뢰를 강화시킨다.[41] 하나님의 영역에 있는 영원한 생명의 은사에 대한 이 소망은 "영혼의 닻"이다 (히 6:19-20). 이 본문의 수신자들이 그들의 소망과 이 은사에 대한 강한 열망을 유지하고 있듯이, 신약 저자들이 아는 바, 그들

---

41 세네카는 과거에 도움을 주었던 자들에게 반복적으로 도움을 주는 인간 후원자들의 경향에 대해 다음과 같이 말한다. "당신은 어떤 사람이 이렇게 말하는 것을 얼마나 자주 듣는가? '나는 그를 버려둘 수 없다. 왜냐하면 내가 그에게 생명을 주었으며 위험으로부터 그를 구했기 때문이다. 지금 그는 내게 영향력이 있는 사람에게 대항하고 있는 자신의 소송에 대해 탄원하고 있다. 나는 원하지 않지만, 어떻게 해야 할까? 내가 이미 그를 한 번 도와주었지만, 두 번은 아니다.' 당신은 우리에게 혜택을 주도록 강요하고 있는, 그 자체에 내재된 특정한 힘이 있다는 것을 보지 못하는가? 이는 우선 우리가 그렇게 해야 할 의무가 있기 때문이고, 다음으로 우리가 이미 그들에게 주었기 때문이 아닌가?…우리는 계속해서 베풀게 될 것이다. 왜냐하면 우리가 이미 베풀었기 때문이다"(*Ben.* 4.15.3). 하나님과 그리스도께서 이미 우리 속에서 행하신 투자는 신자들을 향한 그들의 지속적인 호의와 투자에 대한 확신, 즉 미래의 도움을 우리가 확신하는 이유가 된다. 바울은 이렇게 말한다. "자기 아들을 아끼지 아니하시고 우리 모든 사람을 위하여 내주신 이가 어찌 그 아들과 함께 모든 것을 우리에게 주시지 아니하겠느냐?"(롬 8:32).

문화의 키워드로 신약성경 읽기

이 예수께 충성하고 그들의 후원자에게 관심의 초점을 두는 데 대한 그리스도인들의 확신 및 신뢰도 마찬가지로 강하게 될 것이다.

예수를 "구세주"로 말하는 신약 저자들의 경향은 후견인으로서의 그의 역할과 일치한다. 왜냐하면 이 용어는 대적으로부터 도시를 구원하고, 기아를 극복하게 도와주며, 사람들의 복지와 안녕에 대한 여러 위협을 제거해준 위대하고 강력한 인물들에게 주는 명예로운 용어였기 때문이다.[42] 신자들은 이미 하나님의 구원의 능력이 지닌 여러 측면, 다시 말해 죄로부터(마 1:21; 행 5:31) 또는 하나님의 친절을 경험하기 이전에 그들의 삶을 규정했던 육체적 정욕의 불경건함과 얽매임(딛 3:3-5)으로부터의 구속("구원")을 경험했다. 이 구세주(또는 구원자)는 죽음을 정복했고 영원한 생명으로의 길을 열어주었다(딤후 1:10). 그러나 그의 은혜로운 행위들은 여전히 이 구속("구원", 히 1:14; 벧전 1:5, 9) 행위의 다른 국면들을 기다리고 있다. 즉 심판의 날에 있을 하나님의 분노로부터의 구원(롬 5:9), "우리가 기대하고 있는" 구세주가 돌아오실 그날에 얻게 될 죽음으로부터의 최종적 구원이다(빌 3:20-21).

자비로운 반응하기

"우리가 흔들리지 않는 나라를 받았으므로 감사를 드리자"(*echōmen charin*, 히 12:28). 1세기 세계에서 은혜의 에토스에 대한 인식의 중요한 기여 중 하나는 가장 완벽한 의미의 호의와 감사, 즉 주는 것과 보답하는 것이 얼마나 필연적으로 관련되어 있는가를 우리의 마음에 각인시키는 것이다. 우리는 "경건한 행위를 통해 구원을 획득한다"라는 주장에 맞섰던 16세기 프로

---

42   Danker, *Benefactor*, 324-25을 보라.

테스탄트 논쟁자들의 렌즈를 통해 하나님의 은혜에 대해 생각하기 때문에, 단순하지만 고결하고 아름다운 은혜의 원(circle)에 대한 신약 자체의 선언을 듣는 데 어려움을 겪는다. 하나님은 관대하게 행하시며, 예수는 위대하고 놀라운 은사들을 수여해주셨다. 이 은사들은 획득되는 것이 아니다. 더욱이 고대 사회에서 은혜는 결코 획득되는 것이 아니었다(이는 다시 한번 신약의 은혜가 일상의 은혜와 떨어져 있는 것이 아님을 의미한다). 그러나 일단 호의가 드러나고 선물이 부여되면, 그 결과는 언제나 수혜자가 감사를 표현하거나 은혜에 은혜로 보답해야 하는 것이었다. 신약의 직설법과 명령법은 이런 은혜의 원으로 결합되어 있다. 우리는 반드시 관대하며 완전하게 반응해야 한다. 왜냐하면 하나님께서 관대하며 완전하게 베풀어주셨기 때문이다.[43]

그리스도인들은 그리스도 안에서 하나님의 은혜에 어떻게 반응해야 한다고 지도받았는가? 감사에 대한 넘치는 반응 가운데 첫 번째 요소는 수여자에게 단순하게 감사하는 것이다. "우리가 받아들여야 한다고 결정했을 때 기꺼이 받아들이자. 우리의 기쁨을 고백하며 그가 즉각적인 보상을

---

[43] Howell이 제기한 반대는 "그리스의 후견인 사회에서 은혜를 베풀고 받는 것"과 다소 대조된다. 그는 그리스도인들이 자신들은 하나님의 호의를 결코 갚지 못하리라는 것을 알고 있었다고 주장하면서 반대 의견을 제시했다("Review of *Despising Shame*," 163). 이것은 대조되는 요점이 아니라 오히려 그리스-로마의 후견 제도와 강하고 구체적으로 공명하고 있음을 지시해준다. 후견인보다 사회적으로 열등한 수혜자는 후원을 "되갚을" 위치에 있지 않았다. 따라서 미래에 동등한 가치가 있는 선물을 제공하기보다 다른 수단들을 통해 자신의 감사를 표현했다. 아리스토텔레스(*Nic. Eth.* 8.14.4 [1163b15-18])는 다음과 같은 사실을 알았다. 즉 신들이나 부모의 호의는 결코 적절하게 되갚을 수 있는 것이 아니며 그 결과 자신이 할 수 있는 모든 존경을 그들에게 드리는 사람은 덕이 있다고 여겨진다고 말이다. 인간 후견인과 관련하여 세네카는 수혜자가 그의 감사를 드러냈던 상황을 이렇게 상상한다. "나는 당신에게 갚을 능력이 없습니다. 하지만 적어도 나는 모든 곳에서 내가 당신에게 갚을 수 없음을 선언하는 일을 자제하지 않을 것입니다"(*Ben* 2.24.4). 또한 세네카는 은혜를 갚으려고 주의를 기울여 기회를 살피면서 열심히 노력했지만 자신보다 훨씬 더 위대한 사람을 도와줄 수 있는 방법을 찾지 못했던 수혜자에 대해 상당한 분량을 할애하여 이렇게 말한다(*Ben.* 7.16.1-4). "한 사람은 '나는 받았다'라고 말해야 하며, 다른 사람은 '나는 여전히 빚지고 있다'라고 말해야 한다."

문화의 키워드로 신약성경 읽기

받을 수 있도록 주는 그 사람에게 기쁨을 증명하자. 우리의 감정에 쏟아 부어진 축복 때문에 우리가 얼마나 감사하고 있는지를 보여주자"(Seneca, *Ben.* 2.22.1). 넘치는 감사는 이스라엘의 예배를 특징지으며(시 92:1-4; 95:1-2; 103; 138; Sir 51:1-12을 보라), 그리스도인들의 삶과 모임을 표시하는 것이기도 했다(엡 5:4, 19-20; 골 3:15, 17; 4:2; 살전 5:18). 바울은 교회의 모든 진보(그에게 하나님의 공급하심과 채우심의 증거, 롬 1:8; 고전 1:4-7; 골 1:3-4; 살전 3:9)에 대해, 고난이나 고통으로부터의 구원에 대해(고후 1:9-11), 하나님께서 그를 통해 성취하신 역사에 대해(고후 2:14) 하나님께 찬양을 드리면서 감사에 대한 탁월한 본보기를 교회들에게 제공해준다. 바울의 예는 하나님께서 주신 과거의 은사들을 항상 마음에 새기고 있어야 하며, 우리의 삶과 교회에서 역사하는 하나님의 지속적인 도움과 은사의 표지를 주시함으로써 결국 우리가 감사하는 마음의 첫 열매로서 하나님께 감사드릴 수 있음을 우리에게 가르쳐준다(골 1:12; 2:7).

"단지 수여자들이 듣는 곳에서만이 아니라 모든 곳에서 그들에 대해 증언하자"(Seneca, *Ben.* 2.22.1). 그러므로 하나님의 자비의 수혜자들은 하나님의 명예를, 아니면 더 나아가 하나님의 명예와 자비를 인식하게 하는 일을 증대하도록 열심히 노력해야 한다. 에베소서 저자는 아리스토텔레스와 세네카의 가정을 공유한다. 다시 말해 자비로운 행위는 결과적으로 수여자의 명성 및 찬양을 증대시키는 결과로 이어진다는 것이다. 또한 그렇게 예수 안에서 계시된 하나님의 자비는 "그의 사랑하시는 자 안에서 우리에게 그가 베푸신 은혜로(*echaritōsen*) 그의 자비(*charis*)의 영광을 찬양하도록" 흐르고 있다(엡 1:6; 1:12, 14도 보라). 이것은 수여자의 호의를 증언하고 그에게 명예를 가져다주기 위해 호의의 수혜자들에게로 흘러간다. 신자들은 지금 "어두움으로부터 놀라운 빛으로 당신을 부르신 그분의 아름다운 덕

(aretai)을 선전해야"한다(벧전 2:10).[44] 가장 먼저 하나님께 감사를 표현하는 것은 하나님의 은혜를 선언하며 공개적으로 우리가 그를 통해 하나님의 은혜에 나아갈 수 있는 중재자인 예수에 대해(그리고 결국 그와 관련된 자들에게) 빚을 지고 있음을 인정하는 것을 의미한다(눅 12:8-9).[45] 감사할 줄 아는 마음은 전도와 증거의 자원이다. 이 자원은 아마도 우리가 단순하고 정직하게 하나님으로부터 받은 은사 및 도움에 대해 하나님께 공개적인 찬양을 드릴 때 가장 효과를 발휘하게 될 것이다. 아마도 어떤 이들은 로마서를 통해 아니면 그리스도의 두 가지 본성에 대한 담론을 통해 듣는 자에게 호소할 필요가 있다고 생각하기 때문에 전도를 꺼릴 것이다. 하지만 오히려 하나님께서 당신에게 드러내신 호의에 대해 공개적으로 말씀하셨기에, 하나님의 선물은 당신의 삶 속에서 긍정적인 차이를 만들어낸 것이다. 모든 필요를 관대하게 공급해주시는 그분이 절대적으로 필요한 다른 사람들에게 말하라.

말이 하나님의 명예를 증대시키는 유일한 수단은 아니다. 예수는 제자들에게 선한 행위의 삶을 추구하라고 가르쳤는데, 사람들이 그런 삶을 봄으로써 그들로 "하늘에 계신 너희 아버지께 영광을 돌리도록" 하기 위해

---

44 하나님의 덕(aretai)을 선전하는 것은 명예를 기리는 비문들에 나타나는 이 용어의 용례와 비슷하다. 거기서 이 용어는 단지 미덕이 아니라 "그 사람의 인격과 탁월한 행위를 입증" 하는 것을 의미한다(Danker, Benefactor, 318). 하나님의 은혜에 반응하는 이런 특성은 이스라엘의 예배에 뿌리를 깊이 내리고 있다(시 96:1-4; 105:1-2; 107; 116:12-18을 보라).

45 초기 그리스도인들은 예수와 그의 제자들에 대한 그들의 애착을 숨겨야 할 이유가 있었다. 왜냐하면 예수 및 그 집단과 연관되면 의심, 비난, 신체적 학대 및 경제적 파멸을 가져다주었기 때문이었다(히 10:32-34; 벧전 4:14-16을 보라). 자신의 후견인에 대해 침묵을 유지하고 그 침묵을 통해 그가 준 선물을 부인하는 것은 호의를 받은 덕 있는 자들에게는 선택할 수 있는 것이 아니었다. 세네카의 교훈을 회상해보라. "수여자가 자신의 선물을 받는 사람이 기뻐할 만한 바로 그 정도의 공공성에 맞는 선물을 제공해야 하듯이, 수혜자도 그것을 증언하기 위해 도시 전체를 초대해야 한다. 당신은 인정하기 부끄러운 채무는 받지 말아야 한다"(Ben. 2.23.1).

문화의 키워드로 신약성경 읽기

그렇게 하라고 지도했다(마 5:16).[46] 신자들이 "고귀한 행위들"을 지속적으로 추구할 때, 현재 그들을 비방하는 자들도 심판 때에 하나님께 영광을 돌리기 위해 올 것이다(벧전 2:11-12). 한 가지 구체적인 "선한 일"과 "고귀한 행위"는 자선이다. 이 사역에서의 풍부함은 "하나님께 많은 감사를 넘치게 한다"(고후 9:11-12). 하나님의 부르심에 합당한 삶, 다시 말해 미덕의 삶 속에서 걷는 것은 하나님의 성령의 선물을 통해 가능하게 되었으며, 예수의 이름으로 주어진 명예를 증대하는 결과를 낳는다(살후 1:11-12). 우리는 하나님의 은사들에 대해 다른 사람들에게 말하고 덕과 선행을 열망하며 다른 사람들이 이렇게 좋은 은인과 결합할 수 있는 방법을 찾도록 그들을 인도하면서 우리의 위대한 후견인의 명성을 이 세상에서 진일보시킬 기회를 갖는다.

후견인에게 명예를 가져다주는 것에 덧붙여서 이와 같은 행위는 후견인에게 충성을 보여주기 위한 생동감 있는 감사의 일부분이 되었다. 후견인과 밀착하는 것은 그 후견인에게 막강한 대적들이 있을 때 상당한 대가를 지불해야 하는 일이기도 했다.[47] 감사하는 것 —후원자와 관련을 맺고 그에게 계속 헌신하는 것 —은 상당한 손실을 의미할 수 있었다(Seneca, *Ep. Mor.* 81.27). 그러나 참된 감사는 이익을 누리는 순간에 고려할 수 있는 것

---

46 요 15:8에서 예수는 그의 제자들이 "많은 열매를 맺고 내 제자가 되었을" 때 아버지께서 영광을 받으신다고 말한다. 이 표현의 모호함은(요한복음에서 "열매"는 결코 구체화되지 않는다) 의도적인 것으로, 하나님의 명예를 증대시키는 "열매를 맺기" 위해 모든 가능한 기회를 주시라고 독자들의 주의를 환기시킨다. 이것이 새로운 제자를 삼을 때 모든 선함의 자원을 지시하는 선한 행위든지, 아니면 예수와 그의 사도들이 가르쳤던 제자도의 더 완전한 삶을 내면화하는 일이든지 간에 말이다.

47 비록 나는 *The Cost of Discipleship* (New York: Collier, 1959)에 나타난 값싼 은혜와 값비싼 은혜에 대한 Dietrich Bonhoeffer의 도전적인 글에 깊이 감사하지만, "값비싼 감사"의 개념이 그의 주장을 더 잘 표현한다고(은혜가 획득되거나 구매될 수 있다는 어떤 오해도 피하면서) 본다. 물론 그의 주장은 아들이라는 대가를 지불하면서 주어진 선물이기에 그에 상응하는 보답을 진심을 담아 반드시 제공해야 한다는 것이다.

을 넘어 은혜의 관계를 형성하는 것을 수반한다.[48] 1세기 그리스도인들은, 금세기 전 세계의 많은 그리스도인들이 그렇듯이, 하나님께 충성하는 것과 자신의 안전 사이에서 선택해야 하는 상황에 종종 직면했다. 이런 이유로 몇몇 본문은 적대감과 헌신으로 인한 손실을 참은 것의 긍정적인 결과를 강조한다. 베드로전서 1:6-9은 신자들이 현재 경험하는 시험을 그들이 신적 후견인에 대한 그들의 헌신이 확고함을 보여주는 기회로 해석한다. 비록 그들이 구원의 중재자인 예수를 현재 눈으로 볼 수는 없지만 그들은 그를 사랑하며 그를 향한 신뢰에 변함이 없다. 이렇게 확고한 신뢰를 지킨 최종 결과는 그들의 영혼이 보존되는 것이다. 이런 과도기에 신자들의 기쁨은 약속된 것을 성취하시는 그들의 후견인에 대한 자신들의 확신을 외부에 증언하는 것이다.

예수의 이름으로 인한 고통은 하나님으로부터 오는 선물로 간주된다 (빌 1:29-30; 벧전 2:18-21).[49] 심지어 고난에 직면해서 하나님께 충성하는 것도 그것이 우리를 그리스도의 모범과 동일선상에 있게 해준다는 점에서 은사로 간주될 수 있다. 결국 "당신은 그의 발자취를 따라가는 것이다"(벧전 2:21). 그 길의 궁극적인 목적지는 지금 그리스도의 이름을 위해 받는 고난을 은사, 즉 하나님께서 당신에게 헌신하며 당신을 신뢰하는 자들에게 주실 구원과 명예로 만드는 것이다(벧전 3:14; 4:13, 19; 참조. 2:23의 예수의 모습). 예수가 하나님의 호의 앞으로 우리를 인도할 때 발생하는 비용을 기

48　세네카를 기억하라. "다음과 같이 생각하는 사람은 배은망덕한 사람이다. 즉 '나는 감사로 보답해야 한다. 그러나 나는 비용이 부담되고 위험이 두렵고 분노를 일으킬까 움츠러든다. 나는 오히려 내 자신의 이익을 추구하는 것이 낫겠다'(*Ben.* 4.24.2).

49　벧전 2:19-20은 수수께끼와 같은 문구인 *touto gar charis*와 *touto charis para theō(i)*를 포함한다. NRSV는 이 문구를 "그것은 당신에게 칭찬이 되고", "당신은 하나님의 인정을 받는다"라고 번역하지만, 이 표현이 의미하는 "이것은 은사이며", "이것은 하나님으로부터 온 은사다"(또는 "이것은 하나님 앞에서 호의[의 나타남]가 된다")라는 더 직접적인 의미를 모호하게 만든다.

　문화의 키워드로 신약성경 읽기

꺼이 지불했음을 고려할 때, 신자는 그와 같은 보답을 하기 위해 대담해져야 한다. 예수께 응답하기 위해 세속적 안락함과 명예와 안전함을 뒤에 남겨두면서 말이다(히 13:12-13). 하나님께 충성하는 것은 잠재적 후견인들이 될 수 있는 하나님의 대적들과 만나는 것을 피하기 위해 조심하는 것을 의미한다. 1세기에 이것은 비그리스도인들이 주의를 기울여 함양시키려고 했던 일에 참여하지 않는 것, 즉 그리스-로마의 만신들이나 황제들을 포함하는 이방신들이 주는 호의에 빚지고 있음을 선포하는 의식에 참여하지 않는 것을 의미했다(고전 10:14-21; 계 14:6-13). 그런 의식들을 피하는 것이 인적 후견인을 잃어버리는 것을 의미했을지라도, 그것은 오직 위대한 후견인께 충성의 값을 지불하는 일이었다. 우리는 자신의 경제적·사회적 안녕을 보전하는 것보다 한 분 하나님께 감사로 반응하며 사는 것에 더 관심을 갖지 않을 수 없다(마 6:24; 눅 12:8-9).

충성의 다른 면은 신뢰다(분명히 문자적으로 *pistis*는 이 두 가지를 모두 의미하기 때문이다). 이미 베드로전서 1:6-9에서 보았듯이 신자들은 하나님께서 과거에 베푸신 은사들에 대해 감사할 뿐만 아니라 하나님께서 주실 미래의 자비, 특별히 재림의 때에 드러나게 될 구원을 확고하게 신뢰하면서 사회의 적대감을 인내했다(벧전 1:5, 13). 바울이 보기에 갈라디아 교회가 처한 위기는 그리스도인 공동체가 그들을 향한 하나님의 호의를 보증해주는 예수의 능력을 신뢰하는가라는 문제에 관한 것이었다. 만일 그들이 토라의 행위를 기초로 자신들을 위한 하나님의 호의를 확보하고자 희망한다면, 이는 그들이 과거에 헌신했던(그 결과로 그들이 이미 성령을 받았음, 갈 3:1-5) 예수의 중재에 대한 불신임에 해당될 것이다. 그 결과는 그들이 예수와 소원해지는 것이다. 그분은 불신하는 자들에게 더 이상 혜택을 주지 않으실 것이다. 또한 궁극적으로 그들은 하나님의 호의 자체와도 소원해질 것이다. 하나님께 대한 확고한 신뢰는 신자의 안정성의 자원이 되며, 그로 하여금 결국 하나님의 신실한 수혜자 및 동료 신자들의 친구가 되는 것을 가능하도록 만든다(골 1:5). 예수 자신의 안정성 ─ 그는 어제처럼 오늘도 동일한 분이시며 여전히 내일도 동일하실 것이라는 사실 ─ 은 안정적인 신뢰를 위한 적절한 기반을 제공해준다(히 13:7-8).[50]

수혜자들은 명예와 충성의 방식뿐만 아니라 후견인을 위해 봉사를 행함으로써 감사를 표현할 것이다. 여기서 선한 일, 곧 순종의 행위와 미덕의 추구는 하나님의 호의와 친절을 받는 것과 분리되지 않고 연결되어 있다. 예수의 가르침과 사도들의 교훈에 순종하는 삶 ─ 요약하면 선한 행위를 하는 삶 ─ 은 하나님으로부터 호의를 획득하기 위해 주어진 것은 아니다. 그러나 그럼에도 불구하고 그들은 **반드시** 하나님께 감사의 보답을 돌려드려야 한다. 이 보답을 거절하는 것은 바로 그 후견인(우리를 위해 자신의 모든 것을 베풀어주신 분)과 특별히 그분이 우리에게 요구하는 반응을 거절하는 것이 된다. 바울은 어떻게 우리가 반응해야 하는지에 대해 잘 이해하고 있다. 즉 만일 예수가 우리를 위해 그의 목숨을 주셨다면, 우리가 그를 위한 삶을 살지 않는 것은 공평한 보답에 미치지 못하는 것이다(고후 5:14-15; 갈 2:20).

하나님께서 우리를 대신하여 행하신 일은 특정한 그리스도인의 행위에 대한 가장 강력한 동기가 된다. 예를 들어 바울은 고린도 교회 성도들에게 그들이 비싼 비용으로 대속되었기 때문에 그들은 더 이상 그들을 소유했던 주인들의 것이 아니라는 사실과, 그들의 구속자에게 빚을 졌기에 그들의 몸을 그 구속자를 기쁘게 하기 위해 사용해야 함을 상기시킨다(고전

---

50 불신의 이유들에 관한 연설에서 디온 크리소스토모스는 "누군가가 행운에 대해 말한다면, 그것은 오히려 인간에 대해 훨씬 더 많은 말을 하는 것이다. 왜냐하면 그가 내일까지 현재 존재하는 모습으로 계속 남아 있을지를 아는 사람은 아무도 없기 때문이다"라고 지적했다 (*Or.* 74.21-22). 히브리서 저자는 그리스도인의 후견인인 예수에게 그런 "불변성"은 결코 부족하지 않다고 확언한다.

문화의 키워드로 신약성경 읽기

6:12-20).[51] 더 일반적인 용어로 바울은 로마에 있는 그리스도인들에게 다음 사실을 떠올리게 한다. 즉 그들이 죄로부터 구원받고 하나님의 은혜를 받은 경험은, 과거에 그들이 한때 죄를 섬겼듯이, 이제는 그들의 몸과 생명을 하나님을 섬기기 위해 사용해야 하는 의무를 그들에게 남겨준다는 것이다. 그들은 육체가 아니라, 그들을 구원하셨고 그들을 구원하실 하나님께 "빚진 자들"이 되었다(롬 8:12).[52] 이와 같은 올바른 행위는 항상 그 자체로 하나님의 특별한 권능의 결과이며, 하나님께서 우리에게 그분의 은혜에 합당하게 반응하도록 요구하시는 것이다(롬 8:2-4; 빌 1:11; 히 13:20-21; 벧후 1:3-4). 그러나 이런 자원이 제공받은 것이라는 사실은 그리스도인들이 자원을 소홀히 하기보다 하나님의 풍부한 공급을 받아들이고 그것을 사용하는 일에 더 많은 의무를 갖도록 만든다.

신약에서 나타나는 뚜렷한 교훈은 하나님과 예수께서 제공해주신 미덕과 관대함을 모방하는 일을 촉진시킨다. 첫째, 예수는 하나님의 은혜를 받은 수혜자들에게 하나님의 은덕을 모방하라고 명령한다(마 5:43-48; 눅 6:27-36을 보라). 예수는 오히려 하나님 당신을 본보기의 기준으로 삼아 호

---

51 벧전 1:17-21의 유사한 논리를 생각해보라. 하나님께서 예수 안에서 그들을 위해 이미 행하신 자비의 행위들로 인해, 다시 말해 예수 자신의 가장 값진 생명의 보혈로 대속되었기 때문에—창조보다 앞서 예견된 대가로 인해(자비의 행위를 예견한다는 주제는 흔한 것이었다. 한 가지 예만 들자면 행 24:2-4을 보라)—신자들은 하나님을 향한 경외를 드러내는 방식으로 자신의 행위를 수행해야 할 의무가 있다. 그래서 그들은 금이나 은으로 속전(이미 감사의 마음 밖에는 보답할 길이 없는 놀라울 정도의 채무)을 지불함으로써 그들의 구원에 영향을 미쳤던 인간 은인에게 빚진 것보다 더 하나님께 빚진 것이다. 예수의 성육신과 고난에 나타난 하나님의 의도된 자비는 "너희를 위하여"("δι᾽ ὑμᾶς; 벧전 1:20)라는 표현으로 다시 강조된다.

52 Danker, *Benefactor*, 451을 보라. 이런 문맥에서 자세히 살펴보아야 할 다른 구절들은 롬 12:1과 엡 4:1(이 구절들은 롬 1-11장과 엡 1-3장에서 칭송받았던 자비로운 행위들에 대한 적절한 반응의 윤곽을 드러내준다), 히 13:15-16이 있다. 히 13:15-16은 그의 아들로 인해 정결하게 된 자들이 하나님께 드려야 할 "감사"와 "겸허한 섬김"(히 12:28)에 대해 적절하게 논증하고 있다. 예수는 그들이 하나님의 은혜와 현존으로 들어갈 수 있도록 허락해주셨고, 결국 그들을 흔들리지 않는 나라로 인도함으로써 완전하게 하실 것이다.

혜와 관대함의 일반적인 한계에 도전한다.[53] 그리스도인들은 그들의 비그리스도인 이웃들에게 은인들이 되라는 가르침을 받는다(살전 3:12; 5:15). 이는 특히 적대적 상황에 직면했을 때 "선행으로" 비방하는 자를 침묵시키기 위함이다(벧전 2:15). 이런 교훈들의 논리는 한결같이 우리가 받은 은혜에 부합하게 반응하라는 것이다. 이것은 우리가 관용을 받은 것과 같이 관용하고(또는 "용서하고", 마 6:14-15; 18:23-35; 엡 4:32; 골 3:13), 그리스도께서 각 사람을 자유롭게 환영하셨기에(롬 15:7) 교회 내에서 유대인들과 이방인들에 대한 환영과 수용을 확장하며, 그리스도께서 우리를 향한 사랑을 나타내신 것같이 서로 사랑하고(엡 5:2, 요일 4:11), 그리스도께서 우리의 유익을 위해 자신을 쏟으심으로써 본을 보여주셨듯이 우리 자신의 이익과 평가보다 다른 사람의 이익에 더 마음을 쓰며(빌 2:1-11), 예수께서 우리를 돕기 위해 자신의 목숨을 버리셨기 때문에 서로 돕기 위해 심지어 우리의 생명까지도 버리는(요일 3:16-18) 일을 포함한다. 이것이 서로를 돕는 실제적이고 본질적인 행위다.

신약 저자들이 이런 섬김의 반응에 접근하는 또 다른 관점은 하나님께서 그리스도인들을 부르신다는 것이다. 이는 하나님께서 행하신 일을 우리가 행하며 그분이 주신 것을 우리가 주도록 — 다시 말해 하나님의 은사들을 바르게, 은사의 목적에 맞게 사용하도록 — 하신 목적을 성취하는 데 더욱 관심을 가지라는 요청이다.[54] 죄인을 향한 하나님의 인내는 죄인을 회

---

53 동일한 것을 행하도록 했던 세네카의 시도를 떠올려보라. 그는 경건한 자들뿐만 아니라 신성을 모독하고 무심한 자들에게도 은사들을 더 많이 내려주는 신들을 모방하라고 후원자들과 은인들을 지도하면서 신들의 특성과 덕에 완전하게 일치하게 행동하고 심지어 미덕이 부족한 상황 속에서도 그렇게 행동하라고 가르친다(*Ben.* 1.1.9; 4.25.1; 4.26.1; 4.28.1).

54 그렇게 행하는 데 실패하는 것은 은사가 그것의 가치에 부합하는 방식으로 사용되고 활용되리라고 기대하면서 그 은사를 베풀어준 수여자를 모욕하는 것이다(예를 들어 귀중한 물건을 받은 자는 그것을 다락방에 놓아두어서도 안 되고 재떨이와 같은 것으로 사용해서도

개로 이끌기 위해 의도된 은사, 즉 마음의 변화를 가져오기 위한 "그의 친절의 풍성함"이다(롬 2:4). 이 은사를 올바르게 사용하지 않는 것은 사람이 하나님의 친절을 "경멸"함으로써 결국 그의 분노를 야기하게 된다는 것을 보여준다. 그리스도 안에서의 자유라는 하나님의 선물은 방치되어서도 안 되며(갈 5:1), 하나님을 기쁘시게 하거나 영화롭게 하는 것이 아닌 다른 목적에 사용되어서도 안 된다(갈 5:13). 오히려 이 자유는 동료 신자들을 향한 사랑과 섬김의 기회인 것이다. 디도서 2:11-14과 베드로후서 1:4은 모두 "정욕으로 인해 세상에서 타락"했다고 표시되거나 "불경건과 세속적인 욕정"으로 점철된 삶에서부터 벗어나 "신적 본성"에 우리를 참여시킴으로써 "절제와 정직과 경건한 삶"으로 우리의 삶을 변혁하는 것에 초점을 맞추고 있다. 성화는 본질상 그리스도 안에서 거룩하게 되기 위해 만들어 놓은 자원을 바르고 적절하게 사용함으로써 단순히 하나님의 은사에 정직하게 반응하는 것이다.

이와 유사하게 바울과 베드로전서 저자는 하나님께서 전체 교회의 유익을 위해 신자 개개인에게 은사를 주시는 방법에 대해 자주 말한다. 이런 신적 수여는(가르침이든지 예언적 선언이든지 지혜든지 방언이든지 심지어 물질적 구제든지 상관없이) 섬김을 위한 기회와 의무가 된다. 그런 은사를 받았을 때의 적절한 반응은 자랑이 아니라(고전 4:7) 그 은사를 전체 교회 및 세상과 나누는 것이다. 자랑은 이런 자질들을 하나님이 베푸셨다는 사실을 시인하는 데 방해가 될 뿐이다. 우리는 하나님께 드리는 영광과 찬양을 증대시킬 목적으로 하나님께서 주신 다양한 은사를 사용하여 청지기 직분을 행사해야 한다(벧전 4:10-11; 롬 12:3-8; 고전 12:4-11; 엡 4:7-16도 보라).

감사할 줄 아는 수여자들로서 반응하는 데 헌신하는 것은 신약을 관

───

안 된다).

통하는 다음과 같은 확신으로 인해 강화된다. 즉 이와 같은 반응은 사람의 중심에 하나님의 은혜가 계속 유지되도록 하며 미래에 하나님께 호의를 받도록 이끌어준다는 것이다. "너희는 내가 명하는 대로 행하면 곧 나의 친구라.…너희가 나를 택한 것이 아니요 내가 너희를 택하여 세웠나니, 이는 너희로 가서 열매를 맺게 하고 또 너희 열매가 항상 있게 하여 내 이름으로 아버지께 무엇을 구하든지 다 받게 하려 함이라"(요 15:14, 16). 순종은 예수와의 우정의 관계로, 또한 하나님의 개인적 후원(신자들의 탄원을 듣고 응답하시는 하나님의 자원하심; 요 14:14-17도 보라)에 대한 접근 및 확신으로 이끌어준다. 예수는 "그에게 순종하는 모든 자들을 위한 영원한 구원의 근원"이 되신다(히 5:9). 특별히 히브리서 저자는 그의 수신자들에게 그리스도가 재림하실 때(히 9:28) 그들이 "상속받게 될"(히 1:14) 구원에 초점을 계속 맞추어 감사함으로 인내할 것을 동기부여하고 있다. 베드로전서 3:12(시 34:16을 인용한다)과 요한1서 3:21-22은 모두 "그의 계명을 지키는 [것]"은 하나님께서 그리스도인들의 탄원을 여전히 듣기 좋아하신다는 확신을 가져다준다고 확언한다. 은인들을 기념하는 명예로운 선언의 전형적인 양식을 비교하는 데 도움이 되는 단락에서,[55] 베드로후서 저자는 경건을 위한 하나님의 풍부한 지원에 적절하게 반응하는 것은 하나님의 지원과 함께 신자들이 하나님께서 우리 안에 심어놓으신 씨앗으로 가장 좋은 열매를 맺고자 하는 자신의 열심을 제공하는 것을 포함한다고 제안한다(벧후 1:3-10). 이런 삶의 방식은 죄로부터 우리를 깨끗케 하신 과거의 하나님의 은혜와 하나님의 "소중하고 위대한 약속들"(세속적인 타락을 극복하는 동력을 우리에게 주심을 의미함)에 대한 깊은 성찰을 드러내면서 다음과 같은 최종적인 혜택으로 이끌어준다. 즉 "영원한 나라에 들어감을 넉넉히 너희에게 주시리라

---

55 Danker, *Benefactor*, 453-66.

문화의 키워드로 신약성경 읽기

(벧후 1:11).[56]

하나님의 은덕에 대한 수치스러운 반응들

성경은 하나님의 은사를 획득하는 데 실패할 위험(히 12:15)과, "하나님의
은사를 헛되이 받는 것"(고후 6:1)에 대해서도 제시해준다. 감사로 반응하
며 사는 것이 미래에 신자들이 하나님으로부터 호의를 받게 될 것임을 확
인해주듯이, 하나님의 호의를 무시하거나 그것에 감사하지 않거나 심지어
경멸하는 방식으로 반응하는 것은 사람이 "호의를 잃도록"(갈 5:4) 만들며,
미래에 주어질 호의로부터 배제되는 위험한 결과를 낳는다. 청중이 특정한
행동을 하지 못하도록 단념시키려고 할 때 신약 저자들은 청중에게 그런
일련의 행동이 어떻게 감사의 의무와 부합하지 않으며, 후원자의 호의를
모욕하여 분노로 바꾸게 만드는 위협이 되는지를 보여준다.

　실제로, 감사를 표현하는 반응을 구성하는 것으로서 앞에서 언급한
그런 행위를 거절하거나 무시하는 것은 값으로 매길 수 없는 호의를 받은
자가 은혜의 원을 깨뜨리고 그 관계가 더 이상 지속되지 않고 멈추도록 만
들었음을 의미한다. 예수를 버리는 것(마 10:32-33), 하나님께 영광을 돌리
지 않거나 경외를 표현하지 않는 것(롬 1:21; 계 9:20-21; 16:9, 11), 하나님
이나 예수를 향해 불신을 드러내는 것, 하나님과 예수의 약속에 의지하여
행동하기보다 머뭇거리는 것(갈 1:6; 2:21; 5:2-4; 히 3:12, 19; 약 1:6-7), 하
나님의 대적들과 연합함으로써 불충성을 보이는 것(약 4:4; 계 14:9-11), 섬
기라는 하나님의 부르심에 불순종으로 반응하는 것(롬 2:17-24), 하나님의

56　은인의 활동과 관련하여 동사 *epichorēgeō*의 빈번한 사용에 대해서는 Danker, *Benefactor*,
　　331-32을 보라.

이름에 불명예를 가져오는 것과 같은 일들은 모두 하나님께서 그리스도인 들에게 아낌없이 주신 관대함과 호의에 걸맞은 적절한 행위가 아니라 추하고 부적절한 태도들이다. 이런 행동들은 은혜에 대한 무례한 망각[57]을 보여주며, 하나님의 호의와 친절에 모욕과 욕설로 반응함으로써 하나님께 도발하는 것이다.

"히브리인들을 향한" 설교는 이런 주제들이 작용하는 강력한 예들을 제공해준다.[58] 고통스러운 적대감, 모욕, 폭력 및 소외의 시기에 직면했던 회중이 있었다(히 10:32-34). 몇몇 구성원은 그리스도인 공동체와 연합하는 것보다 좋은 호의를 제공하는 사회로 돌아가는 것의 가치를 더 높게 여기고 있었다(히 10:25). 히브리서 저자는 신자들에게 하나님께서 그들을 위해 제정하신 선한 목표를 향해 곧바로 달려갈 수 있는 길로부터 그들을 "표류하도록" 이끄는 어떤 유혹에도 맞서라고 강력하게 권고한다. 그들은 "완전을 향해 계속해서 가야" 한다(히 6:1). 그 이유는 다음과 같다.

한 번 빛을 받고 하늘의 은사를 맛보고 성령에 참여한 바 되고, 하나님의 선한 말씀과 내세의 능력을 맛보고도 타락한 자들은 다시 새롭게 하여 회개하게 할 수 없기 때문이다. 이는 그들이 하나님의 아들을 다시 십자가에 못 박아 드러내놓고

---

57   키케로(*De Offic* 2.63)가 그러했듯이 세네카(*Ben.* 3.1.3-3.3.2)도 은혜에 대한 망각을 강하게 비판한다. "모든 사람이 은혜를 망각하는 것을 싫어한다. 왜냐하면 은혜를 망각하는 것은 관대함을 줄어들게 만듦으로써 자신에게 해가 되며, 배은망덕한 자는 도움을 필요로 하는 자들의 공공의 적이 된다고 생각하기 때문이다." 우리는 벧후 1:9을 유사한 경멸과 수치를 일으키는 것으로 볼 수 있다. 이 구절은 저자가 하나님의 은혜를 깊이 숙고하고 있음을 보여주기 위해 추천하는 지침을 독자들이 지속적으로 추구하도록 이끈다.

58   이 본문의 목회 전략에서 기능하는 후원자-수혜자 및 은혜와 관련한 구절들의 정밀한 분석에 대해서는 David A. deSilva, "Exchanging Favor for Wrath: Apostasy in Hebrews and Patron-Client Relations," *JBL* 115 (1996): 91-116을 보라. 구체적으로 히 6:4-8에 대해서는 David A. deSilva, "Hebrews 6:4-8: A Socio-Rhetorical Investigation," *Tyndale Bulletin* 50.1 (1999): 33-58; 50.2 (1999): 225-35을 보라.

욕되게 만들기 때문이다. 땅이 그 위에 자주 내리는 비를 흡수하여 밭 가는 자들이 쓰기에 합당한 채소를 내면 하나님께 복을 받고, 만일 가시와 엉겅퀴를 내면 버림을 당하고 저주함에 가까워 그 마지막은 불사름이 될 것이다(히 6:4-8).

청중은 하나님으로부터 여러 가지 중요한 은사(빛의 비침, 성령, 명시되지 않은 하늘의 은사)를 받았을 뿐만 아니라 내세에 받을 능력을 맛보았다고 묘사된다. 그렇기 때문에 어떻게 그들이 타락할 수 있다고 생각할 수 있었겠는가? 그런 행동은 그들이 이웃들에게 증언할 때 예수의 명예를 함양하기보다는 그분께 공개적인 수치를 가져다주기 때문에 은사와 은사를 주신분에 대해 다음과 같은 모욕을 드러내는 것이 된다. "너희가 옳았다. 예수의 은혜는 그의 이름과 관련하여 더 이상의 대가를 지불할 가치가 없다." 이 구절과 밀접한 농사에 대한 실례는 하나님의 은사가(여기서는 비) 보답, 즉 적절한 수확을 추구한다는 것을 가르쳐준다. 대신에 만일 땅이 불쾌하고 이익이 되지 않는 것을 생산한다면 오직 불사름을 당할 수밖에 없다.[59] 히브리서 저자는 하나님께서 신자들을 조심스럽게 경작하고 계심을 분명히 말하고 있다. 즉 신자들에게 풍부한 은사들을 주셔서 하나님을 위해 "열매 맺는 땅"이 되고 "[그들]이 경작되어 밭을 가는 자들에게 적절한 채소"를 생산할 수 있도록, 다시 말해 사회가 수치를 주는 상황에 직면하여 서로를 신뢰하고 계속 충실하게 지지하면서 동료 신자들을 위한 사랑과 섬김의 행위를 생산할 수 있도록 하신다는 것이다(히 6:9-10). 그런데 어떻

---

59 농사 이미지들은 후원과 호혜에 대한 고전적 본문에서 흔하게 나타난다. 세네카는 종종 씨앗을 심는 것을 호의를 베푸는 것에, 좋은 땅을 감사할 줄 아는 수혜자에, 메마른 땅을 배은망덕한 자에 비유한다(*Ben.* 1.1.2; 2.11.4-5; 4.8.2; 4.33.1-2). Pseudo-Phocylides(지혜로운 충고에 대한 이 유대교 모음집의 실제 저자의 이름은 알려져 있지 않다)도 유사하게 이렇게 기록한다. "나쁜 사람에게 선을 행하지 말라. 이는 바다에 씨를 뿌리는 것과 같다"(*Sentences*, 152).

게 그들이 결점투성이인 가시나무를 생산하거나 공통의 순례를 통해 서로를 돕고 지원하는 데 대한 그들의 책임을 회피할 생각을 할 수 있겠는가?[60]

이 단락은 신자들이 용서받을 수 없는 죄를 지을 가능성에 반대하는 것으로서 영원한 안전에 대한 신학 논쟁의 중심에 서 있다. 히브리서 저자는 다음과 같은 사회적 에토스 속에서 대화를 이어간다. 즉 여기서 은혜의 수혜자들은 일련의 고려 사항을 염두에 두고 행동하라는(즉 감사의 반응을 유지해야 하고 어떤 상황에서도 후원자에게 배은망덕을 보여주는 일을 피하라는) 가르침을 받는다. 반면에 은인들은 또 다른 고려 사항을 염두에 두고 행동하라는 (관대함과 아량을 행사하는 것을 강조하는) 가르침을 받는다. 이와 관련하여 가장 신랄한 것은 배은망덕을 경험한 후원자에게 두 번째 선물을 주기를 두려워하지 말라고 권했던 세네카의 충고다. 이는 농부가 척박한 땅에서 일하는 것처럼 이 새로운 선물이 감사와 충성을 충분히 불러일으킬 것이라는 희망을 가지라는 것이다(Ben. 7.32). 영원한 안전에 대한 교리는 분명하게 수혜자의 위치에 있는 우리로 하여금 우리의 적절한 역할, 즉 은혜에 은혜로 보답하는 데 대한 우리의 헌신이 무엇인지에 대해 집중하지 못하게 만든다. 다른 한편으로 하나님의 자비에 대해 한계를 정하려는 시도 역시 합당하게 우리의 것이 아닌 것을 주시는, 즉 극단적으로 배은망덕하다고 증명된 자에게조차 베풀고자 하시는 하나님의 자유를 침해한다. 성경적 증거는 후원에 대해 그리스-로마의 문헌에서 발견되는 동일한 긴장을 만들어낸다. 배은망덕과 그로 인해 호의로부터 배제당하는 치명적 위협에 대해 수혜자들에게 경고하고, 일부 수혜자들의 배은망덕보다 더 큰 관대함을 지닌 후원

---

60 히 10:26-31은 사회가 제공하는 좋은 호의들로 인해 다시 돌아가기를 바라는 그리스도인 공동체와 관련하여 공개적으로 그것과 거리를 두는 것의 중요성을 강하게 제시한다. 그런 삶의 선택으로 인해 은사의 가치와 은사의 수여자가 경멸당하는 것과, 예수의 명예 및 그의 호의가 짓밟히는 것에 대해서는 심판주가 되시는 하나님께서 배은망덕한 자들을 심판하실 때 그 대가를 지불하게 될 것이다.

자를 극찬한다. 이는 건강한 긴장감이다. 한쪽을 배제하면서 다른 한쪽을 선택하는 것은 은혜의 춤을 추는 데 있어 스텝을 잘못 밟는 일이 될 것이다.

그리스도인의 기부

이 장에서 그리스도인의 기부에 대한 주제와 새로운 공동체 내에서의 자비 및 후원 행위에 관한 신약성서의 해석에 대해 지면을 할애하는 것은 적절한 것 같다. 예수는 가난한 자들에 대한 후원에 관해 많이 말씀하셨다. 예수가 모든 청중에게 권면하고 있듯이, 자선은 "너희 소유를 팔아 구제하여 낡아지지 아니하는 배낭을 만들라. 곧 하늘에 둔 바 다함이 없는 보물이니"(눅 12:33)라는 말씀의 궁극인 지속적인(영원한) 부로 이어진다(눅 2:33; 14:12-14; 16:9; 18:22).[61] 사람의 참된 소유가 그가 베푸는 것에 있다는 개념은 세네카에게도 잘 알려져 있었다.[62] 비록 세네카가 예수와 달리 혜택의 법률적인 배치에 대해(세속적인 관점에서) 충고하고 있지만 말이다. 반면에 예수는 갚을 능력이 없는 자들을 찾아내라고 우리에게 말씀하신다. 하나님께서 "의인들의 부활의 때에" 우리에게 되갚아주실 것이기 때문이다(눅

---

61 누가는 이 점에 대해 특별히 강조한다. 즉 오직 누가복음에서만 우리는 이런 "하늘의 보물들", 다시 말해 자비로운 구제를 어떻게 우리 자신에게 공급할 수 있는지에 대해 듣는다. 또한 오직 이 복음서에서만 젊은 부자 청년에게 부과했던 도전을 예수를 따르고자 하는 모든 사람에게도 부과한다(특히 눅 14:33을 보라). 이런 확신은 2세기의 기독교 문헌인 *Shepherd of Hermas*, similitude 1에서 발전된 형태로 나타난다.

62 "'내가 무엇을 주든지 간에 나는 여전히 그것을 소유하고 있다!'…이것은 우리 인간 운명의 모든 변덕스러움 속에서도 꾸준히 남아 있을 부유함이다. 그리고 이런 부유함이 크면 클수록 시기심을 덜 불러일으킬 것이다. 왜 당신은 부가 마치 당신의 소유인 것처럼 당신의 재산을 아끼고 있는가? 당신은 단지 청지기일 뿐이다.…당신은 어떻게 이런 부유함을 당신의 소유로 만들 수 있는가를 묻고 있는가? 그것을 선물로 나누어주면 된다! 그러므로 당신의 소유를 최대한으로 이용하라. 더 안전하고 더 명예롭게 이용하라. 그 소유에 대한 당신 자신의 권리를 확실하게 하고 침범할 수 없게 만들라"(*Ben.* 6.3.1, 3).

14:12-14). 마태복음 25:31-46에는 다음과 같은 뚜렷한 비전이 있다. 여기서 의인은 도움이 필요한 자들에게 자비를 베푼 것을 기초로 악인과 구분되는데, 이 구절은 다음과 같이 주장함으로써 청중과 독자를 놀라게 한다. 즉 가난한 자에게 음식과 의복과 편안함을 제공하는 것이 우리의 생존과 복지(예를 들어 음식과 의복이라는 선물; 마 6:11, 25-33)를 위해 우리에게 모든 필요를 제공해주신 분의 은혜에 보답하는 길이라는 것이다. 우리는 가난하거나 압제당하는 자의 편이 되시는 우리의 주님이자 은인이신 그분께 은혜로 보답할 수 있는 기회가 있다.

특별히 바울의 편지에서 우리는 후원에 대한 문화적 규정의 현저한 변혁을 발견한다. 지역 교회 내에서 또는 전 세계의 교회들 간에 이루어지는 물질적 후원과 다른 형태의 도움이나 자선은 좋은 평가와 명예의 자원이 된다. 바울은 고린도 교회의 성도들에게 마케도니아의 그리스도인들을 칭찬하면서 그들의 관대함에 대한 명예를 치하했다(고후 8:1-5; 11:9). 바울은 마케도니아 성도들이 그들 자신의 가난함으로 인해 자신들의 관대함이 방해를 받지 못하도록 했음을 강조함으로써 그들의 덕을 부연했다.[63] 바울은 그의 편지에 자신이나 교회의 유익을 위해 비용을 지불했거나 자선을 베푼 자들을 기념하는 내용을 포함시킨다. 바울은 자신을 포함하여 "모든 이방인 교회들"과 함께 "[바울의] 생명을 위해 그들의 목을 내어놓음으로써" 결국 가장 위대한 자비를 드러냈던 브리스가와 아굴라에게 빚을 지

---

63 세네카와 비교해보라. "때때로 우리는 위대한 마음으로부터 나온 작은 선물을 주는 사람에게 더 큰 의무를 느낀다. 그는 '마음으로는 왕이 베푸는 선물과 대등한 선물을 주고', 비록 작은 선물이지만 기뻐하면서 베풀며 상대의 가난을 주시함으로써 그 자신의 가난을 잊는다"(Ben. 1.7.1). 부자의 선물과 비천하고 가난한 자의 선물에 대한 세네카와 예수의 평가가 유사하다는 것 역시 놀랍다. "큰돈을 가진 누군가가 선물을 주었지만 그 수여자는 부자이기에 희생을 느끼지 못할 수 있다. 반면에 또 다른 사람은 동일한 선물을 주었지만 자신의 유산 전체를 잃어버렸을 수 있다. 주어진 총액은 같지만, 이익은 동일하지 않다"(Ben. 3.8.2). 이 내용을 과부의 동전 이야기와 비교해보라(눅 21:1-4).

고 있음을 밝힌다(롬 16:3-4). 바울은 스데바나와 브드나도와 아가이고에게 수여되어야 할 공개적인 명예를 요청한다("그래서 너희는 이런 사람을 알아주라"[고전 16:17-18]). 바울은 에바브라디도의 섬김을 특별히 언급하는데, 그는 바울을 지원했던 빌립보 교회의 대리인 또는 전달자 역할을 했으며, 전력을 다해 섬기는 일에 자기 자신을 사용했다(그는 거의 죽기에 이르기까지 자기 목숨을 돌보지 않았다). 이런 사람은, 바울이 선언하고 있듯이, 공동체에서 명예를 받는다(빌 2:29-30). 이 서신들은 공적 문서이기 때문에 신자들이 함께 모인 곳에서 읽는다. 이런 언급은 개인의 관대함에 대한 공적 발표에 이르며 회중 가운데서 그의 명예를 높여준다.

그럼에도 불구하고 교회 내의 자선은 하나님의 특별한 은사다. 이는 공동체의 구성원을 통해 중개되는, 공동체를 향한 하나님의 후원의 현현이다(롬 12:6-8; 엡 4:7, 11-12)[64] 예언, 방언, 가르침 및 지식의 말씀과 같은 영적인 은사를 받고 섬기는 일을 하는 것과 더불어 하나님은 당신의 가정에서 당신의 목적을 성취하기 위해 구제의 은사를 부여하신다. 하나님은 모든 것을 공급하신다. 그래서 결국 그리스도인들은 교회에서 수여자와 수혜자의 관계를 형성하기 위해(살고 있는 지역에서의 명성과 권력의 자원이 되도록) 자신들의 돈이나 환대의 은사를 사용하기보다는 친족 관계의 책무에 기초하여 서로 나누라는 부르심을 받는다.[65] 이것은 후원이 청지기의 정신으로

---

64 이런 주제는 초기 기독교 문학을 통해 계속 등장한다. 예를 들어 *The Acts of Peter*는 부유한 그리스도인들의 자선이 "그리스도께서 그의 소유된 자들을 돌보시는" 실례로 제시되어야 한다는 인식을 증진시킨다(Robert F. Stoops Jr., "Patronage in the *Acts of Peter*," *Semeia* 38 [1986]: 94). 그래서 이 자선은 공동체 내에서 부자들이 자신들의 명성을 함양하기 위한 수단으로서 행하는 것이 아니라 예수께 감사와 찬양을 돌리는 것이 되어야 한다는 것이다. 부자들의 선물은 그들 자신의 사적인 권력을 증진시키는 것이 아니라 예수께 대한 그들의 충성을 기초로 베풀어져야 한다("Patronage," 98; *Acts of Peter* 19). 알렉산드리아의 클레멘스의 설교인 "On the Rich Man Who Enters Heaven"도 보라.

65 그리스도인의 구제의 이상을 전달하기 위해 사용된 또 하나의 모델은 우정이다. 누가는 우

대담한 변화를 이룬 것이다.

그러므로 후원과 자선은 명예와 권력의 축적을 위한 인간들 간의 경쟁 영역으로부터 제거된다 – 오늘날에도 여전히 관련되는 메시지다. 실제로 구제에 참여하는 것은 기부자가 행한 호의만큼 베풀어진다. 유대 지역 교회의 가난한 자들을 위한 모금은 아마도 신약 교회 안에서 이루어진 가장 분명한 자선 행위였을 것이다(행 11:29; 롬 15:26-27; 고후 8-9장). 그러나 바울은 이를 인간의 후원 행위가 아니라 반응하는 그리스도인을 통해 작용하는 하나님의 자선으로 간주했다(고후 9:8-15). 하나님은 고린도 교회의 성도들의 필요를 완전히 채워줄 수 있는 자원을 "제공하시고"(epichorēgeō), 그들에게 "모든 선한 일을 행할 수 있도록 풍성하게" 주신다. 그래서 결국 하나님은 그런 기부에 대한 감사를 합당하게 받으신다(고후 9:11-12). 구제에 참여하는 것은 "호의"였고, 마케도니아의 그리스도인들이 진지하게 바울에게 "부탁했던" 것이다(고후 8:4). 유대인 그리스도인들은 이방인 그리스도인들을 위해 기도로 보답했다(고후 9:14).[66] 바울은 구제에 대한 중요한 동기를 제공했는데, 그는 "부요하신 이로서 너희를 위하여 가난하게 되신" 그리스도의 관대한 예를 감탄하며 제시했다(고후 8:9). 구제에 참여하는 것은 하나님의 관대함을 모방함으로써 하나님이 은인 되심을 명예롭게 하는 수단이 된다(고후 9:13). 그리스도의 예는 그들로 하여

정에 관한 고대 사회의 이상을 충족하는 가장 이른 시기의 신자들의 공동체를 제시한다. 이 공동체에 속한 친구들은 덕을 이루기 위한 공통의 헌신으로 결합되어 "모든 것을 공유했다"(Aristotle, *Nic. Eth.* 8.9.1 [1159b31]). 어느 누구도 그 또는 그녀의 재산을 "자기 소유"로 여기지 않았으며 오히려 그것을 모든 신자를 위한 공동 재산으로 여기고 자신의 재산을 필요가 있을 때마다 구제하는 일에 사용했다(행 4:32-35). 이런 관계 속에서 권력이 작용하지 않는 나눔이 존재했다.

66 영적 호의와 물질적 호의는 신자들과 교회들의 호혜 관계 속에서 서로 교환될 수 있었다. 분명히 후자는 전자보다 "실제적"이지 않았으며, 심지어 덜 빛났다(롬 1:11-12; 15:26-27; 고전 9:11; 갈 6:6을 보라).

문화의 키워드로 신약성경 읽기

금 이런 헌신에 박차를 가하게 만든다. 더욱이 고린도 교회의 성도들은 많은 면에서 그리스도(고후 8:9)와 하나님(고후 9:10-11)으로 인해 부요해졌기 때문에, 그들은 하나님의 목적, 즉 성도들의 필요를 채워주기 위해 그들에게 맡겨진 부를 반드시 사용해야 한다.

만일 우리가 후원에 대해 바울이 제시한 패러다임의 변화를 마음으로 받아들인다면, 오늘날 교회에서 훨씬 더 많은 긴장이 해소될 수 있을 것이다. 지역 교회에 기부하는 자들은 성직자나 회중에게 의무를 지우지 않고 하나님께 대한 그들의 섬김을 충성스럽게 감당해야 한다(그리고 그것을 기초로 명예를 얻어야 한다). 그들은 보답을 확보하기 위해서(이는 일반적으로 지역 교회 안에서 권력과 영향력을 행사하는 방식이다)가 아니라 하나님께서 주셨기 때문에 구제해야 한다.

결론

은혜의 사회적 컨텍스트에 대한 이해가 커지면 우리는 여러 가지 면에서 신약을 읽는 데 도움을 받을 수 있다. 우리는 하나님께서 당신의 아들을 통해 당신께 나아오는 자들에게, 또 장래에 주시기로 약속하신 하나님의 은혜를 기억하는 자들에게 주시는 은사들에 좀 더 마음을 맞추게 된다. 이는 우리의 초점이 지속적으로 이런 은사들을 향하도록 하며, 결국 하나님의 혜택이 항상 우리의 마음에 머물러 있도록(우리가 일상생활에서 무시하거나 잊어버리지 않도록) 만든다. 에베소서의 서두에서 바울은 그리스도인들이 하나님의 자비의 장엄함에 마음을 기울이도록 기도한다(엡 1:3, 7-11, 17-19). 참으로 우리는 하나님의 일반적인 은총의 측면(생명, 구원, 미래에 대한 소망)뿐만 아니라, 하나님의 개인적 후원 즉 하나님의 은혜가 우리 자신의 삶에 가장 적절하게 들어오는 방식들과 관련하여 하나님의 은혜의 광대함을 자주 묵상해야 한다. 이런 방식으로 하나님의 자비에 대한 우리의 인식과 우리가 하나님께 빚지고 있다는 인식은 우리의 삶을 이해하기 위한 초점이 된다. 이런 인식의 결과 우리는 세상적인 관심사 및 번영에 초점이 흐려지지 않고 그것에 덜 말려들게 된다.

후원자와 수혜자, 은인과 은혜를 받은 자, 친구의 관계를 지배하는 근본적인 에토스는 은혜는 반드시 은혜로 응답해야 한다는 것이다. 호의를 받는 것은 반드시 감사의 보답으로 이어져야 한다. 그렇지 않으면 관계의 아름다움과 고결함이 손상을 입는다(수치를 당한다[dis-graced]). 하나님의 자비에 대한 우리의 이해가 자라감에 따라 우리는 하나님께 적절한 감사를 표현하는 일에 더욱 헌신해야 한다고 여기게 된다. 하나님의 자비의 광대함이 고려될 때, 감사와 그것의 열매가 반드시 우리의 말과 태도와 행위에 가득하게 되는 것이다.

신약 저자들은 올바르고 적절한 반응이 무엇을 수반하는지에 대한 개요를 제공해준다. 그들은 우리가 호의를 명예롭게 받은 자들로서 행동하도록 지도하고, 배은망덕, 무시 또는 불충성이라는 추한 반응을 행하지 못하도록 막는다. 이런 추한 반응들은 아직 받지 못한 장래의 호의로부터 배제되는 위험으로 이어질 수 있을 것이다. 우리는 지금 영혼을 얻기 위한 경쟁으로서가 아니라 하나님의 명성을 전파하고 우리를 위해 하나님께서 행하신 좋은 것들을 증언할 기회로서 전도에 더욱 자연스럽게 (또한 반드시) 참여하게 된다. 감사에 대한 의무는 이런 점에서 입을 다물지 말 것을 요구한다! 우리는 하나님께 순종하는 것 ― 우리 자신과 우리의 자원을 전 세계의 교회를 돌보기 위한 사역에 던지는 것 ― 이 일상생활의 요구 이상의 일을 행하는 무엇이 아님을 이해하기 시작한다. 오히려 이런 추구는 우리의 일상생활의 의제에서 중심에 자리한다. 하나님께서 단지 당신을 만족시킨 후에 남은 나머지를 우리에게 주시지 않으셨듯이, 우리도 하나님을 최우선으로 섬기는 일에 우리의 모든 것과 최선을 다해야 한다. 더욱이 우리는 이런 후원자에 대한 충성이 변함없이 보존되어야 한다는 것을 발견한다. 이것은 우리가 우리 자신의 죄와 씨름할 때에도 우리를 담대하게 만들어줄 수 있다. 왜냐하면 이것이 죄에 탐닉하는 일이 우리가 오직 기쁘시게 해야 할 그분께 얼마나 불충성하는 것인지를 생각하도록 만들어주기 때문이다. 또한 이것은 전심으로 하나님께 충성하는 자들을 찾아, 다양한 방식으로 이와 같은 그들의 삶의 방식을 위협하고 비난하는 믿지 않는 세상과 대면하도록 격려해준다. 감사는 그리스도인의 삶을 위해 단일한 가치를 지닌 명확한 초점을 제공해준다. 이 가치는 신약 저자들이 그렇게 살라고 지도했던 것으로서 생동감 넘치고 열매 맺는 제자도로 귀결될 것이다.

마지막으로 은혜의 약속을 고려하여 신약의 책들을 읽을 때 우리는 다음과 같은 방식에 매우 민감하게 된다. 즉 이 방식은 신약 저자들이 우리 속에 불어넣으려고 했던 것으로서 우리가 삶의 기회와 변화들 가운데서 확고히 고정해야 하는 것, 곧 하나님께서 약속하신 은혜를 소망하고 신뢰하는 것이다. 이런 한결같은 소망은 영혼의 닻이 되고 우리 그리스도인들의 헌신에 안정감과 신뢰감을 주는 수단을 제공해준다. 우리의 야망이 하나님이 우리를 위해 준비해놓으신 좋은 은사들을 향해 고정될 때, 우리는 초기 교회의 그리스도인들처럼 우리 주변의 사회가 증대시키는 사소한 가치 추구와 보상으로부터 우리 자신을 더 쉽게 분리하고 신적 후원자를 변함없이 지향하게 될 것이다.

5장
친족

1세기 세계에서 가족 구성원으로 살기

모든 인류가 공통으로 공유하는 한 가지 사실은 그들이 가정에서 태어난다는 것이다. 아이가 태어난 후 얼마 안 되어 부모가 죽는 경우에도 남아 있는 자연적 친족, 입양 가족 또는 국가 기관이 제공하는 가공의 가족이 아기의 주변에 있을 것이다. 만일 그렇지 않다면 그 아기는 생존하지 못할 것이다. 단지 새끼를 낳기만 하는 많은 동물과 달리 우리는 아이들을 보살펴야 한다. 그렇지 않으면 이 아이들―그들과 함께 인류라는 종―은 사라지게 될 것이다. 그러나 "가족"은 다양한 방식으로 구성될 수 있고, 엄청나게 다르게 이해될 수 있으며, 문화와 시대를 넘어 다양한 방식으로 기능할 수 있기에, 우리는 자연적인 가정뿐만 아니라 "믿음의 가정" 안에서 살았던 초기 그리스도인들에게 가정이 무엇을 의미했는가에 대해 신중하게 생각할 필요가 있다. 자연적인 가정에 속한다는 것이 무엇을 의미했을까? 가정에서의 일상적 삶의 실체는 무엇이었을까? 사람이 가정에서 다른 구성원들에게 기대했던 것은 무엇이었을까? 왜 하나님께서 행하신 입양과 아브라함의 가족으로의 통합이 초기 그리스도인들에게 그렇게 생동감 있고 중요한 상징이 되었을까? 그들이 서로를 "형제" 또는 "자매"로 부르는 것이 그들에게 무슨 의미가 있었을까? 우리 자신이 그리스-로마 및 유대교 가정의 에토스 안으로 깊이 침투하는 것은 우리로 하여금 "하나님의 가정"으로서의 믿음의 공동체에 대한 신약의 비전의 풍부함을 회복하도록 해줄 뿐만 아니라 가정과 혈통에 대해 그리고 어떻게 친족이 서로 교류하는가에 대해 말하고 있는 본문들에 관해 내부인의 관점을 갖도록 도와줄 것이다.

친족 관계와 정체성

사람의 가정의 기원은 그의 신분과 세상에서의 위치에 관한 일차 자료일 뿐만 아니라 그 사람의 정체성에 관한 핵심 기준점이 된다. 사람들은 세상에서 그저 자유롭게 떠다니는 개인들이 아니라, 넓은 의미에서 (씨족과 같은) "가족"이라는 더 큰 단위의 집단 내에 소속되어 있다. 대대로 이어온 가문과 같은 더 큰 가족 안에서의 위치는 개인의 자기 인식뿐만 아니라 그에 대한 다른 사람들의 인식 및 기대와 관련해서도 중요하다. 고대 세계에서 사람들은 단지 "그들 자신의 가치만으로" 받아들여지지 않는다. 그들의 가치는 그들의 혈통의 가치(또는 신용), 즉 그들 대대로 이어온 가문의 평판으로부터 시작된다. 그리스인들과 로마인들은 그들의 가문으로부터 기본적인 정체성을 부여받는다. 즉 로마인들에게 이것은 각 개인의 이름에 씨족의 이름이 포함된 형태로 나타난다.

이는 유대교 문화에서 훨씬 더 확연하게 나타난다. 제사장들과 레위인들은 성전에서의 그들의 역할을 오직 그들의 혈통에 기초하여 맡는다. 레위 지파에서 나온 "아론의 아들들"은 제사장으로 섬긴다(1 Esd 1:14). 레위의 후손으로 남은 자들은 그들의 "조상의 가계"를 따라 배치되어(1 Esd 1:5, 10) 성전 예배에서 다양한 사역을 수행한다(이런 특별한 기능들의 일부가 1 Esd 5:26-28에 목록으로 제시된다. 특정 가문이 "문지기"와 "성가대원"의 기능을 수행한다). 제사장들과 레위 지파의 다른 사람들이 그들의 혈통을 잘 보존했다는 사실은(실제로 이와 관련하여 공식적인 가계도가 존재한다) 「에스드라 1서」 5:24-40과 8:28-40에 보존된 목록에 나타난다(1 Esd 5:9-23은 귀환자들의 모임에서 나머지 이스라엘 사람들의 혈통을 보존한다). 자신들의 혈통을 확인할 수 없었던, 바빌로니아 유배에서 귀환한 자들 가운데 제사장들과 레위인들은 대제사장이 그들 지파의 정통성을 밝히기 위해 우림과 둠밈을 던지기 전까지는 성전을 섬기는 일에서 배제되었다(1 Esd 5:36-40).

문화의 키워드로 신약성경 읽기

그러므로 한 사람의 혈통은 아브라함의 자손이라는 방대하게 확장된 친족 공동체에서 그에게 특정 위치를 부여했다. 따라서 누가가 사가랴를 "제사장 아비야의 반열"에 속한 것으로, 사가랴의 아내인 엘리사벳을 "아론의 자손"(눅 1:5)으로, 요셉을 "다윗의 집 족속"(눅 2:3-4)으로, 여제사장 안나를 "아셀 지파 바누엘의 딸"(눅 2:36)로 소개할 때, 누가는 이스라엘 나라에서 그들의 신분과 지위에 대해서뿐만 아니라 그들의 가정에서 태어난 그들의 아들들(즉 세례 요한과 예수)의 신분과 정체성에 대해서도 중요한 정보를 제공해준다.

역사적 측면: 족보와 혈통. 아마도 현대 서구 독자들에게 가장 호소력이 없는 단락들은 족보일 것이다. 이 족보들은 종종 아무런 기대감 없이 따분하게 느껴져서 건너뛰게 되는 부분이다. 그러나 저자들과 고대의 청중에게 족보들은 중요한 정보를 담고 있으며, 다양한 의미를 전달하기 위해 다양하게 다른 방식으로 구성될 수 있었다. 족보들은 단순하게 친척의 목록을 제공해준다. 족보들은 동시대의 세대를 그들의 시조 또는 특별히 유명한 조상과 연결시켜 추적하게 만들 수 있는 선형(linear) 형태일 수도 있고, 또는 아마도 단지 각 세대의 한 구성원보다 더 많은 사람(형제들이나 각 형제의 후손의 목록들)을 포함한 일부 몇 세대를 추적할 수 있는 방사형(segmented)일 수도 있었다.[1] 족보들은 그 안에 다루어지는 사람들에 관해 중요한 주장들을 숨겨놓았다. 윌슨(R. R. Wilson)은 선형 족보는 "권력, 신분, 계급, 직무, 또는 이전의 조상에게 주어진 유산과 같은 것을 주장할 수 있는 근거"로서의 역할을 한다고 언급한다.[2] 그래서 에스라는 「에스드라 1서」의 이야기에서 유명한 비느하스를 통해 "대제사장 아론"에게까지

---

1 창 5장은 가장 초기의 선형 족보를 우리에게 제공해준다. 창 10장은 최초의 방사형 족보이며 창 11:10-30은 이 두 형식이 혼합된 형태다.

2 Robert R. Wilson, "Genealogy, Genealogies," *ABD* 2.929-32, 931.

추적하면서 그의 족보를 소개한다(1 Esd 8:1-2). 이것은 태어날 때부터 이스라엘에서 가장 높은 명예와 신분을 차지했던 사람으로서 그를 제시해줄 뿐만 아니라 토라를 재구성하고 이스라엘을 윤리적으로 정결하게 하려는 그의 역할을 합법화해준다. 로마에 귀화한 장군이자 역사가였던 요세푸스는 자신의 고결함을 증명하고자 자서전(*Vita* 또는 "생애")을 시작할 때 족보를 사용한다. 누군가가 그를 비방한다는 사실을 알았기에 요세푸스는 자신이 제사장 계통에 속한다고(그는 이것이 유대인들 사이에서 고결함을 인정받는 유일한 방법이라고 말한다) 응수한다. 실제로 그는 스물네 번째 제사장 가문(직계)의 장자로부터, 그 직계 내에서도 주요 가문으로부터 나왔다.

이와 같은 이해를 염두에 두고 마태복음 1장과 누가복음 3장에 나오는 예수의 두 가지 족보를 읽어보라. 이 두 가지 족보의 차이는 명백한데, 우선 마태복음에서는 아브라함에게까지만 예수의 족보를 추적하는 반면(마 1:2), 누가복음은 더 멀리 아담과 하나님 자신에게까지 추적한다(눅 3:38). 마태는 이스라엘의 역사에 나타난 중요한 초석들(아브라함, 다윗, 바빌로니아 포로기, 예수)을 기준으로 각각 열네 세대로 구성된 세 그룹으로 제시하고 이 숫자들을 본문에서 명시하고 있다. 또한 마태는 그의 족보 안에 다섯 명의 어머니에 관한 언급을 포함한다. 누가는 연속적인 아버지들의 이름만을 제시한다. 누가는 예수와 아브라함 사이의 쉰여섯 세대를 제시하는데, 이는 마태복음에서 동일한 범주를 마흔두 세대로 제시하는 것과 충돌한다.[3] 이 두 복음서 저자가 이런 목록들을 매개로 전달하려고 시도하고 있는 것은 무엇인가?

---

3 한 족보는 요셉의 계보를, 다른 족보는 마리아의 족보를 따른 것으로 읽고자 하는 흔하게 시도되는 해결책은 각각의 족보가 요셉의 이름으로 추적되고 있다고 분명하게 언급하는 두 복음서 저자들 앞에서 사라진다. 이런 "해결책들"은 각각의 저자가 말하고자 하는 것을 듣기보다는 각 복음서를 조화시키는 데 더 열중했음을 드러낼 뿐이다.

문화의 키워드로 신약성경 읽기

첫째, 이런 차이들은 우리에게 족보를 구성하는 사람에 대한 다양한 선택이 존재한다는 것을 보여준다. 사람이 어디서 시작하고 끝을 맺는지는 분명하게 선택의 문제다. 만일 저자가 족보를 완성하는 것이 아닌 다른 목적을 가지고 있다면, 그의 족보에서 불필요한 세대들을 생략할 수도 있다. 누가 포함되고 생략될 것인가는 선택의 문제이지 꼭 해야 하는 사안이 아니기에, 결국 이런 결정은 중요한 메시지를 전달하고 있는 것으로서 간주되어야 한다.[4] 마태와 누가는 모두 예수가 순수한 이스라엘 혈통, 아브라함의 진정한 자손임을 드러낸다. 마태는 두 명의 중요한 선조에게 관심을 두는데, 그의 복음서 첫 절에서 그것을 선언한다. "아브라함과 다윗의 자손 예수 그리스도"(마 1:1). 그의 복음서를 통해 다윗의 왕좌의 잠재적 후손이 된다는 주장을 피력하는 혈통에 관한 간결한 고지인(마 9:27; 20:30-31; 21:9) "다윗의 자손"은 예수에 대해 형성된 중요한 계보적 주장이다. 마태는 이 점을 두 가지 방식으로 강조한다. 첫째로 예수는 다윗의 왕위 계승자인 솔로몬과, 열왕기상하에서 그들의 이름과 행위가 알려져 있는 유다의 왕들을 따라 다윗의 왕적 계보에 속한다(이것은 누가와 다른 점이다). 둘째로 마태는 족보를 구성할 때 이스라엘의 역사에 나타난 중요한 모든 사건을 열네 세대씩 따로 묶어놓았으며, 이 열넷은 다윗의 이름에 포함된 히브리어 문자의 총합이 된다.[5] 열네 세대의 주기를 따라 예수가 탄생했다는 것은 다윗의 집을 위한, 그 왕위가 소멸된 포로기 이후에 나타날 회복을 위한 예수의 중요성을 강조하는 한 방법이다. 게다가 마태가 왕조 이전 시대와 왕

4　Kenneth C. Hanson, "*BTB* Reader's Guide: Kinship," *BTB* 24 (1994): 187.

5　그리스어와 라틴어와 마찬가지로 히브리어도 문자들이 수를 나타내는 데 사용되었다. 이런 호환성은 이름의 문자들에 해당하는 숫자를 더해서 그것을 이름 자체에 대한 부호로 사용하는 *gematria*라는 관습으로 발전했다. 따라서 "다윗"에 해당하는 *dwd*는 달렛 = 4, 와우 = 6, 달렛 = 4이므로 그 총합이 14가 된다.

조 시대(의미심장하게 다윗에 초점을 맞추고 있는)에 있었던 네 명의 여성을 포함한 것—족보에서 이 여성들이 점하는 지위에 대해 의문의 여지가 있는데, 왜냐하면 그 여인들은 이방이거나 혹은 부친과의 관계가 (좋게 말해) 비정상적이기 때문이다—은 예수의 잉태가 지니는 비정상적 특성에 대한 중요한 선례를 제공해준다. 따라서 다윗과 아브라함의 후손인 예수는 긴장감 속에서 그가 특별한 하나님의 후손임을 드러낸다(마 1:20을 보라).[6]

누가의 관심은 요셉으로부터 아담에게로 그리고 하나님에게까지 이르는 계보를 단순히 추적하는 것으로 나타난다. 누가는 그의 족보를 통해 그리스도의 통치가 갖는 범우주적인 성격을 드러내고자 했다. 이 통치는 이 땅의 모든 민족과 아담의 모든 후손과 궁극적으로는 모든 민족을 "한 혈통으로"(행 17:26) 만드시는 하나님과 한 몸으로 연합하게 하는 교회의 사명 속에서 시작되었다. 과거의 아브라함과 아담과 하나님께로 밀고 올라가는 것은 복음의 범위가 유대 민족의 경계를 넘어 훨씬 먼 곳까지 미치고 있음을 주장하는 방식이다. 이것은 유대인이 되는 것과 그리스도인이 되는 것의 관련성에 대해 질문하는(행 15장을 보라) 두 권의 책에서 예수를 소개하는 중요한 방법일 수 있다. 또한 이것은 곧바로 이어지는 단락(눅 4:1-13)의 시험에서 드러날 주장인 "하나님의 아들"이라는 칭호에 대해 족보를 이용하여 방어하는 것이다.

방사형으로 나타나는 족보는 "명예에 관한 주장을 방어하고(중요한 가족 관계망을 분명히 드러냄으로써), 사회적 역할과 의무를 분명히 하며, 유산의 권리를 확립하고, 합법적으로 결혼 관계인 배우자들이나 실제로 족외혼 관계인 배우자들을 분별하며, 가족 내에서 출생 순서, 명예 순서 또는 모권(일

---

6 마 22:41-46에서 예수가 서기관들에게 제기한 질문은 하나님의 메시아는 단순히 다윗의 아들 이상이어야 한다는 성경 말씀을 증명하기 위해 고안된 것이다.

문화의 키워드로 신약성경 읽기

부다처제의 가정에서 중요하다)을 규정하는” 역할을 할 수 있다.[7] 다시 말해 방사형의 족보는 한 사람의 친족 관계에 대해 수평적인 관점에서 중요한 무엇을 드러내려고 시도한다. 아마도 이는 그 개인의 형제들과 그들의 가족들의 집단적인 명예를 평가하기 위한 시도, 또는 가족 내의 장자권이나 우위를 결정하기 위한 시도에서 드러날 것이다. 창세기 10장에서 방사형의 족보는 여러 목적 가운데 가나안 땅의 토착민들을 가장 불리한 자리에 위치시키기 위해 사용되었다. 그들은 자신의 아버지인 노아를 수치스럽게 만들었던 함의 자손이다. 그리고 함의 아들 가나안은 이 초기의 조상으로부터 생겨나게 될 다른 민족들의 노예가 되도록 그의 친할아버지로부터 특별히 저주를 받았다. 이 족보는 그 땅에서 추방당한 후 사사들과 초기 왕정 시대에 불편한 관계가 지속되었던, 민족들과 이스라엘 간에 존재하는 경멸과 적대감을 합법화해준다.

우리는 성경에서 족장 시대 이후에는 복혼(즉 일부다처—여러 명의 아내나 첩을 둔) 가정을 많이 만나지 못할 것이다. 복혼은 그 이후에 왕들에게만 제한적으로 나타난다. 그럼에도 불구하고 유대인들은 이스라엘 지파들의 족보에서 모성에 주의를 기울였다. 야곱의 열두 아들은 지속적으로 친족 관계 윤리의 가장 좋은 모델이 되지 못했고, 그들의 이야기는 계속해서 다른 형식으로 회자되었는데, 이는 신구약 중간기 시대에 유대교 문학 가운데 탁월한 작품인 「열두 족장의 유언」(Testaments of the Twelve Patriarchs)에 자세하게 기록되어 있다. 이 이야기는 야곱의 가족(“이스라엘의 집”) 안에서 경쟁, 분열 및 싸움의 위험을 가르치는 수단으로 사용되었다. 일부다처제의 가정에서 한배에서 난 형제들은 다른 어머니를 가진 이복형제들로부터 어떤 속임과 해를 받을 것을 두려워하거나 서로 대립하는 무리로 묘사된다.

---

7   Hanson, “*BTB* Reader's Guide: Kinship,” 187.

자식이 자유민 여자(레아와 라헬과 같은)에게서 태어났는지 아니면 그들의 여종들(실바와 빌하)에게서 태어났는지가 결국 가족 내에서 일종의 관계의 사다리를 결정하는 요인이 되었다. 그들의 이야기가 전해지는 곳마다 그들이 친족 관계의 에토스를 반복적으로 위반한 일을 경계하는 것이 지배적인 목적으로 나타났던 것 같다.

나사렛의 회당에서 예수의 청중이 그가 행한 설교의 지혜와 기적 행위들을 이해하려고 애쓸 때, 그들은 이런 방사형의 족보를 사용한다. "이 사람이 마리아의 아들 목수가 아니냐? 야고보와 요셉과 유다와 시몬의 형제가 아니냐? 그 누이들이 우리와 함께 여기 있지 아니하냐?"(막 6:3).[8] 예수가 자신의 말과 행위로 주장하고 있는 신분, 그리고 그가 선생과 예언자와 기적을 행하는 자로서 행동하기 시작한 역할은 그의 출생시의 신분과 일치하지 않는다. 그가 유대 문화 내에서 점유하는 지위는 그의 메시지를 받아들이는 일에 장애가 되었다. 청중이 구성한 방사형의 족보는 마태복음을 시작할 때 나타나고 마가복음에서도 나중에 나타나는(막 10:47-48; 11:9-10에서 나타나는 다윗의 혈통과 예수의 연결) 선형 족보의 메시지와 충돌한다.

부과된 명예와 불명예. 누군가의 명예를 나타내는 조상의 중요성은 다음의 사실로 인해 충분히 증명된다. 즉 수사학적 지침서는 모두 찬사(encomium, 장례식에서 고인을 기리는 연설)를 할 때 연설의 대상이 되는 고인의 칭찬할 만한 조상을 논하면서 시작하고, 그다음에 가까운 선조의 미덕과 업적들을 말하라고 규정한다는 사실이다. 가족의 기원에 대한 평판은

---

8   이 질문에 대한 마가복음의 형태는 신랄함이 포함되어 있다 — 모든 사람이 자기 아버지의 이름으로 명명되던 문화에서 요셉의 아들이 아니라 마리아의 아들로 예수를 언급한 것에서 우리는 그의 합법성에 대한 의심이 만들어지고 있다는 암시를 얻을 수 있다. 마태와 요한(마 13:55-57; 요 6:42)은 여기서와 같은 암시를 지니지 않는다, 비록 요한이 그것을 다른 곳에서 언급하고 있지만 말이다(요 8:41: "우리는 불법한 자녀들이 아니다").

그 자손이 어떤 사람인지에 대한 기대감을 형성한다. 그가 고결하든지 수치스럽든지 덕이 있으며 신뢰할 만하든지 아니면 천하고 믿을 만하지 못하든지 간에 말이다. 댕커는 명예를 기록하고 있는 비문 연구를 통해 자비와 같은 미덕을 나타낼 때 "발생하는 일관된 형식"에 대해 이야기했다.[9] 그가 연구한 한 비문—오프라모아스(Opramoas)의 명예를 기리는 리키아 동맹의 포고—은 이 현상을 설득력 있게 입증한다. 이 비문은 그의 조상을 명예롭게 하는 고귀한 행위들을 제시함으로써 시작하고, 그다음에 그의 직계 부모의 관대함과 미덕을 나열한 후에 마지막으로 이제 오프라모아스가 그의 조상의 표지에 부합하여 살아온 방식을 제시한다.

무엇보다도 유대교 문화에서는 사람들이 그들의 아버지의 이름을 통해 알려졌다. 따라서 아바스의 아들(바라바스, Bar-Abbas), 디매오의 아들(바디매오, Bar-Timaeus; 막 10:46), 예수의 아들(바예수, Bar-Jesus; 행 13:6), 요나의 아들(바요나, Bar-Jonah; 마 16:17; 요 1:42; 21;15), 사바의 아들(바사바, Bar-Sabbas; 행 1:23)과 같이 불렸던 것이다. 아버지의 평판은 그 자녀들의 평판에 대한 시작점이 된다. 만일 그들에게 선하고 신뢰할 만한 아버지가 있다면, 그들은 자신이 선하지 않고 신뢰할 만하지 않다고 증명되지 않는 한 선하고 신뢰할 만한 자들로 여김을 받게 될 것이다. 반대로 수치스러운 아버지는 극복하기 어려운 유산이다. "자녀들은 불경건한 아버지를 비난할 것이다. 왜냐하면 그들은 그로 인해 수치를 당하게 될 것이기 때문이다"(Sir 41:7).[10] 가문의 명예는 자녀들에게 물려주어야 할 유산의 핵심적인 부분

---

9   Frederick W. Danker, *Benefactor: Epigraphic Study of a Graeco-Roman and New Testament Semantic Field* (St. Louis: Clayton, 1982), 348-49.

10   "아무런 신용도 얻지 못할", 심지어 그들이 늙었을 때에도 "아무런 명예도 얻지 못할" 부정한 연합을 하는 자녀들에 대해서는 방대한 분량의 Wisdom of Solomon 3:16-19; 4:3, 6을 보라. Tobit(Tob 3:5)은 선조들의 죄에 대한 처벌은 후손에게도 정확하게 나타날 수 있다고 추정한다(출 20:5-6에서와 마찬가지로). 선조들의 흠은 후손을 붙잡고 늘어진다.

이다.[11] 태어나면서부터 주어지는 명예의 중요성은 다른 사람들의 부모를 의심하거나 비천한 족보를 그들에게 제시함으로써 그들을 모욕하는 경향에 반영되어 있다(수 세기 동안 어떤 것은 거의 변하지 않았다). 우리는 마태복음 3:7, 12:34, 23:33에 나오는 "독사의 자식들"이라는 욕설과, 그들의 선조들이 행한 것과 동일한 악을 행하게 될 대적들을 향해 살인자들의 자손이라고 말하는 묘사들이(마 23:31-33; 행 13:10) 고대 사회에서 사람들에게 사용할 수 있는 가장 악독한 모욕이었다는 점을 반드시 인식해야 한다.

수평적 관점: 살아 있는 친족 공동체. "친족"은 "자신과 동일한 종류, 자신과 같은 존재"라는 의미를 가진 "동류의 사람"들이다. 친족 사이에는 의도적인 선택을 통해서가 아니라 자연적 관계 속에서 확립된 연관성이 존재한다. 그러나 1세기 세상에서 친족 개념의 범위가 얼마만큼 넓었는가 하는 문제는 쉽사리 결정할 수가 없다. 내가 아는 한 이 질문 ─ 즉 보통의 유대인이나 그리스인의 친족 또는 가족의 기원이 어디서부터 연유하는가 ─ 에 관한 철저한 연구는 아직 이루어지지 않았다. 사실 개인의 친족에 관한 개념적 범주의 넓이는 그의 상황이나 배경뿐만 아니라 무엇이 친족의 개념을 규정하는가에 대한 그의 이념적 확신에 달려 있기에 매우 다양하다.

몇몇 철학자가 친족의 개념을 넓게 잡아 모든 인류를 포용하려고 시

그리스-로마 세계도 이런 관점을 공유하는데, 오이디푸스 신화에서 이전의 죄로 인해 카드무스의 집에 내려진 저주를 드러내는 부분에서 오이디푸스가 고통을 겪은 것과 관련하여 이 점은 여실히 드러난다. 그러나 이런 두 가지 전통에는 부모의 악행을 비난하거나 그 반대의 경우를 비난하는 것이 과연 정의로운 것인지에 대해 의문을 제기하는 목소리들이 있다.

11 Hanson, *"BTB Reader's Guide: Kinship,"* 185. 부모의 명예와 자녀의 명예의 관계는 서로 호혜적이다. 즉 부모는 자녀의 명예를 위한 시작점을 제공해주지만, 불명예스러운 자녀들은 부모의 명예를 더럽힐 수 있다(Sir 22:3-5을 보라).

문화의 키워드로 신약성경 읽기

도하는 동안에,[12] 고대 사회의 친족에 대한 가장 넓은 기능적 정의는 민족성을 가지고 있느냐로 나타난다. 물론 유대인들은 (이스마엘과 에서를 통한 아브라함의 또 다른 후손과 대조하여) 아브라함으로부터 이삭과 야곱을 통해 내려오는 하나의 큰 친족 집단이 있다고 주장했다. 그래서 "야곱의 집", "이스라엘의 집", "예루살렘의 자녀들"(마지막 표현은 포로기 이후의 문학이나 그 시기를 회상하는 문학에서 자주 나타난다) 등은 확장된 친족에 관한 이해를 기초로 유대인들의 통합적 연대를 말로 표현한 것이다. 모든 유대인은 궁극적으로 "형제들"이다. 비록 그들이 이런 개념 못지않게 정확한 혈통 관계를 주의 깊게 추적하지만 말이다(Tob 2:2; 2 Macc 1:1). 그리스인들 역시 서로 간에―그들의 유사성과 연대를 통해―자신들의 핵심적인 친족 관계를 인지하고 있었다. 이는 모든 야만인 족속과 대조되는 것으로, 아리스토텔레스는 이 점과 관련하여 다음과 같이 말했다. "그들은 남녀 노예들의 집단이다. 그런 까닭에 시인들은 '이것이 그리스인들이 야만인들을 통치해야 하는 이유다'라고 말한다. 마치 그들이 야만인과 노예는 본질상 하나라고 생각하듯이 말이다"(*Pol.* 1.2 [1252b7-10]).

친족 관계에 대한 개념이 작용하는 수준은 대체로 상황에 의존한다. 디아스포라 공동체에서 유대인들은 자신들이 대체로 보호받지 못하는 소수에 속한다는 사실을 알고 있었고, 지배적인 비유대교 문화 가운데서 함께 결속함으로써 서로를 친족으로 바라보고 대우하는 경향을 갖고 있었다. 비유대인들은 유대인들이 항상 서로를 돕고자 하지만 비유대인들을 돕는 일은 기꺼워하지 않는다고 불평했는데, 이는 (열두 족장에게서 나온 공통의 자손이라는 점과 계승된 삶의 방식에 대해 공통으로 헌신한다는 점에 기초하는 배경에서)

12　마르쿠스 아우렐리우스는, 결코 이른 예는 아니지만, 이 사실에 대한 인상적인 사례다. 즉 그는 혈통에 의해서가 아니라 이성의 나눔과 신적인 마음의 교류를 통해 동류 인간을 그의 형제라고 이야기한다.

친족 경계를 꽤 넓게 만들려 했던 경향에 대한 간접적인 증거가 된다.[13] 그러나 팔레스타인에서 당시 다수 문화에 속했던 유대인들은 자유롭게 친족 집단을 더 좁게 규정했기 때문에 훨씬 더 많은 경쟁에 직면하게 되었다. 한 사람의 친족 관계는 **민족**(ethnos)으로부터 "지파"(로마와 유대 문화 모두에서 의미 있는 명칭)와 "문중"으로 내려갈 수 있었고, 궁극적으로는 혈통 관계인 가까운 친척(부모와 조부모, 부모의 형제들과 그 자녀들, 자신의 형제들과 그들의 혼인을 통해 형성된 가족들, 자신의 배우자와 자녀들, 그리고 자녀들의 혼인을 통해 형성된 가족들)에게까지 내려갈 수 있었다. 그러나 친족 관계가 두 민족 사이에서 적용되거나 확립된 곳에서 경쟁과 불신은 이내 협조와 신뢰로 변화될 수 있었다.

우리는 예수의 가르침(과 동시대의 세례 요한의 설교)에서 팔레스타인 유대인들이 아브라함을 통해 공유되는 혈통을 기초로 더 큰 개념의 친족 관계와 협력을 회복하려 했던 명확한 시도를 식별할 수 있다. 그래서 예수는 그가 치료해준 여성이 "아브라함의 딸"임을, 즉 그녀가 안식일에 자신들의 짐승들에게는 물을 주면서도 손상되고 불행한 상태로부터 그녀를 구원하기를 거부했던 자들의 자매임을 일깨워줌으로써 회당장과 모인 사람들을 부끄럽게 했던 것이다(눅 13:16). 예수는 경멸받던 삭개오에게 "이 사람도 아브라함의 자손"(눅 19:9)이라고 선언했는데, 이는 친족 간의 유대와 애정이 거부되고 "죄인"으로 미움을 받았던(눅 19:7) 그를 가족의 품으로 돌아오게 하기 위함이었다. 누가복음 15:1-32은 이 문제와 관련하여 특별히 두 아들의 비유를 통해 더 확장된 연설을 전달한다. 예수는 자신들의 골치 아픈 친족, 즉 예수의 부르심에 회개하며 의로운 행위로 돌아오는 자들을

---

13 Tacitus *Hist.* 5.5; Diodorus of Siculus *Bib. Hist.* 34.1-4; 40.3.4; Juvenal *Sat.* 14.100-104; Apoin's charge in Josephus *Ag. Ap.* 2.121을 보라.

문화의 키워드로 신약성경 읽기

향해 무정한 형제처럼 행동하는 서기관들과 바리새인들을 비판했다. 친족 관계의 윤리에 균열을 가져온 것을 부끄럽게 여겨야 할 자들은 바로 바리새인들이었다. 왜냐하면 그들은 자신들의 아버지의 마음을 기쁘게 한 그들의 형제자매들에 대한 사랑을 보여주기를 거절했고, 그들을 타락시킨 수치스러운 생활 방식으로부터 친족을 구원하기 위해 함께 일하는 것에 관심을 두지 않았기 때문이다.

친족의 에토스

가족 구성원들은 서로에게 특정한 방식으로 행동한다 ― 이 방식들은 종종 친족 집단 밖에 있는 자들을 대할 때와는 사뭇 다르다(왜냐하면 친족 집단은 오랜 시간 속에서 규정되어왔기 때문이다). 당신이 외부인들을 대하듯이 그렇게 당신의 친족에게 행동하는 것은 가정에서는 불명예의 표지가 되므로 비난받을 만한 행동이 된다. 만일 우리가 "하나님의 가정"으로 함께 살아야 하는 것에 관한 신약의 교훈들을 이해하고자 한다면, 우리는 신약 저자들과 회중에게 가정이 과연 무엇을 의미하는가에 대한 핵심적인 개관을 반드시 먼저 파악해야 한다.

경쟁이 아닌 협동. 그리스-로마 및 유대교 환경은 경쟁적이다. 개인의 친족 집단 밖에 있는 사람들이나 개인의 확장된 가정 밖에 있는 사람들은(친구나 후견인이나 수혜자를 포함하여) 잠재적인 경쟁자들로, 때로는 심지어 대적자들로까지 여겨졌다. 명예와 그것의 다양한 구성 요소들(부, 명성, 영향력 있는 지위, 인정받는 서열)은 사람들이 서로 경쟁하며 추구하는 상급들이었다. 그러나 이런 경쟁의 윤리는 본질적으로 친족 집단 밖에서 일어나야 할 것으로 여겨졌다. 가족 안에서 그런 행위는 가족의 힘과 일치 및 생존 능력을 침해하는 것이었다. 따라서 성공적으로 경쟁자에게 도전하여 그에게 수치를 줌으로써 명예를 얻는 방식이 완전하게 수용되었던 시대에 벤 시라는 다음과 같이 기록했다. "네 아버지에게 불명예를 끼침으로써 너 자신의 영광을 취하지 말라. 왜냐하면 네 아버지의 불명예는 너에게 영광이 되지 못하기 때문이다"(Sir 3:10).

이 점과 관련하여 고대 헬레니즘과 그리스-로마의 윤리학자들은 형제들에 관한 특별한 관심을 드러낸다. 형제간의 관계는 고대 사회에서 가장 가깝고 강하며 가장 친밀한 관계였다. 아리스토텔레스는 형제애를 특별하고 강화된 우정의 형태라고 여겼다. "형제들은 같은 부모에게서 태어났기에 서로 사랑한다. 왜냐하면 형제들과 함께하는 그들의 정체성이 그들로 하여금 서로를 동일시하게 만들기 때문이다(이는 왜 사람들이 '같은 피', '같은 뿌리' 등과 같은 말을 하는지에 대한 이유다). 그러므로 그들은 어떤 면에서 같은 것이다. 비록 개별적인 존재들이지만 말이다"(*Nic. Eth.* 8.12.3 [1161b30-35]). 형제애는 "함께 자라면서" 강화되는데, 4세기 후에 플루타르코스는 동일한 심상을 다음과 같이 표현한다. "자연이 육체적으로 [형제들]을 개별적으로 만들어준 만큼 그들은 감정과 행동 면에서 서로 연합되며 공부와 오락과 게임을 함께한다"("On Fraternal Affection" 5 [*Mor.* 480B-C]).**14**

우리는 미국에서 형제간의 경쟁을 자연스러운 현상으로 말하는 데 익숙하다. 하지만 우리는 그런 경쟁은 고대 사회에서 매우 악한 것이며 가능한 한 빨리 완전히 차단하거나 진정시켜야 하는 것임을 알아야 한다. 플루타르코스는 다음과 같이 말한다. "형제들 간에 사소한 문제와 관련하여 경쟁심과 질투심이 표출될 때 처음부터 그런 마음에 저항하는 것이 매우 중요하다. 형제들은 서로를 인정하고, 패배를 수용하는 법을 배우며, 상대방

---

14 크세노폰도 보라. "같은 씨를 갖고 태어나고 같은 어머니로부터 양육받으며 같은 집에서 자라나고 같은 부모의 사랑을 받았는데…어떻게 서로 가깝지 않을 수 있는가?"(*Cyr.* 8.7, 14). 유대교 저자가 쓴 4 Maccabees 13:23-26도 보라.

문화의 키워드로 신약성경 읽기

을 이기는 데서보다는 양보하는 데서 기쁨을 찾는 법을 연습해야 한다. 그래서 옛사람들은 테베에서 형제들이 거둔 승리를 가장 수치스러운 최악의 승리를 의미하는 '카드모스의 승리'(Cadmean victory)라고 명명했다"[15]("On Fraternal Affection" 17 [*Mor.* 488A]).

경쟁보다 연대와 협력이 형제간의 상호작용에 대한 표상이 되어야 한다. "자연은 한 씨와 한 근원으로부터 두 형제나 셋, 또는 그 이상을 창조했고, 그들은 서로 다르거나 반대하는 삶을 추구하지 않으나 서로 구별되기에 상호 협력을 더 쉽게 지속할 수 있었을 것이다." 마치 한 손의 여러 손가락이 함께 협동하여 과업을 달성하듯이 말이다("On Fraternal Affection" 2 [*Mor.* 478E]). 형제자매 간의 경쟁과 대결 및 상대의 이익에 맞서는 것은 자연스럽지 못한 일, 한 손이 다른 손이 짓는 것을 허무는 것과 같은 역기능적인 일, 또는 한 발이 다른 발을 밟고 서는 것과 같은 일로 여겨졌다. 사실 플루타르코스는 그의 글에서 상당한 분량을 할애하여 어떻게 형제간의 경쟁과 시기를 피하고 협력과 일치의 정신을 고양할 수 있는가에 대해 충고한다.

어떤 면에서 우월하다고 여겨지는 형제는 "그의 좋은 평판으로 자신의 다른 형제들을 장식하고 그의 우정 안으로 그들을 받아들임으로"[16] 그들을 어떤 면에서 그만큼 탁월한 그의 동역자들로 만들어가야 한다("On Fraternal Affection" 13 [*Mor.* 484D]). 좋은 형제는 "운동경기에 비유하자면 [그의 형제]를 선두 자리에서 밀어내지 않는다. 심지어 그의 차례가 왔을 때 양보하며 그의 형제가 더 낫고 여러 면에서 더 유용하다는 점을 드러낸

---

15 오이디푸스의 두 아들, 에테오클레스와 폴리네이세스는 테베의 왕좌를 놓고 싸우던 중 서로를 죽였다(Sophocles의 *Antigone*와 Aechylus의 *Seven Against Thebes*를 보라).

16 아마도 이것은 그가 그러한 탁월함의 힘으로 만들고 있는 전략적 연락망 안에 그들을 포함시키는 것을 의미한다.

다." 그래서 마치 자기에게 알맞은 영역에서 자기 자신을 일으키듯이 그의 형제의 명예를 증진시킨다. 그렇게 함으로써 "그는 아무것도 잃지 않으며 오히려 그의 형제에게 상당한 이익을 더해주는 것이다"("On Fraternal Affection" 13 [*Mor.* 485B-C]). 플루타르코스가 발전시키는 한 가지 원리는 다음과 같다. 불공평을 피할 수 없는(예를 들어 나이로 인해 결국 연장자가 결정되는) 곳에서 연장자의 위치에 있는 형제는, "열등한" 지위에 있는 형제가 신분상 차이를 존중하는 동안에, 반드시 세심함을 가지고 그의 동생에게 자신의 이점을 과시하지 말아야 한다("On Fraternal Affection" 16 [*Mor.* 487A-B]). 그렇게 함으로써 서로가 서로를 명예롭게 하며 연합은 유지된다.[17]

신뢰. 친족—가족의 명예와 그 명예의 구성요소들을 증진시키고 서로의 이익을 증진시켜야 할 공통의 사명을 가진 협력자들—이 서로 협력하고 있다고 이해하는 곳에는 가족 밖에 있는 자들에게는 거의 베풀어지지 않는 필수 요소인 신뢰가 존재한다(친구와 후견인과 수혜자 역시 믿을 수 있으며 결국 신뢰할 만한 자들이라고 기대된다). "가정(여기서 우리는 공통의 거주지에 사는 사람들이 아니라 "친족 집단"으로서의 "가정"으로 읽어야 한다)은 개념적으로 신뢰와 충성의 범위를 정하고 있기 때문에, 사업과 장기간의 재정적 준비가 가정을 넘어 확장되는 경우는 극히 드물다."[18]

유대교 소설인 토비트(Tobit, 아마도 기원전 3세기 동안에 기록됨)는 오직 친족만이 궁극적으로 신뢰할 만하다는 원리를 다음과 같이 제시한다.

---

17 이런 점에서 고전 12:22-26을 읽는 것은 맥락에서 벗어나는 일이 아닐 것이다. 독자는 이것이 바울이 교회 안의 다양한 은사(심지어 재능의 정도까지)를 고려하면서 증진시켰던 에토스라는 것을 발견하게 될 것이다. 즉 눈에 띄도록 은사를 더 많이 받은 사람들은 "의견 충돌을 없애기 위해" 은사를 더 적게 받은 사람들에게 명예를 수여함으로써 보상해야 한다.

18 Lin Foxhall and Keith R. Bradley, "Household," in *The Oxford Companion to Classical Civilization*, ed. Simon Hornblower and Antony Spawforth (Oxford: Oxford University Press, 1998), 359.

[토비아스]는 그의 아버지에게 가서 말했다. "나와 함께 갈 수 있는 사람을 찾았습니다." 그는 말했다. "그를 내게로 데리고 오라. **그가 어느 지파에 속하는지, 그리고 그가 너와 함께 갈 만큼 신뢰할 만한 사람인지 내가 알아보겠노라.**" 그래서 토비아스는 그를 초대했다. 그는 들어왔고, 그들은 서로에게 인사했다. 그러자 토비트는 그에게 말했다. "내 형제여, 어느 지파 어느 가문에 속하는지 내게 말해주시오." 그러나 그는 대답했다. "당신은 지파나 가문을 찾고 있습니까? 아니면 당신이 비용을 지불하여 당신의 아들과 함께 갈 사람을 찾고 있습니까?" 그래서 토비트는 그에게 말했다. "내 형제여, 나는 당신의 사람들과 당신의 이름을 알아야겠소." 그가 대답했다. "나는 아자리아스, 당신의 친척 중 하나인 위대한 아나니아스의 아들입니다." 그러자 토비트는 그에게 말했다. "당신을 환영하오. 내 형제여, 내가 당신의 지파와 가문에 대해 알고자 한 것 때문에 노여워하지 마시오. **당신은 내 친척이며, 고귀하고 좋은 가문에 속한 사람이구려.** 나는 위대한 쉐마이아의 아들들인 아나니아스와 야탄을 오랫동안 알고 지냈소. 우리는 예루살렘에 예배하러 함께 갔었고, 우리의 가축의 첫 태생과 우리의 소산의 십일조를 바쳤다오. 그들은 우리의 형제들을 잘못 인도하여 방황하게 하지 않았다오. 내 형제여, 당신은 좋은 혈통에서 나왔구려"(Tob 5:8-14, 강조는 덧붙여진 것임).

이 이야기에서 토비트는 라파엘(아자리아스로 가장한)을 그의 혈통으로 시험했고 이를 통해 아자리아스의 인품에 관해 그가 알아야 할 모든 것을 알게 되었다. 일단 토비트는 아자리아스가 "가족의 일원"임을 알게 되었다. 또한 아자리아스의 아버지 아나니아스가 명예로운 사람이라는 것을 알았을 때 토비트는 아자리아스를 신뢰하고 중요한 사업을 위한 여행에 그를 포함시키기 위해 필요한 모든 것을 알게 되었다.

조화: 이상을 공유하며 소유를 나눔. 친족 관계의 결속을 논의하는 데 있어 핵심적인 단어들은 **조화, 일치, 연합**이다("한 영혼이 되다", "한 마음" 등과

같은 표현 속에 나타난다). 형제들의 관계에 초점을 다시 맞추어서 플루타르코스는 다음과 같이 기록한다. "형제들의 일치를 통해 가정과 세대는 건강하고 번창하며, 친구들과 지인들은 듣기에 좋은 합창단과 같이 귀에 거슬리는 것은 아무것도 행하지도 말하지도 생각하지도 않는다"("On Fraternal Affection" 2 [Mor. 479A]). 이와 같은 이상은 유대교 문화에서 널리 번창한다. 이는 시편 133편의 유명한 시작 구절인 "형제가 연합하여 동거함이 어찌 그리 선하고 아름다운고"(시 133:1)[19]라는 선언에서부터 「마카베오 4서」에서 토라를 지키기 위해 일곱 형제가 만장일치로 순교를 받아들이기로 합의한 것을 축하하는 것에 이르기까지 다양하게 나타난다. "오! 신앙을 위한 일곱 형제의 거룩하고 조화로운 연합이여!…마치 마음의 인도로 손과 발이 조화를 이루어 움직이듯이, 이 거룩한 젊은이들은…[신앙을] 위해 죽기로 합의했구나. 오! 가장 거룩한 일곱 젊은이여, 조화로운 형제들이여!"(4 Macc 14:3, 6-7).

이런 상호 간의 사랑과 조화와 일치는 "형제에 대한 변함없는 선의와 우정을" 보여주는 것 외에는 형제에게 아무것도 요구하지 않는 부모를 향한 존경과 감사를 적절하고도 기쁘게 표현함으로써 나타난다("On Fraternal Affection" 4 [Mor. 480A]). "아버지들은 자신의 아들들이 웅변가로서 평판을 얻거나 부를 획득하거나 공직에 오르는 것을 볼 때 그런 기쁨을 누리는 것이 아니라 그들이 서로 사랑하는 것을 볼 때 그런 기쁨을 느끼게 된다"("On Fraternal Affection" 6 [Mor. 480F]).[20]

조화는 다양한 방식으로 드러나는데, 그중 뚜렷한 한 가지는 공통의 신앙을 나누는 것이다. 플루타르코스는 한 젊은 신부에게 자신의 종교

---

19 이 시편이 아브라함의 공통의 자손인 모든 유대인에게 **형제들**이라는 용어를 확대하여 적용하는 방식은 주목할 만하다.

20 요한은 그의 첫 번째 편지에서 이 격언을 확장하여 사용한다(요일 4:7-8, 20-21을 보라).

를 추구하지 말고, 그녀의 남편의 신앙을 공유하라고 충고한다("Advice on Marriage," 19). 그리스인들과 로마인들은 모두 잘 발전된 가정 종교를 갖고 있었으며, 공통의 신앙으로 가정의 구성원들을 함께 결속시켰다. 이런 가정 종교의 중앙에는 헤스티아(또는 베스타)라는 가정의 여신이 자리 잡고 있었다. 그리스에서 헤스티아에 대한 신앙은 제우스 헤르케이오스(제우스, 가정의 보호자)를 숭배하는 것과 연결되어 있었으며, 로마의 가정에서는 *genius*(가정의 우두머리를 보호하는 영)와 *di penates*(식료품의 영들, 즉 생계를 위해 식량을 공급해주는 영들)와 가정의 *lares*(죽은 조상의 영들)를 숭배했다.[21] 유대교 가정만큼 공통의 종교적 규범으로 연합된 가정은 없다. 그들에게 모세의 종교로부터 그들의 자녀들에게 전수된 아버지들과 어머니들의 핵심 규약은 다른 구절들 가운데서도 특히 (하루에 두 번 암송하는) 쉐마(신 6:4-9)에 기록되어 있다. 유대교 가정의 이런 종교적 정체성은 특징적인 식사 관습, 가족의 안식일 준수 및 유월절과 같은 정체성을 규정하는 주요 절기들 때문에 훨씬 더 철저하게 강화된다.[22]

친족의 단합은 부를 대하는 그들의 태도를 통해서도 표현되었다. 친구들 간에도 "공통으로 모든 것을 소유"하고자 하는데(Aristotle, *Nic. Eth.* 8.9.1 [1159b31-32]), 가까운 친족 사이에서는 동일한 미덕이 더더욱 기대되었다. 형제들은 "공통으로 한 아버지의 부와 친구들과 노예들을 사용할 수 있었으며", 이것은 마치 쌍둥이의 경우에서와 같이 "한 영혼이

---

21   Everett Ferguson, *Backgrounds of Early Christianity* (Grand Rapids, Mich.: Eerdmans, 1993) 166-70; Carolyn Osiek and David L. Balch, *Families in the New Testament World: Households and House Churches* (Louisville: Westminster John Knox, 1997), 81-97; John M. G. Barclay, "The Family as the Bearer of Religion in Judaism and Early Christianity," in *Constructing Early Christian Families: Family as Social Reality and Metaphor*, ed. Halvor Moxnes (London: Routledge, 1997), 66-80, 특히 67-68을 보라.

22   David A. deSilva, "Giving Rebirth for Immorality," *Preaching* 14, no. 6 (May-June 1999): 32-37; Barclay, "Family as Bearer," 68-72을 보라.

두 개의 몸의 손과 발과 눈을 사용하는" 것과 같았다(Plutarch, "On Fraternal Affection" 1 [*Mor.* 478C-D]). 플루타르코스는 돈이 강력하게 불화를 일으키는 힘이라는 것을 정확히 알고 있었다.[23] 그러므로 유산을 분배할 시기가 도래하면 그는 형제들에게 서로 좋아하고 각자에게 적절한 것을 가져갈 수 있도록 허락하라고 충고한다. 이는 "재산을 돌보고 관리할 책임은 분배하되, 그 재산의 사용과 소유권은 그들 모두를 위해 공통으로 할당하고 분배하지 않는" 것을 고려한 것이다("On Fraternal Affection" 11 [*Mor.* 483D]). 자신이 소중히 여기는 무엇에 대해 형제의 의표를 찌르는 것은 사소한 것을 얻고 그 대가로 "그들의 유산 중에서 가장 위대하고 가치 있는 것, 즉 형제의 사랑과 신뢰"를 잃어버리는 것이다(*Mor.* 483E).[24] 가정의 재산과 관련하여 그들은 "가능하다면 '내 것'과 '내 것이 아닌 것'에 대한 개념을 지워버려야" 한다("On Fraternal Affection" 12 [*Mor.* 484B]).

디모데전서 5:4, 8은 친족 간에 물질적 자원을 이상적으로 나누는 것에 대해 간접적인 증언을 제공해준다. 여기서 목자는 자선(여기서는 도움이 필요한 과부들을 구제하는 것)이 만일 존재한다면 반드시 혈통적 친족 사이에서 시작되어야 한다고 단언한다. 도움이 필요한 혈통적 친족, 특별히 부모와 조부모에게 도움을 제공하지 않는 자들은 사실상 믿음을 거부하는 것이다. 그런 자들이 "불신자보다 더 악한"(딤전 5:8) 것으로 여겨진다는 사실은 심지어 그리스도인 공동체 밖에서도 그렇게 재산을 나누어주고 도움이 필

---

23 헬레니즘 시대의 무명 유대인의 충고 모음집인 Pseudo-Phocylides의 *Sentences*도 보라. 이 책은 친족의 조화와 관련하여 "돈을 사랑함"으로 인해 발생하는 위험에 대해 다음과 같이 이야기한다. "돈을 위해 싸우고 약탈하고 살인한다. 자녀들은 그들의 부모의 원수, 그들의 친족의 형제들의 원수가 된다"(*Sentences* 46-47). "너 자신이 소유 때문에 네 친족과 다투도록…허락하지 말라"(*Sentences*, 206).

24 눅 12:13-15은 "유산을 나누는 것"이 형제들에게 야기할 수 있는 실제적인 다툼과 분열을 들여다볼 수 있는 창을 제공해준다. 이는 예수가 일으키기를 거부했던 불화였다.

요한 친족을 도와주는 일이 하나의 표준으로서 기대되었음을 지시해준다.

친족의 수치를 숨기기. 친족 사이의 경쟁과 다툼을 제거하고 가족 구성원들의 명예와 상호 이익의 증진을 위해 협력을 촉진하는 것은 한 사람의 가족 구성원들의 결함을 들추어내기보다 친족이 떠안고 있는 불명예나 수치를 덮어주고자 하는 경향과 밀접한 관련이 있다.

「요셉의 유언」(*Testament of Joseph*)은 친족 사이의 이런 가치와 관련하여 좋은 증거를 제공한다. 성경의 내러티브를 확장하여 설명하고 있는 이 책에 따르면 요셉이 만일 자신의 정체, 즉 크고 강한 베두인 지파의 수장인 야곱의 아들임을 밝혔다면 자신이 노예로 팔려가는 것을 막을 수 있었을 것이다. 하지만 요셉은 침묵했고, 심지어 자기 형제들이 혈육을 노예로 팔아넘기는 불명예스러운 행동을 한 것에 대해 그들을 비난하지 않기 위한 수단으로서 야곱과 친족 관계에 있음을 두 번이나 부인했다.[25] 이 이야기의 교훈은 요셉이 침상에서 죽어갈 때 자기 아들들에게 직접 자신의 입으로 하는 말을 통해 제시된다. "내 아들들아, 내가 내 형제들을 수치스럽게 하지 않기 위해 무엇을 참았는지를 보아라. 너희도 반드시 서로 사랑하고 서로의 결점을 인내하면서 감추어주어야 한다"(*Testament of Joseph*, 17.1-2).

유사한 역학이 예수의 아버지가 마리아를 공개적으로 수치스럽게 하지 않으려 했던 모습에서 드러난다(마 1:19). 요셉이 그의 동료 유대인의

---

25 우리는 다음의 사실에 주목해야 한다. 즉 친족의 명예를 보호하기 위해 외부인들에게 하는 "거짓말"은 이 이야기에서 긍정적인 것은 아닐지라도 적어도 중립적인 빛 아래 제시되고 있다. 자세한 것은 John J. Pilch, "Lying and Deceit in the Letters to the Seven Churches," *BTB* 22 (1992): 126-35을 보라. 필론 역시 이런 전통을 알고 있었기에(그의 글 *Joseph*, 247-48을 보라), 요셉은 감옥에 있는 동안에 그리고 심지어 이집트 지역의 행정관으로 그의 평생을 보내는 동안에도 결코 그의 형제들이 자신에게 행한 일에 대해 말하지 않았으며, 태어날 때부터 자신이 노예였다는 점을 주장했다고 덧붙인다(이는 요셉이 납치로 인한 희생자가 되어 결국 자유민이 불법적으로 노예로 전락하게 되었다고 주장하는 창 40:15과 정면으로 대치된다).

수치를 가능한 한 드러내지 않고 대신 숨기고자 했던 것은 정의 또는 의로움을 드러낸 것이다. 바울도 자신의 민족과 친족 집단 모두에 대해 불평하는 일을 포기하는 것에서(행 28:19) 이것에 대한 그의 관심을 보여주고 있다. 바울이 원고로서 그의 친족 집단을 불신하기 위해 온 것이 아님을 명확하게 하려고 로마에 있던 유대인들이 바울을 환대했다는 점은 중요한 의미가 있다. 즉 이방인들의 눈에 공개적으로 동족의 수치를 드러내는 것은 유대인들의 전체 명예에 해로운 것이었다. 마가복음 3:21, 31-35도 구성원 중 하나가 가족 전체의 명예를 위험에 빠지게 할 때 그 가족이 스스로의 명예를 지키려고 하는 모습을 보여준다. 이 경우에도 그들은 단순히 개인의 명성을 위해서가 아니라 가족 전체의 명성을 위해(마을에서의 삶이 그것에 의존하고 있었기에) 자신들이 비난받을 만한 것으로 인식하고 있는 가족 구성원의 행동을 감추고자 했다는 사실이 명확하게 드러난다.

용서, 화해, 인내. 마지막으로 고대 사회의 도덕론자들은 서로 오래 참고 분열이 일어나는 곳마다 화해를 추구함으로써 친족 집단 내에서 용서를 실천하는 것이 중요하다는 점을 강조한다. 플루타르코스는 자기 형제가 잘못을 저질렀을 때 그를 솔직하게 꾸짖어야 하지만, "그 형제를 걱정하고 그와 함께 슬퍼하는 자로서 그에게 훈계해야 한다"고 충고한다("On Fraternal Affection" 10 [*Mor.* 483B], LCL). 관대함과 관용은 다른 사람이 저지른 실수나 상해에 대한 형제의 접근 방식이 다음과 같아야 한다고 특징짓는다.

우리는 우리의 가족 및 친척과의 관계에서 이런 미덕들을 최대한 사용해야 한다. 우리 자신의 실수에 대해 용서를 구하고 용서받는 것은 다른 사람들이 실수를 범했을 때 우리가 그들에게 줄 수 있을 만큼의 선의와 애정을 드러내는 것이다. 이런 이유로 우리는 다른 사람의 분노를 간과하지 말아야 하며, 그들이 용서를 구할 때 그들을 완고하게 대하지 말아야 한다. 대신 반대로 우리 자신이 실수할 때 용서를 계속해서 구함으로써 그들의 분노를 일으키지 않도록 노력해야 하며, 우리가 잘못을 당했을 때에도 그들이 우리에게 용서를 구하기 전에 용서를 해줌으로써 그들로 용서를 구하지 않도록 해야 한다("On Fraternal Affection" 18 [*Mor.* 489C-D], LCL).

예수와 바울에게서 나타나는 상호 용서(와 실제로 우리가 상처를 주거나 상처를 유발했던 자들에게 다가가 화를 미연에 방지하는 것)에 대한 윤리적 기준과 실행 사이의 유사성은 결코 간과될 수 없다(마 5:23-24; 18:15, 21-22; 골 3:12-13을 보라). 끝으로 플루타르코스는 친족에 대한 예로서 피타고라스 학파 사람들을 들고 있다. 그들은 태생적으로 관련이 없었지만 "만일 서로 비난하여 분노를 일으켰다면 반드시 해가 지기 전[까지] 서로 손잡고 서로를 껴안으며 화해하라"는 엄격한 규정을 원칙으로 정했다("On Fraternal Affection" 17 [*Mor.* 488B-C], LCL).

「열두 족장의 유언」에도 유사한 충고가 들어 있다. "자, 내 자녀들아, 너희는 서로 형제를 사랑하라. 네 마음속에서 미움을 몰아내라. 행동과 말과 내면의 생각 속에서 서로 사랑하라.…만일 누가 너희에게 죄를 범하면 그에게 평화롭게 말하라.…만일 그가 고백하고 회개하면 그를 용서하라. 만일 누가 자신의 잘못을 부인하거든 그와 논쟁을 벌이지 말라.…논쟁을 하다가 외부 사람에게 네 비밀을 말하지 말라.…그가 수치를 모른 채 지속적으로 악을 행할지라도 진심으로 그를 용서하고 하나님께 원수 갚는 일을 맡기라"(T. Gad 6:1-7).[26] 여기서도 다시 관대한 대면, 참회자에 대한 빠른 수용, 잘못을 부인하는 데 대해 문제를 제기하지 않음으로써 형제에 대한 확

---

26 Dennis C. Duling, "Matthew 18:15-17: Conflict, Confrontation, and Conflict Resolution in a 'Fictive Kin' Association," *BTB* 29 (1999): 4-22에서 인용함. 이는 이 주제에 대한 탁월한 논문이다.

실한 신뢰를 보여주는 일이[27] 가장 중요하게 다루어지고 있다. 외부인의 눈에 가족의 불일치를 드러내는 것은 가족의 지위와 복지에 해가 된다는 점을 중요하게 덧붙이면서 말이다.

가정(The Household)

가문이나 친족은 동일한 거주지에서 살고 있는 사람들보다 훨씬 더 넓은 범위의 사람들을 포함하는 반면, 고대 사회에서 "가정"은 중요한 친족 관계의 단위다. 아리스토텔레스에 따르면 "완전한 가정은 노예와 자유인으로 구성된다.…가정을 구성하는 최소 단위는 일차적으로 주인과 종, 남편과 아내, 아버지와 자녀들이다"(Pol. 1.3 [1253b2-7]).[28] 이 묘사에서 **주인**, **남편**, **아버지**라는 용어는 동일한 개인을 묘사하고, 따라서 그는 가정 단위의 중심에 위치하며, 다른 가족 구성원들의 출산과 관련이 있는 "가장"이다. 비록 실제로 가정은 종종 아리스토텔레스의 공식보다 많거나 적은 가족 구성원으로 구성되지만, 가정 내의 의무에 관한 대부분의 논의는 이런 관계에 초점을 맞추고 있다(신약에서 발견되는 가정 규약도 마찬가지다).

우리는 가정을 이루어 살고 있는 보다 혈통적인 관계인 친족을 발견할 수도 있다. 린 폭스홀(Lin Foxhall)은 "직계 가족"(조부모를 포함하는 핵가족)뿐만 아니라 미혼의 누이들이나 이모들을 포함하는 확장된 가족의 가능성

---

27 친구나 가족 구성원이 참소를 당하고, 그를 의심하는 자의 공격이 진짜 유죄로 판명되지 않을 가능성에 관해서는 Wisdom of Ben Sira 19:13-15도 보라.

28 1 Esdras 5:1도 보라. 이 구절은 자신들의 아내, 아들들, 딸들, 남녀종들, 가축과 함께 이스라엘로 돌아오는 가족들의 남자 가장에 관해 말하고 있다. 아리스토텔레스의 글에 관한 아리우스 디디무스(Arius Didymus, Arius는 Augustus와 동시대인이자 친구였다)의 요약에서 이 가정은 자녀들을 낳고 기를 목적으로 함께하는 남편과 아내로 축소된다(비록 아리우스 집단의 가정들 대부분이 상당수의 노예도 포함하고 있었지만 말이다).

에 대해 설명한다.[29] 시몬 바-요나(Simon Bar-Jonah)의 상황이 이례적인 것은 아닐 것이다. 그는 장모(마 8:14)와 (미혼의?) 형제와(막 1:29) 살고 있었는데, 비록 아무 언급이 없지만 아마도 그의 아내 역시 생존해 있었을 것이며 그녀에게서 분명히 자녀도 낳았을 것이다. 예수는 그의 제자들 중 일부가 그들의 아내 및 자녀뿐만 아니라 부모와 형제를 뒤로하고 떠났음을 확실하게 단언한다(마 19:27, 29). 또한 이 가정은 노예가 언급되지 않기 때문에 아리스토텔레스가 말하는 이상적인 가정보다는 적은 구성원의 형태를 가지고 있었을 것이다. 그러나 우리는 부자들의 가정에서 부모가 결혼한 아들들과 그들의 자녀들(또는 결혼한 장남과 미혼의 형제들)뿐만 아니라 노예들, 종종 많은 수의 노예들과 함께했음을 알 수 있다. 손님들과 수혜자들 역시 가정의 일부로 간주되었을 것이다. 비록 손님들이 반드시 같은 지붕 아래 살아야 할 필요는 없었겠지만 말이다. 그럼에도 불구하고 수혜자들은, 심지어 그들 자신의 가정을 유지하고 있었을지라도, 개념적으로는 같은 지붕 아래에 있었다.

결혼과 이혼

고대 세계에서 결혼 관습 및 이혼의 규례에 관한 연구는 이혼과 재혼에 관한 신약의 가르침과 마찬가지로 광범위하다. 탁월한 연구들이 이미 존재하기 때문에 여기서 내 목표는 전체적인 논의를 재생산하는 대신 이 주제에 관한 핵심 정보를 제공하는 것이다.[30]

---

29 Foxhall and Bradley, "Household," 354.

30 예를 들어 다음의 단행본들을 보라. Percy E. Corbett, *The Roman Law of Marriage* (Oxford: Clarendon Press, 1930); Will Deming, *Paul on Marriage and Celibacy: The Hellenistic Background of 1 Corinthians 7* (Cambridge: Cambridge University Press, 1995); Craig

그리스-로마 시대에 유대인들은 여전히 족내혼 풍습을 따르고자 하는 경향을 가지고 있었다. 다시 말해 유대인들은 근친상간의 율법을 범하지 않는 범위 안에서 가장 가까운 친족과 결혼하고자 했다(레 18:6-17; 마 14:3-4에서 헤롯 안티파스와 헤로디아의 결혼에 관한 세례 요한의 비판을 보라). 최소한 유대인 남자는 유대인 여자와 결혼해야 한다고 기대되었다. **동족** 안에서의 결혼이 토라가 묘사하는 특정한 삶의 방식에 헌신하는 것과 그 가치를 보존하는 데 대한 본질적인 수단이었다. 이방인 여성과의 결혼은 이스라엘의 거룩함을 심각하게 훼손하는 것으로 간주되었으며 (민 25:1-18에 나오는 악한 조상의 노선을 따르는) 민족적 배교 및 이방인들로의 동화를 증진하는 가장 확실한 길로 간주되었다.

이런 동족결혼에 대한 헌신은 에스라의 종교개혁을 통해 강화되었는데(스 9:1-10:19), 그때에 비유대인 아내와 결혼한 이스라엘 백성은 집단적으로 이혼했으며, 이방 결혼을 통해 낳은 자녀를 모두 버렸다. 이와 관련된 이후의 이야기는 그리스의 통치 시대에 국가적으로 동족결혼에 대한 헌신이 있었음을 알려주는 역할을 하는 외경 「에스드라 1서」의 마지막 장에 다시 기술된 내용을 통해 알 수 있다. "거룩한 자손이 그 지방 사람들과 서로 섞여버렸다"는 사실은 일부 이스라엘 지도자들을 한탄하게 만들었으며(스 9:2; 1 Esd 8:70을 보라), 결국 에스라가 결혼에 관한 모세의 가르침을 모방하여 명확한 법으로 만드는 결과를 낳았다. "전에 주께서 주의 종 선지자들에게 명령하여 이르시되 '너희가 가서 얻으려 하는 땅은 더러운 땅이니, 이는 이 땅의 백성들[1 Esd: "이방인들"]이 더럽고 가증한 일을 행하여 이 끝에서 저 끝까지 그 더러움으로 채웠음이라. 그런즉 너희 여자들을 그들

Keener, *And Marries Another: Divorce and Remarriage in the Teaching of the New Testament* (Peabody, Mass.: Hendrickson, 1991).

문화의 키워드로 신약성경 읽기

의 아들들에게 주지 말고 그들의 딸들을 너희 아들들을 위하여 데려오지 말며 그들을 위하여 평화와 행복을 영원히 구하지 말라.[31] 그리하면 너희가 왕성하여 그 땅의 아름다운 것을 먹으며 그 땅을 자손에게 물려주어 영원한 유산으로 물려주게 되리라' 하셨나이다"(스 9:11-12; 1 Esd 8:83-85을 보라). 모세는 한 남자의 유일한 혈육이 딸인 경우에는 그의 지파 내에서 동족결혼을 하도록 규정함으로써 조상의 유산이 각 지파에 손상을 주지 않고 남아 있도록 했다(민 36:5-9).

아마도 디아스포라 유대인들 사이에서 기록되었을 기원전 3세기의 소설인 토비트의 저자는 동족결혼에 대해 많은 관심을 보여준다. 주인공들은 동족결혼의 모델들이었으며, 그들의 대화와 교훈은 이 동족결혼을 유대인들을 위한 경건하고 분별력 있는 유일한 정책으로서 제시한다. 토비트는 "우리의 가족 구성원인 안나와 결혼했으며"(Tob 1:9), 따라서 그의 아들 토비아스에게 다음과 같이 충고한다. "내 아들아, 모든 부도덕한 일을 조심하라. 무엇보다 네 조상의 후손 사이에서 아내를 취하고 이방 여인과 결혼하지 말라.…네 형제들을 사랑하고, 그들 사이에서 너를 위하여 아내를 취하기를 거절함으로써 네 형제들과 네 백성의 아들들과 딸들을 마음속으로 멸시하지 말라"(Tob 4:12-13). 실제로 헬레니즘 시대에 몇몇 유대인은 동족결혼을 "멸시"했던 것 같다. 왜냐하면 결혼을 통해 주류 문화 안으로 들어가는 것이 훨씬 더 유망한 미래를 약속해주었기 때문이다.[32]

---

31 따라서 비유대인들은 친족 집단의 밖, 즉 교류의 범위 밖에 머물게 되었다.

32 여성 영웅 사라 역시 이런 점에서 중요한 본보기를 제공해준다. 그녀는 악마 아스모데우스(Asmodeus)가 그녀의 일곱 번째 남편을 죽인 후에 그녀의 아버지에게 "그녀를 아내로 맞이할 수 있는 가까운 친족이나 친족의 아들이 없었기" 때문에 자신이 결혼할 기회가 더 이상 없을 것으로 생각했다(Tob 3:15). Tobit 6:10-12도 보라. 여기서는 천사가 토비아스와 사라의 결혼을 주선하는데, 그 이유는 그들의 아버지들이 친족이고 그들의 결혼이 같은 조상의 유산을 지킬 수 있을 것이기 때문이었다. 다른 신구약 중간기 문헌들도 동족결혼을 강화한다. 예를 들어 Judith 9:4은 세겜 사람들에게 복수했던 야곱의 아들들의 질투에 관

유대교 관습에서 결혼은 장기간의 약혼이 선행되었고, 이 약혼은 이혼에 의해서만 파기될 수 있었다. 결혼 계약서는(최종 협상은 결혼 전날 밤에 진행될 수 있었다) 장문의 특별한 결혼 계약 조건들과 상호 규약과 지참금의 교환과 이혼이나 남편의 죽음이 발생할 때 여성에게 주어질 금액 등을 명시했다(아마도 사실상 그녀의 부모의 유산이었던 지참금의 반환도 반영되었다).[33] 신혼부부는 신랑 아버지의 집이나 근처에 신혼집을 차리곤 했는데(전문용어로 **시집살이** 결혼), 특히 신랑이 장자일 경우에는 더욱 그렇게 했다. 토비트의 책은 사라가 토비아스와 함께 토비트의 집으로 돌아온 것을 통해 이런 예를 다시 보여준다(토비아스는 이 집을 결국 상속받게 될 것이다). 이는 유대인들 사이에서 반드시 보편적인 관습은 아니었다. 「에스드라 1서」 4:20과 마태복음 19:5에 사용된 교훈은 모두 창세기 2:24을 기초로 하고 있으며, 새로운 거처를 마련하는 가정을 전제한다. 다시 말해 "남자가 부모를 떠나" 그의 아내와 새로운 가정을 꾸리는 것이다.

신약 내에서 우리는 다양한 결혼 관습을 본다. 사가랴와 엘리사벳은 전통적인 동족결혼을 했는데, 이 두 사람은 모두 아론의 직계에 속한다(눅 1:5). 사도행전은 이방인 남성과 결혼한 두 명의 유대인 여성을 소개해준다(행 16:1; 24:24). 벨릭스가 개종자였을 가능성은 없으며, 디모데의 아버지 역시 디모데가 할례를 받지 않았기 때문에 그럴 가능성이 없다. S. C. 바튼(Barton)은 명예의 관점으로 요세푸스의 결혼들을 분석한다. 요세푸스에게 결혼은 그의 신분 상승을 위한 수단이었다. 그의 첫 번째 아내는 황제 베스파시아누스가 준 선물이었다. 이는 요세푸스가 황제와의 유대 관계를 갖고 있다는 상징이었고, 결국 로마 세계에서 그의 명예를 알리는 상징이 되

해 이렇게 이야기한다. 그들은 "그들의 피가 오염된 것을 혐오했다." 동족결혼은 순수 혈통을 보장해준다. 족외혼은 이스라엘 민족을 오염시키고 가족 관계를 약화시킨다.

33 Ferguson, *Backgrounds*, 68.

문화의 키워드로 신약성경 읽기

었다. 더욱이 요세푸스의 아내가 유대인 처녀였다는 사실은 그가 동족결혼의 전통을 따랐기 때문에 유대인들이 보는 앞에서 그의 명예를 보존하는 것이 되었다. 그의 세 번째 아내는 유복한 부모를 두었다고 언급되는데, 이 점 역시 그의 신분 상승에 기여했다.[34]

로마인들의 족외혼 관습, 즉 친족 집단(이 경우에 민족을 의미하지는 않지만) 밖의 사람과의 결혼은 다른 가문들과 전략적인 유대 관계를 만들고자 하는 관심에 기초한다. 여성은 합법적으로 몇몇 남성의 보호 아래에 있었다. 로마인의 결혼인 *cum manu*는 아내가 남편의 권위 아래 살아야 하는, 화려한 예식으로 남편에게 여성을 "판매"하거나 일 년 이상 동거함으로써 발효되는 결혼을 의미했다. 또 다른 결혼인 *sine manu*는 아내가 자기 아버지의 가정의 일부로 남아 있는, 궁극적으로 자기 아버지의 사법적 권한 아래 있는 결혼을 의미했다.[35] (로마가 보기에는) 오직 로마 시민들만이 합법적으로 결혼 계약을 맺을 수 있었지만, 결혼은 지방법이 규정한 대로 전 제국에서 번성했다. 노예들은 결혼에 대한 법률적 근거가 없었지만 어쨌든지 가정을 꾸릴 수 있었다(아무런 유산도 자녀들에게 남겨줄 수 없고 주인들이 판매를 통해 그들을 이혼시킬 수 있었지만 말이다).[36]

결혼의 목적은 후손과 유산의 양쪽 측면에서 주로 미래에 대한 대비였다(Aristotle, *Pol.* 1.2 [1252a25-31]).[37] 결혼은 교제하고 사랑에 빠지고 궁

---

34 Stephen C. Barton, "The Relativisation of Family Ties in the Jewish and Graeco-Roman Traditions," in *Constructing Early Christian Families: Family as Social Reality and Metaphor*, ed. Halvor Moxnes (London: Routledge, 1997), 89.

35 Ferguson, *Backgrounds*, 66-67.

36 Osiek and Balch, *Families in the New Testament World*, 62을 보라. 이런 슬픈 현실은 예수의 비유 중 하나로 등장한다(마 18:23-35을 보라).

37 이것은 Pseudo-Phocylides의 *Sentences* 175-76에 나오는 결혼에 관한 중요한 목적과도 일맥상통한다. "미혼으로 남아 있지 말라. 그렇게 하지 않으면 너는 무명으로 죽을 것이다. 자연이 의무를 다할 수 있도록 하라. 네가 태어났듯이, 이제 네 순서를 따라 자녀를 잉태하라."

합이 맞는 등등의 과정의 결과가 아니었다. 오히려 결혼은 부모(또는 신부의 부모와 신랑)에 의해 그들의 가족과 명예의 미래를 위해 맺어지는 것이었다. 출산과 가족의 혈통을 유지하는 것의 중요성은 계대 결혼—다시 말해 어떤 사람의 형제가 자녀가 없이 죽었을 때 그 망자의 이름으로 그의 아내에게 자녀를 제공하기 위해 행해지는 결혼—에 관한 근본적인 이유를 제공해준다. 막을 수 있다면 한 사람의 가계가 사라지도록 해서는 안 된다(마 22:23-27에서 예수에게 제시된 사례를 보라). 가정의 생존은 아우구스투스가 다자녀 출생에 대해 혜택을 제공하고, 결혼하지 않거나 자녀를 낳지 않는 자들을 규제하는 법률을 제정했을 때 로마 귀족들 사이에서 상당한 위험에 빠지게 되었다. 자녀를 낳는 것은 위험한 일이었다. 왜냐하면 유아의 죽음이 40퍼센트에 달했고 많은 여성이 아이를 낳다가 죽었기 때문이다. 결국 아우구스투스가 제시한 혜택이 더 많은 귀족 여성들로 하여금 그들 자신을 위험에 내몰도록 설득시키지는 못했다.

결혼은 육체적 욕망에 대한 대책이 아니었다. "네 아내에 대한 억제되지 않는 성욕에 완전히 굴복하지 말라. 에로스는 신이 아니라 모두를 파멸로 이끄는 열정일 뿐이다"(Pseudo-Phocylides, *Sentences* 193-94). 결혼에서 절제되지 않는 욕정은 남편이 다른 곳에서 성적 욕구를 채우려고 하는 것이 신방의 명예를 지키는 표지로 간주될 수 있을 정도로 불명예스럽게 여겨졌다. 심지어 플루타르코스("Advice on Marriage," 16)는 신부에게 만일 그녀의 남편이 그의 성적 욕구를 위해 다른 여성을 이용한다면 그것이 그녀에 대한 찬사라고 생각하라고까지 말한다. 비록 그가 직접 남편과 아내들에게 곤혹스러운 자녀를 가져다줄 혼외정사를 추구하지 못하도록 조심하라고 충고하고 있지만 말이다("Advice on Marriage" 42). 바울의 세계에서 결혼은 그리스-로마의 도덕론자들 사이에서처럼 그리스도인들에게 방종을 수용할 만한 것으로 만들어주는 제도가 아니었다(해석의 한 줄기를 따라 살전 4:3-

6을 보라).

그때도 지금처럼 모든 결혼이 유지되었던 것은 아니었다. 그때가 오히려 이혼을 실행하기가 더 쉬웠는데, 여성은 지참금을 가지고 자기 아버지의 집으로(아버지가 죽었을 경우 형제의 집으로) 돌아갈 수 있었다.[38] 그리스와 로마의 법은 배우자 중 어느 쪽이든 이혼을 개시할 수 있도록 허용한다. 유대인들 사이에서는 오직 남편만이 이 특권을 가지고 있었다. 이혼의 주된 이유는 불임(특히 여성이 아들을 낳지 못할 경우)과 간음이었다. 벤 시라는 그의 학생들에게 "만일 아내가 네가 지시하는 대로 가지 않는다면" 이혼하라고 충고하고(Sir 25:26), 여성의 불임은 아버지에게 근심의 이유가 된다고 언급한다(Sir 42:9-10). 이것이 이혼의 일반적 사유였기 때문에 우리는 지금 그의 잠언의 근거를 이해할 수 있다. 예수는 그의 동시대인들과 유대교와 그리스-로마 문화의 전통보다 이 점에 대해 더 엄격하고 분명했다(마 5:31-32; 막 10:2-12).

가정 내의 경영과 행위

여러 고대 윤리학자들은 "종을 대하는 주인의···아버지의···남편의 규칙"(Aristotle, *Pol.* 1.12 [1259a36-39])과 노예, 자녀, 아내의 의무에 주의를 집중하여 가정 경영의 기법에 대해 광범위하게 기술했다. 가정의 가장은 외부 세계에 가정을 대표하는 "주인이며 가정을 대표하여 행동한다."[39] 그러

---

38 지참금이 상당한 금액이어서 남자가 자기 아내와 이혼하지 못하는 이유가 되기도 했다. Pseudo-Phocylides는 남편의 권위와 자유를 약화시키려고 큰 지참금을 가지고 오지 못하도록 경고했다. "아내를 네 집으로 데리고 올 때 악하고 부유한 여자를 데리고 오지 말라. 왜냐하면 파멸시킬 수 있는 지참금으로 인해 네가 아내의 노예가 될 수 있기 때문이다"(*Sentences* 199-200).

39 Moxnes, *Constructing Early Christian Families*, 25.

나 이 윤리학자들은 자신의 가정 구성원들을 착취함으로써 평안하고 안락한 삶을 즐기는 독재자 같은 가장에 대해 말하는 것은 아니다. 가장으로서의 다스림에는 무거운 도덕적 책무가 따랐다. 가장은 "도덕적 미덕을 완벽하게 가지고 있어야 한다." 왜냐하면 가장은 (권위는 없지만 합리적인 능력을 가지고 있는) 그의 아내와 (오직 미성숙한 합리적 능력을 가지고 있는) 자녀들과 (아무것도 가지고 있지 않는; Aristotle, *Pol.* 1.13 [1260a17-18]) 노예들에게 "합리적 원리"를 제공해야 하기 때문이다. 또한 세네카(*Ben.* 2.18.1-2)는 자녀와 아내에 대한 부모와 남편의 호혜적이고 동등한 의무들에 대해서도 말한다. 이 저자들은 남편의 권위가 "의무", "책임감", "돌봄"을 의미한다는 사실을 이미 잘 이해하고 있었다.

서구 세계의 독자들에게 익숙하지 않을 가정생활에 관한 한 가지 중요한 점은 가정이 생산과 소비의 단위였다는 것이다. 가정의 구성원들은 수입을 목적으로 여러 가지 상업이나 공업 분야에서 함께 일했다.[40] 이런 일은 시장에 잉여 곡물을 파는 것과 같은 쉬운 일에서부터 가죽-작업, 도예, 심지어 수술과 같은 거래도 포함했다. 도시나 마을의 집에는 거래를 위한 공간이 있었으며, 그 공간은 길거리 쪽으로 열려 있어서 상점으로 사용되었다. 상류층 가정을 위해 개인 소유의 집과 다른 사람들의 집이 친구와 후원자의 관계망을 위한 장소가 되었다. 그리스-로마 세계의 상류층에 속한 가정은 시골 농토뿐만 아니라 도시 주택의 일꾼들(주로 자유민이나 노예들)을 포함하고 있었다.[41] 이 부동산들은 방대한 양의 포도주와 곡물과 같은 것을 생산할 수 있었으며 가족의 부의 자원으로 기능했다. 복음서에서

---

40 Osiek and Balch, *Families in the New Testament World*, 54; Moxnes, *Constructing Early Christian Families*, 23을 보라.

41 이 부동산은 소작농들에게 세를 주거나 수확의 일부를 빌려주는 데 사용되었을 것이다. 이런 시나리오는 막 12:1-12에 잘 나타난다.

우리는 두 형제, 곧 베드로와 안드레가 집과 사업을 공유하고 있음을 보게 되는데, 이는 세베대 및 그의 두 아들의 경우와 마찬가지다(고용된 일꾼이 있었다는 사실은 사업이 잘 되고 있었다는 것을 보여준다). 그들의 아내들도 이 사업에 참여하고 있었을 것이며(잡은 물고기에 소금을 치고 그것을 말리는 일 등을 했을 것이다), 일반적으로 직물 공업과 같은 "여성의 일"에도 종사했을 것이다.

고대 저자들은 가정을 국가의 축소판으로 이해하면서 가정과 국가의 밀접한 조화를 말했다(Aristotle, *Pol.* 1.1. [1252a7-17]; Philo, *Jos.* 37-39).[42] 자기 가정을 적절하게 감독할 수 있는 자들만이 국가에서 권위를 행사하는 데 적합하다고 여겨졌다. 그래서 플루타르코스("Advice on Marriage," 43)는 다음과 같이 기록한다. "도시나 장터에서 또는 자신의 친구들 사이에서 조화를 추구하고자 하는 사람은 집에서도 조화를 만들어내는 사람임에 틀림이 없다."[43] 감독이 되고자 하는 사람들과 관련하여 디모데전서 3:4-5에서도 동일한 전제가 작용하고 있다.

남편과 아내. 유대인과 이방인의 세계는 적어도 한 가지 부분에서 일치하는 것이 있었다. 즉 가정은 남편/아버지/주인이 가정의 다른 구성원들을 다스리는 권위를 행사하도록 계급으로 구성되어 있었다. 아리스토텔레스는 마치 태초에 인간이 남녀가 짝을 이루도록 타고났듯이 이것도 남성과 여성에게 본질적으로 타고난 것이라고 주장했다(*Pol.* 1.2 [1252a25-32]). 즉 남성은 "타고난 지배자"이고 여성은 "타고난 피지배자"라는 것이다. 그리스-로마의 저자들은 특별히 자기 아내를 다스리는 남편의 권위의 본질

---

42 이에 관한 자세한 내용은 John H. Elliott, *A Home for the Homeless: A Sociological Exegesis of 1 Peter, Its Situation and Strategy* (Philadelphia: Fortress, 1981), 171-73을 보라. Elliott은 시골이나 도시의 정부와 거기에 있는 다른 공무원들과 집단들이 사용하는 언어가 어떻게 *oik-*("집이라는 의미를 가진")라는 어근으로부터 유래하는지를 보여준다.

43 Plutarch, *Selected Essays & Dialogues*, trans. Donald Russell (Oxford: Oxford University Press, 1993), 294.

과 자격에 주의를 기울였다. 자녀 및 노예들을 다스리는 아버지의 권위가 절대적이듯이(아리스토텔레스는 군주의 권력에 그것을 비유했다), 아내를 다스리는 남편의 권위는 "헌법적 권위"와 같이 더욱 절대적인 것이었다. 아리스토텔레스는 자신이 의미하는 것을 설명하기 위해 정치학 영역으로 옮겨 다음과 같이 말한다. "헌법에 기초한 국가의 개념은 시민들이 본질적으로 동등하며 전혀 차이가 없음을 의미한다. 그럼에도 불구하고 한쪽은 다스리고 다른 쪽은 다스림을 받을 때 우리는 외관상 존경받는 다른 모습과 이름과 직위들을 만들어내기 위해 노력한다.…여성과 남성의 관계는 이런 종류의 것이지만, 이 불평등은 영구적인 것이다"(*Pol.* 1.12 [1259b6-10]). 사실 그는 남편과 아내는 본질적으로 평등하지만 가정을 다스리는 데 있어서 그들의 역할은 영구적으로 불평등하다고 단언한다.[44] 플루타르코스는 가정의 일상생활에서 작용하는 이런 권위에 관해 더 미묘한 차이가 있는 그림을 제공해준다. "두 개의 음이 함께 붙어서 나타날 때, 낮은 음이 멜로디가 된다. 마찬가지로 좋은 가정에서 행해지는 모든 행동은 배우자들의 합의로 행해지지만, 남편의 리더십과 결정을 드러낸다"("Advice on Marriage," 11).[45]

유대교 저자들은 남편과 아내의 관계에 관한 그들의 주장에서 더 압도적인 것 같다. 예를 들어 요세푸스는 다음과 같은 교훈을 전해준다. "여자는, 율법이 말하기를, 모든 면에서 남자보다 열등하다. 따라서 여자를 부

---

44 신피타고라스 학파의 윤리학자들도 남편이 지닌 권위의 분명한 본성을 정의하는 데 주의를 기울였다. "남편은 아내를 폭력적인 힘으로 다스리지 말아야 한다. 왜냐하면 남편은 아내의 복지를 위해 성실하고 세심해야 하기 때문이다. 남편이 아내를 다스리는 것이 전적으로 지배적 본성과 관련된 것으로 여겨져서도 안 된다. 왜냐하면 이것은 그 자체가 교감(communion)의 일부이기 때문이다"(Callicratidas *On the Happiness of Households* 106.1-5, David Balch, *Let Wives Be Submissive: The Domestic Code in 1 Peter*, SBLMS 26 [Missoula, Mont.: Scholars Press, 1981], 56-57에서 인용함).

45 이는 다른 그리스의 음악이 대부분의 서양 음악과 어떻게 다른지를 우리에게 말해준다. 왜냐하면 우리는 위의 음을 멜로디로 아래 음을 화음으로 배정하는 경향이 있기 때문이다.

끄럽게 만들기 위해서가 아니라 하나님께서 남자에게 권위를 주셨기 때문에 여자를 잘 지도하기 위해 순종적으로 만들어야 한다"(Josephus, *Ag. Ap.* 2.199, LCL). 유사하게 필론도 다음과 같이 기록한다. "아내들은 그들의 남편들에게 예속된 상태로 있어야 하며, 예속은 폭력적인 못된 행위들을 통해 적용되는 것이 아니라 모든 일에 순종을 증진하는 것이 되어야 한다"(Philo, *Hypoth.* 7.3, LCL). 이 두 명의 저자 역시 여성은 아내에게 해를 가하는 남편의 권위 아래 있어서는 안 된다는 그들의 이방인 상대자들의 의견에 동의한다. 그러나 "모든 면에서 열등하다"는 말이 크세노폰이나 아리스토텔레스가 여성에게 부여한 설명이 아니라는 점은 주목할 만하다.[46]

고대인들이 여성을 개인적 자산으로 여겼다는 일반적인 고정관념은 남성(주로 아버지, 두 번째로는 남편)이 가정에서 여성 위에 군림했다는 거대한 권력과 지배에 대한 우리 현대인들의 해석이다. 러스 듀드레이(Russ Dudrey)가 다음과 같이 말한 것은 옳다. "기능적으로 대부분의 여성이 재산으로 취급되었던"[47] 것은 다음의 경우로 제한된다. 즉 그녀들이 아버지에 의해 결혼하도록 주어졌거나, 혹은 심지어 팔아넘겨졌거나(그러나 유사한 권력이 아들들에게도 행사되어 그들의 결혼이 이루어졌고, 그들의 어린 누이동생들과 마찬가지로, 원치 않는 아들이라서 출생시에 버려졌을 수도 있었다) 고대 헬레니즘 시대 동안 그들이 남성의 "평생 보호" 아래 있었을 때다. 가장의 뜻에 따라 보

---

46 크세노폰은 사실 여성과 남성이 강점과 약점에서 서로 보완적이라고 본다. 신은 여성이 자녀를 더 사랑하도록 만들었으므로 돌보는 일이 여성의 역할로 주어졌으며, 본질적으로 여성이 더 두려움이 많기에, 창고를 보호하는 일도 여성의 역할이 되었다. 신은 남성을 더 용감하게 만들었으므로, 그들은 가정을 방어하는 자가 되었다. "그리고 단지 남성과 여성은 모두 같은 적성을 가지고 있지 않기 때문에, 그들은 서로가 더 필요하며, 그래서 부부는 각자 한쪽이 부족한 곳에서 다른 한쪽이 더 유능하기 때문에 서로가 서로에게 더 유용한 것이다"(*Oec.* 7.28).

47 Russ Dudrey, "'Submit Yourselves to One Another': A Socio-Historical Look at the Household Code of Ephesians 5:15-6:9," *RQ* 41 (1999): 37.

호 권한이 다른 남성에게 주어진 것은 결과적으로 여성의 필요를 공급하는 일과 관련되어 있었다. 그들이 여러 면에서 재산과 유사하게 취급되었던 것은 부인할 수 없지만 그들이 재산으로 간주되었는지는 덜 분명하다. 이렇게 말하는 것은 아리스토텔레스나 로마의 법률가들이 노예를 "재산"이나 "자산"으로 부르는 반면 이 동일한 저자들이 자유민으로 태어난 여성에 대해서는 그렇게 언급하지 않는 개방성 때문이다. 가정의 계급 구성에 관해 읽을 때 우리는 그리스-로마 세계가 그들의 권력 구조에 대한 필연적 결과를 사고하지 않았기에 여성들의 가치를 평가절하했다고(또는 비인격화했다고) 잘못 읽는 우를 범할 수 있다.

고대 그리스의 이상적인 가정에 대한 정보를 얻을 수 있는 중요한 자료는 크세노폰이 기록한 *Oeconomicus*("호주")라는 글이다. 크세노폰이 발전시킨 남편과 아내의 관계에 대한 그림은 남편이 "선임"이 되는 동반자 관계의 모습이다. 남편은 가정의 경영을 위해 자기 아내를 훈련시켜야 할 책임이 있는데, 특히 여성이 아주 어린 나이에 결혼하기 때문에 더욱 그러했다.[48] 하지만 이 훈련은 남편들이 다른 사람보다 자기 아내를 더 신뢰했기에 무엇보다도 필수적인 것이었다. 아내는 남편의 권위와 감독 아래에 있지만 그럼에도 불구하고 가정을 성공적으로 경영하는 일에 동등하게 기여한다(*Oec.* 3.10-15). 크세노폰은 사실상 아내가 가정의 나머지 모든 사람보다 더 권위를 가지고 있음을 강조한다. 아내는 남편이 부여한 규칙과 의제들

---

48 크세노폰의 대화에서 소크라테스의 대화 상대로 등장하는 이스코마쿠스는 그의 아내가 그와 결혼할 당시 아직 열다섯 살이 되지 않았다고 고백한다(*Oec.* 7.5). 4세기가 더 지난 후에, 소 플리니우스는 그의 좋은 친구인 푼다누스의 딸이 결혼을 조금 앞두고 죽음을 맞이하게 되었을 때 슬퍼했는데, 이는 그녀가 열네 살이 되기 전에 일어난 일이었다(*Ep.* 5.6, 유용한 이 글은 Albert A. Bell Jr., *Exploring the New Testament World* [Nashville: Thomas Nelson, 1998], 231에서 인용했다). 그리스와 유대교 문화에서 남자들은 그들의 (첫 번째) 아내보다 열 살에서 열다섯 살 더 나이가 많은 경향이 있었다.

문화의 키워드로 신약성경 읽기

을 강화할 책임이 있었고, "자격이 있는 자는 칭찬과 명예"의 보상을 받았으며, "필요할 경우에는 책망과 처벌을" 아끼지 않았다(*Oec.* 9.14-15). 이는 할리카르나소스의 디오니시오스가 언급한 것과 관련이 있다. "만일 아내가 덕망이 있고 모든 면에서 그녀의 남편에게 순종하면, 그녀는 자기 남편이 가정의 주인인 것과 동등한 정도로 그 집의 여주인이 되었다"(*Rom. Ant.* 2.25.5, LCL).[49] 대가족에서 이것은 상당한 권위를 의미했으며, 심지어 그 집에 국한되지 않는 그 너머의 영향력을 의미할 수 있었다. 그런 여성들은 후견 제도를 통해 가정 밖의 남자들에게 은혜를 입힐 수 있는 잠재력이 있었으며, 그래서 비공식적이지만 강한 정치적 영향력을 획득할 수도 있었다.

남편과 아내는 노동에 있어서도 동반자였다. 여성은 집을 감독할 때 근면함으로 자신을 꾸미고, 그림이나 다른 외적인 장식보다는 빵을 만드는 것과 같은 집안일을 수행함으로써 건강한 아름다움을 드러내야 한다(*Oec.* 10.2-13; Sir 26:16도 보라). 아내는 벌집의 여왕벌과 같이 행동하고, 일벌들이 그들의 업무를 제대로 하는지 감독하며, 새끼들을 돌보고, 생필품을 정리하며, 음식과 의복을 필요한 대로 나누어주는 일을 했다. 아내는 가정에서 아픈 자들을 돌보았으며, 젊은 여자 노예들에게 옷감을 만드는 기술과 같은 것을 가르쳤다.

이상적인 여성에 대한 에토스. 유대교 및 그리스-로마의 저자들도 여성이 경쟁하는 것을 멈추어야 한다는 이상에 대해 놀라울 정도로 일치한다.[50] 가정에서 남성 가장의 권위를 수용하고 복종하는 것에 추가하여 침

---

49 유용한 이 글은 Balch, *Let Wives Be Submissive*, 55에서 인용한 것이다. 그는 이 책에서 그리스-로마와 유대교 가정에서 여성의 역할과 관련하여 고대 문헌을 풍부하게 포함하고 있으며, 벧전 3장의 아내들에게 주는 교훈들에 대해서도 철저한 탐구를 제공한다.

50 우리는 여기서 이 이상에 대한 이념적 비판을 말하지 않을 것이다. 다만 여성이 경쟁을 멈추어야 한다는 이 이상은 그 문화에서 남성의 이익을 위해 봉사한다는 점만을 분명히 말할 것이다. 즉 공적 영역에서 남성의 경쟁이 즉각적으로 반으로 줄어들고 사적 영역에서

묵은 여성이 지녀야 할 덕목 가운데 중요한 것이다. 그래서 기원전 4세기 아테네에서 아리스토텔레스는 다음과 같이 기록한다. "모든 계층의 사람들은 자신이 특별한 특성을 가지고 있음을 분명하게 인식해야 한다. 시인이 여성에 대해 말했듯이 '침묵은 여성의 영광이다.' 그러나 이 영광은 남성의 영광과 동등하지는 않다"(*Pol.* 1.13 [1260a28-31]). 아리스토텔레스는 여기서 "침묵"을 여성의 핵심적인 미덕으로 선택하는데, 그가 시인의 격언을 사용한 것은 모든 독자가 이 사실을 분명하게 받아들이도록 하기 위함이었다. 벤 시라는 기원전 2세기에 예루살렘에서 다음과 같이 기록한다. "침묵하는 아내는 주님으로부터 온 선물이다. 자신을 절제하는 것보다 그녀에게 더 귀한 것은 없다"(Sir 26:14 NRSV). 로마 제국 시대에도 이런 이상이 지속되었다는 것은 플루타르코스가 기원후 2세기에 젊은 부부에게 제시해준 충고에 잘 나타난다. "아내는 자기 남편에게만 말하거나 그녀의 남편을 통해 말해야 한다. 만일 그녀가 피리 부는 사람처럼 다른 사람의 입을 통해 더욱 고결한 음악을 만들기 원한다면 불평을 품지 말아야 한다"("Advice on Marriage," 32).[51] 명예로운 여성의 말은, 그녀의 아름다운 몸과 같이, 결코 공적인 자산이 되어서는 안 된다. "그녀는 자신의 몸을 드러낼 때와 같이 말할 때에도 부끄러워해야 하며, 낯선 사람들에게 드러나지 않도록 자신의 말을 보호해야 한다"("Advice on Marriage," 31).[52]

이런 이상에 대한 또 하나의 중요한 양상은 여성은 가능한 한 사적인 공간에 머물러 있어야 한다는 것이다. 크세노폰(*Oec.* 7.16-41)은 남편과 아내 사이에 존재하는 신성하게 부여되고 완벽하게 상호 보충적으로 구분되

도전이 급격하게 감소된다.

51   플루타르코스, *Selected Essays*, trans. Robin Waterfield (London: Penguin, 1992), 291.

52   앞의 책.

는 노동에 관해 상당한 분량의 논의를 제공한다. 이 논의에 따르면 남편은 공개된 장소에서 활동에 참여해야 한다. 필요한 것을 획득하는 일에는 남편의 외관이 더 적합하다. 아내는 필요한 것을 보존하기 위해 비공개적인 장소를 점유해야 한다. 적절한 공간을 점유하는 것이 서로에게 명예로운 것이다. 남자가 "밖의 일을 하기 위해 나가 있는 것보다 집안에 머무는 것이" 보기 흉한 것같이, 여자가 "밖에 머무는 것은" 꼴사나운 일이다. 기원후 1세기의 유대교 저자인 알렉산드리아의 필론 역시 이런 그림에 완전히 동의한다. "여자들은 집에서 결코 벗어나지 않는 실내 생활에 가장 적합하고, 집 내부의 중간 문까지가 미혼인 처녀들의 경계이며, 바깥 외문은 가장 성숙한 여성이 닿을 수 있는 거주 범위다"(Philo, *Spec. Laws* 3.169-71, LCL).[53] 여성은 예루살렘 성전을 방문하는 일을 제외하고는 "길거리에서 자신을 드러내기"보다 "은둔하도록" 장려된다. 마지막으로 플루타르코스는 이 이상을 이렇게 재확언한다. "훌륭한 여성은…자기 남편과 함께 있을 때 모습을 드러내야 하고, 남편이 집에 없을 때에는 집에 머무르며 보이지 않게 숨어 있어야 한다"("Advice on Marriage," 9).[54]

유대인 여성들은 그리스와 로마의 여성들보다 더 공적인 영역에서 활동해온 것으로 드러나지만(예. 시장이나 우물가와 같은 곳, 특히 우물가는 여성들의 "사적" 공간으로 여겨졌기에, 마을의 여성들은 그날 가족이 쓸 물을 길어 올리기 위해 아침 일찍 그곳으로 모두 모여들었다), 사실상 법률적으로는 덜 자유로웠다.[55] 대부분의 여성은 가정 내에서 하는 일에 종사했으며, 가정의 필요를 공급

---

53   또다시 나는 이 언급에 관해 Balch(*Let Wives Be Submissive*, 53)에게 빚지고 있다. Pseudo-Phocylides는 이런 합의 내용과 관련하여 또 다른 증거를 추가한다. "단단히 잠가둔 방 안에서 처녀를 보호하라. 그래서 그녀가 결혼하는 날까지 집 앞에 보이지 않도록 하라"(*Sentences* 215-16).

54   Plutarch, *Selected Essays*, 28.

55   Ferguson, *Backgrounds*, 71.

하기 위해서뿐만 아니라 집에 속한 상점이나 시장에서 가정의 이익을 위해 판매할 특정한 물건을 만드는 탁월한 기술들을 가지고 있었다. 비록 그리스에서 여성이 집을 떠나는 것은 심지어 남편을 대동할 때에도 익숙하지 않은 일이었지만, 로마의 엘리트 계급에서는 남편들(과 로마의 관습을 모방하는 자들)이 저녁 만찬에 자기 아내를 데리고 참석하는 것이 점점 더 관례적인 것이 되었다. 대신에 *hetairai* ─ 교양 있는 대화 상대이지만 다른 오락도 행할 수 있는 고급 첩들 ─ 는 그리스 만찬에 초대되어 여성으로 만찬에 함께할 수 있었다.[56] 동방은 이런 전통을 수용하는 데 어려움을 겪었지만 로마는 이런 측면에서 계속해서 더 진보하게 되었다.

복종, 침묵, 은둔 생활에 겸손과 정절이 더해지곤 했다.[57] 따라서 벤 시라는 다음과 같이 기록한다. "겸손한 아내는 매력에 매력을 더하며 그녀의 순결함의 무게를 달 수 있는 저울은 없다"(Sir 26:15, NRSV). 「마카베오 4서」의 저자는 일곱 명의 순교자의 어머니가 될 수 있는 그녀의 용기(문자적으로 그녀의 "남자다움")에 대해 찬양하며, 그녀의 여성적 미덕의 중요성을 다시 언급하면서 자신의 글을 결론짓는다. 그녀는 "순수한 처녀이며 내 아버지의 집 밖으로 나간 적이 없었다. 나는 갈비뼈, 곧 그것으로부터 여자가 창조된 갈비뼈를 보호했다. 어떤 유혹도 황량한 사막 가운데서 나를 타락

56　Osiek and Balch, *Families in the New Testament World*, 69.

57　이상적인 여성상에 대해서는 많은 비문에서 분명하게 확인할 수 있다. 예를 들어 Dudrey 가 "Submit Yourselves," 34에서 인용하는 투리아와 아우렐리아(기원전 1세기)에 관한 비문을 보라. "오! 헤아릴 수 없는 당신의 자질 곧 당신의 겸손, 복종, 상냥함과 당신의 사랑스러운 기질, 가정의 의무에 대한 당신의 충성스러운 돌봄과 당신의 계몽된 종교…당신의 가족을 향한 당신의 사랑을 회상해봅니다 ─ 당신이 당신의 부모를 존경하듯이 내 어머니를 존경했을 때, 당신의 부모의 무덤을 돌보듯이 내 어머니의 무덤을 돌보았을 때, 나는 당신의 그런 자질들을 생각합니다." "나는 순결하고 겸손했습니다. 나는 사람들을 알지 못했고 내 남편에게만 충성했습니다.…내 성실한 의무 수행을 통해 그는 언제나 번창할 수 있었습니다."

시키지 못했고, 어떤 파괴자나 속이는 독사도 나를 파괴시키지 못했으며, 내 처녀성의 순수함을 오염시키지 못했다. 내가 노년이 되었을 때에도 나는 내 남편 곁에 머물러 있었다"(4 Macc 18:6-9).[58]

남편에 대한 순종과 남편 안에 내재됨에 관한 마지막 표지로서 아내는 자기 남편의 종교를 공유해야 한다. "아내는 자신의 친구를 두지 말아야 하지만, 자기 남편의 친구들을 공통의 자원으로 사용해야 한다. 가장 우선되고 중요한 우리의 친구는 신들이다. 그러므로 결혼한 여성은 자기 남편이 존중하는 신들을 알고 오직 그들만을 경배해야 한다. 낯선 종교나 외래의 미신에 대해서는 반드시 문을 닫아야 한다. 여성이 비밀리에 행하는 종교에서 기쁨을 누리는 신은 없다"(Plutarch, "Advice on Marriage," 19).[59] 신들을 포함하여 남편의 친구 집단이 아내의 친구 집단이 된다. 아내는 자기 남편과의 동반자 관계 속에서(다시 말하지만 이는 명백히 불공평한 동반자 관계다) 남편의 친구들과 맺은 이런 유대 관계에 자신을 제한하는 것을 기꺼이 받아들여야 한다.

자녀 양육. 부모(특히 아버지)는 자녀들에게 생명이라는 선물을 제공했다는 사실에 기초하여 자녀들에 대해 대단히 큰 합법적인 권위를 가지고 있었다. 아리스토텔레스는 이를 자기 백성에 대한 군주의 권위와 비교한다(Aristotle, *Pol.* 1.12 [1259b10-12]). 필론은 부모와 자녀의 위치에 대해 더 자세하게 다음과 같이 묘사한다. 즉 "부모는…선임자요 교훈자요 은인이요 통치자요 주인이다. 아들과 딸은…후임자요 배우는 자요 은혜를 받는 자요

---

58 Dudrey("Submit Yourselves,'" 29)는 신피타고라스 학파 윤리학자의 글을 인용한다. "여성의 가장 위대한 덕목은 정숙함이다." 이는 용기나 이성보다 "더 적합한 여성적인" 미덕으로 여겨졌다.

59 플루타르코스, *Selected Essays*, 288.

지배를 받는 자요 종이다"(*Spec. Laws*, 2.226-27, LCL).[60] 그리하여 모든 면에서 자녀는 부모에게 의무가 있는 것으로 여겨졌다. 그들은 특별히 부모를 명예롭게 하며 그들에게 순종해야 할 의무가 있었다. 부모를 은인과 비교하는 것은 적절한 것으로, 아리스토텔레스는 이 점을 잘 사용했다. 자녀는 결코 갚을 수 없는 빚을 부모에게 졌기 때문에, 결국 덕이 있는 자는 부모의 남은 인생을 위해 그들을 명예롭게 할 것이며, 어린 시절에 부모로부터 제공받은 "은혜에 보답할 것이다"(*Nic. Eth.* 8.14.4 [1163b14-27]). 로마는 한 가정의 남성 가장이 성인이 되어 결혼한 아들에 대해서도 자신이 죽을 때까지 권위를 갖도록 할 정도로 이런 윤리를 합법화했다.

따라서 자녀는 부모에 대한 "최고의 동맹이자 노년의 최고 후원자"가 되어야 한다는 기대가 형성되었다(Xenophon, *Oec.* 7.12).[61] 자녀는 말과 행위로 부모를 명예롭게 해야 하며, 특별히 부모가 노년이 되었을 때 그들을 충성스럽게 섬겨야 한다.

오, 아들아! 늙은 네 아비를 도우라. 그리고 그가 살아 있는 동안 그를 슬프게 하지 말라. 심지어 그가 이해의 부족을 드러낼지라도 인내하라. 온 힘을 다해 네 아비를 경멸하지 말라. 왜냐하면 아비를 향한 친절은 결코 잊히지 않으며 그것이 네가 죄를 지었을 때 네 신용을 보장해줄 것이기 때문이다. 네가 범죄로 인해 괴로울 때에 그것이 네 호의로 기억되어 맑은 날의 서리처럼 네 죄가 녹아버릴 것이다. 자기 아비를 저버리는 자는 누구든지 신성을 모독하는 자와 같으며 자기

---

60 Balch, *Let Wives Be Submissive*, 53에서 인용했다. Sir 3:2, 6-7도 보라. "주님은 자녀보다 위에 있는 아버지를 명예롭게 하셨으며, 아들을 능가하는 어머니의 권리를 확증해주셨다. 자기 아버지를 영화롭게 하는 자마다 장수할 것이며, 주님께 순종하는 자마다 자기 어머니에게 활기를 불어넣어주게 될 것이다. 아들은 부모를 자신의 주인으로 섬겨야 할 것이다."

61 *Oec.* 7.19; 플라톤, *Laws* 717C도 보라.

어미에게 화내는 자는 주님의 저주를 받을 것이다[62](Sir 3:12-16).

자녀는 결코 부모의 늙은 나이와 무기력함을 경멸해서는 안 된다. 부모가 전적으로 자녀에게 의존하는 삶의 지경에 도달했을 때에도 자녀는 계속해서 부모를 명예롭게 하고 섬겨야 한다. 이는 어린 시절 양육해준 부모의 "은혜에 보답하는" 가장 확고한 기회이며, 그런 삶의 단계에서 드러낼 수 있는 경건의 표지다.

그러나 플루타르코스는 부모의 돌봄이 노년의 시기에 자녀로부터 돌봄을 받기 위한 투자의 견지에서 베풀어져서는 안 된다고 주장한다. 더구나 그것이 주된 이유가 되어서는 안 된다고 말한다. 왜냐하면 동물조차도 자기 새끼들에게 "은혜"(*charis*)로서 돌봄을 제공하기 때문이다.[63] 따라서 플루타르코스는 부모의 역할을 "올바르게 행하는" 후원의 열정과 더 연결하며(본서 3장을 보라) 부모와 자식이 각각 지녀야 할 순수한 의도와 적절한 권한을 보존하고자 추구한다. 돌봄은 거저 주는 것으로서 수혜자의 관심사와 연결하여 행해져야 하는 것이지, 주는 자의 관심사 곧 자신의 고결함을 드러내기 위한 것이 되어서는 안 된다. 그러나 수혜자는 여전히 감사를 표현해야 할 의무가 있다.

부전자전. 그리스와 유대교 작가들은 모두 부모와 자녀 간의 유사성, 곧 "마음과 모습에서 모두 놀랍도록 닮았다"(4 Macc 15.4)는 점을 강조했

---

62 신피타고라스 학파 윤리학자인 Perictione는 유사한 정서를 이렇게 언급한다. "부모는 말이나 행동으로 상해를 입어서는 안 된다. 부모의 지위가 크건 작건 간에 상관없이 그들에게 순종해야 한다.…반드시 부모와 함께해야 하고 결코 그들을 버려서는 안 되며 부모가 제정신이 아닐 때라도 그들에게 대부분 순종해야 한다"(*On the Harmony of a Woman* 145.8-13; Balch, *Let Wives Be Submissive*, 57에서 인용함).

63 Plutarch, "On Affection for Offspring" 2 (*Mor.* 495A-B); "On Affection for Offspring" 4 (*Mor.* 496C)를 보라.

다. 이 유사성은 신체적인 외모를 넘어 감정, 기질, 도덕적 특성에까지 분명하게 확장되어 나타난다.[64] 이 유사성의 중요한 한 가지 요소는 자녀가 부모의 전통을 수용하는 것이다. 특별히 그들의 종교적 관습을 따르는 것이다(Sir 41:14을 보라). 삶의 모든 본질적 요소에 나타나는 이런 전제의 유사성은 사람의 행위가 그의 부모의 행위를 반영한다는 것으로 우리가 신약에서 종종 발견하는 주제와 연결된다(물론 신약과 동시대의 글에서도 발견된다). 이는 다양한 방식으로 적용될 수 있다. 사람들은 명예로운 자식이 부모에게, 그리고 명예로운 부모가 자식에게 명예를 가져다줄 수 있다고 말한다(Sir 22:3-5을 보라). 그러나 어떤 사람의 행위는 불명예스러운 자 또는 악의 지배를 받는 자의 자녀라고 비난받을 수도 있었다.

요한복음 8:31-47은 예수와 "예수를 믿었던 유대인들"의 대화를 담고 있다. 이 단락은 광범위하게 논쟁적으로 닮음의 주제를 사용한다. 예수는 자신의 말을 따르는 것이 이 유대인들을 자유롭게 하는 것이라고 선언했지만, 그것은 그들이 현재 노예 상태로 있음을 암시하는 것이기도 했다. 그들은 이런 암시에 대해 자신들이 아브라함의 고귀한 자손이라는 점을 상기시키며 부정했다. 예수는 죄를 짓는 그들의 천성―특별히 예수의 말씀이 그들 가운데 자리 잡지 못했기 때문에 그들이 예수를 죽이려고 하는 것―은 그들이 죄의 노예이며 "아버지"로부터 떨어져 있음을 드러내는 것이라고 설명한다. 여기서 또다시 유대인들은 다음의 주장에 의존한다. "아

---

64 Moses Hadas는 두 개의 유용한 인용구를 제공한다. 첫 번째는 Nemesius의 *De natura hominum*에서 인용한 것이다. "클레안테스(Cleanthes)는…우리는 육체적인 면에서 부모와 유사할 뿐만 아니라 영혼, 감정, 도덕, 기질에서도 부모를 닮는다고 선언한다." 두 번째는 플루타르코스의 *Plac. Philos.* 7.11.3에서 인용한 것이다. "스토아 학파 사람들은 씨가 전체의 몸과 영혼으로부터 기인한 것이라고, 외모와 특성의 유사성은 동일한 색으로 그려진 이미지처럼 그것을 부여받은 사람에게 나타나는 동일한 기원으로부터 조성되었다고 주장한다"(*The Third and Fourth Books of Maccabees* [New York: Harper and Brothers, 1953], 220).

문화의 키워드로 신약성경 읽기

브라함이 우리의 아버지시다." 이에 대해 예수는 다음과 같이 반응한다. "너희가 아브라함의 자손이면 아브라함이 행한 일들을 할 것이거늘, 지금 하나님께 들은 진리를 너희에게 말한 사람인 나를 죽이려 하는도다. 아브라함은 이렇게 하지 아니하였느니라"(요 8:39-41). 지금 유대인들은 하나님이 자신들의 아버지가 되신다고 주장하지만, 예수는 이를 반박한다. 유대인들이 하나님께서 보내신 자를 거부하는 것은 그들이 하나님의 집에 속한 자들이 아님을 드러내는 것이다. 오히려 "너희는 너희 아비 마귀에게서 났으니 너희 아비의 욕심대로 너희도 행하고자 하느니라. 그는 처음부터 살인한 자요 진리가 그 속에 없으므로 진리에 서지 못하고 거짓을 말할 때마다 제 것으로 말하나니, 이는 그가 거짓말쟁이요 거짓의 아비가 되었음이라"(요 8:44). 따라서 유대인들이 예수를 거부한 것과 예수의 진리의 말씀은 그들이 거짓말쟁이의 자녀임을 드러낸다. 그러므로 이 대화 내내 특정한 태생이라는 주장과 그 혈통과 다른 모습을 드러내는 특성이 행위와 명예에 대한 도전과 방어를 표현하고 있다.

자녀 교육. 대부분의 사람들에게 교육은 가정에서 부모로부터 받는 것이었다. 모든 사람이 특정 사업에 종사했기 때문에(심지어 여성들도 가정 내에서 그 사업에 참여했다), 어느 정도 글을 쓰고 읽고 셈하는 것은 필수적인 일이었다. 이는 대부분의 사람이 학식이 있었다고 말하는 것은 아니다. 왜냐하면 극히 일부만이 값비싼 책을 읽거나 도서관에서 시간을 보낼 수 있는 여가나 자원이 있었기 때문이다. 그러나 이 영역에서 기초적인 교육은 가정을 경영하기 위한 필요를 채우는 데 알맞은 것이었다.[65] 어머니들은 처음 몇 년 동안 기본적인 양육을 위해 일했다. 자녀가 다섯 살이나 여섯 살이 되고 난 후부터는 아버지들이 자녀 교육에 더욱 적극적인 역할을 담당

---

65   Osiek and Balch, *Families in the New Testament World*, 67.

했다. 「마카베오 4서」 18:10-19에서 우리는 일곱 형제가 그들의 아버지가 살아 있는 동안 그의 발밑에서 도덕적이며 종교적인 교훈을 배우는 아름다운 장면을 발견한다. 아버지는 자녀들에게 모세의 법에 나타난 교훈을 전수하기 위해 토라의 핵심 명령을 이행하고 있었던 것이다(신 6:6-9). 플루타르코스("On the Education of Children" [Mor. 13D])는 바울이 에베소서에서 제공하는 것과 똑같은 충고를 아버지들에게 제시한다. 즉 자녀를 양육함에 있어서 가혹함을 피하고 분노를 자제하라는 것이다.[66]

부자들은 자녀의 조기 교육을 위해 개인 교사를 고용했다. 개인 교사는 훈육과 기초 교육을 함께 맡는 자였다.[67] 어머니들은 딸들에게 가정을 경영하기에 필요한 기술을 가르치는 일을 계속했을 것이다. 딸은 오직 결혼을 위해 양육되었다(Sir 7:25). 부모는 딸의 정숙함을 보존하는 일에 깊은 관심을 가지고 있었는데, 이는 혼인하기에 알맞도록 보호하기 위함이었다(Sir 7:24). 딸의 성관계는 아버지의 명예와 마음의 평화를 심각하게 위협할 수 있는 것으로 여겨졌다(Sir 42:9-14). 왜냐하면 거기에 침해가 일어나면 가정에 심각한 오점을 남길 수 있었기 때문이었다.

가정교육의 마지막 단계에 있어야 할 핵심 요소는 신들을 향한 경건과 중심 문화의 윤리를 훈련하기 위해 시를 읽고 시편을 노래하는 것을 포함하고 있었다.[68] 이 단계의 교육은 고린도에서 명확하게 나타나는데, 바울은 일부 교인이 시편 – 하나님께 영광을 돌리기 위해 암기되거나 작곡된

---

66 Osiek and Balch, *Families in the New Testament World*, 70에서 인용함. Pseudo-Phocylides *Sentences* 207도 보라. "자녀에게 가혹하게 행하지 말고 온유하게 대하라."

67 개인 교사는 갈 3:23-25에서 구원의 역사를 위해 바울이 사용한 은유에서 중요한 역할을 맡는다. 이 점은 비록 직접적인 경험을 하지는 않았지만 그의 독자들에게 개인 교사가 널리 잘 알려진 인물이었음을 제시해준다.

68 Osiek and Balch, *Families in the New Testament World*, 70-71. 물론 유대인 가정에서 이런 경향은 유대교 경전을 읽도록 자녀를 훈련하는 것으로 나타났을 것이다(물론 지중해 지역

문화의 키워드로 신약성경 읽기

시나 음악—을 가지고 예배하러 오는 것을 기대한다. 바울은 골로새에 있는 신자들의 모임에도 동일한 것, "시와 찬송과 신령한 노래"의 레퍼토리를 기대한다(골 3:16). 학교들은 그리스와 유대교 컨텍스트에서 모두 귀족 가문들을 위한 상위의 교육을 제공하기 위해 존재했으며, 그 사회의 지도자들과 다음 세대의 정치가들을 훈련했다. 모든 주요 도시에는 공공의 교육 기관들이 있었으며—공공의 기관이란 그 도시의 시민 자격으로 입학한 자들을 위한 것으로서 종종 상위 계급의 사람들만을 제한적으로 받았다—거기서 청소년들은 기초 수사학 연습, 작문, 고전 철학을 교육받고 웅변 및 신체적 훈련도 받을 수 있었다. 고등학교(*progymnasmata*)는 상급의 수사학과 공공생활(여기서 가시적으로 중요한 부분은 웅변이었다)에 필요한 기술들을 가르치는 곳이었다. 유대인 공동체들, 특히 예루살렘에는 엘리트 유대인 남자 젊은이들에게 구체적으로 토라를 가르치는 것을 목적으로 하는 학교들이 있었는데, 그곳에서는 토라를 해석하고 적용하는 방법들과 더불어 논쟁 및 의사소통 기술도 가르쳤다. 우리는 그리스와 유대교 학교는 각각 그 교과서가 달랐을 뿐이지 기초 교과과정은 매우 유사했다고 말할 수 있다.

고대의 윤리학자들은 젊은이들이 수사학적 기술뿐만 아니라 미덕에 관한 교육을 추구해야 한다는 점에 깊은 관심을 가지고 있었다. 플루타르코스는 "On Listening to Lectures" 1 (*Mor.* 37D)에서 성인이 되어 개인 교사의 감독을 떠나는 젊은이들에게 인간의 감시로부터의 자유를 욕망이 자유롭게 통치하게 하는 기회로 삼기보다 이성에 복종하라고 다음과 같이 조언한다.

에 살았던 대부분의 디아스포라 유대인들은 그리스어로 경전을 읽었고, 팔레스타인에서는 대부분 아람어로, 가능하다면 히브리어로 읽었을 것이다).

몇몇 젊은이가 어린 시절이라는 망토를 벗어버렸을 때 그와 동시에 제재와 조심이라는 망토도 벗어버렸다. 그들은 스스로 제한이라는 옷을 벗어버리자마자 자기-방종이 흘러넘치게 되었다. 하지만 너희들은 하나님을 따르는 것과 이성에 귀를 기울이는 것은 동일하다는 것을 자주 들었다. 따라서 지식인들에게 어린 시절부터 어른이 될 때까지의 길은 규칙의 포기가 아니라 통치자의 변경임을 명심하라. 즉 누군가의 봉사를 고용하고 구매하는 대신에 그들은 자신들의 삶에 이성이라는 신적인 지도력을 수용한다 — 이성을 따르는 자들만이 자유로운 자들로서 간주될 가치가 있다.[69]

그러므로 교육의 목표는 내적 교사를 개발하는 것, 곧 완전한 시민으로서 자유의 합당한 목적인 미덕에 대한 내면화된 헌신이었다.[70]

고대 사회의 노예 제도. 로마에 살았던 사람들 가운데 대략 다섯 명 중 한 명은 노예였으며,[71] 제국 내 전체 인구 중 노예의 비율은 그보다 더 높았다. 고대 사회의 노예 제도는 서양이 16세기에서 19세기까지 경험하고 그 제도가 남긴 여파([벧전 1:18로부터 빌려오자면] "우리 조상이 물려준 헛된 행실")를 겪은 것과는 상당히 달랐다. 가장 중요한 것은 어느 누구도 특정 민족에 속한다는 이유로 노예 취급을 받지는 않았다는 점이다. 노예와 자유민은 외견상 종종 구분할 수 없었으며 심지어 의복으로도 구분할 수 없었다(물론 부자와 가난한 자는 금방 구분할 수 있었다). 특별히 도시에서는 더욱

---

69 플루타르코스의 "On Listening to Lectures"로부터 인용한 구절들은 Plutarch, *Selected Essays*에서 가져온 것이다.

70 이를 갈 3:23-4:7; 5:1, 13-25에 나오는 바울의 교훈과 비교해보라. 바울 역시 그리스도인들에게 토라라는 초등교사로부터 해방되어 육체의 소욕에 순종하기보다 하나님의 인도하심에 따라("성령을 따라 살기") 덕을 성취하는 데 그들의 자유를 사용하도록 권면한다.

71 Ferguson, *Backgrounds*, 56.

문화의 키워드로 신약성경 읽기

그랬다. 어떤 사람은 군사적 정복을 통해, 어떤 이는 범죄에 대한 형벌로, 어떤 이는 노예의 가정에서 태어나거나 채무 불이행으로(특별히 이집트에서) 노예가 되었을 것이다.

노예에 관한 아리스토텔레스의 악명 높은 정의는 "살아 있는 도구"로, 노예는 주인의 소지품에 지나지 않았다(*Pol.* 1.4 [1253b27-33]). 그는 "본질상" 노예인 사람들이 있다는 인식을 다음과 같이 옹호한다. "태어날 때부터 어떤 사람들은 종속된 자로, 다른 사람들은 지배하는 자로 낙인찍힌다"(*Pol.* 1.5 [1254a23]). 이런 일단의 사람들에게는 "누군가가 노예가 되고 다른 사람들이 주인이 되는 것이 편리하고 옳은 일이다. 전자는 순종을 행하고 후자는 자연이 그들로 하여금 갖도록 의도한 권위와 다스림을 행사한다"(*Pol.* 1.6 [1255b7-9]). 그러나 아리스토텔레스는 계속해서 주인들은 권위를 적법하고 덕스럽게 행사해야 한다고 지적한다. "이 권위의 남용은 둘 모두에게 해롭다. 왜냐하면 부분과 전체, 몸과 영혼의 이익이 동일하기 때문이다. 노예는 주인의 일부분, 살아 있지만 그의 신체의 분리될 수 없는 부분이다"(*Pol.* 1.6 [1255b9-13]).[72] 이와 유사하게 아리스토텔레스는 그의 「윤리학」(*Ethics* 5.6 [1134b8-12])에서 다음과 같이 말한다. "사람의 소유인 것들을 향해 무조건적인 의미에서 불의란 있을 수 없다. 그러나 사람의 소지품[즉 그의 노예]과 그의 자녀는 일정한 나이에 도달할 때까지 그리고 스스로 설 수 있을 때까지, 말하자면 주인의 일부분이었기에 아무도 자기 자신을 상하게 하는 일을 선택하지 않는다."[73] 그러나 실제로 노예에 대한

---

72 태어날 때는 노예가 아니었지만 전쟁 포로와 같이 법이나 관례에 따라 노예가 되는 자들이 있다. 그런 경우 노예 제도는 강제로 노예가 된 자들이나 그들의 주인이 된 자들 모두에게 부당한 것이 될 수 있다(*Pol.* 1.6 [1255a4-10; 1255b12-15]).

73 이는 남편은 아내를 사려 깊게 그리고 사랑으로 대하라고 한 바울의 충고 내용과 상당히 유사하다. "왜냐하면 자신의 몸을 미워하는 자는 결코 아무도 없기 때문이다"(엡 5:29).

처벌은 매우 혹독하고 가혹했다.[74]

노예의 상태는 전적으로 주인의 덕이 많고 적음에 따라 달랐다. 그리스-로마 철학자들과 필론과 같은 유대인들과 바울과 같은 초기 그리스도인들은 모두 주인과 종의 자애로운 관계를 증진하고자 했으며, 호혜 관계를 육성함으로써 힘의 완전한 불균형을 바로잡으려고 했다. 그래서 필론은 토라가 "주인들에게 애정 어린 충성을 제공하는 종들에게, 그리고 불평등을 평등하게 만들기 위한 자비와 친절을 나타내는 것에 대해 주인들에게" 교훈을 주고 있다고 주장한다(Decal. 167, LCL). 이와 유사하게 신피타고라스 학파의 에클루스는 "'주인을 향한 종의 선행(eunoia)[참조. 엡 6:7]과 종의 복지를 위한 주인의 세심한 돌봄'(On Justice 78, 10-11)에 관한 놀라운 언급을 제공한다."[75] 예수를 신뢰했던 백부장(눅 7:2-10을 보라) 역시 그의 종의 복지를 위해 — 단지 위험에 처한 재산으로서가 아니라 그의 보호 아래 있는, 도움이 필요한 그의 가정 구성원으로서 — 이런 "세심한 돌봄"을 구현했던 초기 교회의 좋은 본보기가 된다.

크세노폰(Oec. 13.6-13)과 아리스토텔레스(Pol. 1.13 [1260b3-7])는 모두 주인들에게 그들의 노예들을 훈련하는 데 관심을 가지도록, 심지어 빈번한 대화를 통해 그들에게 "탁월한 [미덕]의 자원"이 되라고 조언한다. 크세노폰은 가정 안에서 순종과 성실한 의무 이행의 보상(과 그로 인한 승진)의 수단으로서 신분-표시(의복과 신발의 품질과 같은)를 사용하는 것에 관한 그림을 제공한다. 이런 의무들은 고대 사회에서 놀라울 정도로 다양했다. 제국 노예들은(제국을 포괄하는 "로마 황제의 가정") 다양한 수준의 관료와 관리들로 임용되었고, 회계와 수입 및 수출의 감독과 같은 중요한 업무들을 집

---

74 Osiek and Balch, *Families in the New Testament World*, 79-80을 보라.

75 Balch, *Let Wives Be Submissive*, 53, 58에서 인용함.

　　　　　　　　　　　　　　　문화의 키워드로 신약성경 읽기

행했으며, 임명된 통치자들과 그들의 참모들을 도왔다. 신전들이 소유한 노예들은 주로 신전을 관리하고 유지하는 책임이 있었다. 원로원 및 기사단의 가문들(로마의 상위 계급)과 지중해 지역에서 그들의 계급에 상응하는 사람들은 부동산에서 일하는 자들, 현장 감독과 관리인들, 장인들과 가정의 노예들로서 수십 명 또는 수백 명의 노예를 배치했다. 심지어 수입이 많지 않았던 대부분의 가정도 최소한 한 명의 노예는 두고 있었다. 마지막으로 배에서 노를 젓거나 광산에서 일하는 등 가장 비천하고 질이 낮은 고용 상태에 처한 노예들도 존재했다.

　　노예들의 가정생활은 늘 위태로웠고 완전히 주인의 지배하에 놓여 있었다. 노예들은 아무런 법적 지위가 없었으며, 따라서 합법적인 결혼을 하지 못했다(비록 노예들이 서로 "결혼"하고 종종 평생의 동반자로 살 수 있었지만 말이다). 크세노폰은(*Oec.* 9.5) 노예와 가정에 관해 불확실한 모습을 보여준다. 즉 황실 노예는 만일 그에게 가족이 있다면 더 안정된 상태가 될 수 있었지만, 떠돌이의 경우에는 상황이 더욱 열악해졌다. 그러나 크세노폰은 다음의 한 가지를 분명하게 말한다. 즉 "번식"은 오로지 주인의 동의하에서만 일어나야 한다. 남자 노예로 태어난 아이들은 그 노예의 주인의 재산이었다. 대부분의 경우 그런 아이들은 주인의 재산의 일부로 남아 있었고 끝없이 주인의 후손에게 유산으로 넘겨졌다. 그러나 항상 한 가지 가능성이 있었는데, 그것은 만일 주인이 노예의 가족 중 누군가를 다른 사람에게 주거나 팔고자 결정하면 노예는 가정이 깨어지는 아픔을 겪어야 한다는 것이었다. 현장 감독이나 농부, 필사자나 청소부로 고용되든지 간에 이 자율성의 부재는 노예들을 불행한 자로 태어나게 하거나 그 불행의 나락으로 떨어지게 만드는 악이었다. 그러나 개인에게 속한 노예들은 해방에 관한 소망을 가질 수 있었다. 때때로 그들은 주인을 대신하여 사업하는 과정에서 숨겨둔 돈으로 자신들의 자유를 살 수 있었다. 더 많은 경우에 그들은 주인의 뜻에 따라 자비로운 정신의 표지로서, 수십 년의 충성스러운 봉사에 대한 선물로서 해방되기도 했다. 자유민들은 그들의 주인의 집에 충성스럽게 남아 있도록 기대되었다.[76]

건축과 활동. 그리스와 이탈리아의 집들은 모두 부분적으로 가려진 내부 정원이나 아트리움을 중심으로 배열되는 경향이 있었다. 집의 방들은 이 정원을 향하도록 개방되었다. 다수의 방이 개인적 용도를 위해 확보되었으나(즉 침실 구역), 집의 상당한 부분이 유흥과 생산을 위한 공간으로 사용되었다. 그리스의 집에서 가장 주목할 만한 방은 안드론(*andrōn*)이라고 불리는 식당이었다. 이곳은 식사를 위한 좌석을 놓기 위해 그 둘레에 마루를 높인 곳으로 서민이나 부자의 집에 모두 갖추어져 있었다. 그리스의 집은 큰 거실(폐쇄되거나 열린 현관을 가진)도 갖추고 있었는데, 집의 한쪽 면을 따라 길게 펼쳐져 있었고 손님을 맞이하기에 적합했다. 이탈리아의 집은 트리클리니움이라 불리는 격식을 차린 식당을 가지고 있었으며, 그 안에는 식당용 긴 의자가 세 개 놓여 있었고, 손님들의 유흥을 위한 방들도 딸려 있었다.

도시든 시골이든 이 두 가지 스타일의 집들은 종종 상점으로 사용할 수 있는 길가 쪽으로 열린 방 하나를 가지고 있었다. 특별히 도시 지역에서는 단층 건물을 이층집으로 개조하기도 했다. 상품을 제작하고(예를 들어 직물을 짜는 "여성들의 일") 사업을 지휘하고 친구 및 지인들과의 관계망을 유지하는 데 중점을 두었던 공간 활용 방식은 기본적으로 개인적인 용도에 맞추어진 현대 서양의 집과는 상당히 달랐다. 크세노폰의

---

76 더 자세한 연구에 대한 탁월한 자료는 S. Scott Bartchy, *First-Century Slavery and 1 Corinthians 7:21*, SBLDS 11 (Missoula, Mont.: Scholars Press, 1973)이다. William L. Westermann, *The Slave System of Greek and Roman Antiquity* (Philadelphia: American Philosophy Society, 1955)도 보라.

문화의 키워드로 신약성경 읽기

Oeconomicus(9.2-5)에서 이스코마쿠스(Ischomacus)가 창고(가장 접근하기 어려운 방, 그래서 가장 안전한 공간), 식료품 저장을 위한 건조하고 가려진 방, 포도주를 저장하기 위한 선선한 저장소, 잘 꾸며진 거실이 있는 자신의 집에 대해 말하는 것을 볼 수 있다. 여성들의 (침실) 공간은 잠긴 문으로 남성들의 침실 공간과 분리되어 있었고, "그래서 노예들은 우리가 집을 비우지 않으면 번식할 수가 없었다."[77]

친족 관계의 파기와 재구성

친족의 본성 ─ 즉 무엇이 친족을 실제로 구성하는가 ─ 은 헬레니즘과 로마 시대에 자주 논란을 일으켰던 주제였다. 이는 친족을 정의할 때 단지 혈육 관계보다는 형제자매를 한데 묶어주는 특성의 유사성에 더 강조점을 두는 쪽으로 점차 바뀌었다(4 Macc 13:24-26을 보라). 이 변화를 통해 그런 동류 의식이 친족 관계를 창출하는 데 충분하다고 더 쉽게 주장할 수 있게 되었다. 그래서 필론(*De Nobilitate* 195)은 "친족은 단지 피를 통해서가 아니라 행위의 유사성과 동일한 목적의 추구로 측정되어야 한다"라고 주장할 수 있었다. 자연 친족(혈통이나 결혼으로 형성된 친족)은, 만약 사람들을 "친족"으로 만드는 중요한 구성 요소들이 사라진다면, 궁극적이거나 깨지지 않는 유대 관계로 간주되지 않을 수도 있었다.

종교와 가족의 가치로부터의 일탈은 자연적 가족으로 하여금 존경받

---

77 이에 관한 자세한 내용은 Michael H. Jameson, "Houses, Greek," 359-60과, Nicolas Purcell, "Houses, Italian," 360-62 in *The Oxford Companion to Classical Civilization*, ed. Simon Hornblower and Antony Spawforth (Oxford: Oxford University Press, 1998)을 보라. 팔레스타인의 집에 관해서는 Santiago Guijarro, "The Family in First-Century Galilee," in *Constructing Early Christian Families: Family as Social Reality and Metaphor*, ed. Halvor Moxnes (London: Routledge, 1997), 42-65을 보라.

을 만한 삶의 길, 즉 가족에 충성하는 삶으로 돌아오도록 가족 구성원에게 압력을 행사하도록 촉진했다. 그러나 극단적인 경우에 가정의 믿지 않는 가장은 가족의 공적인 명예와 연대를 보존하기 위해 배신자를 외면하거나 이혼할 수도 있었다. 그와 같은 경우에 선조들의 가치와 공적인 견해가 가족의 결속보다 더 귀하게 평가되었다. 예를 들어 필론은 만약 어떤 가족 구성원이 그의 가족으로 배교하게 하거나 토라를 범하도록 이끈다면, 그 가족은 "그와 우리를 묶고 있는 결속에 대해 생각하지 말고, 그를 공공의 그리고 전체의 원수로 처벌할" 것이라고 주장한다(Philo, *Spec. Leg.* 1.316). 사실 필론은 신앙을 공유하지 않고 혈통에만 의존하는 친족 관계를 해체하고 그 대신 토라에 대한 일치된 헌신을 친족 관계 형성에 필요한 기초로 삼고자 했다.

> 왜냐하면 우리는 하나의 결속된 유대 관계, 하나의 수용된 선의의 표지, 즉 하나님을 섬기고자 하는 자원하는 마음과 우리의 모든 말과 행동이 경건을 초래하고 증진시키는 그런 관계를 가져야 하기 때문이다. 그러나 우리의 조상으로부터 전해 내려오고 혈족 관계에 기초하거나 결혼이나 그와 유사한 이유들로 형성된 것으로서 우리가 부르는 친족 관계들에 대해 말하자면, 이 친족 관계가 만일 정직하게 동일한 목표를 추구하지 않는다면, 다시 말해 우리를 하나로 만드는 파기할 수 없는 사랑의 결속인 하나님의 명예를 추구하지 않는다면, 우리는 이 모든 것을 다 치워버려야 한다. 왜냐하면 그것을 추구하는 자들이 더욱 큰 존엄과 거룩함으로 특징지어지는 친족 관계를 보답으로 받게 될 것이기 때문이다(Philo, *Spec. Leg.* 1.316-17, LCL)[78]

---

[78] Stephen C. Barton, *Discipleship and Family Ties in Mark and Matthew* (Cambridge: Cambridge University Press, 1994), 23-56을 보라. 이 책은 도덕적이거나 종교적인 가치들을 기초로 하여 가정을 재구성하는 현상을 증명하고 있는 요세푸스와 필론과 쿰란

문화의 키워드로 신약성경 읽기

"미덕과 종교를 위해 자신들의 나라와 친족과 친구들을" 뒤로하고 떠났던 비유대인들은 새로운 가족 곧 유대인 공동체로부터 환영받게 될 것이다(Philo, *Spec. Leg.* 1.52). 필론의 말은 이 주제에 관한 예수의 생각, 즉 자연적 친족 관계를 중히 여겼던 자들에게 새롭게 대체된 가족을 약속하는 데까지 이르는 그의 말씀과 놀랍도록 유사하다(마 12:46-50; 19:27-29과 비교하라). 자연적 친족 관계와 삶의 공통적인 방식에 헌신함으로써 만들어진 가족을 상대화했던 예수의 말씀은 그리스-로마 세계와 다양한 방식으로 공명하며, 그 세계에서도 많은 선례가 있다.

가족 관계와 친족의 결속은 매우 강하고 깊이 스며들어 있기 때문에, 이런 삶의 양상들은 피로 맺어지지 않은 사람들을 새로운 관계로 묶거나 관계를 형성하는 데 있어서도 적절한 방법과 지원의 에토스를 개발하기 위한 강력한 은유를 제공해주었다. 서로 아무런 관계가 없는 자들에게 가족의 역할과 에토스를 적용하는 것은 "가공의 친족 관계"(fictive kinship)라고 불린다. 이것은 예를 들어 로마 제국의 이념에 효과적으로 작용했다. 그에 따르면 전 제국은 *pater patriae*, "국가의 아버지", 즉 방대하게 확장된 가족의 가장인 황제와 함께하는 가정이었다. 아우구스투스는 자신의 통치 이념을 구성하기 위해 이 칭호를 중요하게 여겼다. 이는 실제로 그가 로마 사람들에게 얼마나 많이 봉사했는지를 기록하고 있는 그의 업적록인 *Res Gestae Divi Augusti*에서 이 칭호의 수여가 절정이 된다는 사실에서 알 수

및 그리스-로마의 철학자들의 문헌에 대한 훌륭한 모음집이다. 그리스-로마의 철학자들 가운데 견유학파는 특별히 중요하다. 견유학파는 마음의 산만함이나 방해 없이 자신들의 소명을 추구하기 위해서는 가족과 재산으로부터 떨어질 것을 요구했다(Epictetus, *Diss.* 3.22.69-72). 그들이 철학을 추구함으로써 모든 인류는 그들의 가족, 특별히 돌봐주고 훈육해야 할 자녀들이 된다(3.22.81-82). 모든 인류가 신들의 자녀가 된 친족이라는 그리스 철학 원리는 행 17:26-29에 나타난다.

있다.[79] 확장된 "국가의 아버지"의 영도 아래 황제의 가솔에 속한 노예들 – 전 제국에 존재했던 황제의 노예들과 자유민들 – 은 공무원이나 제국의 관료들로서 봉사했다. 그래서 "황제의 가정"은 지중해 지역까지 포괄했는데, 이는 제국을 경영하는 황제의 가족에 직접 소속된 사람들의 하부 조직을 가리키는 것이었다.[80]

이것은 우리를 예수로부터 출발한 운동으로 이끌어간다. 예수 자신이 말한 이 운동은 가족을 파기하고 새롭게 다시 구성하는 것으로 귀결된다. 공관복음서에서 예수는 자신과 관련을 맺는 것이 자연적 친족에게 위협을 가하게 된다고 설득력 있게 말한다. 이는 가정의 투쟁과 분열을 불러일으키는 위협이다(마 10:21; 10:34-36을 보라). 지금 우리는 그 이유를 잘 알고 있다. 즉 그리스도인은 가족의 가치를 거절하고 가족의 명예에 위협을 가하는 불충성스러운 변절자로 여겨질 것이다. 설령 그의 존재가 가족의 불신임을 받지 않고 추방당하지 않으며 지지된다 할지라도 말이다.[81] 이런 이유로 예수는 가족의 결속이 예수와 그의 가르침에 대한 충성에 위협이 되는 곳에서 가족의 결속을 강하게 상대화했다. "아버지나 어머니를 나보다 더 사랑하는 자는 내게 합당하지 아니하고 아들이나 딸을 나보다 더 사랑하는 자도 내게 합당하지 아니하며"(마 10:37; 눅 14:26의 더 강한 표현도 보

---

79 Edwin A. Judge, *The Social Pattern of the Christian Groups in the First Century* (London: Tyndale Press, 1960), 32-33.

80 Elliott, *Home for the Homeless*, 177.

81 어떤 사람의 자연적 친족이 그렇게 격렬하게 반응하는 것은 단지 가능성이지 법률적 규정은 아니었다. 우리는 가족 구성원 중 한 사람이 신자가 된 후에도 계속해서 가족의 유대를 갖고 있었음을 더 자주 발견한다. 예를 들어 고전 7:12-16과 벧전 3:1-6에서 불신자 남편을 둔 신자 아내를 보라. 바울은 배우자가 신앙이 없을 때라도 믿는 배우자는 결혼 생활을 지속하라고 권면한다. 믿지 않는 주인을 섬기는 노예들은 "그리스도의 이름을 위해" 처벌받을 수도 있었지만, 오히려 그들의 주인들을 잘 섬기고 가능하다면 덕스러운 행동으로 균열을 극복해야 한다. 반대로 가정에서 믿는 가장 모두가 가정 전체에게 개종을 강요한 것도 아니었다(고전 7:12; 몬 10, 16절에서 나타나는 것처럼 말이다).

문화의 키워드로 신약성경 읽기

라). 예수에게 충성하는 것은 심지어 부모에 대한 가장 신성한 의무보다 더 중한 것이지만 (마 8:21-22), 이런 갈등이 있을 때만 그것이 분명하게 드러난다. 그렇지 않다면 예수는 부모에 대한 자녀의 전통적인 의무들을 고수한다(고르반의 관습에 대한 마 15:4-6; 막 7:10-12을 보라).

자연적 친족에서 제자들의 공동체 안에 있는 가공의 친족 관계로의 전환은 아버지로서의 하나님에 대한 개념으로 촉진된다. 이는 유대교와 그리스-로마의 철학 문헌에 깊이 뿌리박힌 주제다. 한 가지 예를 들자면 「솔로몬의 지혜」(Wisdom of Solomon)를 들 수 있을 것이다. 이 책은 의로운 유대인을 하나님의 자녀로, 하나님을 아버지로 주장하며(Wis 2:12-13, 16, 18), 모욕과 신체적 폭력과 모욕적인 법의 집행을 통해 의인의 명예를 공격함으로써 경건한 자가 시험을 당한다는 주장도 포함한다. 이에 덧붙여서 "솔로몬"은 이스라엘을 하나님의 "아들딸들"로 언급하며(Wis 9:7), 가나안 땅을 "하나님의 자녀들의 식민지"를 받는 것으로 말하고 있다(Wis 12:7). 예수는 말씀 모음집인 산상수훈에서 종종 경건한 자들을 "하나님의 자녀"라고 부른다. "화평케 하는 자는" 하나님의 자녀로 인정받게 될 것이고, "선한 일"을 행한 자들은 그런 덕을 갖춘 후손을 낳은 선조로 칭송받게 될 것이다. 여기서 "부전자전"의 원리가 효과적으로 작용하고 있다. 이 원리의 훨씬 더 분명한 적용은 마태복음 5:44-48(눅 6:35-36의 평행 본문도 보라)에 나타난다. 즉 선인과 악인 모두를 향한 아버지의 관용과 의인과 악인 모두를 향한 아버지의 사랑을 본받는 자들이 바로 하나님의 자녀들이 된다.

하나님의 가족의 일원이 될 가능성은 예수가 자신의 사역 안에서 창조하기 시작한 대안적 친족 집단에 대한 기초를 제공한다. 이 점과 관련하여 가장 잘 알려진 단락은 마태복음 12:46-50이다(막 3:31-35; 눅 8:19-21도 보라). 이 단락에서 예수는 자신의 아버지 요셉의 가정에 태어난 자들이 아니라, 오히려 "하늘에 계신 내 아버지의 뜻대로 하는 자", 다시 말해 하늘에 계신 아버지의 가정에 태어난 자들을 자신의 친족으로 재정의한다. 그의 첫 번째 제자들 가운데 많은 사람이 사실상 그들의 자연적 친족을 뒤로하고 떠난다. 예수는 "내 이름을 위하여 집이나 형제나 자매나 부모나 자식이나 전토를 버린 자마다 여러 배를 받고 또 영생을 상속하리라"(마 19:29)라고 제자들에게 확신을 줌으로써 그들이 당면한 손실에 대해 응답한다. 새롭게 부상하는 제자들의 공동체는 백 배 증가한 가족이 된다. 다시 말해 이 공동체는 예수와 그의 가르침에 함께 헌신하기 위해 연합된, 어떤 자연적 가족 못지않게 완전하게 서로를 사랑하고 지지하며 돕는 사람들의 몸이다.

문화의 키워드로 신약성경 읽기

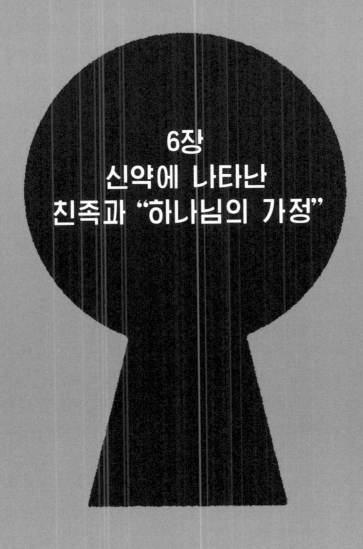

6장
신약에 나타난
친족과 "하나님의 가정"

친족 언어, 가족 관계 및 공동체 내의 구성원 간의 관계를 위한 기준으로서 작용하는 친족 에토스의 채택은 신약의 교회에 대한 묘사와 규정에서 지배적으로 나타난다. 그러므로 친족 언어에 의미를 주는 일상생활에 집중하는 것은 신약 저자들이 이런 언어 영역과 사회적 관계들을 사용하여 교회라는 새로운 세계 속에 창조하려 시도했던 것이 무엇이었는가를 듣기 위한 필수적인 준비 과정이 된다. 이제 우리는 초기 교회 지도자들이 이런 새로운 가정을 어떤 식으로 구성했으며(주로 그들이 가정을 창조하기 위해 기울인 관심을 통해), 믿음의 가정을 견인하기 위해 가족 계보를 어떤 식으로 적용했고, 새로운 공동체에 친족 윤리를 어떻게 적용했는지, 그리고 마지막으로 자연적 가정 내에 형성된 교회라는 배경 속에서 어떻게 하나의 전체 교회라는 가공의 친족 관계를 유지했는지 살펴보고자 한다. 우리가 다른 배경들을 탐구했던 것과 마찬가지로, 이 연구 과제의 목적은 하나님의 교회가 된다는 것이 무엇을 의미하는가를 이해하고, 우리의 공동체와 우리가 속한 지구촌 그리스도인 공동체를 위해 더욱 완전한 신약의 비전을 회복하며, 끝으로 강력한 믿음의 제자들과 공동체를 세우는 데 필요한 자원들을 재발견하기 위해 우리의 사고를 자극하는 데 있다.

새로운 가족 만들기

그리스도인들은 이스라엘이 자연적 혈통의 가까움을 표현하기 위해 과장하여 사용했던 "형제자매"로서 하나님의 백성이라는 유대교 개념의 상속자들이었다(이상적으로 말해 적어도 유대인들은 모두 실제로 야곱의 후손이었다).

친족으로서 하나님의 백성이라는 이 개념은 특별히 그리스도 중심의 초점을 취한다. 어떤 사람이 이 가족에 소속되어 있는지 아닌지를 판정하는 것은 혈통이나 자연적 족보가 아니라 지금 그가 예수에게 소속되어 있는가가 결정한다. 이 가족의 형성에 관한 신약의 설명들은 "참된 아브라함의 자손"을 결정하는 것뿐만 아니라 하나님 자신의 가족으로 입양되는 것에도 초점을 맞추고 있다. 이런 논의의 목적은 다음과 같이 여러 가지다. 즉이 논의는 초기 교회에 공유하는 정체성을 제공해주고, 결속된 친족의 연대감으로 구성원들을 함께 묶어주며 그들에게 유대교 경전에서 설명되는 하나님의 약속과의 합법적인 연결을 제공해준다. 또한 이 논의는 그리스도인 공동체에 소속됨으로 인해 그들에게 주어지는 심오한 명예와 특권에 대해 말해주는데, 장차 드러나게 될 그 명예는 공동체와의 유대를 놓치지 않는 것이 매력적인 선택사항임을 보여줄 것이다. 공동체로부터의 이탈에 대한 압박이 극심할 때라도 말이다.

예수의 아들 신분. 이런 가족을 건설하는 데 있어 가장 중요한 연결점은 예수다. 그의 혈통은 이중적이다(롬 1:3-4을 보라). 첫째, 그는 합법적인 아브라함의 자손이지만, 동시에 하나님의 아들이자 "만유의 상속자"(히 1:2)다. 이런 혈통의 이중적 측면은 참된 "아브라함의 자손"인 동시에 "하나님의 자녀"로서의 그리스도인 가정, 즉 "많은 형제자매의 맏아들"(롬 8:29)이 함께하는 가정을 제시하는 데 매우 중요하다. "하나님의 아들"이라는 칭호는 신약 전반에서 자주 확정적으로 등장하는데, 이는 아마도 그리스도인들과 하나님의 관계를 탁월한 아들에 대한 믿음을 통해 자녀와 아버지의 관계로서 창조하는 이 개념의 힘 때문일 것이다.[1]

---

1   공관복음서는 하나님께 직접 속하는 "하나님의 아들"로서 예수의 신분을 묘사한다(마 3:17; 17:5). 이는 사탄이 직접 도전한 주장으로, 그 상황에서 성공적으로 정당성이 입증되었고(마 4:1-11), 그 후에 마태복음을 통해 계속 확언된다(마 14:25-33; 16:16;

아들로서 예수는 인류와 하나님 사이에 가장 효과적이고 중요한 중재자가 된다(본서 4장을 보라). 아버지와 자식 간의 친밀함을 기초로 예수는 레위 혈통을 통해 계승된 많은 제사장의 신분보다 훨씬 더 나은 중재자가 된다. 그러므로 히브리서 저자는 예수의 경우에 육체적 후손이라는 조건이 그의 제사장권에 대한 기초가 되지 못한다고 주장한다(히 7:3, 5-6, 13-16). 제사장 신분에 대한 가장 핵심적이며 명확한 이 특성은 예수가 하나님으로부터 임명되었다는 기초 위에서 확보된다. 하나님께서 예수를 "아들"로 명명하시듯이(히 1:5과 5:5은 모두 시 2:7을 인용한다), 하나님께서 그를 "영원한 제사장"으로 명명하신다(히 5:5-6).

그리하여 아들 예수는 자녀가 된 많은 자들과 아버지 사이의 가교가 된다. 하나님 아버지는 이 가정을 함께 결합시키시고 그들의 유산으로 신자들을 하나님의 자녀로 만드신다. 히브리서 2:5-3:6은 시편 8:4-6에 대한 해석으로 시작하여 이런 연결을 상당히 발전시킨다. 예수는 이 시편의 영광스러운 비전을 성취하는 유일한 분이지만, 모든 사람을 위한 이 비전의 성취는 그가 이 영광에 도달하게 되었을 때 이루어진다. 이 아들은 "많은 아들딸"을 그들의 운명으로 인도하는 개척자다(히 2:10). 그의 성육신 － 그가 살과 피를 우리와 공유하는 것 － 은 그와 우리가 친족 관계에 있다는 것과 그가 우리를 그의 형제자매로 부르기를 기꺼워한다는 사실뿐만 아니라 그가 우리를 대신하여 긍휼한 마음을 가진 중보자가 된 이유를 증명해 준다. 이렇게 신뢰할 만한 아들 예수는 모든 신자를 그의 가정의 일원으로 만들어주었으며(히 3:6), 우리는 그에게 속하게 되었으므로 영광 중에 우리

27:54). 요한복음은 "아버지의 아들"(요 1:14, 34; 3:16, 18; 5:18), 그 결과 아버지의 계시자(요 1:18; "부전자전"의 원리에 관해서는 요 14:8-9도 보라), 아버지의 대리인과 대행인(요 5:19-20, 26, 36-37, 43; 6:27)으로서의 예수의 중요성에 대해 훨씬 더 많은 관심을 가지고 있다. 바울 및 그의 집단 역시 예수에 대한 이런 묘사에 자주 호소한다 (예. 고전 1:9; 고후 1:3, 19; 히 1:2, 5-6).

에게 약속된 유업을 계속해서 보유하게 된다.

혈통과 가계. 그러나 히브리서 2:5-3:6에서도 하나님의 "많은 아들 딸들"(히 2:10)로서의 그리스도인들에 대한 묘사가 충분하지 않다는 것은 주목할 만하다. 그들 역시 구체적으로 "아브라함의 자녀"(히 2:16)로 신분이 드러난다. 아브라함의 이야기는 구속 이야기의 시작이다. 하나님은 아브라함에게 복을 약속하셨다. 즉 땅과 수많은 자손이라는 선물과, 아브라함을 통해 "이 땅의 모든 가정"에게 주어질 복(창 12:3)이다. 아브라함은 하나님의 약속이 그를 통해 흘러가고 그 약속의 성취가 그에게로 거슬러 올라가게 될 통로였다. 그러므로 그의 가족은 유일하고 견줄 수 없는 유산을 가지고 있었다. 즉 그의 후손은 하나님의 언약의 백성이자 위대한 유산의 소유자들이 되었다. 초기 그리스도인들이 자신들의 소유로 주장했던 것이 바로 이 유산이었다. 출생할 때 자기 어머니의 몸으로부터 분리되는 움직임으로 인해 경험되는 고통처럼 분명하게, 아브라함의 참된 자손이 된다는 주장은 하나님께서 인정한 족장들의 믿음과 동일한 믿음을 가지고 있다는 확신과, 비그리스도인인 유대인들의 모욕을 참아낼 힘에 대한 확신과, 하나님께서 약속하신 복을 받게 될 것이라는 믿음을 지켜낼 능력에 대한 확신을 교회에게 제공해주었다. 특별한 방식으로 아브라함과의 친족 관계가 기독교 운동 안에서 새롭게 정의됨으로써 이방인들과 유대인들은 회심에 붙어 있던 민족적 특성이 제거된 동등한 기초 위에 세워진 가정 안으로 들어가게 되었다. 사실 한 민족의 신인 이스라엘의 하나님이 모든 열방의 하나님으로 판명되었던 것이다(롬 3:28-30).

아브라함의 자손에 대한 재정의

아브라함과의 친족 관계를 재평가하는 과정은 세례 요한 및 예수와 함께 시작되었는데, 이는 그들이 스스로 아브라함의 육체적 후손의 의미가 무엇인가에 대해 의문을 제기했기 때문이다. 다가올 하나님의 심판을 고려할 때 명예로운 조상의 유산에 의존하는 것이나 아브라함에게 주어진 언약의 자동적 승계는 존재하지 않는다(마 3:9; 눅 3:8). 대신 스스로 선한 열매를 맺는 것이 필요하다. 사실 아브라함이 그랬듯이 의롭게 삶으로써 아브라함과 친족 관계임을 보여주어야 한다. 족보는 결코 심판의 날을 벗어나게 하는 보험이 아니다. "또 너희에게 이르노니 동서로부터 많은 사람이 이르러 아브라함과 이삭과 야곱과 함께 천국에 앉으려니와 그 나라의 본 자손들은 바깥 어두운 데 쫓겨나 거기서 울며 이를 갈게 되리라"(마 8:11-12; 눅 13:28을 보라). 예수는 유대인들 스스로가 아브라함과의 혈통 관계가 배제되었음을 발견하는 동안, 이방인들이 하늘나라에 들어가게 될 것이라고 주장함으로써 유대교의 선택 교리의 핵심을 강타한다.[2]

바울은 갈라디아 교회에서 발생한 혼란으로 인해 아무런 분열도 촉발되지 않도록 촉구함으로써 이 점을 더욱 발전시킨다. 바울이 그 지역을 복음화하고 다수의 가정교회를 설립한 후에, 다른 교사들은 대부분 이방인이었던 이 지역의 그리스도인들에게 와서 그들에게 진정으로 하나님의 백성에 속하기 위해서는 할례(와 아마도 토라의 음식 및 절기에 대한 규정)를 따라야 한다고 말했다. 바울은 그들에게 좋은 시작을 제공했으나, 그들은 아브라함이 행했던 할례의 표지를 받아들임으로써 아브라함의 가족에서 그들

---

2 부자와 나사로의 비유도 보라. 여기서 부자는 반복적으로 아브라함을 "아버지 아브라함"으로 부르지만(눅 16:24-25, 27, 30), 그것은 지옥의 불 속에서의 부르짖음이었다. 다시 예수는 아브라함과의 친족 관계는 영원한 운명과 아무런 관계가 없으며, 하나님의 명령(여기서는 가난한 자들을 돌보는 것)을 성취하는 것과 관련된다고 주장한다.

의 자리를 확보할 필요가 있었다.[3] 이런 방식으로 새로운 공동체에서 유대인과 이방인들은 유대인 그리스도인들을 율법과의 불일치 속으로 끌어들이지 않고 식탁 친교를 누릴 수 있었던 것이다. 바울이 유대주의자들의 주요 동기가 박해를 피하기 위해서라고 생각한 것은 완전히 거짓은 아닐 것이다. 만일 그들이 기독교가 유대인들로 계속해서 율법을 준수하도록 했을 뿐 아니라 이방인들로 율법을 준수하는 개종자가 되도록 만들었다고 명확하게 설명했다면, 그들의 비그리스도인인 유대인 이웃들은 더 이상 예수 운동을 반대하거나 모욕할 근거를 갖지 못했을 것이다.

유대주의자들의 설득력 있는 주장에 대한 바울의 반응은 무엇이 한 사람을 아브라함의 자손이 되게 하는가에 초점이 맞추어져 있었다. 갈라디아서 3:16에서 바울은 하나님의 약속은 "아브라함과 그의 씨"(KJV)에게 주어진 것이라고 기록한다. 언어적인 기교를 통해 바울은 "씨"가 사실 복수가 아니라 단수의 단어라고 지적한다(이는 일반적으로 집합 명사로 읽을 수 있으며 우리의 언어에서는 "후손"의 의미에 훨씬 더 가깝다). 바울은 예수가 바로 그 씨이며, 이 씨 곧 그리스도에 속한 모든 자가 아브라함의 가정과 그 유산에 속한다고 주장한다. "너희가 다 믿음으로 말미암아 그리스도 예수 안에서 하나님의 아들이 되었으니…너희가 그리스도의 것이면 곧 아브라함의 자손이요 약속대로 유업을 이을 자니라"(갈 3:26, 29). 바울에 따르면 이 가정에 태어나는 것은 세례를 받을 때 일어나는데, 그때 세례를 받는 자는 "[그들 자신이] 그리스도로 옷 입게"(갈 3:27) 된다. 그들이 아들로 옷을 입을 때 그들은 스스로 아들딸이 되는 것이다. 그리스도 안에 있는 것이 하나님

---

3 갈라디아의 위기와 바울의 반응에 관해서는 탁월한 걸작인 John M. G. Barclay, *Obeying the Truth: Paul's Ethics in Galatians* (Minneapolis: Fortress, 1991); James D. G. Dunn, *The Theology of Paul's Letter to the Galatians* (Cambridge: Cambridge University Press, 1993); Ben Witherington III, *Grace in Galatia* (Grand Rapids, Mich.: Eerdmans, 1998)을 보라.

문화의 키워드로 신약성경 읽기

의 가정과 아브라함의 가정 안에 모두 있게 되는 길이다. 그 밖에 다른 것은 아무 의미가 없으며, 그에 미치지 못하는 사람은 유업 밖에 남겨진다.

갈라디아서 4:21-31에서 바울은 유대인들의 자연적 혈통(이삭을 통해 추적되는)과 결국 이방인들(이스마엘의 후손)로 계수될 민족의 혈통을 교차시킴으로써 해석적 일침을 가했다. 이 논쟁에서 "육체"는 아이(이스마엘)를 낳을 수 있는 아브라함의 자연적 능력과 아브라함의 가정과 하나님의 백성에 속한다는 육체적 표지로서 할례(육체에 나타난 표지)에 대한 유대주의자들의 강조를 연결하기에 충분한 광범위한 은유로서 기능한다. 유대인들은 육체의 표지와 아브라함의 가정에 속한 자신들의 지위에 관한 육체적 혈통에 의존하고 있었기 때문에, 바울은 비그리스도인 유대인들의 정체성을 육체를 따라 태어난 자녀들로서 규정할 수 있었으며, 그리스도인들을 유대인이든 이방인이든 관계없이 약속을 따라 태어난 자녀들로서 규정할 수 있었다. 그리스도인들은 (그리스도 안에서) 하나님의 약속을 신뢰함으로써 태어났기 때문에, 유대주의자들과 비그리스도인 유대인들이 하갈의 자녀로 규정되어 유업에서 배제되는 반면에 그리스도인들은 이삭의 참된 자손으로서 등장한다![4] 이런 두 계통의 상대적인 명예―한쪽은 가장 불명예스러운 상태인 노예로 태어나고 다른 한쪽은 자유인으로 태어나는―를 바울의 독자들은 놓치지 않았을 것이다. 그리스도인들은 자신들이 아브라함의 자손이기에 하나님의 자녀가 되는 합법성뿐만 아니라, 아브라함의 가족

---

[4] 바울은 덜 논쟁적인 상황에서 유대인과 이방인에 대한 아브라함의 아버지 됨을 한쪽이 다른 한쪽을 평가절하하지 않고 확언할 수 있었다. 로마서에서 아브라함은 할례 받은 자들과 "우리 조상 아브라함이 무할례시에 가졌던 믿음의 자취를 따르는"(롬 4:11-12) 자들 모두의 조상으로, 그리고 "율법에 속한" 자들과 "아브라함의 믿음에 속한" 자들(롬 4:16) 모두의 조상으로 제시된다. 바울은 이런 아브라함의 광범위한 아버지 됨 속에서 그가 "많은 민족의 조상"이 될 것이라는 하나님의 약속의 성취를 발견한다(롬 4:17-18; 창 15:5; 17:5을 보라).

에 속하는 더 높은 명예의 자리에 대한 합법성도 확정했다. 바울은 유대주의자들의 제안을 수용함으로써 얻게 될 모든 이점을 제거하면서, 하나님의 가정에 소속되는 것과 관련하여 그리스도인들의 마음속에 일어났던 의심에 대해 강력한 치료법을 준비했던 것이다.

아브라함과 함께 언약의 자손에 속하는 친족에 관한 바울의 정의는 이 논쟁에서 결국 승리한다. 이 논쟁을 회상하면서 누가는 "하나님의 가정"과 "아브라함의 가정"의 구성에 관한 결정적인 전환점으로서 사도행전 15장의 예루살렘 공의회를 제시한다. 이는 사도행전 15:23에서 유대인 형제들이 할례에 관한 예루살렘 공의회의 결정에 대해 보고하고 이방인 출신의 신자들에게 안부를 전할 때 분명하게 언급된다. 이것은 기독교 운동에서 중요한 진일보다. 왜냐하면 이것은 적어도 신자가 "하나님의 집"에 가입하기 위해 할례나 유대교로의 개종을 통해 "이스라엘의 집"에 가입하지 않아도 된다는 점을 결정한 것이기 때문이다 ─ 이 두 집은 비그리스도인 유대인에게 있어 하나이며 동일한 것이었다.

바울은 우리가 갈라디아서를 통해 보는 것보다 "육체에 따른 친족"에 대한 동정심을 훨씬 더 많이 가지고 있다. 로마서 9-11장에서 바울은 상당한 분량으로 "하나님의 가정"에서 비그리스도인 유대인들과 그리스도인들의 위치에 관해 논쟁한다. 그는 아브라함의 번영이 이루어진다는 약속과 이스라엘(그는 "육체에 따른" 이스라엘을 정의하면서 교회와 이것을 구분하고 갈 6:16에서는 "하나님의 이스라엘"이라고 부른다)의 반응 사이의 긴장 관계, 즉 예수의 사역과 어떻게 하나님께서 오래전에 아브라함에게 주셨던 이 약속을 성취하셨는가에 관한 좋은 소식 곧 복음의 선포에 관한 이스라엘의 반응의 긴장 관계를 잘 알고 있다[5] 로마서 9:3-5에서 바울은 이 문제를 언급한

---

5   사도행전에도 비그리스도인 유대인들에 관한 유사한 모호성이 나타난다. 유대인인 사도

문화의 키워드로 신약성경 읽기

다. 유대인들 곧 바울의 "골육의 친척"은(다시 한번 어떻게 바울이 육체의 수준에서 그들의 친족의 자격을 구분하고 있는가를 보라) 태어나면서부터 아들딸로서 호적에 올라가는 유익을 누리며, 약속과 함께 "영광[또는 명예], 언약, 율법의 수여, 예배와 약속"을 받은 족장들과, 심지어 그들의 확장된 가족 안에서 태어난 메시야를 소유함으로 얻는 유익이 있었다. 그런데 왜 그들은 이런 유산이 주어졌을 때 그것을 붙잡지 못했는가? 이 질문은 압도적인 질문이다. 왜냐하면 이것은 궁극적으로 약속에 대한 하나님의 신실하심이 문제가 되기 때문이다. 이것은 "하나님의 말씀이 실패"했는가 아닌가에 관한 문제다(롬 9:6).

첫 번째 논쟁에서 바울은 족보를 따르는 혈통은 친족과 동등하지 않다고 주장한다(이것은 확실히 놀라운 주장이다). "이스라엘에게서 난 자들이 다 이스라엘이 아니요, 또한 아브라함의 씨가 다 그의 자녀가 아니라. '오직 이삭으로부터 난 자라야 네 씨로 불리리라' 하셨으니 곧 육신의 자녀가 하나님의 자녀가 아니요, 오직 약속의 자녀가 씨로 여기심을 받느니라"(롬 9:6-8). 바울은 역사적 선례인 이삭 및 이스마엘의 자손들과 그다음인 야곱 및 에서를 예로 들어 그가 제기한 주장, 곧 성경 자체의 지지를 받는 것으로 판명된 주장을 드러낸다. 하나님께서 약속과 관련하여 오직 이삭의 자녀만이 아브라함의 후손으로 헤아려질 것이라고 선언하셨을 때 하나님 당신이 자연적 친족을 상대화하는 것에 주도권을 가지고 계셨으며, 바울은 이를 자

들은 비그리스도인 유대인들을 형제로 부를 수 있었다(행 2:29, 37; 3:17; 7:2, 11, 12; 13:15, 17, 26, 38; 22:1; 23:1, 5, 6; 28:17). 유대인들은 "선지자들의 자손, 언약의 자손"들이고, 모든 민족의 복을 받게 될 씨다(행 3:25). 그러나 궁극적으로 "백성"의 일부분으로 남게 될 자들은 오직 "모세와 같은 선지자"에게 주의를 기울였던 유대인들뿐이었다(행 3:22-23). 가장 확실한 시나리오는 "유대인들"이 "형제들"에게 대항하게 되는(그래서 결국 외인이 되는) 경우다. 이는 적어도 그들이 교회와 반대되는 곳이라면 어디든 가족 밖에 서 있게 된다는 것을 보여준다(행 14:2; 17:5-6).

신의 해석에서 계속 사용한 것이다. 육체를 따라 태어난 자녀들이 아니라 약속의 자손(믿음으로 태어난 자들)이 궁극적으로 "이스라엘"이다.

이사야 10:22은 바울의 논쟁에 더 분명한 성경적 권위를 제공해준다. 이 예언은 하나님의 백성 가운데 오직 남은 자만이 구원을 받을 것이라고, 다시 말해 약속된 것을 받게 될 것이라고 선포하고 있다(롬 9:27). 그다음에 바울은 새로운 하나님의 백성, 즉 교회 가운데 있는 유대인의 존재에 관해 지적한다. 남은 자는 하나님의 약속에 관한 하나님의 신실함이 드러나는 자들 속에 존재한다. 바울은 가장 분명한 예로서 자신을 유대인 그리스도인으로 제시한다(롬 9:27; 11:1). 바울 자신의 혈통에 관한 그의 말— "이스라엘 사람이요, 아브라함의 자손이요, 베냐민 지파"—은 분명하게 이스라엘의 자연적 친족 집단 속에 그를 고정한다. 그러므로 바울에 대한 하나님의 신실하심은 그 친족 집단에게 약속된 하나님의 신실하심에 대한 많은 예 중 하나가 된다. 이 주제에 관한 바울의 마지막 말은 이스라엘의 자연적 친족 집단에 남아 있는 자들을 위한 강한 소망으로 확장되고 있다. "복음으로 하면 그들이 너희로 말미암아 원수 된 자요, 택하심으로 하면 조상들로 말미암아 사랑을 입은 자라"(롬 11:28). 바울은 결국에는 자연적 친족에 관한 그의 상대화가 자연적 친족의 규정들을 무시하도록 허락하는 것을 거절한다. 나중에 요한이 "낳으신 이를 사랑하는 자마다 그에게서 난 자를 사랑하느니라"(요일 5:1)라는 격언을 통해 표현하고 있듯이, 바울도 이 확신을 공유하고 있음을 보여준다. 아브라함을 향한 하나님의 사랑은 바울로 하여금 아브라함의 자녀들을 배제하도록 허락하지 않을 것이다. 비록 그들이 현재 바울의 복음을 지독하게 거부하고 있다고 할지라도 말이다.

하나님의 가정으로의 입양

그리스도인 가정에 가입한 자들은 단지 고결하고 널리 알려진 조상(아브라함)의 가정의 일원으로 태어나는 명예를 얻는 것이 아니다. 그들은 하나님이 바로 아버지가 되시는 그분의 자녀가 된다. 이미 우리는 「솔로몬의 지혜」 2:12-18에서 하나님의 자녀로서 의인을 이해하는 강력한 유대인 후손을 발견했다. 또한 하나님의 아버지 되심이 모든 민족을 공통의 인류로 묶음으로써 민족적·부족적 친족 관계의 한계를 뛰어넘는다는 그리스 철학의 개념―이는 확실히 헬레니즘의 통합적 목표들과 일치한다―은 헬레니즘 시대 내내 만연했다(행 17:26-29; 엡 3:14-15을 보라). 이는 유대 **민족**을 둘러싸고 있는 경계와 하나님의 가정에 속하는 관문에 대한 유대인의 주장을 부정하는 효과적이고 고차원적인 개념이 된다.

하나님께서 "우리를 예정하사 예수 그리스도로 말미암아 자기의 아들들이 되게"(엡 1:5)하셨다는 사실은 신약에서 자주 등장하는 주제다. 왜냐하면 이것이 그리스도인들로 서로 친족이 되게 만드는 가장 핵심적 사상이기 때문이다. 즉 공유하는 한 아버지 아래 있는 단일 가족으로의 입양이다. 바울과 요한은 둘 다 하나님께서 다윗에서 주신 그의 후계자에 대한 약속에서(삼하 7:14) 복수 형태로(가능성 있는 연결로서 호 1:10을 보라) 새로운 신앙 공동체에게 지금 적용할 수 있는 약속을 발견한다. "너희에게 아버지가 되고 너희는 내게 자녀가 되리라, 전능하신 주의 말씀이니라"(고후 6:18)[6]. "이기는 자는 이것들을 상속으로 받으리라. 나는 그의 하나님이 되

---

6 여기서 "아들딸들"이라는 표현을 포함하는 것은 구약 본문을 모방하기 위한 바울 자신의 의도적인 삽입이다. 이와 같은 구절들은 여자들은 그리스도인 공동체에서 "형제애"의 여지를 갖지 않는다고 여기는 바울에 대한 극단적인 독법을 약화시킨다(Lone Fatum의 논문, "Brotherhood in Christ: A Gender-Hermeneutical Reading of 1 Thessalonians," in *Constructing Early Christian Families: Family as social Reality and Metaphor*, ed. Halvor Moxnes [London: Routledge, 1997], 183-200을 보라). 우리는 실제 바울의 모습보다

고 그는 내 아들이 되리라"(계 21:7).

하나님의 가정에서 우리의 위치는 아들 예수가 베푼 자비의 결과다. 그의 죽음이 우리를 구원했고 "그 결과 우리가 아들로 입양된 것이다"(갈 4:4-5). 우리가 보았듯이 이 입양은 그리스도를 믿음으로써 효력이 발생했고(요 1:12), 상징적으로 세례를 통해 확립되었다(갈 3:26-29). 그래서 그리스도인들은 하나님께서 약속하신 것의 상속자들이 되고, 그들 안에 계신 성령께서 하나님의 가정 안에 있는 그들의 자리에 대해 증인이 되신다(갈 4:6-7; 3:1-5도 보라). 이방인 그리스도인들은 더 이상 하나님께 "외인들"(paroikoi)이 아니라 하나님의 가족의 구성원들(oikeioi)이 된다. "그러므로 이제부터 너희는 외인도 아니요, 나그네도 아니요, 오직 성도들과 동일한 시민이요, 하나님의 권속이라"(엡 2:19). 바울은 그의 많은 편지의 서두에서 신자들의 아버지로서의 하나님에 대한 칭호들을 사용하여 이 새로운 가정의 탁월함과, 그 가정이 완전하게 "주어졌음"과, 그리스도인 문화 속에 있는 가장(paterfamilias)을 보여준다. 이렇게 해서 그것의 유용성을 근본적 원리로 사용하여 윤리적 교훈과 세상에서 신자들의 상태에 대한 설명을 이끌어내고 그들이 미래에 대한 소망을 갖도록 용기를 불러일으켰던 것이다(갈 1:3, 4; 엡 1:2; 빌 1:2; 살전 1:3; 살후 1:1; 2:16을 보라).

요한 문헌은 이것을 "성령으로 태어나는 것"으로 말하는데, 이는 하나님 나라에 들어가는 조건이다(요 3:3-8). 따라서 공동체 밖에 존재하는 자들은 하나님의 가정의 외인들이며, 아무런 특권도 없는 불행한 자들이다. 자연적인 아버지의 "씨"가 그의 자손을 형성하듯이, 하나님은 그리스

그를 더 자유롭게 할 수 없지만(머리에 수건을 쓰는 것에 관한 신학적 설명과 함께 고전 11:2-16은 여기서 영속적인 걸림돌이 된다), 다른 한편으로, Fatum이 그랬듯이, 실제 바울의 모습보다 그를 남성 중심적으로 만들 수도 없다. 바울이 **형제**라는 단어를 사용하는 것은 남성을 언급하기 위해 배타적으로 사용된 것이 아니라 남성과 여성으로 구성된 형제자매를 총칭하는 남성의 용어로 받아들여져야 한다.

문화의 키워드로 신약성경 읽기

도인 안에 그의 "씨"를 심으셨다(요일 3:9). 하나님은 이것을 그의 말씀으로 (벧전 1:23에서처럼) 또는 성령으로(아마 요한 문헌에서 나타나듯이) 심으셨다. 이 새로운 탄생 — 우리의 영혼에 하나님의 영이 이와 같이 새롭게 각인되는 것 — 은 신자들이 죄를 미워하고 형제자매들을 사랑하도록 만든다(요일 3:9; 4:7). "성령 안에서 사는 것" 또는 "성령으로 인도함을 받는 것"은 사실 새로운 삶으로 인해 우리 안에 각인된 새로운 법과 기질과 윤리를 따라 살아가는 것을 의미한다(사실 이 새로운 총체적인 경향은 시대착오적인 것 같지만 가장 핵심에 가까운 것이다).

신약 저자들은 종종 신자들의 자연적 출생 및 신분과 그들의 입양된 출생 및 신분 간에 날카로운 대조를 이끌어내는 데 이것을 유용하게 사용한다. 하나님의 가정에 태어나는 것은 그의 자연 발생적 출생과 연관된 모든 것과의 급격한 균열이 잠재하고 있다는 신호이며, 공동체의 윤리적 교훈과 연합 및 유대를 강화하기 위한 강력한 이미지가 된다. 새로운 출생은 개인의 과거의 출생과 신분에 추가되는 것이 아니라 그것을 대체하는 것이다. 그리스도인들은 "혈통으로나 육정으로나 사람의 뜻으로 나지 아니하고 오직 하나님께로부터 난 자들이니라"(요 1:13). 사람이 "육신으로" 태어나는 것은 "성령으로" 태어나는 것과 비교할 수 없을 정도로 가치가 작은 것이다(요 3:3-8). 성령으로 태어나는 것은 "위로부터" 태어나는 것을 의미하며(역설적으로 "거듭나다"라는 사랑받는 표현은 예수의 의미보다 니고데모의 오해를 더 반영한 것이다), 육체적인 영역에 속한 것보다 더 높은 차원으로 태어나는 것을 의미한다. 베드로전서는 더 분명하게 이 가치의 차이를 드러낸다. "너희가 거듭난 것은 썩어질 씨로 된 것이 아니요, 썩지 아니할 씨로 된 것이니 살아 있고 항상 있는 하나님의 말씀으로 되었느니라. 그러므로 '모든 육체는 풀과 같고 그 모든 영광은 풀의 꽃과 같으니, 풀은 마르고 꽃은 떨어지되 오직 주의 말씀은 세세토록 있도다' 하였으니 너희에게 전한 복음이 곧 이 말씀이라"(벧전 1:23-25). 자연적 출생이 궁극적으로 사람에게 주는 것은 죽음이라는 유산이다. 유한성은 인간의 씨의 유일한 결과다. 그러나 하나님의 가정에 태어나는 것은 신자가 죽음 너머의 영원한 생명으로 태어나는 것을 의미한다. 그러므로 그리스도인들은 들의 풀처럼 빠르게 의미 없이 사라지는 "육체의 길"로 다니는 삶에 더 이상 종속되지 않는다.

사람의 첫 번째 출생의 소멸과 더불어 죽음의 유산으로부터의 구속이 일어난다. 우리가 살펴봤듯이 거기로부터 나온 궁극적인 유산은 죽음이지만, 베드로전서의 저자는 개종자도 그의 세상의 부모로부터 그 밖의 많은 유산을 상속받았다는 것을 인식한다. "너희가 알거니와 너희 조상이 물려준 헛된 행실에서 대속함을 받은 것은 은이나 금 같이 없어질 것으로 된 것이 아니요"(벧전 1:18). 이 "헛된 행실"은 신자들이 회심하기 전에 중심 문화의 가치들과 세계관과 종교 속에서 어떻게 주요한 사회화를 이루었는지를 언급하는 것이다. 이런 이전의 삶의 방식은 불명예스러운 악의 유산으로서 가장 부정적인 초상을 드러낸다. "너희가 음란과 정욕과 술취함과 방탕과 향락과 무법한 우상숭배를 하여 이방인의 뜻을 따라 행한 것은 지나간 때로 족하도다"(벧전 4:3). 그들의 조상으로부터 상속받은 삶의 방식으로 돌아오라는 사회적 압력을 경험하고 있던(벧전 2:12, 15; 4:4, 12-16을 보라) 신자들은 그런 삶의 방식으로부터 거리를 두어야 한다는 ─ 그것이 지금은 그들에게 낯설고 이질적인 것이라고 생각해야 한다는 ─ 권면을 받는다. "사랑하는 자들아, 거류민과 나그네 같은 너희를 권하노니 영혼을 거슬러 싸우는 육체의 정욕을 제어하라"(벧전 2:11). 그리스도인 공동체의 가치, 세계관 및 특성 안에서 새롭게 다시 주어진 이차 사회화를 그들이 보존해야 할 이유는 그 공동체에 소속되어 있을 때 약속으로 주어진 새로운 유산의 가치가 넘치기 때문이다. "우리 주 예수 그리스도의 아버지 하나님을 찬송하리로다. 그 많으신 긍휼대로 예수 그리스도를 죽은 자 가운데서 부활하게 하심으로 말미암아 우리를 거듭나게 하사 산 소망이 있게 하시며 썩지 않고 더럽지 않고 쇠하지 아니하는 유업을 잇게 하시나니 곧 너희를 위하여 하늘에 간직하신 것이라"(벧전 1:3-4; 엡 1:11, 14; 골 1:12도 보라). 그러므로 하나님의 가정에 태어나는 것과 관련된 언어는 도덕적 행위와 그리스도인들 간의 결속에 대한 강력한 자극제가 된다. 그뿐 아니라 교회와 사회의 긴장을 감소시켜주지만 그럼에도 불구하고 그리스도인의 삶의 방식을 분명하게 증명하는 일을 흐릿하게 만드는 행동들과도 단절하도록 도와준다.[7]

한 가지 중요한 쟁점은 그리스도인들이 경험하는 "신분 불일치"다. 한편으로 그리스도인들은 온 우주의 하나님이신 비교할 수 없는 아버지의 자녀로서 위대한 명예를 누린다.[8] 그러나 다른 한편으로 그들은 모욕, 비난, 육체적 폭력, 경제적 어려움, 파멸, 심지어 투옥까지 당하며, 경우에 따라서는 고문을 당하는 등 다양한 경험을 하는데, 이런 신분은 세상에서 거의 드러나지 않는다. 이런 내용이 다양한 방식으로 다뤄진다.

첫째, 예수의 경험은 이와 같은 두 가지 반대되는 관점을 통합하는 중요한 렌즈를 제공해준다. 초기 그리스도인들은 하나님의 아들로서의 예수

---

7 적대적인 세상에 직면한 그리스도인의 헌신에서 인내를 촉구하기 위해 사용된, 자연적 부모와 하나님의 아버지 되심 사이의 평행에 관한 또 다른 예는 히 12:5-11에서 신자들에 관한 하나님의 교육적인 훈육의 개념에 나타난다(이 본문에 관한 논의는 본서 2장을 보라). 외부인들의 반대와 적대감의 여러 상황 속에서 그들의 덕목과 인격―신뢰, 충성, 소망과 사랑 안에서 그들의 굳건함―을 교육하기 위해 하나님께서 제공하시는 이 훈련들은 실제로 하나님의 자녀로서의 그들의 합법성에 대한 확신을 준다. 그러므로 이것은 하나님의 가정에서 그들의 명예로운 지위와 유산과 관련한 그들의 요구에 대한 확신이다.

8 John H. Elliott, *A Home for the Homeless: A Sociological Exegesis of 1 Peter, Its Situation and Strategy* (Philadelphia: Fortress, 1981), xxiii을 보라. 이 책은 그리스도인의 헌신을 파괴하려는 외부 세계의 압력이 지닌 침식적인 힘에 대항하여 싸우는 베드로전서의 전술을 보여주며, 사회적 관점에서 볼 때 그리스도인들의 신분과 명예가 부족함에도 불구하고 그들의 명예로운 신분을 확정해주는 것을 포함하는 이미지인 "하나님의 집에 가정을 가지는 것"의 중요성을 올바르게 관찰한다. "하나님의 가정"으로서의 교회에 대한 이 이미지는 "그들의 공동 정체성의 독특하면서도 고결한 특성의 의미를 강화하는…가장 강력한 수단"을 제공해주었다(229-30).

의 명예가 무엇인지를 알고 있었을 뿐만 아니라 그가 사람들 때문에 어떤 중상모략과 폭력과 수모를 겪었는지도 알고 있었다. 또한 그들은 하나님께서 예수를 죽은 자 가운데서 일으키셔서 당신의 오른편에 앉히심으로써 그의 명예를 회복시키셨다는 것도 알았다. 이런 앞선 경험에 기초하여 "악하고 삐뚤어진 세대"가 예수를 거부했던 것을 공유하고 있었기에, 또 하나님께서 재림의 때에 예수의 명예를 드러내실 것처럼 세상에서 그들의 명예를 드러내실 것이라는 점을 알고 있었기에(본서 2장을 보라), 그리스도인들은 예수의 가정에 소속됨으로 인해 세상에서 자신에게 불어닥칠 불명예를 이해할 수 있었던 것이다(마 10:25; 요 15:18-20을 보라). 여기서 히브리서 2:5-18은 또다시 관련이 있다. 예수와 "많은 아들딸들"이 서로 연합하고 있다는 유대감은 그들에게 지금 예수가 누리고 있는 명예, 즉 시편 8편이 찬양하는, 피조물을 능가하는 그의 높은 지위가 신자들의 순례가 끝나는 날에 그들의 것이 되리라는 확신을 준다(히 2:10).

확신은 그리스도인들의 신분 불일치가 그들을 위해 최종적으로 해소될 그날에 관한 약속으로 직접 이끌어주며, 그때까지 이런 긴장을 더 잘 참아내도록 하는 또 하나의 자원을 제공해준다. 예를 들어 비그리스도인 이웃들로부터 비난과 반대를 겪고 있었던 소아시아 전역의 그리스도인들에게 써서 보낸 베드로전서의 서두에 나타나는 축복(벧전 1:3-9)은 전략적으로 바로 이 소망, 즉 하늘에 예정된 영구적인 유산과(벧전 1:4), "곧 드러나게 될 구원"(벧전 1:5)에 관해 말하면서 시작한다. 신자들이 자신들이 겪고 있는 시험 속에서 그리스도를 향한 사랑을 보존하는 것은 "예수 그리스도께서 나타나실 때에 영광과 명예"를 의미하게 될 것이다(벧전 1:7). 그들은 모두 예언자들이 말했던 하나님의 놀라운 은사의 수혜자들이다(벧전 1:10-12). 또한 그들은 자신들의 명예가 모욕당하고 도전받고 있는 현재 상황으로부터 그들의 눈을 들어 "예수 그리스도께서 나타나실 때에 너희에게 주

문화의 키워드로 신약성경 읽기

어질 은사"(벧전 1:13)와, 신자들을 폄하했던 자들의 눈에 드러나게 될 그들의 "영광과 명예"의 최종적인 나타남을 보도록 격려받는다.

로마서 8:14-23은 특별히 하나님의 가정 안에서 신자들의 위치와, 이 시대에 하나님의 자녀로서 신자들이 경험하고 있는 긴장과, 그것이 반드시 해소되리라는 내용에 관한 풍부한 설명을 다음과 같이 제공한다.

> 무릇 하나님의 영으로 인도함을 받는 사람은 곧 하나님의 아들이라. 너희는 다시 무서워하는 종의 영을 받지 아니하고 양자의 영을 받았으므로, 우리가 "아빠! 아버지!"라고 부르짖느니라. 성령이 친히 우리의 영과 더불어 우리가 하나님의 자녀인 것을 증언하시나니, 자녀이면 또한 상속자, 곧 하나님의 상속자요 그리스도와 함께한 상속자니 우리가 그의 영과 함께 영광을 받기 위하여 고난도 함께 받아야 할 것이니라. 생각하건대 현재의 고난은 장차 우리에게 나타날 영광과 비교할 수 없도다. 피조물이 고대하는 바는 하나님의 아들들이 나타나는 것이니, 피조물이 허무한 데 굴복하는 것은 자기 뜻이 아니요, 오직 굴복하게 하시는 이로 말미암음이라. 그 바라는 것은 피조물도 썩어짐의 종노릇 한 데서 해방되어 하나님의 자녀들의 영광의 자유에 이르는 것이니라. 피조물이 다 이제까지 함께 탄식하며 함께 고통을 겪고 있는 것을 우리가 아느니라. 그뿐 아니라 또한 우리 곧 성령의 처음 익은 열매를 받은 우리까지도 속으로 탄식하여 양자 될 것, 곧 우리 몸의 속량을 기다리느니라.

바울은 성령을 그들이 그리스도의 유산을 공유하게 될 증거로서 지시하면서 시작한다. 이 성령이 그들에게 가져다줄 확신은 세상이 신자에게 주는 반대나 고난이 무엇이든 그들이 큰 담대함으로 그것에 직면하도록 할 것이다─하나님으로부터 자유민으로 태어난 아들의 성령은 비굴하게 움츠리기보다 용기와 확신을 드러내도록 해준다. 불신자들의 적개심을 참아내는 것은 지금 하나님의 우편에 앉아 계신 분과의 유대를 뜻하는데, 이는 결국 명예를 의미한다. 이것은 신자들이 지금 지불하고 있는 비용은 종말에 그들이 누리게 될 유산과 비교해볼 때 지극히 미미한 것이라는 확신을 그들에게 심어준다. 게다가 단지 그리스도인들만 부활의 때에 그들의 완전한 명예와 영광스러운 실체가 나타나게 될 때까지 신음하고 있는 것이 아니다. 모든 피조물이 동일한 갈등을 느끼며, 하나님께서 해결해주실 때까지 신음하게 된다. 독자들은 그리스도의 이름으로 이런 유대 관계를 유지하도록 격려받으며, 비록 그것이 어느 정도의 결핍 또는 심지어 현재의 고통을 의미한다 할지라도, 그리스도와 함께 긴밀히 연합하고 있어야 한다. 왜냐하면 이 연합이야말로 그들이 유산을 요구할 수 있는 조건이 되기 때문이다. 신자들의 입양에 관해 그들의 증인이 되시는 성령은 단지 신자들에게 약속된 수확의 첫 열매일 뿐이다.

마지막으로 신자들은 교회에서 그리고 하나님의 은사들을 누림에 있어서 아들딸로서의 혜택을 받는 신분을 경험한다. 이는 첫째로 가장 중요한 것으로서 하나님의 가정 안에 있는 그리스도인의 위치에 대한 내적 증거, 즉 우리가 완전하게 입양되었다는 보증으로서 성령의 은사를 포함한다. 이는 예수께서 사신 것처럼 우리가 살며 하나님께서 사랑하시듯이 우리가 사랑하게 하는 ─ 요약하면 우리의 새로운 가정을 닮아가도록 하는 ─ 우리 안에 심겨진 씨로서의 성령의 은사를 말한다(롬 8:14-17; 갈 4:6-7). 또한 이것은 하나님께서 그분의 아들딸들에게 공급하시는 것에 대한 확신을 의미하며(예를 들어 마 17:24-27은 이런 기대를 낳게 하는 이야기다), 하나님의 가정의 요청에 응답하시는 하나님의 도우심에 대한 확신을 의미한다(마 7:7-11). 그래서 비그리스도인들이 신자들의 명예에 도전할 때, 하나님은 믿음의 가정과 교제하시면서 지속적으로 당신의 자녀인 그리스도인들의 명예를 확증해주신다.[9] 우리가 앞으로 보게 되겠지만 "많은 아들딸들" 역시 상호 간의 지원과 격려와 확신을 통해 사회의 저항적 권세에 직면한 하나님의 자녀들로서 서로의 가치를 확증하는 데 중요한 역할을 담당한다.

하나님께서 아버지가 되신다는 것은 신약성경을 관통하는 도덕적 교훈의 원천이다. 하나님의 특성은 그의 자녀들에게 반드시 반영될 뿐만 아니라 실제로 우리 안에 반영될 수 있다. 왜냐하면 "하나님의 씨가 그들 안에 거하기"(요일 3:9) 때문이다. 우리는 어떻게 예수가 이런 "부전자전"의 주제를 그의 교훈 속에서 사용했는지를 이미 살펴보았다. 즉 그는 의인과 악인들에게, 우리에게 선을 행하는 자들과 악을 행하는 자들에게 우리의 마음과 정신이 자비로워야 한다고 교훈했다(마 5:44-48; 눅 6:35). 하나님의 호의가 수혜자들의 감사나 배은망덕에 종속되는 것이 아니라 철저하게 하나님의 선하신 뜻을 따라 흐르고 축복하듯이, 하나님의 자녀들은 받을 가치가 있는 자와 그렇지 않은 자를 동일하게 사랑함에 있어서 그들 자신의 능력을 완전히 자유롭게 사용할 수 있다. 이는 "하늘에 계신 너희 아버지의 온전하심과 같이 너희도 온전하라"는 것이다(마 5:48).

다른 신약의 가르침들도 이 점과 관련하여 예수의 가르침과 공명한다. 예를 들어 베드로전서의 저자는 다음과 같이 기록한다. "너희가 순종하는 자식처럼 전에 알지 못할 때에 따르던 사욕을 본받지 말고, 오직 너희를 부르신 거룩한 이처럼 너희도 모든 행실에 거룩한 자가 되라. 기록되었으되 '내가 거룩하니 너희도 거룩할지어다' 하셨느니라"(벧전 1:14-16). 여기서 그들의 새로운 아버지처럼 되라고 권고하는 것은(레 19:2을 원천으로 사용하면서) 주류 문화 속으로 다시 녹아드는 것과 그들이 승인하고 있는 일련의

---

9 히 12:5-11은 또다시 이와 관련하여 읽을 수 있는 본문이다. 왜냐하면 이 구절들은 그리스도인들을 폄하하는 외부 세계의 확고한 시도들을 하나님의 참된 자녀들의 훈련과 준비를 위한 하나님의 공급하심의 표지로 변화시키고 있기 때문이다.

행동을 금지하는 교훈을 강화하는 것이다. 에베소서에서 바울은 그리스도인 공동체에서 상호 간의 용서와 사랑의 에토스를 배양하기 위한 주제를 사용한다. 하나님께서 용서하셨기에 그들도 용서해야 한다. 그리스도께서 사랑하셨기에 그들도 사랑해야 한다. 이런 방식으로 그들은 "사랑받은 자녀들로서 하나님을 본받는 자가 되어야" 한다(엡 4:31-5:2; 요일 3:1-3도 보라).

바울은 로마서 8:29에서 이 점에 대해 또 다른 차원을 제시한다. 즉 그리스도인들은 "그분의 아들이 형제자매들 중에서 맏아들이 되도록 하기 위해 그 아들의 형상과 일치해야" 한다. 그래서 그리스도인들은 모든 면에서 아버지뿐 아니라 그들의 맏형을 본받아야 한다. "예수라면 어떻게 하셨을까?"라는 질문에 답하는 것(과 그렇게 행하는 것)은 단지 영리한 술수가 아니다―이는 예수의 친족이라는 구별됨의 표지다.

"믿음의 가정"의 에토스

그리스도인들은 분명하게 서로를 가족으로 대하라는 가르침을 받는다. "늙은이를 꾸짖지 말고 권하되 아버지에게 하듯 하며, 젊은이에게는 형제에게 하듯 하고, 늙은 여자에게는 어머니에게 하듯 하며, 젊은 여자에게는 온전히 깨끗함으로 자매에게 하듯 하라"(딤전 5:1-2). 그리스도인 공동체 내의 친족의 에토스를 증진하는 것은 그 공동체의 널리 퍼진 기술이었다. 이는 신자들이 그리스도의 피로 친족이 되었고 하나님의 가정의 많은 아들딸들 가운데 한 식구로 입양되었다는 확신에 기초한다.

그러나 선택 가능한 모든 가족 관계에서 가장 현저하게 나타나는 관계는 형제자매의 관계다. 필라델피아(*philadelphia*, "형제자매의 사랑")는 교회에서 서로 형성하는 관계의 중심 주제가 된다. 신자들은 종종 특별히 서로를 향해 이런 특별한 사랑을 구체화하도록 가르침을 받았고(롬 12:9-10; 살전 4:9-10; 히 13:1; 벧전 1:22; 3:8; 벧후 1:7), 그들의 교제는 서로 간의 "형제애"(*adelphotēs*, 벧전 2:17; 5:9)로 불린다.[10] 처음부터 제자들의 공동체를 향해 **형제, 자매, 동포**와 같은 용어들을 사용하는 것은(마 18:15; 28:10; 눅 22:32; 요 20:17-18; 21:23; 행 1:15; 9:30; 10:23; 15:1, 3, 22, 32-33, 36, 40; 21:17; 28:15을 보라; 이것은 지금까지 동료 그리스도인들을 언급하는 가장 일반적인 방식이다) 그리스도인들의 교회를 위해 형제 윤리를 채택하는 것을 용이하게 한다. 신약성경의 저자들은 하나님의 가정에서 함께 살기 위해 어떤 행동이 적합한지 그렇지 않은지를 평가하기 위해 이런 친족 윤리로 끊임없이 되돌아간다.

서로 사랑. 첫째, 그리스도인들은 특별히 그의 형제자매들의 복지를 위해 자신의 목숨을 희생한 예수의 본을 따라(요 15:12-13) 계속해서 서로 사랑하라는 권면을 받는다(요 13:34; 15:17). 사람이 아무런 대가를 지불하지 않아도 될 경우에 한해서만 자신의 자연적 친족을 사랑하는 것이 수치스러운 일이 되듯이, 예수의 피로 함께하는 사람들이 서로 사랑하는 일에 있어 "그 만큼의 거리만을 가는" 것은 수치스러운 일이다. 우리가 편안하게 느끼는 정도보다, 우리가 돈에 애착하는 것보다, 심지어 우리의 개인적 안전보다 서로를 더 우위에 두는 것이 — 적어도 요한에게는 이런 것이 예

---

10 비록 나는 NRSV를 높이 평가하고 이 번역본을 내 강의를 위한 기준 성경으로 삼고 있지만, 포괄적 언어에 대한 이 번역본의 관심은 번역가들로 하여금 너무 많은 곳에서 **형제들, 형제 사랑**과 같이 전략적으로 선택된 친족 관계의 용어들을 **신자들**과 **상호 간의 사랑** 등등으로 대체하도록 이끌었다. 이런 습관은 부드럽게 흐르는 번역에 도달하고자 하는 번역자들의 욕구에서 유래하며 모든 경우에 "형제자매"라는 표현을 유지하는 것은 번거로운 일이라고 인정될 것이다. 예를 들어 벧전 3:8은 *philadelphoi[ginesthe]*)를 "서로 사랑하라"라고 읽는다. 이 말의 의미와 성을 포괄하는 번역을 모두 유지하기 위해서는 다음과 같이 할 필요가 있다. "형제자매의 사랑으로 채우라." 영어를 말하는 세계에 살고 있는 평신도 독자들은 성을 포괄하는 번역으로 어색하게 긴 구절을 만들어내지 않은 번역자들의 헌신에 고마워할 것이다. 그러나 이런 번역 성향은 우리의 구체적인 연구에 해로운 일이 될 것이다. NASB나 NIV는 본 장의 일부 목적들과 관련해서 더 큰 도움이 될 것이다.

수의 모든 가르침을 요약하는 사랑이었다. 이것이 교회의 본질적인 표지가 되어야 한다. 그렇게 할 때 세상은 그들이 서로에게 보여주는 사랑으로 인해 예수와 그들이 연합되어 있음을 알게 될 것이다(요 13:35).

형제자매들을 사랑하는 것은 "빛 가운데" 있는 자들의 본질적인 특성이다. 그런 사랑이 없다면 그는 "여전히 어둠 속에 있는"(요일 2:9-11) 것이다. 하나님의 가족을 사랑하는 것은 "하나님으로부터 태어났음"(요일 4:7)을 알리는 지표이며, 하나님을 사랑한다는 지표이기도 하다. 플루타르코스가 그랬듯이 요한에게 있어서도 형제를 사랑하는 것이 자기 부모를 사랑한다는 최고의 증거가 된다. 동료 신자들에 대한 이런 사랑이 결여된 자들은 스스로 "마귀의 자녀"(요일 3:10)가 되었음을 드러내는 것이다. 요한이 그의 편지에서 위로하는 사람들과 관계를 끊었던 분리주의자들이 그랬던 것처럼 말이다.

사랑은 실천을 통해 드러나야 한다. 요한은 "형제자매들을 위해 자기 목숨을 내어주는 삶"을 실제 행동으로 나타낼 수 있는 단순한 방법을 제시한다. "그가 우리를 위하여 목숨을 버리셨으니, 우리가 이로써 사랑을 알고 우리도 형제들을 위하여 목숨을 버리는 것이 마땅하니라. 누가 이 세상의 재물을 가지고 형제의 궁핍함을 보고도 도와줄 마음을 닫으면 하나님의 사랑이 어찌 그 속에 거하겠느냐? 자녀들아, 우리가 말과 혀로만 사랑하지 말고, 행함과 진실함으로 하자"(요일 3:16-18). 바울에게 있어서도 사랑과 서로 섬김을 통해 사랑을 드러내는 것이 밀접하게 연관된다. "형제들아, 너희가 자유를 위하여 부르심을 입었으나, 그 자유로 육체의 기회를 삼지 말고, 오직 사랑함으로 서로 종노릇하라"(갈 5:13). 그리스도인의 자유는 현대 서구 사회의 자유에 대한 인식과는 상당히 다른 것이다. 우리는 공공장소에서 우리의 생각을 말하거나(우리가 누구에게 상처를 주든지 상관없이), 우리가 바라는 것이 무엇이든지 간에 그것에 동의하는 다른 성인과 함께하거

문화의 키워드로 신약성경 읽기

나(우리가 유서 깊은 가치와 가르침들을 거만하게 짓밟든지 상관없이), 부와 사치를 추구하는(우리가 그 과정에서 많은 가난한 자들과 상처 입은 자들을 무시하든지 상관없이) 자유를 기뻐한다. 그리스도인의 자유는 항상 서로 사랑을 이루는 방식과 관련된 것이지 우리 자신의 권리와 욕구와 관련된 것이 아니다. 이는 예수의 이름으로 섬길 기회를 찾는 것이지 권리라는 이름으로 자신에 탐닉하는 것이 아니다.

서로 사랑하는 것의 중요한 발현은 사람이 자기 친족에게 해를 입히는 일을 행하지 않고, 그런 일을 확고하게 거부하는 것이다(결국 자신에게 해가 되더라도 말이다). 그래서 바울은 두 곳에서 신자들에게 그리스도 안에서 그들의 자유를 행사하기에 앞서 자매나 형제의 영적 안녕을 우선하도록 강력하게 권고한다. "그러면 네 지식으로 그 믿음이 약한 자가 멸망하나니, 그는 그리스도께서 위하여 죽으신 형제라. 이같이 너희가 형제에게 죄를 지어 그 약한 양심을 상하게 하는 것이 곧 그리스도에게 죄를 짓는 것이니라. 그러므로 만일 음식이 내 형제를 실족하게 한다면, 나는 영원히 고기를 먹지 아니하여 내 형제를 실족하지 않게 하리라"(고전 8:11-13). 형제나 자매를 상하게 하는 것은 "사랑 안에서 걷는 일"을 그치는 것이다(롬 14:15, 21). 형제자매들에게 이익이 되는 일에 관한 관심이 우리의 행동(절제와 긍정적인 추구 모두)에 있어 가장 최우선적인 지침이 되어야 한다. "각각 자기 일을 돌볼 뿐더러 또한 각각 다른 사람들의 일을 돌보아 나의 기쁨을 충만하게 하라"(빌 2:4). 이것은 현대 미국의 "권리 문화"에서는 분명히 반문화적 삶의 방식이다. 그럼에도 불구하고 사랑에 관한 바울의 기준은 만일 사람이 자유를 완전하게 실행하는 것이 형제나 자매를 공격하고 파괴하는 것이 된다면 그의 권리를 자제하는 것을 의미한다. 내가 목격한 대부분의 교회의 논쟁들은 대안적 전략을 추구하는, 다시 말해 자신의 인정받은 자유를 다른 믿음의 가족들에게 행사하고 그들이 "그것과 함께 살도록" 그리고 "그것을 받아들이도록" 만들기 위한 묘책을 시도하는 경향이 있다. 우리의 권리를 누리고 강화하려는 헌신은 필연적으로 그리스도의 몸을 더욱 산산조각 나도록 파괴하는 결과를 초래한다. 이는 미국적 방식이지 그리스도인의 방식은 아니다.

다음의 세 가지 주제는 몸의 "교제"(koinōnia)를 나누는 것이 무엇을 의미하는가에 대한 신약의 풍부한 그림을 발전시킨다. 교제가 이보다 의미를 덜 갖는 곳에서 교회는 이 인생에서 교제가 지닌 유산의 완전한 즐거움을 놓치고 있다.

자원 공유하기. 형제자매들이 유산으로 받은 재화를 공동으로 사용해야 한다는 신념은 공동체 내에서 서로에게 유익을 주고 나누라는 교훈을 뒷받침한다(히 13:16; 참조. 6:9-10; 10:24-25). 루키아누스(Lucian)는 그의 풍자 글에서 이런 태도가 2세기경에는 그리스도인들 사이에서 철저하게 확립되어 있었다고 증언한다. "그들의 첫 번째 입법자는 그들 모두가 서로 형제라는 점을 그들에게 설파했다.…그러므로 그들은 모든 것[즉 물질적 재화]을 가리지 않고 경멸하며 그것을 공동의 재산으로 여겼다"(Peregr. 13). 그리스도 안에 있는 형제자매로서 신자들은 모든 면에서 그들의 자원을 공동으로 지출해야 하며, 그 결과 가정의 각 구성원은 자신의 필요에 알맞은 가족의 사랑을 알게 되고 결국 모두가 천상의 목표에 안전하게 도달하게 된다.

누가가 그린 제자들의 공동체에 관한 가장 초기의 모습은 우정의 이상이 완전하게 실행된 그림이다. "믿는 무리가 한마음과 한뜻이 되어 모든 물건을 서로 통용하고 자기 재물을 조금이라도 자기 것이라 하는 이가 하나도 없더라"(행 4:32). 그들 가운데 가난한 자들을 돌볼 필요를 그들 스스로 느끼게 되었을 때, 재물이 있는 그리스도인들은 자신들의 집과 땅을 팔아 분배하기 위해 사도들에게 그 수익을 가지고 왔다(행 4:34-35). 공산주

문화의 키워드로 신약성경 읽기

의 및 사회주의에 대한 민주주의 국가들의 혐오가 이런 그림에 대한 우리의 이해를 둔하게 만들어서는 안 된다. 초기 교회에 관해 우리가 증언하는 것은 공포를 통해 강요된 정부와 경제 체제를 만들려는 시도가 아니라 신자들이 동료 신자들을 향해 품는 "형제자매들을 위한 사랑"에 관한 것, 끝까지 거리낌 없이 그런 삶을 살아가는 태도에 관한 것이다. 소유를 나눔으로써 친족 관계를 실현하는 모습은 유대 지역 교회들의 가난한 자들을 위한 유명한 모금 활동을 통해 계속된다(행 11:29). 이는 바울이 실제로 그 활동을 실행할 때에도 그의 편지들에서 중요한 주제가 된다. 재산에 대한 이런 자세는 역사적으로 교회가 맞이한 첫 번째 십 년 동안 일어났던 일 가운데 새로운 것은 아니었다. 이런 태도는 계속해서 하나님께서 맺어주신 새로운 관계들을 완성하기 위한 교회의 확고한 특징이 되었을 뿐만 아니라 그리스도인이 지닌 믿음의 진정성에 대한 증거가 되었다(롬 12:13; 갈 6:9-10; 약 2:15-17; 요일 3:16-18). 신약 전체에서 신자들은 신명기에서 하나님께서 약속하신 하나님의 백성에 대한 이상을 실현해야 한다. 이 이상은 다음과 같은 구절에서 드러난다. "너희 중에 가난한 자가 없으리라"(신 15:4)와 "그중에 가난한 사람이 없으니"(행 4:34)를 보라.

그리스도인으로 구성된 어떤 단체도 방대하게 확장되고 지속적으로 성장하는 하나님의 지구촌 가족의 일원이 되었다는 사실을 못 보도록 허락된 경우는 없다. 따라서 그들은 각자의 필요를 기억하고 서로 지원하며 서로에게 물질적 도움을 제공하라는 권고를 받으며, 그리스도인 단체의 자원을 다른 단체들로부터 온 형제자매들에게 개방하라는 명령을 받는다(예. 롬 12:13; 딤후 1:16; 딛 1:8; 히 13:2; 벧전 4:9; 요삼 5-10을 보라). 주인과 손님의 관계는 오랫동안 신성한 유대 관계로 간주되어왔는데, 이 관계를 보존하는 것은 정의로운 사람이 되는 것의 일면이다(Pseudo-Cicero, *Rhetorica ad Herennium*, 3.3.4). 또한 그리스도인의 문화 안에서는 환대가 신자들 사이에서 서로 사랑을 표현하고, 사회적 경계를 초월하는 그리스도인 공동체 내의 친족 관계의 정신을 따라 사는 중요한 수단이었다.

> 하치(Hatch)에 의하면 가난한 자들, 소외된 자들, 추방된 자들, 옥에 갇힌 자들, 그리고 돌봄이 필요했던 과부들과 고아들뿐만 아니라 "동과 서를 잇는 모든 위대한 무역 노선을 따라 세워진 도시들을 통해 끊임없이 흐르며 지나다녔던 이방인들이 있었다. 그리스도인이라는 이름을 가진 이 이방인들에 속한 모든 사람은 각 도시에서 환대를 요구할 수 있었다. 왜냐하면 기독교는 위대한 박애 정신을 가지고 있었고, 그것 때문에 성장했기 때문이다. '형제'라는 이름은…그리스도인이라고 판명되는…실제적인 사실을 생생하게 표현하는 것이었으며, 그가 어디를 가든지 동료-그리스도인들의 공동체에서 환영과 환대를 받았다."[11]

교회의 일을 수행하기 위해 방문한 형제자매들을 향한 환대의 중요성은 신약 전반에 걸쳐 명백하게 나타난다. 예수 운동의 순회 교사들, 선교사들 및 지도자들은 방문하는 곳의 동료 신자들이 제공하는 환대에 특별히 의존했다. 예를 들어 요한3서는 방문하는 그리스도인들을 향해 환대를 베푼 가이오를 칭찬하는 반면(요삼 5-8절), 환대를 확장하기를 거절하고 이런 사역을 행하는 다른 사람들을 방해하려고 한 디오드레베를 비난한다(요삼 9-10절). 이와 유사하게 바울도 그의 여행을 위해 회심한 자들의 환대에 의존한다(고전 16:5-6; 몬 22절을 보라). 또한 환대는 각 지역의 그리스도인 공동체와 자신의 자원을 공유하는 것도 포함한다. 왜냐하면 부유한 신자들의 집은 그 지역의 그리스도인 공동체를 위한 회합의 장소가 되었기 때문이

---

11 Elliott, *Home*, 146, Edwin Hatch, *The Organization of the Early Christian Churches* (Oxford and Cambridge: Rivingtons, 1881), 43-44에서 인용함.

문화의 키워드로 신약성경 읽기

다. 그들은 "…교회의 결속과 확고한 증언을 보존하기 위해 필수적이고 지속적인 교제와 만남"을 유지했을 뿐만 아니라 특징적인 그리스도인의 예배가 행해질 수 있는 장소를 제공했다[12] (롬 16:3-5, 23; 고전 16:19; 골 4:15; 몬 2절; 벧전 4:9을 보라). 지역 공동체의 지속적인 육성과 더 넓은 그리스도인 문화 — 하나님의 지구촌 가족 — 와의 지속적인 교류를 위해 환대는 초기 교회의 핵심적 가치가 되었다.[13]

연합, 조화, 단합. 베드로전서의 저자는 다음과 같이 기록한다. "마지막으로 말하노니, 너희 모두는 한마음이 되어 동정하고 형제자매를 사랑하는 것(*philadelphoi*)으로 채우며 불쌍히 여기며 겸손하라"(벧전 3:8). 첫 번째 두 단어(*homophrones, sympatheis*)는 우리가 앞에서 살펴보았듯이 세 번째 단어 "형제자매를 사랑하는 것"에 대해 논의할 때 흔히 나타난다. "한마음"이 되거나 "한마음과 한뜻"(행 4:32)을 가지는 것은 강력한 반대에 직면한 그리스도인 운동이 지닌 힘의 원천이다 — 다시 말해 세상을 이긴 예수의 궁극적 승리에 대한 증언이다. "너희가 한마음으로 서서 한뜻으로 복음의 신앙을 위하여 협력하는 것과 무슨 일에든지 대적하는 자들 때문에 두려워하지 아니하는 이 일을 듣고자 함이라. 이것이 그들에게는 멸망의 증거요, 너희에게는 구원의 증거니, 이는 하나님께로부터 난 것이라"(빌 1:27-28).

고린도전서 1:10-11에서 바울은 인사와 찬양의 친밀한 말로 편지를 시작하면서 그가 깊은 관심을 가지고 있었던 영역으로 향한다. "형제들아, 내가 우리 주 예수 그리스도의 이름으로 너희를 권하노니 모두가 같은

---

12   Edward G. Selwyn, *The First Epistle of Peter*, 2d ed. (London: Macmillan, 1955), 218.

13   자세한 것은 Wayne A. Meeks, *The First Urban Christians: The Social World of the Apostle Paul* (New Haven, Conn.: Yale University Press, 1983), 16-23, 107-10; Michael B. Thompson, "The Holy Internet: Communication Between Churches in the First Christian Generation," in *The Gospels for All Christians: Rethinking the Gospel Audiences*, ed. Richard Bauckham (Grand Rapids, Mich.: Eerdmans, 1998), 55-56을 보라.

말을 하고 너희 가운데 분쟁이 없이 같은 마음과 같은 뜻으로 온전히 합하라. 내 형제들아, 글로에의 집 편으로 너희에 대한 말이 내게 들리니 곧 너희 가운데 분쟁이 있다는 것이라." 수신자들을 반복적으로 "형제자매들"이라고 각 문장에서 사용하는 것은 전략적인 것이다. 바울은 그들 앞에서 그리스도 안에 있는 그들의 정체성(가까운 친족 관계)과 그들의 행위(분열과 다툼) 사이의 수치스러운 불일치를 지적하고 있다. *schismata*(분열)와 *erides*(다툼)라는 단어는 산산조각이 나는 것, 추한 경쟁 관계, 명예로운 가정의 이상적인 상태를 나타내는 연합 및 조화의 위반이라는 이미지를 불러일으킨다. 고린도 사람들은 서로를 향한 그들의 행동의 추함과 부적절함을 처음부터 직면한다. 그들은 경쟁의식과 당파심을 고취시키기보다는 그것들을 제거해야 한다.

교회에서의 연합 및 조화의 에토스를 적용한 훌륭한 글의 예는 빌립보 그리스도인들을 향한 바울의 편지다. 바울이 복음을 전하는 데 있어 자신의 동역자들이라고 불렀던 사람들로서 빌립보 교회의 중요한 두 여성인 순두게와 유오디아는 서로 사이가 좋지 않았다(빌 4:2-3). 이런 경쟁 관계는 공동체의 연합을 추구하는 데 위협이 되었다(빌 1:29-30). 그들의 다툼의 본질은 우리에게 영원히 알려지지 않았지만, 만일 우리가 그에 대해 특정한 사실을 안다면 빌립보 교회에서 나타났듯이 아마도 우리 역시 어느 한쪽 편을 들게 되었을 것이다. 바울은 경쟁과 이기적인 욕심과 교회에서 있어서는 안 되는 불일치를 야기하는 모든 것을 비난함으로써 이 상황을 언급한다. 그것은 신자들이 서로를 향해 가져야 할 "그리스도의 마음"을 침해하는 것이었다.

그러므로 그리스도 안에 무슨 권면이나 사랑의 무슨 위로나 성령의 무슨 교제나 긍휼이나 자비가 있거든, 마음을 같이하여 같은 사랑을 가지고 뜻을 합하며 한마

문화의 키워드로 신약성경 읽기

음을 품어 아무 일에든지 다툼이나 허영으로 하지 말고, 오직 겸손한 마음으로 각각 자기보다 남을 낫게 여기고 각각 자기 일을 돌볼 뿐더러 또한 각각 사람들의 일을 돌보아 나의 기쁨을 충만하게 하라(빌 2:1-4).

바울은 분열과 싸움이 발생하는 곳마다 자아가 강하게 개입되고 있다는 사실을 잘 알고 있었으며, 이와 같이 자신을 높이는 것은 가장 위대한 명예를 위해 순종의 길을 달려갈 때 그리스도께서 고려하기를 거부하시는 것임을 정확하고 분명하게 알고 있었다. 그렇게 우리도 그리스도께서 행하셨듯이 교회 안에서 형제자매로서 하나님의 일에 참여해야 한다. 다시 말해 우리는 서로 협력하며 우리 자신보다 더 우선적으로 서로의 필요와 가치를 채워줌으로써 효과적으로 섬길 수 있는 더 큰 하나님의 비전에 우리의 초점을 유지해야 한다.

바울이 제기한 연합의 위반에 관한 구체적인 한 가지 내용은, 미국의 장면과 매우 관련되는 것으로서, 고린도 교회의 그리스도인들이 서로에 맞서 소송을 지속적으로 제기했다는 것이다. "너희 가운데 그 형제간의 일을 판단할 만한 지혜 있는 자가 이같이 하나도 없느냐? 형제가 형제와 더불어 고발할 뿐더러 믿지 아니하는 자들 앞에서 하느냐? 너희가 피차 고발함으로 너희 가운데 이미 뚜렷한 허물이 있나니 차라리 불의를 당하는 것이 낫지 아니하며 차라리 속는 것이 낫지 아니하냐? 너희는 불의를 행하고 속이는구나. 그는 너희 형제로다"(고전 6:5-8). 소송은 고린도 교회의 신자들이 절대 지속하면 안 되는 것으로 생각했던 회심 이전 그들의 삶의 또 다른 모습일 뿐이었다. 그러나 바울은 양측의 새로운 관계가 법원에서의 소송을 불필요한 것으로 만든다고 주장한다. 당신의 친족에게 상해를 입히거나 당신 스스로 원수를 갚는 것보다 상해나 손해를 겪는 것이 더 낫다. 바울에게 이와 관련한 중요한 요소는 소송 —"불신자들 앞에서 행하는 소송"—

을 보게 될 대중이다. 바울이 보기에 그런 소송들은 하나님의 가정의 명예에 오점이 될 뿐만 아니라 자신들을 가족이라고 부르는 이 공동체의 미덕과 가치에 불신자들이 의문을 제기하게 만드는 가장 분명한 원인이다.

연합에 대한 바울의 이상 — 또는 이 문제에 관한 예수의 이상(요 17:11, 21을 보라) — 을 분열되고 양극화된 우리의 교회에서 어떻게 실현할 수 있을까? 연합이 "내 방식대로 나를 받아들임으로써" 성취되는 것이라고 우리가 주장하는 한 이 이상은 결코 실현되지 못할 것이다. 오직 겸손의 정신과, 다른 사람을 위한 사랑을 위해 우리가 귀하게 여기며 붙잡고 있는 것들을 희생할 수 있는 자발성과, "자신을 죽이는" 자원하는 마음만이 분열된 교회와 그 분열로 인해 지금 위협받고 있는 교회의 연합을 회복하는 데 기여할 수 있을 것이다. 우리 각자가 서로에게 자신을 인식하고 수용하라고 요구하는 것을 그칠 때, 대신 공격적인 행위를 그치고자 하는 자원함을 보여줄 때 — 두려움이나 가망이 없기 때문이 아니라, 다른 사람을 사랑하고 그를 우리 자신보다 더 중요한 존재로 여기기 때문에 — 그때 우리는 서구 기독교의 변혁을 보게 될 것이다.

형제자매로서의 연합은 다양한 교단에 속해 있는 우리가 이 차이를 마치 구원받은 자들과 잃어버린 자들을 진정으로 구별하는 쟁점인 것처럼 고수하는 한 결코 성취될 수 없을 것이다. 우리는 너무 오랫동안 지나치게 자주 "같은 마음을 가져라"라는 말씀을 다음과 같이 기능적으로 생각했다. 즉 이 말씀을 "만일 당신이 이런 교리의 요소들에 대해 나에게 동의한다면, 그때 우리는 형제자매가 될 수 있고 함께 교제하며 하나님을 경험할 수 있다"는 것을 의미하는 것으로 받아들였다. 바울이 빌립보서 2:1-4에서 구축했듯이 하나님을 경험하는 것이 최우선적인 일이다. 왜냐하면 우리는 그리스도로부터 용기를 얻었고 하나님의 한 성령을 가졌으므로 서로 완전히 일치하는 한뜻을 가진 삶을 살아야 하기 때문이다. 우리는 연합의 유대

문화의 키워드로 신약성경 읽기

감을 갖기보다 훨씬 더 많이 논쟁하고 신학적 토의에서 승리하려는 경향이 있다. 이는 바울의 방식이 아니다. 진정으로 그리스도인이 되는 것의 본질을 훼손하는 것과 관련된 쟁점을 제외하면 말이다(솔직히 말해 대부분의 쟁점들은 그런 것이 아니다). 일상의 논쟁에서 우리는 "우리의 방식대로 하는" 것을 추구하기보다 사랑과 평화와 서로의 연합이 항상 옳은 결과로 나타나는 것을 우리 자신보다 앞에 둠으로써 우리의 형제자매를 위해 우리의 목숨을 내어주거나 적어도 우리의 자아를 내려놓기 위한 기회를 다시 찾아내야 한다. 바울은 아무도 **모든** 사실을 알지 못하며(고전 13:12-13은 교만한 우리의 경주를 위한 강력하고 필수적인 치료약이다), 결국 불일치는 궁극적인 것이 아니라는 점을 분명히 한다. 우리의 일치—성령을 통해 우리가 하나님을 공통으로 경험하는 것—는 신학의 더 정제된 요점들과 예배의 실행 및 해석에 기초하는 우리의 불일치보다 훨씬 더 중요하다. 우리의 일치는 우리를 대신하신 하나님의 행위에 기초하는 반면 우리의 불일치는 우리 자신의 생각과 마음과 뜻에 기초한다. 전자보다 후자를 훨씬 더 중요하게 여기는 것은 교만하고 오만(hybris)한 행동이며 하나님을 모욕하는 행위다. "같은 마음"을 갖는 것은 모든 것에 동의하는 것이 아니다. 이는 모든 상황 속에서 신앙 공동체가 중심이 되고 공통으로 필요한 것을 우리 마음의 중심에 두는 것을 의미한다. 또한 사랑의 유대감으로 하나님의 교회를 세우기 위해 필요한 것을 마음의 중심에 놓는 것을 뜻한다.

협력과 서로를 명예롭게 하기, 서열을 위해 경쟁하지 않기. 명예의 문화적 컨텍스트에 관해 우리가 배운 것을 상기해본다면, 초기 그리스도인들이 교회 생활과 제자도를 높은 자리와 명예를 얻기 위한 경쟁의 또 다른 각축장으로서 대하고 있음을 발견하는 것은 놀랍지 않다. 신약성경의 저자들이 강조하는 것은—이는 놀라울 정도로 빈번하게 만장일치로 나타나는데—이런 식으로 신자들이 서로를 경쟁자로 여기는 것은 부적절하다는 것이다. 서로를 경쟁자로 여기는 것은 본질적으로 서로를 자신의 명예 밖에 있는 자들, 가족 밖에 있는 자들로 여긴다는 것을 의미한다. 그러나 그리스도인들은 서로를 명예와 성공을 위해 협력하고 기여하는 파트너로 여겨야 한다.

마가복음 10:35-45은 이와 관련하여 도움이 되는 내용을 제공해준다. 야고보와 요한은 함께 승진을 요구하기 위해 예수께로 와서 다음과 같이 말한다. "주의 영광 중에서 우리를 하나는 주의 우편에, 하나는 좌편에 앉게 하여 주옵소서"(막 10:37). 그들은 서로 협력하여 명예를 요청함으로써 자연적 친족으로서 마땅히 해야 할 일을 행하고 있다.[14] 아마도 부여받게 될 오른편 자리가 왼편 자리보다 더 높은 자리라는 점은 그들에게 중요하지 않았을 것이다. 그럼에도 불구하고 그들의 요구는 예수가 자신의 모든 제자 가운데서 만들어내고자 추구했던 에토스와는 일치하지 않는다. 친형제지간인 이 두 사람은 그들 사이에, 또한 다른 열 명의 제자들과의 사이에 차이를 만들고, 자신들을 다른 제자들과 경쟁 관계에 있다고 여겼다. 여기서 "야고보와 요한에게 화를 냈던"(막 10:41) 열 명의 제자들의 반응뿐만 아니라 이전에 제자들이 "누가 가장 큰 자"인가에 대해 서로 논쟁을 벌였던 모습(막 9:33-34) 역시 열두 제자 모두가 공동체 내에서 우위를 점하기 위해 서로 경쟁의 관점에서 여전히 생각하고 있었음을 보여준다. 예수는 협력을 위한 친족의 가치를 생산하려면 어떻게 그들 사이에서 가장 높은 자리와 영예를 차지할 수 있는가를 추구하는 대신에 어떻게 형제자매를 가장 잘 섬길 수 있는가를 추구하기 위해 그런 자세를 포기해야 한다고 선언한다. 그것이 아버지의 집에서 명예를 이루는 것이다—경쟁적으로 행

---

14 여기서 우리는 요 1:40-41에서 안드레가 메시아가 도래한다는 복음을 나누기 위해 즉시 그의 형제 베드로를 찾아가서 이 운동의 시작 단계에 베드로를 포함시키고자 했던 방식을 언급할 수 있다.

문화의 키워드로 신약성경 읽기

하기보다 가족으로서 명예롭게 행하는 것 말이다.

마태복음 23:5-9에서 서기관들과 바리새인들에 대한 예수의 비판은 오히려 직접적으로 이런 점을 전달하고 있다. 이 사람들은 자신의 형제자매들(즉 다른 유대인들)보다 더 높은 자리에 오르려고 한다는 비판을 받았는데, 왜냐하면 그들은 다른 동료 유대인들보다 자신들이 더 위에 있다고 구별함으로써 결국 종교 "지도자들"(Rabbim)의 자리에 오르려고 했기 때문이다. 예수의 제자들은 이렇게 행해서는 안 된다. "너희는 랍비라 칭함을 받지 말라. 왜냐하면 너희는 한 선생을 가지고 있으며, 모두 형제자매들이기 때문이다. 또한 땅에서는 아무도 너희의 아버지라 부르지 말라. 왜냐하면 너희는 한 아버지를 가지고 있기 때문이다"(마 23:8-9). 그들은 한 아버지 ― 곧 하나님 ― 아래 형제자매로서 연합의 유대 관계를 유지해야 하며 분열을 만드는 계급을 형성하지 말아야 한다.

바울 역시 혈연관계가 아닌 자들보다 높은 자리에 앉으려고 하는 중심 문화의 가치와 그리스도인들의 중요한 사교적 특성을 대응시킴으로써 교회 안에서의 경쟁을 협력과 상호적 영광을 위한 명예로 바꾸고자 열심히 노력한다. 따라서 바울은 로마서 12:10에서 "형제를 사랑하여 서로 우애하고 존경하기를 서로 먼저 하며"라고 충고한다.[15] 갈라디아서의 권고 단락(갈 5:13-6:10)을 통해 바울은 형제자매 관계에 대한 용어를 사용하여("형제들", 갈 5:13; "믿음의 가정", 갈 6:10), 교회 내의 협력과 사랑과 연대의 에토스를 만들어내려고 한다.[16] 육체의 일은 구체적으로 친족을 위한 부

---

15 이는 신약성경을 라틴어, 아르메니아어 및 시리아어로 번역한 초기의 번역이 이 구절을 어떻게 읽었는지를 보여준다. 또 다른 가능성은 "명예가 관련되어 있는 만큼 각 사람은 다른 사람을 더 높게 평가하라" 정도로 번역하는 것이다("*proēgeomai*," in Walter Bauer, William Arndt and F. Wilbur Gingrich, *A Greek-English Lexicon of the New Testament and Other Early Christian Literature* [Chicago: University of Chicago Press, 1952], 712-13을 보라).

16 이 본문에 관한 자세한 연구는 Philip F. Esler, "Family Imagery and Christian Identity in

적절한 행동들을 묘사하는 데 매우 중요하다. 이는 "원수 맺는 것과 분쟁과 시기와 분냄과 당 짓는 것과 분열함과 이단과 투기"(갈 5:20-21)를 말한다. 이와 유사하게 바울은 믿음의 가정 구성원들에게 자랑과 도전과 시기를 금지한다(갈 5:26). 대신에 그들은 서로 섬기고 서로의 명예를 (공격하기보다는) 지켜주어야 한다. 그리스도인들은 경쟁 관계에 있는 것이 아니라 동업의 관계에 있기 때문에, 플루타르코스가 언급하듯이 "서로 양보하고 패배를 받아들이기를 배우며, 형제를 능가하는 승리를 쟁취하기보다 형제를 만족시킴으로써 기쁨을 얻는 기술을 실행하는 것을" 마음껏 행해야 한다("On Fraternal Affection" 17[*Mor.* 488A], LCL).

바울은 고린도전서 12장에서 교회 안에 가정의 에토스를 강화하기 위해 여러 부분으로 구성된 살아 있는 유기체인 몸의 은유를 솜씨 있게 사용한다. 이것은 당시의 역사적 상황에서 경쟁과 명예를 선점하려고 하는 주장들이 교회 생활의 다양한 영역에서 나타나 문제를 일으키는 가운데 언급된다. "오직 하나님이 몸을 고르게 하여 부족한 지체에게 귀중함을 더하사 몸 가운데서 분쟁이 없고 오직 여러 지체가 서로 같이 돌보게 하셨느니라. 만일 한 지체가 고통을 받으면 모든 지체가 함께 고통을 받고 한 지체가 영광을 얻으면 모든 지체가 함께 즐거워하느니라"(고전 12:24-26). 바울은 신체적 몸의 은유로부터 유래한 한 가지 원리, 즉 가정의 사회적 몸에도 해당되는 한 가지 원리를 분명하게 말한 것이다. J. D. M. 데렛(Derrett)이 올바르게 관찰했듯이 "부계 중심의 가정에서 한 구성원의 성공은 그의 모든 친족에게 유익이 되고" 그 반대는 가족 전체에게 해가 될 수 있었다.[17]

Galatians 5:13 to 6:10," in Moxnes, *Constructing Early Christian Families*, 121-49, 특히 134-43을 보라.

17 J. Duncan M. Derrett, *Jesus' Audience: The Social and Psychological Environment in Which He Worked* (New York: Seabury, 1973), 38.

이는 가정의 한 구성원이 경험한 명예나 손실이 전체 친족 공동체가 느끼는 명예나 손실이 된다는 것을 의미한다. 형제자매가 그들의 부모와 공동의 정체성을 공유하고 있으므로 "비록 다른 인격체이지만 동일한 것을 느낄 수 있기" 때문에 "서로 동일하다"는 아리스토텔레스의 묘사(*Nic. Eth.* 8.12[1161b31-33])는 서로의 성공과 실패에 대해 가까운 친족이 반응하는 방식에 관한 데렛의 관찰을 확증해준다.[18] 그리고 서로의 재산을 완전하게 공유하고 있다는 생각은 그리스도인들이 통합되었다는 유대감을 분명하게 드러낸다. 또한 이는 "네 이웃을 네 몸과 같이 사랑하라"는 명령을 성취하는 확실한 길이다.

히브리서의 저자는 "너희도 함께 갇힌 것 같이 갇힌 자를 생각하고 너희도 몸을 가졌은즉 학대받는 자를 생각하라"(히 13:3)고 주장하기 위해 이와 같은 동일한 논리를 그의 독자들에게 사용한다. 그들은 친족으로서 "다른 인격체이지만 동일한" 자들이다. 따라서 그들은 그와 같은 정신으로 서로의 필요를 느끼고 반응해야 한다. 자유롭게 된 신자는 다른 신자의 고통을 자신의 고통으로 여겨야 하며, 자신의 고통을 완화시키듯이 그의 고통을 전심으로 담대하게 완화시켜주어야 한다. 이와 같은 방식으로 그리스도인들은 공동체의 외부로부터 오는 가장 극심한 압박을 경험하고 있는 자들에게 다시 한번 확신을 제공해줄 뿐만 아니라 이 새로운 가정은 그들에게 도움이 필요할 때 결코 그들을 버리지 않을 것이라는 확신을 서로에

---

18 이는 물론 형제가 형제의 패배를 기뻐한다는 것을 생각할 수 없다는 의미는 아니다. 심지어 형제의 실패를 자신의 이득으로 생각하는 그런 형제에 대해서도 생각할 수 있다. 에테오클레스(Eteocles)와 폴리네이세스(Polyneices)의 예(Aeschylus, *Seven Against Tebes*와 Sophocles, *Oedipus at Colonus* 및 *Antigone*를 보라)는 이 점에 관해 우리를 가르친다. 또한 이 두 명의 형제가 고대 헬레니즘 시대를 통해 수치스럽고 자기 파괴적인 다툼 속에 사로잡혀 있었던 망상 속의 사람들로 알려지고 기억되고 있는 방식은 대다수의 문화가 가까운 친족 간의 경쟁을 거부한다는 것을 보여준다.

게 다시금 주게 된다. 그들은 결코 신자를 버리거나 떠나지 않으시는 하나님의 약속의 가시적이고 활동적인 역사로 인해 서로를 위하게 될 것이다 (히 13:5).[19]

신자들이 서로 경쟁에서 벗어나 명예를 추구하기 위해 자신들의 태도를 재조정하고 서로의 명예와 자기-존중의 삶을 구축하고 세우는 데 구체적인 초점을 맞추는 것은 특별히 연합을 위한 행동을 증진하고, 분열을 야기하는 경쟁을 피하려는 목표를 이루기 위함이었다. 이는 효과적으로 친족 간의 연합 및 화합의 가치를 모으는 집합체인 교회를 구성할 수 있도록 만들었다.

가정의 화해. 신약성경이 연합과 화합의 이상을 유지해야 한다고 강조하는 것과 마찬가지로, 상해가 일어났을 때 화해를 추구했던 형제애에 대해서는 비기독교 문헌들에서도 이 점을 동일하게 강조한다. 참회하는 형제를 용서하고 상해를 입은 형제에게 보상해주어야 한다고 말하는 플루타르코스의 충고가 지닌 긴급성은 제단 앞에서 제물을 바치기 전에 다투었

---

19 외부 사회로부터 희생을 당하는 신자들과의 유대감은 그리스도인 문화의 현저한 특성이 되었다. 여정을 따라 그리스도인들의 방문과 참여와 환대를 받으며 안디옥에서부터 로마에 있는 순교의 자리까지 이르렀던 이그나티우스의 여정은 "함께 갇힌 것 같이 갇힌 자를 생각하는"(히 13:3) 신자들의 자원하는 마음을 보여준다. 그의 순교는 그에 대한 그들의 가족적인 충성을 증언해준다(*Smyrn.* 10). "내 인생은 너희를 위한 겸허한 제사다. 그리고 그렇게 이 결박이 내게 주어져 있다. 그것으로 인해 너희는 분노나 수치를 결코 조금이라도 드러내지 말라." 허풍쟁이 페레그리누스에 관한 루시안의 유명한 풍자는 다음과 같이 2세기 중엽의 그리스도인 공동체에 관한 창을 제공해준다.

> 그리스도인들은…[페레그리누스]를 구하기 위해 모든 노력을 다했다. 그다음에 이 일이 불가능하게 되자 모든 다른 형태의 돌봄이 그에게 제공되기 시작했다.…이른 새벽 동이 틀 때부터 늙은 과부들과 고아들이 감옥 근처에서 기다리고 있는 것을 볼 수 있었으며, 심지어 간수들에게 뇌물을 먹인 후에 그와 함께 감옥에서 잠을 잤던 관리들도 있었다. 그 후에 그들은 양질의 음식을 들여보냈고 자신들의 성스러운 책들을 큰소리로 읽기 시작했다.…참으로 많은 사람이 아시아에 있는 여러 도시로부터 왔는데, 그들은 공금을 사용하여 다른 그리스도인들이 보낸 자들로, 그 영웅을 구조하며 방어하며 그에게 용기를 주기 위해 왔다. **그들은 어떤 공적 행위가 행해질 때마다 놀라울 정도의 속도를 보여주었다. 왜냐하면 그들은 지체하지 않고 자신들의 모든 것을 아낌없이 주었기 때문이다**(*Peregr.* 12, LCL, 강조는 덧붙여진 것임).

문화의 키워드로 신약성경 읽기

던 형제자매가 있다면 그들과의 화해가 선행되어야 한다고 선언하는 예수의 가르침에도 존재한다(마 5:22-34).[20] 참회하는 자를 용서하는 것은 선택의 문제가 아니라 반드시 해야 하는 일이다. 왜냐하면 양쪽이 하나님의 가족으로 입양되었고 앞서 하나님으로부터 훨씬 더 무거운 죄를 용서받음으로써 형제자매가 되었기 때문이다(막 18:21-35; 눅 17:3을 보라). 신자는 자신의 친족의 수치를 숨기지 않고 알려서 분열의 분위기를 확산시키는 결과를 가져오는 일, 즉 동료 그리스도인에 대한 불평불만을 말하기보다(약 4:11; 5:9을 보라), 그리스도 안에서 형제자매와 일대일로 화해를 추구해야 한다. 마태복음 18:15-17에 나타난 화해의 과정은 불일치의 상황을 최대한 은밀하게 유지하려는 크나큰 세심함과, 결국 화해는 형제자매의 명예에 손상을 일으키지 않으면서 실행될 수 있어야 한다는 점을 보여준다.[21]

이 문제와 관련하여 마태복음과 누가복음의 가르침은 모두 상해가 발생했을 때 상해를 입은 자매나 형제가 상대방이 그 일에 대해 말을 꺼내기를 그저 기다리기보다 상해가 발생했다고 가해자에게 말할 책임이 있다고 보는데, 이 가르침은 주목할 만하다. 왜냐하면 그런 경우에 기다리는 동안 원한이 증가되고 불친절한 생각과 말이 배가되며 균열이 더 커질 수 있기 때문이다. 또한 이것은 레위기의 명령이자 플루타르코스 및 「갓의 유언」(The Testament of Gad)의 저자의 충고이기도 하다.[22] 유일하게 마태복음에

---

20 여기서 예수는 동료 유대인들을 형제자매라고 말하지만, 그의 말은 초기 기독교 독자들이나 청중 곧 마태가 복음서를 기록하여 전달했던 대상인 그들에게는 매우 다르게 들렸을 것이다. 왜냐하면 그들은 서로를 형제자매로 부르는 상황이었기 때문이다.

21 Dennis C. Duling, "Matthew 18:15-17: Conflict, Confrontation, and Conflict Resolution in a 'Fictive Kin' Association," *BTB* 29 (1999): 4-22의 풍부한 연구를 보라. 이 논문은 특히 유대교 컨텍스트에서 이 구절에 대한 철저한 연구를 제공해준다.

22 "너는 네 형제를 마음으로 미워하지 말라. 대신에 네가 그에게 원한을 갖지 않도록 네 이웃을 반드시 견책하라"(레 19:17). "만일 누군가가 너에게 죄를 짓는다면 평화로운 마음으로 그에게 말하라.…만일 누군가가 죄를 고백하고 회개하면 그를 용서하라"(T. Gad

서만 해를 당한 사람과 해를 가한 사람 모두 개별적으로 모든 것을 내려놓고 회해하기를 모색하라고 교훈한다. 두 사람은 서로를 향해 달려가야 하며 가능한 한 빨리 위협을 제거해야 한다(심지어 그것이 잠시 동안 이 책을 내려놓는 것을 의미할지라도 말이다).

가정 안에서 형제자매들은 서로 화해해야 할 뿐만 아니라 공동체의 가치와 그들의 부모와도 화해해야 한다. 플루타르코스는 잘못한 형제나 자매를 변호하고 고집스러운 그 형제(자매)가 고귀하게 행동하는 헌신으로 돌아오도록 하기 위해 부드럽게 꾸짖는 아버지 앞에 옹호자로서 서 있는 형제(자매)에 대한 그림을 그리고 있다("On Fraternal Affection" 9-10[Mor. 482E-483B]을 보라). 이 그림은 정확하게 신약성경의 저자들이 건설하려고 하는 그리스도인 가정의 모습이다. 신자들은 죄를 지은 형제자매를 대신하여 기도하면서, 대부분의 경우 그 죄가 하나님께 사함을 받고 덮어질 결과를 기대하면서(요일 5:16) 아버지이신 하나님 앞에 서 있어야 한다. 그들은 잘못을 저지른 자를 꾸짖어야 하며, 이를 잘못한 형제자매를 낙심시키는 기회로 사용하기보다는 함께 슬퍼하며 "온유한 심령으로" 성령이 인도하시는 길로 회복시켜야 한다(갈 6:1-2). 우리가 살펴보았듯이(본서 2장을 보라) 그리스도인 가족은 여느 자연적 가족처럼 제멋대로인 가정 구성원이 그 가정의 가치와 일치되는 행동을 유지할 수 있도록 압력을 행사할 수 있다. 그러나 여기서 관련되는 요점은 비록 그런 교정을 위한 과정을 실행하는 가운데 있더라도 공동체는 **우선** 가해자가 형제나 자매이지 적이나 외부인이 아니라는 점을 기억해야 한다는 것이다. "그들을 원수로 여기지 말고 형제자매로서 그들에게 권고하라"(살후 3:15).

두 아들의 비유(눅 15:1-32)와 삭개오의 회복(눅 19:1-10)은 그리스도

6.1-3).

인 공동체를 위한 본보기가 된다. 이는 그들이 믿음의 가정에서 제멋대로인 구성원들을 어떻게 대해야 하는지와, 어떻게 그들이 신앙 공동체 밖에 있는 자들에게까지 회복의 온유한 영을 확장해야 하는지에 대한 것이다. 예수는 삭개오를 회복시켜야 하는 "아브라함의 아들"(눅 19:9)로서 여긴 반면에 삭개오의 이웃들은 그를 단지 "죄인 가운데 하나"(눅 19:7)로 여기고 그를 배제하려고 했다. 그러나 예수가 우리에게 보여주고 있듯이 죄인은 첫째 하나님 안에 있는 형제자매이거나, 적어도 하나님 안에서 형제자매가 될 가능성이 있는 자다. 바로 이런 이유로 우리는 환대의 사랑으로 그에게 다가서야 한다. 두 아들의 비유는 그 장의 시작(눅 15:1-2)에서 죄인들을 기꺼이 만나는 예수를 비판했던 서기관들과 바리새인들을 우선적으로 지시한다. 이 비유는 죄인들과 바리새인들을 형제 관계에 위치시키고, 죄인들에 대한 바리새인의 관계를 재설정하며, 배제와 비난의 정신이 자신의 모든 자녀가 돌아오기를 갈망하고 있는 아버지의 눈에 얼마나 추한 것인지를 보여준다. 만일 우리의 공동체에서 우리가 누가복음의 바리새인들이 행했던 것처럼 "바람직하지 못한 자들"을 대하려고 한다면, 서기관들과 바리새인들에 대한 예수의 비판은 우리를 향한 비판이 될 것이다.

새로운 가족, 새로운 "비-가족"

기독교 운동은 그 운동의 외부 사람들을 회심시키기 위한 헌신과, 그 그룹에 속하는 것과 그 그룹 밖의 세계에 속하는 것 사이에 명확한 경계선을 긋는 헌신 간의 창조적인 긴장을 유지한다. 이 경계선은 특징적인 가치와 에토스 및 공동체에 대한 증언을 보존하고, 동료 그리스도인들에 대한 각 구성원의 헌신과 희생에 집중하며, 새로운 가족과 그 가족이 채택한 삶의 방식에 대한 각 구성원의 헌신을 강화하는 데 중요하다.

예수의 가라지 비유는 세상에 살고 있는 두 가정의 차이를 구별한다. 즉 "천국의 자녀들"과 "악한 자의 자녀들"이다(마 13:38). 바울도 외부인들과 회심자들을 구별하기 위해 유사한 호칭들을 사용한다. 즉 "빛의 자녀들" 곧 "낮"의 자녀들과, "밤" 곧 "어둠"의 자녀들이다(살전 5:8). 이런 가족 관계를 그리는 바울의 목적은 두 가족의 삶의 방식이 다름을("어둠"의 자녀들의 수치스러운 행위를) 강조하고, 그의 회심자들이 과거에 떠났던 삶의 방식에 다시 순응하지 않기 위해 외부인들의 압력에 굴복하지 말아야 한다는 점을 강조하려는 것이다. 이 두 가정은 인식에 있어서도 다른 수준을 드러낸다. 즉 "술 취함"과 "술에 취하지 않음"의 차이, "잠들어 있음"과 "깨어 있음"의 차이다. 이는 "밤의" 자녀들을 현저하게 불리한 위치에 두며 그들이 결과적으로 다가올 하나님의 심판을 맞이하게 될 것임을 전달한다. 이와 유사하게 에베소서에서도 바울은 그리스도인 회심자들과 "불순종의 아들딸들"(엡 5:6-8)을 구별한다. 그리스도인들은 과거에 그 가정의 구성원이었지만 지금은 하나님의 가정의 일원으로서 삶의 방식을 취하며 스스로 거리를 둔다. 그들은 더 이상 이방인 사회와의 근본적인 협력자 관계를 제시하거나 그 사회의 가치를 확증하는 방식들을 행할 수 없다.

이런 이미지들의 목적은, 바울이 같은 편지에서 분명하게 언급하고 있듯이(살전 3:12; 5:15을 보라), 외부인들을 그리스도인들의 돌봄과 유익의 대상으로부터 배제하려는 것이 아니다. 오히려 이런 이미지들은 하나님께서 부르신 삶의 방식을 지속하는 그리스도인의 헌신을 유지하는 데 사용된다. 이것들은 특별히 순응을 요구하는 외부의 압력에 직면해서도 계속 그런 삶의 방식을 유지하기 위한 용도로 사용된다.

문화의 키워드로 신약성경 읽기

"자연적" 가정과 초기 기독교

초기 기독교는 첫째로 가장의 회심을 추구했는데, 그것은 가장에 의존했던 자들이 그를 따라 새로운 믿음 안으로 들어오게 된다는 점에서 기본적으로 "가정" 운동이었다. 요한복음 4:53에 이름을 알 수 없는 신하는 "그의 온 가족이 함께" 믿음을 갖게 되었다. "하나님을 경외하는 자"(행 10:2)로서 이전에 자신의 가족과 함께 유대교에 입문하는 일에 헌신했던 고넬료 역시 그의 온 가족과 함께 기독교로 개종한다(행 10:24, 44-48). 가정의 가장을 따라 회심하는 동일한 패턴은 루디아(행 16:14-15), 빌립보의 간수(행 16:31-34), 고린도의 그리스보(행 18:8)의 이야기에서도 명백하게 나타난다. 바울의 여러 서신에서 가족 전체가 교회의 일원으로서 문안을 받는다. 이런 가족에는 로마서 16:10의 "아리스도불로의 권속", 로마서 16:11의 "나깃수의 가족", 바울에게 함께 세례를 받았던 "스데바나의 집"(고전 1:16; 16:15을 보라), 디모데후서 4:19의 "오네시보로의 집" 등이 있다. 디도서 1:10-11에서 거짓 교사들은 그들의 교리, 즉 이런 명백한(비록 반드시 일관되지는 않았지만) 경향과는 다른 증언을 가지고 "모든 가정을 뒤죽박죽으로 만들고" 있었다.[23] 우리는 예수 운동의 시작부터 제자들의 그룹 안에 가상의 친족 관계의 결속과 함께 기능하는 자연적 친족의 결속을 발견한다. 그래서 우리는 이 운동의 중심에서 두 명이 짝을 이룬 형제를 보게 된다. 이

---

23 가정 규약들, 특별히 엡 6:1-4과 골 3:20-21에서 자녀와 그들의 부모에게 전달된 규약들도 교회 안에 가족 전체가 존재하고 있었음을 지시하며, "주의 훈계와 교훈으로"(엡 6:4) 그들의 젊은 자녀들을 양육해야 하는 부모(특별히 아버지)의 책임에 대해 지적한다. John. M. G. Barclay는 이 규약들이 직접 자녀에게 전달되었다는 사실은 저자의 편에서 볼 때 자녀들이 그 회중 가운데 함께 있었을 것이라는 가정을 드러내고 있다고 언급한다. 유대인과 이방인들이 그랬던 것처럼 초기부터 하나님의 신비에 이르기까지 소개되면서 말이다("The Family as the Bearer of Religion in Judaism and Early Christianity," in *Constructing Early Christian Families: Family as Social Reality and Metaphor*, ed. Halvor Moxnes [London: Routledge, 1997], 77).

는 이런저런 결정을 함께 내리는 형제자매의 경향을 예시해준다. 예수 자신의 자연적 가족은 예수의 부활 이후부터 이 운동에 참여하는 것으로 나타난다(행 1:14). 세베대의 아들들의 어머니는 그의 아들들을 따랐던 것으로 나타나는데, 최종적으로 마태복음 27:56에서 십자가 밑에 등장한다. 또한 우리는 로마서 16:7, 11, 21에서 "친척들"(*syggenēs*)에 대한 언급이 종종 나타나는 것을 본다. 새로운 믿음의 가정은 그 안에 있던 자연적 친족 관계를 폐지하거나 약화시키지 않는다. 오히려 이 자연적인 유대 관계는 가족 또는 가족의 일부분으로서 더 넓은 그리스도인 가정에 함께 헌신함으로써 전체적으로 그 공동체를 강화시킨다.

둘째로 초기 기독교는 교회의 정기 모임들을 위한 교회 구성원 가족들의 환대(행 5:42; 12:12; 20:20; 롬 16:3-5과 고전 16:19의 아굴라와 브리스가의 집; 롬 16:23에 나오는 고린도 교회 전체의 주인인 가이오의 집; 골 4:15의 눔바의 집; 몬 1-2절의 빌레몬과 압비아와 아킵보의 집을 보라)뿐만 아니라, 순회 지도자들과 교사들(마 10:11-13; 행 16:15, 40; 21:8, 16; 28:14; 딤후 1:16; 몬 22절을 보라)과 교회 일의 전달자 및 배달원으로 사역하는 평신도 그리스도인들(고후 8:23; 요삼 5-8절을 보라)의 방문과 여행을 위한 환대에 의존한다는 점에서 가정 운동이었다. 환대를 철회하거나 거부하는 것은 기독교 운동 내에서 "이탈자들"의 영향력을 제한하거나 심지어 진압하는 강력한 수단이었다(요이 10절). 그러나 그들이 복음의 합법적인 전달자로 간주되는 경우, 이런 형식은 공동체 내의 사교적 통제 수단으로 나타났다(요삼 10절). 엘리엇(Elliott)이 다음과 같이 지적하는 것은 옳다. 즉 가족의 기반은 도움이 필요하거나 투옥된 형제자매들을 위한 선행적 구호와 "이 운동의 경제적 자기-충족성"과 "방황하는 자들, 이방인들, 가난한 자들, 빼앗긴 자들"에게

　　　　　　　　　　　문화의 키워드로 신약성경 읽기

"소속감"을 제공하는 것을 가능하게 만들었다는 것이다.[24]

가정은 새로운 종교의 중심이 되었기 때문에 가정의 구성은 새로운 종교의 구성에 영향을 미쳤다. 이는 목회 서신에서 가장 분명하게 드러난다. 목회 서신에서 가족이 있는 자들은 감독과 집사가 될 수 있는 가장 가능성이 높은 후보로 나타난다. 디도서 1:6에 따르면(딤전 3:5도 보라) 순종하는 그리스도인 자녀가 있는 그리스도인 가정의 가장만이 감독으로 섬기도록 허락된다. 이런 지역 지도자들은 한 번만 결혼해야 했고(딤전 5:9-14, 16에 의하면 오직 한 명의 남편만을 둔 자들이 진정한 과부들이었던 것과 마찬가지로), 하나님의 가정을 경영할 수 있는 능력을 증명하기 위해 그들 자신의 자연적 가정을(특별히 그들의 자녀들을) 잘 관리할 수 있어야 했다(딤전 3:2-5, 12).

그리스도인의 (자연적) 가정 경영하기. 가족을 통해 증가되고 가정에서 지지를 받은 그룹의 생존은 궁극적으로 그 가족 구성원들의 생존에 달려 있다. "종교적·사회적 단위로서의 가정은 그룹으로서의 그리스도인들의 존재에 대한 가장 확실한 안전을 그들에게 제공해주었다. 그래서 가정을 약하게 만드는 어떤 것도 그들 자신의 응집에 잠재적으로 타격을 줄 수 있는 것이 되었다."[25] 중심 문화와 태동하고 있는 기독교 문화에서 한 가정의 각 구성원이 기대하는 것들(과 예를 들어 여성들과 자녀들이 구현했던 가치들)이 광범위하게 중첩된다는 것은 초기 그리스도인들이 이 운동의 생존을 위해 그것들을 알고 있었듯이 가정의 지속성의 중요성을 드러낸다. 더욱이 가정 경제를 향한 공공연한 공격들은 외부인들—특별히 권력을 가진 자들—의 눈에는 교정 수단을 요구하는 체제 전복적인 경향으로 간주되었을 것이다. 옛 행위들에 대한 새로운 동기 부여(예. 그들이 현재 그리스도의 모

---

24   Elliott, *Home*, 198.

25   Edwin A. Judge, *The Social Pattern of the Christian Groups in the First Century* (London: Tyndale Press, 1960), 75-76.

범이나 하나님의 뜻에 머무는 삶)는 그리스도의 본을 따라 옛 행위들에 대해 깜짝 놀랄 만한 변화가 반드시 필요하다는 사실과 나란히 서 있다. 이는 그리스도인의 (자연적) 가정에게 특별한 정체성과 내적 동력을 제공하는 동시에 가족 단위들의 지속을 위한 긍정적인 자세를 유지하게 해주며, 이 운동이 중심 문화(특별히 그 문화의 지도자들)가 세운 사회적 질서를 전복하는 것으로 낙인찍히지 않는 결과를 낳게 한다.

결혼과 재혼

바울은 믿지 않는 배우자가 결혼 관계를 파기하기를 원하지 않는 한 불신자와 신자 간의 결혼의 해체를 반대하는 권고를 제시한다(고전 7:10-15을 보라). 그러나 새로운 결혼은 신자 간의 결혼이라는 원칙을 따라야 한다―오직 동료 그리스도인들만이 자격이 있는 배우자의 후보군을 형성한다(고전 7:39; 9:5). 결혼이 금지되어서는 안 된다(딤전 4:3).

그리스도인들은 그들의 결혼을 존중하고 유지하라는 명령을 받는다. "모든 사람은 결혼을 귀히 여기고 침소를 더럽히지 않게 하라. 음행하는 자들과 간음하는 자들을 하나님이 심판하시리라"(히 13:4). 중심 문화가 성적 욕망이 결혼 관계를 넘어 흘러가는 것에 더 관대한 반면에(예를 들어 이것이 귀족 가정의 질서를 오염시키는 것을 의미하지 않는 한 높은 지위에 있는 여성들과 낮은 지위에 있는 남성들이 관계를 맺기도 했다), 그리스도인 문화는 이 점에 있어 매우 엄격했다. 한편으로 이 입장은 그리스도인 공동체의 경계를 강화하는 가치들에 있어서 중요한 차이를 만든다. 다른 한편으로 이런 입장은 그리스도인 기업에서 서로를 지지해야 하는 사람들 사이의 친밀한 관계를 해치는 것으로부터 그들을 보호한다. 이는 간음이(특별히 같은 교회에 있는 사람들이 저질렀을 때) 연루된 개인들의 기독교적인 삶의 행보와 전체 교회의 비전

　문화의 키워드로 신약성경 읽기

및 사명에 끼칠 수 있는 손해를 목격한 사람이라면 누구나 즉시 이해할 것이다.

가정 규약

세 개의 신약 본문은 "가정 규약"(독일어 단어로 *Haustafeln*은 신약에 관한 많은 영문 연구에서도 접하게 되는 전문 용어가 되었다)이라는 교훈집을 포함하고 있다. 이 규약은 아리스토텔레스 시대만큼 이른 시대에 형성된 짝을 이룬 형태로 되어 있고, 윤리적 교훈의 기준이 되는 주제들로 제시될 정도였으며, 가정의 다양한 구성원을 대상으로 교훈하는 것이었다. 따라서 에베소서 5:22-6:9과 골로새서 3:18-4:1에서 우리는 아내와 남편, 자녀와 아버지, 종과 주인을 향한 교훈을 발견한다(동일한 남성이 가정에서 남편, 아버지 및 주인이 될 수 있다). 노예와 아내 및 남편에 대한 교훈으로 구성된 서두가 없는 형태의 규약은 베드로전서 2:18-3:7에서 발견된다.

규약들은 주로 과거에 남성을 위해 여성 배우자를, 또는 부모를 위해 자녀들을 비하하는 가족 내 관계의 패턴들을 확정하기 위해 사용되었던 기능 때문에 신약의 서신들에서 다소 덜 유명한 단락들 가운데 위치한다. 내가 아이였을 때 몇몇 가족 친구들과 함께 집에 있었던 때를 기억한다. 그때 한 남편은 자신의 방식대로 아내를 자기 수하에 장악하기 위해 순종적인 아내에 관한 본문들을 소환했다(결국 이 결합은 이혼으로 끝을 맺게 되었다). 이런 본문들의 권위적인 특징은 남성들에게, 특별히 그들이 가정에서 권력을 주도하려고 할 때 상당히 매력적이었을 것이다.

그러나 이런 종류의 폭력은 그리스도인의 가정에서 설 자리가 없다. 왜냐하면 이 본문들은 "사람이 살아 계신 하나님의 교회인 하나님의 가정에서 어떻게 행동해야 하는가"(딤전 3:15)를 가르치는, 신약을 통해 형성된 거대한 가정 규약의 아주 작은 부분에 해당하기 때문이다. 앞서 탐구했던 것으로서 명예로운 친족의 에토스를 가진 더 보편적인 규정들은 그리스도 인의 자연적 가정 내에서 좀 더 자세히 적용되는 것들이다. 이는 바로 바울이 에베소서 5:21에서 강력하게 도출하고 있는 중요한 것, 즉 전체 가정 규약에 관한 서문으로 다음과 같이 말한다. "그리스도를 경외함으로 피차 복종하라." 이 모든 것 - 서로 사랑하기, 연합, 서로의 선을 위한 협력, 자신의 이익보다 다른 사람의 이익을 먼저 두는 것 - 은 이런 가정 규약이 실행되는 것과 관련이 있는 상황과 그것을 이해하고 적용해야 하는 해석의 관점을 형성한다.

비록 고린도전서 14:34-35이 가정 규약의 일부는 아닐지라도 우리는 여성이 다른 사람이 없는 데서 말해야 한다는 이 전면적인 명령이 여성은 공개적으로 말하지 말아야 할 뿐만 아니라 "자기 남편에게 또한 그를 통해" 말해야 한다는 플루타르코스의 견해와 매우 유사하다는 것을 발견하게 된다. 다시 말해 바울은 고린도 교회의 신자들 가운데서 이상적인 아내의 관습적인 에토스를 유지하고자 시도한다. 이 단락은 디모데전서 2:8-15과 함께 여성의 목사 안수를 반대하고 성별이 사역자의 자격에 영구적으로 작용한다는 주장들의 기둥이 되어왔다(인종, 사회적 신분, 성별이 자격에 해당한다는 선언이 그리스도 안에서 사라졌음을 알리는 갈 3:28과 같은 다른 본문들이 존재함에도 불구하고 말이다). 하지만 이 책의 지면과 범위는 이런 지뢰밭 속으로 완전히 돌진하는 일을 하지 못하게 한다. 최소한 이 단락이 예언의 말과 기도로 예배에 참석했던(고전 11:5) 여자들에 대한 바울의 사실적인 묘사들과 어떤 긴장 관계에 서 있는지에 대해 지적하는 것을 제외하면 말이다. 이 구절에서 바울의 유일한 불평은 여자들이 머리에 수건을 쓰지 않는 것뿐이다.

우리는 이런 긴장 관계를 결코 만족스럽게 해소하지 못할 것이다. 왜냐하면 우리는 어떤 구체적인 행동이 고린도전서 14장에서 바울이 강한 말을 하도록 자극했는지에 대해 결코 알 수 없기 때문이다. 그 행동이 예배의 질서에 방해가 되었다는 점을 제외하면 말이다. 그러나 "질문을 하는 것"이 유일하게 제시된 구체적인 힌트이기 때문에 바울이 예배에서 발생하지만 예배에 도움이 되지 않는 말을 금지했다고 제한하는 것이 더 신중한 것 같다. 비록 여자들로 하여금 자신의 말을 하도록 내버려두는 것이 여전히 탐탁지 않다고 할지라도 적어도 바울은 여성이 교회 모임에서 예언으로서 하나님의 말씀을 말하거나 기도로 하나님께 말하는 것은 허용하는 것으로 보인다. 우리는 이 단락의 끝에서 이 골치 아픈 질문으로 잠시 돌아오게 될 것이다.

여성의 복종이 유대인이든 그리스-로마 사람이든 상관없이 그리스도인이 되기 이전의 문화에 적응되어 살았던 아내들을 향한 에토스였던 것과 마찬가지로, 고린도전서 14:34 역시 그리스도인 여성들에 대한 알맞은 에토스로서 남편에 대한 여성의 복종에 대해(딤전 2:6-15에서도 분명하게 말하고 있듯이) 말하고 있다. 또한 이 주제는 머리에 수건을 쓰는 것에 대한 근본적인 이유로서 고린도전서 11:2-16에서 강력하게 등장한다. "각 남자의 머리는 그리스도요, 여자의 머리는 남자요, 그리스도의 머리는 하나님이시라"(고전 11:3). 그러나 누군가가 여기서 *kephalē*("머리")를 번역하기를 원한다면, 이 용어가 첫째 됨(firstness)이라는 의미를 지시하고 있음을 피하기는 어려울 것이다.[26] 아내의 미덕으로서의 복종은 에베소서 5:22-24과 베드로전서 3:1-6에서도 확증을 받는다. 이 본문들에서 그리스도와 교회의 관계에 대한 예는 결혼 관계의 본보기와 이유로서 작용한다. 우리는 에베소서 5:21에 나오는 바울 자신의 가족 규약에 관한 서문에서 교회가 어

---

26 복종의 패턴은 고전 11:7-10에서 창조 이야기에 대한 독법을 통해 강화된다.

떻게 이런 전통적인 가치들을 변경하여 알맞게 만들고 있는지를 발견하기 시작한다. "그리스도를 경외함으로 피차 복종하라." 그러나 신약의 저자들이 남편을 향한 아내의 복종을 많이 주장하고 있다고 하더라도 우리는 이 관계 안으로 그리스도인들이 가져다놓은 특징적인 추가 사항에 대해 무시할 수가 없다. 곧 남편도 아내에게 복종해야 한다.[27] 이런 방식으로 가정의 계급이 제거되는 것도 아니고, 천상의 최고의 종의 계급이 약화되는 것도 아니다. 이는 남편들에 대한 교훈을 명확하게 함으로써 권위의 본질적이고 역설적인 본성이 종의 정신임을(그리스도 안에서 인격화된) 드러내는 그런 방식으로 그들이 살아내야 한다는 것이다.

가족 관계에 대한 이와 같은 기독교적 수정은 에베소서 5:25-33 및 베드로전서 3:7에 나오는 남편의 역할과 남편이 실현해야 할 에토스에 관

---

27 Russ Dudrey는 가정 규약에 대한 이 일반적이고 중요한 수식 어구가 전체적인 해석을 위한 초석이 되어야 한다는 것을 정확히 알고 있다. 이 가정 규약의 핵심은 단지 여성, 노예, 자녀들만 복종해야 한다는 것이 아니라, 오히려 이런 복종을(이는 그리스-로마와 유대교 문화에서 제시된 것이다) 상호 복종이라는 그리스도인의 특징적인 에토스의 맥락 속에 세우라는 것이다("'Submit Yourselves to One Another': A Socio-Historical Look at the Household Code of Ephesians 5:15-6:9," *RQ* 41 [1999]: 27-44). 따라서 "남편은 더 이상 아내를 자신의 소유물로 여기지 말아야 하며[여기서 나는 크세노폰, 아리스토텔레스, 플루타르코스가 각각 남편의 권위에 대해 세심한 차이들을 드러내고 있음을 고려하여, Dudrey가 고정 관념을 영속화하고 있다고는 보지 않는다], 그리스도가 교회를 사랑하셨듯이 아내를 사랑하고 아내를 위해 자기 목숨을 내어주어야 한다. 그리스도는 결혼을 상호적인 관계로 변화시키셨다.…아버지들은 그리스도의 가르침으로 자신의 자녀를 양육하는 일에 스스로 관여해야 한다[비록 이것이 이미 유대교 컨텍스트에서 익숙한 일이었고, 그리스와 로마의 가정에서는 더 제한된 수단이었다 할지라도 말이다].…주인들은 더 이상 종들을 자신의 소유로[여기서 이 용어는 명확하다] 보지 말아야 하며, 오히려 자신을 그리스도 안에서 동료 종으로 여기며 자신의 종들을 그리스도가 자신을 대하듯이[또는 아마도 그들이 대우받기를 희망하듯이?] 대해야 한다"(41, 괄호 안의 내용은 덧붙여진 것이다). 그의 결론은 가장 도발적이며, "전통적인" 가부장주의를 지지하는 자들과 해방운동가들 모두에게 도전을 준다. "우리의 아버지는 그의 가정의 모든 구성원을 부르신다. 이는 다른 사람들을 함부로 대하고 학대하라고 부르신 것이 아니라 우리가 스스로 서로 복종하라고 부르신 것이다. 그리고 그는 우리가 권력을 추구하라고 부르신 것이 아니라, 순교의 정신으로 도덕적이며 영적인 삶을 살라고 부르신 것이다. 즉 그리스도와 함께 죽고, 서로 섬기기 위해 우리의 삶을 내어주라는 것이다"(44).

한 언급에서 가장 명확하게 나타난다. 남편이 자기 아내를 "자기 몸처럼" 아껴야 한다는 것은 아마도 그리스-로마의 윤리에서 익숙할 것이다. 왜냐 하면 동일한 내용이, 심지어 종에 관해서도, 4백 년 전에 이미 언급되었고 여성의 명예는 그녀의 아버지나 남편의 명예에 내재되었기 때문이다. 그러나 지금 그리스도인이 사용할 수 있는 사랑의 모델은 교회를 위해 자신을 내어준 예수의 자기희생적 사랑이다. 이는 자신의 아내를 아끼고 돌보며 필요를 채워주는 수준을 새로운 차원으로 확실하게 올린다. 실제로 이는 "섬김을 받으려 함이 아니요, 섬기려 하고 자기의 목숨을 내어주려고"(막 10:45) 오신 주님을 회상하게 함으로써 남편이 자기 아내에게 어떻게 복종 해야 하는지를 분명하게 해준다. 이와 관련하여 베드로전서의 저자는, 영어 번역본에서는 계속 오역되어왔지만, 다음과 같은 충고를 추가한다. "이와 같이 남편은 더 연약한 그릇인 아내를 배려하면서 함께 살아야 하며, 생명의 선물을 함께 받을 상속자를 대하듯이 네 기도가 방해되지 않도록 그렇게 아내를 명예롭게 대해야 한다"(벧전 3:7).[28] 다시 말해 첫 번째 근거는 아내를 향한 사려 깊지 못한 지배적 행위에 대해 눈살을 찌푸릴 그리스-로마의 윤리학자들에게도 친숙한 내용이 될 것이다. 그러나 하나님께서 수여 하신 여성의 위대한 존엄은 남편이 소망하는 동일한 생명의 은사를 함께

---

28 예를 들어 NRSV는 이렇게 번역한다. "남편들아, 이와 같이 더 약한 성인 여자를 명예롭게 하면서 네 생명을 다해 네 아내들을 배려하라. 왜냐하면 그들도 생명의 자비로운 은사의 상속자들이기 때문이다—그 결과 아무것도 너희들의 기도를 방해하지 못하게 될 것이다." 여기서 문제가 되는 것은 그리스어 본문이 근본적 이유인 "더 약한 성으로서"라는 표현을 첫 번째 교훈("사려 깊게 살아라")과 연결하고 있으며, 근본적 이유인 "상속을 함께 받을 자로서"를 두 번째 교훈("명예롭게 대하라")과 연결하고 있다는 점이다. RSV와 NRSV가 아내를 "명예롭게 대하라"는 것을 다루는 방식은, 그리스도인 아내가 동등한 상속자가 된다는 것이 실제로 명예롭게 대해야 하는 이유가 되어야 하는 것과 달리, "더 연약한 그릇"을 향한 남성의 관대한 제스처로 이해될 수 있다. NIV와 NKJV는 이 두 가지 근거들을 모두 명예롭게 대해야 할 동등한 이유인 두 번째 교훈과 연결하고 있다. 그러나 NASB는 그것을 정확하게 번역하며, NJB는 두 번째로 가깝게 번역한다.

상속받은 자로서 그녀를 명예롭게 대하는 것에 있다—실제로 그가 자신을 명예롭게 대하는 것과 동일하게 말이다. 이것이 바로 자기 아내와의 관계에서 남편을 안내하는 원리다.

자녀들은 그리스-로마의 윤리뿐만 아니라 모세의 십계명과도 일치하게끔 그들의 부모에게 순종해야 한다(엡 6:1-3은 신 5:16을 분명하게 언급하고 있다). 아버지들은 그들의 자녀들을 온유하게 양육하라는 교훈을 받는다. 특별히 "주님의 훈계와 교훈"으로 양육해야 한다(엡 6:4). 교육에 있어 아버지의 역할은 새롭지 않다(신 6:4-8; 4 Macc 18:6-19; 아버지들은 그리스와 로마의 교육에서도 관여했다). 그러나 이 교육 과정은 특별히 기독교적인 것이다. 여기서 아버지는 모든 민족이 아니라 자신의 자녀들을 제자 삼아야 하는 중대한 책임을 진다. 다시 말해 "너희 자녀를 노엽게 하지 말고"라는 특별한 명령(과 골 3:21에서 자녀들이 낙심하게 만드는 방식으로 대하지 말라는)은 기독교 이전 혹은 비기독교 가정에서 가장을 독재적인 통치자와 동일시하던 전통에 대항하는 보호장치 역할을 한다. 여기서 아버지는 안내하는 교육자, 즉 가정의 자녀 교육을 담당하는 종의 배역을 맡은 것이다.

마지막으로 이 가정 규약들은 종들과 주인들이 서로를 향해 보여야 할 태도에 주의를 기울이게 한다. 종들은 예측할 수 있듯이 "[그들의] 지상의 주인들에게 매사에 순종"해야 하는데, 그들의 일이 면밀히 감시될 때뿐만 아니라 항상 그렇게 해야 한다(골 3:22; 엡 6:5). 지금까지 말한 것이 기준이다. 그러나 바울이 제공하고 있는 타당한 이유는 완전히 새롭다. 종은 자신의 지상의 주인을 만족시키려는 희망에서 그렇게 일해야 하는 것이 아니라, 자신에게 주어진 일을 행함으로써 하늘에 계신 주님께 섬김의 제사를 드리기 위해 그렇게 해야 한다(엡 6:6-7; 골 3:22-24). 그들은 예수께 대한 충성심으로 모범적인 종이 되어야 한다. 예수는 자신의 남녀 종들에게 우리가 생각하는 종의 유업이 아니라 하나님의 자녀에게 주는 유업을 수여해주실 분이다. 에베소서는 이 점을 이렇게 명확히 말한다. "이는 각 사람이 무슨 선을 행하든지 종이나 자유인이나 주께로부터 그대로 받을 줄을 앎이라"(엡 6:8). 그리스도의 심판 보좌 앞에서 "각자가 선이든 악이든 육체로 있을 때에 행한 행위대로 보상을 받게 될 때"(고후 5:10), "종"이나 "자유인"이라는 지상의 신분을 알려주는 이 표지들은 아무 의미가 없다 — 이는 갈라디아서 3:28에 선언된 놀라운 통찰력이지만, 실제적인 효력 발생을 위해 수백 년, 수천 년을 지나며 기다려온 것이다.

베드로전서의 저자 역시 종에 대해 교훈하면서 악하고 불의한 주인들(우리는 이런 사람들이 기독교 공동체 밖에서만 발견되기를 바란다)에게도 복종하라고 촉구하며, 절대 처벌을 받을 만한 죄를 범하지 말고, 대신 만일 부당한 처벌을 받게 되면 그것을 참으면서 하나님의 은혜와 그들의 올바른 인격에 대한 하나님의 승인을 확신하도록 권고한다(벧전 2:18-20). 그리스도인 종들은 그리스도를 본받아야 한다. 그리스도 역시 부당한 고난을 견디셨고, 죄를 짓지 않으셨으며, 모욕이나 폭력에 앙갚음하지 않으셨고, 대신 하나님께 자신을 의탁하셨다(벧전 2:21-24). 그러나 베드로전서 저자의 교훈에서 가장 충격적인 것은 종에 대한 교훈이 그가 전체 교회에게 주는 교훈을 발전시키는 프리즘이 된다는 점이다. 종(벧전 2:18-25), 아내(벧전 3:1-6), 남편(벧전 3:7)에게 교훈을 전달한 다음에 베드로전서의 저자는 전체 그리스도인 공동체를 향한다. 그는 모두가 그리스도의 본보기를 알고(벧전 3:18; 4:1) 하나님으로부터 인정받고 있음을 알기에(벧전 3:14, 17; 4:14, 16), 범죄와 연루되지 말고 죄를 피하며(벧전 3:10-12, 17; 4:15), 보복하기를 거절하고(벧전 3:9), 스스로 하나님을 신뢰하면서(벧전 4:19) 예수와 함께하는 것 때문에 생기는 모든 고난을 참는 일에 모두를 동참시킨다. 모든 그리스도인의 행위에 대한 본보기가 되는 것은 주인이 아니라 종이다.

종의 주인은 에베소서와 골로새서에 있는 가정 규약으로부터 특별한 교훈을 받는다. 다음에 제시되는 교훈들은 간결하며, 그리스도인의 합당한 근거들을 독특하게 제시하고, 무엇보다도 개정된 내용들이 두드러지게 나타난다.

> 상전들아, 의와 공평을 종들에게 베풀지니 너희에게도 하늘에 상전이 계심을 알지어다(골 4:1).

> 상전들아, 너희도 그들에게 이와 같이 하고 위협을 그치라. 이는 그들과 너희의 상전이 하늘에 계시고 그에게는 사람을 외모로 취하는 일이 없는 줄 너희가 앎이라(엡 6:9).

남녀 주인들이 자신의 종들을 대하는 방식은 항상 편애 없이 주인과 종 모두를 심판하실 하늘에 계신 그들 모두의 주인에 대한 인식 속에서 지도되어야 한다(이 점에 있어 기독교가 유대교의 윤리에 기초하여 세워졌다는 확실한 증거가 되는 욥 31:13-15을 보라). 에베소서 본문은 심지어 더 충격적이다. 첫째로 이 본문은 주인과 종 사이에 인간이 만들어놓은 차이가 지닌 의미에 대해 공개적으로 도전한다 ― 이 차이는 "편애하지 않으시는"(개역개정-"사람을 외모로 취하는 일이 없는") 하나님의 눈에는 존재하지 않는다. 하늘의 주인 앞에서 인간의 동등함은 주인의 내재된 **오만**을 점검할 때 제시된다. 주인은 위협과 강압으로 노예 위에 군림하지 말아야 한다. 주인은 자신 역시 종들처럼 단지 인간일 뿐이라는 점과, "종"이나 "자유인"과 같은 인간이 만든 표지는 사람들을 두 부류로 나누는 절대적인 가치라기보다 단지 일시적인 질서를 반영할 뿐이라는 사실을 반드시 기억해야 한다. 둘째로 주인들을 향한 교훈은 이상하게도 그들의 종들을 향해 "동일한 것을 행하라고" 주인들을 부르는 것으로 시작한다. 이것은 마치 바울이 종들에게 그

문화의 키워드로 신약성경 읽기

들의 주인들에게 행하라고 명령한 것과 같다. 즉 "기쁜 마음으로 섬기기를 주께 하듯 하고 사람들에게 하듯 하지 말라. 이는 각 사람이 무슨 선을 행하든지 종이나 자유인이나 주께로부터 그대로 받을 줄을 앎이라(엡 6:7-8). 이것은 에베소서 5:21에서 바울이 공개하는 "가정 규약"의 상호 복종이라는 주제와 관련하여 가장 놀라운 보상이며, 그리스도인 종뿐만 아니라 그리스도인 주인을 위한 피할 수 없는 안내 지침을 보여준다(마치 이것이 아내와 남편을 위한 지침이었던 것과 마찬가지로 말이다)

　　20세기 미국의 관점에서 볼 때 우리는 신약의 저자들이 노예 제도가 하나님의 질서에 반하며 비난받을 만한 제도였다고 말하지 않는다는 사실이 참으로 큰 재앙이라고 말할 수 있다. 오히려 남북전쟁 전에 미국에서 노예를 소유한 자들과 목회자들은 종들과 주인들에 대한 신약의 교훈들을 통해 이 제도를 하나님께서 승인한 표지로 읽었던 것 같다(그들이 어떻게 주인들이 종들을 대해야 하는가에 대해 신약이 말했던 모든 교훈을 다 읽지 않았다는 사실도 명백하다). 그래서 해방을 선언하는 말은 체계적으로 한 종족의 가치를 떨어뜨리는 일에서 불편한 파트너가 되었던 것이다―그들 가운데 많은 사람이 믿음 안에서 형제자매가 되었다! 그러나 초기에 힘없는 그리스도인들이 노예 제도에 대해 전면적인 반박을 선언하는 것은 사회 혁명을 의미했을 것이다. 두 가지 이유로 이것은 교회가 고려할 수 없었던 사회 혁명이었다. 첫째, 노예 폭동은 노예가 인구의 20에서 23퍼센트를 차지했던 세계에서는 가장 두려운 위협이었기 때문에, 기독교는 세계의 질서를 방해하는 반란적인 위협으로 간주되어 즉시 제거되었을 것이다. 둘째, 아직 풋내기에 지나지 않았던 교회는 가정을 통해 양육되고 성장해야 했기 때문에 가정의 근본적인 질서를 공격함으로써 가정의 구조를 전복시키는 것은 기독교 자체를 지지하는 연결망을 허무는 결과를 낳았을 것이다. 공동체의 평판을 고려하는 것이 초기 기독교 지도자들의 마음속에 있었다는 사실은 목회 서신에 명백하게 나타난다. 종들은 그들의 주인을 명예롭게 해야 한다. 그렇게 해서 "하나님의 이름과 교훈으로 비방을 받지 않게[즉 모독당하지 않게]"(딤전 6:1) 해야 한다. 이와 유사하게 여기서 목회자는 나이가 더 많은 여성들이 교회에서 젊은 여성들에게 다음과 같이 가르치라고 교훈한다. 즉 "그 남편과 자녀를 사랑하며 신중하며 순전하며 집안일을 하며 선하며 자기 남편에게 복종하게 하라"는 것이다. 이는 요약하자면 플루타르코스나 크세노폰이 아내에게 바랐던 모든 것이다. 이렇게 해서 "하나님의 말씀이 비방을 받지 않게" 하려는 것이었다(딛 2:3-5; 본서 2장을 보라).

그러나 우리는 초기 교회 지도자들이 행한 많은 양보 가운데서 그들이 아내와 남편의 관계에 대해 그랬던 것처럼 종과 주인의 관계에 대해서도 놀라운 자격을 세웠다는 것을 조심스럽게 언급해야 한다. 하나님 앞에서(와 그리스도 안에서) 종이나 자유인 사이에 차이가 없다는 확고한 선언들과 "그리스도를 경외함으로 피차 복종하라"는 전방위적 교훈과 종들과 주인들에 대한 교훈을 말하는 바울의 담대한 선언에 추가하여, 정경은 그리스도인 종을 소유한 빌레몬에게 보낸 중요한 편지를 포함하고 있다. 종인 오네시모는 빌레몬의 집을 떠나 바울을 찾았는데, 바울은 오네시모가 주인에게 많은 영향을 끼쳤다는 것을 알게 되었다. 바울과 함께 있는 동안 오네시모는 믿음을 갖게 되었다. 이제 바울은 빌레몬이 오네시모를 종에서 풀어주어 자신에게 돌려보내서 옥에 갇힌 자신을 도울 수 있기를 바라면서 오네시모를 (편지와 함께) 빌레몬에게 돌려보낸다. 이 편지에서 바울은 다음과 같이 말한다. "아마 그가 잠시 떠나게 된 것은 너로 하여금 그를 영원히 두게 함이리니, 이 후로는 종과 같이 대하지 아니하고 종 이상으로 곧 사랑받는 형제로 둘 자라. 내게 특별히 그러하거든 하물며 육신과 주 안에서 상관된 네게랴"(몬 15-16절). 바울은 그리스도인 주인과 그리스도인 종에게 "형제" 관계가 근본적인 관계이지 "종과 주인"의 관계는 이차적인 것으로서 실제로 부수적인 관계라는 사실에 대해 의심의 여지를 남기지 않는다. 주인은 더 이상 한 형제자매가 다른 형제자매를 부당하게 대하는 방식으로 자신의 종을 대하면 안 된다.

이 본문들은 해방론자들이 기대하는 것보다는 덜 말하고 있으나, 계급(가부장제와 같은)을 지지하는 자들이 바라는 것보다는 더 말하고 있다. 만일 우리가 실제로 이 본문들을 권력 구조를 합법화하는 도구로 사용하는 것과 다르게 읽는다면 말이다. 신약성경이 노예 제도에 관해 말하고 있는 방식은 관계의 패턴에 많은 여지를 남기면서, 궁극적이면서 올바르게 교회가 창조와 구속 안에서 인류를 향한 하나님의 목적과 반대되기를 거절하면서, 가정과 교회에서 여성의 역할에 관한 말씀을 관련 주제에 대한 하나님의 전체 말씀으로 받아들이지 않도록 우리에게 강하게 경고한다. 그렇지 않으면 우리는 명령을 양보로, 탁월함을 편리로 잘못 생각하는 위험에 처하게 될 것이다. 상호 복종의 더 위대한 원리들은 다스리는 것이 아니라 섬기는 것을 추구하는 데 있으며, 육체를 따르기보다 성령을 따라 다른 사람들을 보는 것이다. 이 원리들은 우리 자신이 소유하고 있던 것들(다시 말해 그리스도인이 되기 이전의 그리스-로마 및 유대교 문화의 윤리들)이 획득할 수 있는 최고의 수준보다 더 높은 수준에 도달하도록 우리를 도와주는데, 그 효과는 빵의 누룩처럼 천천히 나타난다. 하나님은 그의 모든 목적을 한 번에 성취하지 않으신다. 왜냐하면 그분의 교회와 그 교회를 둘러싼 사회는 "[그들의] 조상이 물려준 헛된 행실"을 뒤로하고 떠나 "하나님의 자녀들의 영광의 자유를" 그렇게 빨리 획득할 수는 없기 때문이다(벧전 1:18; 롬 8:21). 교회는 "더 이상 유대인이나 헬라인이 없다"라는 사실과 결국 "더 이상 종이나 자유인이 없다"라는 점을 깨닫고 담대히 선언하며 이 세대에서 "더 이상 남자와 여자가 없다"라는 이해에 도달한다(갈 3:28). 이런 모든 차이는 육신과 이 세상의 일시적인 질서에 기초한 것으로서 궁극적인 것이 아니다.

결론

초기 기독교 지도자들은 하나님께서 신자 개인을 변혁시키고 활력이 넘치고 돌봄이 있는 신자들의 공동체를 형성하는 데 강력한 자원을 공급하기 위해 그리스도 안에서 새로운 가정을 창조하셨다고 인식하게 되었다. 새로운 가정과 새로운 혈통에 태어났다는 개념과, 육체적·세속적 혈통 및 운명과 떨어지게 되었다는 개념은 우리로 하여금 다음 사항들에 대해 자세히 검토할 수 있는 강력한 이미지를 제공해준다. 즉 우리의 욕망, 우리의 편견, 무엇이 사람을 가치 있게 만드는가에 대한 우리의 가정, 이생에서 우리가 자신을 위해 세워놓은 목표들을 검토하라는 것이다. 이는 다음과 같은 내용을 탐구하라고 우리를 초대한다. 곧 말씀이라는 불멸의 씨앗이 우리가 태어난 혈통에 관해 무엇을 말하고 있는지를, 또 그렇게 살라고 우리를 부르신 삶의 방식과 관계들이 무엇인지를 탐구하라고 말이다. 그렇게 해서 "[우리의] 조상이 물려준 헛된 행실"이 우리 자신의 삶에서 주장하는 것과 우리의 관계와 야망을 오염시키는 것을 발견하라는 것이다.

그리스도인들이 서로를 가족으로 대해야 한다는 신약의 가르침은 우리가 "공동체"라고 부르는 것의 깊이와 열매 맺음에 놀라운 영향을 미칠 수 있다. 그러나 이런 일이 일어나기 위해서는 우리 스스로가 누구를 우리의 가족으로 여길 것인가에 대한 근본적인 질문에 반드시 대답해야 한다. 우리는 우리의 실제 가족으로서 혈연관계에 있는 사람들을 지속적으로 생각해야 하는가? 가볍게 관련을 맺음으로써 우리를 행복하게 만드는 "좋은 사람들", 그러나 그럼에도 불구하고 어려움이 닥칠 때에는 실제 가족 밖에 있는 자들인 그들을 하나님의 교회라고 생각해야 하는가? 성경에서 교훈하고 있듯이 교회는 피—어린양의 피—로 연결되어 실제 가족으로서 살 것을 선택했을 경우에 주어지는 서로의 헌신과 도움과 격려와 치유의 깊이를 깨달을 수 있는 엄청난 기회를 가지고 있다. 이는 우리가 서로를 가족으로 부를 때, 그리고 우리의 동료 그리스도인들이 가족으로서 그들의 삶의 어떤 측면이라도 우리에게 자유롭게 말할 수 있다고 느끼게 될 때 시작된다. 이것은 우리가 그리스도인 형제자매를 돌보는 수준과 우리의 자연적 친족을 돌보는 수준에 차이가 없도록 만들면서 우리의 자연적 형제자매나 자녀나 부모에게 하듯이 서로의 필요에 대해 반응할 때 지속되는 것이다. 우리는 누가 우리의 가족이 될 것인가를 결정함에 있어서 우리 자신의 피보다 그리스도의 피가 더 중요하다고 말함으로써 그리스도를 명예롭게 할 수 있는 엄청난 기회를 가지고 있다.

우리의 교회들은 우리가 교회에서 예수와 바울과 신약의 다른 가르침들이 그리스도인들이 서로를 향해 수용하도록 교훈하고 있는 "친족의 에토스"의 관점을 유지하면서 서로를 받아들이고 도울 때 하나님의 사랑과 은혜의 전달자로서 섬기는 데 있어 더 잘 갖추어지게 될 것이다. 많은 그리스도인들이 친족과 같지 않고 서로에게 덜 친절하다. 연합의 정신을 위반하고 자기 자신의 이익보다 다른 사람의 이익을 우선시하라는 명령을 위반하는 것들은 교회가 그리스도의 도움 안에서 신자들과 세상을 위해 존재해야 한다는 신약의 비전의 맥락 속에서 부드럽지만 단도직입적으로 언급되어야 한다. 이 비전은 자신보다 더 위대한 이유에 자신을 바치기 위해 더 깊은 수준을 갈망하는 개인들에게 강력한 동기가 될 수 있으며, 교회 안에 나타나는 투쟁, 경쟁 및 당파심을 단지 종교적으로 상투적인 행위가 아니라 형제자매들을 위한 실제적인 헌신의 기회로 바꿀 수 있다. 하나님의 가족이 서로에게 야기하는 모든 고통에 대한 즉각적인 치유책이 존재한다. 곧 겸손, 용서, 회복이다.

초기 그리스도인들의 새로운 가정의 범위에 대한 자각은 다음과 같은 경향을 지닌 현대 그리스도인들에게 도전을 준다. 왜냐하면 오늘날 그리스도인들은 교회를 그들 생애에 있어 작은 모퉁이 정도로(다시 말해 그들이 출석하는 지역 교회와 경우에 따라 좀 더 크게 그들이 속한 교회의 교단 정도로) 생각하고 지역 회중 밖의 장소에서 우리의 가족의 복지를 살피는 경향이 있기 때문이다. 어떻게 우리는 다른 교회와 다른 교단에 속한 우리의 형제자매들과 친족 관계를 이루며 살아가는 법을 발견할 수 있을까? 이것은 우리가 하나님 및 그리스도와 공유하는 사랑(과 실제로 하나님과 그리스도로부터 사랑을 받고 있다는 공유하는 경험)을 우리가 지나치게 과장하는 경향이 있는 교단적 차이보다 우선시할 의지를 가지고 있는지를 시험할 가늠자가 될 것이다. 해외에 있는 우리의 믿음의 가족은 어떠한가? 그들에게 베풀어야 할 필요는 어떤 것들이 있는가? 어떻게 우리는 그리스도 안에서의 형제애를 재화를 나눔으로써, 지속적인 기도를 통해, 또 감정적인 지지와 공유 같은 것들을 통해 형성할 수 있는가?

이런 친족 관계에 대한 윤리의 성숙이 차이를 만들어낼 수 있는 한 가지 중요한 영역은 우리의 자녀와 젊은이들의 믿음에 있다. 많은 교단(주로 유아 세례와 어린아이에게 세례를 주는 교단들)의 세례 예식에서 회중은 새롭게 세례를 받은 자에게 믿음 안에서 그가 자라나도록 그들이 모든 것을 다해 도와줄 것이라고 약속하며 반응한다. 세례에서 교회의 모든 자녀는 우리의 자녀가 된다. 목사들이 성도들을 향해 교회 학교 교사와 청년 그룹 지도자로 헌신하라고 예배 시간에 외치고 또 외쳐야만 한다는 것은 항상 슬픈 일이다—삶에서 성숙한 그리스도인이 되기 위한 투자와 "주님의 교훈과 훈계"로 젊은이들을 훈련시키는 교사가 부족한 것보다는 위층의 찬양대석이 비어 있는 것이 더 낫다.[29] 만일 많은 어른이 자녀들에 대해 깊은 관심을 가지고 모든 기회를 동원하여 그들에게 하나님에 대해, 하나님을 명예롭게

---

29 나는 신약학자이기만 한 것이 아니라 감독교회의 오르간 연주자 및 지휘자로 봉사하고 있음에도 불구하고 이렇게 주장한다.

문화의 키워드로 신약성경 읽기

하는 삶에 대해, 하나님의 사랑에 깊이 잠기는 삶을 사는 것에 대해 말한다면, 우리 자녀들의 믿음의 뿌리는 더욱더 깊어지게 되고, 성숙한 그리스도인의 삶에 연결되기 위한 그들의 준비는 더욱더 완전하게 될 것이다. 아마도 젊은이들은 지금부터 계속해서 견고한 그리스도인들의 가르침이 필요할 것이다. 충성된 그리스도인들은 항상 젊은이들이 예수께 되돌아갈 수 있는 방식으로 그들의 고군분투에 귀를 기울여야 한다.

믿음의 가정의 회복은 포스트모던 패러다임의 한 가지 중요한 측면, 즉 진리를 발견하는 수단으로서 관계의 중요성에 끊임없이 반응하는 일일 것이다. 엑스 세대에 관한 연구들은 이 관계가 포스트모던의 세계관 속에서 태어난 자들에게 도달하는 방법, 곧 우리의 믿음의 실재를 보여주는 방법임을 제시해주었다. 교회는 더 이상 주로 전제된 진리(즉 교리)에 동의하는 자들의 집단이 될 수 없다. 왜냐하면 우리가 살펴보았듯이 무엇보다 이런 경향이 협력과 동반자 관계보다 불일치와 경쟁에 관한 핵심적인 자원이 되어왔기 때문이다. 그러나 교회는 반드시 사랑과 충성과 서로를 향한 지원으로 서로에게 헌신하는 자들의 집단이 되어야 한다. 이는 새로운 전도 전략도, 유행하는 도구도 아니다. 오히려 이것은 초기 기독교 지도자들과 우리 주님께서 스스로 계획하고 제시하신 것으로서 그리스도인 공동체에서 함께하는 삶의 정신이다.

7장
정결과 부정

거룩하신 하나님 앞에서 세계 구성하기

독자들은 신구약성경 전반에 걸쳐 거룩한, 정결한, 순수한, 부정하지 않은, 흠 없는, 신성한, 성도, 거룩하지 않은, 불결한, 순수하지 않은, 부정한, 품위 없는 등과 같은 단어들을 접하게 될 것이다. 아마도 성경에서 가장 인기 없는 본문 가운데 일부는 어떻게 정결을 잃어버리게 되고 어떻게 그것을 다시 획득할 수 있는가에 대한 긴 가르침을 포함할 것이다. 그러나 만일 우리가 유대교의 정결 제도에 관해 먼저 이해하지 못한다면, 초기 교회가 어떻게 급진적으로 그 제도의 형태를 바꾸었는지에 대해서도 이해하지 못할 것이다. 더욱이 만일 우리가, 레위기도 이 사실을 인지하고 있듯이, 왜 정결이 가치 있거나 사람들에게 중요한지에 대해 공감적 이해를 얻지 못한다면 예수 운동과 초기 교회에 대한 유대인 대적자들을 계속해서 이해하기 어려울 뿐만 아니라 그들을 천박하고 율법적인 사람들로 이해하게 될 것이다. 그러나 아마도 가장 큰 손실은 지속적으로 초기 교회 그리스도인들을 지도하고 형성하며 그들에게 경계를 제공해주는 힘이었던 정결과 부정에 대한 새로운 개관을 이해하지 못하는 우리의 무능력일 것이다. 왜냐하면 초기 그리스도인들에게 이 개념들은 그들이 살았던 세계를 이해하는 데 있어 중요한 요소들이었기 때문이다.

정결과 부정, 거룩한 것과 더러운 것을 구별하는 특징에는 20세기 사람들이 이해하기 어려운 많은 요소가 있다. 첫째로 우리 시대의 그리스도인들은 대개 "의식법"(ritual law)을 우선 진부한 것—그리스도 안에서 성취된 어떤 것 그리고 그것이 예수의 사역을 조명해주는 것을 제외하면 이제 더 이상 의미가 없거나 중요하지 않은 어떤 것—으로, 또한 외식적이고 율법적이며 참된 종교의 반대가 되는 어떤 것으로 여기도록 교육받아왔다.

이런 관점은 첫째로 기독교 신학자들의 연구 결과이고, 그다음으로는 1세기와 그 이후에 기독교의 모태인 초기 유대교에 맞섰던 기독교 변증가들의(예수 자신이 시작한) 성과였다. 그러므로 우리 자신의 신학적 입장은 정결 규정과 부정의 금기들(pollution taboos)에 대한 내부자들의 이해까지 멀리 닿아 있다.

둘째로 개신교는 하나님께 나아가는 규정을 상당한 정도로 폐지해왔다. 거룩함은 오직 전문가들만이 직접적인 관계를 가져야 할 만큼 강력하고 위험한 것이 결코 아니다. 하나님께 나아가는 길은 모두에게 열려 있다. 이는 서구 세계의 계몽 운동으로부터 전반적인 영향을 받으면서 더욱 강화되었다. 계몽 운동은 세상에서 역사하는 힘에 관한 우리의 이해에 이성주의를 주입했으며, 결국 정결 의식과 금기에 관해 여지를 남겨두지 않게 만들었다. 내가 예상컨대 소수만이, 성전을 가득 채운 그분 앞에서 행해진 이사야의 고백(사 6:1-8)이나 거룩한 분 예수는 죄 많은 어부 앞에서 떠나야 한다고 말하는 베드로의 진심 어린 탄원(눅 5:8)에서 사람이 발견할 수 있는 하나님의 거룩한 현존에 대해 놀라운 이해를 가지고 있을 뿐이다. 우리는 교회에서 옷을 갖춰 입을 수도 있지만, 하나님의 특별한 임재의 장소에 들어가기 전에 부정을 피하려고 특별한 주의를 기울이지는 않는다(예. 성행위나 부정한 시체를 만지는 일). 우리가 거룩한 공간에 들어가는 것은 거룩하신 분의 존전에 들어가기 전에 획득될 수 있는 정결의 기준으로 완전히 둘러싸이는 것이 아니다. 솔직히 말해 우리는 이런 규정들을 여전히 가지고 있는 문화를 원시적이라고 여긴다.

신약을 읽을 때 문화적으로 민감하고 잘 정제된 독법을 추구하는 자들은 예수와 초기 교회가 정결 예법에 대해 급진적으로 새롭게 다시 기록한 것에 대한 이해를 획득하고 정결 규례들을 관찰하여 그 안에 함유된 의미들을 회복하기 위해서는 수천 년 동안 쌓여온 신학에 대해 한 발짝 뒤로

물러날 필요가 있다고 말한다. 특별히 우리는 이 점에 대해 열심히 연구할 필요가 있다. 더욱이 거룩한 힘과 위험으로 가득 차 있는 정결과 부정의 개념은 신약 저자들에게 매우 중요했다. 예수와 그의 제자들은 그들이 계승한 정결한 혈통과, 무엇이 부정한지를 결정하는가에 대한 정의를 재검토했고, 십자가와 부활이 얼마나 많은 것을 초월할 수 있는지를 심사숙고하면서 이 혈통을 창조적으로 재구성했으며 하나님께서 예수와 함께하도록 부르신 새로운 사람들이 삶에 대한 정의를 재확립하는 일에도 깊이 관여했다. 이런 개념들은 공동체의 경계와 에토스, "거룩한 백성", "성도" 또는 "거룩한 무리"로서의 정체성을 창조하고 유지하기 위해 필수적인 것이었다.

정결 규례는 어떤 장소 및 시기에 적합한 것이 무엇인가에 대해 이야기하는 방식이다. (그러나 세부 내용은 각각의 사회가 채워넣는다.) 부정은 질서 정연하고 안전한 세계에 대한 사회의 관점과 관련하여 적절하지 않은 모든 것에 붙여진 딱지다. 정결은 우리 주변 세계를 규정하는 노선을 그리는 것과 관련이 있는데, 예를 들어 다른 사람들에게 속한 것과 개인에게 속한 것을 구별하고, 환영받지 못하는 힘이 이 노선을 침범하지 않도록 보호하는 것과 관련이 있다. 만일 우리가 정결과 부정의 규정을 사용하지는 않지만 정결 규정과 부정에 대한 두려움이 깊게 남아 있는 방식으로 우리의 세계와 여전히 상호 작용하고 있음을 이해한다면, 우리는 유대교 및 그리스-로마 세계가 완전히 이질적이라고 덜 느끼게 될 것이다. 우리가 자신의 삶을 검토해보면서 우리가 어떤 종류의 노선을 소중하게 붙잡고 있는지를 묻거나, 어떤 영역을 견고하게 유지하려고 상당한 투자를 해왔는지를 고려해보거나, 어떤 종류의 사람이나 사물을 부적절하다고 반응하고 있는지를 심사숙고해본다면, 우리는 우리 자신이 모든 면에서 레위기가 분명히 설명하는 것만큼 복잡한 정결 규례들을 우리 안에서 실행하고 있음을 발견하게 될 것이다. 물론 우리가 우리의 규례들에 투사하는 중요하고 정당한 이유들은 1세기에 만나는 것들과는 완전히 다른 것이지만, 그 역학은 놀라울 정도로 유사하며 1세기의 문화적 상황 안으로 들어가기 위한 접촉점으로 고려할 만한 가치가 있다.

인류학의 개척자인 메리 더글라스(Mary Douglas)는 "더러움"에 대한 우리의 개념과 부정을 비교해줌으로써 우리의 생각을 반성할 수 있는 기회를 준다.[1] 집 밖에 흙이 있는 것은 적절하게 있어야 할 알맞은 장소에 있는 것이다. 거실 한가운데 있는 흙먼지 덩어리는 적절하지 않은 것으로 간주되며, 흙먼지가 있어서는 안 되는 그 장소에서 그것을 제거하기 위해 고안된 일련의 행위들을 유발할 것이다.[2] 우리의 집 한가운데 쌓여 있는 진흙 더미를 보는 우리의 반응은 심지어 감정적이기까지 할 것이다. 그러나 이것은 넘지 말아야 할 경계를 넘어섰다는 마음속 확신에 기초한 것이다. 이런 일련의 사고를 계속하기 위해 우리는 얼마나 많은 사람이 바깥에서 집안 내부로 들어갈 때 행동해야 할 간단한 규정들, 다시 말해 그들의 신발을 닦는다든지 심지어 신발을 벗어야 하는 것과 같은 규정들을 만들었는지에 대해 관찰할 필요가 있다. 심지어 우리는 각자의 집에 따라 그에 걸맞은 다른 관습들을 따라야 한다. 어떤 사람들에게는 신발을 닦는 것만으로 충분하지만, 다른 사람들에게는 내부 공간을 정결하게 유지하기 위해 신발을

---

1 Mary Douglas, *Purity and Danger* (London: Routledge & Kegan Paul, 1966), 35.

2 왜 우리는 거실 한가운데 흙을 두지 못하는가? 왜 우리는 우리 집을 청소하기 위해 켜켜이 쌓인 먼지를 제거하거나 오염 물질을 청소기로 빨아들이거나 창문에 묻은 얼룩을 씻어내기 위해 그렇게 많은 에너지를 사용하는가? 비록 우리 가운데 많은 사람이 다른 방식으로는 일할 수 없다는 사실이 이 규정들이 얼마나 깊이 뿌리박혀 있는지에 대해 잘 알려주고 있다고 할지라도, 우리는 "그것이 우리가 그렇게 해야 하는 방식"이기 때문에 그렇게 한다고 말하는 것은 충분하지 않다. 나는 다만 추측할 뿐이지만, 내가 생각하기에 이것은 자연의 길들여지지 않는 힘, 특히 흙이 직접적으로 대변하고 있는 "부패시키는 능력"으로부터 자유로운 공간을 창조하기 위한 우리의 욕구와 관련이 있다. 서양 사람들은 진흙 바닥인 집에서 산다는 생각을 혐오한다. 추측건대 이는 불편하기 때문이 아니라 통제할 수 없는 자연과 통제할 수 있는 문화의 차이를 허용하지 않기 때문이다.

벗는 것이 요구된다.

사람들이 어떻게 음식을 다루는가를 보는 것은 본질적으로 사람들의 정결 규범과 그들의 삶을 서서히 위협하는 불결한 장소들을 발견하는 데 유익하다. 부엌의 도마 위에 펼쳐져 있는 음식은(예를 들어 저녁을 준비하는 동안) 깨끗하며 적절한 곳에 놓여 있는 것이다. 그 음식이 적절한 용기에 담기면 바로 거실로 들어갈 수 있을 것이다. 그러나 만일 음식이 계단에 흩어진다면 우리는 그 음식을 "불결한" 것으로, 오염된 것으로 간주할 것이다. 우리는 계단을 청소하고 아마도 그 음식을 "오염된" 것으로 여겨 버릴 것이다. 외식을 하는 것은 사람의 정결에 많은 위협을 야기한다. 그래서 손 세척제의 확산과 식탁이나 바닥에 떨어진 것은 먹지 않는다는 주의 사항과 지난 식사 때 남은 음식이 담긴 그릇을 검사하는 일이 필요하다.

우리는 간단하게 신체의 분비물과 다른 동료들의 여러 가지 생물학적 부산물들에 대한 우리의 혐오에 대해 생각해볼 수 있다. 특별히 우리는 길가에 떨어진 침을 밟지 않기 위해 걸음걸이를 바꾼다. 침이 우리에게 질병을 옮긴다고 생각해서가 아니라, 단지 그것이 적절한 장소에 있지 않으며 우리의 신발 밑창에 붙어서도 안 된다고 생각하기 때문이다. 우리는 소변이나 대변과(심지어 자신의 것이라도) 접촉하지 않기 위해 대단히 조심스럽게 행동하며, 다른 사람의 피나 정액을 자동적으로 불결한 것으로 간주한다.[3] 그러나 어떤 사람들은 다른 사람이 "오염물"을 남길 수도 있는 피부 접촉을 피하기 위해 훨씬 더 많은 수고를 해야 한다. 문의 손잡이를 휴지로 감싸서 잡거나 공중화장실과 접촉하지 않는 등등의 수고 말이다. 추측건대 음식과 육체의 분비물 규범에 관한 주요한 이유들은 의학적 용어로 표현

---

3   불결에 대한 우리의 이해와 고대 이스라엘 사람들의 이해에는 다음과 같은 상당한 차이가 있다. 즉 우리에게는 단지 닿는 부분만이 오염되는 데 반해 유대인에게는 분비물과 함께 그 사람도 불결하고, 불결을 전염시킬 수 있는 것으로 간주되었다.

된다. 우리를 오염시키는 것은 대개 세균과 관련이 있다.

그러나 이런 규범들 역시 핵심적인 근거가 의학적인 것일지라도 중대한 사회적 요소를 가지고 있다. 항생 물질과 관련한 경고에 예민한 사람은 아마도 그런 것에 덜 예민한 사람의 집에서 식사하는 것을 편하다고 느끼지 못할 것이며, 결국 사람들과의 사교 범위는 그런 정결의 기준에 민감한가 그렇지 못한가에 기초하여 형성될 것이다.

우리의 세계에서 이것은 음식이나 먼지와 같은 것들에만 적용되는 것은 아니다. 이것은 시간과 계절에도 적용된다. 우리 역시 가족을 위한 시간과 일하는 시간, 휴가와 근무 시간, 주말과 주중을 구분한다. 우리는 시간의 순수성을 범하지 말라고 사람들에게 지나치게 권유할 뿐만 아니라 휴일이나 근무일의 초과 업무에 대해서는 급료를 두 배로 지급하는 것으로 적절하게 마무리한다. 우리는 업무와 관련하여 누군가를 집으로 부르기를 기꺼워하지 않거나, 가족과 함께하는 시간에 누군가가 업무로 전화를 하면 당황할 것이다. 여기에는 가족을 위해 구별해놓은 시간이 침범당하거나 훼손된다는 느낌이 존재한다.

우리는 사람들과 관련된 정결 규범도 가지고 있다. 다른 인종이나 계급에 속한 사람들은 데이트나 결혼과 관련하여 종종 서로를 그 범주에서 벗어난 자들로 보곤 한다. 인종이나 계급이 다른 커플은 상당한 편견에 직면하게 되는데, 이는, 그런 경계를 긋고 유지할 수 있는 만족스러운 근거가 아무것도 없음에도 불구하고, 중요한 경계를 넘어섰다는 인식이 널리 보급되어 있기 때문이다. 한 가지 극단적인 경우는 우리 사회의 노숙자들과 관련이 있다. 애틀랜타와 뉴욕이나 그 주변에 살면서 나는 많은 노숙자를 목격했고 그들을 대하는 주택 거주자들의 반응을 보았다. 간단히 말해 대부분의 사람이 무조건 그들과의 만남을 피했다. 노숙자와 이야기하거나 함께 식사하는 것은 말할 것도 없고 심지어 노숙자를 쳐다보기도 힘들어할

문화의 키워드로 신약성경 읽기

정도다. 노숙자들은 사회에서 자기 자리를 잃어버린 자들이다. 현재 그들은 "알맞은" 자리가 없으며 결국 보기에도 깨끗하지 않은 자들로 간주된다. 그들이 공공장소에서 사는 것은 적절하지 않으며, 많은 사람에게 그들의 존재는 공공장소를 "더럽히는" 것으로 간주된다. 노숙자에 대한 누군가의 첫 반응은 그를 위생과 관련하여 열심이 부족한 사람이나 질병을 옮기는 사람으로 의심하고 결국 그에게 올바른 교제의 손을 내밀거나 평화의 입맞춤을 하는 것에 대해 강한 혐오감을 갖는 것이다.

많은 사람이 앞에서의 논의에 반영된 그들 자신의 규범들을 획일적으로 여기지는 않을 것이다. 하지만 나는 이것이 당신이 방어하는 규범들 및 당신이 자신을 보호하기 위해 맞서는 부정과 오염이 일어난 곳에서 당신이 추구하는 "정결 의식들"을 반추하도록 당신을 자극하게 되기를 희망한다. 이는 우리와 신약의 저자들(토라에 순응하는 자들과 관계가 없는) 사이에 존재하는 문화적 균열을 넘어서도록 도와줄 뿐만 아니라 예수가 우리에게 도전하는 사랑이라는 최고의 법을 성취하기 위해 넘어서야 할 규범들이 무엇인가를 보도록 허락해줄 것이다. 나는 오래전에 바리새인들의 연민이 부족하다고 그들을 경멸하던 일을 그만두었다(오히려 나는 내가 얼마나 그들과 공통점이 많은지를 알게 되었다). 그때 나는 나 자신이 태어나면서부터 길들여져 다른 계급 사람들과 나를 분리시키는 정결 규범들을 가지고 있다는 사실과 직면했던 것이다!

거룩함, 정결과 부정을 정의하기

지금까지 나는 정결과 부정을 이 용어들이 그 자체의 힘과 영향력을 대부분 잃어버렸던 시대와 관련하여 다소 은유적으로 묘사해왔다. 정의하는 것은 매우 어렵다. 왜냐하면 이 용어들은 대체로 사람들이 직관적으로 규정해왔지만 이성적으로는 입증하거나 조직하지 못했던 것들 속에 내재된 비이성적인 힘들을 언급하기 때문이다. 메리 더글라스는 아마도 다른 어떤 연구자보다 더 인류 문화 속에 있는 정결과 부정의 의미와 의의를 설명하려고 노력했을 것이다. 그녀는 주로 생존하고 있는 부족들을 관찰하는 인류학자로서 일하고 있지만, 레위기에 대한 자세한 연구를 위해 그 연구 영역을 넘어오기도 했다. 그녀는 단순히 "장소를 벗어난 문제"[4]인 "더러움"에 대한 인식을 연구하면서 시작한다. 제일 먼저 어떤 것이 더럽다고 여겨지기 위해서는 반드시 이 더러움으로 인해 침범당하고 있는 사물의 자연적인 질서를 제시하는 어떤 체계가 있어야 한다.[5] 인간 사회는 체계를 만들고, 그다음에 그 체계를 통해 "질서와 무질서, 존재와 존재하지 않음, 형태와 형태가 없음, 삶과 죽음과 관련된 반추"의 결과로서 그들의 경험과 세상을 계속 해석하게 된다. 사실상 더러운 것을 모두 제거하는 것은 그 체계가 의미가 있음을 확증해준다. 왜냐하면 개인이 그 행동을 하는 것은 결과적으로 문제가 되는 물질이 있어야 할 적절한 장소가 있고 그 물질이 "부정"해지는 부적절한 장소가 있다는 그의 확신을 강화하는 것이기 때문이다. 그리고 이 더러움은 이제 부적절한 장소로부터 제거된다. 그렇다면 정결은 근본적으로 세계를 질서 있게 만드는 일과 일반적으로 우주의 신적 질서가 된다고 여겨지는 그런 질서(그래서 결국 "사물들이 존재하는 방식과 존재해야 하는 방식")의 빛 아래서 사람의 일상 경험을 의미 있게 만드는 것과 관련이 있다. 이는 우리에게 "무엇에, 누구에게, 언제 어디에 속하는지를"[6] 말해준다. 결국 이것은 언제 질서가 유지되고 언제 질서를 벗어나는지를 우

---

4   Douglas, *Purity and Danger*, 35.

5   앞의 책, 41.

6   Jerome H. Neyrey, "The Idea of Purity in Mark's Gospel," *Semeia* 35 (1986): 93.

리가 알 수 있도록 만들어준다.

한 가지 긴밀하게 관련이 있는 개념은(이는 실제로 적어도 고대 이스라엘에게는 정결과 부정의 생각을 지배하는 반드시 필요한 개념이다) 바로 거룩함의 개념이다. 이 개념은 특별히 규정하기가 어렵다. 왜냐하면 본질상 이 개념은 상식적이고 서술할 수 있으며 규정할 수 있는 영역을 벗어나기 때문이다. "거룩함"은 일상생활과 분리된다. 이는 온전하고 완전하고 완벽한 것이며,[7] 따라서 "다른" 경외심을 일으키는 탁월한 무엇이다. 사람은 그것이 축복이나 파멸의 힘을 주관하는 존재라고 느낄 때 신성함 또는 거룩함을 인식한다. 프리드리히 하우크(Friedrich Hauck)는 우리가 "신성하다" 또는 "거룩하다"라고 부르는 것의 개념을 두 가지 측면에서 구별한다. 원시 문화든 그리스 문화든 우리가 추가할 수 있는 유대교 문화에 속하든 상관없이 말이다.[8] 삶의 과정(출생, 죽음 및 성교와 같은)과 관련된 많은 사건은 "힘으로 채워져 있다고"(금기, taboo) 여겨진다. 그러나 이 힘은 위험하며, 이 힘에 참여하는 사람 혹은 관련된 사건들에 참여하고 접촉하는 사람들을 위험하게 만든다. 정결 예식들은 이 힘을 떨쳐버리고 위험을 가두는 데 필요하다. 그러나 다른 측면에서 거룩함은 "친밀하고 자비로운" 것으로 여겨진다. 그래서 신과 접촉하고 관계를 맺는 일과 같은 것은 바람직하다. 만일 징조가 좋다면 거룩함은 사회와 문명이 진전되도록 창조의 힘을 그 안으로 흘려보낼 수 있으며, 결국 가족들과 수확물들이 안전하게 재생산되게 한다.

이런 잠재적 위험과 잠재적 축복의 조합은—고대 세계에서 유대인과 이방인들이 공유하는![9]—거룩함은 그 사회의 일부 구성원들만이 조심

---

7   Douglas, *Purity and Danger*, 54.

8   Friedrich Hauck and Rudolf Meyer, "*Katharos*, etc.," *TDNT* 3.413-31, 414-15.

9   나는 지금 이것을 강조한다. 왜냐하면 그리스-로마 세계의 정결 규범들과 부정의 금기에 관한 중요성을 무시하고 오직 유대교의 정결 지도에만 초점을 맞추는 분명한 경향이 있

스럽게 다가갈 수 있는 것이라는 확신을 일으킨다.[10] "신을 대할 수 있는 곳으로 들어가기 위해 인간들은 반드시 자신을 더 고결한 상태에 알맞도록 맞추어야 한다." 다시 말해 인간은 "더러운 것" 즉 "신과 충돌하는" 것을 제거하거나 씻어버리기 위한 정결 행위들을 받아들여야 한다.[11] 그리스와 로마 세계뿐만 아니라 유대교 세계에서도 훨씬 더 열렬하게 하나님께 가까운 사람은 반드시 정결하며 하나님처럼 완전해야 한다는 신념이 있다. 더러움과 불완전함은 사람들이 순결하고 완전하신 하나님과 접촉하지 못하도록 분리시켰다.[12] 그러므로 흠이 있고 기형인 사람들은 성소에 들어가는 것이 금지되었다. 왜냐하면 거룩함에 불완전함을 제공하는 것은 모욕을 주는 것이기 때문이다. 또한 흠이 있거나 기형인 동물은 제물로 사용될 수 없다. 왜냐하면 그런 불완전한 것은 거룩한 하나님을 기쁘시게 하기보다는 도발하는 것이기 때문이다. 더욱이 부정하고 불결한 대부분의 원인은 사람

기 때문이다. 그러나 신약의 저자들이 정결 규례에 대해 말하거나 부정의 금기들을 행사할 때, 그들은 오히려 유대인 그리스도인들과 이방인 그리스도인들 모두를 직접 연결할 수 있는 능력을 가지고 있었다.

10 예를 들어 페르시아의 왕 아닥사스다는 예루살렘의 재건축된 성전에서 하나님께서 공표하신 대로 예식들을 세심하게 행함으로써 하나님의 분노가 "왕의 나라"에 오는 것을 피할 수 있도록 명령했다. 심지어 이방인의 왕조차도 한 지역 부족의 신으로부터 신성 모독으로 인해 발생하는 위험이 생길 수 있음을 염려할 정도로 신전의 거룩함에 대한 두려움을 가지고 있었다(1 Esd 8:21).

11 Hauck and Meyer, "*Katharos*, etc.," 415.

12 Frederick W. Danker는 플라톤의 *Laws* 4.716C-D를 인용한다. "신은 주지하는 바 만물의 척도이며, 확실히 모든 사람이 확증하는 바 어떤 인간의 진실함보다 훨씬 더 높은 경지에 있다. 그러므로 그런 존재의 친구가 되고자 하는 모든 사람은 반드시 모든 면에서 그와 같이 되고자 투쟁해야 한다.…악한 사람은 그 사람의 내면이 부정한(*akathartos*) 반면 선한 사람은 순결하다(*katharos*). 또한 부정한 사람으로부터 선물을 받는 것은 신에게도 선한 사람에게도 모두 좋지 않다"(*Benefactor: Epigraphic Study of a Graeco-Roman and New Testament Semantic Field* [St. Louis: Clayton, 1982], 355-56). 이미 분명하게 윤리적인 방향에서 정결의 언어를 취하면서 플라톤은 신과 가까운 사람은 신처럼 순결하고 완전해야 하며, 더러움과 불완전함은 거룩하고 완전한 신과의 접촉으로부터 사람을 떼어놓는다는 확신을 표현하고 있다.

이나 피조물의 불완전함(피부병, 육체의 분비물 및 시체)을 드러내는 어떤 조건으로부터 기인하고 있으며, 이는 본질적으로 신의 현존에 들어가기 전에 봉쇄하거나 제거해야 할 불결한 것들이다.

따라서 이제 우리는 왜 부정과 불결이 부정적이고 바람직하지 못하며 피해야 하는 무엇으로 여겨져야 하는지, 또한 만일 그런 것이 발생한다면 왜 재빨리 치료해야 하는지에 대해 이해하기 시작할 것이다. 부정은 거룩하신 하나님 앞에서는 위험한 것이다. 이는 그 사람이 하나님 앞에 들어가 그분과 교제할 수 있는 자격을 잃어버리게 만든다. 그 사람이 거룩하신 하나님 앞에서 부정한 상태로 서 있는 것은 어리석기 짝이 없는 것임이 분명하다. 그는 소멸될 위험을 안고 있다. 이는 특권의 상실(혹은 특권의 부재)을 수반하기에, 결국 수치스러운 상태다. 부정은 하나님의 우주적 질서 안에 새겨진 경계를 위반하는 것을 의미하며, 이런 하나님의 질서의 붕괴는 그 안에 적대적이고 파괴적인 방식으로 행동할 수 있는 보이지 않는 힘을 자극할 가능성을 포함한다.

그러므로 고대 이스라엘과 같은 사회들은 확장된 정결의 경계와 깨끗함과 더러움의 경계선을 그음으로써 하나님의 우주적 질서의 모델을 창조하며, 개개인으로 하여금 그 질서 속에 자신의 자리를 놓도록 도와준다. 이는 결국 그 사람으로 하여금 언제 부정하게 되는지와 그것을 제거하기 위해 무엇이 필요한지를 알도록 해서 거룩하신 하나님과 그의 은혜로 나아가는 일이 늘 가능하도록 만드는 것이다. 이런 경계들과 관련하여 거룩한 상태로 남아 있거나 그런 상태로 돌아가고자 하는 관심은 문화를 유지하기 위한 사회의 핵심적 역할을 한다. 정결에 관한 쟁점들은 공동체의 구조와 계급을 제공함으로써 공동체의 도덕성과 에토스를 강화하며, 공동체의 경계를 분명하게 밝히고, 외부로부터 오는 침식으로부터 공동체의 사회성을 보호하며, 공동체 내부의 내부적 경계들을 창조한다. 이런 사회적 영향들은 심지어 규칙들에 대한 신학적·이념적 근거들을 심사숙고하는 동안에도 결코 간과되어서는 안 된다.

그리스-로마 세계 및 문헌 자료들에 나타나는 정결과 부정

비록 대체로 우리가 이성적인 법이라고 부르는 것으로 법제화되었다고 할지라도, 그리스 문화에도 부정의 금기들이 널리 퍼져 있었다. 이 금기들을 통해 사회는 그들이 매력적으로 느끼는 영적 존재들에 대한 관심과 그들이 생산하는 신성한 에너지의 빛 아래서 특별히 위험하다고 판단되는 상태를 분명하게 규정했다. 출생, 죽음, 성적인 활동, 살인, 신성모독과 광기는 모두 부정한 상태나 사건들에 대한 분명한 예가 된다.[13] 이런 많은 상황은 출산, 죽음과 같은 도덕적 실패를 표시하는 것은 아니었지만, 정신 상태를 약화시키며 인류의 영속적인 보존에 참여하는 데 있어 손실을 입히는 것이었다. 살인뿐만 아니라 근친상간이나 존속살인과 같은 다른 일반적인 금기 행위들을 부정으로 여기는 데 대한 관심은 어떻게 부정에 대한 믿음이 여러 중요한 시점에서 윤리적으로 행동하는 것을 강화할 수 있었는지를 보여준다. 그런 경우에 부정은 복수의 칼날을 갈고 있는 신들의 주의를 이끌어낼 수 있을 만큼 충분히 심각한 것으로 간주되었다. 부정의 위험성은 특별히 여기서 언급된다. 왜냐하면 보이지 않는 힘들이 살인자나 다른 윤리적 금기를 범한 자들의 죽음을 초래하도록 작용하고 있다고 추정

---

13 Robert C. T. Parker, "Pollution, the Greek Concept of," in *The Oxford Companion to Classical Civilization*, ed. Simon Hornblower and Antony Spawforth (Oxford: Oxford University Press, 1998), 553. Friedrich Hauck("*miainō*, etc.," *TDNT* 4,644-47, 645)는 임신과 출산, 월경과 시체와 무덤에 관한 자료들을 모았는데, 피타고라스 학파 사람들에게 그랬듯이 동물을 먹는 것은 (고기는 죽은 육체이기 때문에) 그리스-로마 세계의 다양한 부분에서 부정한 것으로 받아들여졌다.

문화의 키워드로 신약성경 읽기

되기 때문이다. 그리스인들은 이런 복수를 개인적인 것으로 간주하지 않았다—처벌받지 않은 살인자는 도시 전체에 집중되는 신적인 분노를 야기할 수 있었다.[14] 만일 어떤 도덕적 기준을 범한 것이 공적인 분노를 자극하지 못했다면, 공동체 전체가 부정해질 위험에 대한 호소가 잘못을 바로잡거나 행악자를 처벌하거나 잘못을 우선 저지하고자 하는 관심을 불러일으킬 수 있었다.[15]

살인을 통해 발생한 부정과 그것을 정결하게 하는 역학 관계는 아마도 가장 유명한 그리스의 비극인 소포클레스의 「오이디푸스 왕」(Oedipus the King)을 낳게 했을 것이다.[16] 도시 테베는 처벌받지 않은 살인자가 그 도시에 있음으로 인해 오염되었기 때문에 전염병으로 고통받는다(Oed. 95-101). 처형이나 추방을 통해 부정한 존재를 제거하는 것은 도시를 정화하며 전염병을 종식하는 일이 될 것이다. 그래서 이 극을 시작하는 장면들은 정결과 부정의 언어를 사용하여 정의와 도덕성을 유지하는 일과, 불결이 내재할 때 공동의 선(과 개인의 선, 왜냐하면 부정한 자는 반드시 제거되어야 하기

14　Parker, "Pollution," 554. Parker는 도도나(Dodona)의 신탁에서 제기된 질문을 예로 든다. "우리가 겪고 있는 풍랑은 인간의 부정 때문이 아닌가?"(SEG 19.427) 또한 고대 그리스 연설가인 안티폰(Antiphon)에 대한 언급도 예로 든다. "안티폰의 「4부작」(Tetralogies)에 따르면, 예를 들어 살인이라는 부정한 행위는 피해자의 친족들이 원수를 갚기 위해 고소하여 배심원들이 유죄를 확정할 때까지 그들을 위협한다. 따라서 부정의 위협은 무질서를 바로잡고자 하는 행동을 격려한다."

15　Douglas, *Purity and Danger*, 133. 부정한 행위로서의 살인은 정의를 피하기 위해 살인자를 허용하는 자들에게 위협이 된다는 점이 플라톤의 *Euthyphoro* 4B-C에서 두드러지게 나타난다. "소크라테스여, 당신이 피해자가 이방인이나 친척인 경우에 차이가 있다고 생각하는 것은 터무니없습니다.…만일 당신이 그와 같은 사람[즉 살인자]을 알면서도 그와 계속 동행하는 것은 그를 정의 앞으로 데리고 감으로써 그와 당신 자신을 정결하게 하는 일을 행하지 않는 것과 동일하게 부정한 것입니다"(Plato, *The Trial and Death of Socrates*, trans. G. M. A. Grube [Indianapolis: Hackett, 1975]).

16　인용은 Sophocles, *Oedipus* and *Oedipus at Colonus*(David Greene and Richmond Lattimore, eds., *Sophocles I* [New York: Pocket Books, 1967])에서 가져왔다.

때문에)에 큰 위험이 나타난다는 것을 증명하고 있다. 오이디푸스 왕은 "부정을 그 땅에서부터 몰아내는 것을" 그 자신의 사명으로 삼는다(*Oed.* 136). 물론 예언자 테이레시아스(Teiresias)는 그의 부정을 들추어낸다. "당신이 이 땅을 불결하게 만든 자요"(*Oed.* 353). 드라마가 전개됨에 따라 테이레시아스의 말이 참으로 증명되고 오이디푸스를 자승자박하도록 만들었다. 오이디푸스는 자신이 유아 때에 생존하게 된 것과 "부정의 자식"이 된 것을 슬퍼한다(*Oed.* 1360). 끝으로 크레온(Creon)은 적어도 하늘을 "경외"하기 때문은 아닐지라도 "사람들의 면전에서 수치"를 당하지 않으려면, 대중의 시선을 피하여 궁전 안으로 들어가라고 오이디푸스에게 말한다. "땅도 거룩한 비도 대낮의 빛도 환영할 수 없는 가려지지 않은 부정을 그에게 보이지 마십시오"(*Oed.* 1423-29).

여기서부터 이 용어는, 후속 드라마인 「콜로누스의 오이디푸스」(*Oedipus at Colonus*)에서 나타나고 있듯이(280-84), 다양한 범주의 행동을 촉진하거나 금지하는 제재로 적용될 수 있다. 오이디푸스는 자신을 내쫓으려는 시민들의 의도를 알았는데, 이는 그가 그들이 자신을 영접하는 것은 "거룩하지 않은" 일이고 그 도시의 평판에 "오점"을 남기는 일임을 전망했기 때문이었다. 그리스와 라틴의 윤리 철학자들은 에픽테토스가 그의 학생들에게 "부정한 생각과 더러운 행위로"(*Diss.* 2.8.13)[17] 내재하고 있는 신성을 오염시키지 말도록 권고할 때와 같이 부정의 언어를 사람들이 악을 단념하도록 만드는 일에 사용한다.

그리스 사회는 자연적·윤리적 현상 모두를 포함하는 부정의 금기들의 다양한 범주뿐만 아니라 거룩한 공간과 공동의 공간의 구별도 준수했다. 전자는 지정된 공간이 신의 특별한 장소가 된다고 여겼기 때문에 매우

---

17 Friedrich Hauck, *"moluno, molusmos," TDNT* 4.736-37을 참조했다.

제한되었으나, 후자는 사람들이 접근할 수 있는 평범한 공간이었다. 유대교의 정경 전승이 촉진시킨 거룩한 공간에 대한 지도가 단일한 거룩한 장소 즉 예루살렘 성전을 중앙에 놓고 있는 반면에, 그리스와 로마의 정결 지도는 그들의 영역 전반에 걸쳐 성소들과 거룩한 장소들을 가지고 있었다. 이것은 마치 이스라엘이 그 역사 내내 빈번하게 회귀했던 가나안 종교의 "산당에 있는 성소들"[18]과 유사했다. 그럼에도 불구하고 이 두 문화는 불법 침입, 다시 말해 허가받지 않은 사람들이 거룩한 공간을 침범하는 것의 위험을 이해하고 있었다. 다시 말하지만 이와 같은 금기의 침범은 만일 성공적으로 보상이 발생하지 않는다면 범법자를 만들 뿐만 아니라 신적인 복수의 위협 아래 주변 지역을 두는 것이었다.

또다시 오이디푸스의 삼부작의 두 번째 희곡이 탁월한 예를 제공해준다. 오이디푸스는 (이제 장님이 된 거지로서) 끝이 없는 방황 속에서 잠시 쉬려고 멈추었을 때 거룩한 작은 숲속에서 휴식하기 위해 앉아 있었다. 낯선 사람이 그를 만나게 되었는데 그 사람의 첫 말은 다음과 같았다. "먼저 당신이 앉아 있는 곳에서 나오시오. 그곳은 거룩한 곳이오. 그 땅을 걷는 것은 금지되어 있소.…그것을 건드려서도 안 되고 아무도 그곳에서 살 수 없소. 가장 무섭고 두려운 것은 그 땅에 있는 신들이오"(*Col.* 36-40). 콜로누스의 시민들은 한목소리로 오이디푸스가 거룩한 숲을 오염시켰다고 비난한 후에 예식의 헌주와 기도로 에우메니데스(Eumenides: 복수의 여신들)에게 보상하고 신성한 숲을 오염시킨 것을 속죄하는 잘 정제된 의식을 설명한다(*Col.* 466-490).

거룩한 성소에 들어가는 것은 방문자에게 그 성소에 걸맞은 특별한

---

18 이는 이스라엘의 왕정 시대 내내 지속적인 문제가 되었다—지역에 뿌리를 내리고 있었던 성스러운 곳들은 사라지지 않았다!

정결 조건에 따르는 일을 요구했다. 중앙집권적 종교가 아니라면 이런 요구는 상당히 다양하게 나타나는 경향이 있었다. 출산, 성교, 시체와의 접촉은 그 사람을 부정하게 만들었다. 부정해진 사람들은 거룩한 지역에 들어가기 전에 꼬박 하루 또는 이틀의 시간을 기다리도록, 또한 모든 사람이 손이나 발 또는 온몸을 씻는 정결 의식을 행하도록 요청받았을 것이다.[19] 어떤 성소들은 심지어 의복과 머리를 가려야 하는 방식도 주문한다.[20] 정결에 관한 이 모든 요구가 외적인 것만 있는 것은 아니었다. 린도스(Lindos)의 법은 신전에 들어가려는 사람들에게 도덕적 정결을 요구하는 내용을 명기했다. "들어가는 자의 손과 마음이 순결하고 건강해야 하며 양심에 아무런 가책도 있어서는 안 된다는 점은 최우선으로 중요하다."[21] 제사장으로 기능했던 자들―다시 말해 신과 사람을 중재하는 자들―은 거룩한 장소에서 그들의 사역을 유지하기 위해 그들의 정결을 관장하는 더 강력한 규정들을 가지고 있었다.

그리스인들과 로마인들은 완전히 발전한 희생제사 제도를 가지고 있었다. 사람들은 각자 제사를 위해 신전에 동물을 가지고 와야 했는데, 아마도 받은 은혜에 감사를 표하고 제사를 드리는 동안 드린 간구에 응답하도

---

19 Parker, "Pollution," 553. Everett Ferguson은 페르가붐의 아테나 신전에 있는 비문의 예를 제시한다. "이 여신의 성전을 방문하고자 하는 자는 누구나…방문하기 전 이틀 동안 그의 아내(나 그의 남편)와의 성교와, 그의 아내(또는 남편)가 아닌 다른 사람과의 성교를 반드시 자제해야 하며, 필요한 목욕재계를 완료해야 한다. 동일한 금기가 죽은 자와 접촉한 자와 출산의 과정을 겪은 여성에게도 적용된다"(*Backgrounds of Early Christianity* [Grand Rapids, Mich.: Eerdmans, 1993], 174-75).

20 Ferguson에 따르면 여성의 머리는 묶지 않고 풀어놓아야 하며, 남자의 머리는 가리지 말아야 했다(*Backgrounds*, 175).

21 Danker, *Benefactor*, 356에 인용된 비문에 나타난다(SEG 983.4-7). 우리는 이것을 하나님의 존전에 들어가기 위한 전제 조건으로서 "양심"(동일한 명사가 사용됨)을 씻는 일의 중요성에 대해 말하는 히브리서의 강조점과 비교해볼 수 있다.

문화의 키워드로 신약성경 읽기

록 신에게 촉구하기 위해 그렇게 했을 것이다.[22] 또한 도시 전체를 대신하여, 심지어 지역 전체를 대신하여 행해진 공적 제사들도 있었다. 이런 제사들은 종종 도시의 축하 행사와 공식적인 축제의 제전이 되었다. 이런 제사는 제물의 털을 깎고 제단에서 태우는 동안에 참여자들의 손을 깨끗하게 씻는 것으로 시작했다. 이 시점에 사제는 기도를 드리고 희생의 행위(예. 감사)를 하게 만든 이유를 설명하거나 필요한 호의를 분명하게 언급했다. 그 다음에 제물인 동물을 죽이고 그 내장을 검사했다(내장의 상태는 그것이 받아들여졌는지 아닌지를 나타내는 조건이었다). 마지막으로 고기를 쪼갰다. 신의 몫은 태워졌으며(그다음에 신의 영역으로 옮겨졌으며), 제사장들이 몫을 받았고 (그들은 이것을 시장에 내다 팔았으며), 예배자들은 남은 것을 성전이나 가정에서 치르는 만찬에서 나누었다.[23]

로마와 로마의 식민지에서 행해지는 희생제사는 유사한 관습을 따르고 있었다. 로마의 의식들은 특별히 다양한 방식으로 인간을 능가하는 신들의 우월성을 드러냈다. 첫째로 신들의 몫은 인간이 제물에서 자신의 몫을 취하기 전에 먼저 불로 태워졌다. 둘째로 고기와 함께 향료와 순수한 포도주를 제물로 드리는 것뿐만 아니라 신들을 위해 확보된 몫은 인간을 능

---

22 Robert C. T. Parker, "Sacrifice, Greek," in *The Oxford Companion to Classical Civilization*, Simon Hornblower and Antony Spawforth (Oxford: Oxford University Press, 1998), 628; Ferguson, *Backgrounds*, 179을 보라. 이것의 마지막 요소는 플라톤, *Euthyphr*. 14C-E에서 강조되고 있으며, 여기서 소크라테스는 경건에 관한 에우튀프론(Euthyphro)의 견해를 다음과 같이 요약한다. "제사를 드리는 것은 신들에게 선물을 드리는 것인 반면 기도하는 것은 신들에게 간구를 하는 것인가?… 이것은 경건이 신들에게 주는 법과 간구하는 법…일종의 사람과 신 사이에 거래하는 기술을 아는 지식이 된다는 관점으로부터 나온 것이다."

23 Parker, "Sacrifice," 628. Parker는 호메로스의 *Od*. 3.430-63에 언급된 제사에 관한 장문의 설명을 관심 있는 독자들에게 전해준다. 그리스 종교와 문화의 초석이 되는 본문 가운데 하나로서 이 단락은 그리스의 예식들에서 시행되는 방식들을 반영하는 것으로 예상된다.

가하는 신들의 특권을 말해주었다.[24]

부정의 금기의 존재, 정결 예식들, 거룩한 공간들의 지정 및 제사들의 역학에의 노출에 관한 이 피상적인 서론은 이방인들도 거룩함과 비교하여 정결 규례의 중요성과 부정의 위험성에 대해 이해하고 있었음을 우리에게 확신시켜준다. 신약 저자들이 유대교의 정결 규례들을 재정비하는 일을 주로 행했기에, 우리는 그들의 논의의 중대성과 영향력을 이방인 그리스도인들도 놓치지 않았으리라 확신한다. 유대인과 이방인 모두가 기독교 문화로 사회화됨으로써 새로운 정결 지도 및 부정의 금기 제도를 통해 교육받았지만, 그들 모두에게 "거룩함"과 "순수" 및 "부정"은 그들의 경험을 조직하고 그리스도인 공동체에게 적합한 것을 규정하는 데 있어 깊은 의미를 주는 방식들이었다. 우리는 이제 예수의 사역과 초기 기독교 운동의 직접적인 배경을 제공하는 구체적인 정결 지도에 관해 살펴보고자 한다.

유대교 세계에서의 정결과 부정, 거룩함과 속됨

하나님은 특별히 아론에게 "거룩하고 속된 것을 분별하며 부정하고 정한 것을 분별"하라고 명령하셨다. 또 사람들에게도 거룩함과 정결에 관한 하나님의 명령을 지키기 위해 동일한 것을 행하는 법을 가르치도록 명령하셨다(레 10:10). 이 구절은 이스라엘에서 사용된 정결 지도를 구성하는 중요한 두 가지 짝을 이루는 용어를 소개한다. **일반적인**(또는 **속된**) 것은 중립적인 것으로서 인간이 접근할 수 있는 세상의 평범한 공간들과 사물들을 지시한다. **거룩한** 것은 이에 상응하는 용어로서 하나님께로 향하는 특별한

---

24 John Scheid, "Sacrifice, Roman," in *The Oxford Companion to Classical Civilization*, ed. Simon Hornblower and Antony Spawforth (Oxford: Oxford University Press, 1998), 631.

방식에서 평범한(일반적인) 것과는 "구별된" 특별한 공간이나 사물을 지시한다. 정한 것은 중립적인 용어로 일반적으로 보통 상태에 있는 사람이나 사물을 언급한다. "정결하다는 것은 창조의 순간에 하나님께서 확립하신 경계 내에서 적절한 장소에 놓여 있으며 그것의 본래 외부적인 경계들이 완전하고 손상되지 않은 상태를 의미한다."[25] "온전"한 사람, 즉 그의 피부에 아무런 상처나 흠을 경험하지 않은 사람은 "정결했다." 사는 환경의 적절한 범주 내에 알맞은 상태에 있는 동물은 "정결했다." 부정한 것은 이에 상응하는 용어로서 원래 상태로부터 선을 넘어 불결의 위험한 상태로 들어간 것을 나타낸다.[26] 경계를 침해하는 것은 어떤 사람의 표피가 해어지거나 찢겼을 때처럼(예를 들어 나병과 같은), 또는 동물이 다른 환경에 적응하기 위해 혼합된 특성을 가지고 있을 때처럼(바닷가재와 같이 바다에 살면서 다리로 걷는) 부정한 것으로 간주되었다. 그들은 개인이나 사물을 묘사하기 위해 짝을 이루는 각각의 범주를 사용했다. 성직자가 아닌 보통의 이스라엘 사람은 대부분의 시간에 "정결하고" "속된" 상태였다. 만약에 사람이 부정을 야기했다면 "부정하고" "속된" 상태가 된다. 제사장들을 위해 모금된 십일조는 "정결"하고 "거룩한" 것인 반면 시장에서 판매되는 음식은 "정결하고" "속된" 것으로 간주되었다. 그래서 음식으로 드려진 십일조는 오직 거룩한 제사장들만이 "정결한" 상태에서 먹을 수 있었으며, 만일 성직자가 아닌 보통의 이스라엘 사람이 그 음식을 먹었다면, 그 사람은 거룩한 것을 "속되게" 했으므로 신적인 분노를 받을 위험에 처하게 된다.[27] 무덤은 "부정하고

---

25 Richard P. Nelson, *Raising Up a Faithful Priest: Community and Priesthood in Biblical Theology* (Louisville: Westminster John Knox, 1993), 21.

26 David P. Wright and Robert Hodgson Jr., "Holiness," in *ABD*, ed. David N. Freedman (New York: Doubleday, 1992), 246-47.

27 예를 들어 유딧의 묵시록을 보라. 이 이야기의 여주인공인 유대인 유딧은 여기에 등장하는 최고 악당이자 느부갓네살 왕의 장군인 홀로페르네스에게 유대인들이 절망 가운데 십일

속된" 곳인 반면에 성전에 속한 구역은 "정하고 거룩한" 곳이었다.

특별히 문제가 되는 한 가지 조합은 "부정하고 거룩한" 곳이었다. 특별한 환경 속에서는 동일한 실체가 이 두 가지로 여겨질 수 있었다(예를 들어 민 19장에 있는 붉은 암송아지의 재). 이 두 개의 지정된 용어들은 서로 양립할 수 없는 것으로서 사실 위험한 조합으로 보는 것이 더 일반적이다.[28] 우리는 토라와 율법 준수에 대한 관심을 반영하고 있는 문학을 통해 거룩한 것을 성결하게 하는 것, 즉 속되고 일반적으로 사용되는 것이나 불결한("부정한") 것과의 접촉을 일으키는 것으로부터 거룩한 것을 보존하는 것에 대한 강력한 헌신을 발견한다. 이런 방식으로 거룩함의 근원인 하나님은 계속하여 이스라엘에게 호의를 베푸시며 사람들로부터 물러가거나 그들을 소멸시키지 않으신다.

우리는 이 시점에서 전환기에 있었던 유대인들에게 도덕법과 의식법 사이에 구별이 없었음을 강조해야 한다. 우상숭배, 성도착증, 음식 법(코셰르 규례)을 지키지 않는 것은 모두 부정한 것이다. 그것 때문에 땅은 그 거주민들을 토해낼 것이다. 의식법과 도덕법을 갈라놓는 것은 기독교의 혁신으로, 이는 그리스도인들이 구약을 권위 있는 것으로 주장했지만 그 책의 규정들의 많은 부분 ― 의식법 ― 은 관련이 없다고 여겼다는 사실을 기초로 하는 협상을 통해 발전한 것이었다. 그러나 비그리스도인 유대인들에게 모든 것은 동등하게 "하나님의 법"이었다. 따라서 정결과 부정은 모든 율법을 관통하여 흐르며, 의식적·윤리적 정결함과 거룩하신 하나님의 존전에서 살기 위해 필요한 것을 모두 강조한다.

조로 바쳐진 음식을 먹었기 때문에 하나님께서 그들을 베툴리아에서 이 장군에게 사로잡히게 하셨다고 말한다(Jdt 11:12-13).

28 Nelson, *Raising Up*, 33; Jacob Milgrom, *Leviticus I-XVI*, AB (New York: Doubleday, 1991), 732.

문화의 키워드로 신약성경 읽기

이스라엘 사람들과 초기 유대교의 핵심적인 신념은 거룩하신 한 분 하나님께서 당신의 특별한 백성 — 그분이 이 땅의 모든 민족으로부터 "특별한 소유"가 되도록 선택한 사람들 — 가운데 살고 계신다는 사실이다(신 4:20; 7:6). 그들 가운데 계시는 거룩하신 분의 존재는 다음과 같은 큰 혜택에 도달할 수 있도록 해주었다. 즉 백성을 보호하기 위한 신적 능력의 사용, 생산의 증가, 평화의 보존과 국가의 안녕이다(레 26:3-12을 보라). 이런 혜택들은 백성이 집단적으로 그들의 영역에서 거룩함을 존중하는 일을 행하고, 하나님께서 그분을 섬기는 자들과 그런 섬김이 발생하는 장소들과 그 땅에 거주하는 자들에게 요구하시는 정결, 특히 그들이 성전으로 나아갈 때(그들이 성전으로부터 멀리 떨어져 있을 때에도) 요구하시는 정결을 유지할 때 향유될 수 있었다. "주님은 내 의로움을 따라 내게 보상해주셨으며, 내 손의 정결을 따라 내게 보상해주셨습니다"(시편 18:20; 18:21-24을 보라). 정결에 관한 신적 규정들을 지키는 것은 이 시편에서 송축하고 있는 바와 같이 하나님의 은혜를 기념하는 것으로 이어졌다.

백성 가운데서 거룩하신 분의 힘의 잠재적 혜택에 대응되는 것은 백성이 하나님의 거룩함을 존중하지 않음으로 인해 발생하는 잠재적 위험이다. 신성과 거룩한 것을 모독하는 일은 그것을 발생시킨 자들을 향한, 심지어 그들의 종족을 향한 재앙을 초래하게 될 것이다. 불결한 것으로 거룩한 것에 맞서는 것은 "양립할 수 없는 위험한 조합을 야기한다."[29] 레위기 25:3-12이 이스라엘이 하나님의 정결례들을 지켰을 때 그들에게 발생하는 혜택을 자세하게 언급하고 있듯이, 레위기 26:14-33은 더 많은 분량으로 만일 이 백성이 하나님의 명령을 지키기를 거절할 경우 그들에게 발생하게 될 재앙들을 자세히 묘사한다. 실제로 이스라엘 사람들은 이전에

---

29   Nelson, *Raising Up*, 33.

거룩한 땅에 거주했던 자들이 추방당했으며 특별히 그들의 부정함 때문에 멸망당하게 되었다는 것을 들었다(레 18:24-25, 27; 20:22-23). 하나님의 거룩한 땅은 그들의 부정한 행위로 인해 불결해졌으며, 결국 그 땅이 "그들을 토해버렸다."

이사야 6:1-8에 나오는 이사야의 예언자로서의 소명에 대한 잘 알려진 이야기는 무엇보다 거룩함에 대한 놀라운 경험과, 부정한 자가 거룩하신 하나님의 존전에 들어가서 받게 되는 위험과 두려움에 대한 생생하고 압도적인 감정을 보여주는 탁월한 예다. "화로다, 나여! 망하게 되었도다. 나는 입술이 부정한 사람이요, 나는 입술이 부정한 백성 중에 거주하면서 만군의 여호와이신 왕을 뵈었음이로다"(사 6:5). 자신의 부정한 상태를 고려할 때 이사야는 거룩함의 실존 안으로 너무 많이 넘어 들어갔다. 무엇보다 여기서는 윤리적 부정(잘못된 언어)의 측면이 그려진다. 그러나 이사야는 하나님의 거룩함으로 인해 소멸되지 않고, 하나님의 천사가 그의 부정을 씻어준다. 그러나 그와 함께 있었던 사람들 중 부정한 사람들은 이사야의 메시지에 주의하지 않았을 것이고 회개하여 정결케 되지 못했을 것이다. 결과적으로 레위기가 교훈하고 있듯이 하나님께서 그들을 그의 거룩한 땅에서 몰아내실 것이다.

토라와 초기 유대교의 정결 지도

거룩함의 능력과 부정한 것으로 거룩한 것을 침해하지 않기 위해 정결한 것과 부정한 것을 구별하는 것의 중요성을 어느 정도 알게 되었기에, 우리는 거룩함과 속됨, 정결과 부정이 규정되고 결정되는 이스라엘의 정결 지도들을 살펴볼 수 있는 위치에 도달하게 되었다. 부정은 넘지 말아야 할 경계를 넘어섰을 때 발생하기 때문에, 사람들이 이를 피하기 위해 그 경계를

문화의 키워드로 신약성경 읽기

알고 그것을 넘어서게 되었을 때 다시 정결한 상태로 돌아오는 법을 아는 것은 반드시 필요하다. 이런 지도들은 사람, 장소, 시간, 음식, 개인의 신체와 관련이 있다. 주목해야 할 이 지도들의 한 가지 본질적인 측면은 이것들이 서로 관련되고 서로를 강화한다는 점이다. 일단 이것을 이해하게 되면, 토라의 정결 규례들은 불규칙적이거나 불가해한 규칙들의 뒤범벅이 아니라 여러 민족 사이에 있는 이스라엘의 독특한 정체성을 형성하고 보존하는 질서정연한 체계임을 알게 될 것이다.

사람들에 대한 지도. 이스라엘 백성은 정결의 측면에서 비이스라엘 사람들과 구별된다. 이스라엘 백성은 "거룩한 백성이자 무흠한 종족"(Wis 10:15)이며 거룩한 하나님께서 민족들 가운데 그분의 특별한 소유로 구별하신 존재들이다. 이방인들은 거룩한 땅이 불결과 혐오스러운 일로 인해 "뱉어버린" 가나안 족속들처럼 가증스러운 일을 행했다. 그래서 그들은 우상숭배 관습 및 하나님께서 미워하시는 다른 불결한 관습들과 함께 모두 정결 지도에서 지워졌다. 결국 이스라엘 주변에 중요한 굵은 선을 그림으로써, 가증스러운 것을 행하는 자들과 연합하는 것으로부터 그들을 지키기 위한 경계선을 그었던 것이다.[30] 할례 의식─이스라엘에서는 의학적 절차라기보다 종교적 절차─은 이방인들과의 구별을 유대인 남성의 몸에 새기는 것이다. 이방인은 하나님의 백성으로부터 배제되지는 않았지만 자신의

---

30 유대인들과 이방인들의 국제결혼에 대한 경고와 그것을 방지하기 위해 행해진 행동들은 이스라엘과 다른 민족들 사이의 경계를 유지하는 중요한 한 가지 양상을 보여준다. 에스라서와 이 책과 관련이 있는 다른 책들은(느헤미야서와 에스드라1서) 이스라엘 백성이 비이스라엘 출신의 아내와 결혼하는 것을 거룩한 땅을 오염시킨 가나안 족속과의 국제결혼을 금지한 신명기의 부정의 금기를 범한 것으로 책망한다. 에스라 개혁의 일부분으로서 행해진 집단적 이혼(과 그런 결혼을 통해 낳은 자녀들을 버리는 것)은 결국 백성을 정결하게 하고 유대인과 이방인의 경계를 강화하는 것이었다(1 Esd 8:68-70, 82-85, 92-95; 9:7-9, 36; 에스라서와 이 책의 5장을 보라). 이런 경계는 에스라서를 읽을 때마다 매번 강화되었다.

우상들을 버릴 뿐만 아니라 할례를 받아들임으로써 그 안으로 들어가야 했다(Jdt 14:10에 등장하는 암몬 사람 아키오르[Achior]가 그랬던 것처럼 말이다).

이스라엘 내부에는 거룩함에 관한 여러 단계―거룩한 성전 안에 계신 거룩하신 하나님께 나아가는 것에 기초한 내부의 계급―가 있었다. 이 계급의 정점에는 대제사장, 그다음에 일반적으로 제사장들, 세 번째로 레위인들(성막을 관리하며 예배를 위한 음악을 제공하는 것과 같은 일들을 위해 따로 구별되었던 레위의 자손)이 있었다. 제사장들, 특별히 대제사장은 하나님의 성전의 성물들과 하나님께서 특별한 방식으로 임재하시는 거룩한 장소들에 중요한 일로 빈번하게 접촉하고 출입했기 때문에 정결에 대해 특별히 엄격한 규정들을 지켜야 했다(레 21:1-15을 보라). 거룩한 영역과 세속적인 영역, 즉 하나님과 인간 사이를 끊임없이 오가는 사람들로서 그들은 자신들의 의무를 완성하기 위해 정결(또는 순결)의 상태를 유지해야 했다. 실제로 그들에게는 하나님께 출입하는 중개로 인해 이스라엘의 엘리트가 되는 특권과 함께 그에 상응하는 위험과 책임이 따랐다(예. 아론의 두 아들인 나답과 아비후의 죽음을 보라).[31]

평신도 이스라엘 백성은 하나님의 특별한 소유가 된 백성의 일부로서 "주님께 거룩한 자들"이었으나, 확신하건대 그들이 특별한 예배와 하나님 앞에 출입하기 위해 거룩한 백성 안에서 따로 구별되었던 제사장들만큼 거룩한 것은 아니었다. 그래서 평신도 이스라엘 남자가 성전의 거룩한 장소들에 출입하는 것은 그들이 "정결한" 상태에서 들어갈 수 있었던 성전의 장소 가운데 안쪽 마당까지로 제한되었던 것이다. 제사장들은 그들이

---

31 그러나 제사장이 아닌 사람이 불결한 무엇을 가지고 오지 않는 한, 제사장은 그 사람 자체로 인해 또는 그 사람과의 접촉으로 인해 자신들이 오염되었다고 여기지 않았다는 점은 주목할 만하다(예. 정액의 배출 또는 시신과의 접촉). "더러운 종류로 분류되는 것들이 있었지만 어떤 계급에 속한 사람도 다른 계급의 사람보다 더 더러운 것은 아니었다"(Mary Douglas, "Atonement in Leviticus," *JSQ* 1 [1993-1994]: 112).

하나님께 출입하는 것을 막은 것이 아니라, 오히려 은혜롭지만 위험한 거룩함의 중심에 안전하게 접근하도록 해준 것이다. 이스라엘 여성들은 성인이 된 이후 월경으로 인해 그들의 삶에서 사분의 일이 부정했으며(매달 칠일 동안 부정했다), 이 이유로 결국 성전의 여러 장소에 출입하는 것이 더욱 제한되었다. 마지막으로 이스라엘의 족보에서 확인되지 않은 자들과, (남성들 중에) 생식 기관이 훼손된 자들은 이스라엘의 정결 지도의 바깥 가장자리에 위치했다.[32] "부정한 결합을 통해 출생한" 자들(신 23:2)과 그들의 자손은 열 세대에 이르기까지 공동체 안으로 들어오는 것이 금지되었다.

이렇게 거룩함과 관련하여 사람들에게 깊이 새겨진 지도가 존재했다. 이방인들은 이 지도로부터 완전히 제거되는 경향이 있었으며, 유대인과 이방인의 경계는 특별히 궁극적으로 유대인의 거룩함이 손상되지 않도록 하기 위해 중요했다. 또한 이스라엘 내부에는 거룩함의 차이를 두는 경계가 존재했으며, 이 경계는 성전 건축에도 반영되었다. 더 위대한 신분과 특권은 이런 거룩함의 지도의 정점에(또는 아마도 중심에) 가까운 자들에게 주어졌으며, 족보의 "온전함"(즉 거룩함)이 의심스러운 자들 주변으로 경계가 조심스럽게 그려졌다.

공간에 대한 지도. 유대인의 세계 지도의 중앙에는 "거룩한 하늘"에 있는 "성막"의 모형인 성전이 중앙에 서 있는 하나님의 거룩한 산인 예루살렘이 그려져 있다(Wis 9:8-10). 성전은 인간 행동의 영역이 하나님의 통치 영역과 교차하는 곳이었다. 즉 성전의 거룩한 장소들은 이 두 영역이 공존하고 그래서 결국 두 영역의 교류가(제사와 같은) 가능했던 일종의 공동 영역이었다. 성전의 심장은 지성소였다. 이곳은 (우주에 거하시며 석조 건축물에 제한받지 않으시는 분으로 알려진) 하나님께서 특별하고 즉각적인 방식으로

---

32   Neyrey, "Idea of Purity," 95-96.

다가오시는 지상의 장소였다. 오직 대제사장만이 일 년에 한 번, 오직 대속 죄일에만 이 방에 들어갈 수 있었다. 지성소로 인도하는 방은 성소라고 불렸으며, 그곳에서 제사장들은 분향단에서 자신들의 제사 업무를 행하거나 필요하다면 제물의 피를 뿌리는 일을 할 수 있었다. 또한 제사장의 활동 범위에는 제사를 드렸던 바깥 제단도 있었다. 제사장들의 뜰 밖에는 이스라엘 남성의 뜰, 이스라엘 여성의 뜰, 마지막으로 그 뜰 밖에 외국인이 이스라엘의 하나님을 예배할 수 있도록 만들어놓은 이방인의 뜰이 있었다.

거룩한 공간으로서의 성전의 거룩함 및 그 거룩함으로 인해 발생하는 힘과 위험에 관한 이해는 21세기를 살아가는 사람들에게는 상상하기 힘든 것이다. 그러나 거룩한 장소 안으로 허가받지 않고 들어가는 것은 침입자—거룩한 장소들을 자신이 출입할 수 있는 곳으로 다루겠다고 위협하는 비제사장—가 죽게 되는 것을 의미했다. 거룩한 장소 안으로 들어가려고 시도했지만 하나님의 보이지 않는 손이 격퇴시켜 내쫓았던 이방인 통치자들이나 왕들에 대한 이야기들은 이런 믿음에 대해 생생하게 묘사해준다(2 Macc 3; 5:15-20; 9:1-28; 3 Macc 1:8-2:24; 4 Macc 3:20-4:14을 보라).

성전이 세워진 예루살렘도 거룩한 곳으로 여겨졌다. 실제로 쿰란 공동체는 예루살렘 안에 성전이 존재함으로 인해 그 도시의 거주민들이 지켜야 할 특별한 정결법이(그 도시에 있는 동안 성교는 절제되어야 한다는 것과 같은) 필요하다고 믿었다. 성전이 자리 잡고 있는 땅, 다시 말해 하나님께서 특별한 방식으로 거주하기 위해 선택한 땅 역시 거룩했다. 이것은 레위기 18장과 20장에서 분명하게 언급된다. 하나님은 모든 이방인 죄인들을 모든 땅에서 몰아내지 않으셨고, 오직 당신이 거룩하게 구별하신 땅에서만 몰아내셨다. 이스라엘 밖의 땅(즉 이방인들의 땅)은 세속적인 땅으로 간주되었다. 사람은 단순히 팔레스타인 땅으로부터 떨어져 있다고 해서 불결해지지 않았으나, 이방인의 땅은 하나님의 거룩한 땅이 아니었다. 더욱이 이방

문화의 키워드로 신약성경 읽기

인의 땅은 가증스러운 관습들로 가득 차 있었으며, 결국 사람이 그 땅의 거주민들의 부정에(우상숭배와 같은) 포함되지 않기 위해서는 반드시 특별한 보호가 필요했다. 디아스포라에게 있어 이런 경계선들을 가시적으로 손상되지 않게 지키는 것은 특별히 중요했다. 왜냐하면 유대인들은 부정해질 수 있는 가능성이 가득 찬 환경에서 하나님의 율법에 순종하고 정결 규칙을 지키는 일을 유지해야 했기 때문이다.

시간에 관한 지도. 안식일이나 한 주간의 일곱 번째 날은 거룩한 날로 따로 구별되었다. 그날에 일함으로써, 다시 말해 다른 여섯 날의 활동을 일곱째 날의 거룩한 시간 안으로 가지고 들어옴으로써 그날을 속되게 하지 말아야 했다. 안식일을 불경스럽게 만든 데 대한 혹독한 처벌은(죽음과 다름없는 것; 출 31:12-17을 보라) 유대교 사람들의 사회적 정체성의 지표로서 이 거룩한 시간의 중요성을 잘 보여준다. 실제로 이는 할례와 돼지고기를 먹지 않는 것과 같이 외부인이 유대인에 대해 알았던 유대인의 표지 가운데 하나였다. 그래서 이것은 유대인들의 주변 민족들로부터 이스라엘 백성을 분명하게 "구별하는" 기능을 하는 표지였다. 주말이 없는 세계에서 안식일은 참으로 독특한 것이었다. 토라에서 주어진 안식일을 거룩하게 지켜야 할 두 가지 근거 중 첫 번째는 지금까지 가장 두드러진 것으로서 안식일 준수의 근거를 하나님 자신의 활동에 두는 것이다. 하나님은 여섯 날 동안 우주를 창조하기 위해 일하시고 일곱째 날에 휴식을 취하셨다. 그래서 그날을 따로 구별하셨다(그날을 거룩하게 만드셨다). 안식일을 지키는 것은 한 분하나님께서 만물을 창조하셨음을 세상에 증언하는 것이다. 또한 이것은 이스라엘이 일곱째 날에 안식하라는 하나님의 명령과 리듬에 부합하기 위한 필수적인 요소다(창 2:1-3; 출 20:8-11; 31:15, 17).[33]

---

33 신명기는 다음과 같은 두 번째 동기를 추가한다. 즉 이집트에서의 종살이, 즉 휴식이 없는

이스라엘은 유월절, 일주일간 진행되는 초막절, 대속죄일, 신년제와 같이 다른 거룩한 날들도 지켰지만, 지금까지는 안식일이 가장 중요하게 성별되는 시간이었고 유대인의 특성을 가장 눈에 띄게 보여주는 지표였다. 그러므로 이것이 유대인들 사이에서(예수님과 바리새인들처럼) 가장 빈번하게 일어났던 논쟁의 주제였다는 사실은 놀랍지 않다.

음식 규례. 유대교의 정결 규례와 부정의 금기 가운데 가장 잘 알려진 요소 가운데 하나는 토라의 음식 규례다. 음식은 유대인들이 매일 접해야 하는 중요한 것이었다. 더욱이 이것은 개인의 특성을 드러내는 가장 특징적인 지표 가운데 하나였으며, 토라의 정결 체계 안에서 하나님을 위해 "구별된 것"이었다.

동물의 피는 거룩한 물질이었으며, 특별히 이스라엘 백성에게 심지어 제사장에게도 엄격하게 금지되었다(레 17:10-14; 신 12:16). 피는 하나님께서 동물 속에 넣어두신 "생명"을 담고 있는 것으로 간주되었기 때문에 하나님께만 속한 것이었다. 피는 오직 희생제사에서만 사용되어야 했고 결코 섭취하면 안 되는 것이었다. 이것은 단순히 매우 거룩한 것이어서 하나님의 영역 안에 존재하는 물질이었다. 유대인들은 이 금기를 모든 인류에게 적용하려고 했으며, 그 결과 이방인들이 고기에서 피를 빼내는 일에 대해 관심이 부족한 것을 혐오스러운 일(단순히 중립적인 선택이 아니라) 가운데 하나로 여겼다.

유대인에게 먹을 수 있는 고기는 (되새김질하는) 반추동물과 (족제비나 말과 같이 굽이 하나인 발을 가지지 않은) 굽이 갈라진 조건을 모두 갖춘 육지 포

곳에서의 시간으로부터 이스라엘을 구원하신 하나님의 자비로운 구원이다(신 5:12-15). 그러나 이 동기는 우선적으로 노예들과 함께 거주하던 이방인들에게 안식일의 쉼을 확보하게 하기 위한 명령을 강화할 때 나타났던 것이다 — 이는 하나님께서 이스라엘에게 보여주신 것과 같은 자비를 보여주기 위함이다.

문화의 키워드로 신약성경 읽기

유류로 제한되었다. 동물은 반드시 이 두 가지 특징을 모두 가지고 있어야 한다. 이것은 (낙타와 바위 너구리와 토끼와 같이) 되새김질하지만 굽이 갈라지지 않은 동물들과 (돼지와 같이) 가장자리 등급에 있는 동물에 대한 특별한 관심을 드러내는 레위기 11장에 나타난다. 유대인의 해산물은 지느러미와 비늘을 모두 가지고 있는 물고기로 제한되었다(결국 장어와 조개는 부정한 것이었다). 새들은 맹금류(다른 동물이나 시체를 먹잇감으로 삼는 조류)가 아닌 한 먹을 수 있었다. 곤충은 메뚜기와 여치 종류를 제외하고는 부정한 것이었다.

생물이 주변 환경에서 어떻게 움직이는가는 정결한지 부정한지에 대한 표지가 될 뿐만 아니라(레 11:3, 9, 12, 20-21), 음식이 될 수 있는가의 여부를 알려주는 지표가 되었다. 다른 동물을 먹거나 피를 먹거나 사체를 먹는 모든 종류의 짐승은(레 11:13-19) 이스라엘에게 부정했다. 그들은 피와 "스스로 죽은 것"을 먹는 일을 피해야 한다(신 14:21).[34] 세상이 창조되었을 때 사람이 먹었던 음식이 채소였던 것과 같이, 먹을 수 있는 적절한 피조물은(지금 고기를 먹는 것은 노아 이후에 허락된다) 여전히 대체로 채식을 따라야 한다. 이런 체계의 논리는 음식에 관한 현대 의학의 분석이 아니라 토라 자체의 음식 규례들에 부여된 의미 속에서 발견되어야 한다(아래 레 20:22-26에 대한 논의를 보라).

음식에 관해 다음의 한 가지 요소를 언급해야 한다. 즉 제사에서 하나님과 제사장들에게 드려지고, "화목제사"(well-being sacrifice)의 경우에 평신도들에게까지 주어지는 제물의 특정 부위의 할당에 대한 것이다. 하나님의 몫은 인간이 먹기에는 너무 거룩한 것이다. 제사장의 몫은 평신도들이 먹기에는 너무 거룩한 것이다(레 22:10). 마지막으로 오직 정결한 자만이 이

34　　Baruch Levine, *Leviticus*, JPS Torah Commentary (Philadelphia: Jewish Publication Society, 1989), 247-48을 보라.

몫에 접근할 수 있다. 부정에 걸린 제사장은 성별된 제물을 먹어서는 안 된다. 만일 그렇지 않으면 그는 "끊어지게 될" 것이다(레 22:1-9). 부정에 걸린 평신도들은 모두 동일한 신적 파멸의 벌칙 아래 놓여 있기에 "화목제사"에서 남겨진 제물을 먹어서는 안 된다(레 7:19-21). 정결한 짐승과 부정한 짐승의 구별이 모든 이스라엘 백성에게 이스라엘을 모든 다른 민족과 구별하는 표지가 되듯이, 공동체 내부의 사회적 구조를 강화하는 음식에 관한(특별히 제사장만을 위해 남겨둔 십일조와, 하나님과 제사장과 예배자 사이에 몫을 나누었던 화목제사에서 볼 수 있는) 또 다른 차원이 존재한다.

음식법은 유대인의 정체성과 공동체의 경계를 여러 가지 실제적인 방식으로 강화했다. 유대인들이 어떤 음식을 신중하게 피했다는 사실, 특별히 돼지고기를 피했다는 사실은 그들 사이에 살았던 이방인들에게 잘 알려져 있었다. 그러므로 유대인의 요리법은 내부(유대인)와 외부(이방인) 사이에 그려진 경계선을 알려주는 또 다른 표지가 되었다. 유대인들은 자신들의 음식 재료가 정결해야 한다는 점을 확실히 해야 했다. 다시 말해 동물은 적합한 방식으로 도살되어야 했다. 그래서 모든 피가 고기 안에 스며들지 않도록 제거되어야 했다. 또한 그들 주변의 세상에서 행해지는 어떤 우상숭배의 부정과도 아무런 관련이 없이 도축되어야 했다.[35] 이 점은 유대 땅에서는 그렇게 큰 관심사가 되지 못했지만 디아스포라 유대인들의 관심을 사로잡았을 것이다. 이런 관심사들은 결과적으로 유대인들이 음식을 위해 그들 자신의 시장을 발전시키고 시장 주변에 자신들의 공동체를 모으는 경향을 만들었다. 이는 효과적인 음식 규제들이 사회적 그룹을 형성하

---

35 이 이유로 인해 디아스포라 유대인들은 이방인들이 유통했던 기름이나 포도주를 사용하기를 피하는 경향이 있었다(E. P. Sanders, *Judaism: Practice and Belief 63 B.C.E.-66 C.E.* [Philadelphia: Trinity Press, 1992], 216; Josephus J. W. 2.591; *Life* 74을 보라).

문화의 키워드로 신약성경 읽기

는 것을 얼마나 놀라울 정도로 강화할 수 있는지를 보여준다.[36]

몸의 지도. 현대 부족 문화뿐만 아니라 고대 이스라엘 문화에 관한 메리 더글라스의 광범위한 연구는 그녀로 하여금 "몸은 어떤 한계를 가진 체계를 대표할 수 있는 모델이다"[37]라는 통찰력을 갖게 만들었다. 많은 정결 규례는 사람의 몸에서 피부의 온전함에 대해 강한 관심을 표현하는데, 이는 사회적인 몸(누가 그 공동체에 속하거나 속하지 않는지에 대한 견고하고 확정된 정의)의 경계의 온전함에 대한 관심을 반영한다. 몸 안으로 들어오고 나가는 것에 대한 관심 역시 사회적인 몸 안으로 들어오고 나가는 것과 그 흐름을 규정하고자 하는 바람에 대한 더 큰 관심과 상관이 있다. 이런 분석을 고려할 때, 인간의 몸과 관련한 부정에 대한 많은 연구가 그다음으로 표면(의복과 피부)과 몸의 관문들을 관통하는 용액과 삶과 죽음의 경계를 넘는 신체에 관해 초점을 맞추고 있음은 놀랍지 않다.[38]

많은 문화는 죽음을 한순간에 수많은 사람의 일상을 파괴하는 것으로 간주한다. 그래서 죽음은 부정의 특별한 예가 된다. 이것은 이스라엘의 경우도 마찬가지다. 시체를 만지는 것과 시체와 같은 방에 있는 것과, 심지어

---

36 많은 잠재적 부정은 유딧이 자신의 이름으로 된 이야기에서 피했던 잘 알려진 주제들이다. 유딧은 이방인의 진영에 머무는 동안 정결한 음식과 자신의 개인 접시를 취하고(Jdt 10:51), 하나님의 뜻을 거스르지 않기 위해 홀로페르네스의 음식을 먹거나 그의 식탁 집기들을 사용하기를 거절한다(Jdt 12:1-2). 더욱이 그녀는 자신의 장막 안에서 식사하기 전 정결을 위해 흐르는 물로 매일 밤 정결 의식을 행한다(Jdt 12:7-9). 베툴리아에 돌아오면서 그녀는 이방인에게 오염되지 않았음을 주장한다(이방인과의 성적 관계는 이 글에서 내내 불결한 것으로 간주된다(Jdt 13:16; Jdt 9:2, 4도 보라).

37 Douglas, *Purity and Danger*, 115.

38 Neyrey, "Ideas of Purity," 102-3. 이 해석은 신체적 부정이 죽음의 경험이나 상징과 관련이 있다고 말하는 Milgrom(아래를 보라)의 주장을 반박하는 것이 아니다. 문화의 삶과 죽음은 실제로 신체뿐만 아니라 음식과 관련된 정결 규례들을 구축하는 데 달려 있다. 이런 규정들을 지키는 것은 공동체에 대한 강한 의식과 공동체의 정신과 공동체로 하여금 동화하도록 위협하는 주변 문화들과 관련하여 너무 많은 침투를 허락하기보다는 뚜렷하게 구별되는 정체성을 유지하는 일에 강하게 헌신하는 것을 의미한다.

외부 공간에서 장례 행렬이 진행되어 시체가 지나갈 때 그 시체에 그림자가 닿는 것도 부정하다고 간주되었다. 이것은 더욱 "심각한" 신체적 불결 가운데 하나였으며, 그 결과 이 불결한 상황을 회복하는 데 걸리는 시간은 하루가 아닌 칠 일이 걸렸다(일반적인 신체적 불결을 회복하는 것보다 더 긴 시간이었다). 제사장들은 자신의 가장 가까운 친족과 관련되었을 때를 제외하고는 이런 부정에 노출되어서는 안 되었다. 이런 부정에 노출된 자에게는 삼일과 칠 일에 제사장이 준비하여 보관했던 붉은 암송아지의 재와 물의 특별한 혼합물을 그에게 뿌려야 했다(민 19장은 이런 정결을 위한 물질의 준비와 사용에 관한 자세한 내용을 제공한다).[39]

　　"나병"이라는 제목 아래 함께 취급되었던 다양한 무질서와 관련되는 것으로서 썩은 피부가 드러나는 것은 불결의 다른 강력한 원인이었다. 이런 상태는, 나병으로 미리암을 치셨던 하나님께 대한 아론의 반응에서 볼 수 있듯이, 죽음과 밀접하게 연결된다. "그가 살이 반이나 썩어 모태로부터 죽어서 나온 자 같이 되지 않게 하소서"(민 12:12). 레위기 13장은 "나병"을 진단하는 법에 대해 자세한 안내를 포함하는데, 이 모든 것은 피부의 짓무름과 육체의 온전함이 손실된 것에 초점을 맞추고 있다. 그 결과가 불결과 전염을 일으킬 수 있는 부정한 상태로 판명되면, 나병 환자는 그 병이 지속되는 한 일반 주민들로부터 격리된다(레 14:45-46).[40]

39　자신의 이름으로 된 책인 외경에서 토비트는 추방당한 유대인들의 시체를 경건하게 매장한다. 그는 시체의 부정함과 접촉한 것을 인식하고서 시체를 옮기고 난 후 깨끗하게 씻고 자신의 집 밖에서 잠을 잔다(Tob 2:9). 이 이야기는 디아스포라 유대인들이 얼마나 부정과 정결에 대한 법을 여전히 지키고 있었는지를 보여준다. 비록 그들이 성전 가까이에 있거나 그곳으로 갈 예정이 없었음에도 말이다. 토비트는 붉은 암송아지의 재를 구할 수 없었다. 그래서 그는 정함과 부정 사이의 선을 지키기 위해 자신이 할 수 있는 한 최선을 다해 정결 의식을 임시변통으로 마련한다.

40　민 5:2-4은 나병 환자, 유출증의 고통을 겪고 있는 사람, 부정한 시체에 노출된 사람의 격리에 대해 기술한다.

　　　　　　　　　　　　　　　　　　　문화의 키워드로 신약성경 읽기

땀과 눈물을 흘리는 것, 대소변을 보는 것, 자상을 입어 피를 흘리는 것은 부정한 것으로 간주되지 않지만, 성적인 배출 및 번식 과정과 관련된 배출은 부정한 것으로 간주되었다. 월경 및 월경 중에 있는 여성과의 부주의한 성교는 칠 일 동안 부정한 상태가 되었다. 남성과 여성 모두 불규칙한 배출은 그것이 지속되는 동안 부정한 것으로 여겨졌다.[41] 몽정과 성교는 그 일을 경험한 남자 또는 남녀가 다음 날 해가 질 때까지 부정한 것으로 간주되었다(자세한 규정에 관해서는 레 15:1-30을 보라). 특별한 욕조에(기반암을 잘라 만든 "불결하지" 않은 깊은 물통으로 *mikvah*라고 불림) 몸을 잠그는 것은 일반적인 정결 과정의 일부였다. 심지어 출산도 더 심각한 부정의 원인이 되었는데(레 12:2-5), 그 이유는 아마도 생명이 탄생하는 사건에 수반되는 많은 양의 출혈과 조직의 손실 때문이었을 것이다(레 12:7). 이 불결은 새로 태어난 아이가 남자일 경우 사십 일간, 여자일 경우에는 팔십 일간 지속되었다.

부정은 성적인 기관에서 배출되는 물질뿐 아니라 사람의 입으로 들어가는 것을 통해서도 발생할 수 있었다. (피와 같이) 먹기에 가증스러운 것과 정결하거나 부정한 것에 관한 음식 규례들이 유대인들에게 작용한다. 부정한 음식을 먹는 것은 배출이나 배출하는 자와의 접촉으로부터 겪게 되는 부정과는 다른 종류의 부정에 해당한다 — 레위기는 배출로 인한 부정이 발생했을 **때** 행해야 할 것을 구체적으로 제시하고 있으나, 돼지고기를 먹은 후에 정결하게 해야 할 가능성에 대해서는 언급하지 않는다. 토라는 유대인들에게 부정한 고기는 먹지도 말고 만지지도(즉 부정한 짐승의 사체를 만지는 것) 말라고 명령한다. 토라는 실제로 사체를 만진 자들이 치러야 할 정결 예식들을 제시하고 있으나(레 11:24-38), 부정하거나 가증스러운 동물을

---

41 우리는 어떤 의사도 그녀의 깨끗함을 회복시켜줄 수 없어 열두 해 동안 혈루증으로 고생했던 여인을 떠올리지 않을 수 없다(막 5:25-26).

먹은 자들을 위한 정결 예식에 대해서는 제시하지 않는다.

부정은 많은 간접적인 원인으로 인해 사람의 음식을 통해서도 이스라 엘 백성을 공격할 수 있었다. 도마뱀과 설치류와 같이 "떼를 지어 다니는" 부정한 동물들은 점토로 만든 접시와 항아리뿐만 아니라(이 경우에 용기들을 깨트려야 한다) 나무로 만든 용기나 의복이나 가죽을 오염시킬 수 있었다 (이 경우에는 그것을 세척해야 한다). 그런 용기에 담겨 있던 용액들은 (그것을) 사용했다면 오염을 전파하는 것으로 간주되었다(레 11:29-35). 또한 사람 들은 집에서 저장된 음식이 오염되는 것을 막아야 했다. 열려 있는 용기에 담긴 용액이나 젖은 음식, 혹은 씨앗은 시신으로 인한 오염이나 떼를 지어 다니는 짐승의 사체로부터의 오염에 노출되기 쉬웠다(예. 레 11:37-38). 이 스라엘 백성은 성전에 오염된 물질을 보내거나 성전에서 일하는 사람들이 부정하게 되는 일이 발생하지 않도록, 예루살렘의 제사장들을 위해 구별해 놓은 음식을 그런 오염으로부터 보호하기 위해 특별한 주의를 기울였다!

거룩함과 협상하기 및 제의를 통해 부정에 대처하기. 이런 제도의 모 든 경계가 결코 넘어오지 못하게 의도된 것은 아니다. 제의의 복잡한 제도 는 다음 사항을 허용하는 데까지 발전되었다. 예를 들어 부정해진 사람은 정함(또는 정결)의 상태로 다시 통합될 수 있었고, 일상의 물건 및 사람들도 거룩한 영역의 일부가 될 수 있었다.[42] 거의 모든 제의가 상태와 관련이 있

---

42 예를 들어 아론과 그의 아들들은 거룩한 기름 부음과 안수 의식을 통해 세속의 영역으로 부터 거룩함의 영역으로 옮겨갔다. 십일조와 헌금은 많은 생산물 가운데 따로 구별하여 제 사장에게 옮겨감으로써 일상의 영역으로부터 거룩함의 영역으로 옮겨갔다. 전리품들은 따로 구별하여 금지 규정(herem) 아래 두고 파괴를 통해 하나님께 옮겨짐으로써 거룩해질 수 있었다. 거룩함의 영역으로부터 무엇인가를 제거하여 세속의 영역으로 가는 적절한 의 식들이 있었다—예를 들어 돈으로 장자를 구속하는 것이다. 경계를 넘어서는 이 모든 합 법적인 이동에 관한 제의 규정이 있었다. 다른 이동은 불법적인 것으로 그 결과는 죽음을 초래했다(예. 안식일을 범하는 일, 부정한 상태에서 거룩한 음식을 먹는 일). 다음의 훌륭 한 논의를 보라. Wright and Hodgson, "Holiness," 245.

다. 그것이 상태를 높여주는 제의든(아론과 그의 아들들의 안수와, 그다음에 일어나는 이후의 지속적인 예배를 가능하게 하는 제사장들의 안수와 같이), 상태를 되돌려주는 제의든(나병 환자, 출산한 여성, 또는 축적된 부정으로부터의 성결과 같이), 상태를 유지해주는 제의든(이는 현재 상황을 강화하는 것을 포함한다. 예. 이스라엘의 언약에 관한 충성과 복종의 지속적인 표지로서 하나님을 명예롭게 하기 위해 드려지는 매일의 번제와 같이) 간에 말이다.

다양한 문화를 가로지르며 수백 년을 관통하면서도 놀라울 정도로 변함없는 제의 과정은 세 가지 국면을 포함한다. 첫째, 의식에 참여한 사람이나 사람들은 상징적이거나 신체적인 방식으로 대중과 구별된다. 그 후에 그들은 두 번째 경계의 영역 ― 그들이 이전 상태에 속한 것도 아니고 아직 새로운 상태에 들어간 것도 아닌 중간 상태 ― 으로 들어간다. 이 상태의 마지막 부분에서 그들은 일반적으로 어떤 "집합의 의식"(rite of aggregation)[43]으로 표시되는 새로운 상태로 들어가게 된다. 과거로부터의 분리와 새로운 상태로의 집합 사이의 경계에 있는 상태는 부족의 제의들을 관찰하는 인류학자들의 특별한 관심사가 되어왔다. 이런 상태에서 미래의 왕은 자신의 미래의 백성으로부터 더럽힘과 모욕과 폭력을 당할 수 있었다. 젊은이 집단은 함께 모여 부정의 금기로 외부를 차단하고 우리가 단지 호된 신고식이라고밖에 묘사할 수 없는 것에 종속될 수 있었다.[44] 그래서 이런 중간기의 상태는 사람들이 그런 의식을 경험하기 전과 후에 겪는 것과는 급진적

---

43 이것은 Victor Turner, *The Ritual Process* (Ithaca, N.Y.: Cornell University Press, 1969)에서 자세하게 다루어진다. Milgrom, *Liviticus I-XVI*, 566-69도 보라.

44 심지어 서구 사회에 있는 우리도 이런 의식의 내용으로부터 완전히 자유로울 수 없다. 젊은이들은 종종 자신의 태어난 마을로부터 분리되어 4년 동안 대학에서 자신들의 "동료들"과 모여 살게 된다. 그 후에 그들은 새로운 상태(어른)에서 새로운 권리와 책임을 가지고 실제 세상으로 돌아가 모이게 된다. 사역을 위해 하나님으로부터 부르심을 받았으나 아직 안수받지 못한 사람들은 신학교에서 3년이나 그 이상의 기간 동안 강한 훈련을 받게 될 것이다.

인 차이—심지어 뒤집혀 전도된 차이—가 있다. 경계선상에 있는 이 시기는 사람이 이전에 처했던 상태와 자신을 분리시켜 거리를 두고 이제 막 들어가야 할 상태를 준비하는 시간이다.

유대인의 의식들은 경계선상에 있는 시기와 관련하여 대단한 준비가 필요하다는 점을 보여준다. 예를 들어 대제사장은 임명되기 전에 더럽혀지면 안 된다. 그러나 제사장들과 나병에서 나은 사람들은 한 상태(제사장이 아닌 상태, 부정한 나병 환자)에서 또 다른 상태(제사장, 온전한 사람)로 옮겨갈 때 "겸손함과 신성함 속에서" 칠 일간 따로 떨어져 있어야 한다.[45] 세 단계에 걸친 제의 과정은 제2성전기의 유대교 내에서뿐만 아니라 초기 기독교의 많은 의식에서도 발견할 수 있다. 이 의식 자체는 히브리서가 이해하고 있듯이 한 사람의 생애의 전체 경험을 이해하는 데 기틀이 될 수 있다(본서의 8장을 보라).

대부분의 부정은 토라에서 기술하고 있듯이 특별한 정결 예식이 필요했다. 단순한 부정은 하루를 보냄으로써, 종종 욕조에 몸을 담금으로써 제거될 수 있었다. 이는 오염된 의복을 세탁하는 일을 포함하기도 했다. 시

---

45 Nelson, *Raising Up*, 58. 아론의 제사장 임명과 관련된 의식에 대해서는 출 29장을 보라 (물로 정결하게 하는 구별 의식과 첫 희생제물로부터 나온 피로 제사장의 오른쪽 귀와 엄지손가락과 발가락에 표시하는 것과 함께 특별한 성복을 수여하는 것, 제사와 제사에서 나온 거룩한 음식을 함께 먹기 위한 칠 일을 포함하는 경계의 시기). 이 집합의 의식은 규정되지는 않았지만 새롭게 안수받은 제사장이 칠 일이 종료되어 자신의 직무에 들어가게 될 때 효과를 발휘하게 된다. 나병 환자를 정결하게 하는 의식은 레 14:1-32에서 발견되는데, 제사장의 안수와 놀라운 평행을 이룬다. 3단계 의식이 진행되는 과정이 충분히 설명된다. 나병이 나은 자는 두 마리의 새를 제물로 바치는 의식을 통해 나병 환자로 있었던 이전 상태와 분리된다(레 14:1-8a). 경계선상의 시기는 그 사람이 머리카락과 몸의 모든 털을 삭도로 완전히 제거한 후 칠 일간 마을 안에서 살지만 장막 밖에서 거하는 것을 통해 분명하게 드러난다(레 14:8b-9). 집합의 의식은 팔 일째 되는 날 두 마리의 숫양을 제물로 바치는 제사를 통해 완성된다. 또한 나병 환자의 경우에는 그의 오른쪽 귀와 엄지손가락과 엄지 발가락에 희생제사에서 나온 피와 기름을 바름으로써 완성된다. 이런 희생제사가 완료된 후에 나병이 나은 사람은 한 번 더 마을에 있는 집에서 살 수 있게 된다.

문화의 키워드로 신약성경 읽기

체로 인한 부정은 제사장들이 준비해서 가지고 있던 붉은 암송아지의 재와 물을 특별하게 섞은 것을 제삼 일과 칠 일에 그 사람에게 뿌림으로써 제거되었다. 더 심각한 부정(과 죄, 특히 의도적인 죄)은 거룩한 장소를 오염시킬 수 있었으며, 심지어 멀리 떨어져 있는 곳에서라도 그렇게 할 수 있었다. 거룩한 장소들은, 제이콥 밀그롬(Jacob Milgrom)이 도리안 그레이(Dorian Gray)의 그림과 비교했듯이, 사람들의 상태를 보여주는 일종의 거울과 같은 것이었다.[46] 사람들이 불결하게 되었을 때나 더 나쁘게 스스로를 부정하게 만들었을 때 부정은 거룩한 장소들의 표면에 드러나야 했다. 개인의 사고로 인한 범죄들은 제단을 오염시켰으며, 그와 같은 범죄들을 해결하려고 이스라엘 백성이 가져온 정화를 위한 제물의 피가 부정의 위협을 제거하기 위해 제단에 가장 빠르게 뿌려져야 했다(레 4:27-31).[47] 집단과 관련된 사고로 인한 범죄들은 제단과 거룩한 장소 모두를 오염시켰다. 이 두 장소에는 모두 "죄를⋯깨닫게 [되었을 때]" 드려지는 정결의 제물의 피를 뿌리거나 발랐다(레 4:13-21). 의도적인(피할 수 있고 인식할 수 있는) 범죄들은 지성소를 오염시켰다. 이런 부정은 대속죄일에 지성소의 내부 휘장과 성소 및 제단에 피를 뿌림으로써 제거되었다(레 16:1-20). "속죄하는" 피가 부정을 깨끗하게 하거나 씻어낸다고 이해되어야 하는지,[48] 아니면 부정으로 인해 침식된 하나님의 거룩함의 "덮개"를 고쳐주는 것으로 이해되어야 하는지에 대한 논쟁이 있다(만일 부정이 지속적으로 수년간 계속됨으로써 모든 것이 다 부정에 침식당하게 된다면, 이는 하나님의 거룩함이 백성을 침노하고 그들을 소멸시키

---

46 다음을 보라. Milgrom, *Leviticus I-XVI*, 49, 253-61; *Numbers*, JPS Torah Commentary (Philadelphia: Jewish Publication Society, 1989), 444-47.

47 이 범주는 예를 들어 여성이 아이를 낳은 후 또는 나병 환자가 그 고통에서 정결하게 되었다고 선언을 받은 후의 더 심각한 육체적 불결을 포함할 것이다. 이 제사는 인간을 깨끗케 하기 위해서가 아니라 제단에 올라오는 부정을 동적인 오염의 형태로 제거하는 것이었다.

48 좀 더 전형적인 이해는 Migrom, *Numbers*, 444에 제시된다.

는 원인이 되었을 것이다).[49] 어느 경우든지 거룩하신 하나님의 존전으로부터 부정을 제거하는 것은 하나님께서 이스라엘을 떠나시거나(그 결과 그분의 은혜를 이용할 수 없게 되거나) 백성을 소멸하지 않으시고 계속해서 이스라엘 백성 가운에서 계시도록 하기 위해 반드시 요구되는 것이었다. 따라서 대속죄일의 제사 의식의 절반은 사람들을 그들의 죄에서 정결하게 하는 것에 초점을 맞추고 있다. 이는 그들이 죄를 고백하고 회개하며 두 번째 염소—이 염소는 거룩한 장소들을 정결하게 하기 위한 피의 자원으로서가 아니라 사람들로부터 부정을 제거하고 마귀 아사셀의 영역인 사막으로 보내는 수단으로서 사용되었다(레 16:20-28)—의 머리에 상징적으로 그들의 손을 올려놓는 것과 관련이 있다.

"윤리적인" 거룩함과 부정. 토라에서 발견되는 많은 부정의 금기는 사회적 행동의 규정들을 강화한다. 그러나 우리는 경건한 유대인이 도덕적 율법과 제의적 율법 사이에 아무런 차이를 두지 않고 준수했음을 반드시 기억해야 한다. 부정한 음식을 먹는 것과 근친상간을 범하는 것이 모두 부정을 초래한다는 사실은 토라의 본질적인 통합을 단일한 규정으로 보여준다. 레위기는 부정한 음식을 피함으로써 거룩하게 행동할 수 있다는 것뿐만 아니라(레 11장), 거룩함이 다른 사람들을 대함에 있어 모든 공정과 정직과 정의를 추구함으로써 실행될 수 있다고 이야기한다(레 19장). 덕과 악, 정의와 불의의 구별은 정결한 음식과 부정한 음식의 구별만큼이나 모든 부분에서 중요하기 때문에, 우리는 두 번째 가장 위대한 계명이 거룩함에 대한 규정의 한가운데서 발견된다는 사실을 잊지 말아야 한다. "너는 네 이웃을 네 몸과 같이 사랑하라!"(레 19:18). 또한 희생제사 제도는 현재 우

---

49 Mary Douglas("Atonement," 116-18, 123-30)는 후자의 해석에 대해 설득력 있는 증거를 제공해준다. 특히 123쪽을 보라. "중대한 범죄는" 속죄로 회복되는 "하나님의 의를 보호하는 덮개를…찢어버렸다."

문화의 키워드로 신약성경 읽기

리가 도덕법과 의식법이라고 부르는 것의 본질적인 일치를 보여준다. 속죄제는 "정결하게 하는 제사"[50]로 불리는 것이 더 나으며, 어떤 도덕적 위반들에 대해, 혹은 (출생과 같이) 도덕적인 잘못과는 관계없이 발생하는 부정에 대해 드려지는 제사였다. 이 둘은 모두 동일하게 부정한 것을 정화하는데 필요한 기준으로부터의 이탈을 의미했다.[51] 사업 및 돈과 관련한 사기와 같은 윤리적 범죄를 저지른 경우, 그리고 부정한 사람이나 동물과의 접촉으로 인해 제의적 부정에 부지불식간에 노출된 경우에는 모두 일종의 "속건제"가 요구되었다(레 5:2-7; 6:2-7).

몇몇 종류의 행동은, 부정에 대해 규정된 치유법이 존재하지 않는 경우, 부정을 초래한 자의 죽음 외에 심각한 처벌을 받아야 했다. 살인은 이런 종류의 불결한 행위였다. 만일 살인자가 밝혀지지 않아서 처형될 수 없다면, 사람들이 거주했던 지역에서 발생한 부정이 광야로 이전될 수 있도록 하는 정교한 의식이 규정된다(신 21:1-9). 어떤 성교는 "가증스러운 것", 다시 말해 완전히 철저하게 성결의 껍질을 벗겨버리는 행위로 표시되었다. 그런 행위는 근친상간, 간음, 거부 의사를 표현했거나 밭에서 일하고 있는 결혼한 여성에 대한 강간, 수간, 동성 간의 성교와 같은 것들이다. 다시 말해 그런 범죄에 대해서는 오직 죽음만이 그와 같은 행위로 인해 발생한 땅의 부정을 말살하기에 충분하다. 마지막으로 우상숭배는 그것을 행한 자의 죽음을 요구하는 부정이다. 특별히 가나안 사람들의 우상들과 성적인 탈선으로 인해 그 땅은 먼저 "오염"되어 있었다. 따라서 그 땅은 이전의 거주민들에게 그러했듯이 땅이 새로운 거주민들을 토해내지 않도록 다시 오염되

---

50   Milgrom, *Leviticus I-XVI*, 253; Sanders, *Judaism*, 108을 보라.

51   Sanders, *Judaism*, 108을 보라. 지면의 제한과 다루는 주제의 차이로 인해 여기서는 시도하기가 불가능하지만, 유대교의 희생제사 제도에 대한 간결하고 자세한 연구에 대해서는 Sanders, *Judaism*, 103-18, 251-57; Milgrom, *Leviticus I-XVI*, 253-65, 440-57을 보라.

지 말아야 했다.

시편 51편은 정결 규례들과 부정의 금기의 틀 안에서 윤리적 죄의 개념에 대한 탁월한 예를 제공한다. 여기서 기도는 다윗의 간음 행위(와 우리아의 죽음을 초래한 계략)와 연결되는데, 도덕적 죄는 비정상적인 배설물에 붙어 있는 부정과 같이 그것이 씻기거나 깨끗해질 때까지 그 사람에게 남아있다(시 51:2, 7). 이 죄에 대한 해결책은 하나님께서 그 죄인에게 깨끗한 마음을 주시거나, 하나님의 거룩한 존전으로부터 부정한 자를 쫓아내어 하나님의 성령을 거두어들이는 것이다(시 51:10-11). 정결하게 하는 것은 전적으로 하나님의 은혜에 달려 있으며, 개인이 자신에게 행할 수 있는 가장 부정한 행위에 대한 제의적 씻음과는 다르다. 간음에 대해 규정하고 있는 "정결하게 하는 제사"는 없다. 그래서 다윗은 그가 할 수 있는 유일한 제사—"상한 심령, 상하고 통회하는 마음"(시 51:17)—를 드렸다. 정상적으로 정결하게 하는 작업(죽음)이 요구되는 관점에서 말한다면, 그와 같은 죄는 너무 심각하여 가장 관대하고 놀라운 방법, 무엇보다 하나님께서 수여하지 않으시면 받을 수 없는 죄인에 대한 하나님의 용서와 정결하게 하심 외에는 해결할 방법이 없다. 토라는 우리에게 하나님께서 인간 사회를 위해 규정하신 명령에 맞서는 죄의 가증스러운 본성에 관해 자세히 가르친다. 오직 우리가 죄의 혐오스러움(과 우리 자신의 혐오스러움)에 대해 깨닫게될 때 성경은 우리의 욕망과 금지된 것들 사이에 가장 중요한 장벽을 세울 뿐만 아니라 우리에게 제공된 하나님의 자비하심을 충분히 소중히 여기도록 우리를 가르치는 작업을 완성하게 될 것이다.

문화의 키워드로 신약성경 읽기

유대교의 정결 규례와 부정의 금기에 관한 의미

우리는 유대인의 정결법과 관련해서 건강이나 위생과 관련된 고려사항과 같이 현대인의 시각에 합리적인 해석을 찾기보다 강력한 규례를 따라야 했던 내부인의 합리적 근거를 찾아야 한다. 토라 자체가 유대인이 따라야 하는 규례의 의미를 전달하는 중요한 구절들을 율법을 준수하는 유대인들에게 제공해준다.

정결 규례들을 지키며 부정을 통제하고 방지하는 데 대한 핵심적 설명이 레위기 11:44-45과 19:2에 제시된다. "내가 거룩하니…너희도 거룩할지어다." "너희는 거룩하라. 이는…너희 하나님이 거룩함이니라." 거룩하신 하나님은 이스라엘을 선택하시고, 명예에 기초하여 이스라엘과 관계를 맺으시며, 자신의 거룩하신 이름을 백성 위에 두시고, 그들과 함께하시며, 특별한 방식으로 이스라엘 가운데 거하신다. 거룩하신 분과의 이 연합은 백성 역시 거룩해야 할 것을 요구한다. 하나님과의 접촉은 일정한 수준의 정결과, 그 접촉이 혜택이 되고 파괴적인 것이 되지 않도록 하는 거룩함을 유지할 것을 요구한다.[52] 하나님의 명령 ─ 단지 십계명뿐만 아니라 모든 언약! ─ 을 지킴으로써 이스라엘 백성은 그들 위에서 그들을 능가하는 "거룩하신 이름"에 모독이 되는 일을 피하고자 했으며(레 22:31-33), 그렇게 해서 하나님의 은혜를 그분의 분노로 바꾸는 파멸의 길을 피하고자 했다. 거룩한 사람은 "세속적이거나 평범한 사람과는" 다르다. 즉 거룩함은

---

[52] 심지어 전쟁 시에도 거룩하신 하나님은 이스라엘 군대와 함께 움직이신다. 그 결과 전쟁을 치르는 진영도 마치 성막 주변의 이스라엘 백성의 진영처럼 거룩한 장소가 되었다. 그래서 주의 깊게 진영 밖에서 배변하고(배설물을 땅속에 묻어야 했고), 밤에 몽설했을 때는 진영 밖에 나가서 부정한 것이 다 해소된 후에 목욕을 마치고 진영으로 돌아와야 했다. "이는 네 하나님 여호와께서 너를 구원하시고 적군을 네게 넘기시려고 네 진영 중에 행하심이라. 그러므로 네 진영을 거룩히 하라. 그리하면 네게서 불결한 것을 보시지 않으시므로 너를 떠나지 아니하시리라"(신 23:14).

"다른" 것이다. 따라서 자신의 하나님께 거룩할 것을 명령받은 사람들은 그들 주변의 사람들과는 달라야 한다.[53] 거룩함과 독특성은 토라와 유대교에서 밀접한 연관성이 있으며, 거룩함을 추구하는 것은 "부정과 정결을 구별하는 것과 먹어도 되는 생물과 먹지 말아야 할 생물을 구별하는 것"(레 11:47)과 "땅 위에서 움직이는 떼를 지어 다니는 생물이 너 자신을 부정하게 만드는 것"(레 11:43)을 거부하는 것과 같이 일상생활의 실제에서 틀림없이 작용했을 것이다.

하나님 자신을 위해 그리고 하나님의 거룩한 땅에서의 특별하며 운명적인 삶을 위해 하나님께서 이스라엘을 선택하신 것은 정결과 부정, 거룩함과 세속의 차이를 구분하는 궁극적인 이유가 된다. 레위기 20:22-26은 이에 대해 다음과 같이 자세하게 설명해준다.

> 너희는 나의 모든 규례와 법도를 지켜 행하라. 그리하여야 내가 너희를 인도하여 거주하게 하는 땅이 너희를 토하지 아니하리라. 너희는 내가 너희 앞에서 쫓아내는 족속의 풍속을 따르지 말라. 그들이 이 모든 일을 행함으로 내가 그들을 가증히 여기노라. 내가 전에 너희에게 이르기를 너희가 그들의 땅을 기업으로 받을 것이라. 내가 그 땅 곧 젖과 꿀이 흐르는 땅을 너희에게 주어 유업을 삼게 하리라 하였노라. 나는 너희를 만민 중에서 구별한 너희의 하나님 여호와이니라. 너희는 짐승이 정하고 부정함과 새가 정하고 부정함을 구별하고 내가 너희를 위하여 부정한 것으로 구별한 짐승이나 새나 땅에 기는 것들로 너희의 몸을 더럽히지 말라. 너희는 나에게 거룩할지어다. 이는 나 여호와가 거룩하고 내가 또 너희를 나의 소유로 삼으려고 너희를 만민 중에서 구별하였음이니라.[54]

---

53   Levine, *Leviticus*, 256.

54   신명기 역시 가나안 사람들의 애곡하는 관습(앞머리를 자르고 피부를 찢는 것, 신 14:1)의 금지와 레위기에 있는 음식법의 핵심(신 14:3-21)을 동일한 이유 속에 포함시킨다.

위의 단락에 앞서 레위기 18:24-30은 이미 정결을 유지하는 것, 부정을 방지하며 통제하는 것과 그 땅을 소유하는 것의 관련성을 분명하게 밝혔다. 이전에 거주했던 사람들은 그들의 성적 관습과 우상숭배로 인해 "스스로를 부정하게 만든 자들"이었다(레 18장 전체). 그래서 "그 땅이 그 거주민들을 토해냈던 것이다." 만약 이스라엘 사람들이 그들 주변 나라들의 사람들처럼 행한다면 그들도 가나안 거주민들이 겪은 동일한 고통을 경험하게 될 것이다. "그 땅이 너희가 있기 전 주민을 토함 같이 너희를 토할까 하노라"(레 18:28). 성적으로 가증스러운 행위, 우상숭배 의식, 불법적인 제의, 혐오스러운 것의 섭취, 적절한 정화 작업 없이 부정을 축적하는 등의 행위를 하는 자는 단순히 성전 출입만 금지되는 것이 아니라 그 땅에 속한 민족의 안전에도 막대한 위협이 된다.

그러나 위에 인용한 구절은 민족의 안전 문제를 넘어서서 말하자면 민족적 정체성의 문제를 다룬다. 음식법은 특별히 사회적 몸에 대한 중요한 상징을 다루는 본문을 통해 규정된다. 유대인들은 (이방인들이 먹는 것은 괜찮으나) 자신들이 먹기에는 부정한 음식의 반대편에 속하는 정결한 음식의 섭취를 지속적으로 지킴으로써 그들이 이방인 그룹에 속하지 않으며, 비록 작은 그룹이지만 그들이 부정한 음식과 정결한 음식을 따로 구별하고 있듯이 하나님으로 인해 구별된다는 점을 상기했다. 그들은 다른 민족들과 구별되어야 한다는 사실을 확인하면서 "날마다 식탁을 대했던" 것이

"너는 네 하나님 여호와의 성민이라. 여호와께서 세상 만민 중에서 너를 택하여 자기 기업의 백성으로 삼으셨느니라"(신 14:2). 다시 말해 거룩함은 몸의 온전함과 신체의 구멍(여기서는 입을 의미한다)을 보호하는 것과 직접적으로 연관된다. 출 22:31도 보라. 여기서는 음식법을 지키는 것과 관련하여 이스라엘과 거룩하신 하나님을 특별히 연결한다. "너희는 내게 거룩한 사람이 될지니 들에서 짐승에게 찢긴 동물의 고기를 먹지 말고 그것을 개에게 던질지니라." 이 말씀은 스스로 죽은 고기를 먹는 것을 금지하지만 공동체 내에서 비유대인들에게 그런 고기를 파는 것을 허락하는 신 14:21의 명령과 비교하는 것이 유익할 것이다.

다.[55] 생물과 음식 사이에는 상징적인 관련성이 존재한다. 모든 음식은 모든 민족에게 속한다. 이스라엘은 정결한 음식이 부정한 음식과 구별되듯이 다른 민족과 구별된다. 하나님께 합당한(예. 제사를 위한) 동물들은 이런 정결한 음식의 더 좁은 부분집합의 범주에 해당하며, 모든 피는 엄격하게 하나님께 속한다.[56] 음식 섭취에 대한 주의는 누구와 음식을 먹는가에 대한 것으로 확대된다(Jub와 행 10장에 관한 아래의 논의를 보라).

기원후 1세기 중엽의 헬레니즘화된 유대교 저술인 「마카베오 4서」는 돼지고기 한입을 먹는 것 대신에 안티오코스 4세의 잔인한 고문으로 죽은 노인 제사장과 일곱 형제와 그들의 어머니를 찬양함으로써 그리스의 지배 문화 아래서 유대인의 음식법을 존중하지 않았던 자들에게 토라의 율법을 철저하게 준수하도록 권고한다. 이 저자는 자신의 설교에서 음식과 관련하여 정한 것과 부정한 것을 구별하는 것과 헬레니즘의 지배 문화 한가운데서 유대인의 정체성과 그 경계를 유지하는 것의 연관성을 가장 극적인 표현으로 제시한다. 사실 이 드라마에 등장하는 모든 인물이 이 연관성을 인식하고 있는 것처럼 보인다. 안티오코스의 목표는 분명하게 유대인과 그리스인의 구별을 허무는(그리스인을 위해 유대인의 구별을 허무는) 것이었다. 그래서 이 이야기에서 예루살렘의 거주민들에게 그리스 문화와 정체성을 심어주기 위한 그의 노력의 상징으로서 돼지고기를 섭취하게 했던 것이다. 순교자들은 자신들의 특징적인 종교적·사회적 정체성을 잃어버리지 않기 위해 그 음식을 받아들이지 않았을 것이다. 그리고 그들이 돼지고기를 먹으라는 왕의 명령을 거절한 것은 실제로 이야기가 펼쳐지면서 자신들의 종교적·사회적 정체성을 보존하는 것으로 드러난다. 조상의 법을 위한 그

55　Milgrom, *Leviticus I-XVI*, 730.

56　David P. Wright and Hans Hübner, "Unclean and Clean [OT]," in *ABD*, ed. David N. Freedman (New York: Doubleday, 1992), 740; Migrom, *Leviticus I-XVI*, 721-22.

들의 용기는 광범위한 저항과 궁극적인 승리를 격려한다.

이렇게 해서 토라에서 분명하게 설명하고 있는 음식법이 이스라엘의 특징적인 사회적 에토스와 정체성을 창조해냈던 것이다. 이를 통해 이스라엘은 그들의 이웃들과 자신을 구별하고 자신들의 독특성을 보존할 수 있었다. "너희는 너희가 저주하던 애굽 땅의 풍속을 따르지 말며, 내가 너희를 인도할 가나안 땅의 풍속과 규례도 행하지 말고, 너희는 내 법도를 따르며 내 규례를 지켜 그대로 행하라.…너희는 내 규례와 법도를 지키라. 사람이 이를 행하면 그로 말미암아 살리라. 나는 여호와이니라"(레 18:3-5). 정결법을 지키는 것은 하나님의 거룩함의 그늘 아래서 그들의 특권적 위치와 거룩한 백성으로서의 그들의 정체성과 거룩한 땅에서 그들의 소유를 지키는 것을 의미했다.

이런 규정을 지키는 것이 의미를 가지는 두 번째 방식은 그들이 이스라엘 공동체를 신적 질서 안으로 들어오도록 하거나 그 질서를 반영하는 방식과 관련이 있다. 이 반영은 레위기 20:22-26에 이미 등장하는데, 여기서 이스라엘은 마치 하나님께서 이스라엘을 다른 민족들과 구별하시는 것처럼 정결과 부정을 구별하라는 명령을 받는다. 하나님께서 정결과 부정의 범주로 세상의 실체를 구별하셨듯이, 이스라엘도 동일한 구별을 지속하기 위해 하나님의 질서에 따라 구별하는 일을 시작한다. 이는 안식일 준수의 명령에서도 분명하게 나타난다. 즉 유대인들은 그날에 일하지 않고 안식할 때 하나님께서 안식하시는 신적 영역과의 접촉에 참여하는 것이다(출 31:12-17). 절기에 대한 거룩함과 정결과 부정의 구별을 지킴으로써 율법을 준수하는 이스라엘은 세상 속에서 거룩하신 하나님의 특성을 반영하는 살아 있는 반영체, 즉 이방인들의 탈선행위 가운데 거룩한 질서의 안전지대가 되는 것이다.

헬레니즘과 로마 시대(소위 우리가 신구약 중간기라고 부르는 시대)에 토라를 계속해서 의미 있게 만들었던 특별히 두드러진 방식은 토라의 모든 개념, 특별히 음식법의 개념을 도덕적으로 해석하는 방식을 통해 이루어진다. 「아리스테아스의 편지」(*Letter of Aristeas*)는 히브리어로 기록된 토라가 그리스어로 번역된 방식에 대한 전설적인 설명을 포함할 뿐만 아니라 이스라엘의 음식법에 대한 장문의 해설을 담고 있다. 이방인들이 이해할 수 없는 음식의 특수성은 모든 사람이 존중해야 할 것으로 인식되는 도덕적 교훈을 부호화하고 있다. 되새김질하면서 굽이 갈라진 동물들은 미덕을 묵상하며 옳고 그름을 식별하는 것의 중요성을 대표한다(*Let. Aris.* 150). 반면에 (족제비와 같이 성적으로 느슨하거나 육식 조류와 같은 폭력성을 가진) 금지된 동물들은 일반적으로 논란이 되는 동물과 관련이 있는 다양한 악을 대표한다(*Let. Aris.* 144-48). "음식으로 전해지는 모든 것과 불결하게 기어 다니는 생물들과 부정한 동물들에 관해 말하는 것은 정의와 사람들 사이의 올바른 교류에 대해 지도하는 것이다"(*Let. Aris.* 169). 「아리스테아스의 편지」가 음식법에 관한 알레고리적 해석의 시도를 대표하는 반면, 다른 유대인들은 음식법이 제시해주는 도덕적 능력과 자기 절제의 교훈을 실천하는 측면에서 이 법에 대한 가치를 해석한다. 토라에 순종하는 것은 "율법이 금하는 해산물과 가금류와 가축 및 모든 음식을 먹고 싶을 때, 우리가 이성의 지배로 절제하는 것"을 의미한다. 그 결과 자기 절제와 욕망과 욕구를 다스리는 미덕을 행사함에 있어 성장이 일어나도록 하는 것이다(4 Macc 1:31-35). 미덕(과 비이성적인 종교적 관행을 경멸하는 것)을 진보시키는 수단으로서 종교를 더욱더 가치 있게 여기는 환경에서 이런 해석 방법들은 유대인들에게 토라의 명령이 지속적으로 의미가 있도록 만들고 토라를 계속해서 수용하고 보호하도록 만들었다.[57]

---

57   *Epistle of Barnabas*를 기록한 1세기 말의 그리스도인 저자 역시 이런 음식법에 대해 도덕

문화의 키워드로 신약성경 읽기

마지막으로 이 정결 규례들의 의미에 대한 추가적인 한 가지 현대 이론은 주목할 가치가 있다.[58] 제이콥 밀그롬은 인간이 발생시키는 부정과 관련하여 죽음과 부패가 공통분모가 된다고 주장했다. 레위기와 민수기의 부정에 관한 금기는 그가 올바르게 관찰했듯이, "죽음, 피, 정액, 피부병" 등에 초점을 맞추는 경향이 있다. 피와 정액이 생명과 생명의 번식에 필수적이듯이, 이런 물질의 손실은 죽음의 표지가 된다. 이 목록에는 들어 있지 않은 출산한 어머니와 관련하여 새로운 생명의 탄생이라는 사건이 출산 이후에 몇 주간 이어지는 불규칙한 출혈이 초래하는 부정을 망각하게 해서는 안 된다. 출산이 진행되는 동안 발생하는 방대한 양의 피와 조직의 손실은 말할 것도 없고 말이다. 나병 환자의 질병은, 아론이 미리암을 위해 "그녀로 모태에서 죽어서 나온 아이처럼 되지 않게 하소서"(민 12:12)라고 기도하는 것에서 볼 수 있듯이, 시체가 되는 것에 명백하게 비유된다. 이것은 동일한 수준의 부정을 전염시키는 능력을 가지고 있다.[59] 그렇다면 신체적 정결에 관한 일상의 규정들은 죽음이 아니라 생명을 선택하라는, 다시 말해 하나님과의 완전한 언약을 지키라는 명령에 대한 물질적인 상징으로 기능한다.

적 해석 방법을 사용한다. 하지만 그의 이전 유대인들의 방법과 달리 이 법의 진정한 의미는 이 법의 문자적 실행과는 동떨어져서 지켜지고 있었다. 심지어 토라를 가장 상상력 넘치게 알레고리화했던 유대인 필론조차도 전혀 생각하지 못했던 것으로 말이다.

58 이 이론에서 Mary Douglas의 견해는 배제되지 않는다. 이것은 오히려 (공동체의 외적·내적 경계들이 창조하고 강화하는 수단으로서) 이 규례들의 의미에 관한 그녀의 이해가 레위기에서 분명하게 드러나고 있음을 보여준다.

59 Milgrom, *Numbers*, 346; *Liviticus I-XVI*, 45-47을 보라.

초기 유대교의 정결에 대한 관심

유대인들은 어느 정도로 부정을 피하고 정결을 유지하는 데 관심을 가지고 있었는가? 이 규정들에 대해 강한 관심을 보인 경우들이 있었는가? 물론 성전과 관련하여 정결에 대한 관심은 높았다. 성전을 섬기는 자들(주로 제사장들과 레위인들 모두)은 자신들이 성전을 떠나 있을 동안에도 일반인들에게는 문제가 되지 않았던 부정으로부터 자신을 보호해야 했다. 제사장들은 자신들과 가장 가까운 자들을 제외하고서는 부정한 시체와 접촉하는 것이 엄격하게 금지되었고(그래서 여리고에서 예루살렘으로 가는 도상에서 강도를 만난 자에 대한 제사장의 반응이 그랬던 것이다; 레 21:1-6을 보라), 그들이 누구와 결혼할 것인지에 대해서도 특별한 제한이 있었다(레 21:7-9). 제사장들에게 있어 정결과 분명하게 규정된 방식으로 의식을 행하는 것은 삶과 죽음의 문제였다(아론의 두 아들인 나답과 아비후의 죽음은 영속적인 경고로서 성경에 기록되어 있다).

그러므로 거룩하신 하나님과 하나님의 현존으로 거룩해진 장소들과 하나님을 향한 제사와의 접촉은 그 안으로 들어가야 하는 모든 사람에게 정결을 요구했다. 출애굽기 19:10-15에서 이스라엘과 그들의 하나님이 처음 만나기 위해 사람들은 몸 전체를 물에 담그는 목욕과 의복의 세탁과 성행위의 절제를 통해 자신들을 정결하게 하도록 엄숙하게 지도받았다. 그 이후로 우리는 성전에 나아가는 것, 즉 하나님 앞에 머무는 것은 상당한 정결과 정결 의식을 특별하게 지키기 위한 시간이었음을 발견한다. 유대인은 시체의 오염으로부터 정결하게 되기 위해 축제가 시작되기 일주일 전쯤 예루살렘에 올라갈 계획을 세울 것이다. 만일 그 또는 그녀가 이미 부정해지지 않았고, 축제가 시작되기 전날 밤에 성행위를 절제했다면 말이다(우리는 축제가 다음날 해가 질 때 시작되었음을 반드시 기억해야 한다). "너희는 이와 같이 이스라엘 자손이 그들의 부정에서 떠나게 하여 그들 가운데에 있는 내

문화의 키워드로 신약성경 읽기

성막을 그들이 더럽히고 그들이 부정한 중에서 죽지 않도록 할지니라"(레 15:31). 부정한 것과 접촉한 후에 제사에 바쳐진 고기의 일부를 먹는 것은 강력한 금기에 속했다(좋은 제사는 하나님과 제사장과 제물을 가져온 예배자와 제물을 공유하는 것이다; 레 7:19-21을 보라). 이스라엘 사람이 성전을 방문하는 때에는 언제나 상당한 주의를 기울여 – 정결한 상태에서 – 안전하게 성전에 접근해야 했을 것이다.[60]

그러나 우리는 약속의 땅에서 부정이 확산되는 것은 (성전 안으로 들어가는 것과는 별개로) 그 자체가 위험한 것이라는 점을 반드시 명심해야 한다. 왜냐하면 부정은 가나안 사람들의 추방을 야기했으며, 이스라엘에게도 동일한 위협을 주었기 때문이다. 이는 개인이 항상 과도하게 부정한 것을 피해야 함을 의미하는 것은 아니었다. 왜냐하면 토라는 많은 부정한 것들을 자연스럽고 피할 수 없는 것으로 간주하고 있기 때문이다.[61] 사람은 어떻게 언제 자신이 부정에 노출되는지를 반드시 알 필요가 있다. 그래서 자신의 부정과 관련하여 적절하게 정화하는 일을 수행할 수 있도록 해야 한다(일반적으로 단지 전신 목욕이나 시간의 경과를 통해 해소되는 – "저녁때까지 부정한 상태로 있을 것이다").[62] 이와 같이 부정한 것들은 출산, 시체와의 접촉으로부터

---

60 정결 의식들과 성전에서 행해진 희생제사를 특별하게 연결시킨 요세푸스의 설명에 (Josephus, *Ag. Ap.* 2.198) 자신의 주장을 세운 Sanders는 성전을 방문하는 것을 정결의 상태를 회복하는 것과 관련되는 가장 특별한 행사로 간주한다(*Judaism*, 71).

61 Wright와 Hübner는 부정의 허용과 금지에 대한 유익한 연구를 제공한다. 나는 이 연구로부터 많은 도움을 받았다(Wright and Hübner, "Unclean and Cleans [OT]," 729-41, 특히 730-35를 보라).

62 이와 관련하여 바리새인들과 율법을 준수하는 다른 유대인들에 대한 그림이 많이 묘사되어 있다. Neyrey는 예를 들어 "유대인의 종교와 문화에 따르면, [부정을 피하는 것과 관련하여] 예수는 방어적인 사람이 되도록 요구받았을 것이며 모든 부정에 노출되지 않도록 피해야 했을 것이다"라고 기록한다(Neyrey, "Idea of Purity," 105). 그러나 이는 율법을 준수하는 유대인은 모든 부정을 피한다는 것을 의미하는 것이 아니라 즉시 정결 의식에 참여하기 위해 언제 자신이 부정을 초래했는지를 아는 것을 의미했다. 율법을 준수하는 유대인은 부정한 음식, 성행위 및 우상숭배를 피하는 것과 관련하여 특별한 주의를 기울였

발생하는 것들, 부정한 출혈이나 월경, 그런 배출을 하는 사람과의 접촉, 성교, 불결한 동물들과의 접촉, 나병과 같은 정도의 피부병에 걸리는 것, (부정한 시체를 옮기기 위해) 붉은 암송아지의 재를 준비하는 제사장들이 입게 되는 부정, 또는 속죄제사를 드린 후에 남은 시체들을 진영 밖으로 가지고 나가서 태우는 일을 하는 자들과의 접촉과 같은 것을 포함했다. 토라가 명령하는 정결법을 지키는 한(일반적으로 목욕과 시간의 경과, 불결한 것으로 인해 거룩한 장소들이 오염된 것을 깨끗하게 하기 위해 때때로 정결 제사가 수반되기도 했는데, 비록 그것이 성전과 멀리 떨어진 곳에서 발생했더라도 그렇게 했다), 유대인은 자신과 하나님 사이에서 발생하는 이런 부정에 대해 두려워할 필요가 없었다(비록 나병과 같은 불결은 그들에게 야기하는 치명적인 사회적 결과 때문에 두려워해야 하는 일이었지만 말이다). 부정은 제거될 수 있었고, 그 사람은 정결한 상태로 회복될 수 있었으며, 아무런 위험도 발생하지 않을 수 있었다. 그러나 정결하게 하는 일을 소홀히 하거나 지체하는 것은 위험을 초래할 수 있었다. 이는 주님께 거룩한 땅에서, 주님께 거룩한 백성 사이에서 부정한 상태를 유지하는 것이었고, 많은 경우 전염성을 가진 부정의 근원이 될 수 있었으며, 결국 부정을 증대시키는 결과를 낳을 수 있었다.

그러나 모든 유대인이 피한 것은 금지된 부정이었다. 이런 부정에는 허용된 부정을 정결하게 하는 일을 의도적으로(또는 태만하여) 지체하는 것

으며, 심지어 식탁 위에 올릴 양념을 조심스럽게 사기 위해, 또 믿을 수 있는 사람들로부터 기름과 포도주를 구매하기 위해 상당한 거리까지 가기도 했지만(왜냐하면 이것들은 수분을 가진 음식과 생산물들이었으므로 더 쉽게 오염될 수 있었기 때문이다), 그렇다고 "모든 부정한 것을 피한 것은" 아니었다. 바리새인들은 시체로 인한 부정을 피하려고 장례식을 피한 것이 아니라 슬픔을 당한 사람들과 함께 슬퍼했다. 토비트는 니느웨에서 처형당한 유대인들을 땅에 묻어주면서 발생한 부정으로 인해 칭찬을 받는다. 이와 유사하게 그들은 성행위와 정액을 방출함을 통해 발생하는 부정을 피하지 않았다. 대신 그들은 이런 행위 후에 목욕을 통해 자신들을 정결하게 했으며, 제사장들의 몫으로 바쳐야 하는 십일조를 오염시키지 않도록 주의했다.

문화의 키워드로 신약성경 읽기

을 포함했다. 왜냐하면 이런 지체는 의지적인 범죄를 생산하고 거룩한 장소들을 부정하게 만드는 것이었기 때문이다(레 17:15-16; 민 19:12을 보라). 또한 여기에는 제사장들의 시체로 인한 부정(제사장의 가장 가까운 친척들은 예외로 하고), 성적인 부정(근친상간, 월경 중인 여성과의 성교, 수간과 동성애; 레 18:6-30; 20:10-21), 우상들과 우상숭배와 관련된 부정(예. 레 20:2-5), 살인(민 35:33-34을 보라), 할례를 받지 않음(창 17:14),[63] 성스러운 것들을 부정하게 만드는 일(예. 부정한 상태에서 또는 안식일을 지키지 않고 성전에 들어가는 것)도 포함된다.

정결 규례들을 지키는 데 있어 한 가지 중요한 변수는 이스라엘 내에서 어느 정도 인종차별이 발생하는 것과 관련이 있다. 대부분의 사람들은 부정이 발생할 때 "이차적 부정", 다시 말해 부정한 상태인 사람이나 사물과 접촉한 매개물과의 접촉을 통해 발생하는 부정에는 관심이 없었다. 이와 달리 바리새인들은 이런 수준의 오염에 대해서도 관심을 두었다. 그 결과 그들은 더욱 엄격한 유대인들이 어떻게 덜 엄격한 유대인들과 가까이 관계를 맺을 수 있는가에 대해 염려했다. 예를 들어 바리새인들은 율법을 상대적으로 덜 지키는 유대인들과도 거래했다. 그들이 십일조를 바치고 제사장의 몫의 정결을 유지한다고 신뢰할 수 있을 때라면 말이다. 그러나 바리새인들은 그들과 함께 음식을 먹지는 않았다. (쿰란 지역에 거주했던 사람들을 포함하는) 에세네파 사람들은 부정을 피하고 그들의 제사장의 정결을 안전하게 지키는 것과 관련하여 가장 엄격한 자들이었다(적어도 쿰란 언약자들은 자신들을 참된 제사장들로 여겼으며, 성전에서 그들의 역할이 마지막 날에 하나님께서 개입하실 때 회복될 것으로 믿었기 때문이다).[64] 그들은 하나님의 거룩한 백성

---

63 이는 하나님이 사람을 거룩한 백성으로부터 단절하는 결과를 초래하는 그런 범죄들 사이에서 이것을 분류한 Milgrom의 통찰력 덕분이다(Milgrom, *Numbers*, 406).

64 에세네파의 정결 규례와 준수에 관한 자세한 분석에 대해서는 Sanders, *Judaism*, 352-

의 남은 자들 가운데서 가장 극단적인 인종차별을 하는 자들이 되었다. 이렇게 해서 이방 민족 가운데서 이스라엘을 견고하게 결속시키기 위해 고안된 정결 규정은 이스라엘 안에 분파주의적인 씨앗도 내포하고 있었다.

결론적으로 우리는 다음과 같은 사항을 관찰할 수 있어야 한다. 즉 정결(과 어떤 오염을 일으킨 후에 정결한 상태로 돌아오는 것)은 하나님께서 하나님을 위해 사람을 구별하시는 것이다. 다시 말해 그 사람이 하나님의 거룩한 백성의 일원임을 규정하는 것이다. 이런 의미에서 정결 규정 자체는 그 속에 긍정적인 선이 있는 것으로 간주되는 경향이 있었다. 대체로 유대인들은 "일반적인 것의 영역 안에서 거룩함을 증진시키고 부정을 제거해나가며 그렇게 해서 정결한 영역을 확장해가는" 자신들의 책무를 받아들였다.[65] 정결 규례들을 준수하는 것은 성전에 나아갈 때와, 부정이 증가하는 것에 대해 관용할 수 없는 거룩한 땅을 점거하고 살 때뿐만 아니라, 심지어 디아스포라 지역에서 살 때에도 유대인들이 가치 있게 여기는 경건을 표현하는 행위였다.[66] 율법을 준수하는 유대인은 "깨끗한 손과 정결한 마음"(시 24:4)을 갖는 것과 관련하여 정결을 유지하는 데 관심을 가지고 있었다. 다시 말해 음식과 몸의 정결에 덧붙여 생각과 행위의 정결에도 관심을 두었다. 외적으로 법규를 규정하는 것과는 무관하게 이런 규정들은 핵심적인 종교적 확신들을 분명하게 반영하는 것이었다. 이런 확신은 하나님께서 거룩하신 것같이 유대인들도 거룩해야 한다는 하나님의 바람, 실제로 그들이 부정한 세상 가운데서 하나님의 거룩하심을 반영하는 산 증인이 되어야 한다는 하나님의 소원에 순종하는 것을 포함한다.

60을 보라.

65 Milgrom, *Leviticus I-XVI*, 732.

66 Sanders, *Judaism*, 218, 229-30을 보라.

8장
정결과 신약

우리는 지금까지 그리스-로마 및 유대교 문화가 모두 정결과 부정에 대해, 특별히 신께 나아가는 것과 신의 은혜의 자리에 머무는 것에 대해 관심을 갖고 있음을 살펴보았다. 하나님의 현존은 잠재적인 축복과 위험을 의미했다. 그러므로 하나님의 존전에 나아갈 때 특히 유대인들 사이에서는 매우 신중한 주의가 요구되었다. 이는 거룩하신 하나님 앞에서 부정을 초래하지 않으면서 자신의 삶을 살아가기 위함이었다. 정결하거나 순결한 것은 하나님 자신의 질서(창조 때에 확립된 경계와 차이) 및 하나님의 활동(예. 일곱째 날에 안식하는 것과 이스라엘과 이방 나라들과의 구별)을 반영하는 것이었다. 부정을 피하려는 열망과 정결 규례는 이스라엘 내에서뿐만 아니라 이스라엘과 이방 나라들 간에 강력한 사회적 경계를 유지시켜주었으며, 이방인이 지배하는 세상 속에서 유대교 문화의 특징적인 정체성을 유지할 수 있도록 해주었다. 무엇보다 우리는 유대인의 정결 규례 준수가 그것을 실천하는 자들에게 형식적인 종교의 문제가 아니라 이스라엘에게 주어진 하나님의 언약을 끝까지 지키려는 의미심장한 구성 요소로서 간주되었다는 사실을 기억해야 한다. 또한 그 속에는 강력한 윤리적 차원 — 경건한 유대인은 "정결한 마음"이 "정결한 손"만큼이나 중요하다는 사실을 알고 있었다 — 이 포함되어 있었다는 점을 반드시 기억해야 한다.

이스라엘의 정결 지도를 다시 그리기

우리는 예수의 사역과 함께 시작된 기독교 운동이 이스라엘의 정결 지도와 창조적이고 혁명적으로 상호 작용하고 있었음을 발견한다. 복음서는 예수가 사람들, 음식, 시간, 공간에 대한 지도와 관련하여 의도적으로 "경계를 넘어서는" 많은 예를 포함하고 있다. 이와 관련하여 예수는 종종 도전을 받았고 설명이나 방어를 해야 했다. 이 복음서의 그리스도인 독자들에게 하나님께서 (세례와 변화산 사건을 통해) 예수를 승인하시고 (부활을 통해) 그를 신원하셨다는 사실은 예수가 유대교의 거룩한 정결 규례들을 다시 정의할 수 있는, 심지어 토라 자체에 자리 잡고 있었던 바로 그 정결 지도까지도 다시 작성할 수 있는 권위를 부여받았음을 의미했다. "[바리새인들이 예수를 부정하게 여겨 멀리한 것과 달리] 하나님은 부정한 것으로부터 당신 자신을 결코 분리하지 않으시고 반복적으로 예수에게 가까이 다가오셨다."[1] 실제로 분명하게 하나님은 당신 자신과 예수를 가장 가까운 방식으로 관련시키셨다. 예를 들어 하나님의 "사랑하시는 아들"로 인해 그분은 "매우 기뻐하셨다"(막 1:11을 보라). 더욱이 공관복음서에 나타난 하나님의 두 번째 말씀은 특별히 예수의 말을 들으라는 명령이었기에(막 9:7을 보라), 사람들은 예수가 정결과 부정에 대한 지도를 권위 있게 개정한 것에 주의를 기울여야 했다.

신약성경의 두 번째 부분은 다음의 사실을 드러낸다. 즉 초기 교회는 예수의 죽음과 부활의 의미를 적용하고 유대인과 이방인 그리스도인에게 하나님의 성령의 부으심을 동일하게 적용함에 있어서 토라에 기록된 정결 규례를 상당한 수준으로 발전시킬 필요가 여전히 있었다는 것이다. 이 과정에서 두 가지 폭넓은 원리가 출현했는데, 이 원리들은 토라의 법규를 계속해서 적용해야 하는지를 결정함에 있어 그리스도인들을 지도했다. 첫째로 하나님께서 그리스도 안에서 인종적으로 유대인과 이방인을 분리했던 "적대적인 분리의 장벽"을 무너뜨리셨기 때문에 그런 경계에 대한 모든 적

---

1   Jerome H. Neyrey, "The Idea of Purity in Mark's Gospel," *Semeia* 35 (1986): 114.

문화의 키워드로 신약성경 읽기

용 역시 폐지되었다. 그러므로 특별히 레위기에서 이방인과 하나님의 백성을 구별하기 위한 모델로 사용된 음식 규례들 및 할례의 표지와 모든 육체적 부정과 관련된 우려들은 하나님의 새로운 구원의 빛 아래서 더 이상 구속력이 없는 것으로 판명되었다. 실제로 그런 경계를 형성하는 법규들을 준수하는 것으로 다시 돌아가는 것은 하나님께서 허물어버리신 것을 다시 건설하려는 것이 된다. 둘째로 예수의 죽음과 천상의 영역으로의 승천은 하나님과 그리스도인들 사이의 평화를 결정적으로 이루어낸 제사장적 희생으로 해석되었다. 그러므로 희생제사는 그 제사의 모든 규범과 관련하여 십자가(정결 제사, 속건제 및 속죄제의 관점에서; 히 9:1-10:18을 보라)와 신자들의 찬양 행위와 증거 및 섬김으로 대체되었음이 자명해졌다.

그러나 초기 교회는 정결과 부정과 거룩함의 개념을 부정하지는 않았다. 이런 언어가 계속해서 그리스도인의 교육과 이념에서 중요한 요소였으며, 이스라엘의 정결 규례에 대한 논의와 친숙한 방식으로 기능했다. 첫째, 이 개념들은 그리스도인 공동체의 윤리를 분명하게 만들기 위해 광범위하게 사용되었다. 이는 부정을 일으키는 행동들 곧 하나님의 거룩한 백성에게 적합하지 않고 위험할 수 있는 행동들을 확립하고, 공동체의 정결한 상태를 증진하며, 성도들의 정결을 파괴하는 부적절한 죄악들을 절제하기 위함이었다. 둘째, 이와 밀접하게 관계된 방식으로 정결 및 부정과 관련된 언어는 (유대인과 이방인 모두를 포함하는) 그리스도인들의 새로운 공동체와 (유대인과 이방인 모두를 포함하는) 비그리스도인 세계의 경계를 튼튼하게 강화했다.

정결하거나 부정한 음식. 마가복음 7장과 마태복음 15장의 평행 본문은 예수와 바리새인들의 대화를 보존하는데, 이 대화는 입을 통해 발생하는 불결에 대한 쟁점에 초점을 맞추고 있다. 바리새인들은 본문에 나타나듯이 자신들이 불결해지는 것을 방지하기 위해 식사하기 전에 손을 씻는 규정을 만들었다. 이런 의식을 따르지 않은 채 예수의 제자들이 음식을 먹는 것을 바리새인들이 보았을 때, 그들은 예수께 도전한다(마 15:2). 그들은 예수가 정결을 보존하기 위한 적절한 방법을 그의 제자들에게 가르치지 않았다고 여겼다. 이는 현재 윤리적인 방향에서 완전하게 정립된 정결과 부정의 경계에 대한 예수의 급진적인 재해석과 새로운 금 긋기를 하는 장면의 발단이 된다. "입으로 들어가는 것이 사람을 더럽게 하는 것이 아니라 입으로 나오는 그것이 사람을 더럽게 하는 것이니라"(마 15:11). 예수는 그의 제자들에게 개인적으로 이런 급진적인 선언에 관해 다음과 같이 설명해준다. 즉 입으로 들어가는 모든 것은 기관을 통해 밖으로 나오지만, 입에서 나오는 것은 사람의 마음에서 나오는 것이다. 마태는 이 이야기를 구성할 때 사람을 불결하게 하는 것은 악한 의도, 살인, 간음, 거짓 증거, 중상 및 다른 악을 구체화하는 말이라는 점을 강조한다(마 15:19). 말은 죄를 제안하며, 평판을 파괴하고, 관계를 오염시키며, 근심을 유발하는 불결한 것이다.

일화에 관한 마가의 설명은 더욱 급진적이다.[2] 마태는 손을 씻는 정결례에 관한 논쟁을 뒤에 남겨두는 것에 만족할 수 있겠지만(마 15:20), 마가의 예수는 음식 규례 전부를 전복한다. 바리새인들에 대한 예수의 반론은 바로 다음과 같다. "무엇이든지 밖에서 사람에게로 들어가는 것은 능히 사람을 더럽게 하지 못하되, 사람 안에서 나오는 것이 사람을 더럽게 하는 것이니라"(막 7:15-16). 여기서 초점은 입으로부터(결국 입에서 나오는 말에서부터) 사람의 내면과 그 사람의 외부 세계 사이의 구별로 옮겨진다. 사람을 불결하게 만드는 것은 그것이 말로 표현되든 행동으로 표현되든, 아

---

2 여기서 무엇이 더 진정성 있는지에 대해 판결을 내리려는 시도는 없을 것이다. 다시 말해 마태가 예수를 더 보수적으로 묘사하는지, 아니면 마가가 예수를 더 진보적으로 묘사하는지에 대한 진위는 가리지 않을 것이다. 결국 성경 배후에서 교회를 인도하는 것은 성경 말씀이지 "역사적 예수"의 재구성이 아니다.

문화의 키워드로 신약성경 읽기

니면 단순히 생각이나 욕구로 남아 있든 간에 상관없이 결국 죄 또는 악이다. 더욱이 마가는 입으로 들어가는 것이 사람을 불결하게 만들 수 없는 이유에 대한(입으로 들어가 위장을 통해 밖으로 배출되기에) 예수의 논의에 한 가지 해석을 다음과 같이 주입한다. "이러므로 모든 음식물을 깨끗하다 하시니라"(막 7:19). 진정한 불결은 사람의 내부에서 나오는 것이기 때문에(도덕적 악으로부터), 부정한 음식으로부터 나오는 모든 부정에 관한 규정들은 초점 없이 주의를 산만하게 하는 것에 지나지 않는다. 불결한 자들과 함께 식사하는 것이 불결을 야기한다는 원리에 대한 거부 역시 이런 관점에 포함되며, 이제 유대인과 이방인의 혼혈이 합법적일 수 있다는 원리는 그들과의 식탁 교제를 정당화한다.

외적인 의식보다 개인적인 윤리가 하나님이 보시기에 정결하게 되는 것의 핵심이 된다는 주장은 서기관과 바리새인들에 대한 예수의 비난에서 다시 등장한다.

> 화 있을진저 외식하는 서기관들과 바리새인들이여! 잔과 대접의 겉은 깨끗이 하되 그 안에는 탐욕과 방탕으로 가득하게 하는도다. 눈 먼 바리새인이여, 너는 먼저 안을 깨끗이 하라. 그리하면 겉도 깨끗하리라. 화 있을진저 외식하는 서기관들과 바리새인들이여! 회칠한 무덤 같으니 겉으로는 아름답게 보이나 그 안에는 죽은 사람의 뼈와 모든 더러운 것이 가득하도다. 이와 같이 너희도 겉으로는 사람에게 옳게 보이되 안으로는 외식과 불법이 가득하도다(마 23:25-28).

잔과 대접도 바리새인들에 대한 이미지로서 기능한다. 이들은 몸에 관한 정결 의식들을 엄격하게 준수했지만, 예수는 그들이 욕심과 욕정에 사로잡힌 노예가 됨으로 인해 속사람이 오염되었다고 주장했다. 예수는 그들이 다른 사람들에게 의미 있는 정결을 추구하지 않았기에 그들을 비난한다. 이에 관한 누가의 설명은 현재 마태의 설명보다 더 진보적으로 나타난다. 예수는 서기관들에게 "그 안에 있는 것들로 구제하라"(즉 탐욕과 갈취의 행위를 되돌리라)고, 그렇게 한 후에야 "모든 것이 너희에게 깨끗하리라"라고 말씀하신다(눅 11:37-41). 여기서 또다시 나타나는 원리는 자신에게서 도덕적 악을 제거하는 것이 정결을 위해 반드시 필요한 것이고, 이것이 실제로 하나님께서 요구하시는 정결과 부정에 관한 규례를 유일하게 지키는 길이라는 사실이다.

바울의 기독교도 마가와 누가가 취했던 방향과 그 맥을 같이한다. 바울은 "무엇이든지 스스로 속된 것이 없으되"(롬 14:14)라고 말하며 생각이 불결을 만들어낸다고 선언한다. 여기서 우리는 그리스도 안에서 발견되는 자유를 제한하는 데 대한 바울의 헌신을 발견하게 된다. 이는 아직까지 자신들의 상징적 세계를 그만큼 많이 열지 못한 자들에 대한 민감성에서 기인한다. 비록 "모든 것이 참으로 정결하지만", 그것을 먹고 마시는 자가 형제나 자매를 넘어지게 만든다면 그것은 악한 것이 된다.[3] 교회 내에서 "[어떤] 음식을 절제하라고 요구하는[요구했던]"(딤전 4:3) 흐름은 지속적으로 있었으나, 교회의 주된 주장은 모든 음식은 "진리를 믿고 아는 자들이 감사함으로 받을 수 있도록 하나님께서 창조하신 것이다"라는 주장에 동의하기에 이르렀다. "왜냐하면 하나님께서 창조하신 모든 것이 선하며, 거부할 것이 아무것도 없기 때문이다. 제공된 것은 감사함으로 받아야 한다. 왜냐하면 하나님의 말씀과 기도로 정결하게 되었기 때문이다"(딤전 4:3-5; 골 2:20-23을 보라). 그러나 일반적인 음식 규정의 폐지와 관련하여 우리는 우상에게 바쳐진 고기와 피에 덧붙여진 몇 가지 전략적인 부정에 관한 금기

---

3 본서 6장에서 우리의 눈에 옳은 것을 행할 자유를 주장하는 것과 형제자매가 그것을 볼 때 그들에게 영향을 주게 될 방식에 대해 민감함을 가지고 행동하는 것에 관한 논쟁을 보라.

문화의 키워드로 신약성경 읽기

사항들의 증진을 발견한다(행 15:20-21, 28-29에서 사도들의 결정 사항을 보라). 이 사항들 가운데 첫 번째는 유일신을 섬기는 그리스도인 공동체와 우상숭배가 만연한 세상과의 강력한 경계를 유지해야 한다는 점을 분명히 하는 것이다. 두 번째는 토라의 보편적인 금지 규정을 유지해야 한다는 것이다. 이는 인종적인 유대인과 이방인의 구별을 추구하는 것은 아니다.

거룩한 사람들과 부정한 사람들에 관한 지도를 다시 그리기. 음식 규례를 개정하는 데 대한 관심은 기독교 운동 내에서 일어나고 있었던 사람들에 관한 지도를 개정하는 일과 직접적으로 상응한다(왜냐하면 음식 규례와 이스라엘의 인종적 분리는 레 20:22-26에서 분명하게 연결되기 때문이다). 또다시 사람들에 관한 유대교 정결 지도의 폐지를 위한 운동은 예수 자신의 활동에서부터 싹트고 있었다.

예수는 병든 자들을 고치고 "죄인들"을 만남으로써 정결 규례와 부정의 금기에 대한 문제들에 침투했다. 여기서 우리는 예수가 끊임없이 부정한 자들을 정결한 상태로, 그들이 속한 공동체 안으로 다시 통합되도록 하려고 이 규정들을 기꺼이 넘어서고 있음을 발견하게 된다. 예수는 거룩함을 자비와 사랑과 긍휼로서 개념화하려고 시도한다. 이런 입장은 예수가 자주 인용했던 이스라엘의 예언자 전통을 유지하는 것이다. 예를 들어 (부정한 것 또는 잠재적으로 부정한 것과의 접촉을 피하는 것과 같이) 방어적인 전략으로 정결을 보존하려 했던 바리새인들이 예수가 죄인들과 같이 먹었기 때문에 부정을 야기하게 되었다고 도전했을 때 예수는 호세아 6:6을 인용한다. "나는 제사가 아니라 인애를 원한다"(마 9:10-13도 보라). 예수의 이해에 따르면 하나님께서 추구하시는 거룩함은 사랑과 긍휼에 도달하는 것과, 불결하고 부정한 자들과 죄인들을 완전히 회복시키는 것을 수반한다. "내가 거룩하니 너희도 거룩하라"(레 11:45)고 하신 명령은 정결을 보존하는 것("너희 자신을 부정한 것들과 구별하라", 레 15:31을 보라)으로 성취되는 것이 아니라,

부정한 자들에게 온전한 정결이 미치도록 하는 행위를 통해 성취되는 것이다("너희 아버지의 자비로우심 같이 너희도 자비로운 자가 되라", 눅 6:36).

예수는 그의 사역 초기에 나병 환자 한 사람을 만난다(마 8:2-4; 막 1:40-45). 이 나병 환자는 영구적으로 부정한 자였지만 그럼에도 불구하고 예수는 그를 만지고 깨끗하게 고쳐준다. 예수는 그를 만져 불결하게 된 것이 아니라 오히려 그와의 접촉을 통해 정결을 확장시킨다. 놀랍게도 예수는 자신의 마지막 예루살렘 방문과 관련하여 베다니(이는 히브리어로 "고통의 집"을 의미하는데 아마도 나병 환자들의 마을이었을 것이다)에 있는 "나병 환자 시몬"의 집에 머무른다. 이로 인해 예수는 정결 규례에 대한 공개적이고 노골적인 무시를 드러낸다. 왜냐하면 나병 환자의 집에 머무는 것은 시체가 있는 집에 머무는 것과 마찬가지로 부정을 일으키는 일이었기 때문이다. 불규칙한 출혈로 인해 불결한(레 15:19-30) 혈루증 여인은 군중 사이를 통과하여(이렇게 해서 그들을 오염시키며) 예수를 만지고(사실 그를 부정하게 만들 위험을 감수하면서) 치유된다. 부정이 예수에게 들어가 그를 오염시키는 것이 아니라, 예수로부터 능력이 나간다(마 9:20-22). 예수는 시체를 만지는 일에 대해 주저하지 않으며, 그의 만짐은 야이로의 딸의 죽은 몸에 생명을 불어넣고(마 9:23-26), 나인성 과부의 아들을 살리는 결과를 낳는다(눅 7:11-17).

아마 가장 극적인 치유 가운데 하나는 거라사인의 지방에서 귀신 들린 사람의 축귀 사건일 것이다(막 5:1-20; 마 8:28-34에서는 귀신 들린 사람 둘이 등장한다). 귀신 들린 것은 불결한 상태에 있음을 의미한다. 왜냐하면 그는 더러운 영에 의해 점령을 당했기 때문이다(마 12:43; 막 5:8; 눅 6:18). 이는 아마도 그리스인 사이에서 이런 비정상적인 상태를 불결한 것으로 보는 경향과 관련이 있을 것이다. 더욱이 군대 귀신에 사로잡힌 사람은 무덤 ─ 지속적으로 시체로 인한 부정한 접촉이 발생하는 불결의 장소 ─ 에서 살고 있었다. 예수는 이 사람도 회복시킨다. 그 사람을 사회의 외지고 불결한 장소로부터 그의 집으로 데려다놓았을 때 그는 옷을 입고 "정신이 온전하여" 앉아 있었다(그는 이전에 분명히 벌거벗고 있었는데, 이 역시 자신의 집 밖에서는 "부정한" 것이었다). 이렇게 복음서는 제의적으로 부정하고 잠재적으로 오염을 일으킬 수 있는 사람들과 예수의 만남을 보여준다. 그러나 이 만남에서 그들의 오염은 예수를 부정하게 만들지 못한다. 오히려 예수의 거룩함이 그들의 부정을 정화하고 그들을 정결하게 만들며[4] 그들이 다시 자신들의 출생의 권리를 주장할 수 있는 유대 사회의 주류로 통합되도록, 말하자면 하나님의 백성 가운데로 들어오도록 만든다.

예수 안에 있는 하나님의 거룩함이 불결한 것을 정화하며 거룩하게 한다는 원리는 이방인들이 먼저 인종적인 유대인의 표지를 취하지 않고서도 하나님의 백성 안으로 들어올 수 있다는 초기 교회의 발견에서 결정적으로 확장된다. 사도행전 10:1-11:8은 이 쟁점이 작용했던 첫 번째 본문은 아니지만, 그럼에도 불구하고, 정결과 부정의 차이로서 기능하는 유대인과 이방인의 차이를 초기 교회가 어떻게 돌파했는지를 잘 보여준다. 또한 우리는 여기서 분명하게 드러난 음식과 사람의 관련성을 발견한다. 이 이야기는 부정한 음식에 관한 베드로의 환상으로 시작한다. 보자기가 하늘로부터 내려오는데, 정결하고 부정한 동물이 모두 그 속에 가득 차 있다. 베드로는 "잡아먹어라"라는 소리를 듣지만 "속되고 깨끗하지 아니한 것을 내가 결코 먹지 아니하였나이다"라고 말하면서 거부한다. 하늘에서 "하나님께서 깨끗하게 하신 것을 네가 속되다 하지 말라"라는 음성이 들려온다 (행 10:9-16). 이 환상은 베드로가 잠자는 동안 계속해서 세 번 반복되는데, 이것은 이 환상이 하나님으로부터 온 것이라는 분명한 출처를 강조하는

---

4   Neyrey, "Idea of Purity," 111, 124.

것이다.⁵

베드로는 음식에 관한 환상 및 사람들과 관련하여 그려지고 있는 새

---

5 Colin House는 이 환상에 대해 도전적인 해석을 제공한다. House에 따르면 우리는 "속되고 깨끗하지 아니한 것"을 결코 먹지 않았다는 베드로의 주장에 반드시 면밀한 주의를 기울여야 한다(Colin House, "Defilement by Association: Some Insights from the Usage of *Koinos/Koinoō* in Acts 10 and 11," *AUSS* 21 [1983]: 143-53). 여기에 나오는 용어 가운데 첫 번째는 동일한 식탁에서 부정한 동물들과 관련을 맺음으로 인해 "속된" 것으로 여겨지는 보자기 안의 정결한 동물들에 대해 언급한다. 하나님의 대답은 단순히 속된 음식을 말하는 것이지 부정한 동물들을 말하는 것이 아니다. 이 동물들은 하나님께서 베드로가 우선 먹어야 할 것으로 결코 기대하지 않으시는 것이다. "그는 '부정한' 생물을 소비하도록 결코 지도받지 않았으며, 하나님께서 '깨끗해졌다'고 선언하신 생물을 '속된' 것으로 묘사하는 것을 즉시 그치도록 지도받았다"(148쪽). 따라서 이 환상에서 쟁점이 되는 문제는, House가 주장하듯이, "이방인들이 교회 안으로 수용되어야 하는지에 대한 여부"가 아니라, "어떻게 베드로가 이방인들과 관련을 맺고도 부정해지지 않을 수 있는가"라는 것이다(149쪽). House는 십자가는 정결과 부정의 차이를 제거한 것이 아니라 오직 정결한 것이 부정한 것과 자유롭게 섞이는 것을 방지하는 "분리의 장벽"만을 제거했다고 주장한다. 이에 대한 분명한 증거는 하나님의 음성이 "너는 부정하다고 부르지 말아야 한다"가 아니라, "하나님께서 깨끗하게 하신 것을 네가 속되다 하지 말라"라고 하신 말씀 속에 나타난다. 나는 이 단락에 관한 House의 분명한 관심과 오랫동안 주장되어왔던 해석들에 대한 그의 기꺼운 도전을 칭찬하지만, 다양한 요소는 그의 해석이 이방인들을 위해 "부정한" 음식의 범주를 제거한다고 주장하는 해석을 대체하지는 못한다고 제시해준다(Hans Hübner, "Unclean and Clean [NT]," *ABD*, 742에서와 같이). 첫째 House가 주장하는 바와 달리 koinos(속된)는 *akathartos*(부정한)와 분명하게 구별되지 않는다. 막 7장은 "부정하다"라고 적절하게 읽어야 하는 곳에서 "속되다"라는 단어를 사용한다(Friedrich Hauck, "*Koinos*, etc," *TDNT*, 797). 행 10:28에 나오는 이 환상에 대한 베드로 자신의 해석에서 그는 이 두 단어를 동의어로 이해하고 있음을 보여준다. 왜냐하면 여기서 그는 "아무도 속되다 하거나 깨끗하지 않다 하지 말라"고 하나님께서 자신을 교훈하셨다는 것을 회상하고 있기 때문이다. 더욱이 이 환상에 이어지는 환상은 하나님께서 이방인들에게 성령을 부어주시는데, 이것이 이방인들이 부정한 민족으로부터 거룩한 백성으로 전환하는 표지가 되는 다른 어떤 요구 조건(할례와 같은) 없이 하나님의 거룩한 백성 안으로 받아들여지는 긍정적인 증거로서 여겨지기 때문에 더욱 분명하다. 고넬료 일화에서 "하나님"은 이방인들을 "깨끗하게 하셨다." 오로지 이것이 그들이 거룩함과 접촉할 수 있는(그리고 파멸에 이르지 않는) 유일한 경우다. 그러므로 나는 "속되다 하거나 깨끗하지 않다"에 나타나는 "분리 접속사"인 *ē*("또는")에 지나치게 비중을 두지 않는다. 이 두 단어는 일반적인 어법상 동의어로 사용된다(그런데 이것은 거룩함과 대조되는 중립적인 상태를 나타내는 이 용어의 적절한 용법을 벗어나는 것이다). 그리고 "깨끗하지 않은" 자도 "믿음으로" 성령을 받을 수 있도록 하나님께서 그를 정결하게 하셨다(행 15:8-9에서 이 환상과 일화에 대한 베드로의 언급을 보라).

문화의 키워드로 신약성경 읽기

로운 지도와의 상관관계를 직관적으로 이해한다. 사도행전 10:28에서 베드로는 이 원리를 고넬료와의 교제에 적용하여 고넬료의 집에 들어가는 것을 바로 수용한다. 왜냐하면 "하나님께서는 차별하지 않으시기" 때문이다(행 10:34). "유대인으로서 이방인과 교제하며 가까이 하는 것이 위법인 줄은 너희도 알거니와 하나님께서 내게 지시하사 '아무도 속되다 하거나 깨끗하지 않다 하지 말라' 하시기로 부름을 사양하지 아니하고 왔노라."[6] 사도행전 10:44-47에서 하나님은 고넬료 집의 이방인 식구들을 모두 정결하게 하셨다고 계시하신다. 왜냐하면 하나님은 그들에게 기꺼이 그의 성령을 부어주실 것이기 때문이다(마치 이 내러티브의 바로 이 시점까지 하나님께서 할례 받은 신자들에게 행하셨던 것처럼 말이다). 그러므로 베드로는 상당히 요약

---

6 이방인 중에 거하는 것과 이방인들과 식탁 교제를 나누는 것은 부정한 것으로 여겨졌다. 대제사장들은 예루살렘에 있는 관정에 들어가는 것을 피했다. 그렇게 해야 그들은 유월절 음식을 먹을 수 있었다(요 18:28; 제사장들은 부정한 상태에서 그들의 거룩한 몫을 먹을 수 없었다. 레 22:1-16). 행 10:28-29과 11:3에서 이방인 중에 거하는 것과 관련하여 동일한 부정의 금기가 분명하게 드러난다. 미쉬나는 정결하거나 부정한 거주에 관한 확장된 논의를 포함한다(*Oholoth* 또는 "장막들"이라고 불리는 단편), 여기서 우리는 "이방인들 가운데 거하는 것은 부정한 것이다"라는 격언을 발견한다(18.7). 이렇게 판단하는 이유는 그 단락의 문맥상 시체로 인한 부정에 대한 두려움 때문으로 나타난다. 왜냐하면 이방인들은 낙태한 부산물들을 자신의 하수구에 버리거나 그것들(과 유산된 아이들)을 자기 집에 매장했기 때문이다. 시체로 인한 부정은 하루가 아니라 칠 일 동안 지속되었으며, 유월절을 위한 대제사장의 예복을 수령하기 위해 로마 수비대에 갔던 성전을 섬기는 자들은 유월절 이전에 칠 일보다 더 긴 기간 동안 부정한 상태로 남아 있었다(Raymond E. Brown, *The Gospel According to John (xiii-xxi)*, AB [New York: Doublday, 1970], 846). 현재 우리에게 주어진 미쉬나는 기원후 200년경에 완성된 것이다. 그러므로 이것은 그 안에 있는 규정과 설명들이 이미 1세기에 확립되었던 것을 전제로 하기 때문에 더 이른 시기의 본문에 관한 증거를 찾는 데 중요한 자료가 된다. 이 주제와 관련하여 우리는 시신을 "자신의 집에 바로"(48.11) 매장하는 이방인의 관습에 대한 유대교의 혐오를 보여주는 쿰란의 *Temple Scroll*의 표현을 보게 된다. 또 다른 중요한 본문은 창 1장에서부터 출 14장까지를 해석적으로 석의한 「회년서」가 있다. 이 책은 쿰란에서 영감을 받은 권위 있는 책으로 여겨졌으며, 교화를 목적으로 하는 문학작품으로서 폭넓게 읽혔다. "이방인들과 네 자신을 구별하라. **그들과 함께 먹지 말라.** 그들의 일을 따라 하지 말라. 그들과 어울리지 말라. 왜냐하면 그들의 모든 일은 불결하고 그들의 모든 방법은 오염되었으며 가증스럽고 부정하기 때문이다"(Jub 22:16, 강조는 덧붙여진 것임).

된 언급을 통해 그들에게 즉시 세례를 받으라고 명령한다. 하나님께서 이미 성령을 부어주셨기 때문에 세례를 받는 것을 거부할 이유가 전혀 없지 않은가? 하나님께서 그의 가정을 받으셨다고 말씀하셨기 때문에 기존 신자들이 "있는 모습 그대로" 그들을 수용하기를 거부할 이유가 있겠는가?

베드로는 고넬료 및 그의 식솔들과 식사를 함으로써 거룩한 하나님의 백성(유대인들)과 이방인들을 구별하는 핵심적인 경계를 넘어선다. 이렇게 부정의 금기를 범했기에 그는 예루살렘으로 돌아왔을 때 비난을 받는다(행 11:2-3). 이에 베드로는 자신의 행위의 정당성을 확보하기 위해 성령을 부어주심에 대한 환상으로부터 시작하여(행 11:4-17) 모든 이야기를 다시 설명한다. 그는 이방인을 수용하는 것이 하나님의 역사였음을 분명히 한다. 그렇게 해서 그는 하나님께서 행하신 일과 동일선상에서 단순히 행할 필요가 있었음을 역설한다(우리가 회상하는 바, 이것은 정결 규례에 대한 한 가지 내적인 이유다). 결과적으로 "하나님께서 이방인에게도 생명 얻는 회개를 주셨도다"(행 11:18)라는 원리가 바로 수용된 것이다. 나중에 기독교 운동에 참여하게 된 바리새인들이 새로운 공동체와 관련하여 과거의 정결 지도와 경계들을 유지하고 이방인 그리스도인들도 "할례를 받아야 하며 모세의 율법을 지켜야 한다"라고 주장했을 때(행 15:15), 베드로는 그런 반대 주장에 대해 논란의 여지가 없는 증거로서 고넬료에 대한 이야기를 다시 언급한다. "하나님이 우리에게와 같이 그들에게도 성령을 주어 증언하시고, 믿음으로 그들의 마음을 깨끗이 하사 그들이나 우리나 **차별하지 아니하셨느니라**"(행 15:8-9). 하나님께서 스스로 이스라엘 사람들에게 정결과 부정을 구별하라고, 자신들과 다른 민족들을 "구별하라"고 명령하셨던 레위기의 정책을 분명하게 바꾸셨다.[7]

---

7   행 15:20에서 이런 논란은 보편적인 정결 규례(다시 말해 이방인과 유대인을 차별할 의

갈라디아서의 논쟁의 핵심에는 사람들에 관한 유대인들의 정결 지도의 문제가 놓여 있다. 야고보, 베드로, 요한과의 만남에 관한 바울의 이야기는(갈 2:6-10) 바울과 바나바가 주도했던 할례 받지 않은 자들에 대한 선교와 베드로가 주도한 할례 받은 자들에 대한 선교에 광범위한 합의가 있었음을 보여준다(갈 2:7-10). 이 부분에서 "나와 함께 있는 헬라인 디도까지도 억지로 할례를 받게 하지 아니하였으니"(갈 2:3)라고 말하는 이유는 아마도 유대인과 이방인 그리스도인이 식탁에서 연합하는 문제 자체가 아직 쟁점으로 부상하지 않았기 때문일 것이다. 이것은 나중에 안디옥에서 쟁점이 되었고, "야고보로부터 온 어떤 자들"이 문제를 제기했다(갈 2:12). 이전에 이방인 그리스도인들과 함께 식사했던(그래서 유대인의 관점으로 볼 때 중대한 경계선을 넘어섰던) 베드로와 바나바조차도 보다 엄격한 유대인 그리스도인들을 두려워하여 음식 및 식사와 관련하여 자신들을 이방인들과 분리시키고 만다(갈 2:12-13).

바울이 이해한 바에 의하면 그와 같은 방식으로 유대인과 이방인 간의 옛 정결의 경계들을 존중하는 것은 "복음의 진리를 따라 바르게 행하지 아니함"(갈 2:14)을 의미했다. 복음은 토라의 규례(할례, 음식 규정 및 안식일 준수와 같은 "율법의 일들")를 통해서가 아니라 예수를 믿는 믿음이라는 동

도가 없지만 모두가 따라야 할 규례)에 기초하여 이방인 그리스도인들을 위한 새로운 부정의 금기를 만듦으로써 종식되었다. 우상에게 바쳐진 제물과 피를 먹는 것과 목매달아 죽인 짐승을 먹는 것과 음행의 절제. Chilton은 이것은 바울의 입장을 결정적으로 강화하는(실제로 "바울의 입장을 뒤집는") 것이라고 올바르게 언급하고 있다. 왜냐하면 자유로운 식탁 교제와 유대인 신자들과의 교류를 위한 조건으로 토라에 기초한 최소한의 규범들을 이방인들에게 지킬 것을 요구하고 있기 때문이다(비록 이것이 민족들 사이에 "나누어진 벽"이 더 이상 하나님의 뜻을 효력 있게 표현하지 못한다는 입장을 유지하고 있지만 말이다). Bruce Chilton, "Purity and Impurity," in *Dictionary of the Later New Testament and Its Developments*, ed. Ralph P. Martin and Peter H. Davids (Downers Grove, Ill.: InterVarsity Press, 1997), 994을 보라. Hans Hübner, "Unclean and Clean (NT)," *ABD*, ed. David N. Freedman (New York: Doubleday, 1992), 744도 보라.

일한 기초 위에서 인종적 유대인들과 "이방 죄인들"이 모두 하나님 보시기에 의롭게 된다고 주장한다. 이것은 사람, 음식, 시간과 관련한 토라의 정결 규례를 지켜야 하는 이유, 다시 말해 그 규례를 지킴으로써 실제로 의롭게 되며 하나님께서 행하시는 것과(예. 일과 안식의 패턴과 정결과 부정을 구별하는 것과 "타자"와 구별하는 것에 있어서) 일치하는 결과를 낳는다는 주장의 핵심을 가격한다. 이는 에베소서 2:11-20에서 더욱 강력하게 언급된다. 예수께서 "둘로 하나를 만드사 원수 된 것 곧 중간에 막힌 담을 자기 육체로 허시고, 법조문으로 된 계명의 율법을 폐하셨으니 이는 이 둘로 자기 안에서 한 새 사람을 지어 화평하게 하시고, 또 십자가로 이 둘을 한 몸으로 하나님과 화목하게 하려 하심이라"(엡 2:14-16). "막힌 담"은 간결하게 말해 토라의 정결 규례들이 쌓아올리고자 했던 것이다(레 20:24-26을 보라). 온 인류가 한마음으로 한 분 하나님만을 예배하게 하시고자 하는 하나님의 창조적인 목적은 그런 율법 전체를 폐지하는 것을 요구한다.

고넬료 일화를 기록한 사도행전 저자와 마찬가지로 바울에게도 긍정적인 증거는 이방인 그리스도인들에게 성령을 주셨다는 사실이다(갈 3:2-5). 거룩한 것과 하나님 당신의 거룩함에 친밀하게 연결된 것(성령)을 이방인들에게 수여하기로 하신 하나님의 결정은 그들이 이미 하나님이 보시기에 깨끗하거나 순결하게 되었음을 전제했다. 이 정화 작업은 이미 그들의 몸에 흔적을 남긴 할례의 표지와 사람들에 관한 유대인들의 정결 지도가 규정했던 "정결"의 표지들과 같은 것과는 별도로 행해졌다. 갈라디아 지역의 그리스도인들은 당시에 유대-기독교 선교 운동에 직면하게 되었다. 이 운동의 목표는 이방인 그리스도인들에게 할례를 시행하여 그들로 토라가 규정하는 하나님의 백성 안으로 들어오게 하는 것이었다(갈 6:12을 보라). 따라서 그들은 "노예의 멍에에 복종하기"보다 "굳건하게 서 있도록" 권고를 받았던 것이다(갈 5:1). 하나님이 보시기에 정결하고 하나님의 질서와

문화의 키워드로 신약성경 읽기

부합하는 영역 안에 있었던 과거의 지도는 예수의 십자가로 인해 균열이 가게 되었다.[8] 이제부터 "너희는 유대인이나 헬라인이나 종이나 자유인이나 남자나 여자나 다 그리스도 예수 안에서 하나이니라"(갈 3:28). 바울은 가장 급진적인 자신의 진술을 통해 "그리스도 예수 안에서 할례도 무할례도 아무 소용이 없으며" 오직 "사랑 안에서 역사하는 믿음"과 성령을 따라 형성된 "새로운 창조"만이 의미 있다고 주장한다(갈 5:11; 6:15).[9]

정결과 시간. 안식일을 지키는 것과 안식일을 욕되게 하는 것과 관련되는 신성한 시간과 속된 시간의 준수에 대한 핵심적인 문제가 신약의 본문에서 야기되었다. 예수는 두 가지 요점을 가지고 안식일을 거룩하게 하는 것과 속되게 하는 것에 대한 논쟁에 참여한다. 첫 번째 요점은 인간의 안락함 및 어려움과 관련된다. 바리새인 집단은 예수의 제자들이 시장하여 밭에서 곡식을 잘라 먹음으로써 안식일을 속되게 한다고 비난한다. 예수는 관련이 없는 두 가지 주장으로 반박한다. 첫째, 예수는 실제로 다윗과 그의 병사들이 제사장의 진설병을 먹었지만 하나님을 위한 거룩한 사명을 시작했기에 일반적인 규례에 저촉되지 않았던 것처럼, 예수와 그의 제자들은 하나님을 위한 거룩한 사명을 시작했다고 주장한다. 더욱이 제사장들이 안식일에 그들의 일상 사역으로 성전에서 희생제사를 수행했던 것처럼(민 28:9-10), "성전보다 더 크신" 예수의 존재가 제자들이 행하는 사역을 거룩

---

8 정결의 옛 지도의 관점에서 바울 자신의 위치와 그리스도 안에서 발견되는 의로움에 대한 새로운 가능성을 지지하며 이런 옛 지도를 거절하는 바울에 관해서는 빌 3:2-6을 보라. 여기서도 바울은 "참된 할례"란 성령 안에서 예배하고 예수의 죽으심과의 일치를 추구하는(빌 3:7-11) 그리스도인들이 행하는 영적 할례라고 주장한다. 그 밖의 다른 것은 그저 "육체를 절단하는 행위"일 뿐이다.

9 독자는 이제 특히 롬 1-3장에서 바울이 사람들에 대한 전통적인 유대인의 정결 지도에 제기하는 도전에 주목할 수 있다. 하나님의 공평하심, 하나님이 보시기에 어떤 할례가 중요한지에 대한 재정의, 하나님 아래 있는 인간의 온전함에 대한 이론적 근거로서 하나님의 온전함에 특히 주목하라.

하게 한다는 것이다(마 12:3-6). 여기에 자비의 원리에 대한 호소가 더해진다(호 6:6이 마 12:7에서 반복되고 있다). 이 원리에 대해 마가는 "안식일이 사람을 위하여 있는 것이요, 사람이 안식일을 위하여 있는 것이 아니니"(막 2:27)라는 말씀을 자신의 복음서에 기록하여 보존하고 있다. 이 두 가지 말씀이 공유하는 함의는 만일 안식일이 사람에게 고난을 의미한다면, 그것은 성별되고 있는 것이 아니라는 사실이다. 안식일은 기쁨과 휴식의 날이 되어야 한다. 안식일이 그런 날이라면 이것은 안식일이 굶주림의 고통을 느끼기보다 음식을 준비하는 날이 되어야 함을 의미한다.

두 번째 논쟁은 복음서에 더욱 분명하게 나타나는데, 사복음서가 모두 공유하는 것으로서 안식일에 치유를 행하는 것이 합법적인가에 관한 질문이다. 다양한 유대인의 목소리가 이날에 치유를 행하는 것이 적합한지에 도전한다(마 12:10, 14의 바리새인들; 눅 13:14의 회당장). 결국 일할 수 있는 여섯 날이 있고, 사람은 안식일을 범하지 않으면서 이 여섯 날 가운데 어느 한 날에 치유될 수 있다(눅 13:14). 그러나 예수는 이 입장을 거부한다. 이는 반대 입장에 있는 자들의 주장이 터무니없음을 보여주기 위해 작은 것에서 큰 것으로 점차적으로 논쟁해가는 형식으로 이루어진다. 바리새인들과 회당장들은 모두 자신들이 소유하고 있는 가축을 기본적으로 돌보는 일과 그 동물들이 어려움을 겪을 때 도와주는 것은 안식일에도 받아들일 수 있다는 데 동의할 것이다. 그렇다면 그날에 훨씬 더 귀중한 생명들(아브라함의 아들딸들[눅 13:16])이 고난당하는 것을 도와주는 것은 얼마나 더 받아들여야 하는 일이겠는가! 우리는 여기서 또다시 지침이 되는 가치로서 긍휼의 중요성을 보게 된다. 비록 이 말이 분명하게 거명되지는 않았지만 말이다. 일하는 것이 안식일을 범한다고 생각하여 선한 일을 멈추는 것은 예수에게 악한 것이기에, 선을 행하는 것은 항상 시기적절한 것이다(눅 6:9; 선을 행하지 않는 것이 해를 끼치는 것이다).

(또 다른 안식일 치유와 관련하여) 요한복음 5:10-11, 17-18에 나오는 논쟁은 이런 논의와 관련하여 중요한 차원을 더해주는데, 이것은 "시간과 관련하여 하나님의 리듬과 보조를 맞춘다는 것이 무엇을 뜻하는가?"라는 실제적인 질문을 던지고 있다. 우리가 아는 바와 같이 안식일은 창조의 첫 주간에 하나님 자신의 사역과 안식의 리듬을 반영한다. 따라서 안식일을 준수하는 것은 삶의 주기를 통해 하나님과 함께 이동하는, 즉 신적 질서와 부합하여 행하는 길이 되었다. 예수는 하나님께서 심지어 안식일에도 여전히 일하시기에 저는 자를(나중에 눈먼 자도 치유하심; "하나님의 사역"에 관해서는 요 9:3-4, 16을 보라) 고치는 것이 적합한 것이라고 주장하면서 여기에 새로운 차원을 더한다. 그렇게 예수는 진실로 하나님의 리듬에 맞추어 움직이고 있음을 주장한다. 긍휼의 행위들은 결코 때를 벗어나는 일이 아니다. 시간은 그런 행위들을 삼가지 않고 행함으로써 신성하게 된다. 그러나 이 일화에서 예수는 안식일에 치유하는 것을 넘어서 나아간다. 예수는 그 사람에게 "자리를 들고 걸어가라"라고 명령한다. 다시 말해 안식일에 물건을 옮기는 일을 하라고 한다(느 13:15-21과 렘 17:19-27의 금지 조항을 보라). 물론 이 사람 자신은 이 부분에서 도전을 받았다. 그리고 그의 유일한 변명은 "나를 온전하게 해준 사람"이 그렇게 하라고 말했다는 점을 주장하는 것이었다. 그와 같은 치유를 행할 수 있는 사람은 하나님이 보시기에 "죄인"일 수 없으며(요 9:16, 24-25, 31-33을 보라) 오히려 의인일 수밖에 없다. 또한 예수의 가르침은 어떤 불법과도 관계없는 하나님의 기준을 반드시 지키는 것을 수반한다. 설령 예수를 따르는 것이 유대인의 정결 지도를 위반하는 것을 의미할지라도 결국 제자는 예수께 순종하는 것이 하나님의 리듬에 자신을 맞추는 것임을 확신할 수 있어야 한다.[10]

---

10   롬 14:5-6, (아마도) 갈 4:10, 골 2:16을 제외하면 안식일에 대한 논의는 신약의 나머지

거룩한 장소의 지형 변화. 초기 그리스도인들은 거룩한 장소에 대한 유대교 지도를 급진적으로 바꾸었다. 그들은 주로 거룩한 장소였던 예루살렘 성전을 신자 개인과 그리스도인 공동체와 보이지 않게 현존하는 하나님의 영역에 위치하는 거룩한 공간으로 대체하여 묘사함으로써 새롭게 지형을 변화시킨다. 또다시 이 혁신은 그 뿌리를 예수의 사역에 두고 있다. 예수는 분명하게 예루살렘 성전의 거룩함을 인정한다(마 23:16-21을 보라). 사실 그의 관점에서 볼 때 제사장적 귀족주의는 성전의 거룩함을 불충분하게 인식하고 있었다. 성전의 거룩함에 대한 예수의 고결한 인식은 그로 하여금 이방인들의 뜰에 있었던 돈 바꾸는 사람들과 상인들을 몰아내게 만들었고, 결국 거룩한 장소에서 그런 사업이 행해지는 것은 적절하지 못한 것임을 드러냈다. 이 행위를 성전 정화라고 부르는 것은 다소 잘못된 해석이다. 예후다 마카비와 그의 형제들은 기원전 164년 예루살렘이 헬레니즘화되는 기간 중에 저질러진 부정한 것들로부터 성전을 정화했다. 그 결과 성전은 하나님을 예배하는 거룩한 중심으로 다시 회복될 수 있었다. 예수는 그와 같은 전망이나 목적에 관한 아무런 증거도 제시하지 않는다. 대신에 예수가 행한 것은 성전에 대한, 특별히 거룩한 장소를 속되게 하는 일을 허가했던 성전 당국자들에 대한 예언자적 비난이었다(마 21:12-13). 그들은 거룩한 장소를 향한 하나님의 목적을 방해했다. 그러나 이제 이 목적은 그 장소에서가 아니라, 한 분 하나님께 예배하려고 모든 민족을 모으기 위해 보냄을 받을 제자들의 새로운 공동체에서 성취될 것이다(마 28:19-20).

부분에서는 현저하게 나타나지 않는다. 뒤에 언급된 두 구절에서 이방인 그리스도인들의 안식일 준수는 토라에 의해 효력이 발휘되는 유대인과 이방인의 구별을 대표하는 모든 법규와 함께 거부된다. 롬 14:5-6에서는 아마도 유대인 그리스도인들이 안식일을 지키지 않는 것도 하나님이 보시기에 동등한 가치를 지닌 것으로 허용되는데, 이는 어떤 입장을 취하든지 간에 하나님께 영광이 되고 교회 안에 분열과 조롱의 원천이 되는 것을 허용하지 않는 선에서 그렇게 한 것이다.

문화의 키워드로 신약성경 읽기

예수께서 상을 둘러엎으신 것은 제사장들의 남용으로 인해 발생한 성전의 세속화에 대한 상징적 선언이었다. 이 일화에 대한 마가의 설명은 무화과나무에 대한 저주의 이야기 안에 성전에 대한 고발을 위치시킴으로써(마 21장에서는 앞에 등장한다) 이를 더욱 분명하게 보여주고 있다. 예수가 무화과나무를 검사하기 위해 다가갔을 때 그 나무의 잎사귀들은 열매를 많이 맺을 수 있는 표지를 드러내지만 그때는 누군가가 그런 검사를 할 것으로 예상하지 않는 때였던 것처럼("무화과를 맺을 시기가 아직 되지 않았음이라", 막 11:13), 그렇게 예수는 부산한 성전에 그 열매를 검사하기 위해 찾아오셨다. 나무로부터 아무런 열매도 발견하지 못하자 예수는 그 나무를 저주했고 그것은 잠시 후에 말라버렸다. 또 성전에서 아무런 열매도 발견하지 못하자 예수는 고발을 통해 성전을 분명하게 저주했고 곧 성전의 파멸이 예고되었다(막 13:1-2). 그리고 몇 십 년 후에 성전은 파괴되었고 유대인들의 거룩한 장소는 흔적도 없이 사라져버렸다.[11] 성전의 지성소 안에 있는 휘장이 갈라진 것은 예수가 죽을 때 그 장소가 세속화된 것과 관련하여 더 명확하게 해석될 수 있는 대목이다. 이 부분은 하나님의 현존 안으로 들어가는 길이 지금 모두에게 열리게 되었음을 신호하는 표지가 된다고 해석하는 더 잘 알려진 유순한 독법으로 읽기보다는, 예수의 죽음이 성전의 파괴를 준비하고 있는 것으로 읽는 것이 더 정확한 독법이다. 엄격히 말해 지성소에 들어가는 길이 열린 것은 아니다. 오히려 하나님께 나아가는 것은 그 후에 유대교의 심장인 성전이 아니라 다른 장소에서 찾아져야 한다.

요한복음에서 예수는 더 분명하게 거룩한 장소의 지형 변화에 대해

---

11 누가는 기원후 70년 이후의 관점에서 이 예언들을 회고하고 있으며, 결국 마가의 "묵시적 담론"(막 13장)보다 더 암울한 이야기를 많이 제공하고 있다. 이와 같은 이야기들은 로마 군대가 예루살렘을 포위하고 성전이 이방인들에게 밟혀(눅 21:20-24) 더럽혀지고 파괴되어버린 기원후 70년에 발생했던 예루살렘과 성전의 파괴와 연결된다.

언급한다. 예수는 거룩한 장소의 제한된 영역을(예루살렘과 사마리아인들의 성지였던 그리심산 모두가 고정된 중심지였다) 따로 구별한다. 이는 사람들이 하나님을 "영과 진리"로 예배하는 곳이면 어디든지 열리는 거룩한 장소를 위한 것이다(요 4:21-23). 더욱이 예루살렘 성전에 대한 비판에서(이는 예수의 공적 사역을 마감하기보다 오히려 개시한다), 예수는 예루살렘 성전을 대체할 새로운 거룩한 장소를 선포하신다(요 2:19-22; 참조. 막 14:58). 이것은 다름 아닌 십자가에 못 박혀 죽었다가 죽은 자 가운데서 살아난 예수의 몸이다.[12]

사도행전 7장의 스데반의 설교 역시 성전과 별개인 "거룩한 장소"를 언급하고 있다. 하나님이 계시는 곳이 바로 거룩한 장소인 것이지, 거룩한 장소에 하나님이 계시는 것이 아니다. 떨기나무 불꽃 앞에서 모세와 하나님의 만남은 이 점을 명확히 보여준다. 장소는 하나님께서 그곳에 계시기에 거룩해진다(행 7:33). 스데반은 하나님께서 사람의 손으로 만든 집에 살지 않으신다는 원리에 호소한다(행 7:48; 행 17:24을 보라). 이 원리는 일찍이 솔로몬이 처음으로 성전을 봉헌할 때 드린 기도에서도 나타났다(왕상 8:27-29). 사도들의 주변에 모여든 공동체 가운데 하나님의 성령이 존재하시고 활동하신다는 것을 강조하는 사도행전 1-6장의 문맥 속에서 스데반의 설교는 거룩한 장소가 그리스도인들이 함께 모이는 곳, 하나님의 성령이 믿는 자들에게 권능과 은혜로운 행위로 자신을 나타내시는 곳이라는 입장을 개진한다.[13]

---

12 엡 2:20-22과 벧전 2:5-9은 예수와의 연합이 거룩한 장소와의 연합이라는 확신을 공유하며, 그 결과 그리스도인 공동체는 예수에게 연결되었을 때 새로운 성전이 된다는 확신을 갖게 되었다. 아래를 보라.

13 물론 스데반에 대한 반응은 신성모독에 대한 반응이었다. 신성모독을 일으키는 부정한 행위는 스데반을 도시 밖으로 끌고나가("진영 밖으로"라는 표현은 부정해진 것을 두는 장소였다) 돌을 던져서 그를 죽임으로써 정화하도록 만들었다(아간이 명령을 어김으로 죽임을 당했듯이 말이다). 예수 역시 신성모독을 일으키는 부정한 일을 행했다고 고소당했다(막 14:58). 이 일은 의심할 바 없이 그를 체포하게 만들었는데, 이것은 바울이 이방인을 예루

문화의 키워드로 신약성경 읽기

성령의 내주는 사람들에 관한 유대교 지도(이방인을 하나님의 백성 밖에 두는 지도)를 수정하는 데 결정적인 이유가 되었을 뿐만 아니라 거룩한 장소에 대한 지도를 다시 그리는 데도 결정적인 이유가 되었다. 바울에 따르면 심지어 그리스도인의 몸도 현재 거룩한 공간, 즉 성령이 거주하는 곳이 되었다. 그러므로 그리스도인(또는 동료 그리스도인)에게 해를 입히는 사람은 신성모독의 부정한 행위를 범하는 것이며, 하나님의 금지 명령을 어기는 결과를 낳는다!(고전 3:16-17) 사도행전이 주장하는 바를 여러 다른 저자들도 분명하게 주장한다. 즉 그리스도인 공동체 — 예수에게 합류한 사람들, 그들 속에 거룩한 존재가 침투한 존재들 — 는 하나님께서 거하시는 새로운 거룩한 장소를 제정했다. 에베소서 2:20-22에서 이방인과 유대인 그리스도인은 "친히 모퉁잇돌이 되시는 그리스도 예수와" 연합하며, 그분 안에서 "서로 연결하여 주 안에서 성전이 되어가고 너희도 성령 안에서 하나님이 거하실 처소가 되기 위하여 그리스도 예수 안에서 함께 지어져 간다." 이 이미지는 베드로전서 2:5-9에서도 나타나는데, 여기서는 "거룩한 제사장"인 "예수 그리스도를 통해 하나님께서 받으실 만한 영적인 희생제물"의 제사를 포함하는 것으로 확장된다.[14]

몇몇 다른 저자들은 보이는 영역을 넘어서는 거룩한 장소를 재창조했는데, 이는 히브리서 저자가 천상의 장소에 들어가기 위해 거룩해진 자들의 공동체를 거룩한 장소의 중심부로 만든 것과 같다(그에게 참된 장막은 신

살렘 성전 안으로 데리고 들어간 것으로 오해받아 성전을 속되게 만들었다고 고발당한 일과 맥을 같이한다(행 21:27-29; 24:6, 17-18). 그리스도인들이 거룩한 장소의 지형을 바꾸는 일에 열심을 냈듯이, 비그리스도인 유대인들도 그들의 거룩한 장소를 방어하고자 그만큼 열심을 냈던 것이다!

14 여기에 나타나는 사람들에 관한 그리스도인의 지도가 지닌 특성을 보라. 신자들은 이제 거룩함의 중심에 가장 가까이 있는 자들 곧 "제사장들"이다. 이는 특별히 통렬한데, 왜냐하면 현재 베드로전서의 청중 가운데는 이방인 그리스도인들이 더 많이 있었기 때문이다(그들은 유대인의 지도에서는 가장 먼 가장자리에 놓인 자들이었다).

적인 영역으로서 예수는 높임을 받아 그곳으로 들어가셨다; 히 4:14; 9:11-12). 그러나 이 새로운 공동체도 거룩한 성전과 하나님을 위한 영적인 장소이기 때문에 부정한 것들로부터 반드시 거리를 두어야 한다. 왜냐하면 부정한 것은 완전히 거룩한 분의 존전 안으로 불결을 끌어들이는 부적절하고 위험한 것이기 때문이다. 이것은 신자들을 순결하거나 불결하게 만드는 측면에서 규정되는 윤리적 행위를 위한 중요한 동력이 된다.

정결, 부정, 윤리. 그리스도인의 문화는 하나님께서 거룩하신 것같이 거룩해야 한다는 토라의 핵심 명령을 포기하지 않았다(레 11:44-45; 19:2). 하나님의 성품과 행위를 본받는 것은 그리스도인 문화의 핵심 가치로 남아 있다.

> 너희가 순종하는 자식처럼 전에 알지 못할 때에 따르던 너희 사욕을 본받지 말고, 오직 너희를 부르신 거룩한 이처럼 너희도 모든 행실에 거룩한 자가 되라. 기록하였으되, "내가 거룩하니 너희도 거룩할지어다" 하셨느니라(벧전 1:14-16).

> 사랑하는 자들아, 우리가 지금은 하나님의 자녀라. 장래에 어떻게 될지는 아직 나타나지 아니하였으나, 그가 나타나시면 우리가 그와 같을 줄을 아는 것은 그의 참모습 그대로 볼 것이기 때문이니, 주를 향하여 이 소망을 가진 자마다 그의 깨끗하심과 같이 자기를 깨끗하게 하느니라(요일 3:2-3).[15]

하나님께서 순결하고 거룩하신 것처럼 궁극적으로 순결하고 거룩하게 되기 위해 자신을 정결하게 하는 과정은 현재 음식, 신체의 구성 요소나 흠집 등과 관련하여 토라에서 발견할 수 있는 다양한 법규에 거의 의존하

---

15 마 5:48과 눅 6:36에서 레 19:2의 패턴을 따라 구성된 예수의 말씀도 보라.

지 않은 채 완전히 새롭게 디자인되었다. 거룩함과 정결은 모두 여전히 주변 문화와 그리스도인 공동체를 구분하고 유지하기 위한 경계로서 요구된다. 그러나 이것은 분명하게 이 두 그룹의 가치가 함께 양립할 수 없기 때문이므로 이제는 개인의 몸이나 음식의 수준에서 그렇게 강렬하게 되풀이할 필요는 없게 되었다. 초기 기독교 지도자들은 이를 구약에서 발견된 정결과 부정의 윤리적 흐름에 주로 초점을 맞추고 악과의 분리를 위한 새로운 정결 규례의 핵심으로 발전시킨다.[16] 그들이 자신들과 이방인들을 안팎에서 분리하는 것을 그 중심 원리로 삼고자 했던 것은 아니었다. 부정하고 오염된 것들에 대해 느끼던 혐오와 반감이 이제는 공동체의 도덕적 정신을 규정하고 이에 대한 헌신을 불러일으키는 동인으로 작용하고 있다.

바울은 그리스도인의 몸을 거룩한 공간, 즉 성령이 거주하는 곳으로 확립한 것과 마찬가지로(고전 3:16-17) 이 개념에서 윤리적 추론을 도출해낸다. 매춘과 음행은 이제 단순히 그리스도인에게 부적합한 것이 되었다. 왜냐하면 속된 것과 거룩한 것이 위험하게 연합하여 성령과 그리스도의 몸을 속되게 하는 그런 행위들은 매우 부정한 것이기 때문이다(고전 6:15-19). 신성모독을 일으키는 부정의 위협은 성과 관련한 공동체의 에토스를 강화해준다. 성적 욕망에 행동의 자유를 주는 것은 빈번하게 신약 전체에서 부정하고 처벌받아야 되는 것으로 간주된다(엡 4:19; 5:3-5; 딤전 5:2; 유 7-8절을 보라). 구체적인 교훈의 예는 데살로니가전서 4:3-7에 나온다.

하나님의 뜻은 이것이니 너희의 거룩함이라. 곧 음란을 버리고, 각각 거룩함과 존

---

16 이 원리는 이미 마 15장과 막 7장에 나타나는 활동에서 지켜지고 있었다. **부정**과 **불의**(또는 구체적인 악)라는 용어를 동의어로 사용했던 바울의 능력은 초기 교회에서 윤리적 행위와 관련된 정결 규례들을 가시적으로 규정하는 모습을 보여준다(롬 6:19; 고후 6:6; 갈 5:19; 빌 4:8; 딤전 4:12; 5:2을 보라).

귀함으로 자기의 아내 대할 줄을 알고, 하나님을 모르는 이방인과 같이 색욕을 따르지 말고, 이 일에 분수를 넘어서 형제를 해하지 말라. 이는 우리가 너희에게 미리 말하고 증언한 것과 같이 이 모든 일에 주께서 신원하여 주심이라. 하나님 이 우리를 부르심은 부정하게 하심이 아니요 거룩하게 하심이니.

하나님을 위해 구별되는(거룩하게 되는) 과정은 이제 제의적인 것이 아니라 윤리적인 것이 된다. 여기서 이 과정은 사람이 성적인 방종과 충동에 지배당하는 것으로부터 자신을 분리할 때 발생한다. 특별히 공동체의 내적 결속은 공동체 내의 간음이나 다른 불법적인 성행위 — 이는 참으로 교회를 분열시키며 파괴하는 힘이다! —가 하나님이 보시기에 특별히 혐오스럽고, 하나님께서 데살로니가 지역의 그리스도인들을 부르신 거룩함에 반대되는 것으로 뚜렷이 드러날 때 강화된다.[17]

사회적 몸의 내부에서 일어나는 붕괴 역시 부정한 것으로서 실망스러운 일이다. 자신과 고린도 교회 신자들과의 틈을 치유하기 위한 과정의 한 부분으로서 바울은 우선 사람들의 정결이 요구된다는 점을 고려하여 "불결한 것을 만지지 않는다면" 그 사람들과 함께 거하시겠다고 말씀하시는 하나님의 약속에 다음과 같이 호소한다. "그런즉 사랑하는 자들아, 이 약속을 가진 우리는 하나님을 두려워하는 가운데서 거룩함을 온전히 이루어 육과 영의 온갖 더러운 것에서 자신을 깨끗하게 하자"(고후 6:14-7:1).[18] 바

---

17 이런 성적인 방종(= 부정)이 이방인들을 특징짓는다는 주장을 통해 (이방인 그리스도인들에게 지금 편지를 쓰고 있는) 바울은 비그리스도인 이방인들을 의미하고 있음을 알 수 있다. 이런 주장 역시 청중으로 하여금 그들의 이교도 이웃들과 자신을 분리하는 경계 및 차이점을 떠올리게 만든다. 이런 주제는 다음에 나오는 부분에서 다루어지겠지만, 많은 부분에서 정결 언어의 윤리적인 사용이 경계를 형성하기 위해 똑같은 언어를 사용하는 용도와 분리될 수 없다는 점에 주목하는 것은 유익하다.

18 이 서신의 문학적 통일성에 대해서는 David A deSilva, "Measuring Penultimate Against Ultimate Reality: An Investigation of the Integrity and Argumentation of 2 Corinthians,"

문화의 키워드로 신약성경 읽기

울이 뜻하는 부정은 우선적으로 회중의 중대한 부분으로부터 자신을 멀어지게 만들 뿐만 아니라 교회의 지속적인 분열을 야기하는 것, 즉 교회라는 사회적 몸의 분열이었다.[19] 빌립보서 2:14-15에서 불평과 분쟁은 그리스도인들에게 흠이 되는 것이다. 자신들의 조화와 결속에 그런 부정을 일으키지 않을 때, 그들은 "비난할 것이 없고 순결하며 흠이 없는 하나님의 자녀들"이 된다. 마지막으로 사회적 몸인 교회를 적절하게 돌보는 일은 야고보서 1:27에서와 같이 정결에 대한 관심을 통해 증진될 수 있다. "하나님 앞에서 정결하고 더러움이 없는 경건은 곧 고아와 과부를 그 환난 중에 돌보고 또 자기를 지켜 세속에 물들지 아니하는 그것이니라."

신약에서 더러운 것으로 비난받는 여러 가지 죄가 레위기에서 부정을 일으키는 것들과 밀접하게 관련이 있다는 것은 우연이 아니다. 첫째, 이 두 법규는 하나님이 보시기에 혐오스러운(부정한 것으로 금지된) 혼외정사에 대한 강조를 공유하고 있다. 둘째, 이 법규들은 모두 부정의 원천인 몸의 붕괴에 초점을 맞추고 있다. 레위기에서 이것은 신체적인 몸과 관련이 있다. 하지만 신약에서 이것은 그리스도의 몸인 교회 내 관계의 분열과 관계가 있다. 마지막으로 이런 행위들에 참여하는 것은 우상숭배의 부정과 밀접한 관계가 있다(실제로 고기를 우상에게 바치는 것과 관련되었든지 우상숭배가 만연한

JSNT 52 (1993): 41-70; deSilva, "Recasting the Moment of Decision: 2 Corinthians 6:14-7:1 in Its Literary Context," AUSS 31 (1993): 3-16; deSilva, The Credentials of an Apostle: Paul's Gospel in 2 Corinthians 1 Through 7 (N. Richland Hills, Tex.: BIBAL Press, 1998), 1장을 보라.

19 부정한 것은 고후 12:20-21에 나오는 악의 목록에 더 자세히 기록되어 있다. 여기에는 몸으로 짓는 죄와 관계로 인해 발생하는 죄 모두가 포함된다. ("청년의 정욕"으로부터 자신을 정결하게 하는 사람에 추가하여) 몸의 일치에 해를 끼치는 싸움 및 말다툼으로부터 "자신을 정결하게 하는 모든 사람"은 하나님의 집에서 명예로운 자리로 구별되어 앉게 될 것을 말씀하는 딤후 2:21-23도 보라.

체제와 화목하거나 그 속에서 번영을 누리려고 하든지 관계없이 말이다).[20] 그러나 레위기와 같이 신약은 부정의 금기를 그리스도인 공동체와 비윤리적 행위를 추구하는 폭 넓은 진영 사이의 경계를 세우는 데 사용한다. 성적인 죄가 부정을 야기하는 것은 속임수, 불성실, 자기숭배적 동기와 의제들이다. 바울은 그의 고린도 친구들에게 자신이 "거룩함 속에서" 행동했음을 단언하면서(고후 1:12), 자신이 그런 상호적인 악들에 대해 자유로운 한 그것들을 부정한 것, 즉 신자들이 계속해서 그것으로부터 분리되어야 하는 부정으로 규정한다. 여기에 추가하여 우리는 예수가 특히 부정의 원천으로서 돈에 대한 애착을 강조하고 있다는 점도 떠올릴 수 있다(마 23:25; 눅 11:39-41).[21]

이런 기독교 세계관의 종말론적 특성들은 무엇보다 먼저 정결을 추구하고 부정을 피하는 일에 동기를 부여한다. 이 특성들이 기독교 문화 안에서 규정되고 있듯이 말이다. 다가오고 있는 거룩하신 하나님의 심판을 고려할 때 "그리스도의 날"에 "거룩하고 흠이 없는" 것으로 판명되는 것은 대단한 이점이 될 것이다(고전 1:8; 빌 1:10; 살전 5:23). 부정한 상태에서 거룩하신 하나님을 만나는 위험은 악을 삼가고 신자들을 부정하게 만드는 일을 절제하는 데 대한 헌신을 불러일으키기 위해 강조된다. 베드로후서 저자가 동의어로 여기는 "거룩한 행실과 경건함"은 가시적인 세상에 도래하는 불의 심판을 고려할 때 신중하게 생명을 지키는 유일한 길이 된다. 왜냐하면 "점도 없고 흠도 없는" 자들만이 유일하게 "의가 있는 곳"인 새로운 창조세계에 받아들여질 것이기 때문이다(벧후 3:11-14).

---

20 이 마지막 주제는 이어지는 부분에서 더 자세하게 다루게 될 것이다.

21 그러나 이 모든 것은 교회의 몸과 관련하여 몸의 분열에 포함시킬 수 있다. 우리가 교회라는 몸의 선보다 우리 자신의 의제를 먼저 두거나 하나님의 일과 가난한 자들을 돌보는 것보다 부에 대한 우리의 욕구와 애착을 먼저 둘 때마다 우리는 그리스도의 몸의 침식에 일조하게 되는 것이다.

이런 대다수의 본문은 "거룩함은 언제나 윤리적인 행위보다는 순결이라는 정적인 도덕성을 의미한다"라고 말한 독일학자 오토 프로크쉬(Otto Procksch)의 견해를 확증해준다.[22] 다시 말해 거룩함은, 윤리적·문화적으로 말하자면, 부정 또는 흠의 **부재**(거룩하신 하나님을 불쾌하게 만들거나 화나게 만드는 것으로부터의 분리)다. 그런가 하면 이와 대조적으로 기독교의 능동적인 윤리적 요소들이나 선한 일에 대한 적극적 추구, 그리고 사랑과 섬김의 행위 등을 표현하기 위해서는 일반적으로 "의"(righteousness)라는 용어를 사용한다. 이는 하나님이 보시기에 불결하고 불쾌한 것으로부터 물러나게 만드는 본질적인 특징에서 다음의 사실을 분명하게 드러낸다. 곧 거룩함과 정결의 언어가 그와 같이 강력한 사회공학적 충격을 줄 수 있다는 사실이다. "부정한 것"으로부터 물러난다는 것은 (우상숭배 의식들과 같은) 부정한 것을 둘러싸고 있는 공공장소들과 그런 사회적 관계들로부터 물러나는 것을 의미한다. 따라서 이것은 초기 기독교 지도자들이 주변 문화와 관련하여 기독교 공동체의 경계와 특징들을 강화하는 데 사용될 수 있었다.

거룩함, 부정, 공동체의 경계들. 초기 교회 지도자들은 정결 규례들과 부정의 금기들을 그리스-로마 및 비기독교적인 유대교 환경으로부터 그리스도인 공동체를 구별하기 위해 지속적으로 사용했다. 모체가 되는 유대교처럼 이 지도자들은 사회적 몸인 교회의 경계와 정체성을 강화하고자 하는 목표를 그리스도인 개개인의 신체적 정결을 조심스럽게 보호하도록 요청함으로써 **부분적으로** 성취했다. 구성원이 다양한 영역에서 손상되지 않고 오염되지 않은 신체적 경계를 지키고자 집중하는 일은 그들의 특성을 가시적으로 유지함으로써 공동체의 경계를 안전하게 지키고, 그것의 가치들이 지닌 특성들을 강조함으로써 손상되지 않은 공동체의 사회적 에토

---

22   Otto Procksch and Karl G. Kuhn, "*Hagios, etc.*," *TDNT* 1.88-115, 109.

스를 유지하는 것이 된다.

이렇게 해서 기독교 운동에는 성과 결혼과 관련된 규정들이 지속적으로 존재하게 된다. 이 규정들이 이스라엘과 유대인들 사이에서 지속되었던 것처럼 말이다. 기독교 공동체와 믿지 않는 세상과의 새로운 통혼이 존재해서는 안 된다(고전 7:39). "이방인"(즉 비그리스도인 이방인)) 세계를 특징짓는 음행도 존재해서는 안 된다.[23] 성적인 행위와 결혼 관습에 대한 차이점은(이는 토라의 정결 규례가 지닌 요소들이었다) 그리스도인 공동체 주변의 사회적 경계를 계속해서 강화하는 역할을 한다.

음식 규례들은, 비록 토라가 기술한 규례들보다 덜 급진적이긴 하지만, 주로 우상에게 바쳐진 동물에게서 나온 고기와 관련하여 등장한다. 그런 고기를 먹을 수 있는지 아닌지에 관한 문제는 그리스-로마 세계에서 그들을 둘러싸고 있었던 우상숭배로부터 완전히 자신들을 지속적으로 분리할 필요가 있었던 공동체 구성원들의 기초적인 확신과 깊이 연결되어 있었다. 우상숭배의 거부는 교회의 사회적 에토스의 핵심에 놓여 있었다(살전 1:9-10을 보라). 바울은 음식을 우상의 신전에서 결코 먹어서는 안 된다는 점에 동의했다. 마귀의 식탁에 앉는 것처럼 그런 부정한 행위에 관한 정당성은 전혀 없었다(고전 10:14-21). 그러나 바울은 만일 고기를 먹는 사람이나 그의 동석자들이 우상으로부터 고기를 분리할 수 없는 경우가 아니라면 음식 자체에는 불결한 것이 없다고 주장한다. 사도행전 15장에서 발견되는 사도의 결정 사항은 더 보수적인 해결책을 반영하는데, 이는 사람이 어디에서 고기를 먹든지 상관없이 우상에게 바쳐진 고기를 금한다(행

---

23 이 측면과 관련하여 고린도전서에서 바울이 제시하는 교훈의 풍부한 논의에 대해서는 Jerome H. Neyrey, "Body Language in 1 Corinthians: The Use of Anthropological Models for Understanding Paul and His Opponents," *Semeia* 35 (1986): 138-42을 보라. 먹는 것에 대한 바울의 논의(성찬이든 우상에게 바쳐진 고기든 상관없이)와 공동체의 경계와의 관련성은 같은 논문 142-48에서 더 자세히 탐구된다.

문화의 키워드로 신약성경 읽기

15:29). 주어진 지역에서 어떤 입장이 우세하든지 간에 그리스도인들은 공동체의 특징적인 정체성과 에토스를 강화하는 수단으로서 여전히 음식과 관련하여 부정의 금기들을 지켰다. 개인의 몸과 관련된 이 두 가지 규정은 인간의 몸과 사회적 몸이 이론적으로 서로 연결되어 있다는 것뿐만 아니라, 사실상 개인의 몸에 관한 그런 규정들이 실제적인 방식으로 사회적 몸의 경계들을 보호하고 강조하고 있음을 보여준다.

정결과 부정의 언어는 이념의 차원에서도 공동체의 경계들을 강화하는 데 사용되었는데, 이것은 지금까지 신약에서 빈번하게 발견되는 전략이다. 교회가 유대교의 정결 규례들을 거부한 것은 모체인 유대교와 관련하여 자신의 독특한 정체성[24]을 정의하고 유지하는 전략으로서 기능한다. 디도서 1:13-15에서 분명하게 표현하고 있듯이 음식 규례들과 정결과 부정의 금기들에 대한 다른 외적인 준수들은 "유대교 신화"와 "진리를 거부하는 자들의 명령"으로서 거부된다(딛 1:14). 복음을 받아들이는 것이 사람을 순결하게 만드는 것이며, 믿지 않는 자들은 결코 정결을 얻을 수 없다. "깨끗한 자들에게는 모든 것이 깨끗하나 더럽고 믿지 아니하는 자들에게는 아무것도 깨끗한 것이 없고 오직 그들의 마음과 양심이 더러운지라"(딛 1:15).

우리는 이런 언어의 영역이 그리스도인들이 비그리스도인 이방인들과의 분리를 유지하는 데 사용되고 있음을 발견한다. 첫째로, **성도**—"거룩한 자들" 또는 "거룩하게 된 자들"—라는 용어를 분명하게 선택한 것은 그들이 공동체의 정체성에 직접적으로 정결의 언어를 적용했음을 보여준다. 이 적용은 즉각적으로 그리스도인 공동체와 거룩하신 하나님으로부터 멀리 떨어져 있고 속된 불신자 집단과의 대조를 드러낸다. 그리스도인들은 우선 그들의 이전의 삶으로부터 "분리되었다." "음행하는 자나 우상 숭

---

24 Neyrey, "Idea of Purity," 122.

배하는 자나 간음하는 자나 탐색하는 자나 남색하는 자나 도적이나 탐욕을 부리는 자나 술 취하는 자나 모욕하는 자나 속여 빼앗는 자들은 하나님의 나라를 유업으로 받지 못하리라. 너희 중에 이와 같은 자들이 있더니 주 예수 그리스도의 이름과 우리 하나님의 성령 안에서 **씻음**과 거룩함과 **의롭다 하심을 받았느니라**"(고전 6:9-11, 강조는 덧붙여진 것임). 이 정화 작용은 그들을 과거 이교도적인 삶으로부터 분리시킨다. 거룩함과 부정의 개념적 경계는 이제 신자들이 과거의 생활 방식으로 돌아가는 것이 부적절함을 인식하도록 강화하며, 그들이 온전히 새로운 삶의 정결을 보존하는 데 헌신하도록 증진시킨다(엡 4:19도 보라).

거룩해진 그리스도인들은 과거의 성결하지 못했던 생활 방식을 여전히 고수하는 자들과 자신들 사이에 경계선을 그어야 한다. 바울은 이 경계들을 고린도후서 6:14-7:1에서 강력하게 그려낸다.

> 너희는 믿지 않는 자와 멍에를 함께 메지 말라. 의와 불법이 어찌 함께하며, 빛과 어둠이 어찌 사귀며, 그리스도와 벨리알이 어찌 조화되며, 믿는 자와 믿지 않는 자가 어찌 상관하며, 하나님의 성전과 우상이 어찌 일치가 되리요. 우리는 살아 계신 하나님의 성전이라. 이와 같이 하나님께서 이르시되, "내가 너희 가운데 두루 행하여, 나는 그들의 하나님이 되고, 그들은 나의 백성이 되리라. 그러므로 너희는 그들 중에서 나와서 따로 있고, 부정한 것을 만지지 말라. 내가 너희를 영접하여 너희에게 아버지가 되고, 너희는 내게 자녀가 되리라. 전능하신 주의 말씀이니라" 하셨느니라.

빗방울이 바위를 뚫는가와 같은 단순한 질문들은 거룩한 영역("하나님의 성전"인 교회)과, 사탄, 우상숭배, 하나님의 법을 무시하는 행위와 같은 부정한 영역이 양립할 수 없음을 분명히 한다. 그 결과는 반드시 그리스도인

문화의 키워드로 신약성경 읽기

들이 부정한 세상으로부터 영향을 받거나 그 세상에 동조하기를 경계하는 것으로 나타나야 한다. 그들은 반드시 그런 세상으로부터 자신들을 분리함으로써(그리하여 부정해지지 않고) 그들 가운데 계시는 거룩하신 하나님의 합당한 처소로 계속 남아 있어야 한다. 여기서 나타나는 분리에 대한 강조는 실제로 신약에 나타나는 기독교의 여러 형식 가운데 바울이 주도했던 기독교의 선교적 강조와 결코 대체되어서는 안 되며, 반드시 그것에 추가되어야 한다. 공동체의 경계들은 항상 예수 안에서 확대된 하나님의 은혜를 받음으로써 들어가게 될 자들에게 침투할 수 있어야 하지만, 세상과 복음을 지속적으로 반대하는 자들과 그 세계의 영향력에 대해서는 높고 침투할 수 없는 경계로서 남아 있어야 한다.

이방인들은 실제로 외부인들, 지금은 구체적으로 비그리스도인들을 언급하는 용어로 여전히 사용될 수 있다. 이것은 이 본문들의 수신자들이 일반적으로 이방인 그리스도인들이라는 사실을 생각할 때 꽤나 충격적이다(바울은 하나님의 백성 안에서 이방인으로서의 그들의 자리를 위해 격렬하게 싸웠다). 그럼에도 불구하고 그들은 아직 교회에 들어오지 않은 채 그들이 수용한 에토스에 여전히 적대적인 그들 주변의 이방인들과는 "다른" 존재들로서 자신들을 규정하도록 지도받았다. 이 용어가 데살로니가전서 4:3-7이나 베드로전서 4:1-4에서 등장할 때, 그것은 그리스도인들이 이전에 그들과 관련되었던 것들과 자신들을 분리하고 더 이상 그것들과 함께하지 않는 생활 방식을 규정하기 위해 사용된다(고전 10:20; 벧전 2:12도 보라).

야고보는 "거룩한 불일치성의 윤리를 강조하기 위해"[25] 정결과 부정의 언어를 사용한다. 다시 말해 그는 지배적인 비그리스도인 문화의 가치

---

25 John E. Elliott, "The Epistle of James in Rhetorical and Social-Scientific Perspective: Holiness-Wholeness and Patterns of Replication," *BTB* 23 (1993): 71-81.

(부자들을 편애하고 가난한 자들을 불명예스럽게 다루는 것과 같은 것을 말한다. 비록 세상의 눈으로 보기에는 그들의 신분에 일치하는 것이긴 하지만 말이다)의 침범을 그들의 공동체를 부정하게 만드는 것으로서 거부하는 쪽으로 신자들의 관심이 향하도록, 그리고 예수가 세우고 그의 제자들이 계승한 행동 규약들에 전심으로 성실하게 헌신하도록 유지하는 방향에서 그런 언어를 사용한다. 따라서 그것은 "자신을 세속에 물들지 않게 만드는[즉 불결하지 않은] 정결하고 더러움이 없는" 종교의 표지가 된다(약 1:27). "세상"이라는 표현으로 넓게 아울러서 언급되고 있는 주변의 비그리스도인 문화는 중립적이거나 친밀한 환경이 아니다. 그리스도인들은 이 문화가 그리스도인 공동체의 거룩함에 적극적으로 적대적이기 때문에 거룩하신 분과 긴밀하게 연합하고 있는 교회가 하나님의 은혜 안에 서 있는 것과 관련해서도 적대적인 환경임을 상기해야 한다. 그러므로 신자는 세상의 가치를 모방하거나 세상과 합력하는 일로부터 멀리 떨어지도록 지도받으며 거룩함의 중심을 향해 되돌아오도록 소환된다("하나님을 가까이 하라, 그러면 그가 너를 가까이 하실 것이다"). 신자는 자신의 마음의 온전함/거룩함을 위협하는 이런 모든 관심과 세상에 관한 애착을 버려야 한다. "죄인들아, 손을 깨끗이 하라. 두 마음을 품은 자들아, 마음을 성결하게 하라"(약 4:8).

신약의 저자들은 부정의 언어를 그리스도인들과 주류 사회 및 그것의 가치들 사이의 구별을 강화하기 위해서뿐만 아니라 베드로후서에서 전달하는 바와 같이 회중과 의심스러운 기독교 교사들 사이의 구분을 명확히 하기 위해 사용한다. 이 편지에서 저자가 강하게 불신임하는 "기독교" 교사들은 "점과 흠", 즉 그리스도의 몸에 대해 부정한 것으로 표시된다(벧후 2:13). 그들은 한때 "우리 주 되신 구주 예수 그리스도를 앎으로" [믿지 않고 불순종하는 세상으로부터 하나님의 백성을 구별하는 정결의 경계선을 생각나게 하는] 세상의 부정한 것들로부터 탈출했지만" 다시 악과 탐욕 및

문화의 키워드로 신약성경 읽기

성적인 방종으로 돌아갔기에 비난을 받는다(벧후 2:20-21).

그러나 세상의 새로운 부정에 굴복하는 사람은 단지 거룩한 공동체로부터 쫓겨나는 것이 아니다. 오히려 그런 사람들을 회복시키려는 부르심이 항상 있다. 유다서 23절은 이를 조심스럽게 다음과 같이 표현한다. 한편으로 그리스도인들은 그들의 고집 센 형제자매들을 교화하기 위해 그들 주변에 모여야 한다. 그러나 다른 한편으로 그들은 부정 자체를 두려워하도록 주의를 받으며 그들이 형제자매들을 회복시키려 할 때 부정해지지 않도록 조심하라는 당부를 받는다. "또 어떤 자를 불에서 끌어내어 구원하라. 또 어떤 자를 그 육체로 더럽힌(ton apo tēs sarkos espilōmenon) 옷까지도 미워하되 두려움으로 긍휼히 여기라." 이것은 북아메리카와 서유럽의 많은 그리스도인들이 겪고 있는 어려움에 대한 시기적절한 경고다(아마 불행하게도 유다서는 잘 읽히지 않고 처박혀져 있곤 할 것이다). 그들은 균형 잡힌 접근의 한쪽 또는 다른 한쪽으로 너무 치우친다. 한편 어떤 이들은 죄와 함께 죄인들을 너무 빨리 추방해버린다. 다른 한편으로 일부는 부정한 자를 사랑하라는 명령에 순종하는 노력의 일환으로 부정한 것을 너무 기꺼이 수용해버린다.

요한은 요한계시록에서 정결 언어의 사용을 확장한다. 그 가운데 대부분은 우상숭배와 관련되는 식사에 참여하는 것은 그리스도인의 소명을 배신하는 것이 아니라는 니골라당과 "이세벨" 같은 지역 예언자들의 설교로 인해 그리스도인 공동체와 중심 문화 사이의 경계가 침식당할 위협에 직면했을 때 그 경계를 강화하는 목적에서 사용되었다(계 2:6, 14-15, 20). 우주에 대한 요한의 해석에 의하면 알려진 세상을 가로지르며 부정을 전파하는 강력한 부정의 세력이 있다. 이것은 바로 "거대한 음녀"로, "지구의 왕들을 다스리는 거대한 도시" 곧 로마 제국을 비신화화한 것이다.[26]

---

26 이것이 바로 요한의 청중이 이해할 수 있는 가장 자연스러운 연결일 것이다. 그들에게 로

로마의 모습은 환상을 통해 이렇게 묘사된다. "손에 금잔을 가졌는데, 가증한 물건과 그의 음행의 더러운 것들이 가득하더라. 그의 이마에 이름이 기록되었으니, '비밀이라, 큰 바벨론이라, 땅의 음녀들과 가증한 것들의 어미라' 하였더라. 또 내가 보매 이 여자가 성도들의 피와 예수의 증인들의 피에 취한지라. 내가 그 여자를 보고 놀랍게 여기고 크게 놀랍게 여기니"(계 17:4-6). 요한은 모든 구절을 통해 부정을 나타내는 이미지와 부정을 전달하는 방식을 만들었다. 로마는 사람들이 거주하는 땅을 가로지르며 권력을 가진 자들과의 불법적인 연합을 통해 전염되는 가증스러운 것의 원천이었다. 그래서 로마 권력과의 결합(과 그것으로부터 이익을 얻는 것, 계 18:3)은 성적으로 가증스러운 일을 통해 획득되는 부정과 동일한 것으로 여겨졌다. (로마를 나타내는) 그 여자는 "피"에 "취해" 있다. 동물의 피를 섭취하는 것이 금지된다면(피는 하나님께만 속한다), 이것이 하나님의 거룩한 자들의 피에는 얼마나 더 심각하게 적용되어야 하겠는가? 그리하여 로마는 치명적으로 심각하게 신성모독의 부정을 유발했다(하나님께서 부정한 도시를 파멸하신다는 확신과 함께; 계 19:2). 더욱이 로마는 "나라들"과 "땅에 거주하는 자들"이 실제로 마시게 될(계 17:2; 18:3) 오염시키는 술을 준비했고 "그녀의 음행의 불결"로서 혐오스럽게 그 정체성을 드러냈다(따라서 생물학적으로도 오염원이 되었다). 요한은 그의 세상을 보았을 때 로마의 이념과 "평화와 법의 통치"를 받아들임으로써 만취해버린 지방들을 목격한다. 요

마는 유일한 세상의 힘, 유일무이하게 스스로 영광스러운 도시, 그들이 거주하는 세상을 구성하는 지중해 주변 지역을 둘러싸고 있는 땅(*orbis terrarum*)을 통치하는 도시였다. 이 제국의 통치자들을 숭배하는 현실은 그 도시 어디에서나 볼 수 있었던 광경이었다. 그래서 쉽사리 이런 연결이 가능했던 것이다. Charles H. Talbert, *The Apocalypse* (Lousiville: Westminster John Knox, 1997); A. Y. Collins, *Crisis and Catharsis* (Philadelphia: Westminster Press, 1984); David A. deSilva, "The Image of the Beast and the Christians in Asia Minor," *TJ* (n.s.) 12 (1991): 185-206을 보라.

　　　　　　　　　　　　　　文화의 키워드로 신약성경 읽기

한은 이를 로마가 전 세계에 퍼트린 부정에 그들이 자발적으로 참여한 것으로 해석한다.

더욱이 로마를 일으킨 짐승은 하나님, 하나님의 거룩한 자들, 하나님의 처소에 대항하여 신성모독의 부정 속에 자신을 담그고 있었다. "그 머리들에는 신성모독 하는 이름들이 있더라.…또 짐승이 과장되고 신성모독을 말하는 입을 받고 또 마흔두 달 동안 일할 권세를 받으니라. 짐승이 입을 벌려 하나님을 향하여 비방하되, 그의 이름과 그의 장막 곧 하늘에 사는 자들을 비방하더라"(계 13:1, 5-6; 17:3을 보라). 이것은 신적인 분노를 야기하는 씻음이 필요한 가장 강력한 부정으로 다시 나타난다.

이렇게 더럽혀지고 더럽히는 피조물의 세상을 하나님께서 정화하시는 것은 요한계시록을 통해 분명하게 드러난다(계 14:8; 18:2; 19:2을 보라). 그러므로 그런 부정에 참여하지 말고 다가오는 심판을 피하라는 명령이 나온다(계 18:4). 만일 로마와 손잡는 것(과 더 일반적으로 말해 우상숭배가 만연한 지배문화와 손잡는 것)이 부정의 원천—하나님의 분노가 거대하게 부어지게 될 위험한 상태—이 된다면 그런 문화 및 우상들과의 밀접한 연합으로부터의 분리(전통적인 그리스-로마의 만신뿐만 아니라 황제들과 로마 자체와의 분리)는 정결을 유지하는 유일한 길이 된다. 이는 의복에 관한 논의를 통해 종종 표현된다. 사데에서 예수는 "옷을 더럽히지 않은" 소수의 사람을 칭찬하며 "흰옷을 입고 나와 함께 다니게" 될 것이라고 말한다. 이것은 승리하는 모든 자에게 주어지는 특권이다(계 3:4-5). 보좌 앞에 "흰옷을 입은" 자들이 서게 될 것이다. 그들은 "그들의 옷을 빨아서 어린양의 피로 그것을 희게 만들었다"(계 7:9, 14). 다시 말해 우상숭배가 만연한 문화의 죄로부터 자신들을 정화했으며, 거룩하신 어린양에게 자신들을 밀착시켰다. 정결한 옷—예수의 피가 제공하는 정결에 참여하는 것과 우상숭배가 만연한 문화로부터 분리하여 보존되는 것—은 거룩한 도시, 새 예루살렘에 들어가기 위해 필수적인 것이다. 왜냐하면 이것은 하늘에 거하는 자들의 옷이기 때문이다(계 19:7, 14을 보라).

자신을 정결하게 지키지 못하는 것은 하나님의 실제적인 현존으로부터의 추방을 의미한다. "자기 두루마기를 빠는 자들은 복이 있으니, 이는 그들이 생명나무에 나아가며 문들을 통하여 성에 들어갈 권세를 받으려 함이로다. 개들과 점술가들과 음행하는 자들과 살인하는 자들과 우상숭배자들과 및 거짓말을 좋아하며 지어내는 자는 다 성 밖에 있으리라"(계 22:14-15). 새 예루살렘은 전부 거룩한 공간이며, 거기에는 하나님의 현존을 위한 장소적 제약으로서의 특별한 성전이 필요 없다. "성안에서 내가 성전을 보지 못하였으니, 이는 주 하나님 곧 전능하신 이와 및 어린양이 그 성전이심이라"(계 21:22). 모든 거대한 도시가 지성소이며, 부정한 것은 아무것도 그 도시의 어느 곳에도 들어가지 못한다. "무엇이든지 속된 것이나 가증한 일 또는 거짓말하는 자는 결코 그리로 들어가지 못하되 오직 어린양의 생명책에 기록된 자들만 들어가리라"(계 21:27).

제의: 초기 교회의 경계 넘어가기

특별히 복음서와 사도행전에서 (지리적으로 팔레스타인의 경계 내에서 발생한 사건들에 한하여) 우리는 정결과 관련하여 유대교 의식의 준수에 대한 언급들을 발견하게 된다. 그래서 요한과 예수는 생후 "팔 일"에 하나님의 거룩한 백성의 일원이 되는 남자아이임을 표시하기 위해, 그리고 이방인들과의 구별을 위해 할례를 받는다(눅 1:59; 2:21). 이 의식은 유대인 어머니와 헬라인 아버지에게서 태어나 성인이 된 디모데(그는 아이였을 때 할례를 받지 않았다; 행 16:3)에게도 행해졌다. 마리아와 요셉은 아이가 태어난 후 필요한 정결 제사를 드렸다(놀랍게도 이 제사는 사람들 가운데 가난한 자들에게도 요구되었다; 눅 2:22-24). 예수는 그가 치유해준 나병 환자에게 성전에서 필요한 정결 제사를 드리고 레위기 14장에 세밀하게 언급되어 있는 절차를 따르라고 명령한다(막 1:44). 가나에서 일어난 기적은 정결 예식을 지키기 위해 사용된 여섯 개의 큰 항아리(돌로 만들어져 부정하지 않은)를 포함한다(요 2:6). 요한은 필요한 정결 의식들을 지키기 위해(아마도 시체로 인해 발생할 부정을 해결하기 위해) 그리고 분명하게 "정결"케 됨으로써 정해진 시간에 유월절 식사를 즐기기 위해 유월절 이전 주간에 예루살렘으로 모여들기 시작한 순례자들에 대해 언급한다(요 11:55). 마지막으로 우리는 바울조차도 자신을 위한 정결 의식들을 지키고 있음을 보게 된다. 그는 규정에 따라 토라를 준수하는 풍습을 지키고 있음을 보여주려고 서원한 네 사람을 후원한다(행 21:21-26).

그러나 짧은 기간 안에 초기 그리스도인들은 신자들이 부정의 영역으로부터 정결의 영역으로, 즉 속된 상태에서 하나님께 성별되어 거룩하게 되는 상태로 옮겨갈 수 있는 제의 행위의 새로운 틀을 지지하면서 이런 의식들을 남겼다. 초기 교회에서 중요한 사회적·이념적 기능을 했던 이 제의들은 그리스도인의 정체성을 확보하며 교회의 특성을 유지하는 에토스에 대한 강한 헌신을 증진하는 힘으로서 오늘날 우리 그리스도인 공동체들이 결코 잃어버리지 말아야 하는 것이다.

세례. 요한의 세례는 죄로 인해 부정해진 것을 제거하는 그래서 하나님을 만날 수 있는 정결 상태를 유지하기 위한 정결의 씻음과 비슷하다. 거룩하신 하나님께서 오실 것이라는 선언을 고려하여 그의 오심을 바라며 준비했던 유대인들은 자발적으로 이 세례를 행했다. 다가올 분노로부터 도망치기를 원했던 자들은 죄로부터의 정결을 추구했다(마 3:1-12을 보라). 초기 교회는 이런 의식의 형태를 유지하고 있었으나, 그것의 의미를 상당히 발전시킨다. 세례는 기독교 운동에서 가장 탁월한 통과의례가 된다. 이 예식은 사람이 하나님의 거룩한 백성 안으로 들어가는 예식(즉 속되고 부정한 영역을 떠나는 예식)으로, 유대교의 입교 예식인 할례를 대체하는 것이었다.[27]

> 그 안에서 너희가 손으로 하지 아니한 할례를 받았으니, 곧 육의 몸을 벗는 것이요, 그리스도의 할례니라. 너희가 세례로 그리스도와 함께 장사되고 또 죽은 자들 가운데서 그를 일으키신 하나님의 역사를 믿음으로 말미암아 그 안에서 함께 일으키심을 받았느니라. 또 범죄와 육체의 무할례로 죽었던 너희를 하나님이 그와 함께 살리시고 우리의 모든 죄를 사하시고(골 2:11-13).

세례의 중요성에 관한 바울의 해석은 빅터 터너(Victor Turner)와 같은 인류학자들이 정의한 제의 과정과 밀접하게 부합한다.[28] 물속으로 들어가는 것은 구별의 의식으로, 참여자가 이전의 삶과 소속되었던 단체들 및 사회적 모임에 대해 죽었다는 것을 의미한다. 바울은 자주 세례의 의미를 해석하기 위해 죽음의 언어를 사용한다.

> 죄에 대하여 죽은 우리가 어찌 그 가운데 더 살리요? 무릇 그리스도 예수와 합하여 세례를 받은 우리는 그의 죽으심과 합하여 세례를 받은 줄을 알지 못하느냐? 그러므로 우리가 그의 죽으심과 합하여 세례를 받음으로 그와 함께 장사되었나니…우리의 옛 사람이 예수와 함께 십자가에 못 박힌 것은 죄의 몸이 죽어 다시는 우리가 죄에게 종노릇하지 아니하려 함이니…이와 같이 너희도 너희 자신을 죄에 대하여는 죽은 자요, 그리스도 예수 안에서 하나님께 대하여는 살아 있는

---

27 드물게 언급되지만 마 18:15-18과 고전 5:1-5에서 강하게 언급되는 출교 예식도 있다. 죄를 지속적으로 범함으로써 거룩한 공동체 안으로 죄의 부정을 가지고 들어오는 사람은 공동체로부터 추방당하게 된다.

28 Victor Turner, *The Ritual Process* (Ithaca, N.Y.: Cornell University Press, 1969), 3-4장을 보라.

자로 여길지어다(롬 6:2-4, 6, 11).

물속으로 뛰어 들어가는 것은 상징적으로 참여자들이 이전에 함께했던 것들과 선호하는 것들과 관계들을 포기하는 것을 확증하는 것이기에, 세례를 받은 자들은 이제 더 이상 소유하기를 바라지 않는 그와 같은 과거의 삶으로부터 정결하게 된다.[29] 이런 의식을 행하기 전의 그들의 신분이나 정체성이 어떠했든지 간에 세례의 물이 그것을 모두 씻어주었다(고전 6:9-11을 보라). 그러나 이 예식은 참여자들에게 "그들의 옛사람의 죽음"에 이르는 길을 제공할 뿐만 아니라 "새롭게 태어나는" 길을 제공해준다.[30] 그 물에서 나오는 것은 집합의 의식(rite of aggregation)과 부합한다. 물에서 나온 그들은 "맑은 물로 씻음을 받아 성결해진 자들"의 새로운 공동체의 일원이 된다(히 10:22). 그들은 자신들의 이전의 삶의 길을 떠나 새로운 삶의 길을 시작하기 위해 그들의 상징적인 죽음으로부터 자유하게 된다.

> 그러므로 우리가 그의 죽으심과 합하여 세례를 받음으로 그의 함께 장사되었나니 이는 아버지의 영광으로 말미암아 그리스도를 죽은 자 가운데서 살리심과 같이 우리로 또한 새 생명 가운데서 행하게 하려 함이라.…이는 죽은 자가 죄에서 벗어나 의롭다 하심을 얻었음이라.…이와 같이 너희도 너희 자신을 죄에 대하여는 죽은 자요 그리스도 예수 안에서 하나님께 대하여는 살아 있는 자로 여길지어다.…너희 지체를 불의의 무기로 죄에게 내주지 말고, 오직 너희 자신을 죽은 자 가운데서 다시 살아난 자 같이 하나님께 드리며 너희 지체를 의의 무기로 하나님께 드리라(롬 6:4, 7, 11, 13).

---

29 Ruth M. Kanter, *Commitment and Community: Communes and Utopias in Sociological Perspective* (Cambridge, Mass.: Harvard University Press, 1972), 73.

30 Mary Douglas, *Purity and Danger* (London: Routledge & Kegan Paul, 1966), 96.

터너의 모델에서 통과의례는 사회의 한 신분으로부터 새로운 신분으로의 전이를 의미한다. 이 점에서 세례는 중요한 차이를 드러낸다. 왜냐하면 이 예식은 한 사회에서 또 다른 사회로의 전이를 의미하기 때문이다. 세례는 믿지 않는 사회와 관련하여 그리스도인들로 하여금 그 주변부를 떠나 새로운 공동체 안으로 침투하게 만든다. 이런 전이는 하나님의 분노(더럽고 가증스러운 것을 파괴하는 거룩함)를 경험하게 될 임박한 위험 속에 머물러 있던 과거의 불결하고 부정한 삶의 방식으로부터 지속적으로 분리를 일으키는 모든 종류의 정결과 부정의 언어로 강화된다.[31] 그리스도인들은 하나님께서 자신을 따로 부르신 미덕 안에서 계속해서 살고 성장함으로써 정결해지는 경험에 반응해야 한다(벤후 1:9을 보라). 모든 그리스도인에게 공통으로 적용되는 이 예식은 신자들이 다음과 같이 행할 수 있도록 풍부한 기회를 제공해준다. 즉 세례가 신자들 안에서 효과를 일으키는 구별됨과 그들을 정결하게 하고 자유롭게 하는 새로운 삶을 반영하도록 말이다. 이것은 신자가 어떤 방식으로 세례를 경험했는가와 크게 상관이 없다(뿌림을 통해서든, 물을 부음을 통해서든, 물에 잠김을 통해서든, 유아든 청소년이든 성인이든 간에 말이다). 이와 같은 예식의 행위와 바울이 그린 이미지들은 우리가 자연적으로 태어난 삶의 길로부터 영적으로 태어난 삶의 여정을 향하도록 신자들을 강화시킨다.

제의 과정 속에 있는 희생적 행위로서의 예수의 죽음. 잘 알려져 있듯이 기독교 운동 안에서 십자가의 죽음은 고결한 죽음으로서뿐만 아니라 희생제사로서 이해되었다. 이런 해석은 십자가를 지기 전 예수 자신의 가르침에서도 나타난다(막 10:45; 14:22-25). 요한복음에서 예수는 그의 "대

---

31 예를 들어 롬 6:19은 부정의 상태와, "부정의 종"이 된 상태에서 떠나 "거룩함을 위한 의"의 종이 된 상태로 이동한 그리스도인들에 대해 묘사한다.

제사장적 기도"에서 자신이 제자들을 거룩하게 하고 하나님께 그들을 성별하여 드리기 위해 "자신을 거룩하게 했다". 즉 자신을 하나님께 드려진 희생제사로서 거룩함의 영역으로 옮겼다고 선언한다(요 17:19). 신약의 독자들은 종종 예수의 죽음을 죄의 오염으로부터 신자들을 정결하게 하는 "속죄 제사"로 간주하는 짤막한 언급들을 서신서를 통해 발견하게 된다(요일 1:7-2:2; 롬 3:25도 보라). 신자들은 "그의 피 뿌림"(벧전 1:2)을 받았으며 좀 더 완전하게 "흠 없고 점 없는 어린양 같은 그리스도의 보배로운 피로" 속량되었다(벧전 1:19). 이 제사의 질은 하나님이 보시기에 분명히 받으실 만한 것이다. 엄청난 대가 역시 그리스도인들에게 신실한 반응을 요구한다. 그들은 예수의 피가 부어짐으로써 발생한 정결과 독특성을 계속해서 보존해야 한다.[32] 예수의 죽음과 관련하여 정결과 제의의 언어가 더 집중적으로 언급된 사례 중 하나는 에베소서 5:25-27에 나타난다. "아내 사랑하기를 그리스도께서 교회를 사랑하시고 그 교회를 위하여 자신을 주심 같이 하라. 이는 곧 물로 씻어 말씀으로 깨끗하게 하사 거룩하게 하시고,[33] 자기 앞에 영광스러운 교회로 세우사 티나 주름 잡힌 것이나 이런 것들이 없이 거룩하고 흠이 없게 하려 하심이라." 예수의 죽음, 세례 예식, 말씀을 받아들이는 것의 조합은 신자들이 부정하고 흠이 있는 상태에서 정결하고

---

32 "신자들을 거룩하게 한 피를 속되게" 만드는 것에 대한 이런 경고의 예에 대해서는 히 10:27-29을 보라. 이 경우에 "속됨"은 신자들이 예수의 피를 쏟음으로 발생하는 성별(구별)을 거절하는 믿지 않는 사회의 품으로 되돌아갈 때 발생하게 된다. 따라서 이 단번의 희생제사의 유일무이한 가치는 공동체와 그 삶의 방식에 계속 헌신하도록 동기를 부여하는 중요한 수단이 된다.

33 요한복음 역시 예수께서 하신 말씀으로 정결케 된 제자들에 대해 말한다(요 15:3). 그 말씀을 지키는 것은 제자들이 성부와 성자를 위한 적합한 처소가 되도록 만든다(결국 거룩한 성소가 된다; 요 14:23). 요 17장에 나오는 예수의 기도는 요 15:3과 밀접하게 연결되는데, 예수는 하나님께서 하나님의 "말씀"인 "진리로" 제자들을 "거룩하게 하실" 것이라고 기도한다(요 17:17).

완전한 상태로 옮겨가게 만들며, 결국 그들이 거룩한 분께 드려지기에 합당한 제물이 되도록 만든다.

예수의 죽음의 의미를 도출하는 것과 관련된 제사와 제의의 언어로 더 깊게 들어간 본문은 히브리 사람들에게 보낸 편지일 것이다(아마도 설교로 보는 편이 나을 것이다).[34] 히브리서 저자는 하나님께 나아가는 길을 넓히기 위해 옛 제의의 무능력에 기초하여 그것을 철저하게 비판하는 데 관여한다. 사람들은 영구적으로 하나님으로부터 먼 거리를 유지하고 있기 때문에, 저자는 제사와 관련된 레위기의 모든 제도가 사람의 전인격을 정결하게 하는 것과 관련하여 분명히 계속 무능했다고 논증한다. 만일 정결하게 하는 것이 분명히 결정적이었다면 제사는 중단되었을 것이며(그 역할을 완성하였기에; 히 10:1-4), 지성소에 들어가는 것도 여전히 한 사람에게 제한되지 않았을 것이다(히 9:6-10). 히브리서 저자에 따르면 십자가와 천성을 향한 예수의 여정, 즉 십자가로부터 승천하여 승귀에 이르기까지의 사역은 하나님의 존전으로부터 인류를 분리했던 죄를 제거하고 하나님의 은혜로 완전하고 담대하게 들어갈 담력이 되는 단번의 완전한 제의 행위로 해석된다. 정결 제사들과 붉은 암송아지 제사와 언약의 개시를 위한 제사와 대속죄일의 제사 예식의 구성 요소들은 이 새롭고 더 나은 제사 과정과 의미를 묘사하기 위해 재구성된다.

십자가 위에서의 예수의 처형은 신자들을 위한 자발적 희생제사로 변형된다. 정결 제사에 바쳐진 제물들이 진영 밖에서 불태워지듯이, "예수도 자기 피로써 백성을 거룩하게 하려고 성문 밖에서 고난을 받으셨느니라"(히 13:11-12). 그는 인간 사회(진영)를 떠나 폭력과 수치와 적대적 행위

---

34 히브리서의 정결과 제의의 언어의 대한 자세한 분석에 관해서는 David A. deSilva, *Perseverance in Gratitude: A Socio-Rhetorical Commentary on the Epistle "to the Hebrews"* (Grand Rapids, Mich.: Eerdmans, 2000), 특별히 히 7:11-10:25과 관련된 부분을 보라.

를 당한다. 그는 세속과 거룩함의 경계로 특징지어지는 장소인 진영 밖으로 나아간다. 불신자들이 볼 때 예수는 불결한 장소 곧 사회의 경계 밖에서 수치스러운 죽음을 당한다. 하나님이 보시기에 진영의 끝을 넘어서는 예수의 여정은 정결 제사가 되는 그의 죽음과 하나님께 나아가기를 바라는 예배자들의 양심을 깨끗하게 하는 그의 피의 거룩한 능력으로 행하는 제의 행위다(히 9:13-14). 따라서 그리스도인들은 이스라엘 사람들이 결코 향유하지 못했던 방식으로 하나님께 나아가기에 적합한 상태가 된다.

그러나 이런 제의 운동은 갈보리에서 멈추지 않았다. 예수는 죽음 이후에 가시적인 하늘(여전히 "흔들릴" 운명인 물질세계의 한 부분; 히 4:14; 12:26-27)을 지나 "바로 그 천성" 즉 하나님의 보좌의 흔들리지 않는 영역으로 들어갔다(히 9:24). 이곳은 하늘의 성소로서, 지상의 성전은 이것의 그림자인 모형에 지나지 않는다(히 8:2, 5; 9:24).[35] 그러므로 예수는 지난 수천 년 동안 지상의 모형 안에 규정되어 있었던 속죄의 제의를 위한 참된 장막을 구현했고, 지금 (지상의 모형에서와 같이) 그곳에서 사람들이 축적해놓은 죄의 오염으로부터 눈에 보이지 않는 거룩한 장소들을 정결하게 하고 있다(히 9:23). 그리하여 예수의 피는 예배자들의 양심에서 발생하고 하나님의 존재 앞에서 일어나는 모든 죄의 부정을 제거한다. 그 결과 하나님과 인간 사이에 부정의 장애물은 아무것도 남지 않는다. 결과적으로 이것은 천상의 대속죄일의 첫 정결 제사가 된다.[36] 예배자는 하나님의 거룩함이 자신을 소

---

35 따라서 히브리서 저자는 헬레니즘 유대교에서 잘 확립한 전승을 따라 예루살렘의 물질적인 구성물로부터 천상의 영역으로 거룩함의 장소를 옮긴다(Wis 9:8; T. Levi 2-5을 보라).

36 토라 어디에서도 발견되지 않는 이 획기적인 새로운 제사는 틀림없이 정당성을 가지고 있다. 결국 하나님께서 희생제사를 규정하신다. 그것은 인간이 발명한 것이 아니다. 예수의 죽음이 실제로 죄를 분명하게 정화했다는 확신으로부터 출발하여 히브리서 저자는 시 40편에서 레위기의 제사 제도를 무너뜨리는 데 필요한 단서를 찾아냈다. 이 시편은 "하나님의 말씀"과 동일하며 실제로 토라보다 후대에 기록된 말씀이다. 시편 저자는 (70인역에서) 다음과 같이 말한다. "하나님이 제사와 예물을 원하지 아니하시고, 오직 나를 위

멸하지 않으리라는 점을 확신하면서 이제 은혜의 보좌로 나아갈 수 있게 되었다(히 4:14-16; 10:19-22). 이 의식의 마지막 활동으로 예수는 하나님 우편에 앉아 계신다(히 10:11-14). 자신들의 제사를 수행하기 위해 계속 서 있었던 레위기의 제사장들과 달리 예수는 더 이상 천상의 제단에 서 있을 필요가 없으며 그의 제사장적 사역은 완성되었다(비록 그가 신자들을 위해 그 영광스러운 자리에서 여전히 중보 기도를 하고 있지만 말이다; 히 7:25).

예수의 죽음은 청중들이 세례의 물로 이해했던(히 10:22) 정결 제사일 뿐만 아니라 제사장 아론이 양으로 드린 제사와 유사한 일종의 성별 제사이기도 했다(완전함에 대한 언어로 제의 절차를 결합하고 있는 본문에 대해서는 70인역의 출 29장을 보라).[37] 그리스도인들은 이미 공동체의 예배를 통해 하나님께 나아가게 된 은혜를 누리고 있으며, 의심할 바 없이 사람의 내적 양심의 성별됨과 완전함을 반영하고 있는 신자 개개인의 개인적 기도의 은혜를 누리고 있다. 이런 상태에서 그들은 "계속해서 하나님을 찬양하는 제사, 즉 그분의 이름을 고백하는[인정하는] 입술의 열매"뿐만 아니라 선을 행하고 나누어주는 삶의 제사, 즉 "하나님을 기쁘시게 하는 제사"를 드리고 있다(히 13:15-16).

그러나 그들을 성별하는 것은 이 세상만을 위한 것이 아니다. 여기서 우리는 히브리서 저자가 그리스도인의 삶에 관한 이념을 창조하는 수단으로서 제사의 언어를 사용하고 있음을 발견한다. 이는 그들의 공동체에 대

하여 한 몸을 예비하셨도다. 번제와 속죄제를 기뻐하지 아니하시나니, 이에 내가 말하기를, '하나님이여 보시옵소서, 하나님의 뜻을 수행하러 왔나이다' 하셨느니라"(시 40:6-8 LXX; 히 10:5-7). 히브리서 저자는 이 본문을 예수 자신이 한 말로 해석하고 있으며, 여기서 하나님께서 동물 희생제사를 거절하신 것(히 10:8)과 새로운 종류의 제사를 설립하시고 인준하신 것(히 10:9-10)을 모두 찾아냈다.

37 계 1:5과 5:9-10도 교회를 이스라엘로 부르고 하나님을 위한 제사장 나라로 간주하면서 예수의 죽음의 결과로서 신자들의 공동체가 제사장 직분으로 성별되는 장면을 보여준다 (출 19:6).

문화의 키워드로 신약성경 읽기

한 헌신과 그 공동체의 독특한 사회적 정체성과 에토스를 유지하기 위함이다. 히브리서 저자는 예수가 단순히 제사장이 아니라 "우리를 대신하는 선구자"라는 사실을 강조하고 있다(히 6:19-20). 이로써 신자들은 인간으로서는 건널 수 없는 경계선까지 넘어갈 수 있게 되었다. 그들은 예수의 피로 인해 대제사장조차도 과거에 들어가지 못했던 진정한 성소의 거룩한 공간까지 들어갈 수 있을 정도로 성결하게 되었다(히 10:18-22). 현재 상태에서 신자들은 위대한 특권과 명예에 도달하도록 하나님께서 그들을 위해 고안하신 위대한 제의의 과정 가운데 있다.

선구자인 예수와 함께 신자들은 예수가 경주했던 과정을 "인내로 경주하도록" 부르심을 받는다(히 12:1). 신자들은 이미 진영 밖에 있는 이 경로에 들어섰다. 그리스도인들은 재산과 명성, 그리고 이전 사회에서 그들이 가지고 있었던 신분에 그들을 연결시켜주던 모든 것들을 잃어버리는 고통을 감수하면서 유대인 또는 이방인이라는 이전의 "평범한" 정체성으로부터 구별되었다. 그리스도인들은 그들을 위해 진영 밖에서 대신 행하신 예수의 여정에 대해 감사하면서 자신들의 여정을 유지하도록 부름을 받았으며, 인간 사회에 속했다는 느낌과 그 안에서 삶의 편안함을 느끼는 감정을 희생함으로써 새롭게 제시된 장소로 들어가도록 부르심을 받았다. 그러므로 신자들은 그들 스스로 남겨두고 떠난 집과 그들이 현재 받고 있는 중인 나라 사이에서 살고 있음을 발견하게 된다(히 12:28; 13:11-14). 이 과도기적 상태는 "낮아짐과 시련뿐만 아니라…신성함과 능력"을 모두 포함한다.[38] 이것은 그리스도께서 비난을 받고(히 13:13) 적대감과 수치를 주는 사

---

[38] Richard N. Nelson, *Raising Up a Faithful Priest: Community and Priesthood in Biblical Theology* (Louisville: Westminster John Knox, 1993), 58. Nelson의 논의는 제의의 과도기적 기간에 대한 역설적인 특성에 대해 논의했던 Turner에게 상당한 영향을 받았다(Turner, *Ritual Process*, 94-147).

회의 기술을 참아내야 했던 기간이었다. 그러나 이것은 그 속에서 하나님의 임재가 알려진 장소이기도 했고, "담대함으로 은혜의 보좌 앞으로 나아갈"(히 4:14) 수 있으며, 레위기의 제사장들이 스스로 먹을 권리를 가지지 못했던 "제단"을 즐길 수 있는 거룩한 상태이기도 했다(히 13:10).[39]

이런 과도기적 상태에서 신자들은 협력, 나눔, 동등함으로 표시되는 공동체[40] 안으로 함께 들어오도록 인도되었다. 이 공동체 안에서 그들은 하나님께 친밀하게 나아갈 수 있도록 거룩하게 되었으며, 물질세계의 종말론적 붕괴가 일어날 때 들어가게 될 새롭고 거룩하며 정상적인 상태에 알맞게 변화되었다. 그러므로 신자들의 남은 삶은 이런 과도기적 상태에서 이 세상의 신분과 다음 세상의 신분 사이의 경계에서 살아가는 것이다. 히브리서 저자는 수신자들에게 이런 가장자리에서 사는 것을 계속 유지하라고 권고한다. 왜냐하면 이런 사회의 가장자리는 예수와 마찬가지로 그들이 흔들리지 않는 영역, 곧 하나님의 온전한 현존 안으로 넘어가는 문지방으로서 약속을 품는 곳이기 때문이다. 아브라함, 모세, 순교자들, 배척당한 자들, 예수, 그리고 그들을 두고 떠난 지도자들과 동일하게, 청중은 이 세상에서 이전의 "평범한" 상태로 돌아가는 것이 아니라 완전한 상태에 도달하기 위해 노력하면서(그들의 선구자이며 개척자를 따르면서),[41] 지금 그들이 처한 과

---

39 William L. Lane, *Hebrews 1-8* (Waco, Tex.: Word, 1991), 543-44; Victor C. Pfizner, *Hebrews* (Nashville: Abingdon, 1998), 199; J. W. Thomson, *The Beginnings of Christian Philosophy: The Epistle to the Hebrews*, CBQMS 13 (Washington, D. C.: Catholic Biblical Association, 1982), 147.

40 통과의례를 함께 경험하는 자들 사이의 친밀한 관계 형성은 Turner가 연구했던 제의의 과도기적 상태의 현저한 특징이기도 하다(Turner, *Ritual Process*, 94-147).

41 여기서의 "완전"의 의미에 관해서는 "A Closer Look: Perfection in Hebrews," in deSilva, *Perseverance in Gratitude*, 194-204을 보라. 기본적으로 히브리서에서 "완전"이라는 용어가 언급되는 모든 내용은 공통적으로 경계를 넘어 그 사람의 마지막 상태, 즉 하나님께서 그 사람을 위해 고안하신 것과 일치하는 상태에 도달하는 것을 의미한다(이것이 어린아이와 반대되는 성숙을 의미하든, 속된 상태로 남아 있는 것과 반대되는 제사장직의 성별을

문화의 키워드로 신약성경 읽기

도기적 상태를 포용해야 한다. 그들의 완전한 상태는 그들이 하나님의 도성 안으로 집합했을 때 하나님의 자녀로서 그들의 명예가 완전히 드러나게 될 불변의 영역 안으로 들어가는 것이다.

이처럼 히브리서 저자는 그의 독자들의 필요에 반응하는 와중에, 예수의 죽음을 통해 신자들에게 행해진 정결 및 성별 의식들이 천상의 성소에 들어가기 위한 준비 단계로서 갖는 능력에 관한 모범적인 설교를 덧붙인다. 그리스도인은 믿음으로 진입하는 것(세례)과 죽음(또는 재림) 사이의 기간을 과거에 소속된 공동체로부터 분리되는 것과 새로운 존재의 완전한 상태로 진입하는 것 사이의 과도기적 기간으로 간주할 것을 요청받는다. 히브리서 저자가 제시하는 레위기의 비효과적인 제사장직과 예수의 효과적인 중보 사이의 대조 역시 모체가 되는 유대교와 관련하여 공동체의 경계들을 유지해준다. 신자들을 정결하게 하는 것과 성별되어 하늘의 장막 안으로 들어가려고 기다리는 과도기적 상태에 머물러 있어야 할 필요에 대한 강조 역시 불신앙하는 세상에 대항하는 공동체의 경계―그리스-로마의 이웃들의 압박으로 인해 침식되기 시작한 경계(히 10:25)―를 유지해준다. 이 제의 과정에 관한 더 큰 그림을 숙고하는 것은 신자들로 하여금 예수에 대한 충성과 하나님의 기준에 대한 증언을 위해 이 세상에서의 궁핍을 계속 견디도록 해준다. 왜냐하면 그들은 이 세상의 가장자리로 밀려나는 것이 그들의 영원한 유산의 문지방으로 인도되는 것을 의미한다는 것을 알기 때문이다.

의미하든, 아니면 제거와 파괴가 예정된 물질 영역의 일부분으로 남아 있는 것과 반대되는 천상의 영역에 도달하는 것이든지 상관없이 말이다).

결론

신약 저자들은 정결의 경계들을 넘어설 "이유와 때"가 있는가 하면 이 경계들을 세워야 할 "이유와 때"가 있다는 것을 보여주는 본보기들이다. 20세기 북아메리카나 서유럽에서 도출된 가능성 있는 정결 규정들에 대한 분석을 상기해보라. 이런 규정들 가운데 많은 것이 사회경제적인 것들이다. 인간은 공통의 사회적·경제적 계급 내에서 결혼하고 친구를 사귀며 심지어 모교회를 선택하는 뚜렷한 경향이 있다(그래서 정결 지도로 볼 때 공통의 경계 안에서 서로 만나게 된다). 또한 인간에게는 현저하게 다른 사회경제적 기준들을 가진 자들과의 접촉을 꺼리는 확고한 경향이 있는데, 이는 노숙자들을 향해 광범위하게 퍼져 있는 반감과 같은 극단적인 경우에서 드러난다. 많은 경계가 인종과 관련이 있으며, 다시 이 경계들은 데이트하고 결혼하며 우정을 형성하는 일과 특정한 회중을 구성하는 데 상당한 영향을 미친다. 상당한 "의학적" 경계들도 존재하는데, 사람들은 이런 경계로 질병을 일으킬 가능성이 있는 위생이나 불결함에 덜 민감한 자들과 자신들을 구별하기도 한다(극단적인 경우는 AIDS를 겪고 있는 자들의 경우다. 그들은 오염되고 오염시키는 자들로 간주된다). 우리가 이런 지도들과 관련하여 우리 자신의 위치를 숙고하고, 이것과 지난 한 달 동안 우리가 가졌던 의미 있는 사회적 상호 작용을 검토하여 비교해본다면, 우리는 아마도 우리 사회에 속한 사람들 사이에 그려진 경계들이 (비록 그 사회의 정결 지도라는 용어를 사용하지 않더라도) 우리의 관계를 효과적으로 형성하게 하고 우리의 사회적 배치를 결정하는 데 상당한 영향을 미친다는 사실을 발견하게 될 것이다.

이것의 문제는 물론 우리가 우리 자신의 문화적 정결 지도를 사용하여 한편으로는 그리스도 안에서 우리의 형제자매들과 우리를 구별하고(우리는 한 공동체 안으로 수많은 인종 집단과 나라와 언어와 민족들을 포용하셨던 예수의 사역보다는 우리의 문화적 지도를 더 중시한다), 다른 한편으로는 하나님의 사신

문화의 키워드로 신약성경 읽기

으로서 우리가 접촉해야 할 자들과 우리를 구별한다는 데 있다. 예수와 바울의 예는 적대감과 불신과 무자비의 막힌 담을 영속적으로 만드는 이런 분류의 규정들을 제거하고 그 대신 하나님께서 그어놓으신 경계들 – 신자들이 서로 다른 인종, 계급, 의학적 상태에 속하더라도 그들 사이를 구별하지 않는 경계들 – 을 존중하도록 우리를 초청한다.

예수가 보여주고 있듯이 신자와 불신자를 나누는 경계들은 사명을 위해 사랑으로 다가가서 어느 정도의 구호나 회복을 가져올 뿐만 아니라 교회 안으로 회심하여 들어올 수 있도록 항상 침투 가능한 상태로 남아 있어야 한다. 교회가 인종과 의복 등등의 차이로 방문자를 환영하는 데 실패한다면(또는 더욱 나쁘게 누군가에게 "당신은 환영받지 못한다"라는 느낌을 받게 하려고 시도한다면), 그것은 예수가 보여주신 구상을 포기하고 세상의 계급적 경계들을 선호하는 것이다. 그 결과는 우리가 다시 그 밖의 경계로 돌아가 있는, 즉 예수의 프로그램을 실행하기보다 세상의 지도 속에서 더 편하게 살아가고 있는 **우리 자신**을 발견하게 되는 것이다. 예수를 따르려면 우리는 태어나면서부터 우리 속에 설치되고 우리 사회가 매순간 강화하는 이런 정결 지도들을 종종 불편하게 침범할 필요가 있다. 만일 우리가 그 경계들을 전혀 넘어가지 않고 있다면 우리는 확실히 주님께 보조를 맞추지 못하고 있는 것이다!

우리는 하나님의 사랑과 우리의 주변 세상을 치유하는 일을 확장하기 위한 우리의 사명을 타협해서는 안 된다. 동시에 우리는 "주님께 거룩한" 구별된 백성이 되어야 하는 우리의 사명 역시도 타협해서는 안 된다. 우리는 무엇으로부터 구별된 채로 남아 있어야 하는가? 이 점에 대해 신약의 저자들은 분명하고 자세한 교훈을 제공하고 있으며, 우리는 오직 그들이 그려놓은 경계들에 주의를 기울일 뿐이다.

분명하게 규정된 일단의 경계들은 죄, 거짓, 불신하는 세상의 허영, 특별히 우리가 살고 있고 그 속에서 우리가 길들여지고 있는 세상의 허영에 우리가 지속적으로 관여하는 것과 계속해서 거리를 둘 것을 요구한다. 요한계시록의 수신자들이 자기기만적인 로마의 이념에 젖어들지 않도록 주의해야 했듯이, 오늘날 그리스도인들도 각각 자신이 속한, 자기기만적이고 자기를 정당화하며 자기의 영광을 추구하는 나라의 이념들에 맞서는 동일한 투쟁에 직면하고 있다. 신자들은 세상의 나라가 그어놓은 외부 경계들(우리가 이미 살펴보았듯이 내부적 경계들뿐만 아니라)과 반드시 분리된 채로 남아 있어야 한다. 예를 들어 미국에서 그리스도인들은 교회와 교회의 관심사는 미국의 국경 안에 머물러 있어서는 안 되며 오히려 그들의 진정한 국가요 동맹인 온 세상의 그리스도인 가족을 그들의 마음속에 두고 있어야 한다는 점을 스스로 반복적으로 상기해야 한다. 게다가 그리스도인들은 죄와 (실제적인) 우상숭배와 그들 주변 사회에서 증진하고 있는 불경건한 의제들과 반드시 분리되어 있어야 한다. 다시 한번 미국을 생각해보면(이곳이 내가 잘 알고 있는 싸움터이기 때문에), 현재 인기 있는 이념의 한 가지 특성은 소비주의를 증진하며 탐욕과 자기탐닉을 육성한다. 사회는 **내 것**(mine), **더 많이**(more), 그리고 드물게 **충분히**(enough)라는 단어만을 알고 있다. 이런 정신 상태에서는 그와 같은 우상숭배에 참여하고 이런 의제들이 우리의 삶을 이끌도록 허락하는 일이 더 쉬울 것이다. 그러나 "나와서 따로 있고 부정한 것을 만지지 말라"는 부르심은 하나님의 뜻을 행하고 하나님의 가치를 구현하는 일에 헌신하는 우리의 성실함—온전함—을 부식시키는 모든 것 곧 "육과 영의 온갖 더러운 것"으로부터 "자신을 깨끗하게" 하라고 우리에게 요구한다(고후 6:14-7:1).

두 번째 분명한 규정은 흠 없이 거룩한 공동체를 유지함으로써 교회를 부정하게 하는 일을 삼가라고 우리에게 권고한다. 그리스도인들은 죄를 지속하거나 세상의 거짓을 교회 안으로 가지고 들어와서 교회의 비전을 부정하게 만들고 교회의 사명을 방해하며 교회가 증인의 목소리를 내지 못하도록 함으로써 신자들의 몸을 부정하게 하는 것을 막기 위한 갑옷을 입고 있다. (사회적) 몸의 붕괴는 불결의 원인이 되기 때문에 각 신자는 불평, 험담, 논쟁이나 회중을 부정하게 만드는 힘겨루기를 삼가야 할 책무가 있다.

그렇다면 이제 정결과 부정에 관한 우리의 연구는 하나님의 거룩한 백성과 신앙 없는 세상 사이에 하나님께서 그려놓으신 경계들을 발견하고 적절하게 운영해야 할 책무와 함께 우리에게 남겨졌다. 경계는 회심한 자들이 하나님의 거룩하심 안으로 도달하여 들어가는 것과 관련하여 침투 가능한 것으로 남아 있다. 우리는 하나님께서 만들어놓으신 경계들을 붕괴시키며 그리스도인 공동체와 우리 개인의 삶 안에 사회가 만들어놓은 경계들을 되풀이하게 만드는 유혹에 저항하도록 도전받고 있다. 오히려 우리는 거룩한 경계, 즉 사회의 경계 밖에 존재하는 하나님 나라의 문턱과 그 나라를 기다리는 일을 회복하도록 밀고 나가야 한다. 이런 가장자리에서 우리는 하나님께서 그의 모든 아들딸들에게 요구하시는 공동체의 특성을 자유롭게 만들어낼 수 있다.

1세기의 문화적 배경에 관한 네 가지 두드러진 요소에 대한 분석을 통해 이 책은 우리 주변의 비기독교(또는 적어도 명시적으로 기독교를 표방하지는 않는) 사회에 대한 우리 자신의 문화 변용(acculturation)에 대한 수준을 점검하게 하는 다수의 의미 있는 통찰을 제공해주었다. 또한 이 책은 비기독교 사회가 우리의 마음과 생각에 새겨놓은 가치와 정보 및 의제로부터 신자들의 공동체를 분리시켜주는 검증된 도구와 모델들을 우리에게 마련해주었다. 우리가 우리를 향한 신약의 도전을 더 인식하면 할수록, **그리고** 신약 저자들이 독특한 기독교 문화를 지속적으로 육성하기 위해 공급했던 자료를 더 많이 발견하면 할수록, 우리는 더 다양한 방식으로 신약을 읽을 수 있게 된다.

초기 기독교 지도자들은 신자들이 자기 자신의 가치를 측정해야 하고, 예수와 성령께서 가르쳐주신 가치의 관점에서 명예를 추구해야 하며, 불신자들의 인정을 받거나 회심하기 이전에 자신들에게 내재되어 있었던 믿지 않는 사회의 가치에 더 이상 얽매일 필요가 없음을 이해하고 있었다. 결국 우리도 우리 자신과 다른 사람들을 어떻게 측정할 것인가를 조사하도록 초대받는다. 우리는 우리 자신과 우리 주변 사람들에게 우리를 둘러싼 문화가 형성한 가치와 기준들을 계속해서 증진시킬 것인가? 아니면 하나님의 인정을 추구하며 우리의 이웃들에게 자기-가치에 머물 수 있는 자원으로서 하나님의 가치를 가르칠 것인가? 지도자들은 특별히 그리스도 안에 있는 우리의 가치에 기초하여 상호 존중을 부여하고, (세속적 사다리를 따라 올라가는 대신에) 제자도의 측면에서 진보하는 사람들을 축하해주는 대안적인 "평판의 법정"으로서 기능하도록 회중을 지도할 책임이 있다.

고대 세계의 후원과 은혜의 두드러진 특징과 자비로운 사람들에게 지고 있는 의무들에 대한 잘 알려진 인식 때문에, 초기 그리스도인들은 믿음과 삶의 온전함을 얻을 수 있는 강력한 자원을 가지고 있었으며, 오늘날 우리도 그것을 회복함으로써 큰 유익을 얻을 수 있다. 그 자원은 감사를 중심으로 삼고 그것에 초점을 맞추는 것이다. 우리는 하나님께서 우리에게 부어주셨고 앞으로도 우리에게 부어주실 은사들의 가치를 붙잡고 우리의 삶 전체를 통해 시종일관 한마음으로 하나님께 감사해야 한다는 사실을 이해하게 되었다. 우리가 단지 청지기로서 우리의 시간과 자원을 사용하고 우리의 활동을 선택하는 길은 모두 감사를 반영하며 감사를 재현하는 것이다. 이렇게 하나님 중심으로 하나님께 명예가 되는 것에 주안점을 두는 것은 오직 하나님께 영광을 돌리고 말과 행위를 통해 하나님의 자비로움을 증언할 기회를 추구하며 하나님의 명령에 순종하고 예수님께 대한 충성을 드러내도록 우리를 인도한다. 비록 이런 일이 우리를 불편하게 만들지라도 말이다.

우리 자신이 **형제와 자매**라는 단어를 사용하는 것이 의미가 있는 컨텍스트에 몰두하는 것은 기독교 운동을 형성했던 사람들이 그 운동에 참여하는 구성원들에게 (최고의 의미를 가진) 가족의 에토스를 서로를 향해 도입하도록 의도했다는 통찰력을 얻게 한다. 따라서 우리는 정상적인 가족이 지니는 친밀감, 상호 헌신과 상호 지지의 정신을 예수의 피로 연결된 가족으로 확장하도록 도전받는다. 우리는 고대 세계의 가족 안에서 최고라고 규정된 가치들 — 협력을 위해 경쟁을 피함, 필요가 있을 때 자원을 자유롭게 나눔, 자제와 용서를 보여줌, 조화를 추구함 — 을 행하라는 권면을 받는다. 이 가족은 항상 우리의 지역 회중뿐만 아니라 심지어 우리 자신이 속한

문화의 키워드로 신약성경 읽기

교단과 세계 각처에 있는 하나님의 전체 가족까지도 분명하게 포함한다. 우리는 "그들로 모두 하나가 되게 하소서"라는 예수의 기도가 우리의 마음과 서로를 향한 자세를 통해 성취되고 있음을 반드시 발견해야 한다(조직 구조는 이 점에서 상당히 벗어나 있다).

마지막으로 예수와 초기 교회가 추구했던 방식에 대한 우리의 연구는 다른 인종, 계급, 국가 및 배경을 가진 사람들과 밀접한 관계를 형성하지 못하도록 막고 있는 우리 사회의 경계에 대해 깊이 성찰할 수 있도록 우리를 인도한다. 예수와 초기 교회는 오랫동안 명예롭게 지켜졌던 당시의 구분과 분리라는 선을 넘어서서 교회의 에토스와 특징을 보존하기 위해 고안된 새로운 경계를 만들어냈다. 하나님은 이런 모든 구분 영역에 속한 사람들을 한데 모으신다. 이는 우리로 하여금 하나님께서 결합하신 것을 나누지 못하도록, 우리 사회로부터 학습된 구분선들을 옆으로 치우도록 만든다. 그러나 모든 인종, 계급, 나라, 배경을 가진 이 새로운 공동체는 여전히 거룩함으로 부르심을 받는다. 이는 우리가 우리 자신을 죄의 오염과 분열의 더러움으로부터 깨끗하게 씻음으로써 명예롭게 되고 보존되는 거룩함이다.

신약 메시지의 이러한 네 가지 측면은 회중에게 가르쳐지고 누룩처럼 신자들의 삶을 통해 퍼져나갔으며 그들이 자신들이 속한 사회 한가운데서 경건한 맛을 잃어버린 믿음의 공동체의 부흥을 위한 위대한 약속을 붙잡도록 해주었다. 1세기 기독교 지도자들이 예수와 성령의 길에 대한 충성을 유지할 수 있도록 이와 같은 네 가지 측면을 사용할 수 있었던 것과 같이, 오늘날 기독교 지도자들도 이를 통해 세상에서 주님의 거룩함을 반영하고, 영원히 지속되는 명예만을 추구하며, 삶의 여정에서 가장 가까운 친족으로서 서로를 지지하라고 우리를 부르시는 주님께 전심으로 헌신할 수 있도록 동기를 부여하는 강력한 전략들을 발견하게 될 것이다. 예수께서 자신을 우리에게 주셨듯이 우리 자신을 예수께 드리도록 — 그리고 우리가 사랑에 사랑을 일치시킬 때까지 우리의 섬김이 느슨해지지 않도록 — 우리에게 도전하는 이 기독교 이념의 중심에는 당연히 "은혜"가 여전히 서 있을 것이다.

参고문헌

1·2장: 명예

Adkins, Arthur W. *Merit and Responsibility: A Study in Greek Values*. Oxford: Clarendon, 1960.

Aristotle. *Nicomachean Ethics* 3, 8.

deSilva, David A. *Despising Shame: Honor Discourse and Community Maintenance in the Epistle to the Hebrews*. SBLDS 152. Atlanta: Scholars Press, 1995.

_____. *The Hope of Glory: Honor Discourse and New Testament Interpretation*. Collegeville, Minn.: Liturgical Press, 1999.

_____. "The Noble Contest: Honor, Shame, and the Rhetorical Strategy of 4 Maccabees." *JSP* 13 (1995): 31-57.

_____. "The Wisdom of Ben Sira: Honor, Shame, and the Maintenance of the Values of a Minority Culture." *CBQ* 58 (1996): 433-55.

Dodds, Eric R. *The Greeks and the Irrational*. Berkeley: University of California Press, 1966.

Elliott, John H. "Disgraced Yet Graced. The Gospel According to 1 Peter in the Key of Honor and Shame." *BTB* 24 (1994): 166-78.

Jewett, Robert. *Saint Paul Returns to the Movies: Triumph over Shame*. Louisville: Westminster John Knox, 1998.

Karen, Robert. "Shame." *The Atlantic Monthly*, February 1992, pp. 40-70.

Malina, Bruce J. and Jerome H. Neyrey. "Conflict in Luke-Acts: Labeling and Deviance Theory." In *The Social World of Luke-Acts: Models for Interpretation*, pp. 97-124. Edited by Jerome H. Neyrey. Peabody, Mass.: Hendrickson, 1991.

_____. "Honor and Shame in Luke-Acts: Pivotal Values of the Mediterranean World." In *The Social World of Luke-Acts: Models for Interpretation*, pp. 25-66. Edited by Jerome H. Neyrey. Peabody, Mass.: Hendrickson, 1991.

Moxnes, Halvor. "Honor and Shame." *BTB* 23 (1993): 167-76.

_____. "Honor, Shame, and the Outside World in Paul's Letter to the Romans." In *The Social World of Formative Christianity and Judaism*, pp. 207-18. Edited by Jacob Neusner,

참고문헌 457

Peder Borgen, E. S. Frerichs and Richard Horsley. Philadelphia: Fortress, 1988.

_____. "Honour and Righteousness in Romans." *JSNT* 32 (1988): 61-77.

Neyrey, Jerome H. "Despising the Shame of the Cross." *Semeia* 68 (1996): 113-37.

_____. "Loss of Wealth, Loss of Family and Loss of Honour: The Cultural Context of the Original Makarisms in Q." In *Modelling Early Christianity: Social-Scientific Studies of the New Testament in Its Context*, pp. 139-58. Edited by Philip F. Esler. London: Routledge, 1995.

_____. *2 Peter, Jude*. AB. New York: Doubleday, 1993.

Pitt-Rivers, Julian. "Honour and Social Status." In *Honour and Shame: The Values of Mediterranean Society*, pp. 21-77. Edited by John G. Peristiany. London: Weidenfeld and Nicolson, 1965.

Williams, Bernard. *Shame and Necessity*. Berkeley: University of California Press, 1993.

3·4장: 후원

Aristotle. *Nicomachean Ethics* 8.

Boissevain, Jeremy. *Friends of Friends: Networks, Manipulators and Coalitions*. New York: St. Martin's, 1974.

Chow, John K. *Patronage and Power: A Study of Social Networks in Corinth*. JSNTSup 75. Sheffield: Sheffield Academic Press, 1992.

Cicero. "On Duties."

_____. "On Friendship."

Danker, Frederick W. *Benefactor: Epigraphic Study of a Graeco-Roman and New Testament Semantic Field*. St. Louis, Mo.: Clayton, 1982.

Davis, John. *The People of the Mediterranean: An Essay in Comparative Social Anthropology*. London: Routledge & Kegan Paul, 1977.

deSilva, David A. "Exchanging Favor for Wrath: Apostasy in Hebrews and Patron-Client Relations." *JBL* 115 (1996): 91-116.

Dio Chrysostom. *Oration* 31. (To the Rhodian Assembly)

Edwards, Ruth B. "Χάριν ἀντὶ χάριτος (John 1.16): Grace and the Law in the Johannine Prologue." *JSNT* 32 (1988): 3-15.

Elliott, John H. "Patronage and Clientism in Early Christian Society." *Forum* 3 (1987): 39-48.

문화의 키워드로 신약성경 읽기

Hals, Ronald M. *Grace and Faith in the Old Testament*. Minneapolis: Fortress, 1980.

Lacey, Douglas R. de. "Jesus and Mediator." *JSNT* 29 (1987): 101-21.

Levick, Barbara. *The Government of the Roman Empire: A Sourcebook*, pp. 137-51. London: Croom Helm, 1985.

Lull, David J. "The Servant-Benefactor as a Model of Greatness (Luke 22:24-30)." *NovT* 28 (1986): 289-305.

Moxnes, Halvor. "Patron-Client Relations and the New Community in Luke-Acts." In *The Social World of Luke-Acts*, pp. 241-68. Edited by J. H. Neyrey. Peabody, Mass.: Hendrickson, 1991.

Osiek, Carolyn, and David Balch. *Families in the New Testament World*. Louisville: Westminster John Knox, 1997.

Peristiany, John G., and Julian Pitt-Rivers. *Honor and Grace in Anthropology*. Cambridge: Cambridge University Press, 1992.

Pliny the Younger. *Letters* 10.

Saller, Richard P. *Personal Patronage Under the Early Empire*. Cambridge: Cambridge University Press, 1982.

Seneca. *On Benefits (De Beneficiis)*.

Ste. Croix, Geoffrey E. M. de. "Suffragium: From Vote to Patronage." *British Journal of Sociology* 5 (1954): 33-48.

Stambaugh, John E., and David L. Balch. *The New Testament in Its Social Environment*. LEC 2. Philadelphia: Westminster Press, 1986.

Stoops, Robert F., Jr. "Patronage in the *Acts of Peter*." *Semeia* 38 (1986): 91-100.

Wallace-Hadrill, Andrew, ed. *Patronage in Ancient Society*. London: Routledge, 1989.

Winter, Bruce W. *Seek the Welfare of the City: Christians as Benefactors and Citizens*. Grand Rapids, Mich.: Eerdmans, 1994.

5·6장: 친족

Aristotle. *Nicomachean Ethics* 8, 9.

Balch, David. *Let Wives Be Submissive: The Domestic Code in 1 Peter*. SBLMS 26. Missoula, Mont.: Scholars Press, 1981.

Barton, Stephen C. *Discipleship and Family Ties in Mark and Matthew*. Cambridge: Cambridge

University Press, 1994.

Bell, Albert A., Jr. *Exploring the New Testament World.* Nashville: Thomas Nelson, 1998.

Bossman, David M. "Paul's Fictive Kinship Movement." *BTB* 26 (1996): 163-71.

deSilva, David A. *4 Maccabees.* Guides to Apocrypha and Pseudepigrapha. Sheffield: Sheffield Academic Press, 1998.

Dudry, Russ. "'Submit Yourselves to One Another': A Socio-Historical Look at the Household Code of Ephesians 5:15-6:9." *RQ* 41 (1999): 27-44.

Duling, Dennis C. "Matthew 18:15-17: Conflict, Confrontation, and Conflict Resolution in a 'Fictive Kin' Association." *BTB* 29 (1999): 4-22.

Elliott, John H. *A Home for the Homeless: A Sociological Exegesis of I Peter, Its Situation and Strategy.* Philadelphia: Fortress, 1981.

Ferguson, Everett C. *Backgrounds of Early Christianity.* 2d ed. Grand Rapids, Mich.: Eerdmans, 1993.

Finley, Moses I. *The Ancient Economy.* Berkeley and Los Angeles: University of California Press, 1973.

Foxhall, Lin, and Keith R. Bradley. "Household." In *The Oxford Companion to Classical Civilization,* pp. 354, 359. Edited by Simon Hornblower and Antony Spawforth. Oxford: Oxford University Press, 1998.

Hanson, Kenneth C. "*BTB* Reader's Guide: Kinship." *BTB* 24 (1994): 183-94.

_____. "The Herodians and Mediterranean Kinship. Part I: Genealogy and Descent." *BTB* 19 (1989): 75-84.

_____. "The Herodians and Mediterranean Kinship. Part II: Marriage and Divorce." *BTB* 19 (1989): 142-51.

Jameson, Michael H. "Houses, Greek." In *The Oxford Companion to Classical Civilization,* pp. 359-60. Edited by Simon Hornblower and Antony Spawforth. Oxford: Oxford University Press, 1998.

Joubert, Stephan J. "Managing the Household: Paul as *Paterfamilias* of the Christian Household Group in Corinth." *Modelling Early Christianity: Social-Scientific Studies of the New Testament in its Context,* pp. 213-23. Edited by Philip F. Esler. London: Routledge, 1995.

Malina, Bruce J. *The New Testament World: Insights from Cultural Anthropology,* pp. 117-48. Rev. ed. Louisville: Westminster John Knox, 1993.

Moxnes, Halvor, ed. *Constructing Early Christian Families: Family as Social Reality and Metaphor.*

London: Routledge, 1997.

Neyrey, Jerome H. "Loss of Wealth, Loss of Family and Loss of Honour: The Cultural Context of the Original Makarisms in Q." In *Modelling Early Christianity: Social-Scientific Studies of the New Testament in Its Context*, pp. 139-58. Edited by Philip F. Esler. London: Routledge, 1995.

Osiek, Carolyn, and David L. Balch. *Families in the New Testament World: Households and House Churches*. Louisville: Westminster John Knox, 1997.

Plutarch. "Advice on Marriage."

_____. "On Affection for Offspring."

_____. "On Fraternal Affection."

Purcell, Nicolas. "Houses, Italian." In *The Oxford Companion to Classical Civilization*, pp. 360-62. Edited by Simon Hornblower and Antony Spawforth. Oxford: Oxford University Press, 1998.

Scott, Bernard B. *Hear Then the Parable*. Minneapolis: Fortress, 1989.

Stambaugh, John E., and David L. Balch. *The New Testament in Its Social Environment*. Philadelphia: Westminster Press, 1987.

Wright, Christopher J. H. "Family." *ABD*, pp. 761-69. Edited by David N. Freedman. New York: Doubleday, 1992.

Xenophon. *Oeconomicus*.

7·8장: 정결

Booth, Roger P. *Jesus and the Laws of Purity: Tradition History and Legal History in Mark 7*. JSNTSup 13. Sheffield: JSOT Press, 1986.

Buchanan, George W. "The Role of Purity in the Structure of the Essene Sect." *RevQ* 4 (1963): 397-406.

Douglas, Mary. "Atonement in Leviticus." *JSQ* 1 (1993-1994): 109-30.

_____, *Purity and Danger*. London: Routledge & Kegan Paul, 1966.

Elliott, John H. "The Epistle of James in Rhetorical and Social Scientific Perspective: Holiness-Wholeness and Patterns of Replication." *BTB* 23 (1993): 71-81.

Grant, Richard M. "Dietary Laws Among Pythagoreans, Jews, and Christians." *HTR* 73 (1980): 299-310.

Harrington, Hannah K. *The Impurity Systems of Qumran and the Rabbis.* SBLDS 143. Atlanta: Scholars Press, 1993.

House, Colin. "Defilement by Association." *AUSS* 21 (1983): 143-53.

Houston, Walter. *Purity and Monotheism: Clean and Unclean Animals in Biblical Law.* JSOTSup 140. Sheffield: Sheffield Academic Press, 1993.

Isenberg, S. K., and D. E. Owen. "Bodies Natural and Contrived: The Work of Mary Douglas." *RelSRev* 3 (1977): 1-16.

Levine, Baruch A. *Leviticus.* JPS Torah Commentary. Philadelphia: Jewish Publication Society, 1989.

Milgrom, Jacob. *Leviticus I-XVI.* AB. New York: Doubleday, 1991.

Nelson, Richard P. *Raising Up a Faithful Priest: Community and Priesthood in a Biblical Theology.* Louisville: Westminster John Knox, 1993.

Neusner, Jacob. "The Idea of Purity in Ancient Judaism." *JAAR* 43 (1975): 15-26.

Neyrey, Jerome H. "Body Language in 1 Corinthians: The Use of Anthropological Models for Understanding Paul and His Opponents." *Semeia* 35 (1986): 129-70.

————. "The Idea of Purity in Mark's Gospel." *Semeia* 35 (1986): 91-128.

————. *Paul, In Other Words.* Louisville: Westminster John Knox, 1990.

————, ed. "The Symbolic Universe of Luke-Acts: 'They Turn the World Upside Down.'" In *The Social World of Luke-Acts: Models for Interpretation*, pp. 271-304. Peabody, Mass.: Hendrickson, 1991.

North, John A. "Priests (Greek and Roman)." In *The Oxford Companion to Classical Civilization*, pp. 570-71. Edited by Simon Hornblower and Antony Spawforth. Oxford: Oxford University Press, 1998.

Parker, Robert C. T. "Pollution, the Greek Concept of." In *The Oxford Companion to Classical Civilization*, pp. 553-54. Edited by Simon Hornblower and Antony Spawforth. Oxford: Oxford University Press, 1998.

————. "Sacrifice, Greek." In *The Oxford Companion to Classical Civilization*, pp. 628-69. Edited by Simon Hornblower and Antony Spawforth. Oxford: Oxford University Press, 1998.

Pilch, John J. "Biblical Leprosy and Body Symbolism." *BTB* 11 (1981): 108-13.

Scheid, John. "Sacrifice, Roman." In *The Oxford Companion to Classical Civilization*, pp. 629-31. Edited by Simon Hornblower and Antony Spawforth. Oxford: Oxford University Press, 1998.

Wright, David P., and Robert Hodgson Jr., "Holiness." *ABD*, pp. 237-54. Edited by David N. Freedman. New York: Doubleday, 1992.

Wright, David P., and Hans Hübner. "Unclean and Clean." *ABD*, pp. 729-45. Edited by David N. Freedman. New York: Doubleday, 1992.

참고문헌

문화의 키워드로 신약성경 읽기

명예, 후원, 친족, 정결 개념 연구

Copyright © 새물결플러스 **2019**

1쇄 발행 2019년 3월 17일
2쇄 발행 2024년 4월 1일

지은이 데이비드 A. 드실바
옮긴이 김세현
펴낸이 김요한
펴낸곳 새물결플러스

편 집 왕희광 정인철 노재현 이형일 나유영 노동래
디자인 황진주 김은경
마케팅 박성민
총 무 김명화 이성순
영 상 최정호 곽상원
아카데미 차상희

홈페이지 www.holywaveplus.com
이메일 hwpbooks@hwpbooks.com
출판등록 2008년 8월 21일 제2008-24호
주 소 (우) 04114 서울시 마포구 신촌로28가길 29
전 화 02) 2652-3161
팩 스 02) 2652-3191

ISBN 979-11-6129-105-5 93230

책값은 뒤표지에 있습니다.